suhrkamp taschenbuch
wissenschaft 2130

AF545914

Warum waren während der Zeit des Nationalsozialismus so viele Deutsche bereit, sich an der Vernichtung der europäischen Juden zu beteiligen? Stefan Kühl behauptet: Es war die Einbindung in Organisationen des NS-Staats, die diese Menschen dazu brachte, sich an Deportationen und Massenerschießungen zu beteiligen – und zwar über eine große Vielfalt von Motiven wie Überzeugung, Zwang, Kameradschaft oder Geld hinweg. Aus soziologischer Perspektive sind Organisationen der Zentralpunkt, von dem aus die Befunde der geschichtswissenschaftlichen und sozialpsychologischen Holocaustforschung interpretiert werden müssen.

Stefan Kühl ist Professor für Soziologie an der Universität Bielefeld.

Stefan Kühl

# Ganz normale Organisationen

*Zur Soziologie des Holocaust*

Suhrkamp

4. Auflage 2025

Erste Auflage 2014
suhrkamp taschenbuch wissenschaft 2130
© Suhrkamp Verlag GmbH, Berlin, 2014
Alle Rechte vorbehalten, insbesondere das der Übersetzung, des öffentlichen Vortrags sowie der Übertragung durch Rundfunk und Fernsehen, auch einzelner Teile. Kein Teil des Werkes darf in irgendeiner Form (durch Fotografie, Mikrofilm oder andere Verfahren) ohne schriftliche Genehmigung des Verlages reproduziert oder unter Verwendung elektronischer Systeme verarbeitet, vervielfältigt oder verbreitet werden. Für Inhalte von Webseiten Dritter, auf die in diesem Werk verwiesen wird, ist stets der jeweilige Anbieter oder Betreiber verantwortlich, wir übernehmen dafür keine Gewähr. Rechtswidrige Inhalte waren zum Zeitpunkt der Drucklegung nicht erkennbar.
Umschlag nach Entwürfen von Willy Fleckhaus und Rolf Staudt
Druck und Bindung: C. H. Beck, Nördlingen
Printed in Germany
ISBN 978-3-518-29730-8

Suhrkamp Verlag GmbH
Torstraße 44, 10119 Berlin
info@suhrkamp.de
www.suhrkamp.de

# Inhalt

# Einleitung

Angesichts des Grauens des Holocaust ist das Bedürfnis nach einfachen Antworten nachvollziehbar. Es hätte etwas Erleichterndes, wenn man die Ghettoliquidierungen, die Massenerschießungen und die Vergasungen in den Vernichtungslagern dadurch erklären könnte, dass die Täter von Adolf Hitler verführt wurden, dass sie einem besonders brutalen Menschenschlag angehörten oder dass sie sämtlich eliminatorische Antisemiten waren, die aufgrund eines in der deutschen Kultur tief verwurzelten Hasses gegen Juden quasi zwangsläufig zu »Hitlers willigen Vollstreckern« wurden.

Eine solche Personalisierung weist die Verantwortung einigen wenigen zu und hat dadurch für alle anderen eine entlastende Funktion. Personalisierung heißt, dass Personen anhand einer spezifischen biologischen, medizinischen oder kulturellen Prägung identifiziert und als pathologisch, kriminell oder absonderlich markiert werden. Die diesen Personen zugeschriebenen Handlungen werden damit zugleich von allen anderen, die sich durch die entsprechenden Merkmale nicht angesprochen fühlen, »wegpersonalisiert«. Es sind dann – so die auf den ersten Blick beruhigende Erklärung – fanatische Nazis, krankhafte Sadisten oder besonders engagierte eliminatorische Antisemiten gewesen, die den Genozid zu verantworten haben. Wenn man sich selbst nicht zu einer dieser Gruppen zählt, kann man sich beruhigt zurücklehnen und sich in dem Glauben wiegen, dass man selbst ganz anders gehandelt hätte.[1]

Eine solche Personalisierung der Verantwortung stößt aber schnell an ihre Grenzen. Zweifellos wurde der Nationalsozialismus von einem großen Teil der deutschen Bevölkerung begrüßt, zweifellos gab es in den Polizeitruppen und den Konzentrationslagern Personen, die ihren Job als Möglichkeit sahen, einen tiefsitzenden Sadismus auszuleben, und zweifellos gab es unter den überzeugten Antisemiten in Deutschland manche, die auch eine »Ausrottung« der jüdischen Bevölkerung aktiv propagierten. Aber das Überra-

1 Siehe dazu Raul Hilberg, »The Significance of the Holocaust«, in: Henry Friedlander, Sybil Milton (Hg.), *The Holocaust: Ideology*, Millwood 1980, S. 95-102, hier: S. 101 f. Zur Funktion von Sündenböcken siehe einschlägig René Girard, *Le bouc émissaire*, Paris 1982.

schende ist, dass an den Massentötungen viele Personen beteiligt waren, an denen weder vor Beginn noch nach Ende des Zweiten Weltkrieges ein solch mörderisches Verhalten oder eine entsprechende Gesinnung beobachtet wurde.

Im Mittelpunkt dieses Buches steht eine Frage, die zu den umstrittensten der Holocaustforschung gehört: weswegen »ganz normale Männer« und in einer Reihe von Fällen auch »ganz normale Frauen« bereit waren, Hunderte, ja manchmal Tausende von Männern, Frauen und Kindern zu demütigen, zu quälen und zu töten.[2] Ich möchte in diesem Buch eine dezidiert soziologische Antwort auf diese Frage geben, indem ich vorhandene Einsichten aus der geschichtswissenschaftlichen, politikwissenschaftlichen, philosophischen und sozialpsychologischen Forschung aufnehme und mithilfe der systemtheoretischen Soziologie zu einem umfassenden Erklärungsansatz zusammenführe.[3]

Die Herausforderung besteht darin, eine soziologisch informier-

2 Die Rolle von Frauen bei der Durchführung der Vernichtungspolitik hat in den letzten zwei Jahrzehnten zunehmend an Aufmerksamkeit gewonnen, siehe früh schon zum Beispiel Gisela Bock, »Ganz normale Frauen. Täter, Opfer, Mitläufer und Zuschauer im Nationalsozialismus«, in: Kirsten Heinsohn, Barbara Vogel u. a. (Hg.), *Zwischen Karriere und Verfolgung. Handlungsräume von Frauen im nationalsozialistischen Deutschland*, Frankfurt/M., New York 1997, S. 245-277.

3 Leserinnen und Lesern wird womöglich auffallen, dass ich auf eine in der Holocaustforschung inzwischen populäre Referenz verzichte, nämlich auf Verweise auf die sozialpsychologischen Gehorsamskeitsexperimente etwa von Jerome D. Frank, »Experimental Study of Personal Pressures and Resistance«, in: *Journal of General Psychology* 30 (1944), S. 23-64, Craig Haney u. a., »Interpersonal Dynamics in a Simulated Prison«, in: *International Journal of Criminology and Penology* 1 (1973), S. 69-97, oder Stanley Milgram, »Behavioral Study of Obedience«, in: *Journal of Abnormal and Social Psychology* 67 (1963), S. 371-378. Gerade die Referenzen auf das Stanford-Prison-Experiment und Milgrams Gehorsamkeitsexperiment werden meines Erachtens zu unkontrolliert eingeführt, siehe nur z. B. Christopher R. Browning, *Ganz normale Männer. Das Reserve-Polizeibataillon 101 und die »Endlösung« in Polen*, Reinbek [6]2005, S. 224 ff., oder Zygmunt Bauman, *Dialektik der Ordnung. Die Moderne und der Holocaust*, Hamburg 1992, S. 166 ff. Zum Problem der Übertragung siehe Thomas Sandkühler, Hans Walter Schmuhl, »Milgram für Historiker. Reichweite und Grenzen einer Übertragung des Milgram Experiments auf den Nationalsozialismus«, in: *Analyse & Kritik* 20 (1998), S. 3-26. Meine ausführliche Auseinandersetzung mit den sozialpsychologischen Experimenten erscheint demnächst in Buchform: Stefan Kühl, *Simulierte Organisationen. Zur Produktion von Gehorsamkeitsbereitschaft in sozialpsychologischen Experimenten* (in Vorb.).

te Analyse so zu präsentieren, dass sie an die breite Diskussion über den Holocaust anschlussfähig ist. Denn gerade in der systemtheoretischen Soziologie werden häufig so abstrakte Beschreibungen verwendet, dass sich andere Disziplinen, etwa die Geschichtswissenschaft, die Politikwissenschaft, die Philosophie oder die Psychologie, aus nachvollziehbaren Gründen durch sie nicht mehr irritieren, geschweige denn anregen lassen. Wenn man als Soziologe zur Erklärung des Holocaust mit Konzepten wie binäre Codierung, autopoietische Reproduktion oder selbstreferenzielle Schließung hantiert, mag man sich zwar in der eigenen auf diese Theorie spezialisierten soziologischen Subsubgruppe als ambitionierter Theoretiker profilieren, Wissenschaftler anderer Disziplinen hingegen werden solche in ihren Ohren unnötig kompliziert klingenden Erklärungsansätze mit guten Gründen einfach ignorieren.[4]

Die Leserinnen und Leser dieses Buches können jedoch beruhigt sein. In diesem Buch wird nicht nur auf die für Nichtsoziologen häufig abschreckend wirkende Darstellung systemtheoretischer Grundlagen verzichtet, sondern darüber hinaus werden die soziologischen Überlegungen an einem konkreten Beispiel illustriert: dem Hamburger Reserve-Polizeibataillon 101, derjenigen »Tötungseinheit« des NS-Staates also, die bisher in der Wissenschaft am ausführlichsten untersucht worden ist.[5] Gerade weil zu diesem

4 Wenn diese systemtheoretische Soziologie dann auch noch aus Bielefeld kommt, ist das Misstrauen besonders angebracht, denn Bielefeld – so der charmante Verdacht von Valentin Groebner – ist vorrangig ein »Sound«, der »von an den Satzanfang gestellten Konditional- und Relativsätzen, vom hauptwörtlich gebrauchten Verb, von Wäldern aus Gerundia und Gerundiva à la ›es ist ein zu Klärendes‹ [getaktet ist], alles Handlungsanweisungen mit verschwundenem sprechenden Subjekt.« Valentin Groebner, »Theoriegesättigt. Angekommen in Bielefeld 1989«, in: Sonja Asal, Stephan Schlak (Hg.), *Was war Bielefeld? Eine ideengeschichtliche Nachfrage*, Göttingen 2009, S. 179-189, hier: S. 182, beschreibt hier die »grammatikalischen Zustände« an der stark durch einen soziologischen Sound beeinflussten »theoriegesättigten« Fakultät für Geschichtswissenschaft in den 1990er Jahren. Die Bielefelder Soziologen waren (und sind) bezüglich des Sounds mit den Historikern mindestens konkurrenzfähig, überbieten sie teilweise sogar noch. Gerade die Distinktionsversuche unter den Systemtheoretikern schlagen sich zu einem nicht unerheblichen Teil in der Form einer Theoriepräsentation nieder, die die Anschlussfähigkeit an andere Theoriedebatten minimiert.

5 Zentrale Referenzpunkte sind die beiden Arbeiten über das Polizeibataillon 101 von Christopher Browning (Orig.: Christopher R. Browning, *Ordinary Men. Reserve Police Battalion 101 and the Final Solution in Poland*, New York 1992, und

Polizeibataillon scheinbar alles gesagt ist und gerade weil dieses Bataillon so kontrovers diskutiert wurde, sollen die Stärken eines soziologischen Erklärungsansatzes in Ergänzung und häufig auch im Kontrast zu bereits existierenden Erklärungsmustern der Holocaustforschung deutlich gemacht werden.

## Jenseits der Kontroverse zwischen »ganz normalen Männern« und »ganz normalen Deutschen«

Das Reserve-Polizeibataillon 101 zieht in der Forschung deswegen so viel Aufmerksamkeit auf sich, weil dessen Angehörige in einem auffälligen Maße »normal« waren. Bei den in Hamburg ausgehobenen Polizisten handelte es sich überwiegend um Familienväter, die zivilen Berufen wie Hafenarbeiter, Friseur, Handwerker oder Kaufmann nachgegangen waren, bevor sie als Polizeireservisten nach Polen verlegt wurden. Nur die wenigsten der etwas über 500 Bataillonsangehörigen hatten sich vor ihrem Einsatz in Polen als engagierte Nationalsozialisten oder SS-Männer hervorgetan.[6]

deutsch mit einem neuen Nachwort Browning, *Ganz normale Männer*) und von Daniel Goldhagen (Orig.: Daniel Jonah Goldhagen, *Hitler's Willing Executioners. Ordinary Germans and the Holocaust*, New York 1996, und auf Deutsch in einer an einigen Stellen vom englischen Original deutlich abweichenden Fassung Daniel Jonah Goldhagen, *Hitlers willige Vollstrecker. Ganz gewöhnliche Deutsche und der Holocaust*, Berlin 1996). In der Forschung bisher weitgehend missachtet wurde das dritte Buch über das Polizeibataillon 101 von Jan Kiepe, *Das Reservepolizeibataillon 101 vor Gericht. NS-Täter in Selbst- und Fremddarstellungen*, Hamburg 2007, das meines Erachtens unter methodischen Gesichtspunkten der Geschichtswissenschaft am saubersten gearbeitet ist. Als Ergänzung ziehe ich punktuell andere über die Sekundärliteratur gut erschließbare Polizeibataillone – besonders das Polizeibataillon 61 aus Dortmund und das Polizeibataillon 322 aus Wien Kagran – bei meiner Analyse hinzu. Bei allen Unterschieden im Detail zeigt die wachsende Forschung über unterschiedliche Polizeibataillone, dass sich Aussagen über die Polizeibataillone weitgehend generalisieren lassen. Weil die deutschen Übersetzungen teilweise von den englischen Originaltexten abweichen, gebe ich einige Referenzen sowohl in der englischen Originalfassung als auch in der deutschen Übersetzung an.

6 Auf die Normalität des Personals wurde schon lange vor Browning und Goldhagen hingewiesen; siehe nur Fred E. Katz, »A Sociological Perspective to the Holocaust«, in: *Modern Judaism* 2 (1982), S. 273-296, hier: S. 275, und Fred E. Katz, »Implementation of the Holocaust. The Behavior of Nazi Officials«, in: *Compara-*

Die kontrovers geführte Debatte über dieses Polizeibataillon dreht sich um die Frage, in welchem spezifischen Sinne diese Männer »normal« waren.[7] Waren es – so die Zusammenfassung der bisherigen Debatte in einer einzigen Frage – »ganz normale Männer« oder »ganz normale Deutsche«? Den unbedarften Leser mag dieser Gegensatz überraschen, weil es naheliegt, dass es sich in der Zeit von 1933 bis 1945 bei Hamburger Polizisten mehrheitlich, wenn nicht sogar ausschließlich sowohl um »Männer« als auch um »Deutsche« gehandelt hat. Die Betonung des einen oder des anderen Wortes macht in der Debatte jedoch den grundlegenden Unterschied aus.

Mit der Betonung des Wortes »Männer« wird herausgestellt, dass im Prinzip jede männliche Person zur Tötung der Juden imstande gewesen wäre, wenn sie sich nur in der gleichen Situation

*tive Studies in Society and History* 24 (1982), S. 510-529, hier: S. 511. Siehe aber auch Hans-Martin Lohmann, »Die Normalität im Ausnahmezustand. Anmerkungen zu Raul Hilbergs ›Gesamtgeschichte des Holocaust‹«, in: Hans-Martin Lohmann (Hg.), *Psychoanalyse und Nationalsozialismus. Beiträge zur Bearbeitung eines unbewältigten Traumas*, Frankfurt/M. 1984, S. 259-266, hier: S. 263, oder Herbert Jäger, *Makrokriminalität. Studien zur Kriminologie kollektiver Gewalt*, Frankfurt/M. 1989, S. 52. Von den ungefähr 100 Polizeibataillonen, die in den besetzten Gebieten eingesetzt wurden, bestanden lediglich 20 – darunter das Reserve-Polizeibataillon 101 – vorwiegend aus älteren Reservisten (siehe dazu Peter Longerich, *Politik der Vernichtung. Eine Gesamtdarstellung der nationalsozialistischen Judenverfolgung*, München 1998, S. 306, und Edward B. Westermann, *Hitler's Police Battalions. Enforcing Racial War in the East*, Lawrence 2005, S. 15).

7 Während in der US-amerikanischen Rezeption nach Erscheinen des Buches von Daniel Goldhagen die Debatte – nicht zuletzt aufgrund eines Kolloquiums am United States Holocaust Memorial Museum im April 1996 (USHMM [Hg.], *The »Willing Executioners«/»Ordinary Men« Debate. Selections from the Symposium April 8, 1996*, Washington, D.C. 1996) – sofort als Kontroverse zwischen Brownings Erklärung der »ganz normalen Männer« und Goldhagens Erklärung der »ganz normalen Deutschen« aufgezogen wurde, dauerte es in der deutschen Rezeption etwas länger, bis bemerkt wurde, dass Goldhagens Buch vorrangig als Reaktion auf Browning gelesen werden kann (siehe Jan Philipp Reemtsma, »Die Mörder waren unter uns. Daniel Jonah Goldhagens Hitlers willige Vollstrecker. Eine notwendige Provokation«, in: *Süddeutsche Zeitung* vom 24. 8. 1996, der meines Wissens als einer der Ersten in Deutschland darauf aufmerksam machte, und Reinhard Rürup, »Viel Lärm um nichts? D.J. Goldhagens ›radikale Revision‹ der Holocaust-Forschung«, in: *Neue Politische Literatur* 41 (1996), S. 357-363, hier: S. 361, der in seiner Rezension Goldhagens Buch als einen »Anti-Browning« bezeichnete).

wie die Angehörigen des Polizeibataillons befunden hätte. Damit diese »ganz normalen Männer« zu »Mördern« werden konnten, bedurfte es – so besonders Christopher Browning – einer Reihe von Bedingungen: Einer »Brutalisierung in Kriegszeiten«, eines ausgeprägten »Rassismus«, eines »arbeitsteiligen Vorgehens verbunden mit wachsender Routine«, eines gerade in der Führungsschicht dominierenden »Karrierismus«, »blindem Gehorsam und Autoritätsgläubigkeit« sowie einer »ideologischen Indoktrinierung und Anpassung«. Dazu kamen eine »ausgeprägte Korpsmentalität«, »ein erheblicher Gruppendruck« sowie »Alkoholexzesse, verbunden mit einer immer weiter fortschreitenden Abstumpfung gegenüber Gewalttaten jeder Form«.[8] Hinter diesem Bündel aus handlungsleitenden Faktoren steckt letztlich ein moderater *strukturalistischer Ansatz*, der auf die eher begrenzten Handlungsmöglichkeiten einzelner Personen im Zwangsapparat des NS-Staates verweist.[9]

Mit der Betonung des Wortes »Deutscher« wird nicht ausgeschlossen, dass Brutalisierung, Gruppendruck oder Autoritätsgläubigkeit eine Rolle gespielt haben. Gerade bei den nichtdeutschen Beteiligten am Holocaust – zum Beispiel den in den besetzten Gebieten rekrutierten Hilfstruppen aus nichtjüdischen Ukrainern, Polen, Letten, Litauern oder Esten – seien, so das Argument, solche Faktoren wichtig gewesen, und auch bei den deutschen Polizisten, SS-Angehörigen und Wehrmachtssoldaten könnten diese Aspekte nicht komplett ignoriert werden. Diese Faktoren seien aber für das Verhalten der Deutschen bestenfalls zweitrangig gewesen. Die »ganz normalen Deutschen« seien – so besonders Daniel Goldhagen – aufgrund eines lange schon vorherrschenden und auf Ver-

8 Siehe Browning, *Ganz normale Männer*, S. 209, und Ulrich Herbert, »Vernichtungspolitik. Neue Antworten und Fragen zur Geschichte des ›Holocaust‹«, in: Ulrich Herbert (Hg.), *Nationalsozialistische Vernichtungspolitik 1939-1945. Neue Forschungen und Kontroversen*, Frankfurt/M. 1998, S. 9-66, hier: S. 30. Siehe auch Wolfgang Curilla, *Der Judenmord in Polen und die deutsche Ordnungspolizei. 1939-1945*, Paderborn 2011, S. 882 ff., mit einer ähnlichen Liste, bestehend aus Brutalisierung, Karrieredenken, Vorbereitung, Einübung und Gewöhnung, Tradition von Gehorsam, Gruppendruck und Ausgrenzung von Minderheiten.

9 Dieser strukturalistische Ansatz scheint nahezuliegen, wenn man den NS-Staat als Diktatur ins Blickfeld nimmt; siehe nur Martin Broszat, *Der Staat Hitlers*, München [7]1978, S. 82 ff., Richard J. Evans, *Das Dritte Reich. Band II/1 Diktatur*, München 2006, S. 27 ff., aber tendenziell auch Norbert Frei, *Der Führerstaat. Nationalsozialistische Herrschaft 1933 bis 1945*, München [8]2007, S. 43 ff.

nichtung zielenden Antisemitismus zu dem Schluss gekommen, »dass die Juden *sterben sollten*«. »Die Täter« hätten sich an ihren eigenen, kulturell tief verankerten »Überzeugungen und moralischen Vorstellungen« orientiert und die Massenvernichtung der Juden deshalb für gerechtfertigt gehalten. Diese Erklärung ist letztlich die radikale Variante eines *voluntaristischen Ansatzes* in der Holocaustforschung, der auf den eigenen Antrieb der Täter verweist. Die Deutschen, so die Kurzformel, »*wollten* nicht Nein« zum Holocaust sagen, ja, sie wollten sogar zu großen Teilen Ja zur Ermordung der europäischen Juden sagen.[10]

Aus einer soziologischen Perspektive sind beide Erklärungsansätze unbefriedigend. Der voluntaristische Ansatz, das Verhalten über einen tiefsitzenden eliminatorischen Antisemitismus der Deutschen zu erklären, geht von einer simplen Übereinstimmung zwischen den Zwecken der Polizei – »Vernichtung der europäischen Juden« – und den Motiven der Organisationsmitglieder – »eliminatorischer Antisemitismus« – aus.[11] Diese Erklärung versagt

10 Goldhagen, *Hitlers willige Vollstrecker*, S. 28; die Hervorhebung steht im Original. Das Ja stammt nicht von Goldhagen selbst, ergibt sich aber sinngemäß aus seinem Argument. Seine Relativierung anderer Faktoren liest sich wortwörtlich wie folgt: »Die Überzeugungen der Täter, ihr spezifischer Antisemitismus, waren zwar offensichtlich nicht die einzige, aber doch, so behaupte ich, eine entscheidende Ursache ihres Handelns.« Die »Handlung der deutschen Täter« könne nicht »durch strukturelle Faktoren«, sondern nur durch »kulturelle kognitive« erklärt werden. Goldhagen, *Hitlers willige Vollstrecker*, S. 28; siehe auch für die englische Fassung Goldhagen, *Hitler's Willing Executioners*, S. 14. Schon die hier verwendete Begrifflichkeit wirft grundlegende Fragen auf. Was genau soll »kulturell-kognitiv« sein? Sind »Kulturen« keine »Strukturen«, die das Handeln von Personen prägen? Welche »strukturellen Faktoren« meint er, wenn er keine »Kulturen« darunter fasst? Siehe Volker Pesch, »Die künstlichen Wilden. Zu Daniel Goldhagens Methode und theoretischem Rahmen«, in: *Geschichte und Gesellschaft* 23 (1997), S. 152-162, als einen lesenswerten Versuch, Goldhagens theoretischen Rahmen zu rekonstruieren.

11 Schon bei einer oberflächlichen Sichtung der Quellen zum Polizeibataillon 101 ist Historikern aufgefallen, dass Goldhagen die Quellen in einer Art und Weise verwendet, dass sie seine monokausale These stützen. Goldhagens Umgang mit Quellen ist an verschiedenen Stellen ausführlich analysiert worden. Siehe früh schon Wolfgang Scheffler, »Ein Rückschritt in der Holocaustforschung«, in: *Tagesspiegel* vom 3. 9. 1996, oder Fritz Stern, »The Past Distorted: The Goldhagen Controversy«, in: Fritz Stern (Hg.), *Einstein's German World*, Princeton, 1999, S. 272-288, hier: S. 275 f., und besonders ausführlich Ruth Bettina Birn, »Eine neue Sicht des Holocaust«, in: Norman G. Finkelstein, Ruth Bettina Birn

aber spätestens dann, wenn es um die Beteiligung von nichtdeutschen Hilfskräften – den »Fußvölkern der Vernichtung« – geht.[12] Demgegenüber hat der auf die Vielzahl von Faktoren verweisende strukturalistische Ansatz zwar den Vorteil, dass man sich mit einem Strauß von Erklärungen letztlich nicht irren kann. Aber das ist auch der Nachteil. Die unterschiedlichen Motive werden in einer biederen Faktorenforschung aneinandergereiht.[13] Die verschiedenen Aspekte werden weder begründet, gewichtet noch – und das wiegt schwerer – zueinander in Beziehung gesetzt. Man nimmt an, dass eine antisemitische Grundeinstellung, kriegsbedingte Brutalisierung, Karriereorientierung, Autoritätsgläubigkeit, Korpsmentalität und Gruppendruck eine Rolle gespielt haben, aber wie das alles miteinander zusammenhängt, bleibt unklar.[14]

(Hg.), *Eine Nation auf dem Prüfstand. Die Goldhagen-These und die historische Wahrheit*, Hildesheim 1998, S. 137-192, und Ruth Bettina Birn, Volker Rieß, »Das Goldhagen-Phänomen oder fünfzig Jahre danach«, in: *Geschichte in Wissenschaft und Unterricht* 49 (1998), S. 80-98.

12 Seine Nichtbeschäftigung mit den nichtdeutschen Beteiligten am Holocaust erklärt Goldhagen, *Hitlers willige Vollstrecker*, S. 557, forschungspragmatisch. Sein Buch behandle bereits ein sehr umfangreiches Thema und es »musste begrenzt werden, damit es zu bewältigen blieb« (im Orig. Goldhagen, *Hitler's Willing Executioners*, S. 476). Dabei übersieht er jedoch, dass gerade die Beteiligung der nichtdeutschen Hilfskräfte sein Argument grundlegend infrage stellt und er bezüglich dieser in seinem Buch nur in improvisiert wirkende multikausale Erklärungsmuster ausweichen konnte. Zweifelsohne ging der »entscheidende Impetus zum Holocaust« von Deutschland und damit auch von »den Deutschen« aus, aber damit bleibt immer noch erklärungsbedürftig, wie es gelang, »ganz normale Deutsche« und »ganz normale Nichtdeutsche« zu einem aktiven Einsatz in Tötungskommandos zu bewegen.

13 Der Vorwurf gegen die »biedere Faktorenforschung« bzw. »biedere Faktorensoziologie« richtet sich normalerweise an die klassische an Familiengewalt, Jugendgruppendelinquenz und politisch motivierten Straftaten im Rahmen von Protestbewegungen interessierte Gewaltforschung nach dem Zweiten Weltkrieg, kann aber auch auf die Holocaustforschung übertragen werden; siehe Trutz von Trotha, »Zur Soziologie der Gewalt«, in: Trutz von Trotha (Hg.), *Soziologie der Gewalt. Sonderheft der Kölner Zeitschrift für Soziologie und Sozialpsychologie*, Opladen 1997, S. 9-56, hier: S. 18.

14 Dieser multikausale Ansatz hat sich in seiner aufzählungsartigen Form in der Forschung zum Holocaust – und zu Genoziden generell – als Mainstream herausgebildet (siehe nur Donald Bloxham, *The Final Solution. A Genocide*, Oxford 2009, S. 288, Olaf Jensen, »Evaluating Genocidal Intent. The Inconsistent Perpetrator and the Dynamics of Killing«, in: *Journal of Genocide Research* 15 [2013], S. 1-19, hier: S. 2). Bestenfalls ringt man sich bei diesem Ansatz zu Aussagen durch, dass

In der Geschichtswissenschaft hat sich weitgehend die Auffassung durchgesetzt, dass die Kontroverse »ganz normale Männer« versus »ganz normale Deutsche« nicht das Material für eine große Debatte hatte. Goldhagens monokausale Erklärung eines »eliminatorischen Antisemitismus« sei, so der Tenor, theoretisch und empirisch zu schwachbrüstig gewesen, um ausreichend Unterstützung von anderen Wissenschaftlern zu mobilisieren.[15] Das »Goldhagen-

in der Sachdimension beim Vorgehen beispielsweise gegen jüdische Polen eine nationalsozialistische Indoktrination eine wichtigere Rolle gespielt haben mag als beim Vorgehen gegen nichtjüdische Polen, sowie dass in der Sozialdimension unterschieden werden muss zwischen SS-Einheiten und Polizeibataillonen, weil bei Ersteren der Antisemitismus eine tendenziell größere Rolle gespielt hat, und dass in der Zeitdimension anfangs die Autoritätsorientierung zentral war, während später Abstumpfung wichtiger wurde (Browning, *Ganz normale Männer*, S. 172f.; in der englischen Fassung Browning, *Ordinary Men*, S. 128). Aber am Ende bleibt unklar, wie das alles miteinander zusammenhängt. Obwohl er in Bezug auf die nichtdeutschen Tätergruppen selbst einem Multikausalitätsansatz folgt, spricht Daniel Goldhagen deswegen von einem »Wäscheleinen-Prinzip«, bei dem alle möglichen Motive nebeneinandergehängt werden.

15 Anfangs wurde die Debatte der Thesen Daniel Goldhagens zum Polizeibataillon 101 noch mit den großen zeithistorischen Debatten des 20. Jahrhunderts verglichen: mit der Auseinandersetzung über Fritz Fischers Buch zum Ausbruch des Ersten Weltkrieges, der hitzigen Auseinandersetzung zu Hannah Arendts Buch *Eichmann in Jerusalem* und der These der Historiker über die Singularität des Holocaust (siehe dazu Gavriel D. Rosenfeld, »The Controversy that isn't. The Debate over Daniel J. Goldhagen's Hitler's Willing Executioners in Comparative Perspective«, in: *Contemporary European History* 8 [1999], S. 249-273, hier: S. 250f., der jedoch auf zentrale Unterschiede der Debatten aufmerksam macht). Goldhagens Überlegungen haben aber letztlich auffällig geringen Einfluss auf die wissenschaftliche Diskussion gehabt. Auf den Kontrast zwischen dem großen Verkaufserfolg von Goldhagen und der geringen wissenschaftlichen Rezeption seines Buches weisen früh schon hin: Ulrich Herbert, »Academic and Public Discourses on the Holocaust. The Goldhagen Debate in Germany«, in: *German Politics and Society* 17 (1999), S. 33-54, hier: S. 33, und Peter Weingart, Petra Pansegrau, »Reputation in Science and Prominence in the Media: the Goldhagen Debate«, in: *Public Understanding of Science* 8 (1999), S. 1-16, hier: S. 5ff. Man kann es nachgerade als tragisch bezeichnen, dass die Simplizität von Goldhagens Ansatz die Debatte insofern zu einer einseitigen Sache hat werden lassen, als eine kritische Auseinandersetzung mit Brownings Buch nicht stattgefunden hat. Nach der heftigen Kritik von Goldhagen an Browning scheinen einige Historiker keine andere Möglichkeit gesehen zu haben, als Browning beizuspringen. Im Kontrast zu Goldhagen musste Brownings Buch – um Jacques Sémelin zu zitieren – geradezu als »Meisterwerk« erscheinen, siehe Jacques Sémelin, *Säubern und Vernichten. Die Politik der Massaker und Völkermorde*, Hamburg 2007, S. 12.

Phänomen« – oder sollte man sagen: die »Goldhagen-Tragik«? – bestand darin, dass nur wenige Historiker es als gerechtfertigt empfanden, über dessen These ausführlich zu diskutieren, ihnen aber eine solche Diskussion aufgrund des »fantastischen öffentlichen Erfolgs« und der »zustimmenden Rezeption durch einige bekannte Intellektuelle« wie beispielsweise Jürgen Habermas aufgezwungen wurde.[16] Aber letztlich scheinen jene Historiker richtig gelegen zu haben, die prophezeiten, dass man sich in der Holocaust-Forschung nicht an Goldhagens Buch orientieren werde.[17] Die wissenschaftliche Debatte war beendet, bevor sie überhaupt ernsthaft begonnen hatte. Aber die grundlegende Frage, weswegen Hunderttausende von Männern und Frauen sich bereitwillig an der Durchführung des Holocaust beteiligt haben, ist immer noch nicht geklärt.

## Ansätze einer soziologischen Erklärung des Holocaust

In der Analyse des Holocaust müssen zwei grundlegende Fragen auseinandergehalten werden. Die erste setzt sich damit auseinander, wie es zur Entscheidung – präziser: den Entscheidungen – gekommen ist, die europäischen Juden systematisch zu töten. Gab es eine zentrale Entscheidung – einen Masterplan – der NS-Führung,

16 Habermas' Preisung für Goldhagen findet sich in der deutschen Variante in Jürgen Habermas, »Über den öffentlichen Gebrauch der Historie. Warum ein ›Demokratiepreis‹ für Daniel Goldhagen?«, in: Karl D. Bredthauer, Arthur Heinrich (Hg.), *Aus der Geschichte lernen – How to Learn from History*, Bonn 1997, S. 14-37, und in der übersetzten englischen Variante in Jürgen Habermas, »Goldhagen and the Public Use of History: Why a Democracy Prize for Daniel Goldhagen?«, in: Robert R. Shandley (Hg.), *Unwilling Germans? The Goldhagen Debate*, Minneapolis, London 1998, S. 263-274. LaCapra spricht von einem »double bind« der Historiker: »They think that, at least for the most part, Goldhagen's book is not worth serious scholarly attention, and yet they cannot avoid devoting attention to it, because of its fantastic popular success and its favourable reception by some noted intellectuals and scholars, who for the most part are not professional historians, or at least not experts on the Nazi genocide, but are opinion makers.« Dominick LaCapra, »Perpetrators and Victims«, in: Dominick LaCapra (Hg.), *Writing History, Writing Trauma*, Baltimore 2001, S. 114-140, hier: S. 116.

17 So Rürup, »Viel Lärm um nichts?«, S. 361. Siehe ganz ähnlich z. B. Ian Kershaw, *Der NS-Staat. Geschichtsinterpretationen und Kontroversen im Überblick*, Reinbek bei Hamburg [2]1999, S. 391.

der mit Kriegsbeginn schrittweise umgesetzt wurde, oder muss der Holocaust eher auf konkurrierende Initiativen von NS-Behörden in Berlin, besonders aber in den besetzten Gebieten Osteuropas zurückgeführt werden?[18] Die zweite Frage lautet, wie die »ganz normalen Deutschen«, die »ganz normalen Männer« dazu gebracht wurden, die Ghettoräumungen, Massenerschießungen und Deportationen in die Vernichtungslager durchzuführen, nachdem der Holocaust beschlossene Sache war. Um mit Herbert A. Simon zu sprechen, geht es in der ersten Frage um das programmierende Entscheiden für einen Genozid; bei der zweiten um das programmierte Entscheiden, mit dem ein Genozid in einer Vielzahl von Einzelentscheidungen umgesetzt wurde.[19] Selbstverständlich hängen die beiden Fragen miteinander zusammen. Programmentscheidungen der Spitzen einer Organisation werden nur wirkmächtig, wenn sie auch operativ durchgesetzt werden. Und bereits beim Treffen von Programmentscheidungen wird die Möglichkeit zur Durchsetzung

18 Die Literatur zur Debatte – die lange unter dem Label »Intentionalisten versus Funktionalisten« geführt wurde – kann hier nicht referiert werden. Als Ausgangspunkt für eine soziologische Studie eignet sich besonders Hans Mommsens immer noch unübertroffene Studie über die Realisierung des Utopischen; siehe Hans Mommsen, »Die Realisierung des Utopischen. Die ›Endlösung der Judenfrage‹ im ›Dritten Reich‹«, in: *Geschichte und Gesellschaft* 9 (1983), S. 381-420; siehe auch neuerdings ausführlicher Hans Mommsen, *Das NS-Regime und die Auslöschung des Judentums in Europa*, Göttingen 2014.

19 Siehe dazu Herbert A. Simon, »Recent Advances in Organization Theory«, Brookings Institution (Hg.), *Research Frontiers in Politics and Gouvernement. Brooking Lectures*, Washington, D.C. 1955, S. 23-44. Herbert A. Simon, *Perspektiven der Automation für Entscheider*, Quickborn 1966, hat – darauf macht Luhmann aufmerksam – diese Unterscheidung zugunsten eines Kontinuums zwischen mehr oder weniger programmierten Entscheidungen dann abgeschwächt; siehe Niklas Luhmann, »Positivität des Rechts als Voraussetzung einer modernen Gesellschaft«, in: Niklas Luhmann, *Ausdifferenzierung des Rechts*, Frankfurt/M. 1981, S. 113-153, hier: S. 134 f. In der Holocaustforschung wird die Differenz zwischen den zwei Fragen nicht über unterschiedliche Entscheidungstypen, sondern über Tätertypen markiert. Siehe die Unterscheidung zwischen »le décideur«, »le organisateur«, »le propagandiste« und »le exécutant« bei Jacques Sémelin, »Éléments pour une grammaire du massacre«, in: *Le débat* (2003), S. 154-170, hier: S. 164, oder zwischen »ideologues«, »managers« und »ordinary men« bei Christopher R. Browning, »Ideology, Culture, Situation, and Disposition. Holocaust Perpetrators and the Group Dynamic of Mass Killing«, in: Alfred B. Gottwaldt, Norbert Kampe u. a. (Hg.), *NS-Gewaltherrschaft. Beiträge zur historischen Forschung und juristischen Aufarbeitung*, Berlin 2005, S. 66-76, hier: S. 66 f.

mit einbezogen. Analytisch kann man die beiden Fragen jedoch voneinander trennen.[20]

In diesem Buch geht es mir um die zweite Frage, also darum, wie »ganz normale Männer«, »ganz normale Deutsche« dazu kamen, Zehntausende von Juden zu töten.[21] Eine durch die Systemtheorie inspirierte soziologische Analyse kann dabei nicht beanspruchen, dass die Erklärungen für das Handeln »ganz normaler Männer« beziehungsweise »ganz normaler Deutscher« grundlegend neu sind, im Gegenteil: Aus der geschichtswissenschaftlichen, politikwissenschaftlichen, philosophischen und sozialpsychologischen Forschung liegt eine Reihe von überzeugenden Erklärungsansätzen zu einzelnen Aspekten vor, etwa zur Rolle des Antisemitismus, des Gruppendrucks, der Bereicherungsmöglichkeiten, der Zwangsmechanismen oder der Brutalisierung. Diese Ansätze können jedoch aus einer soziologischen Perspektive systematisch miteinander in

20 Der Zusammenhang zwischen den beiden Fragen wird besonders durch diejenigen Forschungen herausgestellt, die die dezentrale Initiative sowohl im Deutschen Reich als auch in den besetzten Gebieten bei der Durchführung des Holocaust hervorheben. Im Fall der Zivilverwaltung in den besetzten Gebieten, der Geheimen Feldpolizei der Wehrmacht oder Organisation Todt war der Übergang von Entscheidungen über die genozidalen Entscheidungsprämissen zur Durchsetzung dieser Entscheidungen fließend. Siehe dazu Christian Gerlach, »Extremely Violent Societies. An Alternative to the Concept of Genocide«, in: *Journal of Genocide Research* 8 (2006), S. 455-472, hier: S. 456.

21 Eine ganze Reihe von weiteren Themen würde sich allein schon aus einer organisationssoziologischen Perspektive für weitere Forschungen anbieten: die Rolle der Reichsbahn beim Transport von Juden in die Vernichtungslager im Osten (vgl. hierzu Raul Hilberg, *Sonderzüge nach Auschwitz*, Mainz 1981), das »Unterleben« in den Lagern (siehe aufschlussreich für erste soziologische Zugänge: Wolfgang Kirstein, *Das Konzentrationslager als Institution totalen Terrors*, Pfaffenweiler 1992; Maja Suderland, *Territorien des Selbst. Kulturelle Identität als Ressource für das tägliche Überleben im Konzentrationslager*, Frankfurt/M., New York 2004; Maja Suderland, *Ein Extremfall des Sozialen*, Frankfurt/M., New York 2009, und neuerdings Tobias Hauffe, *Hier ist kein Warum. Willkür in den nationalsozialistischen Konzentrationslagern – eine soziologische Analyse*, Bielefeld 2013), die Rolle der Judenräte (vgl. hierzu grundlegend Isaiah Trunk, *Judenrat: The Jewish Councils in Eastern Europe under Nazi Occupation*, Lincoln 1996; ein erster soziologischer Einordnungsversuch bei Bauman, *Dialektik der Ordnung*, S. 132 ff.) oder der Einsatz nichtdeutscher Tötungskommandos im Rahmen von Einsätzen der Ordnungs- oder Sicherheitspolizei (vgl. den Überblick bei Raul Hilberg, *Perpetrators, Victims, Bystanders. The Jewish Catastrophe 1933-1945*, New York 1992, S. 87 ff.).

Beziehung gesetzt werden und dadurch jeweils in ihrer Bedeutung für das Verhalten der ganz normalen Männer im Holocaust spezifiziert werden.

Dass ausgerechnet ein soziologischer – und darüber hinausgehend auch noch ein systemtheoretischer – Zugang weitere Klarheit in einer zentralen Frage der Holocaustforschung schaffen soll, mag überraschen. Schließlich wurde gerade in der Debatte über das Reserve-Polizeibataillon 101 das Wort »Soziologe« vorrangig als Schimpfwort verwendet, um die jeweils andere Seite zu diskreditieren. So beklagten die Vertreter eines voluntaristischen Ansatzes à la Goldhagen, dass ihre Kritiker mit ihren »soziologistischen Zugängen« die Verantwortung der Polizeibeamten an Massenerschießungen verschleierten.[22] Und umgekehrt unterstellten Goldhagens Kritiker diesem, dass sein Blick durch Soziologismen getrübt sei. So warf beispielsweise Mariam Niroumand Goldhagen vor, eine Art »Pulp Fiction mit soziologischem Tarncode« zu produzieren. Und Paul Johnson beklagte Goldhagens »Sociobabble« – »Soziologengeschwafel« –, mit dem er sich letztlich der Mühe einer genauen Analyse entzöge.[23] Die Ironie bei der Sache: Keiner der so Kritisier-

22 Die Rede ist von einem »sociologistic account«; siehe Michael Brennan, »Some Sociological Contemplations on Daniel J. Goldhagen's Hitler's Willing Executioners«, in: *Theory, Culture and Society* 18 (2001), S. 83-109, hier: S. 93. Um sich mit dem Vorwurf der »soziologistischen Zugänge« konfrontiert zu sehen, brauchte man kein Soziologe zu sein, sondern es reichte in der Debatte aus, als Historiker den Begriff des »Gruppendrucks« zu verwenden – ein Konzept, das vorrangig von Sozialpsychologen verwendet wird und das aus einer soziologischen Perspektive unzureichend ist, um die informalen Prozesse innerhalb des Polizeibataillons zu erfassen.

23 Siehe Mariam Niroumand, »Little Historians. Das Buch des amerikanischen Politologen Daniel Jonah Goldhagen wird keinen neuen Historikerstreit auslösen«, in: *taz* vom 13. 4. 1996, und Paul Johnson, »Eine Epidemie des Hasses«, in: Julius H. Schoeps (Hg.), *Ein Volk von Mördern? Die Dokumentation zur Goldhagen-Kontroverse um die Rolle der Deutschen im Holocaust*, Hamburg 1996, S. 28-31. Die Bezeichnung »Soziologe« erschien in mehreren Zeitungs- und Zeitschriftenberichten. Die Journalisten Matthias Arning, Rolf Paasch, »Die provokanten Thesen des Mister Goldhagen«, in: *Frankfurter Rundschau* vom 12. 4. 1996, schreiben vom »US-Soziologen« Goldhagen, der auf scharfe Kritik stoße. Rudolf Augstein gab seiner Auseinandersetzung mit Goldhagen kurzerhand den Titel »Der Soziologe als Scharfrichter« und beschwerte sich darüber, dass dieser alles ausblenden würde, »was ihm an bisheriger Forschung nicht passt« – suggerierend, dass dies ein für Soziologen üblicher Arbeitsstil sei. Siehe Rudolf Augstein, »Der Soziologe als Scharfrichter«, in: Julius H. Schoeps (Hg.), *Ein Volk von Mördern? Die Do-*

ten war Soziologe, keiner arbeitete systematisch mit soziologischen Theorien, und keiner verwendete einen auch nur rudimentär abgesicherten soziologischen Begriffsapparat.[24]

Die Soziologen – und das darf man nicht übersehen – haben sicherlich ihren Teil dazu beigetragen, dass sich »soziologisch« in der Holocaustforschung als Schimpfwort etablieren konnte, weil sie selbst, von wenigen Ausnahmen abgesehen, keine eigenen Beiträge zu den Debatten über den Holocaust geliefert hatten.[25] Schon in der von Hannah Arendt mit ihrem Bericht über den Eichmann-Prozess in Jerusalem ausgelösten Kontroverse über die »Banalität des Bösen« hielten sich die Soziologen auffällig zurück. Im Historikerstreit – der Debatte über die Singularität des Holocaust – spielte mit Jürgen Habermas zwar ein Soziologe eine zentrale Rolle. Seine Einwürfe zeigten aber, dass er sich eher als ein an der Zukunft der Bundesrepublik Deutschland interessierter Intellektueller denn als Soziologe an der Debatte beteiligt hatte.[26] Und auch die Diskussion darüber, wie ganz normale deutsche Männer zu Massenmördern werden konnten, wurde von Historikern, Politikwissenschaftlern, Philosophen, Anthropologen, Theologen und Sozialpsychologen geführt, jedoch so gut wie nicht von Soziologen.[27] Die Soziologie

*kumentation zur Goldhagen-Kontroverse um die Rolle der Deutschen im Holocaust*, Hamburg 1996, S. 106-109,

24 Goldhagen wird dann auch kurzerhand von den Massenmedien zum »Professor für Soziologie an der Universität Harvard« ernannt; siehe nur Rudolf Augstein, »Der Soziologe als Scharfrichter«, in: *Der Spiegel* vom 15. 4. 1996, 29 f. – und im Anschluss an Augstein beispielsweise Mechtild Blum, Wolfgang Storz, »Killing for Desire. Interview with Klaus Theweleit«, in: Robert R. Shandley (Hg.), *Unwilling Germans? The Goldhagen Debate*, Minneapolis, London 1998, S. 211-216.

25 Die Ignoranz der Soziologie gegenüber der Holocaustforschung ist insofern überraschend, als die frühen Studien von H. G. Adler (*Theresienstadt 1941-1945*, Tübingen 1955), Eugen Kogon (*Der SS-Staat. Das System der deutschen Konzentrationslager*, München 1946) oder Anna Pawełczyńska (*Values and Violence in Auschwitz*, Berkeley 1979) aufgrund deren Vorbildung mindestens »ansoziologisiert« waren.

26 So die Beobachtung von Brennan, »Some Sociological Contemplations on Daniel J. Goldhagen's Hitler's Willing Executioners«, S. 81, die plausibel erscheint, wenn man sich die Veröffentlichungen von Habermas zum Historikerstreit ansieht; siehe Habermas' Artikel in Jürgen Habermas, *Eine Art Schadensabwicklung. Kleine politische Schriften VI*, Frankfurt/M. 1987.

27 Siehe nur zum Beispiel die Sammelbände von Julius H. Schoeps (Hg.), *Ein Volk von Mördern? Die Dokumentation zur Goldhagen-Kontroverse um die Rolle der*

hat in den Debatten über den Holocaust – so Zygmunt Bauman zusammenfassend – über Jahrzehnte den Eindruck vermittelt, sich kollektiv im Verschließen der Augen zu üben.[28]

Für die Soziologie als wissenschaftliche Disziplin ist es sicherlich notwendig systematisch herauszuarbeiten, wie es nach dem Zweiten Weltkrieg zu dieser weitgehenden Ignorierung des Nationalsozialismus in soziologischen Analysen gekommen ist.[29] Zentraler

*Deutschen im Holocaust*, Hamburg 1996, Robert R. Shandley (Hg.), *Unwilling Germans? The Goldhagen Debate*, Minneapolis, London 1998, Johannes Heil, Rainer Erb (Hg.), *Geschichtswissenschaft und Öffentlichkeit. Der Streit um Daniel Goldhagen*, Frankfurt/M. 1998, Jürgen Elsässer, Andrej S. Markovits (Hg.), *»Die Fratze der eigenen Geschichte«. Von der Goldhagen-Debatte zum Jugoslawien-Krieg*, Berlin 1999, oder Geoff Eley (Hg.), *The »Goldhagen Effect«. History Memory Nazism – Facing the German Past*, Ann Arbor 2000. Eine Ausnahme ist der Beitrag von Werner Bergmann, »Im falschen System. Die Goldhagen Debatte in Wissenschaft und Öffentlichkeit«, in: Johannes Heil, Rainer Erb (Hg.), *Geschichtswissenschaft und Öffentlichkeit. Der Streit um Daniel Goldhagen*, Frankfurt/M. 1998, S. 131-147, der aber eine differenzierungstheoretisch informierte Metaperspektive auf die Debatte einnimmt.

28 Siehe Zygmunt Bauman, *Modernity and the Holocaust*, Ithaca 1989, S. 9 f. und in deutscher Übersetzung Bauman, *Dialektik der Ordnung*, S. 14 f. Siehe vor Bauman zum Beispiel Barry M. Dank, »Review of ›On the Edge of Destruction‹ by Celia S. Heller«, in: *Contemporary Sociology* 8 (1979), S. 129, hier: S. 129 f., oder Katz, »Implementation of the Holocaust«, S. 511 f. Die Nichtbeteiligung von Soziologen an der Holocaustforschung wird als Klage innerhalb der Soziologie inzwischen fast monoton wiederholt. Zu mehr oder weniger neueren Varianten der Klage siehe zum Beispiel Wolfgang Sofsky, »Zivilisation, Organisation, Gewalt«, in: *Mittelweg 36* 3 (1994), S. 57-67, hier: S. 58, Peter Imbusch, »Deutsche Geschichte, der Holocaust an den Juden und die Besonderheit der bundesrepublikanischen Genozidforschung. Acht Thesen«, in: Hartwig Hummel, Ulrich Albrecht (Hg.), *Völkermord. Friedenswissenschaftliche Annäherungen*, Baden-Baden 2001, S. 123-134, hier: S. 123 ff., Fred E. Katz, »Holocaust«, in: George Ritzer (Hg.), *The Blackwell Encyclopedia of Sociology*, Malden 2007, S. 2142 f., hier: S. 2142 f., Michaela Christ, »Die Soziologie und das ›Dritte Reich‹. Weshalb Holocaust und Nationalsozialismus in der Soziologie ein Schattendasein führen«, in: *Soziologie* 40 (2011), S. 407-431, hier: S. 407 ff., Stefan Friedrich, *Soziologie des Genozids. Grenzen und Möglichkeiten einer Forschungsperspektive*, Paderborn 2012, S. 5 und 21, oder Martin Shaw, »Sociology and Genocide«, in: Donald Bloxham, A. Dirk Moses (Hg.), *The Oxford Handbook of Genocide Studies*, Oxford, New York 2010, S. 142-162, hier: S. 144 f.

29 Ausgangspunkt können die grundlegenden Studien über deutsche Soziologie im Nationalsozialismus sein; siehe Otthein Rammstedt, *Deutsche Soziologie 1933-1945. Die Normalität einer Anpassung*, Frankfurt/M. 1986, Carsten Klingemann, *Soziologie im Dritten Reich*, Baden-Baden 1996, und Carsten Klingemann, *Sozi-*

als diese soziologischen Selbstbespiegelungen ist meines Erachtens jedoch, in Auseinandersetzung mit anderen wissenschaftlichen Disziplinen anhand konkreter Forschungsfragen herauszuarbeiten, welche neuen Einsichten sich aus einer soziologischen Perspektive gewinnen lassen. Mit meiner in diesem Buch vorgestellten These von den »ganz normalen Organisationen« will ich zeigen, wie sich soziologisch die Frage nach dem Verhalten der »ganz normalen Männer«, der »ganz normalen Deutschen« im Holocaust erklären lässt.

## Die Durchführung des Holocaust mittels staatlicher Gewaltorganisationen

Ausgangspunkt meiner These von den »ganz normalen Organisationen« ist die Beobachtung, dass mehr als 99 Prozent aller Tötungen von Juden durch Mitglieder *staatlicher Gewaltorganisationen* durchgeführt wurden.[30] Als staatliche Gewaltorganisationen werden Organisationen wie Armeen, Milizen und Polizeien verstanden, die Gewalt androhen und einsetzen, um staatliche Entscheidungen durchzusetzen. Sie unterscheiden sich von *nichtstaatlichen Gewaltorganisationen* wie Schlägertrupps, Terrororganisationen oder marodierenden Söldnergruppen dadurch, dass sie ihre Handlungen mit der Durchsetzung von staatlich legitimierten Ansprüchen begründen können.[31]

*ologie und Politik. Sozialwissenschaftliches Expertenwissen im Dritten Reich und in der frühen westdeutschen Nachkriegszeit*, Wiesbaden 2009.

30 In gewisser Weise ist dieses Buch also gegen den aktuellen Trend geschrieben, Massengewalt nicht durch die Anwesenheit, sondern gerade durch die Abwesenheit staatlicher Organisationen zu erklären; siehe dazu Jacques Sémelin, *Purify and Destroy: The Political Uses of Massacre and Genocide*, New York 2007, und Christian Gerlach, *Extrem gewalttätige Gesellschaften. Massengewalt im 20. Jahrhundert*, München 2011, S. 8 ff. Ich halte diese Erklärung für die Massentötungen in Indonesien 1965/66, Bangladesch 1971-1977, aber auch mit Abstrichen in Ruanda 1994 oder Ex-Jugoslawien 1991-1995 für plausibel. Aber für die Erklärung des Holocaust hat dieser Ansatz nur eine Erklärungskraft für die Phase Ende 1944 bis Anfang Mai 1945. Der Unterschied des Holocaust zu einer ganzen Reihe anderer Fälle von Massentötungen politischer, ethnischer oder religiöser Minderheiten besteht gerade darin, dass er sich stark auf die staatliche Ordnung stützen konnte.

31 Interessanterweise gibt es – bei allen Bemühungen zur statistischen Aufberei-

Sicherlich gab es während der NS-Zeit vielfältige nichtstaatlich organisierte Formen von Gewalt gegen Juden. Man denke nur an die Gewaltakte während der Boykotte von jüdischen Geschäften kurz nach der Machtübernahme der Nationalsozialisten im Jahre 1933, an die Zurschaustellung jüdischer und nichtjüdischer Bürger wegen vermeintlicher »Rassenschande« und an die Zerstörung von Synagogen, Geschäften und Wohnungen während der Novemberpogrome im Jahr 1938. Dabei existierte – und dies ist bisher wenig beforscht worden – eine nicht zu unterschätzende Kontinuitätslinie von Übergriffen antisemitischer Gruppierungen gegen Juden in der Weimarer Republik zu den häufig staatlich geduldeten oder auch staatlich unterstützten Gewalttätigkeiten nichtstaatlicher NS-Organisationen während der NS-Zeit.[32]

tung der Daten zum Holocaust – keine genauen Aufstellungen darüber, wie viele Juden durch Personen getötet wurden, die nicht Mitglied einer staatlichen Organisation waren. Weil aber die Tötung von Juden durch solche Personen nach dem Zweiten Weltkrieg als Mord hätte verfolgt werden können und trotzdem kaum Ermittlungsverfahren gegen Nichtmitglieder staatlicher Organisation bekannt sind, gehe ich davon aus, dass die Zahl vergleichsweise gering gewesen ist. Nähere geschichtswissenschaftliche Forschungen dazu stehen noch aus. Interessant wäre es auch, Einzelfallstudien – wie zum Beispiel über Ilse Koch, die »Hexe von Buchenwald«, die keine offizielle Funktion in der Organisation des KZ hatte – unter diesem Gesichtspunkt zu reinterpretieren. Siehe Jürgen Finger, »Zeithistorische Quellenkunde von Strafprozessakten«, in: Jürgen Finger (Hg.), *Vom Recht zur Geschichte. Akten aus NS-Prozessen als Quellen der Zeitgeschichte*, Göttingen 2009, S. 97-113, hier: S. 103, zur Einschätzung, dass Koch »außerhalb aller Hierarchien« gestanden hat; siehe nur zum Beispiel Arthur L. Smith, *Die Hexe von Buchenwald*, Köln 1983, und Alexandra Przyrembel, »Ilse Koch – ›normale‹ SS-Ehefrau oder ›Kommandeuse von Buchenwald‹?«, in: Klaus-Michael Mallmann, Gerhard Paul (Hg.), *Karrieren der Gewalt. Nationalsozialistische Täterbiographien*, Darmstadt 2004, S. 126-133.

32 Weil es das Ziel der Nationalsozialisten war, ihre Parteiorgane, wie die SS oder die SA, mit den staatlichen Strukturen zu verschmelzen, ist diese Abgrenzung zwischen staatlicher und nichtstaatlicher Gewalt nicht so klar wie in einem Staat mit einem Mehrparteiensystem. Siehe dazu ausführlich die Studien von Armin Nolzen, »›Totaler Antisemitismus‹. Die Gewalt der NSDAP gegen die Juden, 1933-1938/39«, in: Detlef Schmiechen-Ackermann (Hg.), *»Volksgemeinschaft«: Mythos, wirkungsmächtige soziale Verheißung oder soziale Realität im »Dritten Reich«? Zwischenbilanz einer kontroversen Debatte*, Paderborn 2012, S. 179-198, und von Michael Wildt, *Volksgemeinschaft als Selbstermächtigung*, Hamburg 2007; siehe zur Thematisierung der Differenz zwischen staatlicher und nichtstaatlicher Gewalt Wildt, *Volksgemeinschaft als Selbstermächtigung*, S. 96 ff. Zu Recht macht Wildt (in *Volksgemeinschaft als Selbstermächtigung*, S. 347) darauf aufmerksam, dass die

Die Massenexekutionen von Juden und die Deportationen in die Vernichtungslager wurden – und diese Differenz ist zentral – aber nicht als private Initiative von antisemitischen Interessenorganisationen betrieben. Sie waren vielmehr Teil eines staatlichen Programms zur Vernichtung der europäischen Juden.[33] Die »ganz normalen Männer« und die »ganz normalen Frauen« fingen in dem Moment an, sich an Tötungen von Juden zu beteiligen, als sie als Mitglied einer staatlichen Organisation aufgefordert wurden, ihren Beitrag zum Vernichtungsprogramm zu leisten. Und fast alle von ihnen hörten damit genau in dem Moment wieder auf, als sie diese Tötungsorganisationen verließen. Jedenfalls setzten – soweit wir wissen – die wenigsten ehemaligen Ordnungspolizisten, SD-Mitarbeiter oder Wehrmachtssoldaten nach ihrem Ausscheiden die Erschießung von religiösen oder ethnischen Minderheiten als Privatinitiative fort.

Nun ist die pure Erkenntnis, dass der Holocaust ein sich maßgeblich auf staatliche Organisationen stützendes Tötungsprogramm war, alles andere als originell. Schließlich ist auf den ersten Blick klar, dass der überwiegende Teil der Juden nicht im Rahmen von »unorganisierten« wilden antisemitischen Pogromen getötet wurde, sondern von Mitgliedern staatlicher Gewaltorganisationen im Zuge der Durchsetzung der NS-Politik.[34] So hat etwa Raul Hil-

»Weimarer Republik trotz aller Schwächen rechtsstaatliche Strukturen bot«, in denen Opfer gegen die Täter vor Gericht klagen konnten; siehe auch die frühe Studie von Peter H. Merkl, *Political Violence under the Swastika. 581 Early Nazis*, Princeton 1975, und das Buch von Sven Keller, *Volksgemeinschaft am Ende. Gesellschaft und Gewalt 1944/45*, München 2013, zur Gewaltanwendung in der Endphase des NS-Staates.

33 Auf diesen Punkt macht in Deutschland immer wieder Hans Mommsen aufmerksam, wenn er der sogenannten Täterforschung vorhält, dass der »Vernichtungsprozess einen bürokratischen Apparat« voraussetzte und dieser Aspekt in den Ansatz integriert werden müsste (siehe z. B. in: »Probleme der Täterforschung«, in: Helgard Kramer [Hg.], *NS-Täter aus interdisziplinärer Perspektive*, München 2006, S. 425-433, hier: S. 429).

34 Durch Tötungen im Rahmen von Pogromen wird in der Regel nicht die Dimension der durch staatliche Gewaltorganisationen durchgeführten Genozide erreicht. Timothy Snyder macht darauf aufmerksam, dass an jedem Tag des zweiten Halbjahres 1941 mehr Juden durch die Deutschen erschossen wurden als in der gesamten Zeit des russischen Zarenreichs bei Pogromen getötet worden waren; siehe Timothy Snyder, *Bloodlands. Europa zwischen Hitler und Stalin*, München 2010, S. 236.

berg, dessen Gesamtdarstellung der Vernichtung der europäischen Juden immer noch als zentrale Referenz der Holocaustforschung gelten kann, in großer Detailgenauigkeit nachgewiesen, wie die Juden von staatlichen Meldestellen im Deutschen Reich und in den besetzten Gebieten erfasst, von der Reichsbahn gen Osten transportiert, in den Ghettos von Polizeibataillonen drangsaliert und von SS- und Polizeieinheiten oder nichtdeutschen Hilfskräften im Zuge von Massenerschießungen oder in Vernichtungslagern getötet wurden.[35]

## Jenseits des Bildes von Organisationen als Maschinen

Mit Blick auf die organisatorische Rahmung wurde aber bisher – gerade von den wenigen Soziologen, die sich in die Diskussion über den Holocaust einzumischen suchen – mit einem fast karikaturhaften, letztlich auf Max Weber zurückgehenden Verständnis von Organisationen gearbeitet.[36] Beeindruckt von Webers Beschreibung

35 Siehe die verschiedenen Auflagen, die vom Originaltext ausgehen, Raul Hilberg, *The Destruction of the European Jews*, London 1961. Ich nutze in diesem Buch vorrangig die deutsche Übersetzung Raul Hilberg, *Die Vernichtung der europäischen Juden*, Frankfurt/M. 1990. Zur Konstanz von Hilbergs Prämissen siehe Dan Stone, *Constructing the Holocaust*, London 2003, S. 147 ff.

36 Man kann angesichts der meistens auch neueren soziologischen Arbeiten zu diesem Thema fast von einer gepflegten »organisationssoziologischen Ignoranz« sprechen. Siehe nur als prominentestes Beispiel für diese Ignoranz Bauman, *Dialektik der Ordnung*, S. 24 ff., der avanciertere organisationssoziologische Ansätze konsequent ignoriert. Aber auch innovative soziologische Studien jüngeren Datums, die durch eine Fokussierung auf Räume die Interaktion zwischen Tätern und Opfern ins Blickfeld nehmen (siehe nur Michaela Christ, *Die Dynamik des Tötens. Die Ermordung der Juden von Berditschew; Ukraine 1941-1944*, Frankfurt/M. 2011), sind durch eine weitgehende Vernachlässigung der Organisationsperspektive gekennzeichnet. Eine Ausnahme ist die äußerst lesenswerte, aber weitgehend unbeachtet gebliebene Arbeit von Jörg Balcke, *Verantwortungsentlastung durch Organisation. Die »Inspektion der Konzentrationslager« und der KZ-Terror*, Tübingen 2001. Die fehlende Rezeption dieser Arbeit selbst in soziologischen Studien zu Konzentrationslagern ist ein Indiz für die organisationssoziologische Ignoranz selbst innerhalb der soziologischen Diskussion. Es sagt viel über den Forschungsstand in der Soziologie aus, dass in den zentralen geschichtswissenschaftlichen Regionalstudien beispielsweise von Walter Manoschek (*»Serbien ist judenfrei«. Militärische Besatzungspolitik und Judenvernichtung in Serbien 1941/42*, München, Wien 1993), Christian Gerlach (*Kalkulierte Morde.*

des maschinenartigen »bürokratischen Mechanismus« mit seiner »Präzision«, »Schnelligkeit«, »Eindeutigkeit«, »Aktenkundigkeit«, »Kontinuierlichkeit«, »Diskretion«, »Einheitlichkeit«, »straffen Unterordnung«, »Ersparnissen an Reibungen« wird der Holocaust in letzter Konsequenz damit erklärt, dass sich die Nutzung der »bürokratischen Mechanismen« zur massenweisen Tötung von Personen anbot. Beim Holocaust seien, so die Lesart, Vorstellungen von »optimaler Nutzung von Ressourcen«, von »gewissenhafter und fachmännischer Vorgehensweise« umgesetzt worden. Die Arbeitsteilung habe dazu geführt, dass die Schreibtischtäter die Opfer nur noch als »entpersonalisierte«, »endlose Zahlenkolonnen« wahrgenommen hätten.[37]

Dieses maschinenhafte Verständnis von Organisationen ist in eine Erklärung eingebettet, die den Holocaust als ein Phänomen der Moderne versteht.[38] Erst die Aufklärung, so die Position, habe

*Die deutsche Wirtschafts- und Vernichtungspolitik in Weißrußland 1941 bis 1944*, Hamburg 2000), Dieter Pohl (*Nationalsozialistische Judenverfolgung in Ostgalizien 1941-1944. Organisation und Durchführung eines staatlichen Massenverbrechens*, München 1996), Thomas Sandkühler (*»Endlösung« in Galizien. Der Judenmord in Ostpolen und die Rettungsinitiativen von Berthold Beitz; 1941-1944*, Bonn 1996) oder Bogdan Musial (*Deutsche Zivilverwaltung und Judenverfolgung im Generalgouvernement. Eine Fallstudie zum Distrikt Lublin 1939-1944*, Wiesbaden 1999) die Organisationen deutlich präziser in den Blick genommen werden als in den meisten Arbeiten aus der Soziologie.

37 So Bauman, *Dialektik der Ordnung*, S. 113 ff. und 118 ff. Man erkennt diese Orientierung am weberianischen Organisationsverständnis daran, dass häufig statt von »Organisationen« von »Bürokratien« gesprochen wird. Eine ähnliche Begriffsverwendung findet sich aber auch bei Raul Hilberg, *Die Vernichtung der europäischen Juden*, S. 1080. Für die auf die Bürokratie ausgerichtete Traditionslinie in Hilbergs Denken siehe sein Buch *Unerbetene Erinnerung. Der Weg eines Holocaust-Forschers*, Frankfurt/M. 1994, S. 50 ff. Siehe kritisch dazu auch Nicolas Berg, *Der Holocaust und die westdeutschen Historiker. Erforschung und Erinnerung*, Göttingen 2003, S. 135 f., und James E. Waller, »The Social Sciences«, in: Peter Hayes, John K. Roth (Hg.), *The Oxford Handbook of Holocaust Studies*, Oxford, New York 2010, S. 667-679, hier: S. 670 f. Eine interessante Auseinandersetzung mit Baumans Bürokratietheorie findet sich bei Paul Du Gay, *In Praise of Bureaucracy*, London 2000, S. 35 ff. Balcke, *Verantwortungsentlastung durch Organisation*, S. 14, weist als einziger ausdrücklich auf die weberianische Verengung von Bauman hin.

38 Bei aller Kritik: Die Leistung der Soziologie bestand darin, dass sie – ganz in der Tradition der schon während des Zweiten Weltkrieges von Raphael Lemkin geäußerten Überlegung – die Vorstellung, der Holocaust sei als ein »Rück-

in einer »tödlichen Verbindung« aus berechnendem Kalkül und bürokratischem Apparat die »Monster der Moderne« hervorgebracht. Der Holocaust mit seinem über Organisationen umgesetzten Streben nach Perfektion sei, so Zygmunt Bauman, ein »Code der Moderne« gewesen, ein »legitimer Bewohner im Haus der Moderne«. Zielvorstellung der Moderne sei eine »bessere«, »effizientere« und »schönere« Welt, und der Massenmord an den Juden sei ein Versuch gewesen, diese Vorstellung durchzusetzen.[39]

Letztlich wird mit einem Organisationsverständnis gearbeitet, mit dem schon Hannah Arendt in ihrer Charakterstudie Adolf Eichmanns grandios gescheitert ist. Mit einem an Max Weber angelehnten Organisationsverständnis kann der Holocaust nur als »bürokratisch geplanter«, »industriell durchgeführter« »Verwal-

fall in die Barbarei«, »Betriebsunfall der Geschichte«, als »Verirrung deutscher Mentalität« anzusehen, als Mythos entlarvte (siehe Raphael Lemkin, *Axis Rule in Occupied Europe*, Washington, D.C. 1944). Die Interpretation des Nationalsozialismus als Phänomen der modernen Gesellschaft setzte bekanntlich schon früh ein. Man denke an Max Horkheimer, Theodor W. Adorno, *Dialektik der Aufklärung*, Frankfurt/M. 1969, oder Hannah Arendt, *Elemente und Ursprünge totaler Herrschaft*, München 1986; siehe dazu – kontrovers diskutiert – Michael Prinz, Rainer Zitelmann, »Vorwort«, in: Michael Prinz, Rainer Zitelmann (Hg.), *Nationalsozialismus und Modernisierung*, Darmstadt 1991, S. vii-xi. Siehe auch die Auseinandersetzung damit z. B. bei Stone, *Constructing the Holocaust*, S. 36 f., und Dan Stone, *Histories of the Holocaust*, Oxford, New York 2010, S. 113 ff. Zur Modernität als Grundbedingung von »ethnischen Säuberungen« siehe auch aus einer vergleichenden Perspektive Michael Schwartz, *Ethnische »Säuberungen« in der Moderne. Globale Wechselwirkungen nationalistischer Gewaltpolitik im 19. und 20. Jahrhundert*, München 2013, S. 5 ff. und 626 f.

39 Der Clou von Baumans Argumentation ist, dass aus seiner Sicht die Moderne nicht nur die Mittel für den Genozid zur Verfügung stellte – die bürokratische Organisation, die Tötungstechniken und die Bindungsmöglichkeiten des Personals –, sondern auch seinen Zweck; siehe zu Baumans Verständnis des Holocaust nur beispielsweise Hans Joas, »Soziologie nach Auschwitz. Zygmunt Baumans Werk und das deutsche Selbstverständnis«, in: *Mittelweg 36* 5 (1996), S. 18-28, hier: S. 18 ff., Peter Imbusch, *Moderne und Gewalt. Zivilisationstheoretische Perspektiven auf das 20. Jahrhundert*, Wiesbaden 2005, S. 449 ff. Zu einer Kritik an Bauman siehe z. B. Frank Robert Chalk, Kurt Jonassohn, *The History and Sociology of Genocide. Analyses and Case Studies*, New Haven 1990, S. 5 ff., Michael Freeman, »Genocide, Civilization and Modernity«, in: *British Journal of Sociology* 46 (1995), S. 207-223, hier: S. 214, Stone, *Constructing the Holocaust*, S. 239 ff., und Klaus Dammann, *Genocide, Individuals and Organization: Choice, Actions and Consequences for Contemporary Contexts*, Bielefeld 2007, S. 3 ff.

tungsmassenmord« verstanden werden.[40] Er wird, wie von Martin Heidegger kurz nach dem Zweiten Weltkrieg formuliert, vorrangig als die »Fabrikation von Leichen«, als »unauffälliges Liquidieren von Hunderttausenden« betrachtet.[41] Der Holocaust kommt dann, wie zum Beispiel bei Wolfgang Sofsky, als eine in »Todesfabriken« durchgeführte »spurenlose Vernichtung von Menschen in großer Zahl« daher. Die »Todesfabrik« erscheint als ein »nahezu reibungslos funktionierender Apparat«, in dem mit »hoher Kapazität und Geschwindigkeit« Menschen ermordet wurden – und das, obwohl wir schon aus soziologischen Studien über Auto- und Flugzeugfabriken wissen, dass »reibungslos funktionierende Apparate« eine reine Fiktion des Managements sind.[42] Als Synonym für den Holocaust kann in dieser Perspektive dann auch nur »Auschwitz« stehen und eben nicht die häufig improvisierten Massenerschießungen, die teilweise chaotisch ablaufenden Ghettoliquidierungen oder die durch Planungsprobleme gekennzeichneten ersten

40 Siehe Hannah Arendt, *Eichmann in Jerusalem. A Report on the Banality of Evil*, London 1984; zu einer Verteidigung Arendts gegen Vorwürfe im Rahmen der Analyse des Polizeibataillons 101 siehe Géraldine Muhlmann, »Le comportement des agents de la ›Solution finale‹. Hannah Arendt face à ses contradicteurs«, in: *Revue d'histoire de la Shoah* (1998), S. 25-52. Die Tradition dieses Verständnisses des Holocaust als eine bürokratisch organisierte Vernichtungsindustrie geht bis in die Frühphasen der Holocaustforschung zurück. Siehe nur z. B. Léon Poliakov, Joseph Wulf, *Das Dritte Reich und die Juden*, Berlin 1955, S. 3 f., die von der Entstehung einer »neuen Industrie« sprachen, deren »Räderwerk« so funktioniert habe, »wie man sie von deutscher Organisationsfähigkeit nicht anders erwarten konnte«.

41 Martin Heidegger, »Bremer und Freiburger Vorträge (Vorträge 1949 und 1957)«, in: Martin Heidegger, *Gesamtausgabe. Band 79*, Frankfurt/M. 1994, S. 56.

42 Siehe Wolfgang Sofsky, *Die Ordnung des Terrors. Das Konzentrationslager*, Frankfurt/M. 1997, S. 296; siehe zur Begrifflichkeit der Todesfabrik früh schon Hannah Arendt, *Nach Auschwitz. Essays & Kommentare*, Berlin 1989, S. 11; ausführlich zum Begriff der Todesfabrik Alf Lüdtke, »Der Bann der Wörter: ›Todesfabriken‹. Vom Reden über den NS-Völkermord – das auch ein Verschweigen ist«, in: *Werkstattgeschichte* 13 (1996), S. 5-18. Sofsky und Bauman betrachten zwar Organisationen als einen Kernaspekt bei der Erklärung des Holocaust, verzichten aber fast komplett auf die Rezeption zentraler organisationssoziologischer Forschungen. Meine Vermutung ist, dass beide mehr oder weniger ungeprüft der weberianischen Bürokratietheorie folgen, wobei das bei Sofsky in auffälligem Kontrast zu seinen mit Rainer Paris entwickelten Überlegungen zur Figuration sozialer Macht steht, siehe Wolfgang Sofsky, Rainer Paris, *Figurationen sozialer Macht. Autorität, Stellvertretung, Koalition*, Frankfurt/M. 1994.

Massentötungen in den Vernichtungslagern Bełżec, Sobibór oder Treblinka.[43]

Mit ihrer auf einem simplifizierten Verständnis von Organisationen basierenden Beschreibung haben sich die Holocaustforscher offensichtlich alle Probleme eingehandelt, die schon die an Max Weber orientierte Organisationsforschung gekennzeichnet hatte: Überbetonung der an Zwecken ausgerichteten Rationalität von Organisationen, die Missachtung der Tatsache, dass Organisationen häufig mit sich widersprechenden Zielen ausgestattet sind, die Unterschätzung der Widersprüche in der Orientierung des Handelns von Personen, die Ignorierung der »von unten« kommenden Initiativkraft oder die Vernachlässigung der Bedeutung der »Unterwachung der Vorgesetzten«, aufgrund deren die Untergebenen die Entscheidungen des Spitzenpersonals maßgeblich vorbereiten.[44]

43 Siehe zu dieser Kritik zum Beispiel Kiepe, *Das Reservepolizeibataillon 101 vor Gericht*, S. 58, oder Donald Bloxham, »Organized Mass Murder: Structure, Participation, and Motivation in Comparative Perspective«, in: *Holocaust and Genocide Studies* 22 (2008), S. 203-245, hier: S. 209. Sofsky (*Die Ordnung des Terrors*, S. 297) ist sich des »primitiven Musters« von Bełżec, Sobibór und Treblinka bewusst, aber für ihn war der »hohe Grad an Improvisation« nicht organisatorische Routine, sondern lediglich Vorstufe zu einer rationaleren Form der Vernichtung in Auschwitz-Birkenau; in *Zeiten des Schreckens. Amok, Terror, Krieg*, Frankfurt/M. 2002, S. 69, warnt Sofsky jedoch selbst davor, das »Konzept der Bürokratie auf Prozesse kollektiver Gewalt zu übertragen«. Die Fokussierung auf Auschwitz scheint auch deswegen wichtig zu sein, weil nur über die fabrikartige Organisation des Tötens die Singularität von Auschwitz zu begründen ist. Siehe zu dieser Frage im Rahmen des Historikerstreits z. B. Mathias Brodkorb, »Habermas gegen Habermas verteidigen! Ein etwas anderes Vorwort«, in: Mathias Brodkorb (Hg.), *Singuläres Auschwitz? Erich Nolte, Jürgen Habermas und 25 Jahre »Historikerstreit«*, Banzkow 2011, S. 5-16.

44 Siehe für eine frühe Sammlung dieser Schwächen des weberianischen Organisationsmodells Niklas Luhmann, »Zweck – Herrschaft – System. Grundbegriffe und Prämissen Max Webers«, in: Niklas Luhmann, *Politische Planung*, Opladen 1971, S. 90-112, oder Renate Mayntz, »Max Webers Idealtypus der Bürokratie und die Organisationssoziologie«, in: *Kölner Zeitschrift für Soziologie und Sozialpsychologie* 17 (1965), S. 493-502; siehe dazu auch zusammenfassend Stefan Kühl, *Organisationen. Eine sehr kurze Einführung*, Wiesbaden 2011, S. 57 ff. und 74 ff. Gerade anhand der frühen geschichtswissenschaftlichen Arbeiten von Martin Broszat und Hans Mommsen kann man feststellen, dass diese allein aufgrund der Quellenarbeit zu Modifikationen des Bürokratiemodells Webers kommen. Ihre Beschreibungen beispielsweise über die Konkurrenz zwischen verschiedenen Machtzentren im Nationalsozialismus oder die Nutzung von der bei der Mas-

Dieses unterkomplexe Bild der am Holocaust beteiligten Organisationen, in denen bis fast zur Spitze der Organisation das gesamte Personal lediglich als Rädchen in der Maschinerie erscheint, machte es leicht, solche auf Organisationen verweisenden Erklärungsansätze zurückzuweisen. Die Personen erschienen, so die berechtigte Kritik, in diesem Konzept nur als »marionettenhafte Protagonisten«, als »Schachfiguren«, als »seelenlose Technokraten«. Es werde, so die Kritik, der Eindruck vermittelt, als habe man es nur mit »gehorsamen und willenlosen Exekutoren einer Weltanschauung«, mit »gefühllosen Befehlsautomaten« oder mit »leidenschaftslosen Schreibtischtätern« zu tun. Die »moralischen Triebkräfte der Täter« würden nivelliert. Und damit werde letztlich auch verneint, »dass sie ihren Taten auch zustimmten«. Es werde, so die Kritik, davon ausgegangen, »dass sie unter dem Druck äußerer Kräfte standen, die sie zwangen, so zu handeln, wie sie es taten«.[45]

sentötung von geistig Behinderten und psychisch Kranken erprobten Technologien für die »Endlösung der Judenfragen« entsprechen bereits den Einsichten einer postweberianischen Organisationssoziologie. Siehe auch die Versuche von Wolfgang Seibel, über den Netzwerkbegriff ein postweberianisches Organisationsverständnis in der Holocaustforschung zu etablieren: Wolfgang Seibel, »A Market for Mass Crime? Inter-Institutional Competition and the Initiation of the Holocaust in France, 1940-1942«, in: *Journal of Organization Theory and Behavior* 5 (2002), S. 219-257, oder Wolfgang Seibel, »Restraining or Radicalizing? Division of Labor and Persecution Effectiveness«, in: Gerald D. Feldman, Wolfgang Seibel (Hg.), *Networks of Nazi Persecution. Bureaucracy, Business, and the Organization of the Holocaust*, New York 2005, S. 340-360.

45 Die Begriffe »marionettenhafte Protagonisten« und »Schachfiguren« stammen von Daniel Jonah Goldhagen, »Die Notwendigkeit eines neuen Paradigmas«, in: Jürgen Elsässer, Andrej S. Markovits (Hg.), *»Die Fratze der eigenen Geschichte«. Von der Goldhagen-Debatte zum Jugoslawien-Krieg*, Berlin 1999, S. 80-102, hier: S. 81, genauso wie die Aussagen über die Nivellierung der »moralischen Triebkräfte der Täter« und über den vermeintlichen »Druck äußerer Kräfte«. Von »seelenlosen Technokraten« spricht Matthias Heyl, *Zur Diskussion um Goldhagens Buch »Hitlers willige Vollstrecker«*, Hamburg 1996, S. 1 und 23, mit Verweis auf Goldhagen, und von »leidenschaftslosen Schreibtischtätern« mit Verweis auf Arendt. Von »gehorsamen und willenlosen Exekutoren einer Weltanschauung« und »gefühllosen Befehlsautomaten« spricht Gerhard Paul, »Von Psychopathen, Technokraten des Terrors und ›ganz gewöhnlichen‹ Deutschen. Die Täter der Shoah im Spiegel der Forschung«, in: Gerhard Paul (Hg.), *Die Täter der Shoah. Fanatische Nationalsozialisten oder ganz normale Deutsche?*, Göttingen 2002, S. 13-87, hier: S. 17. Die Kritik am Maschinenmodell der Holocaustforschung wurde häufig kombiniert mit einer Kritik am sogenannten funktionalistischen Ansatz,

In der Holocaustforschung wurde – ohne dass dies von den meisten Kontrahenten ver- oder auch nur bemerkt wurde – eine Kontroverse über Organisationen nachvollzogen, die in allgemeiner Form schon einmal Jahrzehnte zuvor geführt wurde. Als Psychologen, Betriebswirte und Soziologen am Ende des 19. Jahrhunderts anfingen, sich für das Phänomen der Organisation zu interessieren, dominierte ein Bild, in dem Personen lediglich im Hinblick auf ihre Passung in ein maschinenartig gedachtes Gebilde interessierten. Man müsse – so die damals vorherrschende strukturalistische Annahme – lediglich ein möglichst effizientes Netz von Regeln und Anweisungsketten schaffen und dann für jeden Punkt in diesem Netz die am besten geeigneten Personen identifizieren und sie durch attraktive Entlohnung auf diese Position locken.[46] Als kritische Reaktion auf diese Abwertung von Personal zu einer reinen »Erfüllungsfunktion« in einer mehr oder minder rationalen Organisation entstand die von einem voluntaristischen Menschenbild geprägte Vorstellung, dass der Faktor Personal zentral für ein Verständnis von Organisationen ist. Man ging von der soziologisch naiven Vorstellung aus, dass Organisationen aus Menschen bestehen und dementsprechend ihr Erfolg oder Misserfolg ausschließlich von der Zusammensetzung des Personals abhing.[47] Das Ergebnis war eine wenig fruchtbare Gegenüberstellung zwischen auf der einen Seite jenen Forschern, die aufgrund ihres maschi-

in dem die Entscheidung für den Holocaust mit der Konkurrenz zwischen verschiedenen Verwaltungseinheiten des NS-Staates erklärt wird. In solchen Ansätzen würde die »individuelle Verantwortung« in einem »Nebel abstrakter Prozesse« und »ungeplanter Initiativen« verschwinden; siehe z.B. Saul Friedländer, »Wege der Holocaust-Geschichtsschreibung«, in: Ulrich Bielefeld, Heinz Bude u.a. (Hg.), *Gesellschaft – Gewalt – Vertrauen. Jan Philipp Reemtsma zum 60. Geburtstag*, Hamburg 2012, S. 471-488, hier: S. 481.

46 Für diese Tradition steht zuallererst Frederick Taylor; siehe Frederick W. Taylor, *The Principles of Scientific Management*, London 1967; siehe zu dieser Blickweise auf Organisationen den Überblick von Alfred Kieser, »Managementlehre und Taylorismus«, in: Alfred Kieser (Hg.), *Organisationstheorien*, Stuttgart, Köln, Berlin ²1995, S. 57-90.

47 Diese Idee wurde besonders durch die Human-Relations-Bewegung popularisiert. Als ein zentraler Beitrag kann Elton Mayo, *The Human Problems of an Industrial Civilization*, New York 1933, gesehen werden; siehe zu dieser Blickweise auch Alfred Kieser, »Human Relations Bewegung und Organisationspsychologie«, in: Alfred Kieser (Hg.), *Organisationstheorien*, Stuttgart, Köln, Berlin ²1995, S. 91-122.

nenartigen Verständnisses von Organisationen die Bedeutung des eingesetzten Personals gering schätzten, und auf der anderen Seite von Forschern, die organisatorische Phänomene allein über die Motivation der in diesen Organisationen wirkenden Personen zu erklären suchten. Dabei tendierten die Vertreter der ersten Position dazu – so die Kritik Niklas Luhmanns –, die Bedeutung der Personen in Organisationen zu unterschätzen, während die der zweiten Position die Bedeutung tendenziell überschätzten.[48]

## Weder Strukturalismus noch Voluntarismus

Der hier vorgestellte soziologische Ansatz der »ganz normalen Organisationen« hat – und dieser Punkt kann nicht genug betont werden – weder etwas mit dem unterkomplexen Bild von Organisationen als Maschinen zu tun, noch verfällt er in eine rein voluntaristische Erklärung für das Verhalten von Personen in Organisationen. Es ist eine Stärke der systemtheoretischen Soziologie, dass sie eben nicht, wie häufig angenommen wird, einen an Strukturen orientierten Ansatz einem an Personen orientierten Ansatz entgegenstellt. Vielmehr – und das ist der Clou – begreift sie Personen als Strukturmerkmale von sozialen Systemen wie etwa Organisationen, Kleingruppen, Protestbewegungen oder Familien. Selbst soziologischen Laien leuchtet unmittelbar ein, dass Erwartungssicherheit in Kleingruppen, Protestbewegungen, Familien, aber eben auch in Organisationen nicht nur über die Orientierung an Rollen hergestellt wird, sondern gerade auch durch das Wissen über das unterschiedliche Handeln von Personen.[49]

Die systemtheoretisch informierte Organisationssoziologie kann mit dieser Perspektive einen Beitrag zur Überwindung des Gegensatzes zwischen dem »strukturalistischen Ansatz« und dem »volun-

48 Niklas Luhmann, *Organisation und Entscheidung*, Opladen 2000, S. 279 ff.

49 Zur Unterscheidung von Person und Rolle siehe ausführlich Niklas Luhmann, *Rechtssoziologie*, Reinbek 1972, S. 81 ff. Dabei unterscheiden sich verschiedene mitgliedschaftsbasierte Systeme darin, wie auf Personen und auf Rollen zugerechnet wird; siehe dazu grundlegend Stefan Kühl, »Gruppen, Organisationen, Familien und Bewegungen. Zur Soziologie sozialer Systeme zwischen Interaktion und Gesellschaft«, in: Bettina Heintz, Hartmann Tyrell (Hg.), *Interaktion – Organisation – Gesellschaft. Sonderband der Zeitschrift für Soziologie*, Stuttgart 2014, im Erscheinen.

taristischen Ansatz« in der Holocaustforschung anbieten.[50] Das Verhalten der Angehörigen der Ordnungs- und Sicherheitspolizei wird dabei nicht – wie noch von Hannah Arendt – einfach nur als Verhalten im Rahmen einer sehr genau spezifizierten formalen Mitgliedschaftsrolle verstanden, sondern es kann vielmehr erklärt werden, weswegen sie die Tötung von Juden initiativ betrieben haben, weswegen sie aktiv an der Verfeinerung zur Deportation und Tötung mitgewirkt haben, weswegen sie Erschießungen häufig auch im Grenzbereich des von der Organisation Geduldeten vorgenommen haben und vielfach auch lustvoll Grausamkeiten ausgeübt haben.[51]

Die ganz normalen deutschen Männer haben, so werde ich zeigen, erst im Rahmen von Organisationsmitgliedschaften die Bereitschaft entwickelt, einem in vielen Fällen vorhandenen latenten Antisemitismus auch eine konkrete Beteiligung an Deportationen,

50 Auch in der Soziologie existiert eine Spaltung in Handlungstheorien einerseits und Strukturtheorien andererseits. In der ambitionierten Theoriebildung wird jedoch immer auch versucht, diese Spaltung zu überwinden. Man denke nur an die These von Peter L. Berger und Thomas Luckmann, dass die Objektivierung von Strukturen durch handelnde Menschen hervorgebracht wird, an Anthony Giddens' theoretische Aufpeppung des soziologischen Allgemeinplatzes, dass Strukturen das Handeln von Akteuren ermöglicht und diese Strukturen durch das Handeln der Akteure reproduziert werden, oder an Nicos P. Mouzelis Versuch, die Strukturgebundenheit einerseits und Handlungsfreiheit andererseits auf unterschiedlichen Ebenen der Gesellschaft anzusiedeln. Siehe dazu Peter L. Berger, Thomas Luckmann, *The Social Construction of Reality*, New York 1966, Anthony Giddens, *The Constitution of Society*, Cambridge 1984, und Nicos P. Mouzelis, *Back to Sociological Theory. The Construction of Social Orders*, New York 1991. Aber auch Autoren, die häufig vorschnell als Strukturtheoritiker bezeichnet werden, wie Talcott Parsons oder Niklas Luhmann, haben anspruchsvolle Versuche zur Verbindung von Handlung und Struktur vorgelegt.

51 Die simple Gegenüberstellung von Freiwilligkeit und Zwang, von Person und Struktur in der Holocaustforschung kann so überwunden werden. Dabei geht es auch darum, salomonische Formeln à la »sowohl unpersönliche Strukturen als auch kollektive und individuelle Akteure sind wichtig« bei der Erklärung von Genoziden konsequent zu vermeiden; zitiert nach Gerlach, *Extrem gewalttätige Gesellschaften*, S. 378. Um es in der Sprache der Rational-Choice-Theorie auszudrücken: Gerade die genaue Bestimmung des Verhältnisses zwischen kollektiven und individuellen Akteuren ist zentral, um zu verstehen, wo von wem auf persönliche oder auf unpersönliche Strukturen zugerechnet wird. Für eine konsequentere Anwendung der Rational-Choice-Theorie siehe Douglass C. North u. a., *Violence and Social Order. A Conceptual Framework for Interpreting Recorded Human History*, Cambridge 2009.

Ghettoräumungen und Massenerschießungen folgen zu lassen (Kapitel 1). Das bedeutet aber eben nicht – und hier liegt die entscheidende Abgrenzung zu Erklärungsansätzen in der Tradition von Hannah Arendt –, dass die Organisationsmitglieder wie Rädchen in einer Maschine funktionierten. Im Gegenteil: Nicht alle eingesetzten Polizisten mögen sich mit dem Zweck der Vernichtung der europäischen Juden identifiziert haben, aber auch diejenigen, die die antisemitischen Schulungen bloß über sich ergehen ließen, trugen dazu bei, dass die Tötung von Juden als eine polizeiliche Aufgabe betrachtet wurde, die eben zu bewältigen ist (Kapitel 2). Auch die Polizisten, die erklärten, sich nicht an der Tötung der Juden beteiligen zu können und sich somit den Anforderungen der Zwangsorganisation entzogen, taten dies – durch Verweis auf die eigene Schwäche, auf Krankheit oder auf ihr Gewissen – so, dass das Tötungsprogramm ungestört weiterlaufen konnte (Kapitel 3). Die Erwartung, sich an den Ghettoräumungen, Deportationen und Erschießungen zu beteiligen, musste häufig nicht über die Hierarchie durchgesetzt werden, sondern war Teil der Erwartungen, die die Kameraden gegenseitig an sich stellten (siehe Kapitel 4). Diese kameradschaftlichen Erwartungen wurden dadurch gestärkt, dass sich bei den Aktionen Möglichkeiten boten, sich entgegen den Regeln der Organisationen an den Juden zu bereichern (Kapitel 5). Das hohe Maß an Brutalität, das häufig über das formal Erlaubte und für den Auftrag funktional Notwendige hinausging, erleichterte dabei den Bataillonsangehörigen die Tötung der Opfer (Kapitel 6). Es waren also gerade die Abweichungen, die Uminterpretationen und die Initiativkraft der Organisationsmitglieder, die die Durchsetzung des Holocaust ermöglichten.[52]

52 Als soziologische Tradition für diese Herangehensweise können besonders die Beobachtungen von Fred E. Katz genannt werden. Katz hebt am Beispiel von Otto Ohlendorf und Adolf Eichmann hervor, dass die »Bürokraten« im NS-Staat einen erheblichen Grad an Autonomie hatten; siehe Katz, »Implementation of the Holocaust«, S. 522 ff.; siehe auch umfassend Fred E. Katz, *Ordinary People and Extraordinary Evil. A Report on the Beguilings of Evil*, Albany 1993. Katz schloss mit seinen Überlegungen zur Autonomie in NS-Organisationen an seine frühe empirische Studie über US-amerikanische Krankenhäuser an; siehe Fred E. Katz, *Autonomy and Organization*, New York 1968. Während Katz sich auf die Autonomie programmierender Stellen in Organisationen konzentriert, beschäftige ich mich mit meinem Fokus auf das Polizeibataillon 101 jedoch mit der Autonomie programmierter Stellen im technischen Kern der Organisation.

Eine soziologisch informierte Forschung darf aber nicht bei einer reinen Aufzählung möglicher Motive der Polizeibataillonsangehörigen stehen bleiben. Damit allein würde sie keinen erkennbaren Mehrwert gegenüber der existierenden Forschung liefern. Sie muss vielmehr zeigen, über welchen Mechanismus Personen mit unterschiedlichen Motiven dazu gebracht wurden, sich an den Massentötungen zu beteiligen. Die politischen Überzeugungen, die häufig wechselnden Motive und die Verhaltensnuancen der Organisationsmitglieder sind – das wurde von Hannah Arendt übersehen – keineswegs irrelevant. Jedoch wurde der Holocaust – und hier irrte Daniel Goldhagen – keineswegs nur oder auch nur überwiegend von Personen durchgeführt, deren Überzeugungen mit einem Zweck der Organisation, in diesem Fall: der Vernichtung der europäischen Juden, übereinstimmten. Vielmehr unterschieden sich die Beteiligten deutlich in ihren Motiven, in ihrer Bereitschaft zu und ihrer Reaktion auf Tötungsaktionen. Dass sie trotzdem letztlich einheitlich und effektiv handelten, muss – und das hat Christopher Browning übersehen – von einem zentralen Punkt aus begriffen werden: der Generalisierung von Mitgliedschaftsmotiven in Organisationen (Kapitel 7).

Gewaltanwendung kann in staatlichen Gewaltorganisationen nur dann formal erwartet werden, wenn sie sich im rechtlichen Rahmen bewegt. Für die im Zweiten Weltkrieg eingesetzten Organisationen stellten die Anweisungen, sich an Massenerschießungen von Frauen, Männern und Kindern zu beteiligen, bei den Ghettoräumungen Kranke, Alte und Kleinkinder zu töten und bei den »Judenjagden« aufgegriffene Personen sofort zu töten, Anordnungen dar, bei denen Polizisten nicht sicher sein konnten, ob sie in die damals gültige Legalitätsordnung fielen. Bei den Ghettoräumungen, Deportationen und Erschießungen gestalteten sie ihre Handlungen so, dass sie in einen typischen polizeilichen Erwartungshorizont hineinpassten. Das Verständnis dessen, was als rechtmäßig galt, wurde so durch die Aktionen immer wieder bestätigt (Kapitel 8).

Deutlich hervorgehoben werden muss, dass der Holocaust sich nicht allein über das Verhalten in Organisationen erklären lässt. Aber ohne ein grundlegendes Verständnis von Organisation bleibt jede Erklärung, warum sich »ganz normale Männer«, »ganz normale Deutsche« daran beteiligt haben, unvollständig. Es ist die erschreckende Erkenntnis der Holocaustforschung, dass es nicht nötig war, spezielle Programme für die Tötungsaktionen zu entwickeln, spezielle Kommunikationswege zu schaffen oder spezielles Personal für die Tötungen zu rekrutieren, um Organisationsmitglieder zur Teilnahme an einem Genozid zu bewegen. Nicht nur die Mitglieder der staatlichen Gewaltorganisationen waren ganz normale Menschen, sondern auch die Organisationen, über die die Massentötungen geplant und durchgeführt wurden, wiesen die Merkmale ganz normaler Organisationen auf (Kapitel 9).

## Die Zumutungen einer Soziologie des Holocaust

Für Soziologen ist dieses Buch insofern eine Zumutung, als schon der Zugang zum Thema ungewöhnlich ist. Die Frage, wie »ganz normale Männer«, »ganz normale Deutsche« dazu kamen, Zehntausende von Juden zu töten, scheint sich bei der Beschäftigung mit dem Holocaust aufzudrängen. Für die an sozialen Strukturen interessierte Soziologie in der Tradition von Émile Durkheim ist ein solcher Zugang über die Motivation von Personen aber eher ungewöhnlich.[53] Wenn sich Soziologen überhaupt in die Diskussion über den Holocaust einmischten, dann siedelten sie – wie beispielsweise Theodor W. Adorno oder Norbert Elias – ihre Erklärungsansätze auf der Ebene einer abstrakten Gesellschaftstheorie an oder sie untersuchten am Beispiel des Holocaust die verschiedenen Reaktionsmuster von Nationalstaaten auf den Nationalsozialismus oder verglichen den Holocaust mit anderen Genoziden.[54]

53 Eine Ausnahme stellt die durch die Ökonomie geprägte Rational-Choice-Schule innerhalb der Soziologie dar, die aufbauend auf der Prämisse des methodologischen Individualismus nach den Interessen und damit auch den Motiven von Personen fragt. Siehe grundlegend James S. Coleman, *Foundations of Social Theory*, Cambridge 1990; einen schnellen Einstieg liefern Thomas Voss, Martin Abraham, »Rational Choice Theory in Sociology. A Survey«, in: Arnaud Sales, Stella R. Quah (Hg.), *The International Handbook of Sociology*, London, Thousand Oaks 2000, S. 50-83. Meines Wissens gibt es jedoch keinen Versuch, aus dieser Theorierichtung die Motivfrage beim Holocaust zu klären.

54 Siehe die eher kurzen Einwürfe von Theodor W. Adorno, »Erziehung nach Auschwitz«, in: Theodor W. Adorno, *Erziehung zur Mündigkeit*, Frankfurt/M. 1970, S. 92-109, und Norbert Elias, »Zivilisation und Gewalt. Über das Staats-

Den Blick stärker auf die Herstellung von Tötungsbereitschaft und damit auf die alltägliche Umsetzung der Tötungsprogramme zu lenken, mag da eher überraschend wirken.[55]

Verschärft wird die Zumutung noch dadurch, dass in dem Buch nicht das für an Theorie interessierte Soziologen übliche Abstraktionsniveau gewählt wird. »Keine Namen von Orten und Personen« – so lautet die bekannte Forderung Niklas Luhmanns, um den Generalisierungsanspruch von soziologischen Analysen zu markieren. Die Soziologen interessiert im Prinzip nicht der einzelne Krieg und erst recht nicht die einzelne Schlacht, sondern nur die Gesellschaftstheorie gewaltsamer Konflikte.[56] Nicht der einzelne Genozid ist für die Soziologen interessant, sondern die generalisierende Theorie der Massentötung von Zivilisten aufgrund von zugeschriebenen ethnischen oder religiösen Merkmalen. In diesem Buch werden entgegen diesem soziologischen Grundprinzip Namen genannt – von Orten, an denen Massaker stattgefunden haben, von involvierten Organisationseinheiten des NS-Staates und

monopol der körperlichen Gewalt und seine Durchbrechungen«, in: Joachim Matthes (Hg.), *Lebenswelt und soziale Probleme. Verhandlungen des 20. deutschen Soziologentages in Bremen 1980*, Frankfurt/M., New York 1981, S. 98-122. Chalk/Jonassohn, *The History and Sociology of Genocide*, S. 29, vergleichen verschiedene Genozide miteinander; Helen Fein, *Accounting for Genocide. National Responses and Jewish Victimization during the Holocaust*, New York 1979, geht es um nationale Differenzen im besetzten Europa. Siehe zum Trend zur Bildung von Typologien von Genoziden besonders Hans Vest, *Genozid durch organisatorische Machtapparate. An der Grenze von individueller und kollektiver Verantwortlichkeit*, Baden-Baden 2002, S. 34 ff.

55 Durch diese Fragestellung – und einige Systemtheoretiker mögen das beklagen – wird der Fokus stark auf das Handeln einzelner Personen gelenkt, und es werden sich Formulierungen einschleichen, die eher für einen akteurstheoretischen Zugang üblich sind. Ich habe mich (nicht zuletzt auch aufgrund ähnlicher Formulierungstechniken bei Niklas Luhmann, *Funktionen und Folgen formaler Organisation*, Berlin 1964) entschlossen, dieses Risiko einzugehen, will aber systematisch zeigen, wie das (zugeschriebene) Handeln der Person nur in dem organisatorischen Kontext, also mit Bezug auf die Systemreferenz Organisation, zu verstehen ist.

56 Als Beispiel für die Umsetzung dieses Prinzips siehe einschlägig die systemtheoretische Analyse des Krieges von Barbara Kuchler, in der ganz in der systemtheoretischen Tradition konsequent auf die Nennung von Namen, Daten oder Kriegen verzichtet wird. Siehe Barbara Kuchler, *Kriege. Eine Gesellschaftstheorie gewaltsamer Konflikte*, Frankfurt/M., New York 2013.

von Personen, die im Rahmen dieser Organisationseinheiten an den Massakern beteiligt waren.[57]

Auch wenn ich mit diesem Buch nicht den Anspruch erhebe, die Geschichte des Hamburger Polizeibataillons umfassend darzustellen, so wird doch jedes Kapitel mit teilweise auf neuen Quellen basierenden Schilderungen über diese Organisationseinheit eingeleitet, die Thesen der einzelnen Kapitel mit Verweisen auf sie illustriert, die da, wo es sinnvoll ist, mit solchen auf andere Organisationseinheiten des NS-Staates kontrastiert oder ergänzt werden. Die Veranschaulichung meiner Überlegungen anhand dieses gut erforschten Beispiels soll es den Leserinnen und Lesern dabei nicht nur ermöglichen, die Plausibilität meiner Überlegungen an einem konkreten Fall nachzuvollziehen und zu überprüfen, sondern auch meine Thesen zu Ansätzen aus anderen Disziplinen in Beziehung zu setzen. Damit wird der Anspruch an eine soziologische Generalisierung nicht aufgegeben – im Gegenteil: Der Anspruch dieses Buches besteht darin, über diesen Fall allgemeine Einsichten über die organisatorische Einbindung von »ganz normalen Männern« und »ganz normalen Frauen« zu eröffnen.

Für Nichtsoziologen sind die Zumutungen dieses Buches aber vermutlich noch weitaus größer. Als wissenschaftliche Disziplin nähert sich die Soziologie dem Holocaust nicht aus einer moralischen Perspektive. Es erscheint uns heute selbstverständlich, dass etwa die Exekutionen Tausender jüdischer Polen einen Massenmord darstellen, die »Töter« deswegen automatisch auch »Täter« sowohl im moralischen als auch strafrechtlichen Sinne waren und folglich als Massenmörder konsequent zu verfolgen waren und sind.[58] Diese aus heutiger Perspektive so selbstverständlichen Zu-

57 Ich gehe dabei noch weiter als Browning und Goldhagen und verzichte auf die von ihnen noch praktizierte Anonymisierung von Personen. Polizisten unterliegen als Amtsträger nicht der Anonymisierungsverpflichtung des Staatsarchivs der Stadt Hamburg. Der Verzicht auf Anonymisierung soll es ermöglichen, in anderen Archiven konkret nach diesen Personen zu forschen und darüber hinaus private Nachlässe der Bataillonsangehörigen zu identifizieren. Die Verbindung zu den Arbeiten von Browning und Goldhagen können leicht hergestellt werden, weil diese Kürzel für Vor- bzw. Nachnamen für die Bataillonsangehörigen genutzt haben.

58 Zum Zusammenhang von moralischer und strafrechtlicher Verantwortung siehe Giorgio Agamben, *Was von Auschwitz bleibt. Das Archiv und der Zeuge*, Frankfurt/M. 2003, S. 20f. Agamben hebt hervor, dass die »Übernahme einer mo-

schreibungen von Gewaltanwendungen erschweren es jedoch, die damals herrschenden Legitimitäts- und, präziser noch, Legalitätsordnungen der beteiligten Organisationen zu rekonstruieren. Bei einer soziologischen Analyse ist es nötig, sich so weit wie möglich einer neutralisierenden Wortwahl zu befleißigen. Das bedeutet zum Beispiel: Nur wenn man im ersten Zugriff von Massentötungen und nicht von Massenmorden spricht, kann man darstellen, wie die Massentötungen je nach Perspektive und Zeitpunkt ganz selbstverständlich als Massenmord oder eben nicht als Massenmord erschienen.[59]

Verschärft wird die Zumutung noch dadurch, dass Soziologen typischerweise die Rationalitäten, die Ereignissen zugrunde liegen, rekonstruieren.[60] Nun gibt es in Teilen der Holocaustforschung die Haltung, dass die Deportationen, Massenerschießungen und Tötungen in den Vernichtungslagern nicht zu erklären seien.[61] Damit wird sicherlich ein auch aus soziologischer Perspektive relevanter Aspekt getroffen, nämlich, dass viele Gewaltanwendungen aufgrund der ihnen innewohnenden Konfliktdynamik aus der Perspektive von Rationalitäten oder auch nur Motiven nur unzu-

ralischen Verantwortung nur dann irgendwelchen Wert hat, wenn sie mit der Bereitschaft einhergeht, die juristischen Konsequenzen zu tragen«.

59 Siehe Raul Hilberg, *Die Quellen des Holocaust. Entschlüsseln und interpretieren*, Frankfurt/M. 2002, zu einer Begründung dieser Vorgehensweise. Man erkennt das Problem daran, dass die Titel über die Beteiligung von Polizisten am Holocaust (siehe z. B. Harald Welzer, *Täter. Wie aus ganz normalen Menschen Massenmörder werden*, Frankfurt/M. 2005) fast identisch sind mit dem Titel der autobiographischen Schilderungen von Mordermittlern in der Nachkriegszeit (siehe z. B. Josef Wilfling, *Abgründe. Wenn aus Menschen Mörder werden*, München 2010).

60 Zu dem Problem siehe Jan Philipp Reemtsma, *Die Gewalt spricht nicht. Drei Reden*, Stuttgart 2002, S. 89 ff.

61 Vgl. zu dieser Position nur Jürgen Müller-Hohagen, *Verleugnet, verdrängt, verschwiegen. Die seelischen Auswirkungen der Nazizeit*, München 1988, S. 29, Yehuda Bauer, »Is the Holocaust Explicable?«, in: *Holocaust and Genocide Studies* 5 (1990), S. 145-156, hier: S. 145 ff., oder Harald Welzer, »Härte und Rollendistanz. Zur Sozialpsychologie des Verwaltungsselbstmordes«, in: *Leviathan* 21 (1993), S. 358-373, hier: S. 358. Der beste Kommentar zu dem Postulat, dass Erklärungsversuche den »einzigartigen und unsagbaren Charakter von Auschwitz« zerstören würden, stammt von Agamben, der fragt, warum man die »Vernichtung mit dem Ansehen der Mystik schmücken« müsse. Siehe Agamben, *Was von Auschwitz bleibt*, S. 28.

reichend zu verstehen sind.[62] Aber auch wenn man verstärkt die Eigendynamik von Gewaltprozessen ins Auge fasst, ist nicht zu übersehen, dass die Beteiligten an solchen Prozessen sich selbst und anderen permanent Rationalitäten zuschreiben.[63] Soziologisch betrachtet – und das macht die Soziologie als wissenschaftliche Disziplin für viele Nichtsoziologen so suspekt – gibt es jedoch deswegen keinen systematischen Grund, weswegen der Holocaust nicht genauso rekonstruiert werden kann wie die Entwicklung der Atomkraft, die Ausbildung neuartiger Regime der Fabrikarbeit oder die Genese universaler Menschenrechte.

Weiter verschärft wird diese Zumutung dadurch, dass bei der Frage, wie »ganz normale Männer«, »ganz normale Deutsche« dazu gebracht wurden, sich am Holocaust zu beteiligen, nicht die Opfer im Fokus der Betrachtung stehen. Das steht in Kontrast zu einer lauter werdenden Forderung, den Holocaust nicht aus der Perspektive auf die (oder gar aus der Perspektive *der*) Täter, sondern aus der auf die (oder besser noch *der*) jüdischen Opfer zu erklären oder wenigsten zu erzählen.[64] Dies mag mit der auch vereinzelt in der

62 So z. B. Michael Neumann, »Schwierigkeiten der Soziologie mit der Gewaltanalyse«, in: *Mittelweg 36* 4 (1995), S. 65-68, hier: S. 67. Siehe auch Wolfgang Sofsky, *Traktat über die Gewalt*, Frankfurt/M. 1996, S. 69, mit seiner Aussage, dass Gewalt im Prinzip »sinnlos« ist.

63 Siehe hierzu den Vorschlag von Birgitta Nedelmann, »Gewaltsoziologie am Scheideweg. Die Auseinandersetzung in der gegenwärtigen und Wege der künftigen Gewaltforschung«, in: Trutz von Trotha (Hg.), *Soziologie der Gewalt. Sonderheft der Kölner Zeitschrift für Soziologie und Sozialpsychologie*, Opladen 1997, S. 59-85, hier: S. 78 f., »reziproke Sinnvorhänge« bei Gewaltanwendungen zu rekonstruieren.

64 Siehe schon die Mitter der 1980er Jahre ausgetragene Debatte zwischen Martin Broszat und Saul Friedländer über eine Historisierung des Holocaust: Martin Broszat, »Plädoyer für eine Historisierung des Nationalsozialismus«, in: *Merkur* 39 (1985), S. 373-385, Saul Friedländer, »Some Reflections on the Historicisation of National Socialism«, in: *Tel Aviver Jahrbuch für deutsche Geschichte* 16 (1987), S. 310-324, sowie ihren Briefwechsel in Martin Broszat, Saul Friedländer, »Um die ›Historisierung im Nationalsozialismus‹. Ein Briefwechsel«, in: *Vierteljahrshefte für Zeitgeschichte* 36 (1988), S. 339-372. Siehe dazu auch Ian Kershaw, »›Normality‹ and Genocide«, in: Thomas Childers, Jane Caplan (Hg.), *Reevaluating the Third Reich*, New York, London 1993, S. 20-41. Die Kontroverse wird rekapituliert in Norbert Frei (Hg.), *Martin Broszat, der »Staat Hitlers« und die Historisierung des Nationalsozialismus*, Göttingen 2007. Saul Friedländer veranlasste die Debatte zu der Forderung nach einer integrierten Holocaustgeschichtsschreibung, in der die Entscheidungen der NS-Organisationen, die Unterstützung und der Widerstand

Gewaltsoziologie zu hörenden Forderung kompatibel sein, durch »dichte Beschreibungen« die »Qual der Opfer« sichtbar zu machen.[65] Für eine soziologische Herangehensweise ist die mit moralischen Argumenten geführte Debatte, ob eine »Täterperspektive« durch eine »Opferperspektive« ersetzt werden müsse oder ob man statt einer »Tattheorie« eher eine »Leidenstheorie« brauche, jedoch irrelevant.

Ob und in welchem Ausmaß Formen von Gewaltanwendung mit Blick auf die Täter oder auf die Opfer analysiert werden müssen, hängt von dem zu analysierenden Gegenstand ab. Für eine soziologische Analyse von Ghettos, Konzentrationslagern oder auch Vernichtungslagern muss die Perspektive der Opfer einbezogen werden, weil eine solche Analyse – das legen schon die soziologischen Studien von Gefängnissen und Psychiatrien nahe – nur mit dem Blick auf das Zusammenspiel von Angehörigen der staatlichen Gewaltorganisationen und den Bewohnern der Ghettos beziehungsweise den Häftlingen in den KZs oder Vernichtungslagern gewonnen werden kann.[66] Dagegen spielt die Perspektive auf die oder gar der Opfer eine untergeordnete Rolle, wenn wir das Verhalten der Männer des Polizeibataillons 101 verstehen wollen. Dies nicht deswegen, weil man vor dem Leid der Opfer die Augen verschließen will – wer könnte das schon tun –, sondern weil in diesem Fall die Opferperspektive nur wenig dazu beiträgt, das, was geschehen ist, zu erklären.[67] Sicherlich ist es wichtig, sich gerade die

der Bevölkerung im Deutschen Reich und die Wahrnehmungen und Reaktion der jüdischen Bevölkerung miteinander zu verknüpfen seien.

65 »Die Theorie des Handelns«, so Sofsky (*Traktat über die Gewalt*, S. 68), »unterschlägt die Lage der Bezwungenen«. Sie sei »taub und blind gegenüber der Qual der Opfer«. Zum sowohl analytischen als auch normativen Charakter der Gewaltzentrierung bei Sofsky siehe Trotha, »Zur Soziologie der Gewalt«, S. 39; zu den Gefahren des »Viktimismus« siehe Michel Wieviorka, *Die Gewalt*, Hamburg 2006, S. 103 ff.

66 Wobei für das Verständnis der Vorgänge in den Vernichtungslagern vorrangig die wenigen Hundert Häftlinge interessant sind, die über Monate für Tätigkeiten im Rahmen der Vernichtungsprogramme zwangsrekrutiert wurden. Siehe als Beispiel den Bericht von Thomas Toivi Blatt, der zur Analyse des Vernichtungslagers Sobibór maßgeblich beiträgt; Thomas Toivi Blatt, *From the Ashes of Sobibor. A Story of Survival*, Evanston 1997.

67 Die Quellen von jüdischen Opfern sind vorhanden, nicht nur in Form von Nachkriegsüberlieferungen der wenigen Überlebenden, sondern auch in Form von zunehmend gut erschlossenen zeitgenössischen Berichten von verfolgten Ju-

Gewaltanwendungen bei den Deportationen und Erschießungen als gegenseitig beobachtete Prozesse des »Erleidens« und »Zufügens von Leid« genau zu rekonstruieren. Aber diese Prozesse waren in der Regel so kurz, dass die Bataillonsangehörigen das »Leiden« ihrer konkreten Opfer nur begrenzt mit in ihr Kalkül einbeziehen mussten.

## Zur Terminologie einer Soziologie des Holocaust

Zu einer soziologischen Herangehensweise gehört es, möglichst eine eigene Begrifflichkeit zu wählen und mit den während und nach der NS-Zeit genutzten Begriffen vorsichtig umzugehen. Der Sprachgebrauch der Nationalsozialisten war vielfach durch Euphemismen gekennzeichnet.[68] Mit dem Begriff der »Volksgemeinschaft« wollte die NS-Propaganda suggerieren, dass ihre Rassenpolitik vom überwiegenden Teil der Bevölkerung befürwortet wurde. Der Plan, die weit über zehn Millionen Juden Europas zu töten, wurde als »Endlösung« der »Judenfrage« verharmlost. Die

den (siehe dazu als Überblick Henry Greenspan, »Survivors' Account«, in: Peter Hayes, John K. Roth [Hg.], *The Oxford Handbook of Holocaust Studies*, Oxford, New York 2010, S. 414-427, und Amos Goldberg, »Jews' Diaries and Chronicles«, in: Hayes/Roth [Hg.], *The Oxford Handbook of Holocaust Studies*, S. 397-413). Solche Quellen wurden von mir – soweit zugänglich – genutzt (siehe die Hinweise zur empirischen Basis im Anhang). Besonders interessant sind die von Klaus-Peter Friedrich zusammengetragenen Tagebucheintragungen, Briefe und Berichte von Juden aus dem Generalgouvernement – gerade im Kontrast zu den amtlichen Quellen der deutschen Besatzungsbehörden; siehe Klaus-Peter Friedrich (Hg.), *Polen, September 1939-Juli 1941*, München 2011, und Klaus-Peter Friedrich (Hg.), *Polen: Generalgouvernement August 1941-1945*, München 2014. Siehe zu den eindrucksvollen Berichten Emanuel Ringelblums aus dem Warschauer Ghetto ausführlich Samuel D. Kassow, *Who Will Write Our History? Emanuel Ringelblum, the Warsaw Ghetto, and the Oyneg Shabes Archive*, Bloomington 2007.

68 Der Klassiker ist natürlich Victor Klemperer, *LTI. Notizbuch eines Philologen*, Berlin 1947; siehe aber auch die ausführlichen Überblicke von Karl Heinz Brackmann, Renate Birkenhauer, *NS-Deutsch. Selbstverständliche Begriffe und Schlagwörter aus der Zeit des Nationalsozialismus*, Straelen 1988, oder Iris Forster, *Euphemistische Sprache im Nationalsozialismus*, Bremen 2009. Allgemein zur Rolle von Sprache bei Genoziden siehe Herbert Hirsch, Roger W. Smith, »The Language of Extermination in Genocide«, in: Israel W. Charny (Hg.), *Genocide. A Critical Bibliographic Review*, London 1988, S. 386-404.

Transporte in die Vernichtungslager wurden als »Evakuierungen«, »Säuberung« oder »Umsiedlungen«, direkte Erschießungen vor Ort, weil beispielsweise ein Bahntransport in die Vernichtungslager nicht möglich war, als »örtliche Aussiedlung«, »Befriedungsaktionen« oder »Exekutivmaßnahmen« bezeichnet. »Aktionen« nannte man zeitlich befristete Vorhaben, etwa die Tötung geistig Behinderter und psychisch Kranker (»Aktion T4«) oder die Tötung aller Juden im Generalgouvernement (»Aktion Reinhard«).[69] Bei einer wissenschaftlichen Analyse lässt sich die Verwendung solcher von den Nationalsozialisten kultivierten Begrifflichkeiten nicht gänzlich vermeiden. Entsprechende Verwendungsweisen werden jedoch in diesem Buch konsequent in Anführungszeichen gesetzt, um zu markieren, dass es sich um NS-Jargon handelt.

Zweitens muss man sich darüber im Klaren sein, dass es sich bei der Bezeichnung von Personen als Juden oder Nichtjuden nicht immer um Selbstbeschreibungen, sondern in einer Reihe von Fällen um Fremdbeschreibungen durch die Nationalsozialisten handelte. Es waren die Nürnberger Rassengesetze, über die die Nationalsozialisten bestimmten, dass »drei Großelternteile jüdischer Abstammung« eine Person zu einem »Volljuden« machten, auch wenn die Person selbst gar nicht mehr dem jüdischen Glauben anhing. Bei einer Zugehörigkeit zu einer jüdischen Religionsgemeinschaft reichten hingegen bereits zwei Großeltern aus, um

69 Während die Schreibweise für die »Aktion T4« nach dem Sitz der zentralen Dienststelle in der Tiergartenstraße 4 in Berlin einheitlich war, existierte für das NS-Tötungsprogramm im Generalgouvernement sowohl die Bezeichnung »Aktion Reinhard« als auch »Aktion Reinhardt«. Siehe dazu – auch mit Hinweisen auf die Diskussion in der Forschungsliteratur – Mommsen, *Das NS-Regime und die Auslöschung des Judentums in Europa*, S. 160 f. Ich verwende hier die Schreibweise »Aktion Reinhard«, die in den geheimen Funkmeldungen im Generalgouvernement genutzt wurde. Aber auch bei den von den Briten abgefangenen und entschlüsselten Funkmeldungen fanden sich unterschiedliche Schreibweisen der Aktion; siehe Stephen Tyas, »Der britische Nachrichtendienst: Entschlüsselte Funkmeldung aus dem Generalgouvernement«, in: Bogdan Musial (Hg.), *»Aktion Reinhardt«. Der Völkermord an den Juden im Generalgouvernement 1941-1944*, Osnabrück 2004, S. 431-447, hier: S. 439 ff. Dass sich in der NS-Verwaltung über Jahre unterschiedliche Schreibweisen halten konnten ist Ausdruck davon, dass es keine grundlegende schriftliche Verordnung für die Aktion gegeben hat und dass sich wegen der fehlenden massenmedialen Berichterstattung keine eindeutige Schreibweise ausbilden konnte.

zum »Volljuden« oder zur »Volljüdin« erklärt zu werden. Die Nationalsozialisten entwickelten eine eigene Art von Arithmetik, in der Personen nicht nur als »Volljuden«, sondern auch als »Halbjuden«, »Dreivierteljuden«, »Fünfachteljuden« oder auch als »Zweiunddreißigsteljuden« bezeichnet wurden.[70] Weil sich die Vernichtungspolitik des NS-Staates an der selbst generierten Bestimmung von Juden orientiert hat, wird in diesem Buch deren Benennung übernommen. Es darf dabei aber nicht übersehen werden, dass von den Nationalsozialisten nicht wenige Personen als Juden ghettoisiert, deportiert und getötet wurden, die sich selbst nicht als Juden beschrieben hätten.[71]

Drittens existierte eine teilweise auch in der Forschungsliteratur übernommene Gegenüberstellung einer als Nation bestimmten Gruppe von »Deutschen«, »Ukrainern« oder »Polen« einerseits und einer religiös – häufig auch ethnisch – definierten Gruppe von Juden andererseits. Der Gegensatz zwischen dem »Deutschen«, dem »Polnischen« oder »dem Ukrainischen« zu »dem Jüdischen« war Bestandteil einer antisemitischen Grundhaltung, die sich schon im 19. Jahrhundert etabliert hatte, dann aber von den Nationalsozialisten zur Staatsideologie erklärt wurde. Für Angehörige des jüdischen Glaubens, die im Ersten Weltkrieg auf der Seite des Deutschen Reichs gekämpft hatten, war es geradezu eine Ohrfeige, als von den Nationalsozialisten eine Differenz zwischen einer nationalen und einer religiösen Identität konstruiert wurde. Diese Differenz gewann aber durch die permanente Wiederholung ein so hohes Maß an Plausibilität, dass sie auch nach 1945 noch den Sprachgebrauch

70 Siehe dazu Horst Dieter Schlosser, *Sprache unterm Hakenkreuz*, Köln 2013, S. 233. Wie irrsinnig diese Arithmetik der Nationalsozialisten war, zeigt das Konzept der Halb-, Viertel- und Achteljuden. Wenn die Nationalsozialisten Personen als Halbjuden, Vierteljuden oder Achteljuden bezeichneten, waren diese Personen dann auch gleichzeitig Halbdeutsche, Dreivierteldeutsche oder Siebenachteldeutsche? (Siehe dazu Doris L. Bergen, »Controversies about the Holocaust: Goldhagen, Arendt, and the Historians' Conflict«, in: Hartmut Lehmann [Hg.], *Historikerkontroversen*, Göttingen [2]2000, S. 141-174, hier: S. 161).

71 Siehe Hazel Rosenstrauch, *Aus Nachbarn wurden Juden. Ausgrenzung und Selbstbehauptung 1933-1942*, Berlin 1988, S. 11 f.; siehe auch Ulrich Beck, »Wie aus Nachbarn Juden werden. Zur politischen Konstruktion des Fremden in der reflexiven Moderne«, in: Max Miller, Hans-Georg Soeffner (Hg.), *Modernität und Barbarei. Soziologische Zeitdiagnose am Ende des 20. Jahrhunderts*, Frankfurt/M. 1996, S. 318-343, hier: S. 318 f.

prägte.[72] »Juden« waren aber – genauso wie die Angehörigen anderer Religionsgemeinschaften – seit der Bildung der Nationalstaaten immer auch »Polen«, »Rumänen«, »Litauer«, »Esten«, Letten« oder »Deutsche«. Auch wenn es immer wieder Selbst- und Fremdbeschreibungen gegeben hat, mit denen versucht wurde, diesen Konnex zu lösen, so wurden die Juden jedoch erst durch die Politik der Nationalsozialisten systematisch nationaler Zuschreibungen beraubt. Um den Sprachgebrauch der Nationalsozialisten zu kontrastieren müsste eigentlich immer von jüdischen Polen oder jüdischen Deutschen und nichtjüdischen Polen und nichtjüdischen Deutschen die Rede sein. Diese analytisch präzisere Verwendung mag bei der Beschreibung von den »nichtjüdischen Deutschen«, die für die Ghettoisierungen, Deportationen und Tötungen der Juden verantwortlich waren, noch funktionieren, sie gestaltet sich aber schon bei der Spezifikation von »jüdischen Deutschen«, »jüdischen Ungarn« oder »jüdischen Polen« schwierig. Zwar waren die Opfer des Polizeibataillons 101 vorrangig jüdische Polen, aber wegen der von den Nationalsozialisten nach Beginn des Zweiten

72 Wie tief sich dieses Schema einer vermeintlichen Differenz zwischen der nationalen Identität als Deutsche und dem Bekenntnis zum jüdischen Glauben (oder auch zum Glauben der Eltern oder Großeltern) verfestigt hat, zeigen Aussagen nach 1945. Nur eine kleine Auswahl: Der (vermutlich christliche) Präsident der deutschen Bundeszentrale für politische Bildung wies den langjährigen Vorsitzenden des Zentralrats der Juden in Deutschland, Ignatz Bubis, darauf hin, dass seine Heimat doch Israel sei (vgl. Angelika Königseder, »Zur Chronologie des Rechtsextremismus. Daten und Zahlen 1946-1993«, in: Wolfgang Benz [Hg.], *Rechtsextremismus in Deutschland. Voraussetzungen, Zusammenhänge, Wirkungen*, Frankfurt/M. 1994, S. 246-317, hier: S. 307 f.). Einen ähnlichen Fehltritt beging die damalige Frankfurter Oberbürgermeisterin Petra Roth, als sie einen Friedenswunsch für »Bubis' Land« aussprach und ihre ungewollt antisemitische Äußerung durch Bubis' Kommentar deutlich gemacht wurde, dass er gar nicht wisse, »dass in Hessen Krieg ist« (vgl. dazu Michael Klundt, *Geschichtspolitik. Die Kontroversen um Goldhagen, die Wehrmachtsausstellung und das »Schwarzbuch des Kommunismus«*, Köln 2000, S. 29 f.). Von Ignatz Bubis stammte auch die Geschichte, dass bei einem Empfang, auf dem der deutsche Bundespräsident und der israelische Staatspräsident gesprochen hatten, ein hochrangiger deutscher Beamter auf ihn zugekommen sei und sagte: »Ihr Präsident spricht ja wunderbar. Und Bubis antwortete: Ja, der Herr Herzog [damaliger Bundespräsident der Bundesrepublik Deutschland] spricht immer sehr schön. Darauf der Beamte: Nein, nein, nein, ich meinte Ihren Präsidenten!« (Michael Blumenthal, »Das war meine Rettung«, in: *Die Zeit* vom 21. 10. 2010, S. 70).

Weltkrieges initiierten Bevölkerungsverschiebungen fanden sich in den Ghettos des Generalgouvernements Juden aus den verschiedensten Teilen Europas. In diesem Buch werde ich deshalb auch trotz der Ungenauigkeit aus sprachlichen Vereinfachungsgründen gelegentlich von den »Juden« in Abgrenzung zu den »Polen« oder den »Deutschen« sprechen, an möglichst vielen Stellen aber die genauere Unterscheidung zwischen »nichtjüdischen Deutschen« und »jüdischen Deutschen« oder »nichtjüdischen Polen« und »jüdischen Polen« verwenden.[73]

73 Die Forschungen zu diesem Buch habe ich zu erheblichen Teilen im Rahmen von drei jeweils mehrsemestrigen Lehrforschungen an der Universität Bielefeld durchgeführt. Für die fruchtbare Zusammenarbeit bei der Arbeit in den verschiedenen Archiven und für die teilweise kontroversen Diskussionen bin ich meinen Studentinnen und Studenten dankbar. Ich bin mir bewusst, dass das hohe theoretische Niveau bei den Diskussionen in Bielefeld gerade in Zeiten von Massenuniversitäten keine Selbstverständlichkeit ist. Aus den Lehrforschungen heraus ist eine Reihe von aufschlussreichen Detailstudien entstanden. Eine Auswahl davon erscheint in dem Sammelband Alexander Gruber, Stefan Kühl (Hg.), *Soziologische Analysen des Holocaust. Jenseits der Debatte über »ganz normale Männer« und »ganz normale Deutsche«*, Wiesbaden 2015. Weitere Arbeiten aus dem Kontext der Lehrforschungen sind im Rahmen der Reihe *Working Paper zur Soziologie des Holocaust* über meine Homepage an der Universität Bielefeld zugänglich. Wenn bei der Darstellung von der empirischen Vorgehensweise von »wir« die Rede ist, bezieht sich dies auf die gemeinsame Arbeit in den Archiven. Frühere Versionen des hier vorgelegten Textes wurden von einer ganzen Reihe von Kolleginnen und Kollegen aus der Soziologie, der Geschichtswissenschaft und der Sozialpsychologie kommentiert. Ihnen allen danke ich für die teilweise ausführlichen Anmerkungen zu den früheren Fassungen, besonders aber für die Ermutigung, dieses Projekt trotz aller Widerstände zu Ende zu bringen.

# 1. Jenseits der »ganz normalen Männer« und »ganz normalen Deutschen«

> Ich bezweifle, ob in tausend Jahren die Menschen Hitler, Auschwitz, Majdanek und Treblinka besser verstehen werden als wir heute. Werden sie eine bessere historische Perspektive haben? Im Gegenteil. Die Nachwelt wird es vielleicht sogar noch weniger als wir verstehen. Wer kann die Motive und Interessen hinter den Ungeheuerlichkeiten von Auschwitz analysieren? [...] Wir sind mit einem gewaltigen und unheilvollen Geheimnis über den menschlichen Charakter konfrontiert, der die Menschheit für immer ratlos lassen und in Angst versetzen wird.
>
> *Isaac Deutscher*[1]

Das Dorf Józefów im Süden des polnischen Distrikts Lublin ist in den letzten Jahren zu einem der Symbole für den Holocaust geworden. Anders als bei den Vernichtungslagern Bełżec, Sobibór, Treblinka oder Auschwitz-Birkenau liegt die Bedeutung von Józefów nicht so sehr in der Dimension der Vernichtung und in der Perfidie eines arbeitsteilig geplanten und durchgeführten Genozids. Józefów ist vielmehr zum Symbol dafür geworden, wie problemlos »ganz normale Männer« – in diesem Fall die älteren Reservepolizisten, die aus Hamburg in das von den Deutschen besetzte Generalgouvernement verlegt wurden – dafür eingesetzt werden konnten, jüdische Männer, Frauen und Kinder aus kurzer Distanz zu erschießen.

Die Opfer des Massakers in Józefów waren zum einen die Juden, die seit längerer Zeit in dem Dorf ansässig waren und denen es nicht gelang, nach der Besetzung Polens durch die deutschen Truppen 1939 über die Grenze in die Sowjetunion zu fliehen, und zum anderen jene Juden, die im März 1941 im Rahmen der Umsiedlungspläne des NS-Staates aus dem sogenannten Warthegau nach Józefów deportiert worden waren. Das NS-Regime hatte sich ent-

1 Isaac Deutscher, *The Non-Jewish Jew and other Essays*, Boston 1982, S. 163 f.; meine Übersetzung des Originalzitats; siehe dazu auch Jeffrey C. Alexander, »On the Social Construction of Moral Universals«, in: Jeffrey C. Alexander, *The Meaning of Social Life. A Cultural Sociology*, Oxford 2003, S. 27-84, hier: S. 50.

schieden, einen großen Teil des besetzten Polens – darunter auch den im Warthegau zusammengefassten Norden – in das Deutsche Reich einzugliedern und die dort lebenden jüdischen und nichtjüdischen Polen in das unter deutscher Verwaltung stehende Generalgouvernement abzuschieben. Mit den aus Konin im Warthegau deportierten Juden lebten bis zu dem Massaker durch die Angehörigen des Hamburger Polizeibataillons ungefähr 2000 Juden in Józefów. Damit stellten die jüdischen Polen – auch nach der Flucht einiger von ihnen über die polnisch-sowjetrussische Grenze 1939 – gut die Hälfte der Dorfbevölkerung.[2]

Mit Heinrich Himmlers Auftrag an den SS- und Polizeiführer des Distrikt Lublin, Odilo Globocnik, Maßnahmen zu ergreifen, um die Juden im besetzten Polen zu töten, gerieten auch die jüdischen Polen in Józefów ins Visier der deutschen Besatzer. Schon ab Mai 1942 gab es in Józefów immer wieder Verhaftungen und Erschießungen, an denen die lokalen im Distrikt stationierten deutschen Schutzpolizisten, Gestapo-Beamten und Bahnpolizisten beteiligt waren.[3] Im Juli 1942 gab Globocnik über seinen Stab die Anweisung an das Polizeibataillon 101, die Juden aus Józefów vor Ort zu erschießen oder – soweit sie für Arbeiten der NS-Administration zu gebrauchen seien – in Arbeitslagern zu konzentrieren.

Obwohl die Einsatzbefehle sowie die offiziellen Berichte über das Massaker bei Kriegsende vernichtet wurden, herrscht über den Ablauf des Massakers aufgrund der Ermittlungsarbeit der Hamburger Staatsanwaltschaft in den 1960er Jahren weitgehend Klarheit.[4]

2 Zur Umsiedlung der Juden von Konin nach Józefów siehe Danuta Dabrowska, Abraham Wein, *Pinkas Hakehillot. Encyclopedia of Jewish Communities, Poland, Band 1*, Jerusalem 1976, S. 235 ff., und Janina Kiełboń, »Judendeportationen in den Distrikt Lublin (1939-1943)«, in: Bogdan Musial (Hg.), *»Aktion Reinhardt«. Der Völkermord an den Juden im Generalgouvernement 1941-1944*, Osnabrück 2004, S. 111-140, hier: S. 115; zeitgenössische Berichte von in den Distrikt Lublin Deportierten, in denen von Überfüllung und Ernährungsschwierigkeiten berichtet wird, finden sich in Else R. Behrend-Rosenfeld, *Lebenszeichen aus Piaski. Briefe Deportierter aus dem Distrikt Lublin 1940-1943*, München 1968.

3 Die Geschichte der Juden in Józefów vor dem Massaker vom 13. Juli 1942 hat bisher wenig Aufmerksamkeit erhalten. Hier wären weitere regionalgeschichtliche Studien hilfreich.

4 Die folgende Schilderung beruht auf der Anklageschrift im ersten Verfahren gegen Angehörige des Polizeibataillons 101 und auf einem Vermerk des Staatsanwalts beim Landgericht Hamburg vom 22. 1. 1970 bezüglich der Eröffnung eines zwei-

Am Abend des 12. Juli 1942 rief der Führer des Bataillons, Major Wilhelm Trapp, seine Offiziere zusammen und erklärte ihnen, dass das Bataillon die Aufgabe habe, Józefów »von Juden zu säubern«. Bei »der Aktion« sollten die »arbeitsfähigen männlichen und weiblichen Juden aussortiert und in ein Arbeitslager gebracht werden« und der »Rest der Juden« – also Kranke, Alte und Kinder – »an Ort und Stelle erschossen werden«. Die Truppen wurden kurz nach Mitternacht geweckt, das Bataillon rückte mit allen verfügbaren Kräften – 500 Mann – nach Józefów aus und traf dort zwischen 4.00 Uhr und 5.00 Uhr morgens auf Mannschaftswagen ein.

An dem Treffpunkt vor dem Dorf rief der Bataillonskommandeur die Mannschaften zusammen und erklärte ihnen die Einsatzaufgabe: Das Dorf sei zu umstellen, die Juden mit Waffengewalt aus ihren Häusern zu holen und auf einen Sammelplatz am Markt zu bringen. Nachdem insbesondere die arbeitsfähigen Männer ausgesondert worden seien, sollten alle anderen in einem nahe gelegenen Wald erschossen werden. Wenn die Durchsuchungstrupps bei der Räumung der Häuser auf transportunfähige Personen wie Greise, Kranke, Kleinstkinder und Säuglinge oder Personen, die sich der Aussiedlung widersetzten, träfen, seien diese an Ort und Stelle zu töten.

Entsprechend dieser Anweisung wurden die greifbaren jüdischen Bewohner Józefóws auf dem Marktplatz zusammengetrieben. Aus dieser Gruppe wurden ungefähr hundert vorrangig männliche Handwerker aussortiert und in Begleitung eines Zuges des Bataillons nach Lublin geschickt. Von den auf dem Marktplatz verbliebenen Juden wurden jeweils immer dreißig bis vierzig auf einem Mannschaftswagen des Bataillons in den Wald gefahren. Dann führte ein Polizist jeden Einzelnen dieser Juden in das Dickicht des Waldes, zwang ihn, sich mit dem Gesicht auf die Erde zu legen, und richtete ihn mit einem Genickschuss hin. Unterführer

ten Verfahrens gegen Angehörige des Reserve-Polizeibataillons 101, StA Hamburg NSG 0022/002, Bl. 1218 ff. Im Vermerk ist von »mindestens 100 arbeitsfähigen Juden« die Rede, die »nach Lublin in ein Lager gebracht« wurden. »Die Zahl der Opfer« – so der Vermerk – »betrug mindestens 100, wahrscheinlich war sie erheblich höher«. Sowohl Browning, *Ganz normale Männer*, S. 86 ff., und Goldhagen, *Hitlers willige Vollstrecker*, S. 243 ff., als auch Paul Dostert, »Die Luxemburger im Reserve-Polizei-Bataillon 101 und der Judenmord in Polen«, in: *Hémecht* 552 (2000), S. 81-99, hier: S. 90 f., orientieren sich eng an den Rekonstruktionen der Hamburger Staatsanwaltschaft.

und Sanitäter gingen, so die Schilderung in einem Vermerk der Staatsanwaltschaft, an »den Reihen der Opfer entlang« und gaben den noch lebenden Juden »sogenannte Gnadenschüsse«. Auf diese Weise zog sich die Exekution der 1300 bis 1500 Juden über mehr als zwölf Stunden bis in den späten Nachmittag hin.[5]

Dieser ersten Massenerschießung in Józefów, an der fast das ganze Bataillon beteiligt war, folgte eine Vielzahl weiterer Erschießungen, zum Beispiel in Łomazy, Serokomla, Talczyn oder Łuków. Sie wurden in der Regel nicht durch das ganze Bataillon, sondern durch einzelne Kompanien oder Züge des Bataillons durchgeführt.[6] Weil die Durchführung solcher Massenexekutionen vom NS-Regime als belastend für die Polizisten eingeschätzt wurde, ordnete der Kommandostab des SS- und Polizeiführers in Lublin an, dass die jüdischen Bewohner des Distrikts möglichst in die Vernichtungslager Treblinka, Sobibór oder Bełżec zu deportieren und dort zu vergasen seien.[7]

Diese durch die Polizeibataillone mithilfe lokaler Polizeieinheiten durchgeführten Deportationen liefen – so die Rekonstruktion

5 Vermerk des Staatsanwalts beim Landgericht Hamburg vom 22.1.1970 bezüglich der Eröffnung eines zweiten Verfahrens gegen Angehörige des Polizeibataillons 101, StA Hamburg NSG 0022/002, Bl. 1223f. Die Zitate im ersten Absatz beziehen sich auf Zeugenaussagen eines Zugführers, die in der Anklageschrift wiedergegeben werden. Es gibt eine zeitgenössische Überlieferung des polnischen Arztes Zygmunt Klukowski aus Szczebreszyn, der am 17.7.1942 davon berichtet, dass einige Tage zuvor die Deutschen damit begonnen hätten, Juden in Józefów zu töten und dass ungefähr 1500 Juden getötet wurden, meistens Frauen und Kinder. Am 4.11.1942 berichtet er, dass in Józefów die »Liquidierung« der verbleibenden Juden stattgefunden hätte (siehe Zygmunt Klukowski, *Diary from the Years of Occupation, 1939-44*, Urbana, Chicago 1993, S. 207 und 224).

6 Im Ort Miedzyrzec wurden im August und im Oktober 1942 einmal 960 und dann 150 Juden erschossen. Zwischen diesen beiden Einsätzen wurden von unterschiedlichen Kompanien des Hamburger Polizeibataillons 200 Juden in Serokomla, 200 Juden und zusätzlich 87 nichtjüdische Polen in Kock (Talczyn), 100 Juden in Parczew (Radzyn) und 1000 Juden in Kónskowola durch unterschiedliche Kompanien des Polizeibataillons erschossen.

7 So wurden im August 1942 5000 Personen aus Parczew und 10000 Personen aus Międzyrzec deportiert. Im Oktober fand die Deportation von 2000 Personen aus Radzyn, von 7000 Personen aus Łuków und erneut von einer mindestens vierstelligen Zahl von Personen aus Międzyrzec statt. Im November 1942 folgte dann die Deportation von weiteren 3000 Personen aus Łuków. Mindestens 15000 Personen wurden in den Jahren 1942 und 1943 dann noch zusätzlich aus den Orten Biała, Podlaska, Komarówka, Wohyń, Czemierniki, Radzyn und Międzyrzec deportiert.

der Staatsanwaltschaft in Hamburg – fast immer nach demselben Schema ab. »Zunächst wurde die jüdische Siedlung durch Angehörige der Schutzpolizei, der Gendarmerie oder fremdvölkischer Hilfswilligen-Einheiten umstellt. Sodann wurde den Juden befohlen, die Häuser zu verlassen und sich zu bestimmten Sammelplätzen zu begeben. Nunmehr wurden die Häuser durch Kommandos der Sicherheitspolizei oder der Schutzpolizei nach zurückgebliebenen Personen durchsucht. Die aufgefundenen Personen, insbesondere gehunfähige Menschen, nämlich Greise, Kleinstkinder und Kranke, wurden an Ort und Stelle erschossen.« Nachdem noch arbeitsfähige Menschen herausgesucht worden waren, wurden alle anderen Personen zu einer Bahnstation getrieben. Wer bei den häufig kilometerlangen Märschen zu den Bahnstationen vor Erschöpfung zusammenbrach, wurde von den Angehörigen des Polizeibataillons erschossen und dann am Straßenrand liegen gelassen. Die deutsche Ordnungspolizei pferchte die Juden häufig so in die Güterwagen, »dass die Türen kaum noch geschlossen werden konnten, und transportierte sie in oft tagelangen Fahrten ohne Wasser und Verpflegung zur Vergasung in eines der Vernichtungslager«. »Wegen der Überfüllung der Transporte kam« – so die Rekonstruktion durch die Staatsanwaltschaft – bereits während der Fahrt in die Vernichtungslager ein großer Teil der Insassen ums Leben.[8]

Über zwei Jahre war das Polizeibataillon 101 immer wieder an Ghettoräumungen, Deportationen und Massenerschießungen beteiligt. Bei einigen Tötungsaktionen war diese Einheit unmittelbar für die Erschießungen zuständig. Bei anderen Einsätzen, etwa bei der »Aktion Erntefest« in den Lagern Majdanek und Poniatowa, bei

8 Vermerk der Staatsanwaltschaft Hamburg 19.2.1965, StA Hamburg, NSG 0022/001, Bl. 53, und, ganz ähnlich, Vermerk des Staatsanwalts beim Landgericht Hamburg vom 22.1.1970 bezüglich der Eröffnung eines zweiten Verfahrens gegen Angehörige des Polizeibataillons 101, StA Hamburg NSG 0022/002, Bl. 1231 f. Dies lässt sich durch Berichte von Zeitzeugen bestätigen. So berichtet ein aus Warschau stammender polnischer Jude, der aus dem Vernichtungslager in Treblinka fliehen konnte, dem Untergrundarchiv des Warschauer Ghettos im Oktober 1942, dass er in Treblinka einen Zug mit »großen, russischen Waggons« aus Miedzyrzec gesehen habe, »voll mit Leichen von Menschen«, die erstickt waren – »Leichen mit heraushängenden Zungen, blutleeren Lippen, hervorgequollenen Augen«; zitiert nach Friedrich, *Polen: Generalgouvernement August 1941-1945*, S. 501. Es handelt sich dabei mit hoher Wahrscheinlichkeit um Juden, die von Angehörigen des Polizeibataillons 101 in die Züge gezwängt wurden.

denen im November 1943 über 30000 Juden getötet wurden, war das Polizeibataillon – jedenfalls nach Aussagen von Bataillonsangehörigen – vorrangig mit der Absperrung des Geländes befasst.[9] Manchmal ging es dabei um die Erschießung von Hunderten, häufig Tausenden von Juden, häufig aber – wie bei den von den Polizisten selbst so genannten »Judenjagden« – nur um die Tötung von kleineren, zufällig aufgegriffenen oder durch die polnische Zivilbevölkerung gemeldeten Gruppen von jüdischen Männern, Frauen und Kindern.[10]

Für den Zeitraum von Juni 1942 bis November 1943, in dem das Reserve-Polizeibataillon im Distrikt Lublin des Generalgouvernements eingesetzt worden war, konnte die Hamburger Staatsanwaltschaft nach dem Zweiten Weltkrieg den Bataillonsangehörigen die direkte Beteiligung an der Tötung von 38000 Juden und die Deportation von 45000 Juden in die Vernichtungslager nachweisen.[11] Im Januar 1942, das heißt vor der Ankunft des Hamburger

9 Direkte Tötungen durch Angehörige des Polizeibataillons konnten dabei nicht nachgewiesen werden, sind aber wahrscheinlich (siehe Aufstellung von Wolfgang Kopitzsch, »Hamburger Polizeibataillone im Zweiten Weltkrieg«, in: Angelika Ebbinghaus, Karsten Linne [Hg.], *Kein abgeschlossenes Kapitel*, Hamburg 1997, S. 293-318, hier: S. 316; Kiepe, *Das Reservepolizeibataillon 101 vor Gericht*, S. 12). Stefan Klemp, (»*Nicht ermittelt*«. *Polizeibataillone und die Nachkriegsjustiz*, Essen 2005, S. 567) hält die Zahl von 30500 Toten in Majdanek und Poniatowa für sehr hoch geschätzt, aber nicht für unmöglich. Siehe auch als zeitgenössische Quellen die Berichte von Wanda Szupenko, Mitglied einer polnischen Untergrundorganisation, vom 14. 11. 1943, vom jüdischen Nationalkomitee in Polen vom 15. 11. 1943 und von Leon Feiner von dem Zentralen Leitungsorgan der Bewegung der jüdischen werktätigen Massen in Polen vom 15. 11. 1943 (siehe dazu Friedrich, *Polen: Generalgouvernement August 1941-1945*, S. 745, 746 ff. und 753 ff.).

10 Zu den »Judenjagden« während der »Aktion Reinhard« siehe Christopher R. Browning, »›Judenjagd‹. Die Schlußphase der ›Endlösung‹ in Polen«, in: Jürgen Matthäus, Klaus-Michael Mallmann (Hg.), *Deutsche, Juden, Völkermord. Der Holocaust als Geschichte und Gegenwart*, Darmstadt 2006, S. 177-189, hier: S. 177 ff. Ich folge hier der genauen Aufstellung von Browning, *Ganz normale Männer*, S. 293; Goldhagen, *Hitlers willige Vollstrecker*, S. 277, und Kopitzsch, »Hamburger Polizeibataillone im Zweiten Weltkrieg«, S. 316.

11 Weil die Kriegstagebücher des Polizeibataillons nicht erhalten sind, basieren die Zahlenangaben auf mühsamen Rekonstruktionen durch die Staatsanwaltschaft Hamburg in den 1960er Jahren. Die neueste Berechnung von Wolfgang Curilla, *Der Judenmord in Polen und die deutsche Ordnungspolizei*, S. 844 f., geht davon aus, dass das Polizeibataillon direkt für die Erschießung, Erschlagung und Auf-

Polizeibataillons 101 im Distrikt, lebten in Lublin schätzungsweise 320 000 Juden. Im Januar 1946, vier Jahre später, wurden in der Woiwodschaft Lublin, die aus dem Distrikt Lublin hervorgegangen war, nicht einmal mehr 5000 Juden gezählt.[12] Das Bataillon war maßgeblich an dieser fast vollständigen Auslöschung der polnischen Juden im Distrikt Lublin verantwortlich.

Was hat Polizisten, SS-Männer, Wehrmachtssoldaten oder Angestellte der Zivilverwaltung dazu getrieben, sich an Ghettoliquidierungen, Deportationen in Vernichtungslager und Massenerschießungen zu beteiligen, durch die innerhalb von nur wenigen Jahren sechs Millionen europäische Juden getötet werden

hängung von mindestens 40 459 Juden und für die Deportation von weiteren 46 200 Juden in die Vernichtungslager verantwortlich war. Curilla nimmt an, dass 25 959 Juden dabei ausschließlich von Angehörigen des Polizeibataillons 101 getötet, 14 500 in Kooperation mit anderen Einheiten erschossen wurden.

12 Ich folge hier den Zahlenangaben von Musial, *Deutsche Zivilverwaltung und Judenverfolgung im Generalgouvernement*, S. 102. Curilla (*Der Judenmord in Polen und die deutsche Ordnungspolizei*, S. 847) berechnet auf der Grundlage von Kalkulationen von Frank Golczewski (»Polen«, in: Wolfgang Benz [Hg.], *Dimension des Völkermordes. Die Zahl der jüdischen Opfer des Nationalsozialismus*, München 1991, S. 411-497, hier: S. 418 und 452), dass im Distrikt Lublin 1939 etwa 250 000 Juden lebten und sich daran bis Anfang 1942 nicht viel änderte. Da jedoch nach dem Warschauer Aufstand 50 000 Juden aus Warschau in den Distrikt Lublin verbracht wurden, geht er von einer Gesamtopferzahl von 290 000 aus. Nach Curillas Berechnungen ergibt sich, dass die verschiedenen Einheiten der Ordnungspolizei an 79 414 Exekutionen und der Deportationen von 177 888 Juden in die Vernichtungslager beteiligt waren. Dementsprechend war die Ordnungspolizei an der Tötung von 257 302 der 290 000 Juden im Distrikt Lublin – also von 88,7 Prozent – beteiligt. Die Dimension der Beteiligung des Polizeibataillons wird deutlich, wenn man sie mit anderen Tötungseinrichtungen und -einheiten der Nationalsozialisten vergleicht. Die Tötungsrate des Polizeibataillons 101 ist vergleichbar mit der der durch das Reichssicherheitshauptamt aufgestellten Einsatzgruppen. Die aus insgesamt 3000 Mann zusammengesetzten vier Einsatzgruppen, die im Rücken der Wehrmacht in die Sowjetunion einmarschierten und vorrangig die Aufgabe hatten, die in den eroberten Gebieten lebenden Juden zu töten, töteten in fünf Monaten etwa 500 000 Juden (siehe dazu Hilberg, *Die Vernichtung der europäischen Juden*, S. 312). Geht man davon aus, dass in Auschwitz-Birkenau von 1940 bis 1945 ungefähr 1 100 000 europäische Juden, nichtjüdische Polen, sowjetische Kriegsgefangene sowie Sinti und Roma umgebracht wurden (siehe dazu Franciszek Piper, *Die Zahl der Opfer von Auschwitz. Aufgrund der Quellen und der Erträge der Forschung 1945 bis 1990*, Auschwitz 1993, S. 202), dann erkennt man die Dimension von Exekutionen und Deportationen, die durch das Polizeibataillon 101 vorgenommen wurden.

konnten?[13] Weswegen haben sich auf den ersten und häufig auch auf den zweiten Blick ganz normal erscheinende Menschen an den Gräueltaten beteiligt?[14]

## 1.1. Das Versagen der einfachen Antworten

Die Frage, was Polizisten, SS-Männer, Wehrmachtssoldaten, aber auch Angehörige der deutschen Zivilverwaltung, Feuerwehrleute oder Leiter örtlicher Sparkassen dazu veranlasst hat, sich an den Ghettoliquidierungen und Massenerschießungen zu beteiligen, beschäftigt die Holocaustforschung seit Jahrzehnten.[15] Das Ham-

13 Die Zahl von sechs Millionen getöteten Juden hat sich in der Darstellung über den Holocaust eingebürgert. Genauer muss man wohl davon ausgehen, dass die Zahl zwischen 5,6 und 6,3 Millionen liegt; siehe dazu ausführlich Wolfgang Benz (Hg.), *Dimension des Völkermordes. Die Zahl der jüdischen Opfer des Nationalsozialismus*, München 1991. Angesichts der emotionalen Neutralisierungswirkung dieses Hantierens mit großen Zahlen spricht Horst Eberhard Richter (*Zur Psychologie des Friedens*, Reinbek 1984, S. 106ff.) von Stecknadeldenken. Er rekurriert dabei auf die Berechnungen eines US-amerikanischen Nuklearingenieurs über die Effekte von Atombombeneinsätzen gegen die Sowjetunion. »Eine Nadel mit rosa Kopf für Minsk bedeutete 200000 Tote. [...] Aber wenn ich Nadeln steckte, sah ich keine Menschen arbeiten und keine Kinder spielen.«

14 Mit dieser Frage ist auch die Engführung meiner Fragestellung festgelegt. Es geht mir nicht um eine Gesamtanalyse des Holocaust aus soziologischer Perspektive. Der Boden für eine »integrated sociology of the Holocaust« – im Sinne der inzwischen eingeforderten »integrated historiography of the Holocaust« (siehe die Versuche beispielsweise von Hilberg, *The Destruction of the European Jews*, Michael R. Marrus, *The Holocaust in History*, Hanover 1987, und Stone, *Histories of the Holocaust*) – ist nicht einmal ansatzweise vorbereitet.

15 Von der Struktur der Fragestellung ähnelt die Herangehensweise der Historiker dabei dem heftig kritisierten vermeintlichen Mainstream in der Gewaltsoziologie, der nach Ursachen von Gewaltanwendung sucht, ohne einen Blick für den Prozess der Gewaltanwendung zu haben; siehe als Prototyp dieses »Mainstreams« der Gewaltforschung Wilhelm Heitmeyer (Hg.), *Das Gewalt-Dilemma. Gesellschaftliche Reaktionen auf fremdenfeindliche Gewalt und Rechtsextremismus*, Frankfurt/M. 1994; siehe zur Kritik an diesem Ansatz Trotha, »Zur Soziologie der Gewalt«, S. 16ff., und Nedelmann, »Gewaltsoziologie am Scheideweg«, S. 63f. Dass in der soziologischen Debatte gar nicht vermerkt wurde, dass die Kritik am Mainstream nicht nur als Kritik an der an aktuellen Phänomenen orientierten Gewaltforschung von Wilhelm Heitmeyer und anderen gelesen werden muss, sondern gerade auch an den Motivsuchern in der Holocaustfor-

burger Reserve-Polizeibataillon 101 ist deswegen für die Forschung von besonderem Interesse, weil bei der Erklärung des Verhaltens der Bataillonsangehörigen die üblichen Erklärungsansätze an ihre Grenzen zu stoßen scheinen.

## Arbeitsteilung

»Menschen-Vernichtungs-Anlage« – dieser Begriff des ehemaligen Kommandanten von Auschwitz, Rudolf Höß, hat lange Zeit das Verständnis des Holocaust geprägt. Mit dem Ausdruck »Menschen-Vernichtungs-Anlage« wird genauso wie mit »Todesfabrik« suggeriert, dass bei der Durchführung des Holocaust ein Prinzip moderner Organisationen zum Tragen gekommen sei: die Arbeitsteilung. Damit wird impliziert, dass die Beteiligten am »Fließband der Vernichtung« häufig gar nicht wussten, an welchem Vorhaben sie genau beteiligt waren. Für den Bahnbeamten, der den reibungslosen Transport von Juden nach Bełżec, Sobibór oder Treblinka organisierte, für den Polizeibeamten, der an den Räumungen der Ghettos in Warschau, Łódź oder Lublin mitwirkte, war es, wenn man diese Vorgänge unter dem Aspekt der Arbeitsteilung betrachtet, häufig nicht möglich, den eigentlichen Zweck – die Vernichtung aller europäischen Juden – zu erkennen. Zwar hätte es – so die Suggestion – einige Konstrukteure und Betreiber der »Vernichtungsmaschinerie« gegeben. Aber der Großteil der Beteiligten seien lediglich »kleine Rädchen« in dieser Maschinerie gewesen.

schung wie Daniel Goldhagen und Christopher Browning, zeigt wie wenig Soziologie und Geschichtswissenschaft miteinander im Gespräch sind. Siehe zur Kritik an der überspitzten Gegenüberstellung nur zum Beispiel Peter Imbusch, »›Mainstreamer‹ versus ›Innovateure‹ der Gewaltforschung. Eine kuriose Debatte«, in: Wilhelm Heitmeyer, Hans-Georg Soeffner (Hg.), *Gewalt. Entwicklungen, Strukturen, Analyseprobleme*, Frankfurt/M. 2004, S. 125-150, Thorsten Bonacker, »Zuschreibungen der Gewalt. Zur Sinnförmigkeit interaktiver, organisierter und gesellschaftlicher Gewalt«, in: *Soziale Welt* 53 (2002), S. 31-48, Joachim Renn, Jürgen Straub, »Gewalt in modernen Gesellschaften. Stichworte zu Entwicklungen und aktuellen Debatten in der sozialwissenschaftlichen Forschung«, in: *Handlung Kultur Interpretation* 11 (2002), S. 199-224, und Jörg Hüttermann, »›Dichte Beschreibung‹ oder Ursachenforschung der Gewalt? Anmerkung zu einer falschen Alternative im Lichte der Problematik funktionaler Erklärungen«, in: Wilhelm Heitmeyer, Hans-Georg Soeffner (Hg.), *Gewalt. Entwicklungen, Strukturen, Analyseprobleme*, Frankfurt/M. 2004, S. 107-124.

Die Darstellungen über die Einsätze des Hamburger Reserve-Polizeibataillons 101 sowohl von überlebenden Juden, von Repräsentanten der polnischen Regierungen als auch von den Polizisten selbst, führen solche Schilderungen von der »Maschinenartigkeit der Vernichtung« ad absurdum.[16] Berichtet wird von Genickschüssen, die aus kürzester Distanz abgegeben wurden, von Gehirnmasse der Exekutierten, die den Schützen ins Gesicht spritzte, von Kindern, die in den Armen ihrer Mütter erschossen wurden, und von schwerverletzten Opfern, die lebendig begraben wurden. Dies hatte mit einer fabrikmäßig organisierten Tötung nichts zu tun, sondern wirkte, so Bernd-A. Rusinek, eher »schinderhaft-handwerklich«. Ein ganz erheblicher Teil der Tötungen wurde von Ordnungskräften in sehr »traditionellen«, fast »archaischen Formen« vorgenommen.[17]

Die Einsätze des Reserve-Polizeibataillons zeigen, wie eng die Konzentration der Juden in Ghettos, die Deportationen in die Vernichtungslager und die Massenerschießungen vor, während und nach den Deportationen miteinander verzahnt waren. Die Ghettoisierung war eine wichtige Voraussetzung für einen effizienten Transport der Juden in die Vernichtungslager. Dort, wo ein Transport in die Vernichtungslager nicht möglich war, weil Bahnhöfe zu weit entfernt waren, Bahnstrecken unterbrochen waren oder nicht ausreichend Waggons verfügbar waren, wurden die jüdischen Frauen, Männer und Kinder in Massenerschießungen exekutiert und anschließend in vorher ausgehobenen Gruben verscharrt.

16 Siehe nur die Berichte einer unbekannten polnischen Verfasserin von ungefähr Oktober 1942 über die Erschießungen des Polizeibataillons in Miedzyrzec und Lomazy sowie eines jüdischen Geschwisterpaars vermutlich von Ende 1942 über die Erschießungen und Deportationen durch das Bataillon in Luków (abgedruckt in Friedrich, *Polen: Generalgouvernement August 1941-1945*, S. 507 ff. und 518 ff.). Siehe auch den Lagebericht der polnischen Regierungsdelegatur vom 10.10.1942 über die Erschießungen durch Angehörige des Bataillons 101 in Lomazy, Friedrich, *Polen: Generalgouvernement August 1941-1945*, S. 483. Siehe auch Goldhagen, *Hitlers willige Vollstrecker*, S. 26 f. (nur im Vorwort der deutschen Auflage), der die Arbeitsteilungsthese explizit ablehnt.

17 Bernd-A. Rusinek, »Die Kritiker-Falle: Wie man in Verdacht geraten kann. Goldhagen und der Funktionalismus«, in: Johannes Heil, Rainer Erb (Hg.), *Geschichtswissenschaft und Öffentlichkeit. Der Streit um Daniel Goldhagen*, Frankfurt/M. 1998, S. 110-130, hier: S. 112. Die Aussage über die »traditionellen«, fast »archaischen Formen« stammt von Herbert, »Vernichtungspolitik«, S. 57.

Sicherlich – auch die Auflösung der Ghettos, die Deportationen und die Massenerschießungen von Juden wurden arbeitsteilig organisiert. Eine Reihe von Polizisten räumte die Häuser, andere begleiteten die Juden zu den Erschießungen, wiederum andere sorgten für die Absperrung und passten auf, dass niemand floh. Einige Gruppen des Bataillons waren dafür zuständig, den Opfern die Kleider und Wertsachen abzunehmen, andere führten die Erschießungen durch und wiederum andere überwachten das Zuschütten der Gräben.[18]

Solche rudimentären Formen der Arbeitsteilung mögen es den Polizisten erlaubt haben, ihren eigenen Beitrag zu minimieren: Sie konnten sich einreden, dass sie ja lediglich an der Absperrung beteiligt waren oder nur die Lkws gefahren haben und deswegen für die Tötungen nicht verantwortlich wären. Aber das darf nicht darüber hinwegtäuschen, dass jeder Angehörige des Polizeibataillons an nahezu intimen Tötungsakten beteiligt war. Der Polizist und sein Opfer standen sich Auge in Auge gegenüber, konnten sich auf dem Weg zu den Gruben miteinander unterhalten, und der Polizist konnte die Angst und Verzweiflung seiner Opfer direkt spüren.

## Fanatismus

Eine Standarderklärung für den Holocaust lautet, dass zu einer Vernichtung von Millionen von Menschen nur Überzeugungstäter – nationalsozialistische »Weltanschauungskrieger« – fähig gewesen seien. Nur Personen, die sich voll und ganz mit der nationalsozialistischen Weltanschauung identifizieren konnten, seien in der Lage gewesen, über Stunden, manchmal Tage, die jüdische Bevölkerung in den besetzten Dörfern oder Städten zusammenzutreiben und zu töten. Kurz: Täter des Holocaust können nur diejenigen gewesen sein, die sich mit den von den Nationalsozialisten propagierten Zwecken der Verdrängung, Ghettoisierung und in letzter Konsequenz Vernichtung der Juden identifizieren konnten.[19]

18 Siehe zur Arbeitsteilung bei Massenerschießungen Welzer, *Täter*, S. 141 ff.

19 Das Bild des »Weltanschauungskriegers« hat sich teilweise auch für Angehörige der Ordnungspolizei durchgesetzt, die nicht speziell ausgewählt wurden. So Stefan Klemp, *»Nicht ermittelt«. Polizeibataillone und die Nachkriegsjustiz. Ein Handbuch*, Essen ²2011b, S. 480, mit Bezug auf Edward B. Westermann, »›Or-

Diese später auch teilweise in der Holocaustforschung vertretene Sichtweise wurde schon kurz nach dem Zweiten Weltkrieg geprägt, indem während der Nürnberger Kriegsverbrecherprozesse lediglich die Gestapo und die SS, nicht jedoch die Ordnungspolizei, die Kriminalpolizei oder die Wehrmacht als verbrecherische Organisationen eingestuft wurden. Das in der Gestapo und der SS organisierte Personal geriet so, so Edward Crankshaw, zu einer »Art Universal-Sündenbock«, der sich wie ein »künstlicher Nebelschleier« über jede Form konkurrierender Erklärung legte.[20]

Sicherlich – der NS-Führung schwebte vor, die »Polizei mit der SS« zu verschmelzen. Dem NS-Staat ging es, so Werner Best, oberster Theoretiker der Nationalsozialisten zu Fragen der Organisation der Polizei, bei der Ausrichtung der Polizei um eine »›ordensmäßige‹ Durchdringung einer Einrichtung der Volksordnung durch die Träger der nationalsozialistischen Bewegung«. Dieses Ziel sollte dadurch erreicht werden, dass »diejenigen Angehörigen der Polizei, die den Aufnahmebedingungen der SS« entsprachen, »in die SS aufgenommen« werden und dort den »SS-Dienstgrad« erhalten sollten, »der ihrer Stellung in der Polizei« entsprach.[21]

Aber gerade bei den Reserve-Polizisten wurde dieses Ziel während des Zweiten Weltkrieges nur bedingt erreicht. Zwar waren einige Angehörige des Polizeibataillons auch schon vor 1933 in nationalsozialistischen Organisationen aktiv. Der Führer der dritten Kompanie Wolfgang Hoffmann hatte 1930 mit mehreren Mitschülern in seinem Heimatort den »nationalsozialistischen Schülerbund« gegründet, war 1933 in die SS eingetreten und wurde 1937 dann auch Mitglied der NSDAP. Der Zugwachtmeister Rudolf Grüll aus der ersten Kompanie war schon 1930 in Österreich in die Hitler-Jugend eingetreten und wurde zwei Jahre später Mitglied der SS.[22]

dinary Men‹ or ›Ideological Soldiers‹? Police Battalion 310 in Russia, 1942«, in: *German Studies Review* 21 (1998), S. 41-68, hier: S. 63.

20 Siehe Paul, »Von Psychopathen, Technokraten des Terrors und ›ganz gewöhnlichen‹ Deutschen«, S. 17. Das Zitat stammt von Edward Crankshaw, *Die Gestapo*, Berlin 1959, S. 10, auf das ich durch den Text von Paul aufmerksam wurde.

21 Siehe dazu Werner Best, *Die Deutsche Polizei*, Darmstadt 1940, S. 94. Ferner wurde nach 1933 vonseiten des NS-Staates die Order ausgegeben, dass Mitglieder der NSDAP, der SA und der SS nach 1933 bevorzugt für den Dienst in der Ordnungspolizei rekrutiert werden sollten.

22 Siehe dazu die Anklageschrift in StA Hamburg NSG 0022/002, Bl. 1218 ff. (in der Paginierung der Anklageschrift S. 48 ff.). Nähere Informationen über einige

Bei den Angehörigen des Polizeibataillons 101 handelte es sich – im Gegensatz beispielsweise zu großen Teilen der SS-Einsatzgruppen in Polen und in der Sowjetunion – aber eben nicht um eine Auswahl besonders motivierter Nationalsozialisten, sondern die meisten von ihnen waren vor der Machtübernahme durch die Nationalsozialisten nicht Mitglied einer NS-Organisation gewesen.[23] Während des Krieges waren von den Angehörigen des Reserve-Polizeibataillons 101 zwar 32,5 Prozent NSDAP-Mitglieder – ein im Vergleich zur deutschen Gesamtbevölkerung leicht überdurchschnittlicher Anteil an Parteimitgliedern –, aber insgesamt waren die Bataillone der Reservepolizisten im Vergleich zu anderen Einheiten der Ordnungs- oder Sicherheitspolizei mit vergleichs-

Bataillonsangehörige wie Heinrich Theodor Becker, Rudolf Grüll, Wolfgang Hoffmann oder Julius Wohlauf enthalten die Akten der Staatskommission für Entnazifizierung in Hamburg, StA Hamburg, 221-11 – Staatskommission für die Entnazifizierung.

23 Die Einsatzgruppen, die erstmals als mobile Dienststellen des Sicherheitsdienstes (SD), der SS und der aus Gestapo und Kriminalpolizei bestehenden Sicherheitspolizei (SiPo) bei der Besetzung Österreichs und der Tschechoslowakei gebildet wurden, waren für Massenerschießungen von Juden erst in Polen und dann besonders in der Sowjetunion verantwortlich. Auch wenn in die Einsatzgruppen in der Sowjetunion »normale Polizisten« zuerst aus dem Polizei-Reservebataillon 9 und später aus dem Polizeibataillon 3, problemlos integriert wurden, bestand der Kern der Einsatzgruppe aus Personen, die für ihre Tätigkeit im SD oder in der SiPo unter anderem aufgrund ihrer Loyalität zum NS-Staat ausgesucht wurden. Siehe allgemein zu den Einsatzgruppen Helmut Krausnick, *Hitlers Einsatzgruppen. Die Truppe des Weltanschauungskrieges 1938-1942*, Frankfurt/M. 1998, Richard Rhodes, *Die deutschen Mörder. Die SS-Einsatzgruppen und der Holocaust*, Bergisch Gladbach 2004, Michaël Prazan, *Einsatzgruppen. Sur les traces des commandos de la mort nazis*, Paris 2010, und in Artikelform früh schon Joseph Tenenbaum, »The Einsatzgruppen«, in: *Jewish Social Studies* 17 (1955), S. 43-64. Siehe für Einsatzgruppen in Polen Klaus-Michael Mallmann u. a., *Einsatzgruppen in Polen. Darstellung und Dokumentation*, Darmstadt 2008, und zu den verschiedenen Einsatzgruppen in der Sowjetunion Dieter Pohl, »Die Einsatzgruppe C 1941/42«, in: Peter Klein, Andrej Angrick (Hg.), *Die Einsatzgruppen in der besetzten Sowjetunion, 1941/42. Die Tätigkeits- und Lageberichte des Chefs der Sicherheitspolizei und des SD*, Berlin 1997, S. 71-87, und Andrej Angrick, *Besatzungspolitik und Massenmord. Die Einsatzgruppe D in der südlichen Sowjetunion 1941-1943*, Hamburg 2003. Zur juristischen Aufarbeitung Hilary Camille Earl, *The Nuremberg SS-Einsatzgruppen Trial, 1945-1958. Atrocity, Law, and History*, Cambridge 2009.

weise wenigen Nationalsozialisten durchdrungen.[24] Auch wenn es übertrieben sein mag, die Hamburger Polizisten im Hinblick auf die zu erfüllende Aufgabe »als Negativauswahl« (Browning) zu bezeichnen, so entsprachen »diese Männer mittleren Alters, die zum Großteil aus der Hamburger Arbeiterschicht stammten«, sicherlich nicht den Idealvorstellungen der NS-Führung.[25]

## Sadismus

Als Haupttäter bei der Judenvernichtung werden häufig blutrünstige »Exzesstäter« in Himmlers »schwarzem Reich« identifiziert.[26] Gerade die ersten Berichte von Überlebenden aus den Konzentrationslagern zeichneten ein Bild von sadistischen SS-Männern, die beim Quälen ihrer Opfer ein hohes Maß an Befriedigung zu empfinden schienen. Die SS-Leute wurden – so beispielsweise von Eugen Kogon – als kulturlose »Barbaren«, als »Primitive« charakterisiert, die durch »Ehrgeiz«, »Kastenstolz«, »Drillsadismus« und »Kasernenhofmasochismus« geprägt waren.[27] Dass sie nach Her-

24 Siehe Goldhagen, *Hitlers willige Vollstrecker*, S. 248 f., und im Orig. Goldhagen, *Hitler's Willing Executioners*, S. 207 f.

25 Ich orientiere mich bei diesen Zahlen an den Berechnungen von Daniel Goldhagen, der insgesamt eine größere Stichprobe zugrunde legt (Goldhagen, *Hitlers willige Vollstrecker*, S. 618 f.). Er hat herausgearbeitet, dass von den 550 Mitgliedern des Reserve-Polizeibataillons 179 Angehörige der NSDAP waren. Lediglich 21 Polizisten des Bataillons waren Mitglieder der SS (Paul, »Von Psychopathen, Technokraten des Terrors und ›ganz gewöhnlichen‹ Deutschen«, S. 16 f.). Damit lag zwar der Prozentsatz der NSDAP- und SS-Angehörigen leicht über dem Durchschnitt der erwachsenen Gesamtbevölkerung im Deutschen Reich, aber – und das ist der wichtige Punkt – 379 Männer des Hamburger Reserve-Polizeibataillons gehörten keiner der wichtigen NS-Organisationen, also weder der NSDAP noch der SS, an. Die Mitglieder des Reserve-Polizeibataillons waren, so die Schlussfolgerung, keine »auffällig nazifizierte Gruppe«, Goldhagen, *Hitlers willige Vollstrecker*, S. 248 f.

26 Siehe Paul, »Von Psychopathen, Technokraten des Terrors und ›ganz gewöhnlichen‹ Deutschen«, S. 20 ff.

27 Kogon, *Der SS-Staat*, S. 287. Interessanterweise nimmt Kogon für sich auch als Soziologe in Anspruch, eine distanzierte Beschreibung vorzulegen: »Denn unter den Wenigen, die dem höllischen System lebend entkommen sind, bin ich als religiöser und politischer Mensch, als Soziologe und Schriftsteller einer der ganz Wenigen, die von vornherein die Voraussetzungen mitgebracht und sich durch besondere Umstände in die Lage versetzt gesehen haben, bei aller Entwürdigung zum bespieenen Objekt innerlich in souveräner Subjektstellung verharrend, kri-

zenslust quälen, foltern und demütigen durften, sei, so die Annahme, ein maßgeblicher Antrieb für die Täter gewesen.

Die Zerstörung des anderen sei, so Wolfgang Sofsky, der »Triumpf des Täters«. »Je mehr Schmerz und Verlassenheit das Opfer einschnüre«, desto größer werde »die Welt des Peinigers«. »Indem er den anderen ins Verderben« treibe, entfalte er selbst »seine gesamte destruktive Energie«. »Indem er ihn zuschanden macht, verwirklicht er sich selbst.« Der Täter »wachse über sich hinaus«. »Selbst dem abgestumpftesten Folterknecht, der seine Arbeit mit gelangweilter Brutalität zu verrichten« pflege, fehle es, so Sofsky, »nicht an dieser Lust der Selbstexpansion«. »Während der Schmerz das Opfer in Stücke« reiße, agiere der »Täter ganz aus sich heraus«. »Die Lust an der Bestialität« mache »ihn zu einem vollständigen Menschen«.[28]

Der Verweis auf die Sadisten im Dienst der Nationalsozialisten passte zu frühen Beschreibungen des Holocaust als »Katastrophe«, »Gewaltherrschaft« oder »Barbarei«. Es sei der »Abschaum der Menschheit« gewesen, der in einer Art gewütet, gequält und gefoltert habe, die schon damals für »normale Menschen« nicht nachvollziehbar gewesen sei. Die »Täter« wurden als Kriminelle, Mörder und Schlächter bezeichnet, mit denen die bürgerliche deutsche Gesellschaft nichts gemein zu haben schien.[29]

Der Sadismus der Täter konnte mit einer hohen Identifikation mit der Sache der Nationalsozialisten einhergehen, musste es aber nicht. Beschreibungen von Adolf Eichmann, der im Reichssicherheitshauptamt die Deportation der Juden in die Vernichtungslager organisierte, zeigen das Bild eines fanatischen Nationalsozialisten,

tisch zu erleben, was ihnen widerfuhr, Umkreis und Bedeutung des Geschehenen abzuschätzen, das organisatorische Gefüge ausfindig zu machen, den Motivierungen und Reaktionen der vergewaltigten, der kranken, der pervertierten, der blindgewordenen Seelen nachzuspüren und im Individuellen das Typische zu erkennen.« Kogon, *Der SS-Staat*, S. vii.

28 Ich zitiere Sofsky, *Traktat über die Gewalt*, S. 99 f., über einen Absatz weitgehend wortwörtlich, um zu zeigen, wie nahe seine »zeitlosen« Beschreibungen über die Tortur an den unmittelbar nach dem Zweiten Weltkrieg populären Beschreibungen der sadistischen NS-Täter ist; siehe zu einer Kritik an den Verabsolutierungen Sofskys Wieviorka, *Die Gewalt*, S. 157 ff.

29 Siehe Paul, »Von Psychopathen, Technokraten des Terrors und ›ganz gewöhnlichen‹ Deutschen«, S. 16 f.; siehe auch Wolfgang Gippert, *Neue Tendenzen in der NS-Täterforschung*, Köln 2008.

der von dem Vorhaben der Ausbürgerung, der Ghettoisierung und schließlich der Massentötung der Juden überzeugt war, der aber bei der Teilnahme an den Tötungen eher körperliches Unwohlsein empfunden hat. Der »Vernunftsantisemit« musste nicht auch gleichzeitig ein »Gefühlsantisemit« sein, der beim Herabwürdigen, Quälen und Foltern der von ihm gehassten Minderheit Genugtuung oder gar Lust empfinden musste.[30] Des Weiteren schildern viele Beschreibungen die in den Konzentrationslagern zur Bewachung ihrer Mithäftlinge eingesetzten Kapos als äußerst brutal, ohne dass die sich übermäßig mit der Sache der Nationalsozialisten identifizierten.[31]

In jeder entwickelten oder unterentwickelten Gesellschaft gebe es – so die Erklärung der Vertreter des Sadismus-Ansatzes – einen niedrigen, etwa zwei, drei Prozent der Bevölkerung ausmachenden Anteil an pathologischen Killern und Mördern. Im Normalfall böten sich diesen Sadisten und Schlächtern wenige Möglichkeiten, ihren Bedürfnissen nachzugehen. Der Nationalsozialismus habe aber dann eine »Gelegenheitsstruktur« geschaffen, in der der Sadismus gegenüber der jüdischen Bevölkerung ausgelebt werden konnte.[32] Wenn man von einer männlichen Bevölkerung des Deutschen Reiches von 50 Millionen ausgeht, dann brauchte man lediglich die eine Million Sadisten von der Kette zu lassen, um ausreichend Beteiligte für einen Massenmord zu haben.

Sicherlich: Auch die Männer des Reserve-Polizeibataillons 101 sind häufig mit großer Brutalität vorgegangen. Aufgrund von überlieferten Fotos ist nachgewiesen, dass die Juden bei den Deportationen mit Gewehrkolben und Peitschen geschlagen wurden, ihnen die Bärte abgeschnitten und sie vor den Erschießungen gezwungen wurden, im Schlamm zu robben. Aber es spricht nichts dafür, dass in dem Polizeibataillon 101 eine besondere Auswahl in Bezug auf einen angeborenen oder anerzogenen Sadismus stattgefunden hat. Das Bataillon stellte eher eine letzte Reserve dar, die aus denjenigen Männern rekrutiert wurde, die sich nicht vorher für einen aktiven Einsatz bei der Wehrmacht, der Waffen-SS oder den Bataillonen der Ordnungspolizei gemeldet hatten. Männer, die nach Möglich-

30 Zu dem Begriffspaar Irmtrud Wojak, *Eichmanns Memoiren. Ein kritischer Essay*, Frankfurt/M., New York 2001, S. 844f.

31 Siehe auch hierzu schon Kogon, *Der SS-Staat*, S. 294.

32 Siehe dazu Helgard Kramer, »Tätertypologien«, in: Helgard Kramer (Hg.), *NS-Täter aus interdisziplinärer Perspektive*, München 2006, S. 253-310, hier: S. 270.

keiten gesucht haben, ihre sadistischen Gefühle auszuleben, hätten gerade im NS-Staat schon lange vor 1941 Positionen finden können, in denen sie diesen Neigungen freien Lauf hätten lassen können.

## Indoktrination

»Indoktrination« – so lautet eine weitere Erklärung, mit der die Beteiligung großer Teile der nichtjüdischen deutschen Bevölkerung an der Ausgrenzung ihrer jüdischen Mitbürger erklärt werden sollte. Selbst jemand wie Rudolf Höß erklärte, dass die Führung des NS-Staates »durch eine äußerst wirksame Propaganda und durch einen maßlosen Terror« sich das »ganze Volk gefügig gemacht hat, so daß es bis auf wenige Ausnahmen kritiklos und willenlos auf jedem Weg folgte.«[33]

Diese Erklärung basierte auf einem Selbstbild, das schon von den Nationalsozialisten geprägt wurde. »Diese Jugend« – so die Rede Adolf Hitlers zur Erziehung der Jugend im Deutschen Reich –, »die lernt ja nichts anderes als deutsch denken, deutsch handeln, und wenn diese Knaben mit zehn Jahren« in die nationalsozialistischen Organisationen hineinkommen, »dann kommen sie vier Jahre später vom Jungvolk in die Hitlerjugend, und dort behalten wir sie wieder vier Jahre.« »Und dann« – so Hitler – kämen sie »sofort in die Partei, in die Arbeitsfront, in die SA oder in die SS, in das NSKK und so weiter«. »Und wenn sie dort zwei Jahre oder anderthalb Jahre sind und noch nicht ganze Nationalsozialisten geworden sein sollten«, dann kämen »sie in den Arbeitsdienst und werden dort wieder sechs und sieben Monate geschliffen.« »Und was dann nach sechs oder sieben Monaten noch an Klassen- und Standesdünkel da oder da noch vorhanden sein sollte, das übernimmt die Wehrmacht zur weiteren Behandlung auf zwei Jahre, und wenn sie nach zwei, drei oder vier Jahren zurückkehren, dann nehmen wir sie, damit sie auf keinen Fall rückfällig werden, sofort wieder in die SA, SS und so weiter, und sie werden nicht mehr frei ihr ganzes Leben.«[34]

Hinter dieser Rede Hitlers steckt ein simples Verständnis von

33 Rudolf Höß, *Kommandant in Auschwitz*, München [8]1981, S. 152. Siehe zur NS-Propaganda die umfassende Übersicht von Bernd Sösemann, Marius Lange (Hg.), *Propaganda. Medien und Öffentlichkeit in der NS-Diktatur*, Stuttgart 2011.

34 DAdolf Hitler, »Rede vor Kreisleitern in Reichenberg am 2. 12. 1938«, in: *Völkischer Beobachter* vom 4. 12. 1938.

der Funktionsweise von Organisationen, dem zufolge ein Netzwerk von staatlichen Organisationen seine Zwecke verfolgt. Die Mitglieder werden, so die Vorstellung, durch eine Kombination aus Erziehung und Sozialisation zu Organisationsmitgliedern, die von den Zwecken der Organisation überzeugt sind und diese aus eigenem Antrieb verfolgen. Diese von den Nationalsozialisten propagierte Organisationsideologie wurde dann in der Nachkriegszeit lediglich umformuliert und umgedeutet: aus Erziehung und Sozialisation wurden Indoktrination und Verführung.

Das Hamburger Polizeibataillon setzte sich jedoch – im Gegensatz zu vielen anderen Polizeibataillonen – vorrangig aus älteren Reservisten zusammen, die erst 1941 eingezogen wurden und vorher in zivilen Berufen tätig waren. Der Altersdurchschnitt beim Reserve-Polizeibataillon 101 lag mit knapp 40 Jahren deutlich über dem anderer Truppenteile der Ordnungspolizei, der Waffen-SS und der Wehrmacht.[35] Die Männer waren fast durchweg Familienväter mittleren Alters und kamen – für die Polizei und für Armeetruppen charakteristisch – vorwiegend aus proletarischen oder kleinbürgerlichen Verhältnissen. Von den sechs Prozent, die aus der Arbeiterschicht stammten, übten die meisten in ihrem Zivilleben Berufe wie Hafen- oder Lagerarbeiter, Lastwagenfahrer, Seemann, Gärtner, Lodenhersteller, Bäcker, Kellner, Bauarbeiter oder Maschinist aus. Von den 35 Prozent Angestellten unter den Reservepolizisten hatte der überwiegende Anteil in einfachen Büro- oder Verkaufsberufen gearbeitet. »Nach Alter, regionaler und sozialer Herkunft« stellten die Männer des Bataillons, so übereinstimmend Browning und Goldhagen, »alles andere als geeignetes »Material« zur Heranbildung zukünftiger Massenmörder« dar.[36]

Sicherlich: Auch die Angehörigen des Hamburger Polizeibataillons haben über Jahre die nationalsozialistische Propaganda in Zeitungen, Radios und Volksempfängern gehört und wurden wäh-

35 Fast drei Viertel der Polizisten gehörten zu Geburtsjahrgängen, die als zu alt für den Militärdienst galten und deswegen der Polizeireserve zugewiesen wurden. Siehe Browning, *Ganz normale Männer*, S. 214, und Goldhagen, *Hitlers willige Vollstrecker*, S. 246. Vor Dezember 1939 wurde die »Polizeireserve« als »Hilfspolizei« bezeichnet. Durch einen Runderlass Himmlers im Dezember 1939 wurde die Sammelbezeichnung »Polizeireserve« verbindlich vorgeschrieben. Siehe auch »›Polizeireserve‹ statt ›Hilfspolizei‹«, in: *Völkischer Beobachter* vom 8. 12. 1939.

36 Browning, *Ganz normale Männer*, S. 214.

rend ihrer dreimonatigen Grundausbildung auch weltanschaulich geschult. Auch während ihres Einsatzes in Polen fanden regelmäßige Unterrichtungen in weltanschaulichen Fragen statt.[37] Die Wirkung dieser Kurse darf aber nicht überschätzt werden. Man müsste von der manipulativen Kraft solcher Indoktrinierungen schon sehr überzeugt sein, so Browning, um zu glauben, dass es mit ihrer Hilfe hätte gelingen können, diesen Arbeitern und Angestellten die Fähigkeit zum unabhängigen Denken zu nehmen. Viele von ihnen waren zweifellos von der NS-Rassenpropaganda beeinflusst; doch auf die Aufgabe, Juden zu töten, waren sie gewiss nicht konkret vorbereitet.

## Ein »deutsches Projekt«

Der Holocaust als ein »deutsches Projekt« – ein solches Erklärungsmuster für die Beteiligung am Holocaust bildete sich bereits unmittelbar nach dem Ende des Zweiten Weltkrieges aus.[38] Es wurde nach einer typischen Geisteshaltung »der Deutschen« gesucht, über die die breite Beteiligung an den Gräueltaten erklärt werden konnte. Gefunden wurde sie dann entweder in einer für Deutsche typischen Obrigkeitshörigkeit, in einer für Deutsche typischen Bereitschaft, einem charismatischen Führer zu folgen, oder in einem für Deutsche typischen eliminatorischen Antisemitismus. »Der einzige angemessene allgemeine Begriff für diejenigen Deutschen, die den Holocaust vollstreckten«, lautete, so die Schlussfolgerung von Goldhagen, nicht »Nazis« oder »SS-Männer«, sondern »Deutsche«.[39]

37 Siehe die Richtlinien für die Ausbildung der Polizei-Reserve-Bataillone vom 23.1.1940: Weltanschauliche antisemitische Schulung und Erziehung zu Härte; BA Berlin R 19/308.

38 Dieser Begriff wird von Goldhagen aufgegriffen, wenn er in der englischen Originalausgabe vom Holocaust als einem »German national project« (*Hitler's Willing Executioners*, S. 11) und in der deutschen Übersetzung von einem »deutschen Projekt« (*Hitlers willige Vollstrecker*, S. 25) spricht.

39 Vgl. Goldhagen, *Hitlers willige Vollstrecker*, S. 18 f. Goldhagen stellt die These auf, dass »Nichtdeutsche« »keine unverzichtbare Rolle« bei der Durchführung des Holocaust gespielt haben. »Die Initiative, den Holocaust voranzutreiben, ging nicht von ihnen aus.« »Hätten die Deutschen nicht willige Helfer, vor allem aus Osteuropa gefunden, dann hätte der Ablauf des Holocaust ein wenig anders

Diese Erklärung scheint für die Polizeibataillone spontan einleuchtend. Das Reserve-Polizeibataillon 101 war Teil der *deutschen* Ordnungspolizei. Es war der Reichsführer SS und Chef der *deutschen* Polizei Heinrich Himmler, der die Einrichtung von Vernichtungslagern in Bełżec, Sobibór und Treblinka zur »Säuberung« des Distrikts Lublin von allen Juden genehmigte. Die entsprechenden Anweisungen wurden vom SS- und Polizeiführer des Distrikts Lublin, Odilo Globocnik, gegeben, der zwar gebürtiger Österreicher war, sich aber schon vor dem »Anschluss« Österreichs als Gesinnungsdeutscher präsentierte. Globocniks Anweisungen wurden über einen ausschließlich aus *Deutschen* bestehenden Stab des in Lublin stationierten Polizeiregiments an den *deutschen* Bataillonsführer des Polizeiregiments 101 weitergegeben. Die Polizisten des Bataillons 101 kamen zur überwältigenden Anzahl aus der Hansestadt Hamburg, die 1815 dem *Deutschen* Bund beigetreten war und seit 1871 ein Gliedstaat des *Deutschen* Reiches war.

Aber gerade das Polizeibataillon 101 zeigt, dass es ohne weiteres möglich war, Polizisten von außerhalb Deutschlands an den Massenerschießungen zu beteiligen. So waren 14 luxemburgische Polizisten ins Bataillon integriert. Bei einigen von ihnen handelte es sich um Luxemburger, die den Dienst in der deutschen Polizei der Wehrpflicht in der deutschen Wehrmacht vorzogen, bei anderen um Freiwillige der luxemburgischen Armee, die nach der Besetzung Luxemburgs durch die Wehrmacht am 10. Mai 1940 in die deutsche Polizei überführt wurde. Manche hatten sich aber auch erst dann zur als Freiwilligenkompanie bezeichneten luxemburgischen Armee gemeldet, nachdem klar war, dass sie in SS und Polizei integriert werden würden.[40] Die Exit-Möglichkeiten für die

ausgesehen, und es wäre den Deutschen wahrscheinlich nicht gelungen, so viele Juden umzubringen. Aber es waren Deutsche, die die Entscheidungen getroffen, die Pläne erarbeitet, die organisatorischen Ressourcen und die Mehrheit der Vollstrecker gestellt haben.« So wahr das ist, bleibt es aber trotzdem offensichtlich, wie problemlos auch Nichtdeutsche in die Prozesse der Ghettoräumungen, Deportationen und Tötungen integriert werden konnten.

40 So sind Fälle wie der von Franz Ewert überliefert, der am 17.9.1940 ein Gesuch unterzeichnete, in die Freiwilligenkompanie einzutreten – nur wenige Tage, nachdem Himmler in Luxemburg die Freiwilligenkompanie inspizierte und befahl, die Angehörigen entweder in die SS-Leibstandarte oder in die Deutsche Polizei zu integrieren. Siehe StA Hamburg 331-8 Polizeiverwaltung – Personalakten – 799; zu Himmlers Besuch siehe Dostert, »Die Luxemburger im

Luxemburger gestalteten sich – das darf nicht übersehen werden – anders als die der deutschen Polizisten. Verweigerten sie den Dienst oder versuchten sie, aus der Organisation auszuscheiden, wurden drakonischere Strafmaßnahmen verhängt als bei ihren deutschen Kollegen.[41] Interessant ist jedoch, wie weitgehend problemlos sie in die Tötungsabläufe des Polizeibataillons integriert wurden. Soweit wir wissen beteiligten sich die luxemburgischen Polizisten an den Massenerschießungen in der gleichen Art und Weise wie ihre deut-

Reserve-Polizei-Bataillon 101 und der Judenmord in Polen«, S. 85. Siehe zu den Luxemburgern auch István Deák, »Holocaust Views. The Goldhagen Controversy in Retrospect«, in: *Central European History* 30 (1997), S. 295-307, hier: S. 301, der kritisch anmerkt, dass Goldhagen nur die nichtjüdischen Dänen und Italiener als Referenzgruppe zu den nichtjüdischen Deutschen wählt. Browning nutzt diese 14 in das Polizeibataillon 101 integrierten Luxemburger, die an den Massenerschießungen und Deportationen in ähnlicher Form beteiligt waren wie die Deutschen, als Beleg gegen die These Goldhagens, dass es sich bei den an den Massenerschießungen beteiligten Personen eben vorrangig um »ganz normale Männer« und nicht »ganze normale Deutsche« gehandelt hätte. Dabei trifft er insofern einen Punkt, als dass sich die Männer in der Regel freiwillig zur Polizei gemeldet hatten, jedoch häufig bei der luxemburgischen und nicht bei der deutschen Polizei, in die sie erst später integriert wurden. Siehe Christopher R. Browning, »Ordinary Germans or Ordinary Men? A Reply to Critics«, in: Michael Berenbaum, Abraham J. Peck (Hg.), *The Holocaust and History*, Bloomington 1998, S. 252-265, hier: S. 252 ff.

41 Ein Überblicksartikel findet sich bei Dostert, »Die Luxemburger im Reserve-Polizei-Bataillon 101 und der Judenmord in Polen«, S. 88 f. Die in das Polizeibataillon 101 integrierten luxemburgischen Polizisten waren vorher im Rahmen des Polizeibataillons 181 in Slowenien eingesetzt worden und hatten bei Kämpfen mit Partisanen erste Opfer zu beklagen. Daraufhin verweigerte ein Teil dieser Polizisten den Dienst für die deutsche Polizei und wurde danach zuerst in ein Gefängnis nach Wien und dann in verschiedene Konzentrationslager verlegt. Dostert, »Die Luxemburger im Reserve-Polizei-Bataillon 101 und der Judenmord in Polen«, S. 85. Dostert bezieht sich auf Interviews mit Bataillonsangehörigen und auf eine Selbstbeschreibung von Louis Jacoby, René Trauffler, *Freiwellege Kompanie 1940-1945*, Luxemburg 1986, die aber als problematisch einzuschätzen ist. Siehe auch Stefan Klemp, Andreas Schneider, »Kollaborateure, Deserteure, Resistenzler? Vom ›Corps des Gendarmes et Volontaires‹ zum Polizei-Ausbildungs-Bataillon (L) und seinem opferreichen Weg im II. Weltkrieg«, in: Wolfgang Schulte (Hg.), *Die Polizei im NS-Staat. Beiträge eines internationalen Symposiums an der Deutschen Hochschule der Polizei in Münster*, Frankfurt/M. 2009, S. 451-477, und Klemp, *»Nicht ermittelt«*, S. 70 ff., zur Integration der Luxemburger in das Polizei-Ausbildungs-Bataillon (L) und die erheblichen Widerstände der Luxemburger.

schen Kollegen und erhielten auch nach den ersten Massakern fast durchweg positive Personalbeurteilungen.[42]

Ferner konnte sich das Polizeibataillon 101 auch auf nichtdeutsche Hilfstruppen stützen. Den 14000 deutschen Ordnungspolizisten und 2200 deutschen Sicherheitspolizisten, die Anfang 1943 im Generalgouvernement stationiert waren, standen bei der Durchführung des Holocaust die direkt der SS unterstellten 15000 Mann starken »nichtdeutschen Polizeikräfte« zur Seite, die als Trawnikis, Hiwis – oder in Anlehnung an einheimische Hilfstruppen der deutschen Kolonialverwaltung in Deutsch-Ostafrika – als Askaris bezeichnet wurden.[43] Um die deutsche Ordnungspolizei zu unterstützen, waren im 35 Kilometer von Lublin entfernten SS-Lager Trawniki ungefähr 5000 Männer aus Osteuropa ausgebildet worden. Während die Bataillons- und Kompanieführer in der Regel aus Deutschland stammten, bestand die Mehrheit der Trawniki aus Ukrainern, aber auch aus Polen, Letten, Litauern und Esten.[44] Die Trawnikis wurden ab Frühjahr 1942 offiziell als

42 Goldhagen erwähnt die Luxemburger nur en passant: »Die Männer des Polizeibataillons 101 kamen vornehmlich aus Hamburg und Umgebung, rund ein Dutzend stammte aus Luxemburg.« Bei den Luxemburgern handelt es sich um »junge, aktive Polizisten – Durchschnittsalter 22 Jahre –, die im Bataillonsleben nur eine Nebenrolle gespielt haben; über sie ist nur wenig bekannt«; (*Hitlers willige Vollstrecker*, S. 250 und 619, und *Hitler's Willing Executioners*, S. 208 und 536). Die im Hamburger Staatsarchiv vorhandenen Personalakten über die Luxemburger, die einen guten Einblick geben, erwähnt er als Quelle nicht.

43 Vermerk (geheime Reichssache) des Reichsführers SS Himmler für den 12. 5. 1943, Berlin, den 10. 5. 1943. In dem Vermerk kündigt Himmler die Verlegung von zusätzlich 5850 Mann (unter anderem das gesamte bis dahin in Marseille stationierte Polizeiregiment 14) ins Generalgouvernement an, um im Mai 1943 die restlichen 300000 noch im Generalgouvernement lebenden Juden zu erschießen.

44 Auf die Trawnikis weist auch Browning, »Ordinary Germans or Ordinary Men? A Reply to Critics«, S. 256 f., in seiner Auseinandersetzung mit Goldhagen hin. Wir wissen nicht zuletzt aus den Arbeiten von Peter R. Black, »Die Trawniki-Männer und die Aktion Reinhard«, in: Bogdan Musial (Hg.), *»Aktion Reinhardt«. Der Völkermord an den Juden im Generalgouvernement 1941-1944*, Osnabrück 2004, S. 309-352, dass auch deutschstämmige Sowjetbürger und Polen rekrutiert wurden. Siehe auch Dieter Pohl, »Ukrainische Hilfskräfte beim Mord an den Juden«, in: Gerhard Paul (Hg.), *Die Täter der Shoah. Fanatische Nationalsozialisten oder ganz normale Deutsche?*, Göttingen 2002, S. 187-205, und Dieter Pohl, »Die Trawniki-Männer im Vernichtungslager Belzec 1941-1943«, in: Alfred Bernd Gottwaldt, Norbert Kampe (Hg.), *NS-Gewaltherrschaft. Beiträge zur historischen Forschung und juristischen Aufarbeitung*, Berlin 2005, S. 278-289. Über

»Wachmannschaften des SS- und Polizeiführers im Distrikt Lublin geführt« und mussten schriftlich versichern, dass sie bereit seien, »für Kriegsdauer« zu dienen und sich den bestehenden Dienst- und Disziplinarvorschriften der Ordnungspolizei zu unterwerfen. Die Trawnikis wurden für Partisaneneinsätze, Objektschutz, Spitzeldienste, Bewachung von jüdischen Zwangsarbeitslagern, Räumung von Ghettos, Massenerschießungen von Juden und Durchführung der Vergasungen in den Vernichtungslagern eingesetzt. Sie dienten in einer Reihe von Fällen – zum Beispiel bei den Ghettoräumungen und Erschießungen in Łomazy und Międzyrzec – quasi als nichtdeutscher Counterpart zum Polizeibataillon 101.[45]

Diese Kooperation zwischen zum überwältigenden Anteil aus Deutschen bestehenden Einheiten der SS und der deutschen Polizei mit einheimischen Hilfskräften war alles andere als untypisch, sondern fand in fast allen von der Deutschen Wehrmacht besetzten Gebieten statt. Die ukrainische Hilfspolizei, das lettische Arājs-Kommando, die Hlinka-Garde in der Slowakei, die Exekutivbeamten des bulgarischen Judenkommissariats, die kroatische Sicherheitspolizei Ustaška Nadzorna Služba oder auch die faschistischen Milizen in Italien wirkten bei der Erfassung, Deportation und Erschießung der Juden mit.[46] Die überwiegende Anzahl der

die genaue Verteilung der Trawnikis auf die einzelnen Ethnien gibt es bisher vergleichsweise wenig Angaben. Die gelegentliche Bezeichnung der Trawnikis als »Ukrainer« weist darauf hin, dass sie in der Mehrzahl Ukrainer waren. Die Bezeichnung »Letten« und »Litauer« taucht nur vereinzelt bei dezentral stationierten Kompanien mit relativ homogener ethnischer Zusammensetzung auf.

45 Auch die Einsätze der Trawnikis wurden von der Hamburger Staatsanwaltschaft im Rahmen eines Verfahrens gegen die deutsche Führung der Trawniki-Einheiten rekonstruiert. Bei »101 Vernichtungsaussiedlungen oder Massenerschießungen«, die die Staatsanwaltschaft in Hamburg ermittelt hat, konnte in 16 Fällen die Mitwirkung von Trawniki-Einheiten festgestellt werden. Die Zahl war aber höher, weil es bei kleineren Ghettos kaum Überlebende gab und deswegen die genauen Abläufe häufig nicht ermittelt werden konnten. Siehe Helge Grabitz, »Überblick«, in: Helge Grabitz, Justizbehörde Hamburg (Hg.), *Täter und Gehilfen des Endlösungswahns. Hamburger Verfahren wegen NS-Gewaltverbrechen 1946-1996*, Hamburg 1999, S. 27-162, hier: S. 115 f.

46 So klagte Wolfgang Scheffler bereits in den 1980er Jahren, dass der Einsatz sogenannter »Fremdvölkischer Einheiten« im Generalgouvernement ein kaum beachteter Baustein im Mosaik der Rekonstruktion der »Endlösung« sei; siehe Wolfgang Scheffler, »Probleme der Holocaustforschung«, in: Stefi Jersch-Wenzel (Hg.), *Deutsche – Polen – Juden. Ihre Beziehungen von den Anfängen bis ins*

am Holocaust Beteiligten waren Deutsche, aber die von den Deutschen organisierte Vernichtungsmaschinerie konnte sich vielfach auf Organisationsmitglieder aus besetzten oder mit dem NS-Staat kooperierenden Staaten stützen.

## Judenhass

Eine weitere populäre Erklärung lautet, dass die Bereitschaft der Ordnungspolizei, sich mit einem hohen Maß an Brutalität an der Tötung von Juden zu beteiligen, nur mit einem abgrundtiefen Hass auf Juden erklärt werden könne. Insbesondere dadurch, so die Annahme, unterscheide sich der Holocaust von allen anderen Genoziden. Die »Vernichtung« aller Juden sei nicht ein Mittel zur Erreichung eines übergeordneten – beispielsweise ökonomischen, politischen oder militärischen – Zwecks gewesen, sondern sie sei mit einem durch eine Utopie der Rassenreinheit motivierten Selbstzweck verfolgt worden. Dieser Zweck sei den Nationalsozialisten so wichtig gewesen, dass andere Ziele militärisch notfalls hintenangestellt wurden.[47]

Diese Erklärung erscheint erst einmal plausibel. Die allermeisten der von den Polizeibataillonsangehörigen erschossenen Personen waren Juden, aber das Bataillon wurde jedoch auch mit der gleichen Selbstverständlichkeit gegen nichtjüdische Polen eingesetzt.[48] So verfolgte nach dem Zweiten Weltkrieg die polnische

*20. Jahrhundert*, Berlin 1987, S. 259-281, hier: S. 270. Trotz einiger Fortschritte (siehe dazu Martin C. Dean, »Local Collaboration in the Holocaust in Eastern Europe«, in: Dan Stone [Hg.], *The Historiography of the Holocaust*, Houndmills, New York 2004, S. 120-140, hier: S. 120 ff. oder Stone, *Histories of the Holocaust*, S. 51 ff.) hat sich die Situation nicht grundlegend verbessert, fehlt doch beispielsweise immer noch eine Monographie über die Trawnikis. Dringend benötigt werden auch vergleichende soziologische Arbeiten über die vorrangig aus Nichtdeutschen bestehenden Organisationen des Holocaust.

47 Siehe für die Singularitätsthese früh schon Lucy Dawidowicz, *The Holocaust and the Historians*, Cambridge 1981, und Yehuda Bauer, »The Place of the Holocaust in Contemporary History«, in: *Studies in Contemporary Jewry* 1 (1984), S. 201-224.

48 Siehe zu Repressionspolitik der Nationalsozialisten gegen nichtjüdische sowie jüdische Polen nur Piotr Majewski, »Nationalsozialialistische Unterdrückungsmaßnahmen im Generalgouvernement während der Besatzung«, in: Jacek Andrzej Młynarczyk (Hg.), *Polen unter deutscher und sowjetischer Besatzung*, Osnabrück 2009, S. 173-196.

Justiz die Angehörigen des Polizeibataillons nicht etwa wegen der Tötung von jüdischen Polen in Józefów oder Łuków, sondern wegen der Erschießung von knapp hundert nichtjüdischen Polen aus dem Dorf Talczyn.[49]

Es ist immer wieder darauf hingewiesen worden, wie ähnlich die Beschreibungen von Übergriffen gegenüber Juden und Nichtjuden waren. »Den sogenannten ›Judenjagden‹, über die in »manchen Feldpostbriefen im Plauderstil berichtet wurde«, hätten, so Reinhard Rürup, »›Partisanenjagden‹ und ›Vergeltungsaktionen‹ gegen die Zivilbevölkerung« gegenübergestanden, die »in Briefen an die Ehefrau als ›toll‹ bezeichnet wurden«. Die »Vermischung von ›Alltag‹ und Mord«, die bei der Tötung von Juden zu beobachten gewesen sei, habe es auch bei den »Verbrechen an den Nichtjuden« gegeben, wenn beispielsweise »Angehörige eines Reservebataillons aus dem Kino zu einer ›Vergeltungsaktion‹ befohlen wurden«, dabei Frauen und Männer töteten und »anschließend ins Kino zurückkehrten«.[50]

Sicherlich kann man nicht behaupten, dass die Mitglieder des Polizeibataillons die jüdischen und nichtjüdischen Opfer gleich behandelt hätten. Während bei jüdischen Polen allein schon ihr Jüdischsein ausreichte, um eine Erschießung zu rechtfertigen, wurden bei nichtjüdischen Polen häufig noch zusätzliche Rechtfertigungen wie Banditentum oder Partisanentum angegeben.[51] Es ließe sich darüber spekulieren, ob die Mitglieder des Polizeibataillons bei bestimmten Opfergruppen besonders motiviert waren – Tatsache ist,

49 BA Ludwigsburg, Fotokopien vom 21.1.1967 aus den Sammlungen Polnischer Archive Teil IVff. StA Hamburg NSG 0022/006, eingelegt zwischen Bl. 81 und 82.

50 So Rürup, »Viel Lärm um nichts?«, S. 358, der sich einerseits auf Briefe eines Mitglieds des Reserve-Polizeibataillons 105 an seine Frau bezieht (siehe dazu Reinhard Rürup [Hg.], *Der Krieg gegen die Sowjetunion 1941-1945. Eine Dokumentation*, Berlin 1991, S. 192) und andererseits auf eine Schilderung einer Vergeltungsaktion des Reserve-Polizeibataillons 101 (siehe Christopher R. Browning, »Dämonisierung erklärt nichts«, in: Julius H. Schoeps [Hg.], *Ein Volk von Mördern? Die Dokumentation zur Goldhagen-Kontroverse um die Rolle der Deutschen im Holocaust*, Hamburg 1996, S. 118-124, hier: S. 118ff.).

51 Das wird schon deutlich, wenn in einem der wenigen überlieferten Einsatzberichte des Reserve-Polizeibataillons zu lesen ist, dass bei einer »Aktion« »3 bewaffnete Banditen«, »78 Helfershelfer« und »180 Juden« erschossen wurden. StA Hamburg NSG 0021/005, Bl. 2548ff., Abschrift des Einsatzberichts von Trapp am 26.9.1942 an das Polizei-Regiment 25 in Lublin.

dass sie problemlos zum Töten von Nichtjuden eingesetzt werden konnten.[52]

Damit ist das Hamburger Polizeibataillon nur ein weiteres Beispiel dafür, wie weitgehend problemlos die Mitglieder staatlicher Gewaltorganisationen für unterschiedliche Aufgaben eingesetzt werden konnten.[53] Das Personal, das im Rahmen der sogenannten »Euthanasie-Aktion« tätig war, konnte ohne Probleme zum Einsatz in die für die »Endlösung der Judenfrage« vorgesehenen Vernichtungslager versetzt werden, nachdem das angestrebte Ziel der Tötung von knapp 80 000 geistig Behinderten und psychisch Kranken erreicht war. Im »Osten« konnten Wehrmachtseinheiten, SS-Divisionen und Polizeibataillone je nach Bedarf im Kampf gegen Partisanen, bei »Judenjagden« oder Kampfeinsätzen gegen russische Truppen eingesetzt werden. Die Polizeieinheiten, die für die Bewachung der Deportationszüge abgestellt wurden, verübten ihre Aufgabe mit der gleichen Verve, wenn es um die Deportation von Sinti und Roma in Vernichtungslager ging.

## Die Herausforderung für eine Soziologie des Holocaust

Zweifellos hatte der Nationalsozialismus in großen Teilen der deutschen Bevölkerung Anhänger, zweifellos hat es in den Polizeitruppen und in den Konzentrationslagern Personen gegeben, die ihren Job als Möglichkeit gesehen haben, einen tiefsitzenden Sadismus auszuleben, und zweifellos hat es unter den zahlreichen Antisemiten in Deutschland Leute gegeben, die sich auch eine Ausrottung der jüdischen Bevölkerung vorstellen konnten. Das Überraschende ist aber, dass an den Deportationen, Massenerschießungen und

52 Goldhagen stellt fest, die Deutschen hätten Polen »mit offensichtlichem Widerwillen und Zögern« getötet, während sie dagegen mit »Begeisterung« und »Bereitschaft« töteten, um »ihre Gier nach ›jüdischem Blut‹ zu befriedigen« (siehe *Hitlers willige Vollstrecker*, S. 287, und *Hitler's Willing Executioners*, S. 241). Dem widerspricht Christopher R. Browning, »Die Debatte über die Täter des Holocaust«, in: Ulrich Herbert [Hg.], *Nationalsozialistische Vernichtungspolitik 1939-1945. Neue Forschungen und Kontroversen*, Frankfurt/M. 1998, S. 148-169, hier: S. 158 f.).

53 István Deák, »Holocaust Views«, S. 303, schlägt vor, als Vergleich zum Reserve-Polizeibataillon 101 beispielsweise das Polizeibataillon 306 heranzuziehen, das an den Massentötungen von sowjetischen Kriegsgefangenen beteiligt war.

Vergasungen während des Zweiten Weltkrieges sehr viele Personen beteiligt waren, von denen ein solches Verhalten vorher nicht beobachtet wurde und danach auch nie wieder. Warum also taten sie es damals?

## 1.2. Von der Motivsuche zur Motivdarstellung

Angesichts der Grausamkeit der sich häufig über Stunden hinziehenden Massenerschießungen von Männern, Frauen und Kindern, angesichts der Brutalität bei den Ghettoräumungen und Deportationen sowie angesichts dessen, was in den Vernichtungslagern geschah, liegt die Frage nahe, was die Personen, die diese Tötungen durchgeführt haben, dazu motiviert haben mag. Wenn die im vorangegangenen Abschnitt skizzierten Erklärungsansätze nur begrenzt Auskunft über die Motivation der an den Tötungen beteiligten Personen geben kann, welcher andere Erklärungsansatz könnte weiterführen?

In der Holocaustforschung hat sich ein Strang – die sogenannte Täterforschung – herausgebildet, der den »wahren Motiven« der am Holocaust beteiligten Personen auf die Spur zu kommen sucht. Es gehe, so mit Bezug auf Max Weber, darum, die »subjektiven Handlungsquellen« zu rekonstruieren, um zu verstehen, weswegen Menschen handeln, wie sie handeln.[54] Man müsse, so der Anspruch, herausbekommen, »welche Gedanken und Gefühle

54 Zur subjektiven Sinndimension siehe Paul, »Von Psychopathen, Technokraten des Terrors und ›ganz gewöhnlichen‹ Deutschen«, S. 60; siehe dazu Gippert, *Neue Tendenzen in der NS-Täterforschung*. Zu Versuchen einer soziologisch orientierten Täterforschung siehe nur die Überlegung zum »Genocidal Mind« von Jack Nusan Porter, *The Genocidal Mind. Sociological and Sexual Perspectives*, Lanham 2006; für einen sehr knappen Überblick siehe Jack Nusan Porter, »Sociology of Perpetrators«, in: Dinah L. Shelton (Hg.), *Encyclopedia of Genocide and Crimes Against Humanity*, Detroit 2005, S. 969-971. Die Vorstellung von Johannes Lang (»Questioning Dehumanization. Intersubjective Dimensions of Violence in the Nazi Concentration and Death Camps«, in: *Holocaust and Genocide Studies* 24 [2010], S. 225-246, hier: S. 239), über eine »sozialpsychologische Brücke« Ansätze aus der Soziologie und der Psychologie zu verbinden, halte ich für erfolglos, weil sich – wie gezeigt wird – die Umgangsformen mit »Motiven« in der Soziologie und Psychologie grundlegend unterscheiden.

die Mörder bewegten«, um erklären zu können, wie der Holocaust überhaupt habe stattfinden können.[55]

Aber was – so die Frage der Soziologie an die Motivsucher – sollen die *wahren* Motive von Handelnden sein? Kann man davon ausgehen, dass es sich um wahre Motive handelt, wenn eine Person glaubhaft machen kann, dass etwas das wahre Motiv für ihr Handeln war? Woran kann man wahre Motive von Motiven unterscheiden, die nur als wahre Motive dargestellt werden?[56]

55 So Goldhagen in einem Interview mit dem Spiegel; siehe Daniel Jonah Goldhagen, »Was dachten die Mörder? Der US-Politologe Daniel Jonah Goldhagen über den Streit um sein Holocaust-Buch und das Bild der Täter«, in: *Der Spiegel* vom 12. 8. 1996, S. 128; siehe dazu Bloxham, »Organized Mass Murder: Structure, Participation, and Motivation in Comparative Perspective«, S. 204 f., der einen solchen Ansatz zur Erklärung des Holocaust zum Beispiel bei Hannah Arendts Überlegung zur »Banalität des Bösen«, bei Götz Alys und Susanne Heims Studie über die »Vordenker der Vernichtung«, bei Michael Thad Allens Arbeit über das Personal des Wirtschaftsverwaltungshauptamtes oder bei Goldhagens Erklärungsansatz über den »eliminatorischen Antisemitismus« identifiziert.

56 Für einen Historiker überraschend deutlich, konstatiert Daniel Mühlenfeld (»Die Vergesellschaftung von ›Volksgemeinschaft‹ in der sozialen Interaktion«, in: *Zeitschrift für Geschichtswissenschaft* 61 [2013], S. 826-846), dass es »müßig« sei, »über die Motive der Akteure zu spekulieren«. Das Problem wird auch in der Geschichtswissenschaft immer wieder thematisiert. »Die Erforschung individueller Handlungsmotivationen«, so zum Beispiel Dieter Pohl (»Die Holocaust-Forschung und Goldhagens Thesen«, in: *Vierteljahrshefte für Zeitgeschichte* 45 [1997], S. 1-48, hier: S. 36 f.), gehöre »zu den schwierigsten Bereichen der Geschichtswissenschaft und bietet Raum für mancherlei Spekulation«. Pohl fährt fort, dass die »Gewichtung von kausalen Faktoren immer eine nur schwer regulierbare individuelle Konstruktionsleistung jedes Historikers« ist. »Gerade für die Tätermotivation wird man«, so Pohl, »sagen müssen, dass die Thesen, die dabei ins Spiel gebracht werden, streckenweise genauso schwer zu widerlegen wie zu beweisen sind«. In ähnlichem Sinne stellt Kurt Pätzold (»On the Broad Trail of the German Perpetrators«, Robert R. Shandley [Hg.], *Unwilling Germans? The Goldhagen Debate*, Minneapolis, London 1998, S. 163-166, hier: S. 165) fest, dass in der Holocaustforschung die Diskussion über Motive ein langes Leben haben wird. Die hier vorgeschlagene Unterscheidung von Motiven und Motivdarstellungen soll nicht die Quellenkritik der Historiker ersetzen (siehe dazu die Ausführungen im Anhang), hilft aber bei der Auseinandersetzung mit den Quellen.

## Die situationsabhängige Darstellung von Motiven

Prinzipiell kann man – darin sind sich Soziologen bei allem Sozialkonstruktivismus einig – feststellen, *wie* Personen handeln. Man kann feststellen, ob eine Person ein Gewehr in der Hand hält oder nicht, ob sie abdrückt oder nicht und ob sie trifft oder nicht. Das Problem ist jedoch, dass es keine Möglichkeit gibt, verlässlich herauszubekommen, *warum* eine Person so gehandelt hat, wie sie es tat. Sicherlich könnte man die Person befragen, sie verschiedenen Experimenten aussetzen, das Gehirn während der Handlung mit einem Scanner durchleuchten oder es nach dem Tod aufschneiden und sezieren. Über ihre Motive für ihre Handlung erfährt man dadurch aber nichts.

Motive, die Personen auf Befragung äußern, sagen, so die Überlegung von C. Wright Mills, wenig darüber aus, was die Personen antreibt, jedoch viel darüber, welche Motivdarstellungen in Interaktionen gefragt sind. Das, was an Motiven genannt wird, ist erst einmal nur Ergebnis der in einer spezifischen Interaktionssituation erwarteten Motivdarstellung. Dabei variieren die Motivdarstellungen je nachdem, in welcher Interaktionssituation sich eine Person für ihr Handeln rechtfertigen muss, je nachdem, welche Personen anwesend sind, welche Informationen über eine Sache vorhanden sind und welche Motive gerade als legitim gelten.[57] Dieser Gedanke soll an zwei Beispielen aus der Forschung über den Nationalsozialismus illustriert werden.

57 Siehe grundlegend C. Wright Mills, »Situated Actions and Vocabularies of Motive«, in: *American Sociological Review* 5 (1940), S. 904-913; siehe auch Hans Gerth, C. Wright Mills, *Character and Social Structure*, London 1954, S. 114, und in deutscher Übersetzung Hans Gerth, C. Wright Mills, »Motivvokabulare«, in: Heinz Steinert (Hg.), *Symbolische Interaktion*, Stuttgart 1973, S. 156-161, hier: S. 156, sowie Alan F. Blum, Peter McHugh, »The Sociological Ascription of Motives«, in: *American Sociological Review* 36 (1971), S. 98-109. Diese Position zu Motiven kann sich meines Erachtens eher auf Max Weber beziehen als die Täterforschung. Für Max Weber (*Wirtschaft und Gesellschaft*, Tübingen 1976, S. 5) ist Motiv ein »Sinnzusammenhang, welcher dem Handelnden selbst oder dem Beobachtenden als sinnhafter ›Grund‹ eines Verhaltens *erscheint*« (meine Hervorhebung, sk). Mit dem Wort »erscheint« ist bei Weber schon eine Theorie der Zurechnung von Motiven angelegt. Siehe zu der Nennung Max Webers als einen »Vorfahren« eines systemtheoretisch informierten Motivbegriffs Niklas Luhmann, *Kontingenz und Recht*, Berlin 2013, S. 63.

Unter den Bedingungen der Anklage durch die Staatsanwaltschaft nach dem Zweiten Weltkrieg war es – so das erste Beispiel – naheliegend, dass die Angehörigen der Polizeibataillone oder die Wehrmachtssoldaten nicht ihre sadistische Freude am Töten zu Protokoll gaben, sondern auf den Zwangscharakter ihrer Situation verwiesen. Aber ohne direkten Verfolgungsdruck, zum Beispiel bei der Befragung durch Forscher, bei Gesprächen untereinander oder in der Psychotherapie, können ganz andere Motive geäußert werden.[58] Bei einer Befragung von in US-Gefangenschaft befindlichen Wehrmachtssoldaten oder beim Abhören ihrer Gespräche im Gefangenenlager fiel auf, dass sie sich nicht vorrangig als fanatische Nationalsozialisten zu erkennen gaben, sondern eher auf den kameradschaftlichen Zusammenhalt verwiesen. Auch diese Aussagen von deutschen Kriegsgefangenen während des Zweiten Weltkrieges können jedoch nicht als wahre Motive der Soldaten und Polizisten gewertet werden, sondern müssen als eine Motivdarstellung gegenüber Kameraden oder denjenigen, von denen sie verhört wurden, gesehen werden.[59]

Nachdem Adolf Eichmann, Leiter des Referats IVb4 im Reichs-

58 Siehe zu dem interessanten Fall der Motivdarstellung eines »im Osten« eingesetzten Polizeibeamten im Rahmen von Therapiesitzungen während der 1950er Jahre die Aufzeichnungen von Alexander Mitscherlich, Margarete Mitscherlich, *Die Unfähigkeit zu trauern. Grundlagen kollektiven Verhaltens*, Stuttgart, Hamburg 1967, S. 50 ff.; siehe dazu Alfons Kenkmann, »›Ich war aber nicht der böse Mann, der Sie mit Wollust fortbringen wollte …‹. Rechts- und Unrechtswahrnehmungen deutscher Polizisten vor und nach 1945«, in: Helmut Gebhardt (Hg.), *Polizei, Recht und Geschichte. Europäische Aspekte einer wechselvollen Entwicklung*, Graz 2006, S. 147-156, hier: S. 152 ff.

59 Vgl. die methodische Kritik z. B. von Omer Bartov, *Hitlers Wehrmacht. Soldaten, Fanatismus und die Brutalisierung des Krieges*, Reinbek 1995, an der einschlägigen Studie von Edward A. Shils, Morris Janowitz, »Cohesion and Disintegration in the Wehrmacht in World War II«, in: *The Public Opinion Quarterly* 12 (1948), S. 280-315. Zur Gefahr, die Aussagen von Wehrmachtssoldaten in den Abhörprotokollen als »wirkliche Motive« zu begreifen, siehe als Beispiel die ersten Arbeiten zu diesen Quellen, z. B. Sönke Neitzel, Harald Welzer, *Soldaten. Protokolle vom Kämpfen, Töten und Sterben*, Frankfurt/M. 2011, oder bei Felix Römer, *Kameraden. Die Wehrmacht von innen*, München 2012. Felix Römer (»Milieus in the Military. Soldierly Ethos, Nationalism and Conformism Among Workers in the Wehrmacht«, in: *Journal of Contemporary History* 48 [2013], S. 125-149, hier: S. 137 ff.) zeigt, wie stark sich die Aussagen der Soldaten in den »Morale Questionaires« von den abgehörten Gesprächen in den Unterkünften unterschieden.

sicherheitshauptamt, im Mai 1960 vom Mossad nach Israel entführt wurde, präsentierte er sich – so das zweite Beispiel – vor dem Gericht in Jerusalem als loyaler Beamter, der lediglich Befehle ausgeführt hat. Dieses Bild, das Eichmann von sich zeichnete, wurde letztlich von Hannah Arendt in ihrem Bericht von der »Banalität des Bösen« übernommen. Im Gegensatz zu den Äußerungen vor dem israelischen Gericht hatte Eichmann jedoch in den Gesprächen, die er vorher in seinem argentinischen Exil mit einem ehemaligen Angehörigen der Waffen-SS, dem Niederländer Willem Sassen, geführt hatte, ganz andere Motive angegeben. In diesen Gesprächen, die später als die sogenannten Sassen-Protokolle bekannt wurden, präsentierte Eichmann sich nicht als bloßer Befehlsempfänger, sondern als engagierter Verfechter der Tötung von Juden, dem es nur an Durchsetzungsvermögen gefehlt habe, das »Werk« zu Ende zu bringen.[60] Eine vorsoziologische Interpretation würde jetzt darauf hinauslaufen, die Behauptungen Eichmanns vor dem israelischen Gericht als reine Schutzbehauptung darzustellen und davon auszugehen, dass in den Äußerungen gegenüber Sassen seine »wahren Motive« zum Vorschein gekommen seien. Aber auch bei dem Gespräch mit Sassen befand sich Eichmann in einer Situation, die die Motivdarstellung prägte. Einem ehemaligen SS-Mann gegenüber liegt es nahe, sich als überzeugter Nazi zu präsentieren. Was letztlich in Eichmanns Kopf vorgegangen ist, können wir nicht wissen.[61]

60 Eichmann erklärt Sassen gegenüber, dass sich sein »Inneres dagegen sträubt zu sagen«, dass die Nationalsozialisten »etwas falsch gemacht« haben. »Nein«, so Eichmann zu Sassen, er müsse »ganz ehrlich [sic] sagen«, »hätten wir von den 10,3 Millionen Juden [...] 10,3 Millionen getötet, dann wäre ich zufrieden und würde sagen, gut, wir haben einen Feind vernichtet.« Siehe David Cesarani, *Adolf Eichmann. Bürokrat und Massenmörder*, Berlin 2004, S. 309 ff.

61 Siehe dazu die Gegenüberstellung der Aussagen bei Jan Philipp Reemtsma, *Vertrauen und Gewalt. Versuch über eine besondere Konstellation der Moderne*, Hamburg 2008, S. 468. Reemtsma hat ein Gespür dafür, dass Situationen die Motivdarstellung prägen. Er schildert das Beispiel eines Wissenschaftlers, der gefragt wird, weswegen er einen Vortrag gehalten hat. Dieser würde nicht »Weil ich das eben wollte« antworten, weil das den Fragenden brüskieren würde. Auch die Aussage »Weil ich ein eitler Kerl bin und zeigen möchte, dass ich über dies Thema mehr zu sagen habe als XY« sei unwahrscheinlich, obwohl sie als Motiv für das Halten eines Vortrages nicht ausgeschlossen ist. Stattdessen werde auf legitime Motive verwiesen. Man betont die Wichtigkeit des Themas oder gibt zu erkennen, dass man an einer Art gemeinnütziger Sache mitarbeiten würde. Bei

Bei der Rekonstruktion von Motivdarstellungen ist zu beachten, dass die überwiegende Zahl der Handlungen stattfinde, ohne dass der Handelnde gezwungen ist, über seine Motive Auskunft zu geben. Für ihre Wahl des Weges zur Arbeit, das Vollziehen einer Routinehandlung in einer Organisation oder die Aufnahme von Nahrung muss eine Person normalerweise keine Motive angeben, sondern erst dann, wenn ein Gegenüber ihre Handlungen nicht ohne weiteres akzeptiert, weil zum Beispiel widersprechende Erwartungen herrschen oder unterschiedliche Alternativen zur Verfügung stehen. Die Darstellung von Motiven hat dann die Funktion, sein Gegenüber darüber zu informieren, warum man in einer bestimmten Weise gehandelt hat. Man erklärt, warum man einen Umweg zur Arbeit genommen hat, eine Routinehandlung in der Organisation unterlassen hat oder bei einer Einladung auf die Aufnahme von Essen verzichtet hat.

Weil die Anwendung von Gewalt in der Regel eine soziale Ausnahmesituation darstellt, verlangt sie in vielen Fällen geradezu nach der Darstellung von Motiven. Aber gerade bei Gewaltprozessen fällt dies, wie wir aus Studien von Gewalt in Familien, Kleingruppen, Protestbewegungen und Organisationen wissen, häufig schwer. Gewalt hat häufig etwas »Übermäßiges«, etwas »Beliebiges«, so dass es den Gewaltausübenden schwer fällt, überhaupt noch Motive für die häufig überschießende Gewaltanwendung anzugeben.[62] Aber gerade weil Gewaltanwendungen, wie Konflikte generell, häufig eine Eigendynamik entwickeln, die es Beteiligten schwer macht,

der Gegenüberstellung der beiden Aussagen von Eichmann scheint Reemtsma aber – entgegen der Problematisierung der Motivdarstellung – dazu zu tendieren, die gegenüber Sassen in Argentinien geäußerten Motive für »wirklicher« zu halten (siehe Reemtsma, *Vertrauen und Gewalt*, S. 407).

62 So Wieviorka, *Die Gewalt*, S. 153. In der kontrovers geführten Debatte der Gewaltsoziologen ist weitgehend übersehen worden, dass, auch wenn Gewaltprozesse eine Eigendynamik entwickeln, die die Gewalt »sinnlos« oder »motivlos« erscheinen lässt, die Gewaltausübenden danach nicht von der Motivdarstellung befreit sind. Gewaltsoziologen können feststellen, dass Gewaltanwendung keine Motive kennt und sich nur aus sich selbst heraus erklären lässt, die Gewalttäter müssen aber häufig – spätestens in Gerichtsverfahren – Motive angeben. Zur vermeintlichen Motivlosigkeit der Gewaltanwendung aus der Perspektive der Innovateure der Gewaltsoziologie, siehe nur z. B. Sofsky, *Die Ordnung des Terrors*, S. 18, oder Neumann, »Schwierigkeiten der Soziologie mit der Gewaltanalyse«, S. 66 f.

sich dieser zu entziehen, werden die Gewaltausübenden spätestens nach der Handlung aufgefordert darzustellen, was sie eigentlich angetrieben hat.[63]

Von einem »hinreichenden Motiv« kann man dann reden, wenn diejenigen zufriedengestellt sind, die eine vergangene oder zukünftige Handlung anzweifeln.[64] Diese »hinreichenden Motive« variieren jedoch je nachdem, wer zu welchem Zeitpunkt welche Nachfragen stellt. Das Motiv, das ein Bataillonsangehöriger einem Kameraden gegenüber angibt, warum man einen Partisanen nicht nur erschossen, sondern vorher auch noch gedemütigt hat, mag den Kameraden befriedigen, die Ehefrau, die von diesen Handlungen erfährt, aber vielleicht nicht. Die dargestellten Motive für die Brutalität, die während des Krieges plausibel erschienen, reichen vermutlich nach dem Krieg nicht mehr als hinreichende Motive aus und werden deswegen von den Motivdarstellern an die aktuellen Anforderungen angepasst.

Aus einer soziologischen Perspektive kann man immer dann von Handlung sprechen, wenn ein Ereignis einer Person und nicht ihrer Umwelt zugeschrieben wird. Das mag kompliziert klingen, dahinter steckt aber ein einfacher Gedanke. Wenn Ereignisse mit welcher Semantik auch immer – Motiv, Absicht oder Interesse – auf eine

63 Die Eigendynamik von Gewaltprozessen ist inzwischen durch die mikrosoziologiche Forschung gut herausgearbeitet worden. Siehe nur die Arbeiten von Randall Collins und Stefan Klusemann; z. B. Randall Collins, *Dynamik der Gewalt. Eine mikrosoziologische Theorie*, Hamburg 2011, Randall Collins, »Entering and Leaving the Tunnel of Violence. Micro-Sociological Dynamics of Emotional Entrainment in Violent Interactions«, in: *Current Sociology* 61 (2013), S. 132-151, Stefan Klusemann, »Micro-Situational Antecedents of Violent Atrocity«, in: *Sociological Forum* 25 (2010), S. 272-295, und Stefan Klusemann, »Massacres as Process. A Micro-Sociological Theory of Internal Patterns of Mass Atrocities«, in: *European Journal of Criminology* 9 (2012), S. 468-480. Bei Sofsky, *Traktat über die Gewalt* wird die Eigendynamik zum Wesensmerkmal von Gewalt schlechthin (v) erklärt. Randall Collins Anspruch ist hier deutlich bescheidener: »The micro-interactional theory does not explain all aspects of violence; it complements other theories of long-term motivational patterns of individuals, and the organizational and institutional structures affecting the initiation and control of large-scale violence.« (Collins, »Entering and Leaving the Tunnel of Violence«, S. 133). Auch die »Microfoundation of Macrosociology« scheint bei ihm seine Grenzen zu haben; siehe Randall Collins, »On the Microfoundations of Macrosociology«, in: *American Journal of Sociology* 86 (1981), S. 984-1014.

64 Gerth/Mills, »Motivvokabulare«, S. 157.

Person zugerechnet werden, dann redet man von Handlungen.[65] Wenn ein Ereignis dagegen auf die Umwelt zugerechnet wird, eine Person also als Objekt eines Ereignisses ohne eigenes Motiv, eigene Absicht oder eigenes Interesse erscheint, spricht man von Erleben. Das Erleben kann als etwas Angenehmes angesehen werden, wie das Ansehen eines Kinofilms, oder als etwas Unangenehmes, wie eine Massenhysterie oder eine Schlägerei auf einem Volksfest.

## Konsistenzerwartungen an Personen in ihrer Motivdarstellung

Bei der Wahl der Motive, die sie darstellen, sind Personen – und das wurde von C. Wright Mills übersehen – jedoch nicht völlig frei. Bei der Darstellung von Motiven in der *sozialen* Dimension müssen diese so aufeinander abgestimmt werden, dass keine Widersprüchlichkeiten in der Darstellung gegenüber unterschiedlichen Personenkreisen offensichtlich werden. Die Motivdarstellungen müssen *sachlich* zueinander passen, um Widersprüchlichkeiten in den Aussagen zu vermeiden. Und die Motivdarstellungen müssen *zeitlich* konstant gehalten werden oder der Wechsel muss – wenn das nicht gelingt – in der Motivdarstellung gerechtfertigt werden.[66] Diese drei Konsistenzanforderungen in der Motivdarstellung sollen kurz spezifiziert werden.

In der *sozialen* Dimension achten Personen in ihren Selbstdarstellungen darauf, dass die gegenüber einem Personenkreis geäußerten Motive nicht dadurch unglaubwürdig werden, dass konkurrierende Motivdarstellungen gegenüber einem anderen Personenkreis bekannt werden. Den angestrebten Eintritt in die Armee mag ein Soldat im Bewerbungsgespräch mit seiner Begeisterung für die soldatische Traditionspflege begründen, den Freunden gegenüber mit den privilegierten Zugängen zum anderen Geschlecht und den

65 Niklas Luhmann, *Soziale Systeme*, Frankfurt/M. 1984, S. 228; siehe auch ausführlich Niklas Luhmann, »Erleben und Handeln«, in: Niklas Luhmann, *Soziologische Aufklärung 3. Soziales System, Gesellschaft und Organisation*, Wiesbaden [4]2005, S. 77-92.

66 Zu den drei Sinndimensionen sozial, sachlich und zeitlich siehe früh schon Niklas Luhmann, »Der Sinn als Grundbegriff der Soziologie«, in: Jürgen Habermas, Niklas Luhmann, *Theorie der Gesellschaft oder Sozialtechnologie. Was leistet die Systemforschung?*, Frankfurt/M. 1971, S. 25-100.

Eltern gegenüber mit dem gesicherten Einkommen. Wenn aber konkurrierende Motivdarstellungen bekannt werden, kann eine Person in Rechtfertigungsschwierigkeiten geraten. Den Freunden gegenüber kann man verständlich machen, dass man im Bewerbungsgespräch die dort erwarteten legitimen Motive vorbringt, aber im Bewerbungsgespräch selbst sollten andere, etwa gegenüber der Familie oder den Freunden geäußerte Motive nicht unbedingt genannt werden.

In der *sachlichen* Dimension werden Personen unter dem Aspekt beobachtet, ob die Motive für eine Handlung kompatibel sind mit den Motiven für eine oder mehrere andere Handlungen. Ein Angehöriger eines Polizeibataillons musste seine Motivdarstellung spezifizieren, wenn er beispielsweise seine Abordnung zu einer Exekution jüdischer Polen als gerechtfertigt darstellte, während er gleichzeitig zu erkennen gab, dass er die Exekution katholischer Polen nur mit großen Bedenken durchgeführt habe. Selbstverständlich konnte er Gründe mobilisieren – beispielsweise seinerzeit als legitim geltende antisemitische Einstellungen oder seinen eigenen katholischen Glauben –, wichtig war aber für ihn, dass er über ein Sensorium für die sachliche Konsistenz der dargestellten Motive verfügte und seine Motivdarstellungen entsprechend anpasste.

Und nicht zuletzt werden Personen in der *zeitlichen* Dimension unter dem Aspekt beobachtet, wie sich ihre Motivdarstellungen für eine Handlung verändern. Der Angehörige eines Polizeibataillons hätte sich unglaubwürdig gemacht, wenn er an einem Tag die brutale Tötung eines jüdischen Kindes damit begründet hätte, dass er die Juden schon immer gehasst habe, hingegen am nächsten Tag auf einen gegebenen Befehl verwiesen hätte. Das Schweigen der meisten an den Deportationen und an der Ermordung von Juden beteiligten Wehrmachtssoldaten, Polizeiangehörigen und SS-Männer nach dem Krieg ist wohl damit zu erklären, dass seinerzeit als legitim geltende und deswegen in der Motivdarstellung vorhandene Gründe nach dem Zweiten Weltkrieg nicht mehr verfügbar waren und die Einführung neuer Motive den Bruch zu den vorherigen Motivdarstellungen offensichtlich hätte werden lassen. Insofern wurden neue Motive von Wehrmachtsangehörigen, Polizisten und SS-Männern häufig erst dann entwickelt, wenn es darum ging, gegenüber Strafverfolgungsbehörden, gegenüber Journalisten oder gegenüber den eigenen Kindern und Enkeln das eigene Verhalten zu begründen.

## Jenseits von Motivdarstellungen und Motivzuschreibungen

Aus soziologischer Perspektive ist es – und hier ist der Anspruch bescheiden – erst einmal nur möglich, die Motivdarstellung des am Holocaust beteiligten Personals und die ihnen zugeschriebenen Motive genau zu rekonstruieren. Eine solche Rekonstruktion birgt, wie die Forschung bisher gezeigt hat, jedoch wenig Überraschendes. Polizisten, die sich während des Krieges als überzeugte Nationalsozialisten präsentierten und ihr Handeln deswegen mit Verweis auf ihre nationalsozialistische Überzeugung erklärten, stellten sich nach dem Krieg häufig als Befehlsempfänger dar, die ohne eigene Motive oder teilweise auch gegen ihre eigenen Motive gehandelt hatten.[67]

Und auch die Motivzuschreibungen, die den oben angeführten »einfachen Antworten« wie Arbeitsteilung, Fanatismus, Sadismus, Indoktrination, Deutschsein oder Judenhass zugrunde lagen, stellten immer auch Motive dar, die in einer spezifischen Zeit und einer spezifischen Situation en vogue waren. Die Betonung der Arbeitsteilung beim Holocaust diente nach dem Zweiten Weltkrieg nichtjüdischen Deutschen als Rechtfertigung dafür, dass man ja gar nichts von der Vernichtung der Juden gewusst hätte. Der Verweis auf NS-Täter als Fanatiker und Sadisten, der mit den Nürnberger Prozessen im Nachkriegsdeutschland populär wurde, konnte ihnen dazu dienen, die Verantwortung für den Holocaust lediglich bei einigen wenigen Überzeugungstätern zu suchen. Die in den 1990er Jahren populären Motivzuschreibungen auf die während der NS-Zeit von einen eliminatorischen Antisemitismus beseelten Deutschen konnten der Generation der Enkel der NS-Täter als Abgrenzung gegen die Rechtfertigungen in der Nachkriegszeit dienen und haben deswegen in der breiten deutschen Bevölkerung nach der Wiedervereinigung große Zustimmung gefunden.[68] So weit, so nachvollziehbar, aber auch so banal.

67 Während sich die Führungskräfte des Reichssicherheitshauptamts, wie das bei Spitzenpersonal von Organisationen fast immer der Fall ist, hochidentifiziert mit den Zielen der Organisation zeigten und diese Identifikation später nur schwerlich negieren konnten, sind beim Personal in untergeordneten Positionen zumeist nur pflichtgemäße Bekenntnisse zu den Zielen der Organisation zu erwarten.

68 Inzwischen werden viele Artikel und Bücher darüber geschrieben, die nicht mehr

## 1.3. Zur Motivation von Organisationsmitgliedern

Soziologisch lässt sich nicht nur analysieren, wie Handelnde ihre Motive *darstellen*, sondern auch wie Handelnden während und nach der Handlung Motive *zugeschrieben* werden. Wird ein Sohn von seinem Vater dabei beobachtet, wie er Tiere quält, dann kann der Sohn in und nach der Situation nicht nur Motive für die Quälereien darstellen, sondern es werden ihm vom Vater auch Motive unterstellt, die nicht identisch mit den dargestellten Motiven sein müssen.[69]

Man kann die Bedeutung solcher Zuschreibungen für soziale Interaktionen gar nicht hoch genug einschätzen. Die Zuschreibung von Motiven dient, so Niklas Luhmann, nicht nur als »Schema des Kennenlernens von Personen«, sondern auch als »Suchmuster für Deutungen« der anderen Person.[70] Im Fall der kindlichen Tierquälerei kann der Vater versuchen, sich dieses Verhalten über die Zuschreibung von Motiven zu erklären – Reaktion auf den Tod der Mutter, den Wunsch des Sohnes, seine Freunde zu beeindrucken oder dessen mehr oder minder konsequentes Zu-Ende-Denken einer fleischhaltigen Ernährung. Wenn man in vielen Situationen nicht wenigstens versuchen würde, seinem Gegenüber in dieser Form Motive zuzuschreiben, dann würde uns er oder sie als noch unergründlicher erscheinen, als er oder sie uns sowieso schon normalerweise erscheint. Die soziale Interaktion wäre erheblich behindert.

Aber Motive dienen nicht nur dazu, sich das Handeln einer Person *während* oder *nach* einer Handlung begreiflich zu machen, son-

vorrangig anstreben, die Motive der am Holocaust beteiligten Personen zu ergründen, sondern die untersuchen, welche Motivunterstellungen nach 1945 vorgenommen worden sind und welche Interessen sich dahinter verbergen könnten; siehe nur prominent und kontrovers diskutiert Berg, *Der Holocaust und die westdeutschen Historiker*. Auf die Rolle des Holocaust in der Prägung einer nationalen Identität besonders in Israel und Deutschland kann ich hier nicht eingehen; siehe als Einstieg nur Tom Segev, *The Seventh Million. The Israelis and the Holocaust*, New York 1993, und Charles S. Maier, *The Unmasterable Past. History, Holocaust, and German National Identity*, Cambridge ²1997.

69 Die Motiv-Konzeption, die den Begriff der Zuschreibung benutzt, impliziert, so Luhmann, ein Ego, dem Motive zugeschrieben werden, und einen Alter, der Motive zuschreibt«, Luhmann, *Kontingenz und Recht*, S. 63.

70 Luhmann, *Kontingenz und Recht*, S. 64.

dern – und dieser Punkt ist zentral – um *vorher* Handlungen eines Gegenübers zu antizipieren. Dafür schreibt man seinem Gegenüber schon vor der eigentlichen Handlung Motive zu und versucht, sich mit seinen eigenen Handlungen auf diese einzustellen. Wenn ein Vater seinem Sohn sadistische Handlungsmotive zuschreibt, kann er seine eigenen Handlungen an diesen dem Sohn (dem Gegenüber) zugeschriebenen Motiven ausrichten und damit versuchen, dessen Handeln zu kanalisieren.[71] Anderen Personen Motive zuzuschreiben, ist also nicht nur ein Mechanismus, um sich deren Handeln plausibel erscheinen zu lassen, sondern es beeinflusst auch maßgeblich das eigene Handeln in Bezug auf diese Personen.

Mit diesem Zuschreiben von Motiven und der Ausrichtung der eigenen Handlungen darauf arbeiten nicht nur Personen, sondern auch Organisationen. In Organisationen bilden sich Vorstellungen davon aus, weswegen Personen eingetreten sind und dort verbleiben. Aufbauend auf Zuschreibungen von Motiven auf Personen bilden Organisationen dann Mechanismen aus, mit denen sie diese Personen an sich binden wollen. Sie erhöhen Gehälter, ermöglichen Nebeneinkünfte, geben der Organisation attraktivere neue Zwecke, fördern die Kollegialität oder setzen sich für Gesetze ein, die Personen dazu zwingen, Mitglied in ihrer Organisation zu werden. Abweichend vom üblichen psychologischen Sprachgebrauch kann man bei diesen Versuchen, Mechanismen zu etablieren, mit denen Personen auf der Basis von unterstellten Motiven an die Organisation gebunden werden, von »Motivationsmitteln« sprechen.[72]

Organisationen nehmen sowohl die Mitgliedschaftsmotivation als auch die Leistungsmotivation ihrer Mitglieder ins Visier. Bei der *Mitgliedschaftsmotivation* handelt es sich um die Motivation, weswegen eine Person überhaupt Mitglied einer Organisation wird. Die Mitgliedschaftsmotivation ist – darauf haben sowohl die verhaltenswissenschaftliche Entscheidungstheorie als auch die marxistische Industriesoziologie und die Prinzipal-Agent-Theorie hinge-

71 In TV-Serien wird dieses Grundprinzip sozialer Interaktion als Spannungselement genutzt. So wird die auf den Büchern von Jeff Lindsay basierende Serie *Dexter* über die Motivdarstellung Dexters und die Motivzuschreibungen seines Vaters strukturiert. Der Code, den der Vater für Dexter entwickelt, soll dessen unstillbaren Drang zu töten, kanalisieren.

72 Zum Begriff des Motivationsmittels siehe Luhmann, *Funktionen und Folgen formaler Organisation*, S. 133.

wiesen – jedoch nicht alles. Organisationen sehen sich gezwungen, zusätzlich eine *Leistungsmotivation* ihrer Mitglieder zu generieren. Das eingekaufte oder erzwungene Arbeitsvermögen muss, so die Formulierung in der Sprache der marxistischen Soziologie, in reale Arbeitsleistung umgeformt werden.

Die Mitgliedschafts- und die Leistungsmotivation werden von Organisationen zuallererst über *formale Erwartungen* der Organisation durchgesetzt. Die Organisation definiert Bedingungen, unter denen Personen Mitglied werden und bleiben können, und stellt dafür Anreize zur Verfügung, auf die sich die Organisationsmitglieder im Rahmen ihrer formalen Erwartungen an die Organisation verlassen können. Dabei handelt es sich etwa um vertraglich festgelegte Geldzahlungen oder eine gesetzlich abgesicherte Verpflichtung, im Rahmen eines Wehr- oder Wehrersatzdienstes Zwangstätigkeiten zu verrichten. Solche formal fixierten Formen zur Motivation von Mitgliedern lassen sich in der Regel soziologisch gut analysieren, weil die Organisationen sie häufig schriftlich festlegen und Mitglieder sich ohne Schwierigkeiten kommunikativ darauf beziehen können.[73]

Darüber hinaus wird aber besonders die Leistungsmotivation häufig auch über *informale Erwartungen* durchgesetzt. Dass Mitglieder sich im Rahmen ihrer Mitgliedschaft zu bestimmten Leistungen motivieren lassen, kann nur zum Teil auf die formalen Erwartungen der Organisation zurückgeführt werden. Oftmals entscheidender für die Leistungsmotivation sind informale Erwartungen anderer Organisationsmitglieder oder auch die Aussicht, in den Genuss formal nicht vorgesehener Belohnungen zu kommen. Solche informalen Motivationsmittel lassen sich soziologisch nicht ganz so gut rekonstruieren, weil sie nicht schriftlich fixiert werden. Aber man kann ihnen doch auf die Spur kommen, weil sie häufig

73 Der Erwartungsbegriff ist in der soziologischen Systemtheorie allgemein – also nicht nur in Bezug auf Organisationen – zentral, weil Strukturen als Erwartungsstrukturen begriffen werden; siehe Luhmann, *Rechtssoziologie*, S. 31 ff.; für eher zurückhaltende Versuche, den Erwartungsbegriff in geschichtswissenschaftliche Analysen der Volksgemeinschaft aufzunehmen, siehe Thomas Mergel, »Führer, Volksgemeinschaft und Maschine. Politische Erwartungsstrukturen in der Weimarer Republik und dem Nationalsozialismus 1918-1936«, in: Wolfgang Hardtwig (Hg.), *Politische Kulturgeschichte der Zwischenkriegszeit 1918-1939*, Göttingen 2005, S. 91-128, hier: S. 91.

eine wichtige Rolle in den Erzählungen der Organisationsmitglieder spielen.[74]

Der Blick auf Organisationen ermöglicht einen zunächst vielleicht ungewohnten Zugriff auf die Frage der Motivation von Personen. Auch wenn man über die wahren Motive von Personen soziologisch nichts sagen kann, so kann man die Organisation, der sie angehören, daraufhin beobachten, welche Motivationsmittel sie einsetzt, welche Motivdarstellungen sie dadurch er- oder entmutigt und wie die Personen vor diesem Hintergrund handeln und ihre Motive präsentieren.

## Die Motivationsmittel von Organisationen

Die Organisation setzt unterschiedliche Mittel zur Motivation ihrer Mitglieder ein. Eine erste Möglichkeit, um Mitglieder an Organisationen zu binden, besteht darin, ihnen attraktive Zwecke anzubieten (siehe dazu Kapitel 2). Der Vorteil für die Organisation ist, dass sich durch attraktive Zwecke Organisationsmitglieder nicht nur günstig – oder sogar kostenlos – gewinnen lassen, sondern dass die Mitglieder auch aufgrund ihrer Identifikation mit den Zwecken ohne hohen Kontrollaufwand zu Leistungen motiviert werden können. Militärsoziologische Forschungen haben gezeigt, dass die Identifikation mit einem Zweck – der abstrakten Idee einer Nation oder eines politischen Konzepts – den Kontrollaufwand in Armeen erheblich reduziert.[75] Die NS-Propaganda hat diese Zweckidentifikation, konkret die Identifikation mit der nationalsozialistischen Sache im Allgemeinen und mit der antisemitischen Politik im Besonderen, immer wieder als Motivation nicht nur für die Mitgliedschaft in nationalsozialistischen Organisationen wie der NSDAP, sondern auch in staatlichen Gewaltorganisationen wie der Wehrmacht oder der Polizei hervorgehoben.

Ein zweites Motivationsmittel, auf das sich besonders staatliche Gewaltorganisationen stützen können, ist Zwang (siehe dazu

74 Ich verwende hier statt des verbreiteten, aber unpräzisen Begriffes »informell« den in der systemtheoretischen Organisationsforschung eingeführten präziseren Begriff »informal«. Mit Letzterem wird der Organisationsbezug durch den Kontrast mit dem Begriff »formal« deutlich gemacht.

75 Siehe dazu den Überblick bei Barry Posen, *Nationalism, the Mass Army, and Military Power*, Cambridge 1993.

Kapitel 3). Der durch die Organisation ausgeübte Zwang besteht darin, den Austritt der Mitglieder aus ihr ausschließlich zu den von der Organisation bestimmten Bedingungen zuzulassen. Dafür setzen die Organisationen eigene Erzwingungsmittel ein, etwa eine organisationsinterne Polizei (zum Beispiel Feldjäger), eine eigene Gerichtsbarkeit (zum Beispiel Truppendienstgerichte) oder organisationseigene Gefängnisse, um das Verbleiben in der Organisation sicherzustellen. Durch diesen Zwang sollen die Exit-Kosten für die Mitglieder so hoch geschraubt werden, dass sie das Verlassen der Organisation in der Regel nicht als eine ernst zu nehmende Option betrachten. Im NS-Staat waren die Mitgliedschaften in Armee, SS-Einheiten, Ordnungs- und Sicherheitspolizei, aber auch häufig in der Zivilverwaltung über solche Zwangsmechanismen abgesichert, so dass es – jedenfalls während des Krieges – nicht möglich war, aus einer dieser Organisationen auszutreten.

Eine dritte Möglichkeit, über die Mitgliedschaftsbindung hergestellt wird, ist Kollegialität (siehe Kapitel 4).[76] Kollegialität reicht in den wenigsten Fällen als Mitgliedschaftsmotivation aus. Schließlich wird jemand normalerweise nicht wegen der »netten Kollegen« Mitglied einer Organisation. Aber Kollegialität spielt eine wichtige Rolle bei der Aufrechterhaltung und Steigerung der Leistungsmotivation. Häufig werden Aufgaben deswegen bereitwillig erfüllt, weil es sonst die Kollegen machen müssen und man auf deren Wohlwollen angewiesen ist. Im Fall der Polizeibataillone, SS-Einheiten und Wehrmachtstruppen äußerte sich Kollegialität besonders in Form von Kameradschaftserwartungen. Man musste als Polizist, als Wehrmachtssoldat oder als SS-Mann nicht nur die formalen Erwartungen der Organisation erfüllen, sondern besonders auch die über die Kameradschaftsnormen durchgesetzten informalen Erwartungen der Kameraden. Da beim Einsatz in Kriegsgebieten nicht nur das Mitglied in einer Organisation auf dem Spiel stand, sondern das eigene Leben, also faktisch alle Rollenbezüge, waren die Kameradschaftsnormen besonders stark ausgeprägt.

76 Die Organisationsforschung hat immer wieder nachzuweisen versucht, dass Organisationsmitglieder sowohl zufriedener als auch leistungsbereiter sind, wenn sie eine enge Bindung zu ihren Kollegen empfinden. Das Bedürfnis nach Kontakt zu und Zusammensein mit anderen Menschen werde, so beispielsweise die Annahmen des sogenannten Human-Relations-Ansatzes, durch Kollegen befriedigt.

Ein viertes Motivationsmittel, um Mitglieder an Organisationen zu binden, ist Geld (siehe Kapitel 5). Organisationen können selbst für unattraktive Aufgaben Mitglieder rekrutieren, wenn sie nur bereit sind, dafür auch entsprechend zu bezahlen. Und da der Geldbedarf von Personen »chronisch« ist, können Mitglieder auf diesem Weg nicht nur zeitlich befristet, sondern dauerhaft gebunden werden. In der Regel werden Organisationsmitglieder direkt mit Lohn, Gehalt oder Prämien dafür bezahlt, dass sie für einen Teil ihres Tages einer Organisation zur Verfügung stehen. Es gibt aber auch andere Varianten, in denen die Motivation nicht auf direkten Geldzahlungen basiert, sondern darauf, dass Geldzahlungen anderer in Aussicht gestellt werden – wenn beispielsweise die Position als Polizist, Zollbeamter oder Soldat das Ausplündern von Zivilisten oder das Einwerben von Schmiergeldern ermöglicht.

Eine fünfte Möglichkeit zur Motivation von Organisationsmitgliedern besteht in der Handlungsattraktivität (siehe Kapitel 6). Eine Reihe von Organisationen bindet ihre Mitglieder fast ausschließlich über das Angebot attraktiver Tätigkeiten. In diesen Fällen stellt die Ausübung der Tätigkeit geradezu den Grund für die Mitgliedschaft dar, und die Mitglieder sind nicht selten bereit, für die Möglichkeit zur Ausübung dieser Tätigkeit zu bezahlen. Eine hohe Attraktivität einer Handlung kann, muss aber nicht mit einer hohen Attraktivität von Zwecken korrelieren. Befragt man Personen, die sich beim Roten Kreuz oder anderen Hilfsorganisationen engagieren, dann geben diese häufig an, dass nicht nur der Zweck der Organisation als sinnvoll erachtet werde, sondern dass auch die Tätigkeit selbst Spaß mache. Dagegen mögen Mitglieder in anderen Organisationen wie etwa Sportvereinen ein hohes Maß an Freude an ihren Tätigkeiten haben, es wird ihnen jedoch vergleichsweise schwerfallen, in ihrem Bekanntenkreis ein hohes Maß an Identifikation mit den Zwecken »ihrer« Organisation zu vermitteln.

## Die Kombination von Motiven

Bei den gerade beschriebenen Mitteln, die Organisationen zur Motivation ihrer Mitglieder einsetzen, handelt es sich nicht um eine vollständige Liste, aber sie bieten einen ersten Zugang zu den Motiven, die die Ordnungs- und Sicherheitspolizei, die Waffen-SS und die Wehrmacht ihren Organisationsmitgliedern zuschrieben.[77] Anstatt über die wahren Motive der »ganz normalen Männer« nur zu spekulieren, kann man auf diese Weise rekonstruieren, in welcher Form diese Organisationen Mittel zur Mitgliedschafts- und Leistungsmotivation eingesetzt haben.[78] Die Organisationsforschung hat lange Zeit den Fehler gemacht, Organisationen lediglich aus einem einzigen der angeführten Mitgliedschaftsmotive heraus zu begreifen. Weil die meisten Organisationen, so Amitai Etzioni, dazu tendieren, ihre Mitglieder nur durch ein Mittel zu motivieren, ließen sich unterschiedliche Organisationstypen wie »Zwangsorganisationen«, die ihre Mitglieder mit Gewalt binden, »normative Organisationen«, die ihren Mitgliedern attraktive Zwecke anbieten, und »utilitaristische Organisationen«, die ihre Mitglieder monetär motivieren, unterscheiden.[79]

Es mag Organisationen geben, die nur ein Motivationsmittel einsetzen – zum Beispiel eine religiöse Sekte, die in ihrer Anfangszeit ausschließlich auf die starke Zweckidentifikation zur Bindung

77 In der Organisationsforschung gibt es eine Traditionslinie, die sich mit den unterschiedlichen Formen der Mitgliedschafts- und Leistungsmotivation auseinandersetzt. Siehe nur als prominente Beispiele aus den 1960er Jahren Daniel Katz, »The Motivational Basis of Organizational Behavior«, in: *Behavioral Science* 9 (1964), S. 131-146, oder Amitai Etzioni, *A Comparative Analysis of Complex Organizations. On Power, Inolvement, and Their Correlates*, New York ²1975. Dieser prinzipiell interessante vergleichende Ansatz hat sich jedoch durch eine übergeneralisierte Analyse der Korrelationen zwischen Umweltanforderungen und Motivationsstrukturen im Rahmen der Kontingenztheorie weitgehend verbraucht. Ich nutze die verschiedenen Formen der Motivation von Mitgliedern hier lediglich als ein heuristisches Analyseschema; siehe dazu Kühl, *Organisationen*, S. 37 ff.

78 Siehe die militärsoziologischen Studien über die Kampfmoral; beispielsweise Samuel A. Stouffer u. a., *The American Soldier. Volume II. Combat and its Aftermath*, Princeton 1949 zu US-amerikanischen Soldaten im Zweiten Weltkrieg, Shils/Janowitz, »Cohesion and Disintegration in the Wehrmacht in World War II«, zu Wehrmachtssoldaten im Zweiten Weltkrieg, oder Charles C. Moskos, »Eigeninteresse, Primärgruppen und Ideologie. Eine Untersuchung der Kampfmotivation amerikanischer Truppen in Vietnam«, in: René König (Hg.), *Militärsoziologie*, Opladen 1968, S. 199-220, zu US-amerikanischen Soldaten im Vietnamkrieg.

79 So Etzioni, *A Comparative Analysis of Complex Organizations*, S. 6 f. Aus Vereinfachungsgründen nutze ich auch manchmal typologische Organisationsbezeichnungen wie »Zwangsorganisation«, möchte aber ausdrücklich, in Abgrenzung zu Etzioni betonen, dass Organisationen durch eine Kombination von Motivationsmitteln gekennzeichnet sind.

und Motivierung ihrer Mitglieder setzt, oder das in der Organisationsforschung immer wieder erwähnte Konfitüreunternehmen, das seine Mitglieder angesichts des kaum Identifikationsmöglichkeiten bietenden Produkts der Vierfruchtmarmelade ausschließlich monetär motiviert.[80] In der Regel – und hier muss Etzioni widersprochen werden – setzen Organisationen jedoch verschiedene Mittel in Kombination ein, um ihre Mitglieder zu motivieren. Armeen, die im Kriegsfall ihre Mitglieder zwangsrekrutieren, versuchen diesen zusätzlich die Sinnhaftigkeit des Krieges zu vermitteln oder bieten ihnen gelegentlich neben dem Sold noch zusätzliche monetäre Belohnungen durch die offizielle oder inoffizielle Erlaubnis zur Plünderung in den eroberten Gebieten. Der Charme der hohen Zweckidentifikation besteht für Organisationen darin, dass sie ihre Mitglieder nicht bezahlen, sondern zumeist von ihnen kassieren. Aber häufig sind neben der Zweckidentifikation zusätzliche Anreize nötig, um Mitglieder zum Engagement zu motivieren. So mag die Identifikation mit »der Sache« ein wichtiger Anreiz sein, sich in einer politischen Partei zu engagieren, aber gerade bei der Mobilisierung überdurchschnittlichen Engagements kann es helfen, wenn die Parteimitgliedschaft den Zugang zu finanziell lukrativen Jobs erleichtert.

Dabei kann es in Organisationen zu Verschiebungen der zentralen Motivlage kommen. So manche politische Organisation wurde als Initiative von sich stark mit politischen Zwecken identifizierenden Ehrenamtlichen gegründet und existiert irgendwann nur noch deswegen weiter, weil mit zunehmendem Wachstum die Möglichkeit zum Einwerben von öffentlichen Zuschüssen oder privaten Spenden immer mehr Mitgliedern ein finanzielles Auskommen bietet und die Organisation allein deshalb zur Dauerhaftigkeit verdammt ist. Politisch Engagierte, die ursprünglich aus Überzeugung in eine faschistische Splitterorganisation eingetreten sind, stellen fest, dass ihnen das Engagement die Möglichkeit einer haupt- und nebenberuflichen Tätigkeit bietet, und irgendwann führen die ökonomischen Motive dazu, dass man auch bei abnehmender Identifikation mit dem Zweck in der Organisation verbleibt.

Der springende Punkt ist, dass es für Organisationen nur eine

80 Ausgangspunkt der Referenz auf die Vierfruchtmarmelade scheint die Beobachtung des Konfitüreherstellers Schwartauer Werke durch Niklas Luhmann, *Zweckbegriff und Systemrationalität*, Frankfurt/M. 1973, S. 142, gewesen zu sein.

untergeordnete Rolle spielt, aus welchen Motiven ihre Mitglieder handeln, denn Organisationen abstrahieren bei der Formulierung von Verhaltenserwartungen letztlich von den konkreten Motiven ihrer Mitglieder. Ob diese aufgrund von Zweckidentifikation, Zwang, Kollegialität, Geldzahlung oder Spaß an der Handlung die formalen Erwartungen der Organisation erfüllen, ist zweitrangig, solange sie es tun. Das aus soziologischer Sicht Beunruhigende ist, dass es bei organisierten Gewaltanwendungen nebensächlich ist, aus welchen Motiven sich Personen beispielsweise an Folterungen, Erschießungen oder Vergasungen beteiligen. Für die Organisation ist es am Ende nur wichtig, dass die von ihr erwarteten Handlungen ausgeführt werden (siehe Kapitel 7).

## Indifferenzzonen in Organisationen

Es gehört zur Normalität von Organisationen, dass Mitglieder bei ihrem Eintritt lediglich eine vage Vorstellung davon haben, welche Aufgaben auf sie zukommen. Ein Soldat der Wehrmacht konnte zwar beim Eintritt in die Armee beeinflussen, welcher Truppengattung er zugeordnet werden würde, aber er hatte nur begrenzte Vorstellungen davon, wo er für welche Aufgabe eingesetzt werden würde. Ein Angehöriger der Ordnungspolizei konnte bei seiner Bewerbung auf eine Planstelle davon ausgehen, dass er für polizeiliche Aufgaben eingesetzt werden würde. Worin diese aber im Einzelnen bestehen würden, wird ihm die Organisation nicht beantwortet haben.

Der Organisationsforscher Chester Barnard hat darauf aufmerksam gemacht, dass sich Organisationsmitglieder vielen Verhaltenserwartungen, die Organisationen an sie stellen, indifferent gegenüber verhalten. Sie müssen sich angesichts von Anweisungen nicht unbedingt begeistert oder enthusiastisch zeigen, aber in Organisationen wird davon ausgegangen, dass diese Verhaltenserwartungen im Rahmen dessen liegen, was Mitglieder von der Organisation erwarten.[81]

Die Mitglieder verzichten bei ihrem Eintritt in eine Organisation darauf, dass festgelegt wird, worin ihre Tätigkeiten im Einzelnen

81 Siehe dazu Chester I. Barnard, *The Functions of the Executive*, Cambridge 1938, S. 168.

bestehen. Sie stellen der Organisation also eine Art Blankoscheck für die Verwendung ihrer Arbeitskraft aus.[82] Dadurch entsteht eine folgenreiche Indifferenzzone, innerhalb der sie zu den Befehlen, Aufforderungen, Anweisungen und Vorgaben der Vorgesetzten nicht Nein sagen können, ohne die Mitgliedschaft in ihrer Organisation grundsätzlich infrage zu stellen. Der Vorteil für die Organisationsleitung liegt auf der Hand: Die Organisationsmitglieder geloben eine Art Generalgehorsam gegenüber zunächst nicht weiter spezifizierten Befehlen und Weisungen. So ermöglichen sie der Führung, die Organisation sehr schnell und ohne umständliche interne Aushandlungsprozesse an veränderte Anforderungen anzupassen.

Ob etwas zur Indifferenzzone von Organisationsmitgliedern gehört oder nicht, hängt bei staatlichen Gewaltorganisationen maßgeblich davon ab, ob die Erwartungen an die Organisationsmitglieder rechtlich abgesichert sind. Bei den während des Nationalsozialismus gebildeten Polizeibataillonen fiel eine Vielzahl von Verhaltenserwartungen zweifelsfrei in diese Indifferenzzone ihrer Mitglieder. Angehörige der Ordnungspolizei gingen selbstverständlich davon aus, dass die formalen Kommunikationswege in den Bataillonen hierarchisch strukturiert waren und Anweisungen des Bataillonskommandanten über die Kompanieführer an die Gruppenführer weitergegeben wurden. Sie akzeptierten die in Verordnungen niedergelegten Programme und verhielten sich gegenüber Änderungen dieser Programme weitgehend indifferent. Aber gerade bei den Massenerschießungen und den Deportationen in die Vernichtungslager gab es bei den Polizisten Zweifel, dass es sich um Anforderungen handelte, die sich im üblichen Rahmen der Indifferenzzone bewegten (siehe Kapitel 8).

## Die Abhängigkeit der Indifferenzzone von gesellschaftlichen Rahmenbedingungen

Was Organisationsmitglieder als ihre Indifferenzzone in Organisationen akzeptieren, hängt signifikant von gesellschaftlichen Rahmenbedingungen ab. In Armeen totalitärer Regime wie dem

82 Zum Begriff des Blankoschecks siehe John R. Commons, *Legal Foundation of Capitalism*, New York 1924, S. 284.

Nationalsozialismus oder dem Stalinismus sind die Indifferenzzonen in der Regel größer gefasst als in den Armeen demokratischer Staaten. In einer staatlich kontrollierten Kriegswirtschaft weiten sich sowohl in Demokratien als auch in Diktaturen die Indifferenzzonen von Arbeitern in Rüstungsbetrieben bezüglich der Arbeitszeiten im Vergleich zur Tätigkeit in Friedenszeiten in der Regel erheblich aus (siehe Kapitel 9).

Für die Untersuchung des Verhaltens von Polizisten, Soldaten und Angehörigen von SS-Einheiten ist interessant, wie sich die Indifferenzzonen von Organisationsmitgliedern verändern. Während Soldaten zu Beginn eines Krieges davon ausgehen können, dass sie nicht zur Erschießung von Kriegsgefangenen gezwungen werden können und sich solchen Befehlen wenigstens teilweise verweigern würden, kann sich mit einer zunehmenden Dauer und Brutalisierung des Krieges immer stärker die Erwartung durchsetzen, dass solche Erschießungen Teil ihrer Indifferenzzone sind. Es geht dabei um die Frage – um einen Begriff von Kurt Lewin zu gebrauchen –, wie sich das Anspruchsniveau der Organisationsmitglieder in Bezug auf die Tätigkeiten, die zur Indifferenzzone gehören, verändert.

Bei der Veränderung dessen, was in die Indifferenzzone gehört, sind die Organisationsmitglieder nicht einfach nur Opfer sich wandelnder Anforderungen. Sie tragen vielmehr maßgeblich durch ihre Handlungen dazu bei, wie sich die Indifferenzzonen in den Organisationen umformen. Wenn ein Polizist sich dazu bereit erklärt hat, an einer Erschießung mitzuwirken, dann wird er bei nachfolgenden Anforderungen dieser Art Schwierigkeiten haben, diese zurückzuweisen. Die Organisationsmitglieder bilden quasi im Schatten der Formalstruktur einer Organisation langsam ein Verständnis darüber aus, was zur Indifferenzzone gehört und was nicht.

## 2. Zweckidentifikation

> Die Straße nach Auschwitz wurde durch Haß gebaut, aber mit Teilnahmslosigkeit gepflastert *Ian Kershaw*[1]

Die Angehörigen des Reserve-Polizeibataillons 101 wurden im Sommer 1942 nicht gänzlich unvorbereitet nach Lublin verlegt. In Zeitschriftenartikeln, Büchern und Filmen verwies die NS-Propaganda immer wieder auf die Aufgaben, die die Bataillone in den besetzten Gebieten zu erfüllen hätten: Sicherung von öffentlichen Einrichtungen, Umsiedlung von Bevölkerungsgruppen in den besetzten Gebieten, Beschlagnahmung von Ernten widerständiger Bauern, Verfolgung von Kriminellen und Bekämpfung von Partisanen.[2]

Obwohl das Polizeibataillon vor der Entsendung in den Distrikt Lublin neu zusammengestellt wurde, konnten die Polizisten sich aufgrund der früheren Aufträge eine ungefähre Vorstellung von ihrem bevorstehenden Einsatz machen. Nach der Besetzung Polens 1939 war die Ordnungspolizei nicht nur zur Sicherung der eroberten Gebiete zuständig, sondern hatte dann auch den Auftrag, die von der NS-Führung angeordnete »Bevölkerungsverschiebung« durchzusetzen. Aus den besetzten westpolnischen Provinzen sollten nach Vorstellung der NS-Führung jüdische und nichtjüdische Polen vertrieben werden, um in diesen dem Deutschen Reich zugeschlagenen Gebieten für deutschstämmige Umsiedler aus den

1 Ian Kershaw, *Popular Opinion and Political Dissent in the Third Reich. Bavaria, 1933-1945*, Oxford 1983, S. 277. Im Original heißt es »The road to Auschwitz was built by hate, but paved with indifference«; zitiert nach der Übersetzung von Browning, *Ganz normale Männer*, S. 262, in der das Zitat fälschlicherweise auf Ian Kershaw (»The Persecution of the Jews and German Public Opinion in the Third Reich«, in: *Leo Baeck Institute Yearbook* 26 (1981), S. 261-289, hier: S. 288) zurückgeführt wird.

2 Siehe hierzu nur die in großer Verbreitung erschienenen Propagandaschriften von Hans Richter, *Einsatz der Polizei. Bei den Polizeibataillonen in Ost, Nord und West*, Berlin 1941, und Hans Richter, *Ordnungspolizei auf den Rollbahnen des Ostens. Bildberichte von den Einsätzen der Ordnungspolizei im Sommer 1941 im Osten*, Berlin 1943.

von der Sowjetunion okkupierten Gebieten Ostpolens Platz zu machen.[3]

Auch das Polizeibataillon 101 war – nachdem es anfangs mit der Suche nach versprengten polnischen Soldaten und der Bewachung eines Gefängnisses betraut wurde – an diesen Umsiedlungen beteiligt. Nachdem es im Frühjahr 1940 von Kielce nach Posen verlegt wurde, wirkte es dort an einer Reihe von Umsiedlungen mit, bei der Polen aus diesen dem Deutschen Reich zugeschlagenen Gebieten aus ihren Wohnungen vertrieben und in den Osten deportiert wurden. Auch nach einer Verlegung nach Łódź führte das Polizeibataillon mehrere solcher Umsiedlungsaktionen durch, übernahm aber darüber hinaus im Wechsel mit anderen Polizeieinheiten die Bewachung des jüdischen Ghettos in Łódź.[4]

Schon bei diesen Einsätzen waren die Angehörigen des Bataillons immer wieder an Erschießungen beteiligt. Mit Waffen aufgegriffene Polen wurden – nach Abhaltung eines Standgerichts unter Vorsitz des Bataillonskommandanten – durch Angehörige des Bataillons erschossen. Bei einer Gefangenenmeuterei in Kielce waren Bataillonsangehörige an der Erschießung eines knappen Dutzends

3 Siehe zur Gestaltung und Umsetzung der umfassenden Pläne zur Bevölkerungsverschiebung besonders Götz Aly, Susanne Heim, *Vordenker der Vernichtung. Auschwitz und die deutschen Pläne für eine neue europäische Ordnung*, Frankfurt/M. [2]2013. Siehe zur nationalsozialistischen Germanisierungspolitik in Polen ausführlich Gerhard Wolf, *Ideologie und Herrschaftsrationalität. Nationalsozialistische Germanisierungspolitik in Polen*, Hamburg 2012, und zur Kooperation verschiedener NS-Behörden bei der Umsiedlung Isabel Heinemann, »›Ethnic Resettlement‹ and Inter-Agency Cooperation in the Occupied Eastern Territories«, in: Gerald D. Feldman, Wolfgang Seibel (Hg.), *Networks of Nazi Persecution. Bureaucracy, Business, and the Organization of the Holocaust*, New York 2005, S. 213-235. Eine gute Einordnung der Vertreibungs- und Umsiedlungspolitik findet sich bei Schwartz, *Ethnische »Säuberungen« in der Moderne*, S. 429 ff.

4 Wir wissen vergleichsweise gut über die Einsätze des Polizeibataillons 101 von 1939 bis 1941 Bescheid. Siehe die Abschrift des zusammenfassenden Berichts über die in Hamburg durchgeführten Ermittlungen und den Einsatz Hamburger Polizeibataillone in Polen in den Jahren 1939 bis 1941, BA Ludwigsburg, 162/5910, Bl. 16. Die folgenden Informationen basieren auf diesem Bericht, der auf der Basis von Aussagen von Beschuldigten zusammengestellt wurde. Das Bataillon wurde im September 1939 in der Kaserne Bundesstraße in Hamburg zusammengestellt und rückte am 6. 9. 1939 nach Kielce aus. Am 16. 12. 1939 kehrte das Bataillon zunächst nach Hamburg zurück und wurde in Kielce vom Polizeibataillon 111 aus Hannover abgelöst.

polnischer Gefangener beteiligt. Auch bei den Umsiedlungsaktionen im Posener Gebiet stellte das Bataillon immer wieder Erschießungskommandos, die zum Tode verurteilte Polen töteten.[5] Bei den Zwangsumsiedlungen von sowohl nichtjüdischen als auch jüdischen Polen kam es zudem auch immer wieder zu Erschießungen von Personen, die sich der Umsiedlung zu entziehen suchten.[6]

Dass sich die Einsätze nicht nur gegen die polnische Bevölkerung allgemein richteten, sondern ganz besonders gegen die jüdischen Polen, musste den Angehörigen des Polizeibataillons bald klar geworden sein. In Łódź, das von den Nazis nach der Besatzung in Litzmannstadt umbenannt worden war, war das Polizeibataillon während seines ersten Einsatzes in Polen für die Bewachung des Ghettos zuständig, von dem aus kontinuierlich Juden ins neu geschaffene Generalgouvernement deportiert wurden.[7] Und nachdem es nach dem ersten Einsatz in Polen vorerst nach Hamburg zurückverlegt worden war, wurde es unter anderem bei der Deportation von Hamburger Juden nach Minsk und Riga eingesetzt.[8] Bei den Deportationen bewachten Angehörige des Bataillons auch

5 Abschrift aus dem zusammenfassenden Bericht über die in Hamburg durchgeführten Ermittlungen und den Einsatz Hamburger Polizeibataillone in Polen in den Jahren 1939 bis 1941, BA Ludwigsburg, 162/5910, Bl. 16; siehe auch Kiepe, *Das Reservepolizeibataillon 101 vor Gericht*, S. 32.

6 Vernehmung Jadwiga Kosicka, BA Ludwigsburg 162/18810, Bl. 9 ff.

7 Vernehmung Gerhard Kadzioch, StA Hamburg, NSG 0021/002, Bl. 2474. Siehe auch das Foto United States Holocaust Memorial Museum Washington, Photograph 47436, abgedruckt in Wolf Kaiser u. a., *»Nicht durch formale Schranken gehemmt«. Die deutsche Polizei im Nationalsozialismus*, Bonn 2012, S. 152.

8 Siehe »Geheimerlass Chef der Ordnungspolizei, an die Befehlshaber (Inspekteure) der Ordnungspolizei usw., betr. Evakuierungen von Juden aus dem Altreich und dem Protektorat«, Az. Kdo g2 (01) Nr. 514/41 (g) vom 24. Oktober 1941, gez. Daluege, in dem festgelegt wurde, dass die Transporte jeweils durch einen Offizier und zwölf Mann der Ordnungspolizei begleitet werden sollten, abgedruckt in: Internationaler Militärgerichtshof (Hg.), *Der Prozeß gegen die Hauptkriegsverbrecher vor dem Internationalen Militärgerichtshof. Band 33*, Nürnberg 1947, S. 535 ff. Siehe allgemein zu den Deportationen die Sammelbände von Beate Meyer (Hg.), *Die Verfolgung und Ermordung der Hamburger Juden 1933-1945. Geschichte, Zeugnis, Erinnerung*, Göttingen 2006, und Linde Apel (Hg.), *In den Tod geschickt. Die Deportationen von Juden, Roma und Sinti aus Hamburg 1940 bis 1945*, Berlin 2009. Zur sogenannten zweiten Deportationswelle aus dem Deutschen Reich nach Minsk im November 1941 und nach Riga siehe ausführlich Alfred Gottwaldt, Diana Schulle, *Die »Judendeportationen« aus dem Deutschen Reich 1941-1945. Eine kommentierte Chronologie*, Wiesbaden 2005, S. 84 ff. und 110 ff.

die Sammelstellen der Hamburger Juden an der Moorweide und halfen bei deren Verladung auf Lkws, mit denen sie zum Bahnhof transportiert wurden.[9] Prinzipiell schien also das – auch gewaltsame – Vorgehen gegen Juden in die Indifferenzzone der Bataillonsangehörigen zu fallen.

Von der beim Einsatz in Józefów angeordneten Massenerschießung von jüdischen Männern, Frauen und Kindern scheinen die meisten Angehörigen des Polizeibataillons jedoch überrascht worden zu sein. Trotz der antisemitischen Übergriffe auf Juden, der Verabschiedung immer neuer diskriminierender Gesetze und Verordnungen und der regelmäßigen Drohungen Hitlers, im Falle eines Krieges die europäischen Juden zu vernichten, waren – jedenfalls wenn man ihren Schilderungen nach dem Krieg glaubt – die meisten Polizisten nicht darauf eingestellt, jüdische Zivilisten ohne jeden konkreten Anlass und ohne die Verurteilung durch ein Standgericht zu erschießen.[10] Die Anordnung, in Józefów eine Massenerschießung von jüdischen Polen durchzuführen, schien zwar an den Grenzen der Indifferenzzone der Bataillonsangehörigen gelegen zu haben, schien sie aber in den Augen der meisten Polizisten nicht zu überschreiten. Wie ist das zu erklären?

## 2.1. Die Ausbildung einer antisemitischen Konsensfiktion

Der klassischen zweckrationalen Erklärung des Holocaust zufolge hat es bereits in der Weimarer Republik eine klare antisemitische Programmatik der Nationalsozialisten gegeben, die dann mit der »Machtergreifung« in die Tat umgesetzt werden konnte. Der von

9 Vernehmung von Franz Knutz, StA Hamburg, NSG 0021/02, Bl. 2474. Die Rolle des Polizeibataillons 101 bei den Deportationen von Hamburg aus ist bisher wenig untersucht worden. Siehe besonders den Brief von Erna Keibel vom 19.11.1941 von einer Deportation nach Minsk und die Zeugenaussagen des begleitenden Polizisten Bruno Probst vom 26.2.1964, wiedergegeben in Apel, *In den Tod geschickt*, S. 118.

10 So die Aussage des Angeklagten Hoffmann, zitiert nach der Zeitung *Die Welt*. »Ich darf ausdrücklich betonen, dass wir der Meinung waren, wir würden ausschließlich gegen Partisanen und Banditen eingesetzt. Es hieß, wir sollten für Ordnung und Sicherheit in jenem Gebiet sorgen. Gerade in dem Sommer hatte sich die Partisanentätigkeit verstärkt.« Siehe o. V., »Der grausige Auftrag des Polizei-Bataillons 101«, in: *Die Welt* vom 2.11.1967.

der NS-Führung ausgegebene Zweck, Europa »judenfrei« zu machen, sei dann während des Zweiten Weltkrieges mit erheblicher Energie vorangetrieben worden. Nachdem verschiedene Mittel zur Erreichung dieses Zwecks, wie die Zwangsemigration der Juden nach Madagaskar, die Einrichtung von Reservaten im Generalgouvernement, die Vertreibung der Juden in die Pripjet-Sümpfe in Weißrussland oder in die Tundra-Region am Eismeer sich nicht verwirklichen ließen, erschien der Führung des NS-Staates die Tötung aller Juden im Herrschaftsbereich des Deutschen Reiches als die beste Lösung.

Weil das grundlegende antisemitische Ziel von einem großen Teil der deutschen Bevölkerung mitgetragen worden sei, habe es – so die zweckrationale Argumentation, die ich hier nur in groben Zügen skizziere – keine Schwierigkeiten gegeben, das nötige Personal für dieses Programm zu rekrutieren. Das Motiv, Juden zu töten, sei bei weiten Teilen der Bevölkerung schon vorhanden gewesen, bevor sie durch die Mitgliedschaft in staatlichen Gewaltorganisationen die Möglichkeit hatten, diese Tötungen durchzuführen. Es habe deswegen beim Holocaust eine enge Kopplung der Zwecke der Organisation mit der Motivation der Mitglieder bestanden. Diese könne man daran erkennen, dass viele NS-Organisationen ihre Mitglieder vorrangig mit für sie attraktiven Zwecken für sich gewonnen hätten. Sowohl die SA als auch die SS seien in der Phase vor dem 30. Januar 1933 finanziell gar nicht in der Lage gewesen, allen Mitgliedern eine Entlohnung zu bieten. Und auch viele der nach dem 30. Januar 1933 stattgefundenen Übergriffe gegen jüdische Deutsche – bis hin zu den Pogromen in der Nacht vom 9. auf den 10. November 1938 – würden sich durch eine hohe Identifikation der SA- und SS-Mitglieder mit der antisemitischen Programmatik erklären lassen.

Das Organisationsverständnis, das sich hinter dieser Sichtweise verbirgt, ist denkbar einfach: Überzeugungstäter gründen Organisationen, um einen Zweck – in diesem Fall die Auslöschung einer ethnisch definierten religiösen Minderheit – zu verfolgen. Die Spitzen dieser Organisationen werben dann Personen an, die von diesem Zweck überzeugt sind und ihn mit verschiedenen Mitteln zu erreichen suchen. Der von der Organisation angestrebte Zweck ist in dieser Perspektive weitgehend identisch mit den Motiven der Organisationsmitglieder. Polizisten töteten Juden, weil sie – so stark vereinfacht ausgedrückt – als Polizisten die Möglichkeit hatten, Juden zu töten.[11]

Sicherlich: Für eine Reihe von Organisationen des NS-Staates lässt sich eine solche an der Identifikation mit dem Zweck orientierte Personalauswahl beobachten. Die Führungspositionen in den Einsatzgruppen wurden größtenteils von hochrangigen Mitgliedern aus dem Reichssicherheitshauptamt besetzt, die im Sinne einer »kämpfenden Verwaltung« ihre in Berlin entwickelten Konzepte an der Ostfront in die Praxis umsetzen konnten. Auch das »einfache Personal« der Einsatzgruppen der SS, die unmittelbar nach dem Einmarsch der deutschen Wehrmacht in die Sowjetunion zur »Befriedung« der besetzten Gebiete eingesetzt wurden, wurde gezielt für diesen Auftrag ausgewählt. Zwar wurden in die Einsatzgruppen auch Einheiten der Ordnungspolizei integriert, aber ein erheblicher Teil der Mitglieder in den Einsatzgruppen wurde aus SS-Einheiten rekrutiert.[12]

Das Personal des Hamburger Polizeibataillons jedoch ist ein Indiz dafür, dass viele der am Holocaust beteiligten Personen offensichtlich nicht in das im klassischen zweckrationalen Erklärungsansatz propagierte Schema der »weltanschaulichen Überzeugungstäter«

11 Siehe zu einer Relativierung eines auf Zweckidentifikation ausgerichteten Verständnisses von Organisation Niklas Luhmann, *Funktionen und Folgen formaler Organisation. Mit Epilog von* 1995, S. 137 ff., und die Argumentation kurz zusammenfassend Kühl, *Organisationen*, S. 41 f.

12 Siehe zur Integration von Ordnungspolizisten in die Einsatzgruppen Guillaume de Syon, »The Einsatzgruppe and the Issue of ›Ordinary Men‹«, in: Jonathan C. Friedman (Hg.), *The Routledge History of the Holcocaust*, London, New York 2011, S. 148-155, hier: S. 151. Gerade beim Spitzenpersonal der Behörde Heinrich Himmlers wurde eine hohe Identifikation mit dem Programm der Nationalsozialisten vorausgesetzt. Das Führungspersonal war in der Regel sowohl Mitglied in der SS als auch in der Partei; siehe zum Reichssicherheitshauptamt Michael Wildt, *Generation des Unbedingten. Das Führungskorps des Reichssicherheitshauptamtes*, Hamburg 2002; zum Wirtschafts- und Verwaltungshauptamt der SS Michael Thad Allen, *The Business of Genocide. The SS, Slave Labor, and the Concentration Camps*, Chapel Hill, London 2002; zum Hauptamt Ordnungspolizei Florian Dierl, »Das Hauptamt Ordnungspolizei 1936 bis 1945«, in: Alfons Kenkmann, Christoph Spieker (Hg.), *Im Auftrag. Polizei, Verwaltung und Verantwortung*, Essen 2001, S. 159-175; zu den Höheren SS- und Polizeiführern in den Gauen und den besetzten Gebieten Ruth Bettina Birn, *Die höheren SS- und Polizeiführer. Himmlers Vertreter im Reich und in den besetzten Gebieten*, Düsseldorf 1986.

passten. Die überwiegende Anzahl der Bataillonsangehörigen war vor ihrem Einsatz nicht durch Antisemitismus aufgefallen. Das sozialdemokratische Milieu in Hamburg, aus dem die meisten Bataillonsangehörigen stammten, war nicht durch eine antisemitische Grundhaltung geprägt. Und nur eine Minderheit der Bataillonsangehörigen war nach 1933 in die NSDAP eingetreten. Antisemitismus scheint in diesem Fall also nicht das treibende Motiv gewesen zu sein, in die Ordnungspolizei einzutreten (Mitgliedschaftsmotivation) und sich an den Tötungen (Leistungsmotivation) zu beteiligen. Hat der Antisemitismus also überhaupt eine Rolle gespielt und, wenn ja, welche?

## Die antisemitische Konsensfiktion in der Zustimmungsdiktatur

In der Forschung herrscht weitgehend Einigkeit, dass ein großer Teil der Bevölkerung des Deutschen Reiches der Politik der Nationalsozialisten gegenüber positiv eingestellt war. Es handelte sich beim NS-Regime – um den Begriff von Götz Aly zu nutzen – um eine Zustimmungsdiktatur.[13] Besonders in der Zeit zwischen

13 Siehe zum Begriff der Zustimmungsdiktatur Götz Aly, *Rasse und Klasse. Nachforschungen zum deutschen Wesen*, Frankfurt/M. 2003, S. 246, der diesen Ausdruck später auch durch den der Gefälligkeitsdiktatur ersetzt hat, siehe Götz Aly, *Hitlers Volksstaat. Raub, Rassenkrieg und nationaler Sozialismus*, Frankfurt/M. 2005. Auf die in der Geschichtswissenschaft breit diskutierte Frage, wie weit der NS-Staat durch große Teile der Bevölkerung unterstützt wurde, kann ich hier nicht eingehen. Siehe dazu nur früh mit Darstellung der methodischen Probleme und Analysen der antisemitischen Kampagnen im Sommer 1935, den Novemberpogromen 1938 und den Deportations- und Vernichtungsprogrammen ab 1940 Ian Kershaw, »Antisemitismus und Volksmeinung. Reaktionen auf die Judenverfolgung«, in: Martin Broszat, Elke Fröhlich u. a. (Hg.), *Bayern in der NS-Zeit. Band IV. Herrschaft und Gesellschaft im Konflikt*, München, Wien 1979, S. 281-348 und Kershaw, »The Persecution of the Jews and German Public Opinion in the Third Reich«, sowie später deutlich ausführlicher Kershaw, *Popular Opinion and Political Dissent in the Third Reich*, und Ian Kershaw, *Hitler, the Germans and the Final Solution*, New Haven, London 2008. Siehe außerdem Bernd Stöver, *Volksgemeinschaft im Dritten Reich*, Düsseldorf 1993, Heinz Schreckenberg, *Ideologie und Alltag im Dritten Reich*, Frankfurt/M. 2003, und Robert Gellately, *Hingeschaut und weggesehen. Hitler und sein Volk*, Stuttgart, München 2002. Siehe auch die Sammelbände: Götz Aly (Hg.), *Volkes Stimme. Skepsis und Führervertrauen im Nationalsozialismus*, Frankfurt/M. 2006, Frank Bajohr, Michael Wildt (Hg.),

den vom NS-Regime propagandistisch sehr erfolgreich genutzten Olympischen Spielen in Berlin 1936 und dem Höhepunkt der militärischen Erfolge der Wehrmacht im Jahre 1942 konnte sich das NS-Regime auf die Unterstützung eines großen Teils der deutschen Bevölkerung verlassen. Lediglich in den Anfangs- und Endjahren des Nationalsozialismus schien das Regime in stärkerem Maße auf die Anwendung von Gewalt angewiesen zu sein, um seine Maßnahmen durchzusetzen.[14]

Zur Zustimmungsdiktatur gehörte auch, so Frank Bajohr, dass die »schleichende Ausgrenzung der Juden aus dem öffentlichen Leben« und die »Vernichtung ihrer wirtschaftlichen Existenz« kaum Proteste hervorriefen, ja im Gegenteil, häufig geduldet oder begrüßt wurden.[15] Die Zustimmung zur NS-Rassenpolitik wurde da-

*Volksgemeinschaft. Neue Forschungen zur Gesellschaft des Nationalsozialismus*, Frankfurt/M. 2009, und Hans-Ulrich Thamer, Deutsches Historisches Museum (Hg.), *Hitler und die Deutschen. Volksgemeinschaft und Verbrechen*, Dresden 2010

14 Ich folge hier der Einschätzung von Frank Bajohr (»Über die Entwicklung eines schlechten Gewissens. Die deutsche Bevölkerung und die Deportationen 1941-1945«, in: Birthe Kundrus, Beate Meyer [Hg.], *Die Deportation der Juden aus Deutschland. Pläne – Praxis – Reaktionen; 1938-1945*, Göttingen 2004, S. 180-195, hier: S. 181), der sich auf Studien von Stöver (*Volksgemeinschaft im Dritten Reich*), Ian Kershaw (*Der Hitler-Mythos*, Stuttgart $^{3}$1999) und Gellately (*Hingeschaut und weggesehen*) bezieht. Die Meinung der Bevölkerung in der NS-Zeit einzuschätzen ist nicht einfach, weil die NS-Propaganda versuchte, den Eindruck zu vermitteln, die Bevölkerung stehe hinter der nationalsozialistischen Politik. Die besten Quellen zu dieser Frage sind vielleicht noch die geheimen NS-Stimmungsberichte. Siehe dafür die hervorragende Zusammenstellung von Otto Dov Kulka, Eberhard Jäckel (Hg.), *Die Juden in den geheimen NS-Stimmungsberichten 1933-1945*, Düsseldorf 2004.

15 Wie heterogen die Auffassungen in der Bevölkerung gewesen sind, wurde beispielhaft durch das Projekt »Bayern in der NS-Zeit« gezeigt. Siehe den Überblick bei Martin Broszat, »Resistenz und Widerstand. Eine Zwischenbilanz des Forschungsprojektes«, in: Martin Broszat, Elke Fröhlich u. a. (Hg.), *Bayern in der NS-Zeit. Band IV. Herrschaft und Gesellschaft im Konflikt*, München, Wien 1979, S. 691-709; siehe auch Hans Mommsen, Dieter Obst, »Die Reaktion der deutschen Bevölkerung auf die Verfolgung der Juden 1933-1943«, in: Hans Mommsen (Hg.), *Herrschaftsalltag im Dritten Reich. Studien und Texte*, Düsseldorf 1988, S. 374-426, hier: S. 380 ff. Zur Bedeutung des Antisemitismus in Erklärungen des Holocaust siehe – tendenziell in der Interpretation vom Bayern-Projekt abweichend – Omer Bartov, »Defining Enemies, Making Victims. Germans, Jews, and the Holocaust«, in: *American Historical Review* 103 (1998), S. 771-816, hier: S. 783 f., und Omer Bartov, *Germany's War and the Holocaust*, Ithaca 2003, S. 126.

durch befördert, dass die Verdrängung von Juden aus Berufs- und Geschäftsfeldern vielen Nichtjuden die Gelegenheit gab, eigene ökonomische Interessen durch die antisemitische Ideologie des NS-Staates zu legitimieren. Aber diese grundlegende Akzeptanz der NS-Rassenpolitik bedeutete nicht automatisch, dass weite Teile der Bevölkerung im Deutschen Reich sich an gewalttätigen Ausschreitungen gegen Juden beteiligten oder die Deportation der Juden aktiv unterstützten.[16]

Bei der Duldung der antisemitischen Maßnahmen, etwa der Verdrängung jüdischer Deutscher aus der Berufswelt, der schleichenden Enteignung oder der Einschränkung elementarer Bürgerrechte, ist es aus einer soziologischen Perspektive nicht feststellbar, in welchem Maße die deutsche Bevölkerung aus vollem Herzen der Rassenpolitik des NS-Regimes zugestimmt hat oder inwieweit sie sich einer im NS-Staat gepflegten Staatsraison »nur« kommunikativ angepasst hat. Entscheidend ist jedoch, dass sich spätestens ab Mitte der 1930er Jahre in großen Teilen der Bevölkerung die Annahme durchgesetzt hat, dass die Rassenpolitik der Nationalsozialisten breit akzeptiert werde und man deswegen mit Kritik oder Zweifeln an dieser Politik auf wenig Zustimmung stoßen würde.[17]

Soziologisch lässt sich hier von einer antisemitischen *Konsensfiktion* sprechen, die sich während der Dauer des NS-Regimes immer weiter verfestigt hat. Konsensfiktion heißt, so der Definitionsvorschlag Niklas Luhmanns, dass man »bei einer Begegnung mit anderen zunächst von der Gemeinsamkeit wechselseitiger Erwar-

16 Ich folge hier der Zusammenfassung der Forschung durch Bajohr, »Über die Entwicklung eines schlechten Gewissens«, S. 182; siehe aber mit leicht anderer Stoßrichtung: Birthe Kundrus, »Der Holocaust. Die ›Volksgemeinschaft‹ als Verbrechensgemeinschaft«, in: Hans-Ulrich Thamer, Deutsches Historisches Museum (Hg.), *Hitler und die Deutschen. Volksgemeinschaft und Verbrechen*, Dresden 2010, S. 130-135, hier: S. 132 f.

17 Diese Einschätzung wird wenigstens teilweise auch durch die Analyse der bereits erwähnten Berichte des Sicherheitsdienstes (SD) der SS gestützt, die dazu dienen sollten, die Stimmung in der nichtjüdischen deutschen Bevölkerung zu erheben. Siehe dazu z. B. Heinz Boberach, »Überwachungs- und Stimmungsberichte als Quellen für die Einstellung der deutschen Bevölkerung zur Judenverfolgung«, in: Ursula Büttner (Hg.), *Die Deutschen und die Judenverfolgung im Dritten Reich*, Frankfurt/M. 2003, S. 47-68, und ausführlich Kulka/Jäckel, *Die Juden in den geheimen NS-Stimmungsberichten 1933-1945*; zum Problem dieser Quelle: Ian Kershaw, »›Volksgemeinschaft‹. Potenzial und Grenzen eines neuen Forschungskonzepts«, in: *Vierteljahrshefte für Zeitgeschichte* 59 (2011), S. 1-17, hier: S. 12 f.

tungen ausgehen« kann, »ohne jeweils im Einzelnen abklären und aushandeln zu müssen, wie weit die Zustimmung wirklich geht«.[18] Ein Angehöriger der Ordnungspolizei, der in einem Gespräch in Übereinstimmung mit der NS-Propaganda verkündete, dass die Juden das »Unglück des deutschen Volkes« seien, konnte etwa davon ausgehen, sich im Rahmen einer abgesicherten Konsensfiktion zu bewegen. Die Zustimmung basiert nicht vorrangig auf der Internalisierung von Normen oder Überzeugungen, sondern kann sich auf die »ungeprüfte Unterstellung« verlassen, dass »alle anderen zustimmen«.[19]

Es ist zentral für die Ausbildung von Konsensfiktionen, dass man davon ausgehen kann, im Zweifel bei den Umstehenden auf Zustimmung zu stoßen. So wurde das Zeigen des Hitler-Grußes im Deutschen Reich zu einer Norm, bei der man sich darauf verlassen konnte, dass deren Einhaltung durch Dritte unterstützt werden würde. Es mag – wie Tilman Allert herausgearbeitet hat – Möglichkeiten gegeben haben, beim Grüßen Rollendistanz zu zeigen, indem man das »Heil Hitler« zu einem »Heitler« zusammenzog oder beim Eintritt in die Behörde die Tür mit einem »Ist hier jemand« aufstieß und so den Hitler-Gruß umging.[20] Aber im Konfliktfall

18 Luhmann, *Funktionen und Folgen formaler Organisation*, S. 68; ob es sich dabei um einen faktischen Konsens – also eine allseitige Überzeugung der Richtigkeit – handelt, ist hier zweitrangig. Zum Konzept der Konsensfiktion siehe ausführlich die lesenswerte Arbeit von Marko Püschel, *Die Polizeibataillone 101 und 301. Soziologische Analysen*, Bielefeld 2009, z. B. S. 25 ff., in der auch die Position von Luhmann kritisch betrachtet wird. In der Sozialpsychologie ist für Konsensfiktion der Begriff des normativen Referenzrahmens vorgeschlagen worden (siehe Welzer, *Täter*), ohne dass der Begriff bisher in Abgrenzung zu anderen Begrifflichkeiten umfassend definiert wurde. Nach meiner Lesart ist mit normativem Referenzrahmen das gemeint, was in der systemtheoretischen Soziologie unter dem Begriff der normativen Erwartung gefasst wird – also den Erwartungen, an denen auch im Enttäuschungsfall festgehalten wird.

19 Siehe Wolfgang Ludwig Schneider, *Grundlagen der soziologischen Theorie. Band 2. Garfinkel – RC – Habermas – Luhmann*, Opladen 2002, S. 266, zu einem Referat von Luhmanns Überlegungen zur Konsensfiktion. Schneider hebt hervor, dass in diesem Konzept »an die Stelle einer realen konsensuellen Übereinstimmung« vielmehr die »Konsensüberschätzung« als zentraler Stabilisierungsmechanismus tritt.

20 Tilman Allert, *Der deutsche Gruß. Geschichte einer unheilvollen Geste*, Frankfurt/M. 2005, S. 18. Interessant sind auch die Überlegungen von Gerhard Bauer über »Tarnung und Äußerung« im NS-Staat in seinem Buch *Sprache und Sprachlosigkeit im »Dritten Reich«*, Köln 1988, S. 137 ff.

– zum Beispiel beim expliziten Einfordern des Grußes – konnte man sich darauf verlassen, dass die Norm durchgesetzt wurde. Uwe Storjohann, der als Jugendlicher das antisemitische Klima in Hamburg beobachtet hatte, beschreibt diese Konsensfiktion rückblickend so, dass sich während der NS-Zeit eine »volksstabile Union aus Nichtkapierern, Stillhaltern, Kopfnickern, Weghörern und Sich-Blindstellenden« ausgebildet habe. Zwar habe es Hamburger gegeben, die ihren Antisemitismus bei jeder Gelegenheit gezeigt hätten, aber dominiert habe »eine stumme Mehrheit«, die durch eine Mischung aus »Verlegenheit, Gleichgültigkeit, abgestumpfter Subordination« geprägt gewesen sei.[21]

Im Gegensatz zur Zeit der Weimarer Republik, in der auch eine starke antisemitische Bewegung existierte, solchen Positionen – jedenfalls außerhalb gewisser politischer Milieus – aber widersprochen wurde, konnten sich die Bürger im NS-Staat zunehmend sicher sein, dass sie bei einer antisemitischen Bemerkung nicht auf Kritik stoßen würden, sondern in der Regel eine zustimmende Reaktion erhalten würden. Insofern trugen nicht nur die antisemitischen Aktivisten der NS-Bewegung, sondern besonders auch die Zuschauer, die die Verabschiedung antisemitischer Verordnungen, den Ausschluss von Juden aus Vereinen oder die gewalttätigen Übergriffe duldeten, in erheblichem Maße zur Ausbildung der antisemitischen Konsensfiktion im NS-Staat bei.[22]

Der Effekt der sich ausbildenden antisemitischen Konsensfiktion war, dass diejenigen, die anderer Meinung waren, dies ausdrücklich anmelden mussten. Bei dem Boykott jüdischer Geschäfte im April 1933 mögen noch einzelne Käufer protestiert haben, aber mit der schrittweisen Verdrängung der Juden aus dem Geschäfts-

21 Uwe Storjohann, *Hauptsache Überleben. Eine Jugend im Krieg, 1936-1945*, Hamburg 1993, S. 100; siehe dazu Frank Bajohr, »Die Deportation der Juden: Initiativen und Reaktionen aus Hamburg«, in: Beate Meyer (Hg.), *Die Verfolgung und Ermordung der Hamburger Juden 1933-1945. Geschichte, Zeugnis, Erinnerung*, Göttingen 2006, S. 33-41, hier: S. 36, dessen Ausarbeitung ich den Hinweis auf diese Quelle verdanke.

22 Auf diesen Punkt macht Wildt (*Volksgemeinschaft als Selbstermächtigung*, S. 372) aufmerksam. Interessant ist die Überlegung, von Sémelin (*Säubern und Vernichten*, S. 110 f.), dass sich im NS-Staat eine Art Noelle-Neumannsche Schweigespirale ausgebildet hat; siehe dazu Elisabeth Noelle-Neumann, *Die Schweigespirale. Öffentliche Meinung – unsere soziale Haut*, München 1980.

leben gerieten diejenigen nichtjüdischen Deutschen, die noch in Geschäften von jüdischen Inhabern einkauften, unter Rechtfertigungsdruck. Nicht diejenigen, die jüdische Deutsche teilweise schon vor der Verabschiedung der Nürnberger Rassengesetze wegen vermeintlicher »Rassenschande« durch die Straßen trieben, mussten sich rechtfertigen, sondern diejenigen, die gegen diese Übergriffe protestierten. Diejenigen, die von der Konsensfiktion abwichen, hatten – so kann man mit Niklas Luhmann formulieren – die »Last der Initiative«, das »Schwergewicht einer vermuteten Selbstverständlichkeit« gegen sich und ließen sich daher im Allgemeinen lieber auf eine »fiktive Gemeinsamkeit« ein.[23]

## Die schrittweise Durchsetzung der antisemitischen Konsensfiktion

Auffällig ist, dass ein Großteil der antisemitischen Maßnahmen des NS-Staates offen kommuniziert und damit auch öffentlich besprechbar gehalten wurde. In Hamburg, der Stadt also, in dem die meisten Bataillonsangehörigen aufgewachsen waren, wurde in den Medien umfassend über die Diskriminierung der als Juden deklarierten Deutschen berichtet. So vermeldeten die Hamburger Tageszeitungen ganz selbstverständlich den Boykott jüdischer Geschäfte im April 1933, verkündeten das Verbot sexueller Kontakte zwischen Juden und Nichtjuden durch die Nürnberger Gesetze im September 1935 und schilderten ausführlich die Deportation von sich dauerhaft in Hamburg aufhaltenden polnischen Juden im Oktober 1938 sowie die Zerstörung von Synagogen, Wohnungen und Geschäften von jüdischen Deutschen im Rahmen der Pogrome im November 1938.[24] Noch im Jahr 1941 – also kurz vor der Deportation der Hamburger Juden – wurde in den Hamburger Zeitungen

23 Luhmann, *Funktionen und Folgen formaler Organisation*, S. 68.

24 Siehe zu den antisemitischen Maßnahmen in Hamburg die Berichterstattung in den Medien, Beate Meyer, »Die Verfolgung der Hamburger Juden 1933-1938«, in: Beate Meyer (Hg.), *Die Verfolgung und Ermordung der Hamburger Juden 1933-1945. Geschichte, Zeugnis, Erinnerung*, Göttingen 2006, S. 15-24, und Beate Meyer, »Das ›Schicksalsjahr 1938‹ und die Folgen«, in: Beate Meyer (Hg.), *Die Verfolgung und Ermordung der Hamburger Juden 1933-1945. Geschichte, Zeugnis, Erinnerung*, Göttingen 2006, S. 25-32.

die Einführung des »gelben Sterns« für die Hamburger Juden nicht nur annonciert, sondern auch positiv kommentiert.[25]

Entscheidend für die Akzeptanz der antisemitischen Konsensfiktion war, dass sie sich schrittweise ausgebildet hat.[26] Selbst wenn man von einer prinzipiellen Zustimmung weiter Teile der Bevölkerung zum Nationalsozialismus ausgeht – schließlich hatte die NSDAP bei den letzten beiden Wahlen zum Deutschen Reichstag im Juli und November 1932 jeweils deutlich mehr als 30 Prozent der Stimmen erhalten –, wäre es dem NS-Regime nicht möglich gewesen, unmittelbar nach der Ernennung Hitlers zum Reichskanzler ein systematisches Programm zur Tötung der Juden in ihrem Einflussbereich zu starten.[27] Zwar ist die Bedeutung des Antisemitismus für die nationalsozialistische Ideologie in Hitlers *Mein Kampf* mehr als deutlich, aber man kann davon ausgehen, dass dieser Antisemitismus – selbst in einer moderaten Form – nur für einen Teil der NSDAP-Wähler eine überragende Rolle spielte.[28]

Die Basis für die Akzeptanz des Vernichtungsprogramms der Nationalsozialisten wurde dadurch geschaffen, dass ab 1933 den Juden in Deutschland und ab 1939 denjenigen in den besetzten Gebieten Schritt für Schritt grundlegende Rechte entzogen wurden.[29]

25 Hierzu Bajohr, »Die Deportation der Juden: Initiativen und Reaktionen aus Hamburg«, S. 35, der als Beispiel das *Hamburger Tageblatt* vom 19. 9. 1941 angibt.

26 Siehe zur inkrementalen Ausbildung der antisemitischen Maßnahmen Katz, »A Sociological Perspective to the Holocaust«, S. 275. Bei Welzer (*Täter*, S. 57 ff.) finden sich Überlegungen zur schrittweisen Durchsetzung der antisemitischen Maßnahmen.

27 Bei der Reichstagswahl am 31. Juli 1932 zum sechsten Reichstag erreichte die NSDAP 37,3 Prozent und bei der nach der Septemberkrise notwendig gewordenen Reichstagswahl zum siebten Reichstag am 6. November 1932 immer noch 33,1 Prozent. Siehe zu den Wählern der NSDAP die grundlegende Studie von Jürgen W. Falter, *Hitlers Wähler*, München 1991.

28 Siehe dazu besonders die Überlegungen von Ian Kershaw. Eine Zusammenfassung zentraler Artikel von ihm findet sich in Kershaw, *Hitler, the Germans and the Final Solution*.

29 Siehe zur alltäglichen Diskriminierung die Anklageschrift gegen Hoffmann et al., StA Hamburg NSG 0022/002, Bl. 1218 ff. (in der Paginierung der Anklageschrift S. 77 ff.), in der aus über 250 antijüdischen Gesetzen und Verordnungen zitiert wird. Dort finden sich auch die Verweise auf die Stellen im Reichsgesetzblatt. Die beste Darstellung der permanenten Verschärfung der Diskriminierung ist Saul Friedländer, *Nazi Germany and the Jews. The Years of Persecution. 1933-1939*, New York 1997.

Ausgangspunkt war die schrittweise Verdrängung der Juden aus dem Berufs- und Geschäftsleben.[30] Schon im Frühjahr 1933 wurden durch das »Gesetz zur Wiederherstellung des Berufsbeamtentums« Beamte jüdischer Abstammung in den Ruhestand versetzt. Es folgten unmittelbar Gesetze und Verordnungen, durch die jüdischen Anwälten, Ärzten, Zahnärzten und Zahntechnikern die Ausübung ihrer Tätigkeit erheblich erschwert und später dann vollständig untersagt wurde. Durch die Ende der 1930er Jahre verabschiedete »Verordnung zur Ausschaltung der Juden aus dem deutschen Wirtschaftsleben« und die »Verordnung über den Einsatz des jüdischen Vermögens« wurde ihnen der Betrieb von Einzel- und Versandgeschäften sowie die Ausübung des Handwerks verboten. Erschwert wurde zudem die Möglichkeit, in gewerblichen, landwirtschaftlichen und forstwirtschaftlichen Betrieben zu arbeiten.

Mit den »Nürnberger Rassengesetzen« von 1935 und den folgenden Verordnungen wurde zusätzlich in die allgemeinen Bürgerrechte jüdischer Deutscher – oder besser gesagt der Deutschen, die nach dem Rassengesetz von nun an als Juden galten – eingegriffen. Durch das »Reichsbürgergesetz«, eines der beiden Nürnberger Rassengesetze, wurde bestimmt, dass »ein Jude« nicht »Reichsbürger sein« könne, kein Stimmrecht in »politischen Angelegenheiten« habe und kein öffentliches Amt bekleiden dürfe. Weil sich eine rechtssichere rassenbiologische Bestimmung von Juden als schwierig erwies, wurde als Jude definiert, wer »mindestens von drei der Rasse nach volljüdischen Großeltern abstammte«, wobei deren »jüdische Rassenzugehörigkeit« einfach durch »eine jüdische Religionsangehörigkeit« als gesichert galt. Das »Blutschutzgesetz«, das zweite Nürnberger Gesetz, verbot die Ehe und den Geschlechtsverkehr zwischen jüdischen und nichtjüdischen Deutschen sowie die Beschäftigung von weiblichen jüdischen Staatsangehörigen unter 45 Jahren in nichtjüdischen deutschen Haushalten.[31]

Die sich schrittweise verschärfende staatliche Diskriminierung von Juden bildete nur den Rahmen für die systematische Exklu-

30 Siehe z.B. Longerich, *Politik der Vernichtung*, S. 23 ff., und Victoria J. Barnett, *Bystanders. Conscience and Complicity during the Holocaust*, Westport 1999, S. 69 ff., zur schrittweisen Einführung der antisemitischen Maßnahmen.

31 Siehe dazu Lothar Gruchmann, »›Blutschutzgesetz‹ und Justiz. Zur Entstehung und Auswirkung des Nürnberger Gesetzes vom 15. September 1935«, in: *Vierteljahrshefte für Zeitgeschichte* 31 (1983), S. 418-442.

sion der Juden aus dem öffentlichen Leben. Schon kurz nach der Machtergreifung Hitlers übernahm eine Vielzahl von Vereinen häufig ohne äußeren Druck durch das NS-Regime den »Arierparagraphen«. Wissenschaftliche und kulturelle Vereinigungen, Sport- und Gesangvereine, Schützen- und Karnevalsvereine, freiwillige Feuerwehren und Denkmalpflegevereine schlossen – nicht selten in unmittelbarer Folge staatlicher Verordnungen, manchmal aber auch schon im Vorfeld – ihre jüdischen Mitglieder aus.[32] Unternehmen verdrängten ihre jüdischen Mitarbeiter aus den Betrieben, häufig ohne dazu von den staatlichen Behörden aufgefordert worden zu sein.[33]

In dieser Atmosphäre entstand eine Kultur, in der auch gesetzeswidrige Übergriffe gegen Juden von staatlichen Organisationen geduldet wurden. Die Polizei ließ sich Zeit, bevor sie bei solchen Übergriffen einschritt, teilweise deckte sie sie. Dadurch entstand in der Bevölkerung immer mehr die Wahrnehmung, dass man sich an Juden vergreifen könne, ohne staatliche Sanktionen fürchten zu müssen. Michael Wildt spricht von einer »mehr oder weniger verborgenen Komplizenschaft« der staatlichen Sicherheitsbehörden mit den antisemitischen Aktivisten, durch die den Juden der Schutz verweigert wurde und durch die sie der Gewalt preisgegeben wurden. Diese Politik »›von unten‹« sei, so Wildt, ebenso »notwendig wie die Erlasse, Gesetze und Maßnahmen ›von oben‹« gewesen, um »die Volksgemeinschaft« herzustellen, in der sich eine antisemitische Grundhaltung ausbildete. »In dem Moment, in dem Recht gegenüber einer Gruppe der Volksgemeinschaft gebrochen werden konnte«, sei die »Grenze der Volksgemeinschaft bereits gezogen worden«, die »einerseits alle Volksgenossen einschloss, andererseits alle Juden und andere ›Fremdvölkische‹ wie ›Gemeinschaftsfremde‹ ausgrenzte.«[34]

32 Siehe nur beispielhaft die Studie von Lorenz Pfeiffer, Henry Wahlig, »Die Exklusion jüdischer Mitglieder aus deutschen Turn- und Sportvereinen im nationalsozialistischen Deutschland«, in: Detlef Schmiechen-Ackermann (Hg.), *»Volksgemeinschaft«: Mythos, wirkungsmächtige soziale Verheißung oder soziale Realität im »Dritten Reich«? Zwischenbilanz einer kontroversen Debatte*, Paderborn 2012, S. 199-210.

33 Siehe nur beispielhaft die Studie von Frank Bajohr, *»Unser Hotel ist judenfrei«. Bäder-Antisemitismus im 19. und 20. Jahrhundert*, Frankfurt/M. 2003, über die Verdrängung von Juden aus den Kurbädern an der Nord- und Ostsee.

34 Wildt, *Volksgemeinschaft als Selbstermächtigung*, S. 372; siehe auch schon vorher

## Auflösung der rechtsstaatlichen Bindung

In allen Schichten der deutschen Gesellschaft bildete sich eine antisemitische Konsensfiktion aus. Gestützt durch eine antijüdische Propaganda des NS-Staates, konnte ein Hamburger Student davon ausgehen, dass vielleicht nicht alle Mitglieder seiner Burschenschaft seine antijüdischen Witze besonders gut fanden, dass sich aber niemand über ihren antisemitischen Inhalt aufregen würde. Ein SA-Mann konnte zwar nicht davon ausgehen, dass seine körperlichen Übergriffe gegen einen jüdischen Ladenbesitzer von allen Zuschauern begrüßt wurden, aber er konnte sich darauf verlassen, dass niemand protestieren würde.

Für die staatlichen Gewaltspezialisten des NS-Regimes war diese antisemitische Konsensfiktion relevant, weil sie Ansatzpunkte dafür lieferte, wann sie gegen wen einzuschreiten hatten. In einem Rechtsstaat sind die staatlichen Gewaltspezialisten bei ihrem Einschreiten an gesetzlich fixierte Richtlinien gebunden. In Diktaturen wie dem NS-Staat lösen sich diese Bindungen auf. Die Polizei orientierte sich deswegen bei der Duldung von Übergriffen gegen Juden und bei ihrem eigenen Vorgehen gegen Juden nicht nur an den gültigen Gesetzen, sondern konnte aufgrund der vom NS-Regime gepflegten antisemitischen Konsensfiktion davon ausgehen, dass diese Übergriffe – auch wenn sie sich in einer gesetzlichen Grauzone bewegten – schon in Ordnung sein würden.

Michael Wildt, »Gewaltpolitik. Volksgemeinschaft und Judenverfolgung in der deutschen Provinz 1932 bis 1935«, in: *Werkstattgeschichte* 35 (2003), S. 23-43; interessant sind in dem Zusammenhang die Überlegungen von Talcott Parsons aus den frühen 1940er Jahren in »Memorandum: The Development of Groups and Organizations Amenable to Use Against American Institutions and Foreign Policy and Possible Measures of Prevention«, in: Uta Gerhardt (Hg.), *Talcott Parsons on National Socialism*, Piscataway 1993, S. 101-130. Siehe zur Kontroverse, ob die »Volksgemeinschaft« lediglich ein von den Nationalsozialisten gepflegter Mythos war oder eine soziale Realität im NS-Staat, früh schon Heinrich August Winkler, »Vom Mythos der Volksgemeinschaft«, in: *Archiv für Sozialgeschichte* 17 (1977), S. 484-490. Aktuell siehe nur Hans Mommsen, *Zur Geschichte Deutschlands im 20. Jahrhundert. Demokratie, Diktatur, Widerstand*, München 2010, S. 162 ff., Kershaw, »›Volksgemeinschaft‹«, S. 1 ff., oder Detlef Schmiechen-Ackermann, »Einführung«, in: Detlef-Schmiechen-Ackermann (Hg.), *»Volksgemeinschaft«: Mythos, wirkungsmächtige soziale Verheißung oder soziale Realität im »Dritten Reich«? Zwischenbilanz einer kontroversen Debatte*, Paderborn 2012, S. 13-54, hier: S. 18 ff.

## 2.2. Die Funktion von weltanschaulichen Schulungen bei der Absicherung einer antisemitischen Konsensfiktion

Die NS-Führung legte großen Wert auf die weltanschauliche Schulung des in staatliche Gewaltorganisationen eingebundenen Personals. Joseph Goebbels, Reichsminister für Volksaufklärung und Propaganda, erklärte in einem Mitteilungsblatt für die weltanschauliche Schulung der Ordnungspolizei, dass genauso wie jeder »Truppenführer darauf dringen muss, dass die Waffen gereinigt und gesäubert« würden, er auch darauf achten müsse, »dass das seelische Rüstzeug in Takt« bleibe. Genauso wie »von Zeit zu Zeit gewisse Stunden zum Waffenreinigen angesetzt« würden, müsse auch die »gleiche Zeit zum Putzen der Seele verwendet werden«.[35]

In dieser Propaganda wird systematisch ein Gegensatz zwischen nichtjüdischen Deutschen und jüdischen Deutschen, Polen oder Ukrainern aufgebaut. Es wird so getan, als ob es eine rassisch begründete Differenz zwischen dem »eigenen« nichtjüdischen Deutschen, das erhalten und gepflegt werden müsse, und dem »anderen« jüdischen Deutschen, Polnischen oder Ukrainischen gäbe, das ferngehalten werden müsse. Der spezifische Anschlusspunkt der Propaganda für die Ordnungspolizisten war, dass das vermeintlich rassisch »Andere« eine Bedrohung für das »Eigene« darstellt und dass die Polizei bei der Abwehr dieser Bedrohung eine zentrale Rolle spiele. Die Rettung des »Eigenen« müsse dann, so die Formulierung von Jacques Sémelin, durch die »Vernichtung« des Anderen erfolgen.[36]

35 Joseph Goebbels, »Krieg und Weltanschauung«, in: *Mitteilungsblätter für die weltanschauliche Schulung der Ordnungspolizei* vom 10.7.1944, S.1-4, hier: S.3.

36 Sémelin, *Säubern und Vernichten*, S.62. In der deutschen Übersetzung heißt es genau »Rettung des ›Wir‹ durch Vernichtung des ›Sie«; siehe für das französische Original Jacques Sémelin, *Purifier et détruire. Usages politiques des massacres et génocides*, Paris 2005. Siehe auch ähnlich Sémelin, »Éléments pour une grammaire du massacre«, S.158, und Jacques Sémelin, »Toward a Vocabulary of Massacre and Genocide«, in: *Journal of Genocide Research* 5 (2003), S.193-210, hier: S.197. Interessant ist, dass Major Trapp in seiner Ansprache vor der ersten Massenerschießung durch das Polizeibataillon genau diesen imaginierten Konflikt aufgegriffen hat; siehe dazu Jan Philipp Reemtsma, »Die Natur der Gewalt als Problem der Soziologie«, in: *Mittelweg 36* 15 (2006), S.2-25, hier: S.19f.

## Die Art und Weise der weltanschaulichen Schulung der Ordnungspolizei

Für die Indoktrination der Polizisten richtete das Hauptamt Ordnungspolizei unter der Leitung von Kurt Daluege ein eigenes »Amt für Weltanschauliche Erziehung« ein. Dieses Amt überschwemmte die verschiedenen Einheiten – so Jürgen Matthäus – mit einer wahren »Propagandaflut«.[37] Die »weltanschauliche Erziehung« der Ordnungspolizei erfolgte dabei vorrangig auf drei verschiedenen Wegen: während der Grundausbildung, während der Schulungen beim Einsatz im Deutschen Reich oder in den besetzten Gebieten und über Periodika.

Eine zentrale Rolle spielte die »weltanschauliche Erziehung«, die die Polizisten im Rahmen ihrer Grundausbildung durchliefen. In der meist viermonatigen Grundausbildung der Bataillone waren neben der Körperschulung, der Waffenausbildung, dem Luftschutz, dem Polizeirecht, dem Verkehrsrecht, dem Strafrecht und dem praktischen Polizeidienst auch vier Unterrichtsstunden wöchentlich für die »nationalsozialistische Lehre« reserviert.[38] Daluege erklärte in einem Befehl an verschiedene untergeordnete Dienststellen der Ordnungspolizei, dass die Männer der Polizeibataillone »planmäßig, ohne Überforderung« zur »Härte zu erziehen« seien, damit »sie den hohen Anforderungen entsprechen können, die der Krieg an die Polizei« stelle. Von dieser Erziehung »zum Kämpfer und Führer«, die in der Grundausbildung auch die »charakterliche und weltanschauliche Festigung« beinhalte, hänge »Geist, Stimmung und damit Leistung der Truppe ab«.[39]

Während des Einsatzes in den besetzten Gebieten spielte die »weltanschauliche Schulung« zwar nicht mehr die gleiche Rolle wie in der Grundausbildung. Aber die Führungsebene legte Wert darauf, dass auch dort »weltanschauliche Schulungsstunden« statt-

37 So Jürgen Matthäus, »Die Beteiligung der Ordnungspolizei im Holocaust«, in: Wolf Kaiser (Hg.), *Täter im Vernichtungskrieg*, Berlin, München 2002, S. 166-185, hier: S. 172.

38 Anlage 2 zum Erlass O.KdO, I A (3) Nr. 354/40 vom 17. Dezember 1940, Unterrichtsplan für den viermonatigen Lehrgang in den Pol.-Batl., LAW Münster, Slg. Primavesi, Bl. 260.

39 Reichsführer SS und Chef der Deutschen Polizei im Reichsministerium des Innern, O.KdO, I A (3) Nr. 26/1940 Berlin 23. 1. 1940, Schnellbrief unterzeichnet von Daluege, LAW Münster, Slg. Primavesi, Bl. 260.

fanden. So übermittelte der Kommandant der Ordnungspolizei im Distrikt Lublin im August 1942 – also auf dem Höhepunkt der »Aktion Reinhard« – einen Befehl der Gruppe »Weltanschauliche Schulung« im Kommandoamt des Hauptamtes Ordnungspolizei in Berlin an die nachgeordneten Dienststellen, in dem darauf hingewiesen wurde, wie nötig die Wochenschulungen seien. In dem Befehl, der auch an die Kommandanten der im Distrikt Lublin stationierten Polizeibataillone 101, 67 und 41 ging, wurde dazu aufgefordert, die Notwendigkeit der »Ostkolonisation« zu vermitteln und dabei herauszustellen, welch »hohe und wertvolle Aufgabe« der »deutsche Mensch der Gegenwart erfüllt, der in den besetzten Ostgebieten in den Dienst der Aufbauarbeit gestellt« werde.[40] Als Grundlage der Schulung dienten unter anderem SS-Leithefte, die vom Schulungsamt des Reichssicherheitshauptamtes erstellt wurden. In diesen wurde »der Jude« als der »gefährlichste Feind des deutschen Volkes« präsentiert. Er wurde für alle vermeintlichen Übel der Welt – für »Freimaurerei, Marxismus, Bolschewismus, Liberalismus, Kapitalismus, Pazifismus« – verantwortlich gemacht.[41]

Auch darf die Rolle, die die für die Polizisten und SS-Männer konzipierten Zeitschriften spielten, nicht unterschätzt werden. In Periodika wie *Der Deutsche Polizeibeamte* – später umbenannt in *Die Deutsche Polizei* – oder der speziell für die SS konzipierten Zeitschrift *Das Schwarze Korps* wurden antisemitische Stereotypen

40 Schreiben des KdO Lublin Abt. Ic, 1.8.1941, mit Abschrift eines Erlasses des Kommandos der Ordnungspolizei, Amtsgruppe II, Weltanschauliche Erziehung, vom 17.7.1942, zitiert nach Jürgen Matthäus, »Ausbildungsziel Judenmord? Zum Stellenwert der ›weltanschaulichen‹ Erziehung von SS und Polizei im Rahmen der ›Endlösung‹«, in: *Zeitschrift für Geschichtswissenschaft* 47 (1999), S. 673-699, hier: S. 695.

41 SS-Leitheft 3, 22.4.1936, S. 7-14, BA Berlin, NSD 41, zitiert nach Matthäus, »Ausbildungsziel Judenmord?«, S. 686 f. Jürgen Matthäus hat diese Schulungshefte systematisch ausgewertet. Auf seiner Übersicht basiert meine Darstellung. Siehe auch Jürgen Matthäus, »›Warum wird über das Judentum geschult?‹. Die ideologische Vorbereitung der deutschen Polizei auf den Holocaust«, in: Gerhard Paul, Klaus-Michael Mallmann (Hg.), *Die Gestapo im Zweiten Weltkrieg. »Heimatfront« und besetztes Europa*, Darmstadt 2000, S. 100-124, und Jürgen Matthäus, »›Weltanschauliche Erziehung‹ in Himmlers Machtapparat und der Mord an den europäischen Juden«, in: *Theresienstädter Studien und Dokumente* (2004), S. 306-336.

gepflegt.[42] Neben diesen Zeitschriften, die regelmäßig in großer Auflage erschienen, spielten auch Buchveröffentlichungen eine wichtige Rolle. So propagierte Helmuth Koschorke, Pressereferent im Hauptamt Ordnungspolizei und Verfasser mehrerer Bücher über den Einsatz der deutschen Polizei im Krieg, offensiv eine Ideologie von Untermenschen, die die besetzten Gebiete besiedelten: »Das sind keine Menschen mehr! Das sind Tiere! Aber nein. Man soll den Tieren nicht unrecht tun, denn Tiere sind lange nicht so bestialisch verworfen wie dieses Mörderpack. Das sind nicht Menschen, das sind auch nicht Tiere, nein, das sind irgendwelche Mißgeburten, die nicht auf diese Welt gehören.«[43]

## Funktion von Schulungen – Absicherung der Indifferenzzone

Man ist sich jedoch in der Forschung weitgehend einig, dass sowohl die weltanschaulichen Belehrungen als auch das an die Polizisten in Form von Zeitungen, Zeitschriften oder Büchern gehende Propagandamaterial einen relativ geringen Einfluss auf die Überzeugung der Polizisten hatte. Die Zeit für weltanschauliche Schulungen während der Ausbildung der Reservisten war zu kurz, die Aufnahmebereitschaft während der Unterrichtungen am Rande der Einsätze zu gering und die Propaganda häufig zu plump gemacht, als dass die Überzeugung der Polizisten grundlegend hätte verändert werden können.[44]

42 »Die Juden sind unser Unglück«, in: *Der Deutsche Polizeibeamte* vom 15.10.1935, S.767; zitiert nach Matthäus, »Ausbildungsziel Judenmord?«, S.686f.

43 Helmuth Koschorke, *Polizeireiter in Polen*, Berlin, Leipzig 1940, S.58; siehe auch ähnlich Helmuth Koschorke, *Jederzeit einsatzbereit*, Berlin 1939, und Helmuth Koschorke, *Polizei greift ein*, Berlin, Leipzig 1941. Zu Koschorkes antisemitischer Propaganda auch Klaus-Michael Mallmann, »›… Mißgeburten, die nicht auf diese Welt gehören‹. Die deutsche Ordnungspolizei in Polen, 1939-1941«, in: Klaus-Michael Mallmann, Bogdan Musial (Hg.), *Genesis des Genozids. Polen 1939-1941*, Darmstadt 2004, S.71-89, hier: S.76ff., und Thomas Köhler, »Anstiftung zu Versklavung und Völkermord. ›Weltanschauliche Schulung‹ durch Literatur. Lesestoff für Polizeibeamte während des ›Dritten Reichs‹«, in: Alfons Kenkmann, Christoph Spieker (Hg.), *Im Auftrag. Polizei, Verwaltung und Verantwortung*, Essen 2001, S.130-158, hier: S.130ff.

44 Siehe dazu nur beispielhaft Browning, *Ganz normale Männer*, S.231ff., Goldhagen, *Hitlers willige Vollstrecker*, S.221, Matthäus, »Ausbildungsziel Judenmord?«, S.681ff., Angrick, *Besatzungspolitik und Massenmord*, S.386ff., und zusammen-

Die direkte Motivierung des Personals war – und das wird in der Literatur häufig übersehen – jedoch auch gar nicht die Hauptfunktion der weltanschaulichen Schulung und der Überflutung mit Propagandaschriften. Das kann eine Organisation über die durch ihre formalen Kommunikationswege vermittelten konkreten Anweisungen und über das Aufstellen von generellen Vorschriften viel besser. Vielmehr, so meine These, bereiteten die weltanschaulichen Schulungen die Polizisten darauf vor, dass ihre Beteiligung an Ghettoräumungen, Deportationen und Massenexekutionen in ihre Indifferenzzone fallen würde.

Die Schulungen über das »Judentum« bewirkten die Verschiebung von Handlungserwartungen in die Indifferenzzone, auch wenn – und das ist das Perfide an solchen Schulungen – die Polizisten den Belehrungen mit großer Distanz begegneten. Selbst wenn sie die weltanschaulich aufgeladenen Schriften wie *Die Deutsche Polizei* oder *Das Schwarze Korps* nur desinteressiert durchblätterten und die wöchentlich stattfindenden Belehrungen lediglich über sich ergehen ließen, erfüllten die verschiedenen Mittel zur weltanschaulichen Schulung die Funktion, zu bewirken, dass auch sehr weitgehende antisemitische Maßnahmen in die Indifferenzzone von Polizeiangehörigen fallen würden.

Dafür war es noch nicht einmal nötig, dass die Polizisten in den Schulungen auf die konkreten Abläufe von Massenexekutionen und Deportationen in die Vernichtungslager vorbereitet wurden. In der Forschung wurde immer wieder darauf hingewiesen, dass sich selbst in der Endphase der »Endlösung« kaum Hinweise auf die »Vernichtungsrealität« in den Schulungsmaterialien finden ließen. Das mag damit zusammenhängen, dass man die Massentötungen der Juden geheim halten wollte, aber klar ist auch, dass es schlichtweg nicht nötig war, die Polizisten durch Schulungsmaterialien explizit für die Tötungen zu »stählen«.[45] Es reichten »vage Anspielungen« und »unspezifische Absichtserklärungen« aus, um die Wahrscheinlichkeit zu erhöhen, dass Polizisten die Tötungsanweisungen als eine Erwartung im Rahmen ihrer organisationalen In-

fassend Alexander Engemann, »Exzessive Gewalt als Kavaliersdelikt? Legitimationsstrukturen für Gewalt in Polizeibataillonen«, in: Alexander Gruber, Stefan Kühl (Hg.), *Soziologische Analysen des Holocaust. Jenseits der Debatte über »ganz normale Männer« und »ganz normale Deutsche«*, Wiesbaden 2015, im Erscheinen.

45 So die Formulierung von Browning, *Ganz normale Männer*, S. 249.

differenzzone begriffen.[46] Die antisemitische Propaganda brauchte also nicht zu motivieren, sondern musste nur die über Organisationen spezifizierte Erwartung, dass Juden zu erschießen sein würden, plausibel erscheinen lassen.

## 2.3. Von der »teilnahmslosen Akzeptanz« zur »aktiven Teilnahme«

Es spricht vieles dafür, dass die Einstellungen der Angehörigen des Hamburger Bataillons sich nicht grundlegend von denen anderer nichtjüdischer Deutscher in der damaligen Zeit unterschieden haben. Sie werden vermutlich ebenfalls geschwiegen, manchmal auch Zustimmung signalisiert haben, als die jüdischen Deutschen nach und nach aus dem öffentlichen Leben ausgeschlossen wurden. Und sie werden stillschweigend zur Kenntnis genommen, vielleicht auch öffentlich befürwortet haben, dass 1938 auf staatliche Initiative hin und unter staatlicher Aufsicht in pogromartigen Übergriffen Synagogen, Geschäfte und Wohnungen der Juden angezündet wurden.

Allein die wie auch immer geartete Beteiligung an der Kultivierung der antisemitischen Konsensfiktion hat bei diesen Männern aber noch nicht dazu geführt, dass sie aktiv gegen Juden vorgegangen sind.[47] Ein von der NS-Propaganda imaginierter Konflikt zwischen jüdischen und nichtjüdischen Deutschen bedeutete nicht,

46 Zu den lediglich »vagen Anspielungen« und »unspezifischen Absichtserklärungen« auch in der Endphase der »Endlösung« siehe Matthäus, »Ausbildungsziel Judenmord?«, S. 689.

47 Genau die Differenz sieht man nicht, wenn man mit einem weiten Gewaltbegriff arbeitet, wie beispielsweise Johan Galtung mit seinem Begriff der »strukturellen Gewalt« oder Pierre Bourdieu mit seinem Begriff der »symbolischen Gewalt; Johan Galtung, *Strukturelle Gewalt. Beiträge zur Friedens- und Konfliktforschung*, Reinbek 1975; Pierre Bourdieu, »Sur le pouvoir symbolique«, in: *Annales* 3 (1977), S. 405-411. Eine frühe Kritik an diesem weiten Gewaltbegriff, der mit einem ebenfalls zu weiten Machtbegriff zu verschmelzen droht, findet sich bei Hannah Arendt, *Macht und Gewalt*, München [5]1970, S. 36 ff. Deutlich enger und präziser ist die Bestimmung von Popitz, der Gewalt auf Handlungen beschränkt, die »zur absichtlichen körperlichen Verletzung anderer führt«, in Heinrich Popitz, *Phänomene der Macht*, Tübingen 1992, S. 48; siehe ganz ähnlich Manuel Eisner, »The Use of Violence. An Examination of Some Cross-Cutting Issues«, in: *International Journal of Conflict and Violence* 3 (2009), S. 40-59, hier: S. 42.

dass es auch automatisch zu einem konkreten körperlich ausgetragenen Konflikt zwischen jüdischen und nichtjüdischen Deutschen gekommen sein muss. Der Hamburger Polizeibeamte, der die Entfernung eines jüdischen Kollegen aus dem Dienst akzeptierte, gehörte nicht zwangsläufig zu denjenigen, die die Schaufenster jüdischer Geschäfte einschlugen. Er mag mit seiner Ehefrau einer Meinung gewesen sein, dass die »Juden einen Fremdkörper im deutschen Volk darstellten«, dass »sie einen verhängnisvollen Einfluss« hätten und »dass sich dies ändern müsse«, aber es bedeutete nicht, dass er sich als Schläger in einer antisemitischen Organisation engagierte.[48] Aus politischen Haltungen folgen – darüber gibt es in der Soziologie keinen Zweifel – nicht automatisch auch politisch motivierte Handlungen.[49]

Randall Collins hat in einer Vielzahl mikrosoziologischer Studien herausgearbeitet, dass aus einer abschätzigen oder ablehnenden Haltung heraus selten gewalttätiges Verhalten erfolgt. Gewalttätige Auseinandersetzungen, so Collins, seien nämlich nicht nur für die Opfer, sondern auch für die Täter belastend, weil auch Letztere ihren Körper einsetzen müssen. Die Mimik und Körperhaltung zeigten, dass die Gewaltausübenden unter großem Stress stünden, die Herzfrequenz erhöhe sich auf 160 Schläge pro Minute, Adrenalin und Kortison würden verstärkt ausgeschüttet und die Feinmotorik der Finger, Hände oder Füße sei häufig nicht mehr leicht zu kontrollieren. Einige Personen würden erstarren und könnten sich überhaupt nicht mehr bewegen, andere hingegen steigerten sich

48 Siehe Christof Dipper, »Warum werden deutsche Historiker nicht gelesen. Anmerkungen zur Goldhagen-Debatte«, in: Johannes Heil, Rainer Erb (Hg.), *Geschichtswissenschaft und Öffentlichkeit. Der Streit um Daniel Goldhagen*, Frankfurt/M. 1998, S. 93-109, hier: S. 102; siehe auch Wildt, *Volksgemeinschaft als Selbstermächtigung*, S. 373, der darauf hinweist, dass es keinen »zwangsläufigen Weg von den Gewaltaktionen in der deutschen Provinz zum Völkermord an den europäischen Juden« gab.

49 Siehe Mitchell G. Ash, »American and German Perspectives on the Goldhagen Debate. History, Identity, and the Media«, in: *Holocaust and Genocide Studies* 11 (1997), S. 396-411, hier: S. 398, mit einem Plädoyer für die Trennung von *attitudes* und *actions*. Die klassische Studie ist R. T. LaPiere, »Attitudes vs. Actions«, in: *Social Forces* 14 (1934), S. 230-237, in der er nachweist, dass ein Großteil von befragten US-amerikanischen Hotelbesitzern angaben, keine japanischstämmigen Hotelgäste aufzunehmen, dann aber im konkreten Fall diese in aller Regel als zahlende Gäste akzeptierten.

so in eine Raserei hinein, dass ihre Schläge das Ziel nicht träfen oder aus nächster Nähe danebengeschossen würde. Entgegen dem in den Massenmedien vermittelten Bild würde Personen die Gewaltanwendung nicht leicht, sondern schwerfallen.[50]

Eine Möglichkeit, um Personen trotz dieser Schwierigkeiten zur Gewaltanwendung zu bringen, besteht darin, die Anwendung von Gewalt zur Mitgliedschaftsbedingung in einer Organisation zu erklären. Sicherlich können Organisationen nur die Gewaltanwendungen von ihren Mitgliedern erwarten, die diese dann auch in der konkreten Face-to-Face-Interaktion mit den Opfern umsetzen können. Aber die Funktion der Organisation besteht nicht nur – was Collins hervorhebt – in der Ausstattung mit Waffen, dem Transport der Mitglieder an den Ort der Gewaltausübung und der Disziplinierung. Vielmehr besteht sie vor allem darin, die Bereitschaft zur Gewaltanwendung zur formalen Erwartung zu erheben, der das Mitglied zu folgen hat, wenn es nicht seine Mitgliedschaft riskieren will.[51]

Übertragen auf die Männer des Polizeibataillons 101 bedeutet dies, dass sie erst *aufgrund* der Einbindung in eine Organisation zu tragenden Kräften des NS-Vernichtungsprogramms wurden. Wären sie nicht für das Polizeibataillon oder eine andere der staatlichen Tötungsorganisationen rekrutiert worden, wären sie – und das muss man den nach dem Krieg vernommenen Polizisten bei aller berechtigten Skepsis gegenüber ihren Schutzbehauptungen zugestehen – in den überwiegenden Fällen nicht an der Tötung von Hunderten jüdischer Frauen, Männer und Kinder beteiligt gewe-

50 Ich folge hier sehr eng der kurzen Darstellung in Collins, »Entering and Leaving the Tunnel of Violence«, S. 134 f., und – wortgleich – Randall Collins, »The Invention and Diffusion of Social Techniques of Violence. How Micro-Sociology Can Explain Historical Trends«, in: *Sociologica* 2 (2011), S. 1-10, hier: S. 5; ausführlich siehe Collins, *Dynamik der Gewalt*. Siehe früher, aber in ähnliche Richtung zielend, Jack Katz, *Seductions of Crime. Moral and Sensual Attractions in Doing Evil*, New York 1988. Eine interessante Kritik von Collins' Ansatz findet sich bei Mark Cooney, »The Scientific Significance of Collin's Violence«, in: *British Journal of Sociology* 60 (2009), S. 586-595.

51 So Randall Collins, »Micro and Macro Causes of Violence«, in: *International Journal of Conflict and Violence* 3 (2009), S. 9-22, hier: S. 17; zum Problem der Mobilisierung von Gewaltanwendungen in Armeen siehe ausführlich Joseph A. Blake, »The Organization as Instrument of Violence: The Military Case«, in: *The Sociological Quarterly* 11 (1970), S. 331-350.

sen. Insofern stellte die Einbindung in eine der staatlichen Gewaltorganisationen des NS-Regimes die zentrale »Scharnierfunktion« zwischen »Potenz und Tat«, »Vorurteil und Völkermord« dar.[52]

Die zentrale Funktion der weltanschaulichen Erziehung bestand also nicht darin, aus potentiellen, aber noch zögernden Tätern via Propagandafeuer antisemitische »Weltanschauungskrieger« zu machen. Es mag sein, dass einzelne Angehörige des Polizeibataillons die Propaganda so verinnerlicht hatten, dass sie die Tötung der jüdischen Frauen, Männer und Kinder im Generalgouvernement als notwendige Konsequenz eines Rassenkrieges begriffen haben. Aber es hieße die Möglichkeiten des Umbaus von Persönlichkeitsstrukturen erwachsener Menschen zu überschätzen, ginge man davon aus, dass allein durch Propaganda aus Männern, die vorher nicht durch einen aktiv praktizierten Antisemitismus aufgefallen waren, überzeugte eliminatorische Antisemiten gemacht werden können.[53]

Vielmehr lag die zentrale Funktion der weltanschaulichen Erziehung der Angehörigen der Ordnungspolizei darin, dass sie den Befehl zur Tötung von Juden als legitime Anforderung an sie in ihrer Rolle als Ordnungspolizisten empfunden haben. Nochmals anders ausgedrückt: Die weltanschauliche Erziehung hatte vor dem Hintergrund einer zunehmend sich verfestigenden antisemitischen Konsensfiktion in Deutschland die wichtige Funktion, die Tötung von Juden weitgehend in der Indifferenzzone der Ordnungspolizisten zu verorten. Sie war – wenn man das Bild des Scharniers verwenden möchte – das Schmiermittel, mit dem die Umsetzung von »Potenz« zur »Tat« leichtgängiger gemacht wurde.

Mit dieser Charakterisierung von Organisationen als Scharnier zwischen »Potenz und Tat«, »Vorurteil und Völkermord«, kann

52 So die Worte von Jürgen Matthäus in »Ausbildungsziel Judenmord?«, S. 698; für eine ähnliche Formulierung siehe auch Matthäus, »›Warum wird über das Judentum geschult?‹«, S. 101.

53 Das Argument bezüglich des Holocaust kann erst einmal nur für die ausführenden Organe des NS-Staates gelten also für die Männer und Frauen, die im »operativen Kern« der Staatsorganisation die Tötungen vornahmen. Die Frage, welche Rolle der Antisemitismus und der Rassismus auf der Ebene der Entscheidung gespielt hat, ist damit nicht beantwortet; siehe zu dieser Debatte Saul Friedländer, »Vom Antisemitismus zur Judenvernichtung. Eine historiographische Studie zur nationalsozialistischen Judenpolitik und Versuch einer Interpretation«, in: Eberhard Jäckel, Jürgen Rohwer (Hg.), *Der Mord an den Juden im Zweiten Weltkrieg*, Stuttgart 1985, S. 18-60.

nicht – und dieser Punkt ist zentral – der Anteil der einzelnen Organisationsmitglieder an den Tötungen relativiert werden. Im Gegenteil: Aus einer Perspektive, die nicht mehr vermeintliche Motive einzelner Organisationsmitglieder ins Blickfeld nimmt, sondern deren konkretes Verhalten, wird sichtbar, dass die antisemitische Konsensfiktion nicht nur durch diejenigen kultiviert wurde, die immer wieder durch antisemitische Äußerungen als lupenreine Nazis auftraten, sondern dass gerade diejenigen, die schwiegen, zur Verfestigung der Konsensfiktion beigetragen haben.[54]

Erst durch die Pflege der antisemitischen Konsensfiktion – entweder durch antisemitische Äußerungen oder durch das Schweigen dazu – konnten die Angehörigen der Polizeibataillone davon ausgehen, dass die von der Polizeiführung angeordneten Maßnahmen in ihre Indifferenzzone als Organisationsmitglied fallen würden. In diese Indifferenzzone fiel dann irgendwann nicht nur die Räumung von jüdischen Wohnungen, die Beschlagnahmung von jüdischem Eigentum oder die Deportation von Juden in die Ghettos, sondern auch die Erschießung von Juden oder deren Transport in die Vernichtungslager.[55]

54 Diese Übersetzung von Potenz in Tat müsste aus meiner Sicht auch der Fokus der Literatur über die Zuschauer (*bystander*) des Holocaust sein. Siehe dazu nur als ein Beispiel Dan Bar-On, »The Bystander in Relation to the Victim and the Perpetrator. Today and During the Holocaust«, in: *Social Justice Research* 14 (2001), S. 125-148.

55 Siehe zur Ausweitung der Indifferenz durch »organisierte Plötzlichkeit« auch Thomas Hoebel, »Organisierte Plötzlichkeit. Timing, Territorialität und die Frage, wie aus Ordnungspolizisten Massenmörder werden«, in: Alexander Gruber, Stefan Kühl (Hg.), *Soziologische Analysen des Holocaust. Jenseits der Debatte über »ganz normale Männer« und »ganz normale Deutsche«*, Wiesbaden 2015, im Erscheinen.

# 3.
# Zwang

> Nicht allzu viel Böses wird durch böse Menschen getan. Das meiste Böse wird durch gute Menschen getan, die nicht wissen, dass sie nicht gut handeln.
>
> *Reinhold Niebuhr (zugeschrieben)*[1]

Am 9. Juni 1942, also nur wenige Tage vor den Massenerschießungen durch das Polizeibataillon 101 in Józefów, erklärte Heinrich Himmler in einer Ansprache vor dem Führungspersonal des Reichssicherheitshauptamtes im Haus der Flieger in Berlin, dass Anforderungen an das Personal notfalls mit Zwang durchgesetzt werden sollten. Die SS und die Polizei hätten im Rahmen des Krieges, so Himmler, »manchen Untauglichen hereinbekommen«, denen gegenüber »eiserne Disziplin« zu wahren und »eine ganz strenge Gerichtsbarkeit« durchzuführen sei. Auch wenn in manchen Fällen ein junger fahnenflüchtiger Rekrut durch ein »halbes Jahr Straflager« und einen Einsatz in einer »Bewährungseinheit« dazu gebracht werden könne, »seine Ehre wiederzuholen«, so müsse, »wo irgendein schwaches, asoziales Element in einem solchen Burschen vorhanden« sei, »zugepackt und an die Wand gestellt« werden.[2]

Himmlers Äußerung verweist darauf, dass es sich bei den am Holocaust beteiligten SS-Verbänden, Polizeibataillonen und aus Hilfskräften bestehenden Einheiten größtenteils um Zwangsorga-

1 Reinhold Niebuhr, zitiert nach Richard Hunt, »Entering the Future Looking Backwards«, in: *The Hastings Center Report* (1987), S. 6. Meine Übersetzung von »Not much evil is done by evil men. Most of the evil is done by good people who do not know they are not good.« Die Originalquelle konnte ich nicht identifizieren. Für Hinweise bin ich dankbar.

2 Der Reichsführer SS vor den Oberabschnittsführern und Hauptamtschefs im Haus der Flieger in Berlin am 9. Juni 1942, IfZA München, FA 37/3 1942 50. Ein bekanntes eugenisches Motiv aus der Zeit des Ersten Weltkrieges aufgreifend, fährt er fort, dass der Nationalsozialismus im Kriege nicht die »Auslese der Positiven« vorantreiben kann, aber »wenigstens die Negativen mit auslesen« möchte (siehe zu diesem in der internationalen eugenischen Bewegung geteilten Motiv Stefan Kühl, *Die Internationale der Rassisten. Aufstieg und Niedergang der internationalen eugenischen Bewegung im 20. Jahrhundert*, Frankfurt/M., New York [2]2014, S. 55 ff.).

nisationen gehandelt hat. Im Fall des Polizeibataillons 101 waren nicht Bestimmungen der Wehrmacht die Rechtsgrundlage für den Zwangsdienst. Die Offiziere, Unterführer und Männer der Polizeireserve wurden auf der Grundlage des Notdienstrechts zwangsrekrutiert.[3] Diesem Notdienstrecht unterlagen während des Zweiten Weltkrieges im Prinzip alle deutschen Staatsangehörigen. Ausgenommen waren lediglich »Personen unter 15 Jahren und über 70 Jahren«, »Mütter von Kindern unter 15 Jahren«, »Schwangere vom sechsten Monat der Schwangerschaft an bis zwei Monate nach der Niederkunft« und »arbeitsunfähige Personen«.[4]

Mit der Einführung der Wehrpflicht, der Notdienstverordnung für Bürger des Deutschen Reiches und der verschiedenen Verordnungen zur Zwangsarbeit für Bürger in den besetzten Gebieten wurde den erfassten Personen die Möglichkeit genommen, von sich aus die Mitgliedschaft in bestimmten Organisationen zu beenden. Ein deutscher Angehöriger des Polizeibataillons konnte nicht einfach kündigen und nach Hause zurückkehren. Ein aus Luxemburg stammender Angehöriger des Polizeibataillons konnte seinem Kompanieführer nicht einfach mitteilen, dass er den Job in einem deutschen Bataillon unattraktiv findet und doch lieber in einer Einheit in Luxemburg eingesetzt werden wolle.

Der Zwangscharakter der Ordnungspolizei wird dadurch deutlich, dass bei Verstößen gegen die Formalitätsordnung nicht mehr nur das Dienststrafrecht für Beamte galt, sondern ein durch Dienstvorgesetzte und SS- und Polizeigerichte administriertes Kriegsstrafrecht. Die zu Friedenszeiten relevante Reichsdienststrafordnung, die für alle Beamten, also auch für die Angehörigen der Polizei galt, sah bei Vergehen lediglich Maßnahmen wie »Warnung«, »Verweis«, »Geldbuße«, »Gehaltskürzung«, »Kürzung des Ruhegehalts«, »Aberkennung des Ruhegehalts« und als letztes Mittel »Entfernung aus dem Dienst« vor.[5] Das Strafrecht, auf das sich die SS- und Polizei-

3 Otto Klemm, *Die Einsatzbesoldung (Aktivenbesoldung) der Polizei-Reservisten. Erläuterungen zu den grundlegenden Bestimmungen und zu den Durchführungserlassen vom 17. 11. 1942 und 22. 6. 1943*, Berlin 1944, S. 9.

4 Siehe »Erste Durchführungsverordnung zur Notdienstverordnung« vom 15. 9. 1939, unterzeichnet von Reichsinnenminister Frick; zitiert nach Ernst Probst, *Notdienstverordnung. Dritte Verordnung zur Sicherstellung des Kräftebedarfs für Aufgaben von besonderer staatspolitischer Bedeutung vom 15. Oktober 1938*, Berlin 1940, S. 13.

5 Die Reichsdienststrafordnung vom 26. 1. 1937 und die Durchführungsverordnung vom 29. 6. 1937 sind im RGBl. I (S. 71 und 690) veröffentlicht. Sie sind kompakt

gerichte bezogen, ähnelte dagegen weitgehend der Militärgerichtsbarkeit. Ihm zufolge konnten Vergehen mit Arrest, Gefängnis und in Fällen von Befehlsverweigerung und Desertion auch mit der Todesstrafe geahndet werden.[6]

Den Zwangscharakter der Ordnungspolizei führten viele Bataillonsangehörigen nach dem Krieg als Rechtfertigung dafür ins Feld, dass sie die Tötung von Juden nicht verweigert hatten. So erklärte Wolfgang Hoffmann, der als Führer der dritten Kompanie einer der Hauptangeklagten des Bataillons in der Nachkriegszeit war, dass er sich den Befehlen zur Erschießung »nicht ohne unmittelbare Gefahr für Leib und Leben entziehen konnte«. Er wäre »andernfalls in ein KZ gekommen oder erschossen worden«.[7] Julius Wohlauf, als Führer der ersten Kompanie und stellvertretender Bataillonskommandeur ein weiterer Hauptangeklagter im Verfahren, behauptete, dass der SS- und Polizeiführer in Lublin, Odilo Globocnik, angeordnet habe, dass »derjenige, der diesen Befehl nicht ausführe, zu erschießen sei, und zwar vor versammelter Mannschaft«.[8] Heinrich Renken, ein unmittelbar an den Erschießungen beteiligter Polizist, erklärte, dass er eine Weigerung, an den Exekutionen teilzunehmen, nicht in Betracht gezogen habe, weil er angenommen habe, dass er sich »so klar gegebenen Befehlen nicht ohne Gefahr für das eigene Leben« hätte widersetzen können.[9]

Es ist leicht zu erkennen, dass diese Bataillonsangehörigen, wie

zusammengefasst im Taschenkalender vom Kameradschaftsbund Deutscher Polizeibeamter, *Die Deutsche Polizei. Taschenkalender für die Schutzpolizei des Reiches und der Gemeinden und die Verwaltungspolizei*, Berlin 1942, S. 105. Siehe dazu auch Walter Scheerbarth, *Beamtenrecht*, Berlin 1942, S. 83 ff.

6 Theodor Maunz, *Gestalt und Recht der Polizei*, Hamburg 1943, S. 35, stellt heraus, dass nach der Verordnung über Dienststrafen in Polizeitruppen vom 17. 12. 1939, Reichsgesetzblatt I, 2427, an die Stelle der Reichsdienststrafordnung »sinngemäß« die Disziplinarstrafordnung für das Heer, die Strafvollstreckungsvorschriften für die Wehrmacht und die Vorschriften über den Vollzug von Freiheitsstrafen und anderen Freiheitsentziehungen in der Wehrmacht getreten waren. Siehe dazu auch Franz Neumann, *Behemoth. Struktur und Praxis des Nationalsozialismus 1933-1944*, Frankfurt/M. [5]2004, S. 578 f.

7 StA Hamburg, NSG 0021/017, Bl. 2924; Siehe auch den Artikel in *Bild* vom 2. 11. 1967 (o. V.) unter dem Titel »Ein Mann stand grinsend vor den Todesopfern«, in dem Hoffmann mit der Furcht zitiert wird, dass er »bei einer Befehlsverweigerung selbst erschossen würde oder ins KZ käme«.

8 Vernehmung Julius Wohlauf, StA Hamburg, NSG 0021/017, Bl. 2905.

9 Vernehmung Heinrich Renken, StA Hamburg, NSG 0022/001, Bl. 624 f.

viele andere auch, die der Mitwirkung an NS-Verbrechen bezichtigt wurden, zur Rechtfertigungsfigur des »Befehlsnotstands« griffen. Dem »Terror nach außen«, so die schon von Otto Ohlendorf im Nürnberger Einsatzgruppen-Prozess entwickelte Verteidigungsstrategie, habe ein »Terror nach innen« entsprochen. Dieser »Terror nach innen« habe die Angehörigen der Wehrmacht, der Ordnungspolizei und der Waffen-SS unter einen »Zwang zum Mitmachen« gesetzt. Hätte man sich nicht an den Deportationen, den Massenerschießungen oder den Vergasungen beteiligt, dann wäre man, so die Behauptung, selbst erschossen worden.[10]

Offenbar wurden die der Ordnungs- und Sicherheitspolizei zur Verfügung stehenden Erzwingungsmittel jedoch nicht konsequent angewendet. In den über 1000 Verfahren, die nach Kriegsende gegen Angehörige der Sicherheitspolizei, der Ordnungspolizei oder der Wehrmacht geführt wurden, ist es keinem Verteidiger gelungen, nachzuweisen, dass die Weigerung, unbewaffnete Zivilisten zu töten, eine Gefängnisstrafe, eine Einlieferung ins KZ oder gar die Todesstrafe zur Folge gehabt hat.[11] Selbst Willy Papenkort, der während des Krieges als Kompanieführer des Reserve-Polizeiba-

10 Siehe dazu Paul, »Von Psychopathen, Technokraten des Terrors und ›ganz gewöhnlichen‹ Deutschen«, S. 18; siehe zur Rechtfertigungsstrategie von Angehörigen der Waffen-SS Martin Cüppers, *Wegbereiter der Shoah. Die Waffen-SS, der Kommandostab Reichsführer-SS und die Judenvernichtung 1939-1945*, Darmstadt 2005, S. 108 ff.

11 Hans Buchheim war meines Wissens der erste, der diese Beobachtung gemacht hat. Sie ist dann von Herbert Jäger, *Verbrechen unter totalitärer Herrschaft. Studien zur nationalsozialistischen Gewaltkriminalität*, Frankfurt/M. 1982, S. 95 ff. überprüft worden und danach in der geschichtswissenschaftlichen Literatur häufig wiederholt worden; siehe nur Wolfgang Scheffler, »Zur Praxis der SS- und Polizeigerichtsbarkeit im Dritten Reich«, in: Günther Doeker, Winfried Steffani (Hg.), *Klassenjustiz und Pluralismus. Festschrift für Ernst Fraenkel zum 75. Geburtstag*, Hamburg 1973, S. 224-236, hier: S. 224 ff.; Pohl, *Nationalsozialistische Judenverfolgung in Ostgalizien 1941-1944*, S. 307, oder Browning, *Ganz normale Männer*, S. 222 f. Von David H. Kitterman (»›Those who said ›no!‹‹. Germans Who Refused to Execute Civilians During World War II«, in: *German Studies Review* 11 [1988], S. 241-254) gibt es eine Aufstellung von 100 Fällen von Angehörigen der Wehrmacht und der Polizei, die sich weigerten, Kriegsgefangene und Zivilisten zu erschießen, ohne dass sie in der Regel ernsthaft bestraft wurden. Die statistische Auswertung der Fälle ist leider nur mit Abstrichen brauchbar, weil die eher groben Kategorien sich nur begrenzt für eine Analyse eignen. Genaue Fallanalysen sind hier meines Erachtens nützlicher.

taillons 11 für die Massenerschießung von Juden in Weißrussland verantwortlich war und nach dem Krieg eine »Kameradenhilfe« zur Unterstützung von Polizisten organisierte, die wegen nationalsozialistischer Gewaltverbrechen angeklagt wurden, musste eingestehen, dass die Bemühungen der Kameradenhilfe, »konkrete Fälle von Befehlsverweigerung« zu identifizieren, die mit einem Todesurteil oder einer Einweisung ins KZ bestraft worden waren, vergeblich waren.[12]

Auch in dem Verfahren gegen die Angehörigen des Polizeibataillons 101 sahen die Richter keine Veranlassung, von einem Befehlsnotstand auszugehen. Ein ehemaliger Major des Stabes des Polizeiregiments 25 in Lublin, dem das Polizeibataillon 101 als eines von drei Bataillonen zugeordnet war, berichtete nach 1945, dass einem Angehörigen der Ordnungspolizei kein Nachteil daraus erwachsen sei, wenn er sich geweigert hatte, sich an Erschießungen zu beteiligen. Er verwies dabei auf den Fall des Kommandeurs der Ordnungspolizei in Lemberg, Oberst Joachim Stach, der erfolgreich um seine Ablösung gebeten hatte, weil er die Erschießungen nicht mit seinem Gewissen vereinbaren konnte.[13]

Teilweise wurde es den Bataillonsangehörigen von der Führung sogar explizit freigestellt, ob sie sich an den Massenerschießungen beteiligen wollten oder nicht. Das Polizeibataillon 101 hat in der Forschung unter anderem deswegen besondere Aufmerksamkeit erfahren, weil der Bataillonsführer, Major Wilhelm Trapp, vor der ersten Massenerschießung in Józefów am 13. Juli 1942 die Teilnahme an den Erschießungen freistellte. Trapp bot in einer Rede vor der versammelten Mannschaft denjenigen Bataillonsangehörigen, die sich dem Auftrag, Männer, Frauen und Kinder zu erschießen, nicht gewachsen fühlten, an, sich für andere Aufgaben einteilen zu lassen, etwa die Sicherung des Geländes, die Durchsuchung von

12 Papenkort in einem Brief vom 17.10.1964, der in einer Stellungnahme der Zentralen Stelle der Landesjustizverwaltungen zur Aufklärung nationalsozialistischer Verbrechen in Ludwigsburg vom August 1967 zitiert wird. LAW Münster, Staatsanwaltschaft Dortmund, 45 Js 4/64, Teilakte, S. 4f. Siehe dazu auch die wörtliche Wiedergabe aus der Stellungnahme im Magazin *Der Spiegel* vom 22.4.1968 (o.V., »In Härte und Größe«). Die Informationen zu Papenkort basieren auf den Angaben von Klemp, *»Nicht ermittelt«*, S. 461-469.

13 StA Hamburg NSG0021/028/Bl. 3192. Siehe die Anklageschrift im ersten bundesdeutschen Verfahren gegen Angehörige des Polizeibataillons 101; StA Hamburg 0021/001, Bl. 577.

Wohnungen oder den Abtransport der arbeitsfähigen Juden.[14] Wie lassen sich diese auf den ersten Blick überraschenden Freiräume in Zwangsorganisationen erklären?[15]

## 3.1. Zwangsrekrutierung und die Verhinderung des Exits

Zwangsorganisationen setzen Erzwingungsmittel ein, um die Teilnahme an der Organisation sicherzustellen. Eine Variante besteht darin, dass die Organisation die Desertion eines Mitglieds (oder den Nichtantritt eines zwangsweise verpflichteten Mitglieds) an die staatlichen Strafverfolgungsbehörden meldet, die die Verfolgung der Person wegen »Dienstflucht« aufnehmen. Die Festnahme, Verurteilung und Inhaftierung erfolgt dann durch reguläre staatliche Strafverfolgungsbehörden, die mit dem sich einer Zwangsorganisation entziehenden Mitglied auf die gleiche Weise verfährt wie mit einem Bankräuber, einer Trickbetrügerin oder einem Kinderschänder. Eine andere Variante ist, dass die Zwangsorganisation selbst die Verfolgung, Aburteilung und Bestrafung vornimmt. Dabei wird das Organisationsmitglied durch eine eigene organisationsinterne

14 Diese Schilderung basiert auf den Aussagen der Zeugen Julius S. (StA Hamburg NSG 0021/004, Bl. 1953 und NSG 0021/009 Bl. 4577) und August Waloch (StA Hamburg NSG 0021/004, Bl. 20041 f.; NSG 0021/006, Bl. 3298 und NSG 0021/009, Bl. 4598). Die Angabe anderer nach dem Krieg vernommener Angeklagter, dass sie von diesem Angebot nichts gehört hätten, kann darauf zurückgeführt werden, dass eine mögliche strafrechtliche Verfolgung an einen wahrgenommenen Handlungsspielraum gebunden war. Ähnliche Angebote wurden auch von Leitern von SS-Einsatzkommandos in der Sowjetunion gemacht. So erklärte der Leiter des Einsatzkommandos 8, Otto Bradfisch, dass an den Erschießungen nicht teilnehmen brauche, wer es nicht mit dem Gewissen vereinbaren könnte (siehe dazu Welzer, *Täter*, S. 282).

15 Christopher Browning hält diese Freistellung für ein »außergewöhnliches Angebot« und als Indiz dafür, dass Trapp lediglich eine »schwache Autoritätsperson« war, der die Befehle zur Massenerschießung nur unter Tränen gegeben hätte und den älteren Reservisten anbot, sich freistellen zu lassen (vgl. Browning, *Ganz normale Männer*, S. 22 und 228). Aus meiner Sicht handelt es sich jedoch weder um ein »außergewöhnliches« noch um ein »bemerkenswertes Angebot«. Vielmehr vertrete ich in diesem Kapitel die These, dass dieses Einräumen von Freiräumen mit dem Charakter der Polizeibataillone als Zwangsorganisationen zusammenhängt.

Polizei dingfest gemacht, vor eine eigene Gerichtsbarkeit der Organisation gestellt und in organisationseigene Gefängnisse verbracht.

Innerhalb von Zwangsorganisationen ist deshalb ein Phänomen zu beobachten, das in Organisationen, die ihre Mitglieder nicht durch Zwang rekrutieren, nicht festzustellen ist: der Einsatz von Gewalt. Organisationen sind gerade im Vergleich zu Familien, aber auch Gruppen oder Bewegungen in ihren internen Prozessen auffällig gewaltarm. Wenn es innerhalb eines Unternehmens, einer Verwaltung, einer Schule oder einer Universität doch einmal zur Gewaltanwendung, beispielsweise zu einer Schlägerei oder einem Amoklauf kommt, macht schon die intensive interne oder externe Beschäftigung mit dem »Vorfall« deutlich, dass es sich nicht um einen von der Organisation geduldeten oder gar erwarteten Regelfall handelt. Zwangsorganisationen hingegen dulden die Anwendung von Gewalt gegen ihre eigenen Mitglieder nicht nur informal, sondern erlauben sie im Verweigerungsfall in definierten Grenzen auch formal.[16]

Der durch die Organisation in letzter Konsequenz über Gewalt ausgeübte Zwang zur Durchsetzung der eigenen Ansprüche besteht darin, den Exit der Mitglieder aus der Organisation ausschließlich zu den von der Organisation bestimmten Bedingungen zuzulassen. Das Ausscheiden erfolgt in letzter Konsequenz nicht durch »Umregistrierung«, sondern durch »Erschießung«. Die Exit-Kosten für die Mitglieder werden so hoch gesetzt, dass sie den Austritt in der Regel nicht als eine Option betrachten. Für den Einzelnen, so Niklas Luhmann, mag der Exit aus einer Zwangsorganisation durch Erschießen oder elektrischen Stuhl einen »tragischen Unterschied« gegenüber einer Organisation mit freiwilliger Mitgliedschaft ausmachen, mit Blick auf Organisationen im Allgemeinen handele es sich aber um funktional äquivalente Lösungen für das Problem der Normendurchsetzung.[17]

Häufig greifen Zwangsorganisationen auf Mischformen zwischen organisationseigenen Erzwingungsstäben und der Hinzuziehung staatlicher Polizeistellen zurück. So wird in Friedenszeiten

16 Für die Anwendung auf die SS und Polizeiverbände siehe die Verordnungen zur Sondergerichtsbarkeit der SS und Polizeiverbände, abgedruckt in Rudolf Absolon (Hg.), *Das Wehrmachtstrafrecht im 2. Weltkrieg. Sammlung der grundlegenden Gesetze, Verordnungen und Erlasse*, Kornelimünster 1958, S. 258 ff.

17 Siehe Luhmann, *Funktionen und Folgen formaler Organisation*, S. 44.

bei vielen Armeen der sich dem Dienst entziehende Soldat zuerst durch die organisationseigenen Erzwingungsstäbe verfolgt, dann aber – bei Aufrechterhaltung der Weigerung – an die staatliche Gerichtsbarkeit überstellt. Die Kompetenzen zwischen staatlichen und organisationseigenen Erzwingungsstäben können sich dabei verschieben. Während des Ersten Weltkrieges strebte beispielsweise das britische Militär an, Kriegsdienstverweigerer selbst – in letzter Konsequenz mit der Todesstrafe – bestrafen zu dürfen, es setzte sich dann aber im Laufe des Krieges immer mehr eine Arbeitsteilung insofern durch, als die Kriegsdienstverweigerer zwar durch die Armee selbst festgesetzt werden durften, bei fortbestehender Weigerung aber in »zivile Kontrolle« überführt werden sollten.[18]

Prinzipiell können die Möglichkeiten der Verlagerung von Verfolgungs-, Gerichtsbarkeits- und Bestrafungskompetenzen in die Organisation sehr weit gehend sein. So wurden den deutschen Zivilgerichten während des Zweiten Weltkrieges die Kompetenzen bezüglich der deutschen Ordnungs- und Sicherheitspolizei, der SS und auch der Trawnikis fast komplett entzogen und deren Mitglieder einer an das Militärstrafrecht angelehnten, eigenständigen Gerichtsbarkeit unterstellt.[19] Angehörige der SS, der Sicherheitspolizei oder der Ordnungspolizei wurden durch Mitglieder ihrer eigenen Organisation »als Organisationsmitglieder« festgesetzt, einem der insgesamt 30 SS- und Polizeigerichte im Deutschen Reich zugeführt und in eigenen Straflagern der SS und Polizei inhaftiert.[20]

18 Siehe John Rae, *Conscience and Politics. The British Government and the Conscientious Objector to Military Service 1916-1919*, Oxford 1970, S. 155; Stefan Kühl, »Zwangsorganisationen«, in: Maja Apelt, Veronika Tacke (Hg.), *Handbuch Organisationstypen*, Wiesbaden 2012, S. 345-358, hier: S. 349 f.

19 Die Trawnikis wurden erst ab 1943 offiziell der SS- und Polizeigerichtsbarkeit des Deutschen Reiches unterstellt. Vor 1943 konnten die Strafen für Trawnikis durch die aus der SS stammenden Vorgesetzten ohne Rücksprache mit einem Gericht selbst verhängt werden.

20 Mit der Verschärfung der Kriegssituation im Sommer 1942 wurde die »gesamte Ordnungspolizei einschließlich ihrer Hilfsverbände im besonderen Einsatz« der SS- und Polizeigerichtsbarkeit unterworfen. Abschrift des Schreibens des Reichsführers SS und Chef der Deutschen Polizei, Chef des Hauptamtes SS-Gericht, an den Reichsminister der Justiz vom 27. 8. 1942, weitergeleitet durch das Schreiben des Reichsministers der Justiz an die Oberlandesgerichtspräsidenten und Generalstaatsanwälte am 25. 9. 1942, FZH Hamburg, Archiv, SS 933. Bezugspunkt waren die Verordnung von Heinrich Himmler vom 17. Oktober 1939 und ein

Bei einer Verschärfung der Kriegssituation werden – und der Zweite Weltkrieg ist nur ein Beispiel dafür – innerhalb der Organisation die Verfolgungs-, Gerichtsbarkeits- und Bestrafungskompetenzen häufig sehr stark dezentralisiert. Als es sich schwierig gestaltete, Untergebene, die den Gehorsam verweigerten, einer organisationsinternen Gerichtsbarkeit zuzuführen, wurde beispielsweise den Kompanie- und Bataillonsführern der SS und der Polizei erlaubt, die Verweigerer selbstständig abzustrafen. Bei den Trawnikis, deren Strafordnung von denen der deutschen Polizei und der SS abwich, verfügten die von der SS gestellten Bataillons- und Kompanieführer über einen eigenen Strafkatalog, der von Ausgehverboten über Auspeitschen bis zur Todesstrafe reichte.

Aus dieser Perspektive wird bereits deutlich, wie stark Zwangsorganisationen in staatliche Strukturen eingebunden sind.[21] In den Zwangsorganisationen scheint ein aus dem Mittelalter und der frühen Neuzeit bekannter Mechanismus zu überleben, der Folgebereitschaft nicht durch die Akzeptanz von Anforderungen aufgrund einer freiwilligen Mitgliedschaft in einer Organisation sicherstellt, sondern über die Sanktionsgewalt eines Fürsten, Lehnsherren oder Königs.[22]

## Freiwilligkeit oder Zwang beim Eintritt – eine zweitrangige Frage

Die Zwangsmittel, die angewendet werden, um den Austritt aus der Organisation zu verhindern, sind unabhängig davon, wie der Eintritt in die Organisation motiviert wurde. Wir kennen Organi-

Erlass Himmlers vom 8. August 1942. Siehe zur Einrichtung von Straflagern der SS und der Polizei beispielsweise die Mitteilungen über die SS- und Polizeigerichtsbarkeit (herausgegeben vom Reichsführer SS und Chef der Deutschen Polizei, Hauptamt SS), H. 4/1941. Das prominenteste Straflager der SS in Dachau darf nicht mit dem Konzentrationslager in Dachau verwechselt werden (vgl. besonders Scheffler, »Zur Praxis der SS- und Polizeigerichtsbarkeit im Dritten Reich«, S. 224 ff., und Bernd Wegner, *Hitlers Politische Soldaten: Die Waffen-SS 1933-1945. Leitbild, Struktur und Funktion einer nationalsozialistischen Elite*, Paderborn [5]1997, S. 319 ff.).

21 Die Mafia, terroristische Gruppierungen oder revolutionäre Vereinigungen, die ihren Mitgliedern häufig aus Disziplinierungs- und Geheimhaltungsgründen den Austritt untersagen, sind eine interessante Ausnahme.

22 Weber, *Wirtschaft und Gesellschaft*, S. 148 ff.

sationen, die ihre Mitglieder zwangsweise rekrutieren, sowie solche, in die man zwar freiwillig eintritt, die einem aber mit Gewalt oder sogar mit dem Tod drohen, sollte man sie verlassen wollen.[23] Bei den Angehörigen der Polizeibataillone handelte es sich vielfach um Männer, die sich freiwillig gemeldet haben. Gerade in jenen Jahren war eine Bereitschaft vorhanden, sich sowohl als Rekrut als auch als Reservist für die Ordnungspolizei zu melden, weil es eine Möglichkeit war, der Einberufung zum Wehrdienst zu entgehen.[24] Ganz ähnlich war auch die Situation bei den SS-Verfügungstruppen, den SS-Totenkopfverbänden und den Kommandanturen der Konzentrationslager, weil ab Ende 1938 der Dienst in ihnen als »Reichsdienst« anerkannt wurde und ein Einziehen in die Wehrmacht verhinderte.[25] Die Ordnungspolizei, die SS-Totenkopfverbände oder die SS-Verfügungstruppen stellten also eine ähnliche Alternative zum Wehrdienst dar wie nach 1945 die freiwillige Feuerwehr, das Rote Kreuz oder das Technische Hilfswerk.[26]

Häufig finden sich in Zwangsorganisationen sowohl Mitglieder, die freiwillig eingetreten sind, als auch solche, die zwangsverpflichtet wurden. Diese Mischung ist auch bei fast allen Organisationen

23 Siehe zu einer Aufzählung von Zwangsorganisationen, Kühl, »Zwangsorganisationen«, S. 345 f.

24 Siehe dazu Stefan Klemp, *Freispruch für das »Mord-Bataillon«. Die NS-Ordnungspolizei und die Nachkriegsjustiz*, Münster 1998, S. 17; Klemp, *»Nicht ermittelt«*, S. 9. Weil bei dem massiven Ausbau der Wehrmacht ab 1935 auch ein erheblicher Teil der kasernierten deutschen Polizei in die Wehrmacht überführt worden war, durfte die Ordnungspolizei aufgrund eines Runderlasses, der unmittelbar nach Kriegsbeginn ausgegeben wurde, 26 000 Freiwillige der Jahrgänge 1909-1912 und 1918-1920 rekrutieren und zusätzlich auf 91 500 Reservisten der Jahrgänge 1901 bis 1912 zurückgreifen (Runderlass ist vom 11. 10. 1939).

25 Johannes Tuchel, *Die Inspektion der Konzentrationslager 1938-1945*, Berlin 1994, S. 53.

26 Auch der weitaus größte Teil der luxemburgischen Angehörigen des Bataillons hatte sich freiwillig gemeldet. Einige dieser Luxemburger Polizisten waren schon vor der Besetzung Luxemburgs durch die deutsche Armee am 10. Mai 1940 in die Polizei eingetreten, andere hatten sich erst danach als Freiwillige zur SS und Polizei gemeldet. So sind Fälle wie der von Franz Ewert überliefert, der am 17. 9. 1940 ein Gesuch unterzeichnete, in die Freiwilligenkompanie einzutreten – nur wenige Tage, nachdem Himmler in Luxemburg die Freiwilligenkompanie inspizierte und befahl, die Angehörigen entweder in die SS-Leibstandarte oder in die Deutsche Polizei zu integrieren (vgl. StA Hamburg 331-8 Polizeiverwaltung – Personalakten – 799).

zu finden, die am Holocaust beteiligt waren. Von den deutschen Ordnungspolizisten, die während des Zweiten Weltkrieges besonders in den besetzten Gebieten ihren Dienst versahen, waren rund zwei Drittel Polizisten, die sich freiwillig zur Polizei gemeldet hatten. Ein Drittel waren »Polizeirekruten«, die, statt zur Wehrmacht eingezogen zu werden, der Ordnungspolizei zur Verfügung gestellt wurden.[27] Die SS konnte ihren Personalbedarf lange Zeit mit Freiwilligen decken, setzte aber mit dem Beginn des Zweiten Weltkrieges immer mehr direkten Druck ein, um das Personal besonders für die Waffen-SS zu erhalten. So bestand die Waffen-SS aus Deutschen, die sich anstatt für die Wehrmacht für die Waffen-SS melden konnten, und aus nichtdeutschen Freiwilligen, so dass sie sich am Ende des Krieges von einer »Garde des Führers« zu einer »Vielvölkerarmee« entwickelt hatte.[28]

Definierendes Merkmal einer Zwangsorganisation ist jedoch, dass einem Organisationsmitglied unabhängig davon, ob es sich freiwillig gemeldet hat oder ob es zwangsverpflichtet wurde, die Möglichkeit genommen wird, von sich aus den Dienst zu kündigen. Den Rekruten und Reservisten war mit der Selbstmeldung zum Polizeidienst die Möglichkeit genommen, von sich aus die Ordnungspolizei wieder verlassen zu können. Selbst eine nachträgliche Meldung zur Wehrmacht wurde untersagt.[29]

27 Siehe dazu Friedrich Wilhelm, *Die Polizei im NS-Staat. Die Geschichte ihrer Organisation im Überblick*, Paderborn 1997, S. 158. Die Schätzungen aus dieser frühen Studie Wilhelms werden in der Sekundärliteratur immer wieder wiederholt. Genaue Zahlen mit Blick auf das Verhältnis von freiwilligen Meldungen und Zwangsverpflichtungen bei der Ordnungspolizei fehlen aber noch.

28 Siehe dazu Wegner, *Hitlers Politische Soldaten: Die Waffen-SS 1933-1945*, S. 274. In fast allen Wehrpflichtarmeen gab und gibt es eine Mischung aus Wehrpflichtigen, die für einen begrenzten Zeitraum ihren Dienst absolvieren, und sogenannten Berufssoldaten, die sich freiwillig für einen längeren Zeitraum verpflichten. In Unternehmen, die sich auf Zwangsarbeiter stützten, arbeiteten diese nicht selten Seite an Seite mit Organisationsmitgliedern, die sich freiwillig für diese Tätigkeit gemeldet hatten.

29 Für die SS war die Situation etwas komplizierter. Ursprünglich wurde in Friedenszeiten die »SS-Verfügungstruppe« von der Wehrmacht als einzige bewaffnete Formation innerhalb der SS anerkannt und nur der Dienst in der Verfügungstruppe dem allgemeinen Wehrdienst gleichgestellt. Der Dienst in den Totenkopfverbänden wurde dagegen lange Zeit nicht als Wehrdienst anerkannt. Erst mit der Durchsetzung einer gemeinsamen Bezeichnung »Waffen-SS« kam es zu

In Zwangsorganisationen können andere Mitgliedschaftsmotive den Zwang zum Verbleib in der Organisation in den Hintergrund rücken.[30] Die Identifikation mit dem Zweck der Organisation kann beispielsweise beim Eintritt in die Organisation so stark sein, dass den Mitgliedern der Charakter der Zwangsmitgliedschaft gar nicht deutlich wird. Man denke nur an die deutschen und französischen Wehrpflichtigen des Ersten Weltkrieges, die – so jedenfalls die womöglich manchmal überzeichnete Vereinfachung in einigen Geschichtsbüchern – anfangs begeistert in den Krieg zogen. Auch können sich Bereicherungsmöglichkeiten als ein so stark motivierendes Element zum Verbleib in der Organisation etablieren, dass deren Zwangscharakter nicht deutlich wird. Sowohl Angehörige der SS als auch der Ordnungs- und Sicherheitspolizei und der Trawniki-Einheiten haben sich häufig an den jüdischen Opfern privat bereichert, und diese Möglichkeiten zur Bereicherung können als Mitgliedschaftsmotiv den Zwangscharakter der Organisation in einigen Fällen überlagert haben.

Auch Zwangsorganisationen stellen Karrieren in Aussicht, um ihre Mitglieder zu Leistungen zu motivieren. Je weiter ein Zwangsmitglied auf der Karriereleiter nach oben klettert, desto höher fallen die Geldzahlungen der Organisation aus, desto besser sind die Möglichkeiten, sich an Opfern zu bereichern, desto leichter kann man sich unangenehmen Arbeiten entziehen und desto mehr Gelegenheiten zur Identifikation mit den Organisationszwecken sind gegeben. Die deutsche Ordnungspolizei, die ähnlich strukturiert war wie die Wehrmacht, sah beispielsweise schon innerhalb eines aus ungefähr 500 Mann bestehenden Bataillons einen Aufstieg vom Wachtmeister über den Zugführer und Kompanieführer zum Bataillonsführer vor, der jeweils mit einer Gehaltserhöhung und größerem Prestige verbunden war. Selbst für die in den Kriegsgefangenenlagern der Wehrmacht rekrutierten Trawnikis wurde eine Laufbahn vom Wachmann über den Rottenführer zum Zugführer

einer allgemeinen Gleichsetzung der Dienstpflichten in der bewaffneten SS und der Wehrmacht (vgl. Cüppers, *Wegbereiter der Shoah*, S. 24 ff.).

30 Siehe ähnlich schon Barnard, *The Functions of the Executive*, S. 149 f. Ich folge hier meinen grundlegenden Überlegungen zur Soziologie von Zwangsorganisationen in Kühl, »Zwangsorganisationen«, S. 350.

eingerichtet und damit ein Anreiz für Teilnahmemotivation geschaffen.[31]

Letztlich abstrahieren Zwangsorganisationen aber von den individuellen Motiven, die zum Eintritt in die Organisation geführt haben. Die Organisation setzt ein Befolgen formalisierter Erwartungen voraus unabhängig davon, ob eine Person zwangsweise, aus monetären Gründen, weil sie gerne andere Menschen quält oder den Organisationszweck großartig findet, Mitglied geworden ist. Hier unterscheiden sich Zwangsorganisationen nicht grundlegend von Organisationen mit ausschließlich freiwilliger Mitgliedschaft, die ebenfalls in der Formulierung ihrer formalen Erwartung von den individuellen Motiven derjenigen, die in sie eintreten, abstrahieren.[32]

Die Besonderheit von Zwangsorganisationen besteht jedoch darin, dass ihnen dann, wenn die Mitgliedschaftsmotive bei ihren Mitgliedern verblassen – wenn sie sich zum Beispiel nicht mehr mit dem Organisationszweck identifizieren, keinen Spaß an der Tätigkeit mehr haben, die Bezahlung schlechter als erwartet ist oder die in Aussicht gestellten Bereicherungsmöglichkeiten unzureichend sind –, immer noch der physische Zwang als »Letztmotiv« zur Verfügung steht. Entfällt beispielsweise bei Zweckwechseln der Organisation das Motiv der Identifikation oder versiegen die mit der Organisationsmitgliedschaft verbundenen illegalen Bereicherungsmöglichkeiten, kann die Zwangsorganisation ihre Mitglieder mit Gewalt zum Verbleib in der Organisation und – weitergehend – zur Ausübung von durch die Organisation vorgegebenen Handlungen zwingen.

## 3.2. Das Vermeiden der Mitgliedschaftsfrage in Zwangsorganisationen

Organisationen reagieren generell sensibel, wenn Mitglieder sich auch nur einmal weigern, eine Anweisung auszuführen. Wer auch nur »*eine* Weisung seines Vorgesetzten« nicht annimmt oder »*einer* Vorschrift aus Prinzip die Anerkennung verweigert«, rebelliert, so

31 Black, »Die Trawniki-Männer und die Aktion Reinhard«, S. 320.

32 Vgl. Luhmann, *Funktionen und Folgen formaler Organisation*, S. 89 ff., und Luhmann, *Zweckbegriff und Systemrationalität*, S. 128 ff.

Luhmann, nicht nur gegen diese eine Weisung oder eine Vorschrift, sondern »gegen das System« und »gegen alle formalen Erwartungen« der Organisation. Die explizite Aussage eines Soldaten, dass er nicht bereit sei, den Hof zu putzen oder sich am Exerzieren zu beteiligen, löst nicht deswegen erhebliche organisatorische Unruhe aus, weil ein sauberer Kasernenhof oder das Exerzieren eine Grundbedingung für eine erfolgreiche Kriegsführung ist, sondern weil die Ablehnung auch nur dieser einen kleinen Anweisung als Rebellion gegen alle formalisierten Erwartungen in der Organisation interpretiert werden muss und dadurch die Fähigkeit der Armee zur Kriegsführung einschränkt.[33]

In Organisationen, die in der Lage sind, Entlassungen auszusprechen und Kündigungen entgegenzunehmen, wird dieser Mechanismus permanent aktualisiert. Bei jeder Handlung kann von den Mitgliedern die Frage mitreflektiert werden, ob man Mitglied bleiben kann, wenn man diese oder jene Zumutung offen ablehnt.[34] Im Hintergrund lauert dabei immer die Drohung der Organisation, eine Trennung herbeizuführen, weil bei der Verweigerung auch nur einer Anforderung der zentrale Mechanismus – die Anerkennung der Mitgliedschaftsbedingungen – potentiell erodiert. Nur über diese Fokussierung der zentralen Mitgliedschaftsregel auf auch nur *eine* explizite Missachtung können Organisationen eine Generalisierung von formalisierten Verhaltenserwartungen zustande bringen, die in der modernen Gesellschaft sonst kaum noch vorzufinden ist.

Genau dieser Mechanismus steht Zwangsorganisationen nicht in der gleichen Form zur Verfügung. Hier darf eine Verweigerung einer Handlung nicht zur Entlassungsfrage werden, sondern muss notgedrungen zu einer Frage der organisationseigenen – in der Regel staatlich gestützten – Gerichtsbarkeit werden. Erzwingungsstäbe müssen eingesetzt werden, um die Regelabweichung zu bestrafen und so die Erwartung der Organisation durchzusetzen.

In Zwangsorganisationen müsste also jede Verweigerung eines Befehls gleich zum Einsatz des organisationsinternen Erzwin-

33 Siehe zur abnehmenden militärischen, aber weithin disziplinierenden Bedeutung des Exerzierens Ulrich Bröckling, *Disziplin. Soziologie und Geschichte militärischer Gehorsamsproduktion*, München 1997, S. 260f. mit entsprechenden Quellenverweisen.

34 Luhmann, *Funktionen und Folgen formaler Organisation*, S. 40.

gungsstabes führen – mit normalerweise schwerwiegenden Konsequenzen für die Organisation. Die Mitglieder verschwinden durch Entlassung nicht einfach aus dem Dunstkreis der Organisation, sondern diese muss sich, ohne dass sie noch auf deren Leistung zurückgreifen kann, weiterhin mit ihnen befassen. Gewaltspezialisten der eigenen Organisationen müssen nach den Mitgliedern fahnden, eigene Gerichtsbarkeiten mit deren Bestrafung betraut werden, und die Verurteilten müssen dann in eigenen Gefängnissen und Straflagern verwahrt werden.[35]

## Die Schaffung von Freiräumen

Dieser hohe Aufwand, den Zwangsorganisationen eigentlich betreiben müssen, führt dazu, dass sich Mechanismen ausbilden, mit denen diese Form der Sanktionierung möglichst vermieden wird. Zwangsorganisationen, so zeigt das Beispiel des Polizeibataillons, tarieren aus, mit welcher Intensität sie auf der Durchführung ihrer Anforderungen beharren. Vielfach werden dabei – gerade bei sehr weitgehenden Anforderungen an Organisationsmitglieder – Strategien entwickelt, um den organisationseigenen Sanktionierungsapparat nicht anwerfen zu müssen.

Eine häufig vorzufindende Variante besteht darin, den Untergebenen anzubieten, sich *freistellen* zu lassen. Die Einsatzgruppen-, Bataillons- oder Kompanieführer ließen dafür ihre Männer antreten, stellten den Einsatzbefehl vor und forderten dann die Männer, die meinten, diesen Befehl nicht ausführen zu können, auf, vorzutreten. Diese Männer waren zwar häufig kritischen Kommentierungen durch ihre Kameraden oder unmittelbaren Vorgesetzten ausgesetzt, wurden aber von der Ausführung des Befehls freigestellt.[36]

Häufig wurde aber diese Situation einer für alle Angehörigen einer Einheit sichtbaren Freistellung umgangen, indem für schwierige Kommandos *Freiwillige* gesucht wurden. Dabei wurde, wie im Fall des Polizeibataillons 101, durch einen Bataillons- oder Kompa-

35 Die Todesstrafe gegen Organisationsmitglieder ist unter diesem Gesichtspunkt ein funktionales Äquivalent zur Entlassung, weil sie die Belastung für die Organisation relativ gering hält.

36 Siehe Browning, *Ganz normale Männer*, S. 23 ff., Goldhagen, *Hitlers willige Vollstrecker*, S. 300 ff.

nieführer dargestellt, dass die Einheit eine Exekution durchführen müsse und Freiwillige dafür vonnöten seien. Gerade weil sich die Angesprochenen darüber im Klaren waren, dass es dem Befehlshaber offenstand, bei einer zu geringen Anzahl Freiwilliger einzelne Personen oder Gruppen zur Durchführung des Befehls zu zwingen, meldeten sich in der Regel ausreichend Personen für die Exekutionen.[37]

Eine andere Variante, Freiräume innerhalb von Zwangsorganisationen zu schaffen, besteht darin, die Mitglieder der Organisation zwischen verschiedenen Aufgaben *wählen* zu lassen. So war es im Reserve-Bataillon 101 möglich, dass sich ein Zugführer mit Duldung des Bataillonsführers der Beteiligung an Massenexekutionen entziehen konnte, indem sich der Zugführer Tätigkeiten bei der Absicherung von Ghettos, beim Transport von Gefangenen oder beim Wachdienst zuweisen ließ.

Diese Freiräume – die Möglichkeit, sich freistellen zu lassen, Suche nach Freiwilligen, Auswahl von Aufgaben – werden in den Zwangsorganisationen in der Regel dezentral durch die jeweiligen Verantwortlichen eingeräumt und jedes Mal zwischen Vorgesetzten und Untergebenen neu ausgehandelt. Die Fälle der unterschiedlichen am Holocaust beteiligten SS- und Polizeieinheiten zeigen, dass sich auf der Ebene von Zügen, Kompanien und Bataillonen teilweise sehr unterschiedliche Formen der Gewährung von Freiräumen ausgebildet haben. Während – wie zum Beispiel beim Polizeibataillon 101 – in einigen Einheiten die Befehlsgeber ihren Untergebenen sehr weitgehende Möglichkeiten einräumten, wurde in anderen Einheiten seitens der Vorgesetzten starker Druck auf die Untergebenen ausgeübt, sich an den Massenerschießungen zu beteiligen.

Der Rahmen für diese Möglichkeit, Freiheiten einzuräumen, wird aber häufig an der Spitze der Organisation abgesteckt. Gerade mit Blick auf die im Holocaust eingesetzten Zwangsorganisationen ist interessant, dass das Zugestehen von Freiräumen jedenfalls in groben Zügen durch einen Rahmenbefehl des Reichsführers SS

37 Vgl. beispielsweise zum Fall des Polizeibataillons 306 Torsten Schäfer, »*Jedenfalls habe ich auch mitgeschossen*«. *Das NSG-Verfahren gegen Johann Josef Kuhr und andere ehemalige Angehörige des Polizeibataillons 306, der Polizeireiterabteilung 2 und der SD-Dienststelle von Pinsk beim Landgericht Frankfurt am Main 1962-1973*, Münster 2007, S. 175.

und Chefs der Deutschen Polizei gedeckt war. In einem geheimen SS-Befehl an die Höheren SS- und Polizeiführer, die SS- und Polizeiführer und untergeordnete Dienststellen in den SS-Oberabschnitten Ostland, Ukraine, Ost, Weichsel, Warthe, Südost, Alpenland und in Russland wurde von Heinrich Himmler zu Beginn der systematischen Massenexekution von Juden darauf hingewiesen, dass »lebensnotwendige Befehle und Pflichten für ein Volk erfüllt werden« müssten, es aber auch die »heilige Pflicht der höheren Führer und Kommandeure ist«, »persönlich dafür zu sorgen«, dass keiner der an den Ghettoräumungen und Massenexekutionen beteiligten Männer »verroht oder an Gemüt und Charakter Schaden erleidet«. In der Anweisung wurde deswegen den Befehlshabern der jeweiligen Einheiten die »rechtzeitige Ablösung« der ihnen unterstellten Männer »von schweren Kommandos und rechtzeitiges In-den-Urlaub-Schicken und Versetzung in ein anderes Aufgabengebiet« zugestanden.[38]

## Die Duldung von Regelabweichungen

Durch die beschriebene Schaffung von Freiräumen wird die Formalitätserwartung der Organisation insofern erhalten, als Mitglieder gar nicht erst in die Verlegenheit gebracht werden, gegen Regeln der Zwangsorganisation zu verstoßen. Anders sieht es aus, wenn Freiräume nicht formal zugestanden wurden, sondern sich die Zwangsmitglieder ohne Genehmigung bestimmten Anforderungen entzogen haben. Aber auch diesbezüglich gibt es Formen des Umgangs in Zwangsorganisationen, die aufschlussreich sind.[39]

38 Kopien des geheimen SS- Befehls Himmlers finden sich im LVVA Riga, 83-1-80; siehe auch zu dem Befehl Konrad Kwiet, »From the Diary of a Killing Unit«, in: John Milfull (Hg.), *Why Germany? National Socialist Antisemitism and the European Context*, Oxford 1993, S. 75-90, hier: S. 87 f.; die Quelle konnte von mir nicht im Original in Riga eingesehen werde; ich orientiere mich am Abdruck in Hilberg, *Die Quellen des Holocaust*, S. 134 ff. Dass im Verteiler die Dienststelle SS-Oberabschnitt Ost aufgenommen worden ist, kann als ein deutliches Indiz gesehen werden, dass dieser Befehl den Leitern der Polizeiregimenter und Polizeibataillone bekannt war. Interessant ist in dem von Hilberg identifizierten Dokument aus Lettland der Zusatz des dortigen SS-Brigadeführers und Generalmajors der Polizei, dass dieser »beachtliche SS-Befehl« den Offizieren und Männern zur Kenntnis gegeben werden soll.

39 Marko Püschel verdanke ich den Hinweis, deutlicher zwischen geduldeter Re-

Aus Zwangsorganisationen wird berichtet, dass es gerade bei sehr weitgehenden Anforderungen eine beachtliche Anzahl von »Drückebergern« gibt. Sehr interessant ist, dass dieses »Sichentziehen« von den Vorgesetzten in Zwangsorganisationen anscheinend teilweise geduldet wird. Gerade für die an den Massenexekutionen von Kriegsgefangenen, nichtjüdischen Zivilisten und besonders der aus ganz Europa stammenden Juden beteiligten Personen ist gezeigt worden, dass Zug-, Kompanie- oder Bataillonsführer das Sichentziehen einzelner ihrer Untergebenen bewusst übersahen. Vorgesetzte schienen es in einer ganzen Reihe von Einheiten geduldet zu haben, wenn sich Angehörige den von ihnen als belastend empfundenen Tätigkeiten zu entziehen suchten.

Diese Duldung der Regelabweichung darf nicht mit einer versteckten Sympathie der Befehlshaber für Juden, Kriegsgefangene oder die Zivilbevölkerung verwechselt werden, denn die Vorgesetzten haben häufig auch die entgegengesetzte Form der Regelabweichung akzeptiert. Gerade von SS-Angehörigen, deutschen Ordnungs- und Sicherheitspolizisten sowie nichtdeutschen Hilfstruppen wissen wir, dass sie häufig mit einer nicht durch Befehle oder Regeln gedeckten Brutalität zu Werke gegangen sind und diese von ihren Vorgesetzten ignoriert wurde. So ist gut dokumentiert, dass diese bei den verbotenen nächtlichen »Ausflügen« ihrer Männer in Ghettos, bei denen wahllos auf Juden geschossen wurde, und kleinen (und auch größeren) Bereicherungen durch Ordnungspolizisten fast immer beide Augen zudrückten.[40] Die Vorgesetzten duldeten diese Regelabweichungen in beide Richtungen, um ihre Organisation am Laufen zu halten.[41]

gelabweichung und den von der Organisation zugestandenen Freiräumen zu unterscheiden.

40 Siehe Klemp, *Freispruch für das »Mord-Bataillon«*, S. 52 ff.

41 Der Begriff der Handlungsspielräume muss deswegen konsequent in beide Richtungen entwickelt werden. Siehe aus einer philosophischen Perspektive zu den »Handlungsspielräumen« auch Jan Philipp Reemtsma, »Über den Begriff ›Handlungsspielräume‹«, in: *Mittelweg 36* 11 (2002), S. 5-24.

## 3.3. Die Grenzen der Freiräume

Regelabweichungen müssten eigentlich dazu führen, dass der organisationsinterne Erzwingungsstab tätig wird, um von den Mitgliedern regelkonformes Verhalten einzufordern. Wird bei einem Regelverstoß die entsprechende Person abgestraft, etwa durch Abmahnung, Entlassung, Verhaftung oder Erschießung, dann wird nicht nur sie an die Regel erinnert, sondern auch alle Personen, die die Sanktionierung beobachten. Gerade durch Vertreter des soziologischen Etikettierungsansatzes ist immer wieder darauf hingewiesen worden, dass Abweichungen funktional sein können, weil die daran anschließende Bestrafung der Täter dazu führt, dass die Normen, gegen die verstoßen wurde, dadurch gestärkt werden.

Wie wird nun in Zwangsorganisationen verhindert, dass es angesichts des Zugestehens von Freiräumen und der Akzeptanz von Regelabweichungen nicht zur Erosion der organisationalen Normen kommt?

### Von der Organisation akzeptierte Begründungen

Verweigerungen scheinen in Zwangsorganisationen unter dem Vorbehalt zu stehen, dass sich die Verweigerer bereit erklären, die Formalitätsordnung der Zwangsorganisation zu stützen. Insofern kann behauptet werden, dass bei der Duldung des Sichentziehens, bei dem Übersehen von Regelverstößen oder bei der Akzeptanz von Versetzungswünschen ein impliziter »Deal« zwischen Zwangsorganisation und Verweigerern stattfindet. Teil dieses Deals ist, dass bei der Verweigerung organisationaler Erwartungen Begründungen vorgebracht werden, die die Formalitätsordnung der Organisation nicht gefährden.

Die erste von Zwangsorganisationen häufig akzeptierte Variante besteht darin, dass die Verweigerung mit dem eigenen *Gewissen* begründet wird. Die Berufung auf das Gewissen hat den Effekt, dass das Sichentziehen nicht mit fehlender Sinnhaftigkeit der Anforderung begründet wird, sondern mit der Schwierigkeit, die organisationale Anforderung in die Selbstdarstellung der eigenen Person zu integrieren. Für die Organisation kann es funktional sein, solche Möglichkeiten zuzugestehen, weil derjenige, der sich beispielsweise

»im Gewissen das Töten anderer Menschen verbietet«, im Krieg ein »unzuverlässiger Kamerad« wäre.[42]

Eine zweite Variante ist der Verweis auf *Erkrankung*. So berichtete ein Bataillonsangehöriger, dass er, nachdem er in Józefów bereits mehrere Erschießungen durchgeführt hatte und ihm als nächste Opfer eine aus Kassel stammende jüdische Mutter und ihr Kind zugeteilt wurden, seinem Zugführer gemeldet habe, dass ihm übel sei, und dass er daraufhin abgelöst worden sei.[43] Der Hinweis auf ein starkes Unwohlsein oder eine psychische Überlastungssituation scheint bei der Erschießung von Juden in vielen Fällen als Begründung dafür akzeptiert worden zu sein, ein Organisationsmitglied nicht zu solchen Aufgaben heranzuziehen.[44] Albert Hartl, der ehemalige Chef des Kirchlichen Informationsdienstes innerhalb des Reichssicherheitshauptamtes, stellte später fest, dass »jeder, der wirklich wollte«, sich der Beteiligung an Massenerschießungen »durch die Vortäuschung gesundheitlicher

42 Siehe dazu Niklas Luhmann, »Die Gewissensfreiheit und das Gewissen«, in: Niklas Luhmann, *Ausdifferenzierung des Rechts*, Frankfurt/M. 1981, S. 326-359, hier: S. 341; siehe auch Niklas Luhmann, »Das Phänomen des Gewissens und die normative Selbstbestimmung der Persönlichkeit«, in: Franz Böckle, Ernst-Wolfgang Böckenförde (Hg.), *Naturecht in der Kritik*, Mainz 1973, S. 223-243.

43 Wörtlich ist in der Ermittlungsakte die Aussage von Johann Georg Krause wie folgt wiedergegeben worden: »Nachdem ich eine Erschießung durchgeführt hatte und zur nächsten Erschießung am Abladeplatz mir als Opfer eine Mutter mit Tochter zugeteilt wurde und ich mit diesen ins Gespräch kam und erfuhr, dass sie Deutsche aus Kassel waren, fasste ich den Entschluss, mich nicht mehr an Exekutionen zu beteiligen. Mir war die ganze Sache jetzt so zuwider, dass ich erneut zu meinem Zugführer ging und ihm erklärte, dass mir noch immer übel sei und ich nicht mehr könne und um meine Ablösung bäte. Ich bin dann auch von Starke abgelöst worden und erhielt den Auftrag, als Bewachungsposten zum Aufladeplatz am Marktplatz zu gehen.« StA Hamburg NSG 0021/005, Bl. 2631 ff.

44 Gerade in Kriegen bestand aber immer auch die Gefahr, dass man in die Fänge der Militärpsychiatrie geraten könnte; siehe dazu Peter Riedesser, »Militär und Medizin. Materialien zur Kritik der Sanitätsmedizin am Beispiel der Militärpsychiatrie«, in: *Das Argument, Sonderband 4* (1974), S. 231-279, Karl Heinz Roth, »Die Modernisierung der Folter in den beiden Weltkriegen. Der Konflikt der Psychotherapeuten und Schulpsychiater um die deutschen ›Kriegsneurotiker‹ 1915-1945«, in: *1999 Zeitschrift für Sozialgeschichte* 2 (1987), S. 8-75, und Roland Müller, »Militärpsychiatrie vor Gericht«, in: Michael Eberlein, Roland Müller u. a. (Hg.), *Militärjustiz im Nationalsozialismus*, Marburg 1994, S. 165-243.

Schäden, vor allem eines Nervenzusammenbruchs«, hätte entziehen können.[45]

Die dritte Variante besteht darin, mit Verweis auf eine persönliche *Schwäche* die Befreiung von bestimmten Tätigkeiten zu erbitten.[46] Dass diese Variante häufig zum Tragen kam, kann durch eine Vielzahl von Aussagen von Angehörigen der SS, der Sicherheits- und der Ordnungspolizei nachgewiesen werden. Es schien allgemein akzeptiert worden zu sein, wenn einzelne Polizisten, Soldaten oder SS-Angehörige mit Verweis auf eigene charakterliche Schwächen um Freistellung baten oder sich mit dieser Begründung der Beteiligung an Erschießungsaktionen entzogen. Ein Richter beim SS- und Polizeigericht gab nach dem Krieg an, dass »nicht viel passiert« wäre, wenn ein SS- oder Polizeiangehöriger die Beteiligung an Erschießungen mit dem Hinweis verweigert hätte, dass er sich dazu »körperlich und seelisch nicht in der Lage fühle«. Erschossen worden wäre er jedoch, wenn er erklärt hätte, dass er die Erschießung aufgrund »seiner Sympathie für die Juden« oder aufgrund »seiner Gegnerschaft zur SS« nicht durchführen wolle.[47] Diese Form des Sichentziehens wurde letztlich auch von Himmler indirekt legitimiert. In seiner Rede vor SS-Gruppenführern in Posen am 4. Oktober 1943 brachte er zum Ausdruck, dass zwar Befehle ausgeführt werden müssten, aber dass jemand, der zu schwach sei, die Anforderungen zu erfüllen, aus der Organisation auszuschließen sei.[48]

Die Berufung auf das Gewissen, die Verweise auf Krankheit

45 Zitiert nach Gitta Sereny, *Am Abgrund. Gespräche mit dem Henker. Franz Stangl und die Morde von Treblinka*, München 1995, S. 111.

46 Siehe dazu ausführlich Kai Mürlebach, *Zu schwach zum Morden? »Unnormale« Männer im Holocaust*, Bielefeld 2009.

47 Siehe dazu die Vernehmung Konrad Morgen, Hilfsrichter beim SS- und Polizeigericht Krakau; StA Hamburg NSG 0021/038, keine Paginierung.

48 Heinrich Himmler, »Rede auf der SS-Gruppenführertagung in Posen am 4.10.1943«, in: Internationaler Militärgerichtshof (Hg.), *Der Prozeß gegen die Hauptkriegsverbrecher vor dem Internationalen Militärgerichtshof*, Bd. 29, Nürnberg 1947, S. 110-173, hier: S. 145 ff. Wörtlich lautet der Auszug aus der Posener Rede: »Wenn also einer glaubt, er könne die Befolgung eines Befehles nicht verantworten, dann hat er das ehrlich zu melden: ich kann es nicht verantworten, ich bitte, mich davon zu entbinden. Dann wird wohl in den meisten Fällen der Befehl kommen: Sie haben das doch durchzuführen. Oder man denkt: der ist mit den Nerven fertig, der ist schwach. Dann kann man sagen: Gut, gehen Sie in Pension.«

oder auf charakterliche Schwäche sind Möglichkeiten für die Zwangsorganisation, die Freistellung eines Organisationsmitgliedes zu gewähren, ohne die Legitimität der Organisationserwartung infrage zu stellen. Sie führen nicht zu einer Erosion der organisationalen Normen, weil diese Motive nicht beliebig durch andere Organisationsmitglieder mobilisiert werden können.

### Akzeptierte Formen des Entzuges

Auch die Form, die für den Entzug aus der Zwangsorganisation gewählt wird, scheint eine wichtige Rolle zu spielen. Zwangsorganisationen können nicht zulassen, dass sich Mitglieder einfach den Dienstverpflichtungen entziehen. Die theoretisch mögliche und gar nicht selten vorkommende Praxis in vielen Organisationen mit freiwilliger Mitgliedschaft, nämlich dass Mitarbeiter einfach nicht mehr zum Dienst erscheinen und deswegen aus der Organisation ausscheiden, ist bei Zwangsorganisationen nicht möglich.[49] Der Austritt aus der Organisation kann also nur dann funktionieren, wenn er durch die Organisation selbst initiiert wird. Gerade in diesem exklusiven Recht, über Austritt zu entscheiden, liegt die Bindewirkung von Zwangsorganisationen im Vergleich zu Organisationen, die ihren Mitgliedern den Austritt freistellen.

Das Problem ist jedoch, dass die Motive für das Ausscheiden aus einer Zwangsorganisation nicht ohne weiteres in der Organisation kommunizierbar sind. Ein Verweis auf fehlende Identifikation mit dem Zweck der Organisation kann in Zwangsorganisationen nicht akzeptiert werden. Wenn eine solche Begründung ausreichen würde, würde dies vermutlich zu einer Lawine von Austritten führen. Auch der Zweifel an der Rechtmäßigkeit einer Anforderung einer Zwangsorganisation kann organisationsintern nicht problemlos als Begründung angegeben werden, weil die Reaktion der Zwangsorganisation dann nicht in der Entlassung der Mitglieder bestehen

49 Heinz Bumann, der Zugführer des Polizeibataillons 101, der sich weigerte, sich an der Erschießung von Tausenden polnischer Juden zu beteiligen, erklärte bei seiner Vernehmung durch die Staatsanwaltschaft in den 1960er Jahren, dass es »in der damaligen Situation« »unmöglich war, etwa einfach den Ort des Geschehens zu verlassen und nach Hause zu gehen«. »Das wäre«, so der Zugführer, »selbstverständlich undenkbar gewesen, wie jeder wissen muß, der einmal Soldat war«; StA Hamburg 0021/005, Bl. 2437 ff.

dürfte, sondern in der Überprüfung der Legalität der Anforderungen.

Die in Zwangsorganisationen am ehesten akzeptierte Variante scheint zu sein, gegenüber Vorgesetzten mündlich auf die mit den auszuführenden Handlungen verbundenen Skrupel zu verweisen, parallel dann aber bei der offiziellen Bitte um Versetzung andere, für die Organisation unproblematische Gründe zu verwenden. Bei Versetzungen oder Entlassungen in Zwangsorganisationen erscheinen in der amtlichen Kommunikation deswegen häufig nicht die für das Mitglied im kleinen Kreis kommunizierten Motive, sondern eher banal wirkende, für die Legitimität der Organisation unproblematische Gründe.

Auf diese Weise lassen sich auch die erfolgreichen Verweigerungen im Polizeibataillon 101 erklären. Der Zugführer des Polizeibataillons 101 Heinz Bumann drückte beispielsweise zwar einerseits gegenüber dem Bataillonsführer seinen entschiedenen Protest gegen die Massenexekutionen aus und bestand darauf, nicht an Massentötungen beteiligt, sondern versetzt zu werden. Andererseits achtete er aber darauf, dass die beantragte Versetzung in einer Art vorgenommen wurde, die die Durchsetzungskraft der Organisation insgesamt nicht gefährdete. Sein Versetzungsantrag nach Hamburg wurde damit begründet, dass er in seinem Betrieb in Hamburg gebraucht würde.[50] Ein anderes Mitglied des Bataillons begründete seine Versetzung nach Hamburg nicht offiziell damit, dass er es nicht mit seinem Gewissen vereinbaren konnte, sich an den Erschießungen zu beteiligen, sondern mit Verweis auf seine acht Kinder. Er ließ seine Ehefrau ein Gesuch an das Hamburger Polizeikommando richten, in dem sie zum Ausdruck brachte, »sie könne die Erziehung der Kinder nicht alleine bewältigen«

50 Die Diskrepanz zwischen der Auskunft des Zugsführers gegenüber der Staatsanwaltschaft (StA Hamburg, NSG 0021/005, Bl. 882; NSG 0021/014, Bl. 2438; NSG 0021/023, Bl. 3940f. und NSG 0021/026, Bl. 4415 und 4420), in der er angab, dass er seine Rückversetzung mit Verweis auf die »polizeifremden« Einsätze des Bataillons betrieb, und der Auskunft in seiner Personalakte fiel auch dem ermittelnden Staatsanwalt auf. In der Personalakte befand sich lediglich ein Schreiben, in dem die Firma Bumann & Co mit Verweis auf die kriegswichtige Tätigkeit der Firma um eine Rückversetzung des Zugsführers nach Hamburg bat, damit »derselbste wenigstens in seinen dienstfreien Stunden die Arbeit« leiten und beaufsichtigen könnte (StA Hamburg Personalamt 100.06-618/2 5).

und müsse deswegen um die Rückversetzung ihres Ehemannes bitten.[51]

## 3.4. Die Freiheit im Zwang

Die Forschung tendiert dazu, die Geschichte von Polizisten und Soldaten, die sich der Anforderung, Zivilisten oder Kriegsgefangene zu töten, entzogen haben, als eine »heroische oder tragische Gegengeschichte« zu den menschenverachtenden Praktiken militärischer Organisationen zu formulieren. In die Tradition einer solchen »heroischen oder tragischen Gegengeschichte« fällt auch tendenziell die Behandlung der wenigen Polizisten des Polizeibataillons, die sich der Beteiligung an Massenerschießungen zu entziehen suchten. Gerade Heinz Bumann, der seinen Unwillen regelmäßig gegenüber dem Bataillonsführer artikulierte, wird als Musterfall für den »Freiheitswillen« eines Einzelnen innerhalb einer militärischen Zwangsorganisation dargestellt.[52] Bei der tendenziellen Verklärung dieser gegenüber einzelnen Befehlen resistenten Personen wird aber übersehen, dass diese sich in einer Form der Anweisungen entzogen, die die formale Ordnung der Organisation nicht infrage stellte. Und genau diese Möglichkeit wird ihnen durch die dargestellten Freiräume in Zwangsorganisationen geboten.

Die Tatsache, dass Zwangsorganisationen ihren Mitgliedern Freiräume zugestehen, dass sie Abweichungen von Regeln akzeptieren und Wahlmöglichkeiten schaffen, überrascht zunächst, weil dies der Idee des Zwanges widerspricht. Aber erst diese Freiräume

51 Heinrich Renken, StA Hamburg NSG 0022/001, Bl. 624 f.

52 Bröckling, *Disziplin*, S. 26. Er macht darauf aufmerksam, dass aus der militärsoziologischen Anwendungsforschung die Abweichungen eher als »individuelle Devianz und dysfunktionale Störung militärisch-politischer Integration« verstanden wird. Siehe zur Darstellung von Bumann besonders Browning, *Ganz normale Männer*, S. 142 ff., 154 ff., 224 und besonders 279 ff., und in der Einschätzung gar nicht so unähnlich Goldhagen, *Hitlers willige Vollstrecker*, S. 296 ff. Die ausführlichste Auseinandersetzung mit Bumann findet sich bei Sebastian Matysek, »Heinz Bumanns ungesühnter Entzug bei der ›Endlösung‹ in Polen. Eine Einzelfallstudie zu den Grenzen der Formalisierbarkeit von Mordaufträgen«, in: Alexander Gruber, Stefan Kühl (Hg.), *Soziologische Analysen des Holocaust. Jenseits der Debatte über »ganz normale Männer« und »ganz normale Deutsche«*, Wiesbaden 2015, im Erscheinen.

ermöglichen es der Zwangsorganisation, sehr weitgehende Anforderungen an ihre Mitglieder durchzusetzen. Gerade weil Abweichungen, die die Legitimität der Zwangsorganisation nicht infrage stellen, geduldet werden können, kann sie sehr weitgehende Anforderungen an ihre Mitglieder stellen, ohne permanent die organisationseigenen Erzwingungsstäbe in Bereitschaft halten zu müssen.

Deutlich wird allerdings, dass die Freiräume in Zwangsorganisationen nur unter einer Bedingung eingeräumt werden: dass die Nutzung der Freiräume die Legitimität der Organisationserwartungen nicht untergräbt. Dafür scheint es in Zwangsorganisationen, wie gezeigt, vielfältige Möglichkeiten für die unwilligen Mitglieder zu geben. Vonseiten der Organisation scheinen sogar Beförderungen in höhere Positionen, in denen die Mitglieder die Legitimität einzelner Aktionen nicht infrage stellen, eine mögliche Option zu sein, um kritische Nachfragen zu unterbinden.[53]

Ein Grund für die Zurückhaltung mit Sanktionierungen besteht darin, dass die Verstöße gegen die organisationalen Erwartungen häufig erst durch die Sanktionierung publik werden. Das kann nicht nur dem Ansehen der Person schaden – eine Abmahnung, ein Arrest oder eine Exekution trägt nicht zur Reputation innerhalb und außerhalb der Organisation bei –, sondern auch dem der Organisation. Die Sanktionierung eines Organisationsmitglieds kann ans Tageslicht bringen, dass es Probleme in der Personalführung gibt, dass Zweifel an der Richtigkeit von Entscheidungen bestehen oder dass es um die Disziplin in der Organisation nicht gut bestellt ist. Diese Probleme der Sanktionierung existieren auch in Organisationen mit freiwilliger Mitgliedschaft, sie verschärfen sich jedoch in Zwangsorganisationen, weil die Formen der Sanktionierung hohe Aufmerksamkeit innerhalb und außerhalb der Organisation hervorrufen.

Typisch für Zwangsorganisationen ist die Mobilisierung des eigenen Erzwingungsstabes, sobald durch die Form der Verweigerung die Ordnung der Organisation gefährdet wird. Dies ist dann der Fall, wenn Organisationsmitglieder die Verweigerung nicht nur

53 Vgl. allgemein zur Beförderung als funktionales Äquivalent von Entlassung oder Versetzung Luhmann, *Funktionen und Folgen formaler Organisation*, S. 261. So wurde der nach Hamburg zurückversetzte Zugführer Assistent des Polizeipräsidenten, eine Tätigkeit, die in den Gerichtsverfahren später als Karriereschritt beurteilt wurde.

dafür nutzen, sich den Organisationsanforderungen zu entziehen, sondern darüber hinaus auch die Rechtmäßigkeit der Anforderung insgesamt infrage stellen. Wird beispielsweise die Verweigerung durch das Mitglied offiziell gemacht, hat die Zwangsorganisation keine Möglichkeit, eine Lösung über den »kurzen Dienstweg« zu finden. Dies könnte erklären, weswegen es während des Zweiten Weltkrieges vorrangig dann zur Verhandlung vor SS- und Polizeigerichten gekommen ist, wenn eine Verweigerung, sich etwa an Massenexekutionen zu beteiligen, offensiv vorgetragen wurde und die Legitimität des Befehls infrage gestellt wurde.

Im Polizeibataillon 306 weigerte sich beispielsweise der Kompanieführer Klaus Hornig, an der Erschießung von knapp 800 sowjetischen Kriegsgefangenen mitzuwirken, und wurde nach längeren Auseinandersetzungen von einem SS- und Polizeigericht erst zu einigen Jahren, dann zu sechs Monaten Gefängnis verurteilt. Es spricht vieles dafür, dass diese Verurteilung nicht auf die Weigerung an sich, sondern auf die Art der Weigerung zurückzuführen ist. Hornig drückte gegenüber dem Bataillonskommandeur aus, dass er sich aus rechtlichen Gründen nicht an der Erschießung beteiligen werde, und belehrte die Offiziere seiner Kompanie darüber, dass Angehörige der Polizeibataillone aufgrund des Militärstrafrechts die Pflicht hätten, die Ausführung verbrecherischer Befehle zu verweigern. Hornig beließ es aber nicht dabei, sondern beschwerte sich auch über die Tötungen, die durch andere Polizei- und SS-Kräfte vorgenommen wurden, und bezeichnete Offiziere, die bei Exekutionen mitgeschossen hatten, als SS-Lümmel.[54]

Einen ähnlichen Fall bildete eine Verweigerung während eines Massakers im Ghetto von Macinkance, einem kleinen Dorf im Distrikt Białystok. Hier wurden fast alle in der Nähe stationierten deutschen Amtspersonen – Polizeibeamte, Förster, Zöllner und Bahnbeamte – zusammengezogen, um 200 Juden aus dem Ghetto auf einen Transport in ein Vernichtungslager zu bringen. Bei der Räumung schossen Polizisten in die Menge, lösten dadurch eine Massenpanik aus, und am Ende wurden 132 Juden »auf der Flucht erschossen«. Der an der Ghettoräumung beteiligte Forstamtsleiter

54 Siehe zu dem Fall die Ausführungen in Kitterman, »›Those who said »no!«‹«, S. 246 f., und Klemp, *»Nicht ermittelt«*, S. 52 f. Der Fall basiert vorrangig auf Aussagen nach dem Zweiten Weltkrieg und ist bisher nur unzureichend durch zeitgenössische Dokumente belegt.

weigerte sich nicht nur zu schießen, sondern verließ während des Massakers vorzeitig seinen Posten, was einer Vielzahl von Juden die Flucht aus dem Ghetto ermöglichte. Vermutlich wäre diese Verweigerung ohne Konsequenzen geblieben, aber der Forstamtsleiter beschwerte sich beim Kreiskommissar von Grodno und bezeichnete das Schießen auf die Juden als »vollkommen sinnlos und ohne jeden vernünftigen Grund«. Erst die angestoßene Untersuchung führte letztlich fast dazu, dass der Forstamtsleiter wegen seines Verhaltens in Untersuchungshaft genommen wurde.[55]

Das Zugestehen von Freiräumen bei der Ausführung sehr weitgehender Befehle und die Bereitschaft, diese Freiräume in einer Form zu nutzen, die die Legalitätsordnung nicht infrage stellt, hat jedoch für die Mitglieder eine schwerwiegende Konsequenz. Denn obwohl die Mitglieder von Zwangsorganisationen im Notfall mit Gewalt am Austritt aus der Organisation gehindert werden, können ihre Handlungen nicht einzig und allein der Organisation zugerechnet werden. Die Mitglieder können sich nicht auf die Position zurückziehen, dass ihr Verhalten durch die Organisation komplett determiniert werde. Wegen der Freiräume, Abweichungschancen und Wahlmöglichkeiten bestehen auch in Zwangsorganisationen vielfältige Einfallstore für die Zurechnung von Verhalten auf die einzelnen Personen.[56]

55 Siehe Browning, *Ganz normale Männer*, S. 157 ff.

56 Für die Ermittlungen war dieser Punkt insofern relevant, als dass sich die Ermittlungsbehörden Mitte der 1960er Jahren entschlossen, die Anklage auf die Polizisten auszudehnen, die zugegeben hatten, die Freiräume in den Zwangsorganisationen nicht konsequent genutzt zu haben und sich zum Beispiel freiwillig für Exekutionen gemeldet haben. Siehe dazu Kiepe, *Das Reservepolizeibataillon 101 vor Gericht*, S. 66.

## 4.
# Kameradschaft

> Viel schlimmer ist, daß Kameradschaft dem Menschen auch die Verantwortung für sich selbst und vor Gott und seinem Gewissen abnimmt. Er tut, was alle tun.
>
> *Sebastian Haffner*[1]

Eine ganze Reihe von Polizisten erklärte bei der Befragung durch die Hamburger Kriminalpolizei nach dem Zweiten Weltkrieg, dass sie sich der Beteiligung an den Erschießungen hätten entziehen können. So berichtete Gustav Müller, ein Angehöriger des dritten Zuges der zweiten Kompanie, dass er und auch andere Kameraden sich von der »Teilnahme an Erschießungen fernhalten« konnten, ohne dass für ihn oder seine Kameraden »Nachteile für Leib und Leben« erwachsen seien.[2] Ein anderer Angehöriger der zweiten Kompanie erklärte in einer Zeugenbefragung, dass »man sich von den Exekutionen fernhalten konnte, wenn man es wollte«.[3] Und im gleichen Sinne erklärte auch der bereits erwähnte Heinz Bumann, er könne sich erinnern, dass vor Einsätzen hin und wieder einmal gefragt worden sei, wer sich der bevorstehenden Aufgabe »nicht gewachsen fühle«, und, »soweit sich jemand meldete«, dieser mit anderen Aufgaben betraut« worden sei.[4]

Auffällig ist jedoch, dass sich trotz dieser Freiheiten immer genug Personal finden ließ. Kein einziger Einsatz des Polizeibataillons musste abgebrochen werden, weil sich nicht genug Polizisten gefunden hatten, um die Deportation oder Erschießung durchzuführen. Keine »Judenjagd« musste gestoppt werden, weil nicht genug Polizisten dazu bereit waren, diesen Auftrag auszuführen.

Es ist interessant, dass nach dem Zweiten Weltkrieg in einer ganzen Reihe von Aussagen immer wieder ein Grund hierfür genannt wurde: der informale Druck der Kameraden.[5] Ein Polizist

1 Sebastian Haffner, *Geschichte eines Deutschen. Die Erinnerungen 1914-1933*, Stuttgart [2]2004, S. 280.

2 Vernehmung Gustav Müller, StA Hamburg NSG 0022/001, Bl. 169.

3 Vernehmung Max Dost, StA Hamburg 0021/005 Bl. 2536.

4 Vernehmung Heinz Bumann, StA Hamburg 0021/006 Bl. 3356f.

5 Die Rolle der informalen Erwartung war eine der Hauptkontroversen zwischen

gab an, dass er auf die Frage, weswegen er überhaupt mitgeschossen habe, nur antworten könne, dass »man nicht gern als Feigling gelten wollte«.[6] Ein anderer Polizist verwies darauf, dass es niemand gewagt hätte, sich von den Erschießungen fernzuhalten, um sich nicht »vor versammelter Mannschaft« bloßzustellen.[7] Und wiederum ein anderer Polizist behauptete, dass er wegen seiner vermeintlichen Weigerung, sich an einer Erschießung zu beteiligen, »offiziell« zwar nie bestraft worden sei, aber »jeder, der den Kommißbetrieb kennt, weiß, daß es auch außerhalb einer offiziellen Bestrafung Möglichkeiten der Schikane gibt, die eine Strafe mehr als ersetzen«.[8]

In einer inzwischen zu den Klassikern der Militärsoziologie zählenden Studie haben die US-amerikanischen Soziologen Edward A. Shils und Morris Janowitz herausgearbeitet, dass die Bereitschaft der Wehrmacht, selbst in aussichtslosen militärischen Situationen weiterzukämpfen, vorrangig mit dem informalen Druck zusammenhing, den Kameraden wechselseitig ausübten. Für die Teilnahmemotivation von militärischen Einsatzkräften seien, so Shils und Janowitz, weder die Freude am Kriegshandwerk noch die Geldzahlungen an die Soldaten oder die Zwangsmechanismen des NS-Staates verantwortlich gewesen. Auch die Identifikation mit dem NS-Staat habe – abgesehen von einem harten Kern überzeugter Nazis – keine Rolle gespielt.[9] Der Hauptgrund, weswegen die Solda-

Goldhagen und Browning. Daniel Jonah Goldhagen, »A Reply to My Critics: Motives, Causes and Alibis«, in: *New Republic* vom 23.12.1996, S.37-45, hier: S.40, behauptete, dass in den auf Tausenden Seiten niedergelegten Vernehmungen keiner der Befragten Gruppendruck als Ursache für sein Handeln angegeben habe. Browning, »Die Debatte über die Täter des Holocaust«, S.163, dagegen verweist auf eine ganze Reihe von Aussagen der Bataillonsangehörigen, in denen sie den Druck von Kameraden erwähnen.

6 Vernehmung von Bruno Doose, StA Hamburg, NS 0021/005, Bl. 2535; siehe auch Browning, »Die Debatte über die Täter des Holocaust«, S.163.

7 Vernehmung von Anton Becker, StA Hamburg, NSG 0021/005, Bl. 2693; siehe auch Browning, »Die Debatte über die Täter des Holocaust«, S.163.

8 Vernehmung von August Begehr, StA Hamburg, 0021/001, Bl. 442.

9 Siehe Shils/Janowitz, »Cohesion and Disintegration in the Wehrmacht in World War II«, und ähnlich auch Murray Gurfein, Morris Janowitz, »Propaganda in War and Crisis«, in: Daniel Lerner (Hg.), *Propaganda in War and Crisis*, New York 1951, S.200-208; Thomas Kühne (*Kameradschaft. Die Soldaten des nationalsozialistischen Krieges und das 20. Jahrhundert*, Göttingen 2006, S.12) weist darauf hin, dass Shils bereits in einem Memorandum aus dem Jahr 1943 erste Überlegungen dazu festgehalten habe. Kaum eine soziologische Untersuchung

ten auch in aussichtslosen Situationen weitergekämpft haben, seien informale Verpflichtungen gegenüber ihren Kameraden gewesen.

Auch an die Studie von Shils und Janowitz muss man die Frage richten, ob bei der Befragung von Kriegsgefangenen womöglich nur die in der Situation der Gefangenschaft sozial opportunen Motive genannt wurden. Auf die Frage eines US-amerikanischen Militärpolizisten, weswegen man so lange weitergekämpft habe, war es für einen deutschen Kriegsgefangenen in seiner Motivdarstellung nicht ratsam, auf die starke Identifikation mit der Sache der Nationalsozialisten oder auf die Plünderungsmöglichkeiten an der Front zu verweisen. Dagegen bot sich der Verweis auf den Zwangscharakter der Wehrmacht oder die Loyalität mit den Kameraden als dargestelltes Motiv geradezu an.[10] In der Militärsoziologie besteht jedoch – trotz dieser methodischen Einschränkung – kein Zweifel daran, dass Kameradschaftserwartungen ein sehr wichtiges Element sind, wenn es darum geht, Kampfbereitschaft in Armeen herzustellen und aufrechtzuerhalten.[11]

hat einen so unmittelbaren Effekt auf die militärische Praxis gehabt wie die von Shils und Janowitz. Die US-amerikanische Armee schrieb nach dem Zweiten Weltkrieg vor, dass die Ausbildung von Infanteristen in Teams von vier Personen stattzufinden habe. Diese Teams sollten auch in den Unterkünften zusammengefasst werden, gemeinsam auf Schiffen oder in Flugzeugen transportiert werden und zur gleichen Zeit in den Urlaub gehen, so dass der »esprit de corps« aufrechterhalten werden konnte; zu dieser überraschenden Adoption soziologischer Erkenntnisse in der Praxis siehe Leonard Broom, Philip Selznick (Hg.), *Sociology. A Text with Adapted Readings*, Evanston, White Plains 1955, S. 142.

10 Darauf weist auch Bartov in seiner grundlegenden Kritik an Shils und Janowitz hin, siehe z. B. Omer Bartov, »Indoctrination and Motivation in the Wehrmacht: The Importance of the Unquantifiable«, in: *The Journal of Strategic Studies* 9 (1986), S. 16-34. Die Auseinandersetzung zwischen den Forschern, die aufgrund von Befragungen die Bedeutung von Kameradschaft hervorheben, und denen, die darauf verweisen, dass hier nur die unter Soldaten gepflegte Semantik wiedergegeben wird, wiederholt sich bei der Analyse jedes neuen Krieges. Siehe nur zur Auseinandersetzung über die Motivationen von US-Soldaten im Irakkrieg zwischen Leonard Wong, »Why Professionals Fight: Combat Motivation in the Iraq War«, in: Don M. Snider, Gayle L. Watkins (Hg.), *The Future of the Army Profession*, Boston 2002, S. 491-513, Leonard Wong, »Combat Motivation in Today's Soldiers«, in: *Armed Forces & Society* 32 (2006), S. 659-663, und Robert Maccoun u. a., »Does Social Cohesion Determine Motivation in Combat? An Old Answer to an Old Question«, in: *Armed Forces & Society* 32 (2006), S. 646-654.

11 So zeigte schon die Parallelstudie von Stouffer u. a., *The American Soldier*, dass

Lässt sich dieses Argument aber auch auf die Tötung von Zivilisten durch Polizisten, Angehörige der Waffen-SS und Wehrmachtssoldaten übertragen? Greifen Kameradschaftserwartungen auch in Situationen, in denen die Mitglieder von Gewaltorganisationen selbst nicht unmittelbar bedroht sind?

## 4.1. Der Druck der Kameradschaft und die Ausbildung informaler Normen

In der Forschung über den Holocaust wird zunehmend versucht, die Beteiligung an den Genoziden über »Organisationskulturen« in der Ordnungspolizei, über »Gewaltkulturen« in einzelnen Einheiten der Ordnungspolizei oder über die »Militärkulturen« in Wehrmachtseinheiten zu erklären. So gibt es von Edward B. Westermann den Versuch, über die Analyse von Werten, Ritualen und Verhaltensmustern der Organisationskultur in der Ordnungspolizei auf die Spur zu kommen.[12] Gerhard Paul und Klaus-Michael Mallmann sprechen in einem ähnlichen Sinne von einer Corporate Culture, die sich bei den Sicherheitskräften ausgebildet ha-

kameradschaftliche Erwartungen für die Kampfmoral weitaus wichtiger waren als politische Überzeugungen (siehe dazu auch Paul F. Lazarsfeld, »The American Soldier. An Expository Review«, in: *Public Opinion Quarterly* 13 [1949], S. 377-404). In späteren beispielsweise über den Vietnamkrieg wurden neben Interviews auch teilnehmende Beobachtungen eingesetzt, um der methodischen Kritik an der Studie von Shils und Janowitz zu begegnen. Man kann durchaus sagen, dass die militärische Anwendungsforschung der US-amerikanischen Soziologie mit Blick auf die Motivation der Wehrmachtssoldaten zu ganz ähnlichen Ergebnissen kam wie mit Blick auf die Motivation der Soldaten der US-Army; siehe nur Edward A. Shils, »Primary Groups in the American Army«, in: Robert K. Merton, Paul F. Lazarsfeld (Hg.), *Continuities in Social Research. Studies in the Scope and Method of »The American Soldier«*, Glencoe, Ill 1950, S. 16-39. Für einen guten frühen Überblick über die Forschungsansätze in der Tradition von Shils und Janowitz siehe Alexander L. George, »Primary Groups, Organization and Military Performance«, in: Roger W. Little (Hg.), *Handbook of Military Institutions*, Beverly Hills, London 1971, S. 293-318.

12 Siehe Westermann, *Hitler's Police Battalions*, S. 8, mit Verweis auf das Konzept der Organisationskultur von Edgar H. Schein, »Coming to a New Awareness of Organizational Culture«, in: *Sloan Management Review* 25 (1984), S. 3-16; Schein bestimmt Kultur über Werte (*values*), Rituale (*rituals*), Klima (*climate*) und Verhaltensmuster (*patterns of behavior*).

be.[13] Das Problem ist jedoch, dass in diesen Studien unklar bleibt, was mit dem Begriff der Organisationskultur der an der Durchführung des Holocaust beteiligten Organisationen genau gemeint ist.

Aus soziologischer Sicht werden mit dem Begriff der Organisationskultur jene Erwartungen in Organisationen erfasst, die nicht mit Bezug auf die *formale* Struktur durchgesetzt werden können. Bei der Organisationskultur handelt es sich also um *informale* Erwartungen, die die Mitglieder im Schatten der formalen Struktur selbst entwickeln und durchsetzen.[14] Wenn davon gesprochen wird, dass Soldaten »nicht nur dem Reglement und den Befehlen ihrer Offiziere« gehorchen, sondern die Gewaltbereitschaft besonders auch durch »soziale Kontrolle und affektive Bindungen in der Kameradengruppe« produziert wird, wird auf die Durchsetzung formaler *und* informaler organisationaler Erwartungen abgezielt.[15]

Jenseits der formalen Ordnung gibt es in Organisationen – darauf weist Niklas Luhmann hin – immer auch Probleme der Zusammenarbeit, die nicht durch die formale Ordnung gelöst werden können. Vor allem die konkrete Leistungsmotivation der Mitglieder, besonders aber die reibungslose Lösung der Probleme der alltäglichen Zusammenarbeit zwischen den Organisationsmitgliedern lassen sich nicht durch formale Vorschriften allein garantieren.[16] Hier greifen informale Erwartungen. Diese verdichten sich häufig zu Kollegialitätsnormen.

13 Siehe Gerhard Paul, Klaus-Michael Mallmann, »Sozialisation, Milieu und Gewalt. Fortschritte und Probleme der neueren Täterforschung«, in: Gerhard Paul; Klaus-Michael Mallmann (Hg.), *Karrieren der Gewalt. Nationalsozialistische Täterbiographien*, Darmstadt 2004, S. 1-32.

14 Man kann diese Erwartungen auch – um einen Begriff der Systemtheorie zu verwenden – als nicht entschiedene Entscheidungsprämissen bezeichnen. Damit sind Entscheidungsprämissen gemeint, die nicht durch eine Entscheidung der Organisationsspitze zustande gekommen sind, sondern die sich durch eine Vielzahl von Entscheidungen in der Organisation ausgebildet haben. Siehe zu der – in der Forschung nicht unumstrittenen prinzipiellen Gleichsetzung – von Organisationskultur, nicht entschiedenen Entscheidungsprämissen und Informalität Kühl, *Organisationen*, S. 113 ff.

15 Bröckling, *Disziplin*, S. 10 f.

16 Meine Paraphrasierung eines Satzes aus Luhmanns Epilog in Niklas Luhmann, *Funktionen und Folgen formaler Organisation. Mit einem Epilog von 1994*, Berlin [4]1995, S. 400.

## Kameradschaftsnormen als Sonderform von Kollegialitätsnormen

In jeder Organisation bilden sich unter den Mitgliedern Normen gegenseitiger informaler Unterstützung aus. Mehr oder minder ausgeprägt existiert die Erwartung, dass man sich als Kollege gegenüber anderen Mitgliedern loyal verhält, dass man sie in öffentlichen Situationen nicht bloßstellt und dass der organisationsinterne Konkurrenzkampf um organisationsinterne Karrieren einigermaßen kontrolliert geführt wird. Man hilft sich gegenseitig, wenn ein Kollege mit einer Aufgabe überfordert ist, ein Fehler kaschiert werden muss oder kurzfristiges Einspringen erforderlich ist. Im Gegensatz zu den formalen Erwartungen werden solche informalen Normen nicht verschriftlicht und auch selten direkt kommuniziert.[17] In einigen wenigen Organisationstypen entwickelt sich Kollegialität zur Kameradschaft weiter: in Armeen, Feuerwehren, Technischen Hilfswerken oder in Polizeieinheiten.

Schon in ihren Selbstbeschreibungen nutzen diese Organisationen häufig den Begriff der Kameradschaft anstelle des Begriffs der Kollegialität, ohne dass immer deutlich wird, was genau der Unterschied ist.[18] Soziologisch betrachtet besteht der Unterschied zwischen Kameradschafts- und Kollegialitätsnormen darin, dass in Organisationen, in denen sich Kameradschaftsnormen ausbilden, das Organisationsmitglied nicht nur in seiner *Rolle* als Mitglied, sondern als *Person* mit all seinen anderen Rollenbezügen adressiert wird. Während die Erwartungen innerhalb von Unternehmen oder Verwaltungen auf die Beteiligten erst einmal nur in ihrer Rolle als Organisationsmitglied bezogen sind, sind die Mitglieder von Armeen, Feuerwehren oder Polizeieinheiten als verletzbare Körper – und damit als ganze Personen – betroffen.[19]

17 Siehe zu diesem Punkt Luhmann, *Funktionen und Folgen formaler Organisation*, S. 314. Zur Frage, inwiefern Kollegialität – und im engeren Sinne Kameradschaft – als Leistungsmotivation dienen, Kühl, *Organisationen*, S. 43 f.

18 Etymologisch fällt einerseits auf, dass der »Kamerad« zur Bezeichnung von Kollegen fast ausschließlich in Organisationen verwendet wird, in denen Tätigkeiten zu verrichten sind, die für die Organisationsmitglieder lebensbedrohlich sind. Einzig der Schulkamerad entspricht nicht diesem Muster. Eine umfassende Semantikanalyse auf dem Niveau der »geschichtlichen Grundbegriffe« steht meines Wissens noch aus.

19 Das erkennt man auch daran, dass solche Organisationen durch Ausbildung von

Natürlich ist auch die Mitgliedschaft in einer Armee, einer Feuerwehr oder einer Polizeieinheit nur eine Rolle unter vielen. Schließlich ist man als Soldat, Feuerwehrmann oder Polizist auch Ehemann, Vater, Mitglied einer Clique, eines Sportvereins oder im Nebenberuf Landwirt oder Versicherungsvertreter. Aber bei der Tätigkeit in einer Armee, einer Feuerwehr oder einer Polizeieinheit steht eben nicht nur die jeweilige Rolle, sondern die ganze Person auf dem Spiel, weil man im Dienst schwer verletzt oder gar getötet werden kann. Und genau wegen dieser Bedrohung für die ganze Person bilden sich eben sehr weitgehende Kollegialitätserwartungen in Form von Kameradschaft aus.[20]

Kameradschaft entsteht also aufgrund der Verhaltensbedingungen, unter die die entsprechenden Organisationen ihre Mitglieder stellen.[21] Kameradschaft ist, so Charles Moskos, weniger das Ergebnis der Inkorporierung einer Kameradschaftsideologie durch Soldaten, Polizisten oder Feuerwehrleute, sondern ein notwendiges Mittel für Organisationsmitglieder, um ihre Überlebenschancen zu erhöhen.[22] Faktisch sind Soldaten, Polizisten oder Feuerwehrleute solchen lebensbedrohlichen Extremsituationen im Rahmen ihres

Spezialisten oder durch das Bereithalten von Tragen oder Leichensäcken auf die Verletzung oder den Tod ihrer Mitglieder einstellen, während sich Unternehmen, Verwaltungen oder Universitäten mit der Verletzung oder dem Tod eines Mitglieds in der Organisation in der Regel überfordert zeigen. Siehe auch Axel Rüweler, *Informale Strukturen im Polizeibataillon 101*, Bielefeld 2008, der auf die Gefahr – im Gegensatz zu Risiko als selbstzugerechneter Bedrohung – als konstituierenden Mythos von Kameradschaft hinweist.

20 J. Glenn Gray, *The Warriors. Reflections on Men in Battle*, New York 1959, S. 27; der Hinweis auf diese Aussage stammt aus Mark J. Osiel, *Obeying Orders. Atrocity, Military Discipline & the Law of War*, New Brunswick, London 1999, S. 214. Gray gibt dabei die Aussage eines Soldaten wieder, der von seiner Erfahrung aus dem Krieg berichtet.

21 Siehe zur Ausbildung von expressiven Stilen, allgemeiner Kollegialität, guter Arbeitskontrakte und Beziehungen als »Verdichtung spontaner Reaktionen« auf die Verhaltensbedingungen, die Mitglieder in Organisationen vorfinden, Niklas Luhmann, »Spontane Ordnungsbildung«, in: Fritz Morstein Marx (Hg.), *Verwaltung*, Berlin 1965, S. 163-183, hier: S. 175.

22 Siehe Moskos, »Eigeninteresse, Primärgruppen und Ideologie. Eine Untersuchung der Kampfmotivation amerikanischer Truppen in Vietnam«, S. 205 und 218 f.; siehe auch Charles C. Moskos, *Latent Ideology and American Combat Behavior in South Vietnam*, Chicago 1968, und Charles C. Moskos, *The American Enlisted Man. The Rank and File in Today's Military*, New York 1970.

Dienstes sicherlich eher selten ausgesetzt.[23] Ihr Alltag besteht zum ganz überwiegenden Teil aus dem Üben des Ernstfalls, stundenlangem Warten und langweiligen Routinetätigkeiten. Aber die Möglichkeit, in eine lebensbedrohliche Situation zu geraten, dominiert ihren Erwartungshorizont.[24] Nicht zuletzt durch das Gewicht der Ausrüstung, die fade Verpflegung, durch Hitze oder Kälte sowie Schmutz und Schlafmangel wird die Existenz diese Bedrohung immer wieder präsent gemacht.

Die kameradschaftlichen Erwartungen beziehen sich dabei nicht nur auf lebensbedrohliche Extremsituationen. Sie kommen also nicht nur zum Tragen, wenn es etwa darum geht, unter Einsatz des eigenen Lebens einen verletzten oder toten Kameraden aus der Gefahrenzone zu bergen, sondern die Kameradschaftsnormen werden auch in Situationen mobilisiert, in denen keine unmittelbare Lebensgefahr besteht: beim Verbergen von kleinen Illegalitäten gegenüber Vorgesetzten, wenn kleinere Hilfestellungen erwartet werden oder wenn der Dienst getauscht wird, weil jemand dringend Urlaub benötigt. Nur wenn die Kameradschaftsnormen in diesen alltäglichen Situationen permanent mobilisiert werden können, scheinen sie auch in lebensbedrohlichen Extremsituationen verfügbar zu sein.

23 Siehe dazu die Überlegungen von Sven Grüneisen, *Kameradschaft in Militärorganisationen – Kameradschaft in Extremsituationen*, Bielefeld 2010; für eine Anwendung auf das Polizeibataillon 101; siehe Sven Grüneisen, »Kameradschaft im Reservepolizeibataillon 101 und der Genozid an den Juden. Eine soziologische Rekonstruktion von Verhaltenserwartungen in Extremsituationen«, in: Alexander Gruber, Stefan Kühl (Hg.), *Soziologische Analysen des Holocaust. Jenseits der Debatte über »ganz normale Männer« und »ganz normale Deutsche«*, Wiesbaden 2015, im Erscheinen.

24 Auf die Seltenheit von »Extremsituationen« im Militär macht Hans Paul Bahrdt aufmerksam (in *Die Gesellschaft und ihre Soldaten. Zur Soziologie des Militärs*, München 1987, S. 97); den Hinweis darauf verdanke ich Thomas Kühne, »Kameradschaft. ›Das Beste im Leben des Mannes‹. Die deutschen Soldaten des Zweiten Weltkriegs in erfahrungs- und geschlechtergeschichtlicher Perspektive«, in: *Geschichte und Gesellschaft* 22 (1996), S. 504-529, hier: S. 507.

## 4.2. Ebenen der Ausbildung von Kameradschaft

In der Literatur über den Holocaust wird das Herausbilden informaler Erwartungen in den Tötungseinheiten in der Regel unter dem Begriff des Gruppendrucks oder der Gruppendynamik zusammengefasst.[25] Das Problem ist jedoch, dass damit unklar bleibt, welche Gruppe diejenige ist, die den Druck ausgeübt haben soll, sich an den Erschießungen zu beteiligen: Die aus 10 bis 15 Personen bestehende kleinste organisatorische Einheit eines Polizeibataillons? Der aus ungefähr 40 Personen bestehende Zug eines Bataillons? Die Kompanie, die ungefähr aus 150 Personen bestand? Das ganze Bataillon oder gar das aus drei Bataillonen bestehende Regiment? Oder lediglich kleine Cliquen, die sich im Schatten der Formalstruktur der Organisation gebildet haben?[26]

25 Siehe Browning, *Ganz normale Männer*, S. 229, oder Browning, »Ideology, Culture, Situation, and Disposition«, S. 66; dabei wird in der deutschen Übersetzung sowohl »group pressure« als auch der Begriff des »peer pressure« mit »Gruppendruck« übersetzt, obwohl damit bei genauer Verwendung der Begrifflichkeit unterschiedliche Phänomene bezeichnet werden können (zur Verwendung im Orig. siehe Browning, *Ordinary Men*, S. 175 ff.)

26 Hierbei handelt es sich um eines der zentralen Probleme von Browning, der aufgrund seiner Sympathie für sozialpsychologische Erklärungen keine systematische Differenz zwischen Organisationen und Gruppen macht, geschweige denn einen Blick dafür hat, wie Gruppen in Organisationen wirken. So heißt es bei ihm in einem Vortrag mit Verweis auf das Konformitätsexperiment von Ash, das Gehorsamkeitsexperiment von Milgram und das Stanford-Prison-Experiment von Zimbardo: »There is another approach that shifts focus from the individual to the group, but it emphasizes alleged universal traits of human behavior over particular cultural traits. It focuses on situational, organizational, and institutional factors operating within a group dynamic« (Christopher R. Browning, *Revisiting the Holocaust Perpetrators. Why Did They Kill?*, Burlington 2011, S. 6). Zu einer frühen und einschlägigen Kritik an einer solchen expansiven Verwendung des Gruppenbegriffs William Foote Whyte, »Small Groups and Large Organizations«, in: John R. Roher, Muzafer Sherif (Hg.), *Social Psychology at the Crossroads*, New York 1951, S. 297-312. Aus einer soziologischen Perspektive stellen sich etliche Fragen: Welchen begrifflichen Unterscheidungen möchte Browning zwischen situativen, organisationalen und institutionellen Faktoren machen? Als was versteht er Gruppe – lediglich als Synonym für Kleingruppe oder als Synonym für soziales System? Warum geht es um organisationale Faktoren innerhalb der Gruppendynamik und nicht gerade umgekehrt um Gruppendynamik in Organisationen? Wie kommt es zur Prominenz des Konzepts der Gruppe im Vergleich zum Konzept der Organisation?

Der in der Holocaustforschung verwendete Begriff des Gruppendrucks steht in einer Tradition der Soziologie der 1930er und 1940er Jahre. Damals wurde eine Vielzahl von ganz unterschiedlichen Phänomenen als »Gruppe« bezeichnet: ganze Verwaltungen, informale Zusammenschlüsse in Industriebetrieben, Straßengangs in US-amerikanischen Großstädten, Zusammenschlüsse in der Familie oder auch nur kurze Gespräche. »Gruppe« war ein Catch-all-Begriff, der auf fast alle Formen von sozialen Beziehungen angewendet wurde. »Gruppendruck« war lediglich die generalisierte Bezeichnung dafür, dass in diesen ganz unterschiedlichen sozialen Gebilden Konformitätserwartungen aufgebaut wurden. Für eine Analyse der »ganz normalen Männer« der nationalsozialistischen Tötungseinheiten ist es jedoch wichtig, genau zu untersuchen, wie dieser informale Konformitätsdruck aufgebaut wurde.

## Kameradschaftserwartungen jenseits der Kleingruppe

Kameradschaftserwartungen – als spezifische Form der Kollegialitätserwartungen – bilden sich besonders zwischen Organisationsmitgliedern heraus, die sich in einer ähnlichen Situation befinden, einer vergleichbaren Gefahr ausgesetzt sind oder in Vorbereitung darauf gleiche Sozialisationserfahrungen gemacht haben.[27] Für die Herausbildung dieser Kameradschaftsnormen ist es nicht nötig, dass die Organisationsmitglieder aufgrund von gegenseitiger Personenkenntnis Vertrauen aufgebaut haben, wie noch Shils und Janowitz glaubten.[28] Vielmehr können sich auf der Ebene von Bataillo-

27 Siehe z. B. das auf einer Fernsehserie basierende Buch von Gwynne Dyer, *War*, New York 1985, S. 106, oder die zusammenfassende Analyse von Osiel, *Obeying Orders*, S. 221.

28 Shils und Janowitz (»Cohesion and Disintegration in the Wehrmacht in World War II«, S. 280 ff.) beschränkten ihren Kameradschaftsbegriff auf die Gruppe der vier bis fünfzehn Personen, mit denen ein Soldat zusammen ausgebildet, stationiert und in den Kampfeinsatz geschickt wurde. Die Bereitschaft, selbst in aussichtslosen militärischen Situationen weiterzukämpfen, hing, so die Autoren, vorrangig mit der Verbindung zu dieser »Primärgruppe« aus fünf bis sieben Personen eines Zuges zusammen. Erst als diese Primärgruppen aufgrund des Kriegsverlaufes auseinandergerissen wurden, wich dieser »Zusammenhalt« einer zunehmenden »Desintegration«, und die Bereitschaft der Wehrmachtssoldaten, zu desertieren, brach sich Bahn. Die Studie von Shils und Janowitz war durch die zu ihrer Zeit dominierende soziologische Kleingruppenforschung geprägt.

nen, Divisionen oder ganzen Armeen Kameradschaftserwartungen ausbilden.[29] Gegenseitige Unterstützung gerade in der Darstellung nach außen sei, so Luhmann, ein »Grundgesetz interner Kooperation« in jeder Organisation. Sie setze keine Gruppenbildung innerhalb der Organisation voraus.[30]

Ranggleichheit stellt dabei laut Luhmann ein »wesentliches Element des kollegialen Stils dar«. Die Eindeutigkeit der Zuordnung von Personen in der Hierarchie der Organisation erleichtert das »Erkennen und Behandeln gleichrangiger Kollegen«.[31] Beim Militär und bei der Polizei – so könnte man Luhmanns Gedanken weiterführen – erlauben Uniformen das problemlose Erkennen gleichrangiger Organisationsmitglieder, so dass auch bei geringen oder gar keinen Kenntnissen der anderen Person Kameradschaftserwartungen leicht greifen. Anders als beispielsweise in Unternehmen und Verwaltungen kann man beim Militär oder bei der Polizei sicher sein, nicht durch einen unsichtbaren Hierarchieunterschied überrascht zu werden.

Beim Militär wird die Kameradschaftserwartung unter Ranggleichen durch den Druck der Vorgesetzten verschärft. Der in der Ausbildung »gemeinsam erfahrene Drill«, die »Schikanen seitens des Vorgesetzten« und das von Vorgesetzten eingesetzte »Prinzip der Gruppenhaftung« tragen im Militär maßgeblich zur Ausbil-

Die Kleingruppe – informale Zusammenschlüsse in Industriebetrieben oder Straßengangs (vgl. zu Ersteren Fritz Jules Roethlisberger, William J. Dickson, *Management and the Worker. An Account of a Research Program Conducted by the Western Electric Company, Hawthorne Works*, Chicago, Cambridge 1939, und zu Letzteren William Foote Whyte, *The Street Corner Society*, Chicago 1943) – wurde ein zentrales Konzept, um moderne Gesellschaften zu erklären. Bei der Studie von Shils und Janowitz wurde dieses Kleingruppenkonzept auf die Kriegsführung übertragen. Einen lesenswerten Überblick bietet Edgar F. Borgatta, »Small Group Research«, in: *Current Sociology* 9 (1960), S. 173-270.

29 Dieser Aspekt wird auch gerade von Thomas Kühne hervorgehoben in »Zwischen Männerbund und Volksgemeinschaft. Hitlers Soldaten und der Mythos der Kameradschaft«, in: *Archiv für Sozialgeschichte* 38 (1998), S. 165-189, hier: S. 168 f.

30 So Luhmann in seinem bisher wenig beachteten, aber äußerst lesenswerten Artikel »Spontane Ordnungsbildung«, S. 172. Er bezieht sein Argument auf kollegiale Erwartungen, es lässt sich aber problemlos auf kameradschaftliche Erwartungen als Sonderfall kollegialer Erwartungen übertragen.

31 Luhmann, »Spontane Ordnungsbildung«, S. 173.

dung von Kameradschaftsnormen bei.[32] Diese stärken jedoch nicht nur, wie in der Forschung zur Kameradschaft häufig angenommen wird, den Zusammenhalt in einer Kleingruppe, die von einem spezifischen Vorgesetzten unter Druck gesetzt wird, sondern transzendieren diese. Da ein Soldat davon ausgehen kann, dass ein Kamerad aus einer anderen Einheit ähnliche Erfahrungen mit seinen Vorgesetzten gemacht hat, entsteht zwischen gleichrangigen Organisationsmitgliedern einer Organisation auch unabhängig von konkreter Kenntnis der anderen Person Kohäsion.

### Kollegialitätserwartung in formalen oder informalen Kleingruppen

Auch wenn sich in Armeen und Polizeien Kameradschaftserwartungen unabhängig von Personenkenntnis herausbilden können, darf nicht übersehen werden, dass sie sich in Kleingruppen in besonderer Form kristallisieren können. Kleingruppen sind dadurch gekennzeichnet, dass jede Person von ihrer Position aus mit jeder anderen Person in Kommunikation treten kann. Gebilde, die zu einer solchen Form der Kommunikation in der Lage sind, werden in der Soziologie als All-Channel-Networks bezeichnet. Damit solche Netzwerke sich etablieren können, darf nur eine bestimmte Anzahl von Personen involviert sein. Je nach Auftrag und räumlicher Nähe können solche »All-Channel-Networks« aus 5, 10, 15, manchmal auch 30 und in seltenen Fällen auch aus 50 oder mehr Personen bestehen.[33]

Die »Kleingruppen« von Kameraden können mit den durch die Formalstruktur gebildeten kleinsten militärischen Einheiten – den *formalen Kleingruppen* – identisch sein.[34] Im Fall des Polizeibatail-

32 So Kühne, »Kameradschaft. ›Das Beste im Leben des Mannes‹«, S. 515, oder Kühne, »Zwischen Männerbund und Volksgemeinschaft«, S. 177 f., der sich hier jedoch vorrangig auf die Ausbildung der Kohäsion in einer Kleingruppe bezieht.

33 Zum All-Channel-Network siehe die frühen Überlegungen von Alex Bavelas, *Réseaux de communications au sein de groupes placés dans des conditions expérimentales de travail*, Paris 1951.

34 Dieser Fall wurde auch in der Militärforschung vorrangig betrachtet. Siehe nur den Vergleich, den William Darryl Henderson, *Cohesion, the Human Element in Combat. Leadership and Societal Influence in the Armies of the Soviet Union, the United States, North Vietnam, and Israel*, Washington, D.C. 1985, S. 45 ff., zwischen formalen Kleingruppen in unterschiedlichen Armeen anstellt.

lons 101 gibt es Indizien, dass die Beteiligung an den Massenerschießungen zu einem erheblichen Maße über kameradschaftliche Erwartungen in diesen formalisierten Kleingruppen – in diesem Fall des Zuges – durchgesetzt wurde. In der Regel wurden die Polizisten in ihren Zügen an ihren verschiedenen Standorten nur für größere Einsätze als Kompanie und nur in seltenen Ausnahmen als Bataillon zusammengezogen. Die Deportationen und Erschießungen wurden, aber auch wenn ganze Kompanien oder Bataillone eingesetzt wurden, auf der Ebene von Zügen durchgeführt.[35]

Neben diesen formalen Kleingruppen bilden sich im Schatten der Formalstruktur aber auch *informale Kleingruppen* aus. Diese fassen »Personen aus den verschiedensten Arbeits- und Rangsphären« der Organisation zusammen und machen sich, so Luhmann, auf diese Weise faktisch von den »Kästchen des Organisationsplanes unabhängig.« Informale Kleingruppen in Organisationen – auch Cliquen genannt – unterscheiden sich von den formalen Kleingruppen, den Teams, Arbeitsgruppen oder Zügen, dadurch, dass sie keine genau definierten Grenzen der Mitgliedschaft haben. Es ist in der Organisation häufig gar nicht klar, wer zu einer bestimmten Clique gehört und wer nicht. Da es anders als bei formalen Kleingruppen keine durch die Organisation abgesicherte Zuweisung von Personen zu Cliquen gibt, ist die Identität der Clique für die Cliquenmitglieder und erst recht für Außenstehende häufig nur schwer zu fassen.[36]

Anhand der Abhörprotokolle von Wehrmachtssoldaten, die sich in US-amerikanischer Gefangenschaft befanden, hat Felix Römer herausgearbeitet, dass sich innerhalb der Kompanien und Züge sehr häufig informale Kleingruppen ausgebildet hatten, die sich

35 Als ein Indiz kann angesehen werden, dass sich die bei den Vernehmungen in der Nachkriegszeit verhörten Polizisten in der Regel an die Namen der Gruppen- und Kompanieführer, aber häufig nicht an die Namen der Zugführer erinnerten.

36 Zu all diesen Punkten ausführlich Luhmann, *Funktionen und Folgen formaler Organisation*, S. 331 f. In »Spontane Ordnungsbildung« (S. 175 f.) stellt Luhmann fest, wie wichtig diese Unterscheidung zwischen »organisierten Arbeitsgruppen« und »Cliquen« für das »Verständnis des Gruppenwesens ist«. Siehe auch Thomas Kühne, »Massen-Töten. Diskurse und Praktiken der kriegerischen und genozidalen Gewalt im 20. Jahrhundert«, in: Peter Gleichmann, Thomas Kühne (Hg.), *Massenhaftes Töten. Kriege und Genozide im 20. Jahrhundert*, Essen 2004, S. 11-54, hier: S. 33, zu Spannungen zwischen »informalen Gruppen« und »hierarchischer Organisation«.

auf der »Basis von gegenseitiger Sympathie« und »echten oder vorgestellten Gemeinsamkeiten zusammenfanden«. Ausgangspunkte solcher Cliquenbildung waren oft die alltäglichen Face-to-Face-Interaktionen im Rahmen der formal geschaffenen Einheiten der Kompanien oder Züge.[37]

Die Existenz von informalen Kleingruppen in Organisationen ist jedoch immer prekär, denn sie verkraften Personalwechsel nicht gut und zerfallen häufig, wenn auch nur eine oder zwei Personen durch Versetzung, Verwundung oder Tod die Gruppe verlassen. Die »rasche Neubildung« der Cliquen sei, so Römer, jedoch nicht nur durch die »Verabsolutierung der Kameradschaft in der militärischen Erziehung« gefördert worden, sondern habe »auch den Bedürfnissen jedes Einzelnen entsprochen«.[38]

Anders als noch von Shils und Janowitz behauptet, kommt es dabei nicht unbedingt darauf an, dass die Mitglieder einer solchen Clique ähnliche soziale Merkmale, etwa in Bezug auf regionale Herkunft, Bildungshintergrund, berufliche Tätigkeit oder ethnische Herkunft, aufweisen.[39] Zwar mag im Fall des Polizeibataillons

37 Römer, *Kameraden*, S. 173; siehe jedoch vorher schon ganz ähnlich Kühne, *Kameradschaft*, S. 131 ff., auf das Römer überraschenderweise an dieser Stelle keinen Bezug nimmt (siehe dazu kritisch Thomas Kühne, »Rezension zu: Römer, Felix: Kameraden. Die Wehrmacht von innen. München 2012«, ⟨hsozkult.geschichte.hu-berlin.de/rezensionen/2013-2-112⟩; letzter Zugriff: 28. 5. 2014). Für die »Entdeckung« der Kleingruppe jenseits der Formalstruktur einer militärischen Organisation ist besonders die Studie von Roger W. Little über die »Buddy Relations« von meistens nur zwei Personen in der US-amerikanischen Armee wichtig; siehe Roger W. Little, »Buddy Relations and Combat Performance«, in: Morris Janowitz (Hg.), *The New Military: Changing Patterns of Organization*, New York 1964, S. 195-223.

38 Auch hierauf weist schon Luhmann hin, siehe *Funktionen und Folgen formaler Organisation*, S. 331 f. Beschreibungen solcher Phänomene bei Wehrmachtssoldaten finden sich bei Kühne, *Kameradschaft*, S. 137 ff., und bei Römer, *Kameraden*, S. 174 f. Der von Römer mit Bezug auf Hartmut Esser alternativ ins Spiel gebrachte Begriff des Netzwerkes ist unpassend, weil er in der Soziologie eher für losere Formen von Kontakten verwendet wird (siehe dazu schon Mark S. Granovetter, »The Strength of Weak Ties«, in: *American Journal of Sociology* 78 [1973], S. 1360-1380).

39 Siehe dazu Shils/Janowitz, »Cohesion and Disintegration in the Wehrmacht in World War II«, S. 288; relevant waren in den USA besonders die Beziehungen zwischen »weißen Soldaten« und – damals auch in der Wissenschaft so bezeichneten – »negro soldiers« (siehe nur z. B. David Goodman Mandelbaum, *Soldier Groups and Negro Soldiers*, Berkeley, Los Angeles 1952). Die aktuelle Diskussion

101 die Herkunft aus einem spezifischen Hamburger Stadtviertel, die Tätigkeit in einem ähnlichen Beruf oder die Rekrutierung als Luxemburger Polizist die Bildung spezifischer Cliquen befördert haben, interessant ist jedoch, dass Kameradschaftscliquen offenbar allein schon durch die Bedrohungslage in einer Kampfsituation entstanden sind.

Es gibt Indizien dafür, dass initiative Gewaltakte jenseits formaler Anweisungen häufig von solchen Cliquen ausgingen, deren Mitglieder sich in ihrem Verhalten gegenseitig bestärkten. So gab es im Polizeibataillon 61, das als eines der Bataillone im Warschauer Ghetto eingesetzt wurde, immer eine bestimmte Gruppe, die sich durch Übergriffe im Ghetto hervortat und danach gemeinsam in einer Bar zechte.[40] Die Existenz solcher Cliquen hat also nicht nur maßgeblich dazu beigetragen, dass sich Polizeibataillonsangehörige und Soldaten verpflichtet fühlten, sich an Erschießungen zu beteiligen, sondern sie führte auch zur Ausbildung von Subkulturen besonders brutaler Gewaltanwendung.

## Kameradschaftserwartung jenseits des persönlichen Vertrauens

Obwohl sich Kameradschaftserwartungen in kleinen, durch die Formalstruktur geschaffenen Kampfeinheiten oder in durch Freundschaft zusammengehaltenen Cliquen in besonders verdichteter Form herausbilden können, ist es – wie gezeigt – ihr zentrales Merkmal, dass sich kameradschaftliche Erwartungen jenseits konkreter Personenkenntnisse entwickeln können. Das über längere Zeit aufgebaute Vertrauen in eine konkrete Person kann zwar die Kameradschaftserwartungen verstärken, aber in militärischen und polizeilichen Organisationen bauen sich auch anonymisierte Kameradschaftserwartungen auf. Wenn ein Soldat oder Polizist verletzt in einer Gefahrenzone liegt, kann er hoffen, von einem ande-

über die Aufnahme von Frauen in Armeen knüpft an diese Diskussion an, indem gefragt wird, inwiefern Frauen aufgrund ihrer Andersartigkeit – jedenfalls in der Perspektive von männlichen, heterosexuellen Soldaten – zu einer Erosion kameradschaftlicher Erwartungen beitragen; siehe nur z. B. Gary Schaub, »Unit Cohesion and the Impact of DADT«, in: *Strategic Studies Quarterly* 4 (2010), S. 85-101.

40 Vgl. Klemp, *Freispruch für das »Mord-Bataillon«*, S. 52.

ren Soldaten oder Polizisten geborgen zu werden, auch wenn dieser ihn persönlich gar nicht kennt.[41]

Während des gesamten Krieges herrschte wegen personeller Verluste, Verletzungen und Versetzungen in den Wehrmachtseinheiten eine hohe Personalfluktuation. Auch zu Zeiten, in denen die Wehrmacht noch von Sieg zu Sieg eilte, konnten Kleingruppen deswegen schnell zerfallen.[42] Wenn aber Kameradschaftsnormen sich jenseits der Kleingruppe ausbilden, dann ist das eben kein prinzipielles Argument gegen die Bedeutung von Kameradschaft bei der Durchsetzung von Verhaltenserwartungen in Gewaltorganisationen. Vielmehr kann dies die Wirksamkeit kameradschaftlicher Erwartungen in der ganzen Organisation verstärken.[43]

## 4.3. Wie werden kameradschaftliche Normen durchgesetzt?

Inzwischen ist überzeugend nachgewiesen worden, dass Kameradschaft auf fast allen Ebenen der NS-Organisationen in Verlautbarungen, in Ansprachen und in Anschreiben zelebriert wurde. In der NS-Propaganda war die Vorstellung von Kameradschaft eng in das übergeordnete Konzept der Volksgemeinschaft eingebunden. Die Vorstellung der NS-Propagandisten war, dass die Volksgemeinschaft – die »blutmäßige Verbundenheit« eines rassisch definierten »Volkes« – eine das ganze Volk erfassende Form von Kameradschaft sei. Genauso wie die Kameraden der Kampfeinheiten in den militärischen Organisationen des NS-Staates müssten sich, so die NS-Propaganda, auch die Angehörigen der Volksgemeinschaft kameradschaftlich in ihrem nationalen Überlebenskampf unterstützen.[44]

41 Insofern ist die Kritik an dem vorrangig auf den Zusammenhalt in Kleingruppen gerichteten Kameradschaftsverständnis zur Erklärung der Kampfbereitschaft der Wehrmachtssoldaten von Shils und Janowitz berechtigt; siehe zur Kritik an Shils und Janowitz auch Kühne, »Zwischen Männerbund und Volksgemeinschaft«, S. 166 ff.

42 So prominent Bartov, *Hitlers Wehrmacht*, S. 51 ff.

43 Das ist aus meiner Sicht der Aspekt, der von Kritikern an Shils und Janowitz tendenziell übersehen wird: Kameradschaftliche Erwartungen können aufrechterhalten werden, auch wenn die Kleingruppen zerfallen.

44 Siehe dazu Kühne, »Zwischen Männerbund und Volksgemeinschaft«. Beispielhaft für die inzwischen umfangreiche Literatur zum Begriff der Volksgemeinschaft: Stöver, *Volksgemeinschaft im Dritten Reich*; Wildt, »Gewaltpolitik«, Wildt,

In der NS-Propaganda verschwammen die Differenzen zwischen einem rassisch definierten Volk – der »Volksgemeinschaft« in einem Staat – und der »Gemeinschaft« in den NS-Organisationen – der »Volksgemeinschaft« im Betrieb, in der Universität, in der Armee oder in der Polizei. So heißt es in einer NS-Propagandaschrift, dass die Einrichtung von einer am Nutzen des Volkes orientierten »Leistungsgemeinschaft« der »Arbeiter der Faust« und der »Arbeiter der Stirn« in den Betrieben und die Einrichtung einer »volkstumsverbundenen« »Wehrorganisation« nur möglich gewesen sei, weil ihnen die »Schaffung der nationalsozialistischen Volksgemeinschaft« vorausgegangen sei.[45] Die »nationalsozialistische Volksgemeinschaft«, so Thomas Kühne, präsentierte sich als »eine totale Gemeinschaft von Kameraden«, der »NS-Staat« sei als »Staat der Kameraden« konzipiert gewesen.[46]

Es war das Bestreben des NS-Staates, die Kameradschaftsnormen so in seinen Gewaltorganisationen zu verankern, dass sie – um eine Formulierung des modernen Managementtalks zu nutzen – als Leitbild aller Organisationsmitglieder dienen konnten.[47] In der Satzung des vom NS-Staat kontrollierten Kameradschaftsbundes

*Volksgemeinschaft als Selbstermächtigung*, Thomas Kühne, *Belonging and Genocide. Hitler's Community, 1918-1945*, New Haven 2010. Einen guten Überblick bietet Bajohr/Wildt, *Volksgemeinschaft*. Inzwischen ist überzeugend herausgearbeitet worden, dass der Begriff der »Volksgemeinschaft« auch schon vor 1933 eine wichtige politische Deutungsformel war. Siehe nur zum Beispiel früh schon Norbert Götz, *Ungleiche Geschwister. Die Konstruktion von nationalsozialistischer Volksgemeinschaft und schwedischem Volksheim*, Baden-Baden 2001, und Steffen Bruendel, *Volksgemeinschaft oder Volksstaat. Die »Ideen von 1914« und die Neuordnung Deutschlands im Ersten Weltkrieg*, Berlin 2003. Einen diesbezüglich guten Überblick bietet Michael Wildt, »›Volksgemeinschaft‹ – eine Zwischenbilanz«, in: Dietmar von Reeken (Hg.), *»Volksgemeinschaft« als soziale Praxis*, Paderborn 2013, S. 355-370.

45 Eberhard Kautter, *Ueber Volksgemeinschaft zur Wehrgemeinschaft*, Berlin 1942, S. 30 f.

46 Kühne, *Kameradschaft*, S. 97; dort finden sich auch weitere Nachweise, wie stark der Begriff der Kameradschaft mit dem Begriff der Volksgemeinschaft verknüpft war.

47 Zur Unterscheidung von den in Leitbildern zelebrierten »Werten« und den über formale Erwartungen spezifizierten »Programmen« siehe Luhmann, *Rechtssoziologie*, S. 82 ff.; zu einer Anwendung der Unterscheidung siehe Stefan Kühl, »Moden in der Entwicklungszusammenarbeit. Capacity Building und Capacity Development als neue Leitbilder von Entwicklungshilfeorganisationen«, in: *Soziale Welt* 55 (2005), S. 231-262.

Deutscher Polizeibeamter heißt es, dass der Bund den Zweck habe, »unter seinen Mitgliedern echte deutsche Kameradschaft zu pflegen, die auf der Verbundenheit durch deutsches Blut und deutschen Boden, auf nationalsozialistischer Weltanschauung und nationaler Überlieferung beruht«. So sollen die Mitglieder »zur vollen, freiwilligen und selbstlosen Hingabe an die Führer des Staates und an das Volk« erzogen werden.[48]

Diese an Kameradschaft appellierende NS-Propaganda erreichte auf vielfältige Weise auch das Polizeibataillon 101. So erklärte Odilo Globocnik, der für die Durchführung der »Aktion Reinhard« verantwortliche SS- und Polizeiführer des Distrikts Lublin, in einem »Dankesschreiben« zum Jahreswechsel 1942/1943 an seine im Distrikt stationierten Polizeibataillone, dass die »unermüdliche Arbeit« und die »harten Kämpfe« nur erfolgreich seien durch die »vorbildliche Manneszucht innerhalb der Truppe und die »kameradschaftliche Verbundenheit« jedes »einzelnen mit allen SS- und Polizeieinheiten«.[49]

Trotz der NS-Propaganda darf jedoch nicht übersehen werden, dass Kameradschaftserwartungen nur begrenzt mit formalen Mitteln der Organisation durchsetzbar sind. Organisationen sind zwar dazu in der Lage, bestimmte Verstöße mit Verweis auf den Verstoß

48 Kameradschaftsbund Deutscher Polizeibeamter, »Neudruck der Satzung des Kameradschaftsbundes Deutscher Polizeibeamter (im Reichsbund der deutschen Beamten e.V.) vom September 1939«, in: *Die Deutsche Polizei* 7 (1939), S. 681-684, hier: S. 682; siehe dazu Grüneisen, *Kameradschaft in Militärorganisationen – Kameradschaft in Extremsituationen*, S. 73. Die propagierten Kameradschaftsnormen orientierten sich eng an den für Soldaten der Wehrmacht propagierten Kameradschaftsnormen; siehe dazu z. B. Wilhelm Reibert, *Der Dienstunterricht im Heere*, Berlin [9]1937, dessen »Handbuch für den deutschen Soldaten« für verschiedene Truppengattungen und in immer neuen Bearbeitungen erschienen ist.

49 Neben den Appellen an die Kameradschaft setzte die Führung besondere Hoffnung darein, dass über sogenannte Kameradschaftsabende Kameradschaftsnormen gepflegt werden könnten. Die Führung war darauf bedacht, dass diese Kameradschaftsabende nicht ausarteten. So wies der Kommandant der Ordnungspolizei im Distrikt Lublin darauf hin, dass die Kameradschaftsabende immer eines »Deutschen würdig sein« sollten. So könne zwar ein »frisch-fröhlicher Ton jeden kameradschaftlichen Abend durchdringen«, es sei aber »unwürdig auf Fragen des sexuellen Gebietes in unschöner oder schmutziger Weise« zu sprechen zu kommen. Globocnik in einem Dankesschreiben, 31. 12. 1942, IPN Lublin, 1/9/60, t. 28, Bl. 3. Anweisung vom KdO im Distrikt Lublin, 26. 9. 1941, IPN Lublin, 1/9/60 t. 14, Bl. 24.

gegen Kameradschaftsnormen besonders scharf zu bestrafen. So wurde während der NS-Zeit in der Wehrmacht »Kameradendiebstahl« teilweise mit dem Tod bestraft,[50] und auch der »Ehebruch mit der Frau eines Kameraden« wurde besonders sanktioniert, weil dadurch das Vertrauensverhältnis zwischen den Kameraden gestört werden würde.[51] Kameradschaftsnormen sind jedoch – wie alle anderen informalen Erwartungen – dadurch gekennzeichnet, dass sie nicht formal, sondern nur informal durchgesetzt werden können: entweder über positive Sanktionen, besonders in der Form von Tausch, oder über negative Sanktionen, besonders in der Form des Mobbings.[52]

50 So wird in einem Leitfaden Diebstahl als »übelster Verstoß« bezeichnet; siehe Reichsführer-SS und Chef der Deutschen Polizei Hauptamt SS-Gericht, *Die SS- und Polizeigerichtsbarkeit. Ein Leitfaden*, Leipzig 1944, S. 50.

51 Irritation löste Heinrich Himmler mit seinem »SS-Befehl für die gesamte SS und Polizei« vom 28. 10. 1939 aus, dem zufolge im Krieg Kinder zu bekommen seien. Himmler hatte ganz in der Tradition der damals dominierenden eugenischen Auffassung von der dysgenischen Wirkung des Krieges erklärt, dass »jeder Krieg ein Aderlaß des besten Blutes« sei. Viel schlimmer als der »notwendige Tod der besten Männer« sei das »Fehlen der während des Krieges nicht gezeugten Kinder«. »Über die Grenzen vielleicht sonst notwendiger bürgerlicher Gesetze und Gewohnheiten hinaus wird es«, so Himmler »auch außerhalb der Ehe für deutsche Frauen und Mädel guten Blutes eine hohe Aufgabe sein können, nicht aus Leichtsinn, sondern in tiefstem sittlichem Ernst Mütter der Kinder der ins Feld ziehenden Soldaten zu werden, von denen das Schicksal allein weiß, ob sie heimkehren oder für Deutschland fallen«. Himmler versprach, dass für alle »ehelichen und unehelichen Kinder guten Blutes«, deren Väter im Krieg fallen würden, die SS die »Vormundschaft« übernehmen würde. Weil dieser Befehl teilweise als »Aufforderung« verstanden wurde, sich »den Frauen der im Felde stehenden Soldaten zu nähern«, also als Aufforderung zum außerehelichen Beischlaf, sah er sich gezwungen, in einem ergänzenden Schreiben vom 30. 1. 1940 klarzustellen, daß es für SS-Männer selbstverständlich sei, »dass niemand der Frau eines im Felde stehenden Soldaten nahetritt«. Das sei »einfachstes und selbstverständlichstes Anstands- und Kameradengesetz.« APL Lublin, 515/100.

52 Zum Verhältnis von Mobbing und Tausch bei der Durchsetzung informaler Erwartungen siehe Kühl, *Organisationen*, S. 123. Über das Verhältnis negativer und positiver Sanktionen bei der Machtausübung siehe grundlegend Niklas Luhmann, *Macht*, Stuttgart 1975.

Die formale Struktur einer Organisation enthält normalerweise kaum Tauschelemente. Mitarbeiter werden von Organisationen durch einen Pauschallohn vergütet und können nicht erwarten, dass sie für jede Handlung noch zusätzlich von Kollegen, Vorgesetzten oder Untergebenen entlohnt werden. Es würde jedenfalls Irritation auslösen, wenn ein Vorstandsreferent für jeden Brief, den er für ein Vorstandsmitglied schreibt, neben seinem Gehalt noch eine zusätzliche Vergütung einfordern würde. Obwohl Organisationen von ihrer Formalstruktur her »tauschfeindlich« gebaut sind, spielt Tausch bei der Durchsetzung informaler Erwartungen eine zentrale Rolle.[53]

Informale Tauschbeziehungen können sich zwischen Organisationsmitgliedern der gleichen hierarchischen Ebene etablieren. Wir wissen aus der Militärsoziologie, dass es eine verbreitete Praxis ist, dass Soldaten für Kameraden einspringen, wenn sie einen Auftrag nicht erledigen können, auch wenn es keine Anweisung oder Vorschrift dafür gibt. Ein erheblicher Teil der Kameradschaftsmythologie in Armeen basiert auf der Verklärung dieser gegenseitigen Hilfeleistung zwischen Organisationsmitgliedern auf gleicher Hierarchieebene.

Diese informalen Tauschbeziehungen können aber auch zwischen Vorgesetzten und Untergebenen bestehen. So existiert in Organisationen eine weitverbreitete Praxis, dass Vorgesetzte bei Verstößen von Untergebenen die Augen zudrücken, wenn Letztere in anderen Bereichen besonderes Engagement zeigen. So spricht einiges dafür, dass nur deswegen so wenige Fälle von Unterschlagung jüdischen Eigentums vor die SS- und Polizeigerichte kamen, weil Vorgesetzte das besondere Engagement von Polizisten bei der Verfolgung von Juden fördern konnten, indem sie die Augen zudrückten, wenn sich die Polizisten an den Opfern persönlich bereicherten.[54]

53 Vgl. Luhmann, *Funktionen und Folgen formaler Organisation*, S. 288 ff.

54 Siehe Donald Bloxham, A. Dirk Moses, »Genocide and Ethnic Cleansing«, in: Donald Bloxham, Robert Gerwarth (Hg.), *Political Violence in Twentieth-Century Europe*, Cambridge 2011, S. 87-139, hier: S. 136, zur Tatsache, dass – im Gegensatz zu anderen Genoziden – Vergewaltigungen vom NS-Staat aus rassistischen Gründen verboten waren, aber dass viele Indizien dafür sprechen, dass Vergewaltigungen häufiger vorkamen als die NS-Führung sich eingestehen wollte.

Thomas Kühne spricht hier treffend von einer weitverbreiteten »Deckungskameradschaft«.[55]

Aus der Perspektive auf Tauschprozesse erscheint es funktional, dass die Ordnungspolizei, genauso wie die Waffen-SS und die Wehrmacht, ihre Organisationsmitglieder geradezu mit Vorschriften überflutete, so dass es fast unmöglich war, sie alle zu erfüllen. Die Mitglieder der staatlichen Zwangsorganisationen wurden durch eine Vielzahl von formalisierten Vorschriften – betreffend Gruß- und Haltungsformen, über Uniform- und Körperpflege bis zum Sauberhalten von Räumlichkeiten und Gerätschaften – in einen »Zustand der ständigen Kritisierbarkeit« versetzt. Aus dieser »Normenfalle« für Untergebene entstanden, so die Beobachtung von Hubert Treiber, für Vorgesetzte Sanktionsmöglichkeiten, mit denen sie das Wohlverhalten der Untergebenen in jenen Bereichen sicherstellen, in denen die Erwartungen der Vorgesetzten formal sonst nur schwer durchzusetzen wären.[56]

Bei diesen Tauschbeziehungen im informalen Raum handelt es sich häufig nicht um einen direkten Tausch, sondern eher um zeitlich versetzte, auf Vertrauen basierende Tauschbeziehungen. Sicherlich gibt es den direkten Tausch von Leistungen, der darin besteht, dass ein Organisationsmitglied »freiwillig« eine Nachtwache oder eine Sonderschicht im direkten Tausch gegen das Abfedern von Anforderungen in anderen Bereichen übernimmt. Viel häufiger findet der Tausch jedoch zeitlich versetzt und ohne genau spezifizierte Tauschleistungen statt. Ein Organisationsmitglied geht einem anderen Organisationsmitglied gegenüber in Vorleistung und vertraut darauf, dass diese Vorleistung irgendwann einmal vergolten wird.[57] Durch Verstetigung und Ausweitung solcher Vertrauensbeziehungen können in Organisationen Loyalitätsnetz-

55 Kühne, *Kameradschaft*, S. 117; auch dort eine Vielzahl von Beispielen für solche »Deckungskameradschaft«, aber auch Ausführungen zur Bedeutung von Denunziationen unter Kameraden.

56 Vgl. Hubert Treiber, *Wie man Soldaten macht*, Düsseldorf 1973, S. 51; siehe auch mit ähnlicher Zielrichtung Heinz Steinert, »Militär, Polizei, Gefängnis, usw. Über die Sozialisation in der ›totalen Institution‹ als Paradigma des Verhältnisses von Individuum und Gesellschaft«, in: Heinz Walter (Hg.), *Sozialisationsforschung. Band 2*, Stuttgart 1973, S. 227-249; siehe dazu auch Bröckling, *Disziplin*, S. 24.

57 Zur Rolle von Personenvertrauen generell siehe Niklas Luhmann, *Vertrauen*, Stuttgart 1968.

werke, Cliquen, Seilschaften und Promotionsbündnisse entstehen, in denen sich Mitglieder einer Organisation langfristig aneinander binden.

## Mobbing

Wenn diese Tauschprozesse in Organisationen nicht funktionieren, greifen Organisationsmitglieder zu negativen Sanktionen, um informale Normen durchzusetzen. Solche Sanktionen deuten sich in Armeeeinheiten anfangs durch abschätzige Bemerkungen oder direkte Beschimpfungen an und reichen dann über die soziale Isolierung des Kameraden und die Verweigerung von Hilfeleistungen bis hin zu direkten körperlichen Bestrafungen. Die Sanktionen dienen nicht vorrangig zum Ausschluss aus dem Kameradenkreis, sondern im Gegenteil zur Durchsetzung informaler Normen. Soldaten oder Polizisten, die solche häufig offiziell verbotenen Erniedrigungen nicht melden, sondern über sich ergehen lassen, werden dann auch konsequenterweise mit dem Verbleib im Kameradenkreis »belohnt«.[58]

Eine informale Form der Sanktionierung über Mobbing kann sich auf eine konkrete Verfehlung eines Organisationsmitglieds beziehen, wenn zum Beispiel die Weigerung, einem Kameraden in einer schwierigen Situation beizuspringen, in der folgenden Nacht unmittelbar durch die Kameraden abgestraft wird. Zumeist haben sich Organisationsmitglieder über einen längeren Zeitraum eine Reputation als »schlechter Kollege« oder »schlechter Kamerad« aufgebaut, was dazu führt, dass sie konsequent von anderen Organisationsmitgliedern geschnitten oder gemobbt werden.

Diese informalen Sanktionierungsmechanismen wurden auch bei den Angehörigen des Polizeibataillons 101 angewendet, die sich weigerten, sich an Erschießungen zu beteiligen. Auffällig ist bei dem Bataillon, dass bei einer solchen Weigerung in der Regel keine Meldung nach oben erfolgte, auch wenn diese angedroht wurde. Heinz Bumann berichtete beispielsweise, dass sich während der Aussiedlungsaktionen auch viele Soldaten von Fall zu Fall geweigert hatten, Juden zu erschießen. »Sie wurden dann vielleicht vom

58 Siehe Kühne, *Kameradschaft*, S. 117, zu Spötteleien und Frotzeleien als milde Formen der Sanktionierung.

Feldwebel ›zur Minna gemacht‹«, aber es wurde, so Bumann, »nie jemand nach oben gemeldet«.[59]

Stattdessen griffen andere, subtilere Mechanismen. »Jeder, der den Kommißbetrieb kennt«, so die Anmerkung eines Polizisten, wisse, »daß es auch außerhalb einer offiziellen Bestrafung Möglichkeiten der Schikane gibt, die eine Strafe mehr als ersetzen«.[60] Ein anderer Bataillonsangehöriger berichtet, dass zwar einige seiner Untergebenen sein Verhalten in Józefów, sich nicht an der Exekution zu beteiligen, verstanden hätten, andere ihn aber »über die Schulter« schräg angesehen und »auch abfällige Bemerkungen« über ihn gemacht hätten.[61] Ein weiterer Bataillonsangehöriger, der sich nach eigenen Aussagen nicht an den Erschießungen in Józefów beteiligt hatte, gab später zu Protokoll, dass er danach von Kameraden als »Scheißkerl« und »Blutarmer« beschimpft worden sei.[62] In einem anderen Fall behauptete ein Bataillonsangehöriger, dass er – nachdem ein Kamerad erkannt habe, dass er absichtlich danebenschieße – von diesem als »Verräter« und »Feigling« beschimpft wurde. Häufig wurden beim Mobbing auch die im Nationalsozialismus herrschenden Geschlechterstereotypen mobilisiert.[63] Ein

59 Siehe auch o.V., »Keiner wurde gemeldet«, in: *Hamburger Abendblatt* vom 5.12.1967.

60 Vernehmung Adolf Begehr, StA Hamburg, NSG 0021/001, Bl. 442.

61 Vernehmung Heinz Bumann, StA Hamburg, NSG 0021/005, Bl. 2441.

62 Vernehmung Gustav Müller, StA Hamburg NSG 0022/001, Bl. 168. Solche informalen Praktiken zur Durchsetzung von Erwartungen wurden auch für eine Reihe anderer Polizeibataillone nachgewiesen. Alexander Gruber untersucht wie in den Befragungen nach 1945 Angehörige des Polizeibataillons 61 von solchen Formen informalen Drucks berichten; siehe Alexander Gruber, »›… zunächst wurde nach Freiwilligen gesucht‹. Soziologische Erklärungsansätze zur freiwilligen Beteiligung von Ordnungspolizisten an der ›Endlösung‹«, in: Alexander Gruber, Stefan Kühl (Hg.), *Soziologische Analysen des Holocaust. Jenseits der Debatte über »ganz normale Männer« und »ganz normale Deutsche«*, Wiesbaden 2015, im Erscheinen. Ernst Klee, Willi Dreßen und Volker Rieß führen in ihrem Buch über den »Judenmord aus der Sicht der Täter und Gaffer« den Fall eines Angehörigen des Polizeibataillons 91 an, der von seinem Vorgesetzten als »feige Memme« bezeichnet worden sei, als er darum gebeten hatte, von der Beteiligung an Erschießungen freigestellt zu werden; siehe Ernst Klee u.a., *»Schöne Zeiten«. Judenmord aus der Sicht der Täter und Gaffer*, Frankfurt/M. 1988, S. 88.

63 Siehe früh schon Klaus Latzel, *Deutsche Soldaten – nationalsozialistischer Krieg? Kriegserlebnis – Kriegserfahrung 1939-1945*, Paderborn 1998, S. 310ff., und deutlich ausführlicher Kühne, »Zwischen Männerbund und Volksgemeinschaft«, S. 165ff.

Angehöriger des Polizeibataillons berichtete, dass die Gruppen- oder Zugführer zu den »Judenjagden« nur »Männer« mitnahmen, und dass er, weil er in ihren Augen kein »Mann« war, von »solchen Einsätzen verschont« blieb.[64]

Bei der Durchsetzung informaler Erwartungen wurde im Fall der Polizeibataillone – das darf nicht übersehen werden – besonders von den Vorgesetzten aber auch auf Ressourcen zurückgegriffen, die durch die Formalstruktur der Organisation zur Verfügung gestellt wurden. Polizisten konnten ohne Verweis auf ihr Verhalten bei den Erschießungen zu Sonderwachen oder Sonntagsdiensten eingeteilt werden. Der Heimaturlaub wurde nicht mit der gleichen Großzügigkeit wie bei anderen Kameraden genehmigt. Oder die Karriere eines Polizisten geriet ins Stocken, weil er nicht an den Erschießungen mitwirken wollte.[65]

## 4.4. Die Mobilisierung von Kameradschaft durch das Einräumen von Freiheit

Nach Überlieferung der Bataillonsangehörigen gab der Kommandeur des Reserve-Bataillons 101, Major Wilhelm Trapp, bei der Erschießung in Józefów zu erkennen, dass er mit diesem Befehl nicht einverstanden war. Ein Bataillonsangehöriger berichtete bei den Befragungen nach dem Krieg, dass Trapp vor Einsätzen »stets gerührt war« und »nicht selten mit tränenerstickter Stimme« deutlich gemacht habe, dass »die Einsätze gegen Juden« »durchaus nicht in seinem Sinne« seien.[66] Er brachte, so die Schilderung eines anderen Bataillonsangehörigen, zum Beispiel vor dem Einsatz in Józefów zum Ausdruck, dass die »Aktion ganz und gar nicht in seinem Sinne sei, aber dass er diesen Befehl von ›ganz oben‹ bekommen habe«.[67] Ein anderer Bataillonsangehöriger berichtete, dass Trapp in Józefów mit den Händen auf dem Rücken hin und her ging und dabei »einen niedergeschlagenen Eindruck« gemacht

64 Vernehmung Gustav Müller, StA Hamburg NSG 0022/001, Bl. 169.

65 Siehe die Klage von Gustav Müller, StA Hamburg, NSG 0022/001, Bl. 168, über verweigerte Beförderungen.

66 Vernehmung Bruno Prill, StA Hamburg, NSG 002/004, Bl. 1915.

67 Siehe beispielsweise die Aussage von Franz Knuth, StA Hamburg NSG 0021/005, Bl. 2482 ff.

hätte. Er hätte dem Bataillonsangehörigen gesagt, dass ihm solche Aktionen nicht »liegen«, aber: »Befehl ist Befehl«.[68] Trapps sehr emotionale Distanzierung von der Sinnhaftigkeit des Befehls, die Tatsache, dass er Befehle »unter Tränen« gegeben habe, dass er darauf verwiesen habe, dass die Aufgabe »furchtbar« sei und dass er den Polizisten angeboten habe, sich freistellen zu lassen, sind für Christopher Browning Indizien dafür, dass der Bataillonskommandeur keine »starke, sondern eine schwache Autoritätsperson« gewesen sei.[69]

Die Distanzierung vom Befehl und das Zugestehen von Freiräumen muss jedoch anders interpretiert werden. Durch die Aussage, dass der »Befehl« ganz und gar nicht in seinem Sinne gewesen sei, zeigte Trapp selbst eine deutliche Rollendistanz bei der Durchführung des Befehls. Er brachte damit nicht nur seine eigene Distanz zum Befehl zum Ausdruck, sondern signalisierte gleichzeitig, dass er Verständnis dafür hatte, wenn seine Untergebenen Schwierigkeiten mit der Durchführung des Auftrages haben. Gleichzeitig machte er aber deutlich, dass für das Bataillon kein Weg an der Durchführung des Auftrages vorbeiführte und dass er darauf angewiesen war, dass das Bataillon diesen Auftrag ausführte. Trapp setzte seine Befehle also nicht allein über die Berufung auf seine formalen Kompetenzen durch, sondern er war zudem in der Lage, sie über den Appell an kameradschaftliche Normen durchzusetzen.[70]

Die Etablierung kameradschaftlicher – und generell kollegialer – Beziehungen zwischen Vorgesetzten und Untergebenen gestaltet

68 Vernehmung Bruno Riecken, StA Hamburg NSG 0021/004, Bl. 1852.

69 So Browning, *Ganz normale Männer*, S. 228. Er fragt danach, ob die »Männer bei Trapp nicht so sehr auf die Autoritätsperson als auf den beliebten und geschätzten Offizier, den niemand im Stich lassen wollte, reagiert hätten«. Entscheidend ist jedoch, dass sich diese beiden Rollen nicht ausschließen.

70 Ich folge hier Welzer, *Täter*, S. 114, der meines Wissens dieses zu Brownings Interpretation konträr laufende Argument als Erster vorgebracht hat. Der Prozess ist allgemein schon von Janowitz in seiner Arbeit über den »professional soldier« beschrieben worden. Das Problem von Armeen sei, dass zwar die formale Autorität als »sine qua non« von Kampfeffizienz betrachtet wird, die Möglichkeit zur Durchsetzung der Autorität aber gerade in den Kampfsituationen zusammenbricht. In Kampfsituationen würde sich die Führung deswegen verstärkt auf informale Mechanismen zur Durchsetzung ihrer Erwartungen verlassen. Siehe Morris Janowitz, *The Professional Soldier*, New York 1960, S. 136.

sich schwieriger als zwischen gleichrangigen Organisationsmitgliedern. Die Loyalität und Diskretion eines Vorgesetzten ist, darauf weist Luhmann hin, mit rein kollegialen oder kameradschaftlichen Mitteln nur schwer zu kontrollieren. Deshalb sei im Umgang mit Vorgesetzten »vorsichtige Zurückhaltung angebracht«.[71] In der Kriegssituation jedoch, in der Vorgesetzte und Untergebene aufeinander angewiesen sind, gelang es Trapp offensichtlich, an kameradschaftliche Überzeugungen zu appellieren.[72]

Diese Zugriffsmöglichkeiten des Bataillonskommandanten wurden auch dadurch deutlich, dass er von seinen Untergebenen als »Papa Trapp« bezeichnet wurde. Zwar kommen solche an Familien orientierten Benennungen wie »Papa« oder »Vater« für den Kommandeur oder »Mutter der Kompanie« für den Spieß in Militäreinheiten häufig vor, sie sind jedoch in der Regel denjenigen Vorgesetzten vorbehalten, die gerade wegen ihrer informalen Einflussmöglichkeiten von »ihren Männern« geschätzt werden.[73]

Überspitzt ausgedrückt: Dem Bataillonsführer Trapp gelang es deswegen, genug Personal für die Massenerschießung in Józefów zu rekrutieren, weil er durch das Zugestehen von Entzugsmöglichkeiten die formalen Anforderungen reduzierte, gleichzeitig aber die Erwartung aufbaute, dass das Bataillon als Ganzes diese Aufgabe bewältigen musste. Der Tenor seiner Ansprache war letztlich, dass er zwar nicht bereit sei, die Bataillonsangehörigen mit dem Militärstrafrecht dazu zu zwingen, sich an den Massenerschießungen zu beteiligen, aber das Bataillon als Ganzes darauf angewiesen sei, dass sich genug Männer finden würden, um auch den aus der direkten

71 Luhmann, »Spontane Ordnungsbildung«, S. 172 f.

72 In der Forschung wird zwischen *peer bonding* (oder *horizontal bonding*) und *leader bonding* (oder *vertical bonding*) unterschieden. Siehe hierzu Guy L. Siebold, »The Essence of Military Group Cohesion«, in: *Armed Forces & Society* 33 (2007), S. 286-295, auch als Antwort in der Debatte mit Anthony King, »The Word of Command. Communication and Cohesion in the Military«, in: *Armed Forces & Society* 32 (2006), S. 493-512.

73 Siehe die Vernehmung von Helmut Martin Karl Harenberg, ehemaliger Angehöriger der Außenstelle des Kommandeurs der Sicherheitspolizei in Radzyń, in der er über die Räumung des Ghettos in Radzyń im Oktober 1942 berichtet. Er erwähnt, dass er sich an die Beteiligung eines Hamburger Polizeibataillons erinnert, weil ihm der Name Trapp in Erinnerung geblieben sei, weil dieser »von seinen Untergebenen sehr geschätzt wurde« und man ihn »Papa Trapp« nannte. BA Ludwigsburg, B 162/5911, Bl. 315 (KdS Außenstelle Radzyń).

Erschießung von Männern, Frauen und Kindern bestehenden Teil dieses Auftrags umzusetzen.

Auch wenn die Art der Bindung von Untergebenen in Józefów eine Ausnahme darstellt, lässt sich an diesem Beispiel ein Muster erkennen, wie formale und informale Erwartungen bei Ghettoräumungen, Deportationen und Massenerschießungen zusammenspielten. Durch den Verweis, dass die Befehle von »ganz oben« gekommen seien, betonte Trapp nicht nur die vermeintliche Rechtmäßigkeit des Befehls, sondern stellte auch klar, dass die Befolgung des Befehls zu den formalen Erwartungen der Organisation an ihre Mitglieder gehört.

Gleichzeitig wurde aber in einer ganzen Reihe von Fällen von Trapp signalisiert, dass man den Polizisten bei so weitgehenden Anforderungen wie der Erschießung von Frauen und Kindern Möglichkeiten einräumen würde, diesen formalen Erwartungen auszuweichen. Das Einräumen der Möglichkeit, sich nach der Beteiligung an ersten Erschießungen von dieser Aufgabe befreien zu lassen oder sich von vornherein für andere Aufgaben einteilen zu lassen, erlaubte es einzelnen Bataillonsangehörigen, sich der Mitwirkung an Massenexekutionen zu entziehen, ohne gegen die formalen Anforderungen der Organisation zu verstoßen.[74]

Durch die erwähnte Rahmung, dass der Auftrag dennoch unter allen Umständen zu erfüllen sei, griffen dann die kameradschaftlichen Erwartungen in den Einheiten. Denn jeder Polizist, jeder SS-Mann, der sich im Rahmen seiner Einheit nicht an einer angeordneten Massenexekution beteiligen wollte, verließ sich letztlich darauf, dass ein anderer Kamerad es schon tun würde. Entweder fand dies über implizite Tauschprozesse zwischen Bataillonsangehörigen statt, indem diejenigen, die sich nicht an den Erschießungen beteiligten, andere Aufgaben umso engagierter übernahmen. Oder es wurde den »Verweigerern« mit Bemerkungen oder Drohungen zu verstehen gegeben, dass man nicht bereit sei, für sie die »Drecksarbeit« zu machen. In einer Situation, in der man auf die Unterstützung von anderen Bataillonsangehörigen angewiesen war, hielt die überwiegende Anzahl der Polizisten das Erschießen von

74 Auf diese Ausbildung von Kameradschaftsnormen zwischen Vorgesetzten und Untergebenen macht auch Kühne, »Zwischen Männerbund und Volksgemeinschaft«, S. 177 f., aufmerksam.

Juden offenbar für das kleinere Übel verglichen mit dem Verlust der Gunst ihrer Kameraden.[75]

75 Ich finde die diesbezügliche Einschätzung von Browning, *Ganz normale Männer*, S. 241, und Welzer, *Täter*, S. 115, überzeugend, zumal man hier sehr gut erkennt, was herauskommt, wenn man wie beispielsweise Goldhagen kein Verständnis für die organisatorische Rahmung des Genozids entwickelt. Daniel Jonah Goldhagen, *Worse than War. Genocide, Eliminationism, and the Ongoing Assault on Humanity*, New York 2009, S. 155, erklärt, dass sich Gruppendruck – *peer pressure* – nur dann ausbilden kann, wenn eine »willige Mehrheit (»willing majority«) auf eine »unwillige Minderheit« (»unwilling minority«) Druck ausübt. Das mag für soziale Systeme wie Protestbewegungen oder Kleingruppen richtig sein, bei Organisationen kann jedoch auch informaler Druck entstehen, wenn eine unwillige Minderheit mit der formalen Erwartung konfrontiert wird, einen Auftrag auszuführen. Siehe Kühl, »Gruppen, Organisationen, Familien und Bewegungen« zu den verschiedenen Mechanismen in unterschiedlichen sozialen Systemen.

# 5.
# Geld

> Es macht die Sache nicht besser, dass manche der Mörder aus weniger hehren Gründen als Überzeugung getötet haben. Es macht sie schlimmer.
>
> *Leon Wieseltier*[1]

Während des Ersten Weltkrieges hatte der Hunger, unter dem große Teile der deutschen Zivilbevölkerung zu leiden hatten, zu einer allgemeinen Kriegsmüdigkeit beigetragen. Aufgrund dieser Erfahrung war die NS-Führung während des Zweiten Weltkrieges darauf bedacht, Versorgungsengpässe zu vermeiden. Durch die Ausplünderung der besetzten Gebiete via Zwangsakquirierung eines großen Teils der Ernte und des Viehbestandes verfügte das Deutsche Reich selbst in den letzten Kriegsjahren noch über den höchsten Lebensstandard aller in Europa im Krieg befindlichen Staaten.

Zu dieser Politik der NS-Führung gehörte es auch, den Verdienstausfall für die Familien, deren Familienangehörige zur Wehrmacht oder zur Ordnungspolizei eingezogen wurden, so gut es ging zu kompensieren. Für die überwiegende Anzahl der Polizisten bildete – genauso wie für die Soldaten der Wehrmacht – der Sold die Haupteinnahmequelle ihrer Familien. Während es heimatnah eingesetzten Reservisten vereinzelt gelang, neben ihrer Tätigkeit als Polizist noch einen Handwerksbetrieb oder ein kleines Geschäft zu betreiben, war dies bei den Einsätzen in den besetzten Gebieten in der Regel ausgeschlossen, so dass der Sold zumeist die einzige Einnahmequelle der Familien war.

Die Entlohnung für die Ordnungspolizei orientierte sich an den Regelungen für die Wehrmacht und für die Waffen-SS. Begründet wurde dies damit, dass die Tätigkeiten der in Bataillonen zusammengefassten Polizisten weitgehend denjenigen der Angehörigen der beiden anderen Organisationen entsprachen. Besonders mit

1 Leon Wieseltier, »Final Comments«, in: Michael Berenbaum (Hg.), *The »Willing Executioners«/»Ordinary Men« Debate*, Washington, D.C. 1996, S. 39-44, hier: S. 42 (meine Übersetzung). Im Original heißt das Zitat: »It does not make things better, that some of the killers may have killed for something less than conviction. It makes things worse.«

dem Beginn des Krieges gegen die Sowjetunion – so zum Beispiel Otto Klemm in einer Handreichung zur Einsatzbesoldung von Polizei-Reservisten – habe der »Einsatz der Polizei immer mehr ein truppen- und frontmäßiges Gesicht« erhalten. Die Arbeit der Polizei habe »im Osten einen ausgeprägten wehrmachtähnlichen Charakter« angenommen, und dementsprechend orientiere sich die Entlohnung der Polizisten an der von kämpfenden Soldaten.[2]

Das Einkommen der Ordnungspolizisten wurde, wie bei der Wehrmacht und der Waffen-SS, nach Dienststufen unterschieden. Auf der niedrigsten Dienststufe, der des Rottwachtmeisters, verdiente ein Polizist um die 1500 Reichsmark im Jahr und damit einige Hundert Reichsmark mehr als beispielsweise ein Landarbeiter auf einem mecklenburgischen Landgut oder eine gelernte Arbeiterin im ostwestfälischen Bekleidungsgewerbe. Auf der nächsten Dienststufe, der eines Wachtmeisters, erzielte ein Polizist ein Jahreseinkommen von ungefähr 1900 Reichsmark, was ungefähr dem Jahresdurchschnittseinkommen im »Dritten Reich« entsprach. Hauptmänner der Ordnungspolizei, die in der Regel eine Kompanie befehligten, verdienten mit einem Jahresgehalt von mindestens 4800 Reichsmark ungefähr so viel wie ein Studienrat an einem Gymnasium, während der Führer eines Bataillons als Major knapp das doppelte Gehalt – nämlich 8000 Reichsmark im Jahr – erreichen konnte, womit er zu den zehn Prozent Spitzenverdienern im »Dritten Reich« gehörte.[3]

2 Siehe dazu Klemm, *Die Einsatzbesoldung (Aktivenbesoldung) der Polizei-Reservisten*, S. 9.

3 Bei den Angaben zum Gehalt orientiere ich mich grob an den Angaben in den Personalakten der Hamburger Polizeiverwaltung (StA Hamburg 331-8 Polizeiverwaltung – Personalakten – 802), die ich anhand der Angaben bei Best, *Die Deutsche Polizei*, S. 86 ff., und Klemm, *Die Einsatzbesoldung (Aktivenbesoldung) der Polizei-Reservisten*, S. 47, überprüft habe. Weil die Entlohnung sich im Zweiten Weltkrieg gerade bei den höheren Gehaltsstufen leicht verändert hat, gebe ich hier gerundete Werte an, um den Eindruck von Pseudogenauigkeit zu vermeiden. Die zum Vergleich herangezogenen Jahreseinkommen von Arbeitern, Angestellten und Beamten habe ich einer Aufstellung von Bajohr entnommen, siehe Frank Bajohr, *Parvenüs und Profiteure*, Frankfurt/M. 2001, S. 235. Siehe zur Entlohnung der Polizisten im Nationalsozialismus auch die Angaben bei Wilhelm, *Die Polizei im NS-Staat*, S. 256, und Stephan Linck, *Der Ordnung verpflichtet: Deutsche Polizei 1933-1949*, Paderborn, München 2000, S. 363.

Bei der Entlohnung wurde nicht zwischen den regulär im öffentlichen Dienst beschäftigten Berufspolizisten und den im Rahmen des Krieges eingezogenen Reservisten unterschieden.[4] Faktisch bedeutete dies, dass beispielsweise ein Leutnant aus der Polizeireserve während seiner Einsatzzeit genauso viel verdiente wie ein Leutnant, der sich als Berufspolizist verpflichtet hatte.[5] Trotz dieser offiziellen Gleichstellung spielte die Entlohnung jedoch für Berufspolizisten eine andere Rolle als für Reservepolizisten. Während die Reservepolizisten in der Regel davon ausgingen, nach ihrem Einsatz in ihre Zivilberufe zurückzukehren und deswegen an einer Karriere in der Ordnungspolizei nur ein begrenztes Interesse hatten, war für die Berufspolizisten eine Karriere in der Polizei häufig die einzige Möglichkeit, ihr Einkommen langfristig zu erhöhen.

## 5.1. Die Funktion der regulären Entlohnung der Bataillonsangehörigen

Da in der modernen Gesellschaft der Bedarf an Geld chronisch ist, sind Geldzahlungen ein effektives Mittel, um Personen an eine Organisation zu binden. Mit Karl Marx formuliert: Der Arbeiter hat im Gegensatz zum Kapitalisten nichts anderes zu verkaufen als seine Arbeitskraft. Und die Beschäftigung in einer Arbeitsorganisation – in einem Unternehmen, einer Verwaltung, einer Kirche, einer Universität, einer Armee oder einem Konzentrationslager – ist in der modernen Gesellschaft der Rahmen, in dem diese Arbeitskraft verkauft wird.[6]

Während der Polizeidienst für Reservepolizisten häufig nur als Alternative zum Zwangsdienst in der Wehrmacht attraktiv war, ist

4 Klemm, *Die Einsatzbesoldung (Aktivenbesoldung) der Polizei-Reservisten*, S. 15.

5 Ein Leutnant, also der Rang, den die meisten Führer einer Gruppe hatten, verdiente ab 2400 Reichsmark aufwärts, was deutlich über beispielsweise dem Einkommen eines Bergarbeiters im Ruhrgebiet oder eines kaufmännischen Angestellten im Hamburger Einzelhandel lag. Da aber die Führungspositionen in den Bataillonen – von den Zugführern über die Kompanieführer bis hin zum Bataillonsstab – in der Regel durch Berufspolizisten besetzt wurden, verdienten diese durchschnittlich mehr als die aus der Reserve herangezogenen Polizisten.

6 Gemeint ist dabei die Tätigkeit des weiblichen und männlichen Bewachungspersonals in den Konzentrationslagern.

gerade bei den deutschen Berufspolizisten deutlich erkennbar, dass der Eintritt in die Polizei dadurch motiviert war, dass die Tätigkeit im Staatsdienst ein langfristig gesichertes Einkommen garantierte. Günter Doebel, Angehöriger des Polizeibataillons 91 und später Schriftleiter der Propagandaschrift »Deutsche Polizei«, kommentierte in seinem Tagebuch sarkastisch, dass angesichts des Krieges einige Polizisten nur »Heim ins Reich«, andere aber besonders »Reich ins Heim« wollten.[7] Und auch den Personalakten der luxemburgischen Polizisten, die in das Polizeibataillon 101 integriert waren, lässt sich entnehmen, dass die Aussicht auf ein regelmäßiges Einkommen eine zentrale Motivation für den Eintritt in die Organisation darstellte.

Die Tätigkeit als Gewaltspezialist im Rahmen einer Berufsarmee, eines Söldnerheeres, einer Polizeieinheit oder eines Konzentrationslagers ist unter dem Gesichtspunkt des Umgangs mit einem chronischen Geldmangel ein funktionales Äquivalent zu Tätigkeiten in Unternehmen, Kirchen oder Universitäten, in denen die Ausübung von Gewalt nicht zu den üblichen Anforderungen der Organisation gehört. Dass viele Angehörige des Polizeibataillons vor ihrer Tätigkeit als Polizist ganz anderen – weniger gewalttätigen – Berufen wie Tischler, Hafenarbeiter oder Schneider nachgegangen sind und nach dem Krieg häufig auch wieder solche Berufe ergriffen haben, überrascht aus dieser Perspektive nicht.

## Umwandlung von Mitgliedschaftsmotivation in Leistungsmotivation

Das Problem ist jedoch, dass Geld – so die Formulierung von Luhmann – zwar als »generelles Mittel der Herstellung von Systemattraktivität« taugt, aber nur sehr begrenzt als »Mittel der Adhoc-Motivation« geeignet ist. Die Übersetzung der Mitgliedschaftsmotivation, also der Motivation, Mitglied in einer Organisation zu sein, in Leistungsmotivation, also die Motivation, im Rahmen der Mitgliedschaft auch konkrete Handlungen zu vollbringen, ist alles andere als selbstverständlich. Aus marxistischer Perspektive kann

7 Eintrag vom 25.9.1939; Günter Doebel, *»So etwas wie Weltuntergang«. Kriegstagebücher eines Polizeioffiziers 1939-1945*, Mainz 2005, S. 23. Das Tagebuch wurde nach dem Tod von Günter Doebel von seinem Sohn herausgegeben und ist eines der wenigen überlieferten Tagebücher von Bataillonsangehörigen.

man hier von einem Transformationsproblem sprechen – dem Problem der Transformation von Arbeitsvermögen in Form von gekaufter Arbeitszeit in Arbeitsleistung. Aus einer Rational-Choice-Perspektive geht es darum, wie der Prinzipal den Agenten trotz dessen rationalen Interesses an Zurückhaltung seiner Arbeitskraft dazu bringen kann, die erwarteten Tätigkeiten auszuführen.[8]

Aufgrund dieses Problems der Umwandlung von durch Geld erworbener Mitgliedschaftsmotivation in Leistungsmotivation suchen Organisationen – und da unterschieden sich Polizeieinheiten und Armeen nicht von Unternehmen und Verwaltungen – nach Möglichkeiten, um die Leistungsmotivation ihrer Mitglieder zu steigern. Führungskräfte sollen sicherstellen, dass die Organisationsmitglieder ihre Arbeitskraft nicht zurückhalten. Es werden besondere Anreizprogramme für die Organisationsmitglieder aufgelegt oder Leistungsprämien für überdurchschnittliches Engagement gezahlt.

In Gewaltorganisationen sind solche Anreizprogramme häufig mit der Gewaltanwendung gegen den eigenen Körper oder gegen fremde Körper verbunden. Belobigungen, Orden und Beförderungen erhalten Mitglieder entweder, wenn sie bei einem Einsatz verletzt oder – so paradox das auf den ersten Blick wirken mag – getötet wurden oder wenn sie bei einem schwierigen Einsatz besonders viele Gegner verletzt oder getötet haben.[9] Gerade weil das

8 Luhmann, *Macht*, S. 103. Siehe zum Transformationsproblem prominent Harry Braverman, *Labor and Monopoly Capital. The Degradation of Work in the Twentieth Century*, New York, London 1974, der an die Unterscheidung von Marx zwischen der formellen Subsumtion der Arbeiter – dem Einkauf von Arbeitskraft – und der reellen Subsumtion – der realen Nutzung der Arbeitskraft – unterscheidet (Karl Marx, *Das Kapital. Erstes Buch*, in: *Marx-Engels-Werke*, Bd. 23, Berlin 1962, S. 11-955). Siehe zur Prinzipal-Agent-Theorie nur als eine frühe Formulierung Terry M. Moe, »The New Economics of Organizations«, in: *American Journal of Political Science* 28 (1984), S. 739-777. Zur Bedeutung von Geld als Mittel zur Mitgliedschafts- und Leistungsmotivation in Organisationen, siehe Kühl, *Organisationen*, S. 38 f.

9 Auf den zweiten Blick ist das nicht überraschend, weil Belobigungen und Beförderungen in der Regel nicht nur ein Signal gegenüber dem Belobigten und Beförderten ist, sondern auch eines gegenüber den Nichtbelobigten und Nichtbeförderten. Siehe Blake, »The Organization as Instrument of Violence: The Military Case«, S. 335, für die Feststellung, dass Amokläufe gegen Feinde im Rahmen einer staatlichen Gewaltorganisation ein sicherer Weg ist Tapfer-

Anwenden und das Erleiden von Gewalt eine solche Herausforderung für Mitglieder in Gewaltorganisationen darstellt, scheinen die Anreizprogramme speziell darauf ausgerichtet zu werden.[10]

Im Fall der Polizeibataillone fällt auf, dass deren Führungskräfte eine Reihe von Anreizen einsetzten, um die Leistungsmotivation der Polizisten zu steigern. Polizisten, die sich im Dienst besonders hervorgetan hatten, wurde Sonderurlaub gewährt – eine Belohnungsform, die angesichts der langen Trennung der Bataillonsangehörigen von ihren Familien in ihrer Bedeutung nicht zu unterschätzen ist. Besonders engagierte Polizisten erhielten nach riskanten Einsätzen Auszeichnungen und Belobigungen, die in ihren Personalakten vermerkt wurden. Und nicht zuletzt war eine hohe Leistungsmotivation Voraussetzung für den nächsten Karriereschritt, bei dem dann auch ein höheres Gehalt winkte. Interessant ist aber besonders, dass die Polizisten auch von der Enteignung der Juden profitierten – und zwar im Rahmen der legalen Belohnung.

## 5.2. Die legalisierte Bereicherung an der Enteignung der jüdischen Bevölkerung

Die vom NS-Staat organisierte Enteignung der Juden und die Verteilung ihres Eigentums besonders an nichtjüdische Deutsche haben zum erheblichen Teil dazu beigetragen, die deutsche Bevölkerung an das NS-Regime zu binden. Auch wenn es falsch wäre, die Unterstützung der deutschen Bevölkerung für das Regime allein auf faktische oder versprochene materielle Vorteile zurückzuführen, so spielten sowohl die durch die antisemitischen Maßnahmen mitfinanzierte generalisierte Sozialpolitik des NS-Staates als auch die im Rahmen der Arisierung sich ergebenden individuellen Bereicherungsmöglichkeiten für nichtjüdische Deutsche doch eine wichtige Rolle für die Bindung der Bevölkerung an den NS-Staat.

keitsmedaillen zu erhalten, auch wenn die Wahrscheinlichkeit dabei getötet zu werden groß ist.

10 So richten sowohl Armeen als auch Polizeien spezielle Organisationseinheiten in Form von Sonderkommandos ein, in denen die Anwendung von Gewalt besonders trainiert wird. Die latente Funktion solcher speziellen Organisationseinheiten besteht darin, einen eigenen auf Gewaltkompetenz basierenden Karriereweg einzurichten.

Die mannigfaltigen »Formen öffentlicher Habgier« im Rahmen der »Arisierungsprogramme« ermöglichten es, so die These von Götz Aly, »die Masse des Volkes mit einer Mischung aus milder Steuerpolitik, guter Versorgung und punktuellem Terror an den Rändern der Gesellschaft wenigstens ruhig zu stellen«. Ja, die »materielle Stimulierung einer gehobenen deutschen Massenlaune auf Kosten anderer« bildete, so Aly, »das wesentliche – stets kurzfristig verstandene – Ziel des Regierens«.[11] Man mag darüber streiten, welchen Anteil die materiellen Vorteile für die Bindung der Bevölkerung an den NS-Staat insgesamt hatten; auf der Ebene einzelner Organisationseinheiten kann man nachweisen, dass die dort handelnden Personen vom jüdischen Eigentum profitiert haben.

Wie in anderen besetzten Gebieten, so begann auch in Polen unmittelbar mit der Etablierung einer unter deutscher Führung stehenden Zivilverwaltung die Vorbereitung für die Enteignung der jüdischen Bevölkerung. Bereits im November 1939 veranlasste die Zivilverwaltung des Generalgouvernements, dass die Konten der jüdischen Polen eingefroren wurden. Im Januar 1940 führte die Zivilverwaltung eine Regelung ein, die besagte, dass alle Wertgegenstände von jüdischen Polen registriert werden mussten. Parallel dazu veranlasste die Zivilverwaltung, dass die über 100 000 jüdischen Betriebe – im überwiegenden Fall Mikrounternehmen mit wenigen Mitarbeitern – konfisziert wurden.[12] Während durch diese

11 Aly, *Hitlers Volksstaat*, S. 360; siehe zur Enteignungspolitik des NS-Staates allgemein Martin C. Dean, »Seizure of Jewish Property and Inter-Agency Rivalry in the Reich and in the Occupied Soviet Territories«, in: Gerald D. Feldman, Wolfgang Seibel (Hg.), *Networks of Nazi Persecution. Bureaucracy, Business, and the Organization of the Holocaust*, New York 2005, S. 88-102, Martin C. Dean, »The Seizure of Jewish Property in Europe: Comparative Aspects of Nazi Methods and Local Responses«, Martin C. Dean, Constantin Goschler u. a. (Hg.), *Robbery and Restitution. The Conflict over Jewish Property in Europe*, New York, Oxford 2007, S. 21-32, und ausführlich Martin C. Dean, *Robbing the Jews. The Confiscation of Jewish Property in the Holocaust, 1933-1945*, Cambridge 2008.

12 Siehe dazu zum Beispiel Saul Friedländer, *Die Jahre der Vernichtung. Das Dritte Reich und die Juden. Zweiter Band 1933-1945*, München 2006, S. 67 f. und 318, Dieter Pohl, »The Robbery of Jewish Property in Eastern Europe under German Occupation, 1939-1942«, in: Martin C. Dean, Constantin Goschler u. a. (Hg.), *Robbery and Restitution. The Conflict over Jewish Property in Europe*, New York, Oxford 2007, S. 68-80, hier: S. 71 f. In den Arbeiten von Bogdan Musial finden sich interessante Einsichten in die Rolle der Zivilverwaltung bei der Enteignung der Juden, siehe *Deutsche Zivilverwaltung und Judenverfolgung im Generalgouvernement*, und

Verordnungen unmittelbar nach Kriegsbeginn schon ein erheblicher Teil des Vermögens der polnischen Juden in den Besitz des NS-Staates überführt worden war, wurde mit Beginn der »Aktion Reinhard« versucht, das jüdische Eigentum vollständig für den NS-Staat nutzbar zu machen.

Das SS-Wirtschafts- und Verwaltungshauptamt, in dem das SS-Hauptamt Verwaltung und Wirtschaft und das Hauptamt Haushalt und Bauten des Reichsinnenministeriums zusammengefasst wurde, erließ 1942 eine Regelung, wie das jüdische Eigentum, das in den Erlassen als Diebesgut, Hehlerware oder Hamstervorräte getarnt wurde, verwendet werden sollte. Bargeld in Reichsbanknoten sollte – so eine Anordnung des Brigadeführers August Frank vom September 1942 – auf das Konto des Wirtschaftsverwaltungshauptamtes bei der Reichsbank gehen. Devisen, Juwelen, Edel- und Halbedelsteine, Perlen, Zahngold und Goldabfälle sollten beim Wirtschaftsverwaltungshauptamt zur Weiterleitung an die Reichsbank abgeliefert werden. Taschen- und Armbanduhren, Wanduhren, Füllfederhalter, Drehbleistifte, Rasiermesser, Taschenmesser, Scheren, Taschenlampen, Brieftaschen und Geldbeutel sollten in die Reparaturwerkstätten des Reichsverwaltungshauptamtes geschickt werden und von dort an die Truppenverkaufsläden gehen. Abgesehen von Seidenwäsche, die zentral gesammelt werden sollte, sollte die beschlagnahmte Ober- und Unterbekleidung von Männern und Frauen sowie Federbetten, Steppdecken, Wolldecken, Schirme, Kinderwagen, Einkaufstaschen, Ledergürtel, Pfeifen, Sonnenbrillen, Spiegel, Koffer und Stoffe an die Volksdeutsche Mittelstelle gehen, die diese Dinge kostenlos oder gegen ein geringes Entgelt an Deutsche in den besetzten Gebieten weitergab. Den Juden abgenommene »wertvolle Pelze« sollten direkt an das Wirtschaftsverwaltungshauptamt geschickt werden, gewöhnliche Pelze an die SS-Textilfabrik in Ravensbrück.[13]

»Verfolgung und Vernichtung der Juden im Generalgouvernement. Die Zivilverwaltung und die Shoah«, in: Gerhard Paul (Hg.), *Die Täter der Shoah. Fanatische Nationalsozialisten oder ganz normale Deutsche?*, Göttingen 2002, S. 187-204.

13 Siehe dazu Hilberg, *Die Vernichtung der europäischen Juden*, S. 1020. Die Angaben basieren auf folgender Quelle: Pohl an Himmler, 7.9.1942; No-1258; Frank an den Leiter der Standortverwaltung Lublin und Verwaltungsleiter Auschwitz (6 Kopien, 26. September 1942, NO-724); Nuernberg Military Tribunals (Hg.), *Trials of War Criminals before the Nuernberg Military Tribunals. Volume 1-15*, Washington, D.C. 1949.

Bei der Enteignung der Juden spielte die Ordnungspolizei eine wichtige Rolle. Sie deportierte die Juden entweder direkt in die Vernichtungslager der »Aktion Reinhard« in Sobibór, Treblinka und Bełżec und in die Vernichtungslager in Auschwitz und Majdanek ab. Dort wurde ihnen bei Ankunft das letzte Eigentum abgenommen, und nach der Vergasung wurden Goldzähne, Haare und Prothesen entfernt. Oder die Polizisten nahmen kurz vor den von ihnen durchgeführten Erschießungen den Opfern die letzten Habseligkeiten ab. Bei der in Łomazy durchgeführten Erschießung erteilte beispielsweise der Oberleutnant Hartwig Gnade, der Führer der zweiten Kompanie des Polizeibataillons 101, vier, fünf Polizisten den Befehl, die Wertsachen der Juden einzusammeln. Dabei wurden die Juden – so die Aussage eines Polizisten nach dem Krieg – gezwungen, sich an einem Entkleidungsplatz nackt auszuziehen und in Gruppen von 10 bis 20 Personen zu einer Sammelstelle zu gehen, an der sie ihre Kleider ablegen mussten. Die Juden wurden genötigt, »Geld und Schmucksachen« in eine Kiste zu werfen, und die Polizisten durchsuchten die abgelegten Kleidungsstücke der Juden nach verstecktem Geld oder Schmuck. Dann mussten die Juden noch einmal an einem Polizisten vorbeigehen, der sicherstellte, dass sie keine »Uhren, Ringe, Halsketten und Ohrringe« trugen. Danach wurden sie am Rande einer ungefähr 50 Meter entfernten Grube erschossen.[14]

## Die Erfahrung in Hamburg

Die Ordnungspolizisten haben auch außerhalb ihres Dienstes mitbekommen, dass man als »einfacher Deutscher« aus der Enteignung der Juden Gewinn schlagen konnte. Für die Herkunftsregion der überwiegenden Mehrzahl der Polizisten des Reserve-Polizeibataillons 101, die Freie- und Hansestadt Hamburg, wurde inzwischen gezeigt, wie breit die Bevölkerung von der »Arisierung« jüdischen Eigentums profitierte.[15] Dort wurden, so zeigen die For-

14 Vernehmung Hermann Bergmann, StA Hamburg, NSG 0022/001, Bl. 98.

15 Das Standardwerk ist Frank Bajohr, *»Arisierung« in Hamburg*, Hamburg 1997; siehe auch auf Englisch Frank Bajohr, »The Beneficiaries of ›Aryanization‹«, in: *Yad Vashem Studies* 26 (1998), S. 173-203, und außerdem Frank Bajohr, »Aryanization and Restitution in Germany«, in: Martin C. Dean, Constantin Goschler

schungen von Frank Bajohr, über 3000 Grundstücke von Juden als sogenanntes »Feindvermögen« konfisziert und zu günstigen Preisen an Nichtjuden weiterverkauft. Angesichts der akuten Wohnungsnot in der Stadt – schon vor den Bombardierungen durch die Alliierten fehlten in Hamburg Zehntausende von Wohnungen – waren die Wohnungen, die durch die Deportation der Hamburger Juden »frei wurden«, heiß begehrt. Im Zuge der Deportation der Juden zuerst in die Ghettos im Generalgouvernement und dann direkt in die Vernichtungslager wurde am Hamburger Hafen der Hausrat der Juden aus Hamburg, später dann aus Deutschland und schließlich der Juden aus ganz Westeuropa, verkauft oder versteigert.

Wenn die Schätzungen Bajohrs stimmen, dass allein bei diesem Verkauf am Hamburger Hafen mehr als 100 000 Hamburger von Juden konfisziertes Mobiliar, Geschirr, Kleidung und Spielzeug teilweise zu Schleuderpreisen erworben haben, kann man davon ausgehen, dass ein erheblicher Teil der im Generalgouvernement eingesetzten Polizisten selbst bereits ehemals im Besitz von Juden befindlichen Hausrat erworben hatte, durch Familienangehörige erwerben ließ oder wenigstens von Verwandten oder Freunden davon gehört hatte. Das kann erklären, dass es den Ordnungspolizisten normal erschien, bei ihrem Einsatz im Generalgouvernement aus ihren privilegierten Zugängen zum jüdischen Eigentum Gewinn zu schlagen.

## Die Erfahrung in Lublin

An ihrem Einsatzort konnten die Bataillonsangehörigen auf legale Weise von der Enteignung der Juden im Rahmen der »Aktion Reinhard« profitieren. Das Ausmaß der Bereicherung hatte ein Spektrum, das im Fall des Reserve-Polizeibataillons 101 von der leihweisen Überlassung einer aus der »Aktion Reinhard« stammenden Kinderbadewanne an einen Angehörigen des Bataillons

u. a. (Hg.), *Robbery and Restitution. The Conflict over Jewish Property in Europe*, New York, Oxford 2007, S. 33-52. In »Die Deportation der Juden: Initiativen und Reaktionen aus Hamburg«, S. 34, weist Bajohr mit Blick auf Hamburg darauf hin, dass angesichts der akuten Wohnungsnot die Zurverfügungstellung der Wohnungen von deportierten Juden eher legitimatorische Funktion hatte. Siehe auch die kompakte Zusammenfassung des frühen Forschungsstandes zur Arisierung bei Herbert, »Vernichtungspolitik«, S. 45 ff.

während des Besuches seiner Ehefrau inklusive Kindern über die offizielle Verteilung von während der Massenräumung in Józefów erbeuteten Kinderschuhen an kinderreiche Angehörige des Bataillons bis hin zur Zuteilung einer aus der »Aktion Reinhard« stammenden kompletten Grundausstattung zur Neueinrichtung einer Wohnung in Hamburg ging.[16]

Wie diese Bereicherung der in Polen eingesetzten Polizisten an der Enteignung der Juden legalisiert wurde, zeigt der Fall des Bataillonskommandeurs Wilhelm Trapp. Nachdem bei einer Bombardierung Hamburgs – so Trapp – seine Familie »sämtliche Möbel« »sowie Gegenstände des hauswirtschaftlichen Bedarfs« und »sämtliche Wäschestücke« durch Feuer verloren hatte, beantragte er in einer mündlichen Unterredung mit dem SS- und Polizeiführer im Distrikt Lublin, aus bei der »Aktion Reinhard« beschlagnahmten Gütern eine neue Grundausstattung zu erhalten. Die detailliert aufgeführte Überlassung von drei Federbetten, acht Bettbezügen, acht Kopfkissenbezügen, fünf Handtüchern, sechs Garnituren Essbesteck, sechs Paar Schuhen für Frau und Tochter und von Unterwäsche, Kleidern und Damenstrümpfen wird zwar als »käuflicher Erwerb« gekennzeichnet, aber es kann als gesichert gelten, dass Trapp diese vom SS- und Polizeiführer direkt verwalteten Güter zu stark vergünstigten Preisen erhalten hat.[17]

16 Karl Huber, 28.10.1942, an Globocnik: »Am Mittwoch den 4.Nov.d.J. trifft meine Frau mit meinem 6 Wochen alten Jungen hier ein. Trotz aller Bemühungen ist es mir nicht gelungen, die dann erforderliche Kinderbadewanne hier in Lublin aufzutreiben. Ich bitte daher, mir aus der Aktion ›Reinhard‹ eine Kinderbadewanne leihweise zur Verfügung stellen zu wollen.« (APMM Majdanek SS- und Polizeiführer im Distrikt Lublin – II-3). »Mir fällt aber eben noch ein, daß bei den Räumungen in Józefów bei einem Schuster ein größeres Lager gehamsterter Kinderschuhe gefunden wurde, die auch von uns beschlagnahmt wurden. Diese Schuhe sollten auf Grund irgendeiner Anordnung vom Btl. an Kinderreiche unseres Bataillons verteilt werden. Da ich auch dazu gehört hätte, ist mir dieser Vorfall besonders in Erinnerung geblieben, weil ich letzten Endes keine Schuhe abbekam. Die Verteilung dieser Schuhe sollte aber unter Aufsicht meines Zugführers Grüll erfolgen.« Vernehmung von Heinrich Renken, StA Hamburg NSG 0022/001, Bl. 624ff.

17 Die Originalquelle ist überliefert: »Major Wilhelm Trapp, Lublin den 28.8.1943; Betr. Käuflicher Erwerb von Textilien wegen totalen Bombenschadens; Bezug: Mündliche Unterredung mit SS-Gruppenführer Sporrenberg. In der Nacht vom 27. zum 28.8.1943 wurde meine Wohnung in Hamburg durch Bombentreffer

Bei diesen Maßnahmen handelt es sich um legalisierte und generalisierte Formen der Aneignung jüdischen Eigentums. Legalisiert waren diese Aneignungen insofern, als dass der Verkauf, der Verleih oder das Verschenken jüdischen Eigentums auf eine durch den NS-Staat legalisierte Weise stattfand. Die Verteilung des jüdischen Eigentums wurde über Richtlinien festgelegt, der Übergang des Eigentums in Akten dokumentiert und die Einnahmen in der Staatskasse verbucht. Generalisiert waren diese insofern, als dass prinzipiell erst einmal jeder Deutsche, der vom NS-Staat nicht aufgrund von ethnischen, religiösen oder politischen Gründen ausgeschlossen wurde, Ansprüche auf jüdisches Eigentum anmelden konnte. Im Schatten dieser legalisierten und generalisierten Aneignung jüdischen Eigentums bildeten sich jedoch Bereicherungsmöglichkeiten aus, die offiziell vom NS-Staat nicht geduldet wurden und zu denen nicht jeder deutsche »Volksgenosse« prinzipiell Zugang hatte.

## 5.3. Bereicherung jenseits der offiziellen Entlohnungs- und Belohnungsformen

Allein aufgrund der Zeugenaussagen in den Ermittlungsverfahren gegen Einheiten der Ordnungspolizei wissen wir, dass die an den Ghettoräumungen, Deportationen und Erschießungen beteiligten Polizisten sich persönlich an den Wertgegenständen der deportierten oder erschossenen Juden bereichert haben. So berichtet beispielsweise Adolf August Begehr in seiner Vernehmung zu den Erschießungen in Józefów durch das Polizeibataillon 101, dass sich

total zerstört. Hierbei sind meine sämtlichen Möbel, sowie Gegenstände des hauswirtschaftlichen Bedarfs und sämtliche Wäschestücke durch Feuer vernichtet. Meine Ehefrau und meine Tochter haben nur das retten können, was sie am Leibe trugen. Ich wäre daher für die käufliche Überlassung nachstehender Wäsche- und Ausrüstungsstücke außerordentlich dankbar: 3 kompl. Federbetten, 8 Bettbezüge, 8 Kopfkissenbezüge, [...] 5 Handtücher, 4 mal Unterwäsche für Ehefrau, 3 Kleider für Ehefrau und Tochter, 6 Paar Damenstrümpfe für Frau u. Tochter, 6 Paar Schuhe für Frau und Tochter, 2 Unterhemden für eigene Person, [...] 6 Garnituren Eßbesteck«; APMM Majdanek SS- und Polizeiführer im Distrikt Lublin XIX 33. Zur Normalität solcher Anfragen siehe schon die Dokumente in Joseph Wulf, *Das Dritte Reich und seine Vollstrecker. Die Liquidation der Juden im Warschauer Ghetto. Dokumente und Analysen*, Berlin 1961, S. 266 ff.

»ein großer Teil der Kameraden, die zum Exekutionskommando gehören, selbst bereichert« habe. Das habe man alleine schon daran erkennen können, dass diese »am Abend nach dieser Aktion über zahlreiche Uhren, Schmuckstücke und größere Geldstücke« verfügten.[18]

Solche Formen von illegalen persönlichen Bereicherungen sind auch von anderen Polizeibataillonen überliefert. Von dem aus Bremen stammenden und in Litauen eingesetzten Polizeibataillon 105 berichteten Zeugen, dass die Bataillonsführung »lastwagenweise« gestohlene Güter für sich »in die Heimat« verschoben habe und der Bursche eines Kompaniechefs »Tag und Nacht Kisten mit Beutegut« genagelt habe, die dann mit der Eisenbahn nach Bremen verschickt wurden.[19] Von dem aus Dortmund stammenden Polizeibataillon 61 wurde durch die Ermittlungen bekannt, dass die bei der Bewachung des Warschauer Ghettos eingesetzten Polizisten mit den von den Juden beschlagnahmten Lebensmitteln und Kleidungsstücken einen schwungvollen Handel betrieben und Pakete mit den unterschlagenen Gütern an die eigenen Familien schickten.[20] Im Generalgouvernement kursierte für diese Formen der Bereicherung an Juden die Redewendung »mit der Pistole einkaufen«.[21]

Auch die nichtdeutschen Hilfskräfte aus dem Ausbildungslager der SS in Trawniki nutzten die vielfältigen Möglichkeiten, sich an den Juden zu bereichern. Das Lubliner Kommando der polnischen Heimatarmee berichtete, dass die zur Bewachung des Vernichtungslagers in Bełżec eingesetzten Trawnikis in der Umgebung Wodka aufkauften, den sie oft mit bei Juden erbeuteten Uhren und

18 Vernehmung von Adolf August Begehr, StA Hamburg, NSG 021/001, Bl. 439 ff.

19 Zitiert nach Karl Schneider, *»Auswärts eingesetzt«*, Essen 2011, S. 212 f.

20 Zitiert nach Klemp, *Freispruch für das »Mord-Bataillon«*, S. 51.

21 Siehe dazu die Studie von Klaus-Michael Mallmann, »›Mensch, ich feiere heut' den tausendsten Genickschuß‹. Die Sicherheitspolizei und die Shoah in Westgalizien«, in: Gerhard Paul (Hg.), *Die Täter der Shoah. Fanatische Nationalsozialisten oder ganz normale Deutsche?*, Göttingen 2002, S. 109-136, hier: S. 122, über die Sicherheitspolizei in Westgalizien; siehe auch die Aussage eines Angehörigen des Grenzpolizeikommissariats Neu-Sandez im Distrikt Krakau, dass man sich »nichts vormachen« sollte: »Bei den Judenaktionen gab es etwas zu holen« und dass deswegen viele bereitwillig mitgemacht haben; zitiert nach Klee u. a., *»Schöne Zeiten«*, S. 78.

Schmuck bezahlten.[22] Wahrscheinlich auf der Grundlage dieses Lubliner Berichts meldete das Kommando der polnischen Heimatarmee in Warschau an die polnische Exilregierung in London, dass die zur Bewachung eingesetzten Trawnikis über »Unmengen von Geld und geraubten Wertsachen« verfügten, mit denen sie hohe Preise für Schnaps und Geschlechtsverkehr bezahlen würden.[23]

## Formales Verbot der Unterschlagung

Das Spitzenpersonal des NS-Regimes war sich dessen bewusst, dass die Mitwirkung an der Enteignung der Juden in den besetzten Gebieten für die beteiligten Ordnungspolizisten, SD-Mitarbeiter und Mitarbeiter der Zivilverwaltung eine große Versuchung bedeutete. August Frank, Leiter der für die »Verwertung jüdischen Vermögens« zuständigen Amtsgruppe A im SS-Wirtschafts- und Verwaltungshauptamt erklärte, dass es »zu einer persönlichen Korruption größten Ausmaßes« komme, wenn die den Juden abgenommenen Werte »nicht genau erfaßt« würden.[24] Besonders die Angehörigen der Sicherheitspolizei und des SD in den besetzten Gebieten, so heißt es in einem Vermerk anlässlich der Überarbeitung der »SS-Disziplinar- und Beschwerdeordnung«, seien besonderen Versuchungen und Anfechtungen ausgesetzt«, denen »nur durch straffste Handhabung der Disziplinargewalt entgegengetreten werden« könne.[25]

Obwohl sie häufig selbst an den persönlichen Bereicherungen

22 Anhang Nr. 1 zum Bericht des Kommandos des Bereichs Lublin der Heimatarmee über die politische Lage im April 1942 für das Oberkommando der Heimatarmee. Ich beziehe mich auf die deutsche Übersetzung in Friedrich, *Polen: Generalgouvernement August 1941-1945*, S. 261. Das Original (in polnischer Sprache) habe ich nicht eingesehen.

23 Meldung der Heimatarmee in Warschau für das Innenministerium der polnischen Exilregierung in London vom 10. 7. 1942, zitiert nach der deutschen Übersetzung in Friedrich, *Polen: Generalgouvernement August 1941-1945*, S. 333. Das Original (in polnischer Sprache) habe ich nicht eingesehen.

24 Siehe zu dieser Quelle Rainer Weinert, *»Die Sauberkeit der Verwaltung im Kriege«. Der Rechnungshof des Deutschen Reiches 1938-1946*, Opladen 1993, S. 138.

25 Siehe dazu den Vermerk vom 8. 6. 1942, BA Berlin NS 7/256; siehe dazu Wolfgang Scheffler, »Rassenfanatismus und Judenverfolgung«, in: Wolfgang Treue, Jürgen Schmädeke (Hg.), *Deutschland 1933. Rassenfanatismus und Judenverfolgung*, Berlin 1984, S. 16-44, hier: S. 38.

beteiligt war, gehörte es innerhalb der Führungsriege des NS-Staates zum guten Ton, über die zweckwidrige Verwendung öffentlicher Mittel, die Unterschlagung von dem Reich zustehenden Besitztümern, die Annahme von Bestechungsgeldern und die Vermengung von Amts- und Privatgeschäften zu klagen. Das Generalgouvernement sei, so heißt es in einem vermutlich vom SD stammenden Merkblatt für »die Deutschen im Osten«, zu einem »Eldorado für goldene Geschäfte«, für »Parteihyänen« und für »Drückerberger« geworden, die »den Frontdienst wie den Teufel fürchten«.[26]

Heinrich Himmler, der nicht nur das Programm zur systematischen Enteignung, Entrechtung und schließlich Tötung der jüdischen Bevölkerung verantwortete, sondern sich als Reichsführer SS und Chef der deutschen Polizei maßgeblich für die Korruptionsbekämpfung zuständig fühlte, erklärte die immer häufiger auftretenden Fälle von Unterschlagung zu einem »Verbrechen an Deutschland und an der SS«.[27] In einem Rundschreiben des Hauptamtes SS-Gericht betreffend die »Beurteilung und Bekämpfung der Diebstahlfälle in der SS und Polizei« wird Himmler mit der Aussage zitiert, dass es »die Ehre eines nordisch ausgerichteten Menschen verbietet, sich an fremdem Eigentum zu vergreifen«. Man könne, so Himmler »kein Idealist sein und sich gleichzeitig die Taschen füllen, eine jüdische Geliebte zulegen oder an Sauforgien teilnehmen«.[28]

Dieser erst einmal nur auf Wertformulierungen basierende »pädagogische Ehrgeiz«, die Angehörigen von SS und Polizei im Geiste einer »spezifischen SS-Moral zu erziehen«, wurde, so Frank Bajohr treffend, in auf den ersten Blick bedrohlich wirkende Programme übersetzt, die über die SS- und Polizeigerichte durchgesetzt werden

26 Siehe dazu IfZA München, MA 641, Bl. 2135. Auf die Quelle aufmerksam geworden bin ich durch Pohl, *Nationalsozialistische Judenverfolgung in Ostgalizien 1941-1944*, S. 302, wo die Vermutung geäußert wird, dass es sich um ein Papier des SD handele.

27 Aus der »Schlußansprache des Reichsführers SS auf der Königsberger Tagung vom Januar 1944«, BA Berlin R 58/1115, Bl. 47. Den Hinweis auf diese und die nächste Quelle verdanke ich einer Publikation von Bajohr, *Parvenüs und Profiteure*, S. 162. Die Quellen wurden von mir im Bundesarchiv überprüft.

28 Aus dem Rundschreiben des Hauptamtes SS-Gericht betreffend die »Beurteilung und Bekämpfung von Diebstählen in der SS und Polizei« vom 15. 9. 1942 BA Berlin, NS 7/5, Bl. 144 f.; zitiert nach Bajohr, *Parvenüs und Profiteure*, S. 162.

sollten.[29] Himmler drohte früh schon jedem in den besetzten Gebieten eingesetzten SS-Mann oder Polizisten, der »bei der Übernahme jüdischer Vermögenswerte« einen »ungerechtfertigten Vorteil« zu erlangen suchte, mit einer »unnachsichtigen Bestrafung«.[30] Wer sich als SS-Angehöriger oder Angehöriger der Polizei auf eigene Kosten bereichere, »wer sich auch nur eine Mark« von dem beschlagnahmten jüdischen Vermögen nehme, der werde, so Himmler, »des Todes sein, gnadenlos«.[31]

Sowohl den im Rahmen der »Aktion Reinhard« an den Deportationen und Erschießungen beteiligten Polizisten als auch den Angehörigen des Reserve-Polizeibataillons 101 wurde durch das verbindliche Unterzeichnen einer Verpflichtungserklärung deutlich zu machen versucht, dass das Verbot der persönlichen Bereicherung auch durchgesetzt werden würde. In der Verpflichtungserklärung musste ein Polizist beurkunden, wiederholt darin unterwiesen worden zu sein, dass er sich »irgendwelche Sachen, ob Geld, Gold, Silbersachen oder andere Bedarfs- oder Gebrauchsgegenstände, die Polen, Juden oder einer anderen Rasse gehören, nicht aneignen darf«, sich bei »Haussuchungen, die in Wohnungen oder dem befriedeten Besitztum von Polen, Juden oder einer anderen Rasse durchgeführt werden, keine Sachen, auch wenn sie noch so gering sind, aneignen« und »Waren, die im freien Handel sind«, nur »käuflich gegen Quittung erwerben« darf. In der Verpflichtungserklärung musste der Polizist zu verstehen geben, dass Verstöße gegen diese Regelungen »eines deutschen Mannes unwürdig« seien, dass sie »unnachsichtig« dem »SS- und Polizei-Gericht zur strengsten Bestrafung gemeldet« werden würden und er sich dessen bewusst sei, dass auf »Raub und

29 Siehe zu dem moralisierenden Grundton Himmlers in seinen Reden Bajohr, *Parvenüs und Profiteure*, S. 162.

30 Heinrich Himmler in einer Anordnung vom 3.3.1939, IfZA München, MA 331; siehe dazu Bajohr, *Parvenüs und Profiteure*, S. 100.

31 Zitiert nach Hilberg, *Die Vernichtung der europäischen Juden*, S. 1077. Himmler erwähnt, dass es nicht sehr viele gewesen seien, die sich bereichert hätten. Meines Erachtens ist dies aber lediglich der Versuch, die epidemisch um sich greifenden Regelverletzungen besonders verwerflich erscheinen zu lassen. Die rigiden Maßnahmen gegen Korruption und Bereicherung sowie deren Erwähnung in der Posener Rede sind ein deutliches Indiz dafür, wie gravierend das Problem aus der Perspektive Himmlers gewesen ist. Vermutlich weil von der Posener Rede auch ein Tondokument existiert, ist dies wohl eine in der NS-Forschung am häufigsten verwendeten Stellen.

Plündern die Todesstrafe« stehe und bei »milden Fällen lebenslänglich Konzentrationslager verhängt« werden würde.[32]

## Die nur begrenzte Durchsetzung des Unterschlagungsverbots

Faktisch wurde die persönliche Bereicherung an den Juden in den besetzten Gebieten jedoch kaum unterbunden. In einem noch vor dem Beginn der systematischen Ermordung geschriebenen Bericht der »Vertretung der polnischen Regierung im besetzten Polen über die Nationalitätenpolitik der deutschen Besatzer« heißt es, dass für die Juden »ständiger Straßenterror« und »Überfälle auf Wohnungen« an der Tagesordnung seien. Dabei werde »in der Regel Hab und Gut« – »Pelze, Wertsachen, wertvolle Möbel, Bettzeug, sogar Seife, Lebensmittelvorräte, Bargeld« – geraubt. Es komme durchaus vor, dass »die Deutschen wiederholt eindringen und konfiszieren, was ihnen gefällt«. Aus den »Hosentaschen der Juden«, so der Bericht, »nimmt man sich Bargeld, von den Schultern der Jüdinnen Pelze und Mäntel, aus den Wohnungen Haushaltsgeräte und Bettzeug«.[33]

Die Verfolgung der Unterschlagungen wurde dadurch erschwert, dass die Grenzen zwischen einer aus der Sicht der NS-Administration legalen Konfiszierung jüdischer Güter und einer illegalen persönlichen Bereicherung fließend waren. War die luxuriöse Einrichtung einer für den Bataillonskommandanten konfiszierten Wohnung mit Möbeln, die Juden abgenommen worden waren, bereits ein Verstoß gegen die Richtlinien? War die Konfiszierung von Decken und Bettzeug für die eingesetzte Ordnungspolizei aus der Sicht der NS-Verwaltung bereits Unterschlagung? Wie sah es aus, wenn ein Kompanieführer seinen Männern wegen der besonders

32 Siehe dazu die Erläuterung vom 10.1.1943 für Angehörige des Polizeibataillons 101 (hier in der ab Ende 1942 üblichen Bezeichnung III./Pol.-Regt 25 Lublin) StA Hamburg NSG 0022/001, Bl. 666.

33 Siehe dazu den Bericht der Vertretung der polnischen Regierung; zitiert in Friedrich, *Polen, September 1939-Juli 1941*, S. 704. Siehe allgemein zum Zusammenhang von Unterschlagung und Vernichtungspolitik Frank Bajohr, »The Holocaust and Corruption«, in: Gerald D. Feldman, Wolfgang Seibel (Hg.), *Networks of Nazi Persecution. Bureaucracy, Business, and the Organization of the Holocaust*, New York 2005, S. 118-140, hier: S. 125 ff.

schweren Aufgabe der Massenerschießung erlaubte, sich jeweils eine Armband- oder Taschenuhr von einem der getöteten Juden zu nehmen?

Während sich die Konfiszierung der Bankguthaben, Wohnungen und Betriebe der Juden zu Beginn der Besatzung noch einigermaßen überwachen ließ, waren die Beschlagnahmungen, die im Rahmen der Umsiedlung der jüdischen Bevölkerung in die Ghettos, der Deportationen der Juden aus den Ghettos in die Vernichtungslager und der Massenexekutionen stattfanden, einer zentralen Kontrolle entzogen. Ob die in den Wohnungen beschlagnahmten oder den Juden abgenommenen Gegenstände am Ende in der vom SS-Wirtschafts- und Verwaltungshauptamt vorgesehenen Form in »Staatseigentum« überführt wurden oder in den Taschen der an den Ghettoräumungen, Deportationen und Erschießungen beteiligten Ordnungspolizisten landeten, konnte häufig nur von lokalen Befehlshabern überwacht werden, die jedoch nicht selten selbst Teile der beschlagnahmten Güter für sich behielten.[34]

Die Versuche der NS-Führung, über vereinzelte Sonderprüfungen wenigstens bei großen »Aktionen« die Kontrolle über Beschlagnahmungen zu behalten, waren nur sehr begrenzt erfolgreich. Bei der »Aktion Reinhard« wurde zwar eigens Personal für die Registrierung, Sortierung und Verwertung beschlagnahmten jüdischen Eigentums abgestellt, aber dieses konnte nicht verhindern, dass Wertsachen beiseitegeschafft wurden. Auch die Ermittlung gegen Führungspersonen der SS, die sich persönlich bereicherten, waren die Ausnahme und hatten – wie im Fall des Lagerkommandanten von Sachsenhausen, Buchenwald und Majdanek, Karl Otto Koch – häufig nur die Funktion, das Personal bei besonders extremen Fällen von persönlicher Bereicherung exemplarisch abzustrafen.[35]

34 Siehe für Galizien dazu Pohl, *Nationalsozialistische Judenverfolgung in Ostgalizien 1941-1944*, S. 302. Für die Sowjetunion macht Yitzhak Arad (in »Plunder of Jewish Property in the Nazi occupied Areas of the Sowjet Union«, in: *Yad Vashem Studies* 29 [2001], S. 109-148, hier: S. 147) darauf aufmerksam, dass die persönlichen Bereicherungsmöglichkeiten dort besonders groß gewesen sind, weil die Juden nicht vorwiegend in Vernichtungslager transportiert, sondern vor Ort erschossen wurden. Geld und andere Wertgegenstände verblieben dadurch meistens unter der Kontrolle der jeweiligen lokalen Befehlshaber.

35 Tom Segev, *Die Soldaten des Bösen. Zur Geschichte der KZ-Kommandanten*, Reinbek 1992, S. 175 ff.

In den Einheiten der Ordnungspolizei wurde die persönliche Bereicherung durch die Polizisten in den meisten Fällen geduldet. Während Verfehlungen wie das Angreifen von Vorgesetzten, die offene Verweigerung von Befehlen oder auch nur das unerlaubte Fernbleiben vom Dienst häufiger über die Regimentsführung an die SS- und Polizeigerichte gemeldet wurden, kam es – so jedenfalls die Einschätzung aufgrund überlieferter Akten der SS- und Polizeigerichte – kaum zu Meldungen wegen persönlicher Bereicherung an jüdischem Eigentum. Es scheint eine stille Übereinkunft gegeben zu haben, dass selbst bei größeren persönlichen Konflikten weder Vorgesetzte ihre Untergebenen noch die Untergebenen ihre Vorgesetzten wegen Unterschlagung an übergeordnete Dienststellen meldeten.[36]

## 5.4. Die Funktionalität der Unterschlagung

Wir wissen aus der Forschung, dass es für Organisationen funktional sein kann, Regelverletzungen zu dulden. Häufig sind die Vorgaben einer Organisation so rigide, dass offiziell genannte Ziele nur unter Ignorierung einer ganzen Reihe von formalen Vorgaben erreicht werden können. Die formalen Kommunikationswege in Organisationen sind mit Blick auf die unterschiedlichen aufgaben-

36 Charakteristisch dafür sind die Verhaltensweisen im Reserve-Polizeibataillon 101, wo es zu keiner – jedenfalls als formale Spur nachweisbaren – Auseinandersetzung über persönliche Bereicherungsstrategien gekommen ist. Lediglich die Weigerung von Wolfgang Hoffmann, die vom Bataillonskommandanten verlangte Verpflichtungserklärung zu unterzeichnen, sowie der sich daran entzündende Konflikt zwischen Trapp und Hoffmann sind vergleichsweise gut überliefert, weil die Staatsanwaltschaft für ihre Ermittlungen Zugriff auf die Personalakte von Wolfgang Hoffmann hatte. Siehe die »Beschwerde an den Herrn Batl.-Kommandeur des II./Pol. 25, 30.1.1943«, in der Hoffmann gegen das Unterschreiben der Verpflichtungserklärung protestiert, die Beschwerdeschrift Wolfgang Hoffmanns bezüglich der Beurteilung vom Februar 1943 durch Trapp vom 3.5.1943 und die Reaktion von Trapp auf diese Beschwerdebriefe am 23.2.1943 mit der Beantragung seiner Ablösung, StA Hamburg NSG 0021/001, Bl. 516ff. Die Personalakte Hoffmanns aus den Beständen der Polizeiverwaltung scheint – wie die meisten anderen Personalakten der Angehörigen des Polizeibataillons 101 – vom Staatsarchiv Hamburg irgendwann nach Abschluss des Gerichtsverfahrens gegen die Bataillonsangehörigen vernichtet worden zu sein.

spezifischen Kommunikationsbedürfnisse häufig so ungeeignet, dass die Wahl des »kurzen Dienstweges« – also eines formal nicht gestützten Kommunikationsweges – funktional erscheint und von der Organisation geduldet wird. Niklas Luhmann spricht in diesem Zusammenhang von »brauchbarer Illegalität«.[37]

Ein Organisationsmitglied kann aber nicht bei jeder Regelverletzung für sich in Anspruch nehmen, dass diese für die Organisation funktional ist. Bei den sehr vereinzelt vorkommenden Versuchen von Angehörigen der Ordnungspolizei, Juden dem Vernichtungsapparat zu entziehen, handelt es sich in den meisten Fällen um offene Verstöße gegen die Regeln der Organisation, die aus der Perspektive der mit der »Vernichtung der Juden« beauftragten Organisation aber keine Funktionalität hatte. Von Informalität wird in der systemtheoretischen Organisationsforschung deswegen nur dann gesprochen, wenn – bei kritischer Nachfrage – die Regelabweichung als »brauchbar« dargestellt werden kann.[38]

Wie sind vor diesem Hintergrund die illegalen Bereicherungen der SS-Männer, Ordnungspolizisten oder nichtdeutschen Hilfstruppen während der Ghettoliquidierungen, Deportationen und Erschießungen zu betrachten? Inwiefern können diese Bereicherungen auch für die Organisationen eine Funktion erfüllt haben? Und wie kann dadurch die sehr weitgehende Duldung dieser Praxis erklärt werden?

Auf den ersten Blick war die persönliche Bereicherung für den NS-Staat dysfunktional. Auch wenn die Aufbesserung der Staatsfinanzen durch die systematische Enteignung der Juden in Deutschland und den annektierten Gebieten sicherlich nicht der Hauptgrund für die Entscheidung der NS-Führung war, die Juden in Europa zu töten, so wurde die Möglichkeit, das Eigentum der Juden der Staatskasse zuzuführen, doch als wichtiger positiver Nebeneffekt eines vorrangig rassistisch motivierten Vernichtungspro-

37 So Luhmann, *Funktionen und Folgen formaler Organisation*, S. 304 ff.

38 Diese Bestimmung stellt den zentralen Unterschied zum Funktionalismus der frühen US-amerikanischen Organisationssoziologie dar, in der häufig auch solche Regelabweichungen als funktional bezeichnet wurden, die letztlich nur einzelnen Personen, Teilgruppen der Organisation oder Interessengruppen außerhalb der Organisation dienten (so zum Beispiel prominent Philip Selznick, *TVA and the Grass Roots*, Berkeley 1949 über die Tennessee Valley Authority). Die Systemtheorie bindet dagegen den Begriff der Funktionalität an das jeweils beobachtete System. Dazu ausführlich Kühl, *Organisationen*, S. 117 f.

gramms begriffen. So gesehen konnte die Führung des NS-Staates die kaum noch zu kontrollierenden Plünderungen, Unterschlagungen und Bestechungen nur als problematisch einstufen. Schließlich stand jede Reichsmark, jede Armbanduhr und jedes Gramm Zahngold, das sich ein Mitarbeiter des SD, ein Ordnungspolizist oder ein Trawniki während einer Ghettoräumung oder einer Erschießung aneignete, dem NS-Staat nicht mehr für die Finanzierung insbesondere der Kriegsführung zur Verfügung.

Auf den zweiten Blick kann jedoch die illegale Form der individuellen Bereicherung als in einem bestimmten Rahmen von der Organisation geduldete Form des »side payments« – der informalen Nebenentlohnung – verstanden werden.[39] Luhmann weist darauf hin, dass es für Organisationen funktional sein kann, ihren Mitgliedern statt offizieller Leistungsprämien illegale Bereicherungsmöglichkeiten einzuräumen. Letztere können von der Organisation – zum Beispiel durch eine Erhöhung der Kontrollfrequenz – jederzeit entzogen werden, ohne dass die Mitglieder sich darüber beschweren könnten.[40]

»Die NS-Führung« – und da kann man Götz Aly auch aus der Mikroperspektive auf ein einzelnes Polizeibataillon Recht geben – »verwandelte nur einen Teil der Deutschen in »nationalsozialistische Fanatiker« und »überzeugte Herrenmenschen«. Es gelang ihr aber, einen großen Teil der Bevölkerung zu »Nutznießern und Nutznießerchen zu machen«. »Nicht wenige steigerten sich« – auch das können die Mikrostudien über Polizeibataillone zeigen – »in eine Goldgräberstimmung, in das Gefühl von einer nahen Zukunft, in der das Geld auf der Straße liegen würde«. »Wie sich der Staat im Großen in eine gewaltige Raubmaschinerie transformierte, wandelten sich«, so Aly, »gewöhnliche Leute in Vorteilsnehmer und passiv Bestochene.« »Aus Soldaten« – und man mag ergänzen auch aus Ordnungspolizisten – »wurden bewaffnete Butterfahrer«.[41]

39 Siehe als empirische Studien zu »side payments« beispielsweise Melville Dalton, *Men Who Manage*, New York 1959, oder Stefan Kühl, »Formalität, Informalität und Illegalität in der Organisationsberatung. Systemtheoretische Analyse eines Beratungsprozesses«, in: *Soziale Welt* 58 (2007), S. 269-291.

40 Niklas Luhmann, *Allgemeine Theorie der Verwaltung*, Bielefeld 1965 (unveröff. Ms.), S. 60 ff. Zur Duldung von Plünderungen in Kriegen als Form der Entlohnung siehe auch Osiel, *Obeying Orders*, S. 188.

41 Aly, *Hitlers Volksstaat*, S. 361. Aly verweist darauf, dass er die Wendung »bewaffnete Butterfahrer« Michael Naumann verdankt.

Da es sich in der Regel um eine von anderen Organisationsmitgliedern beobachtete und gedeckte Form der Bereicherung handelte, trug dies zur Stärkung der Kameradschaft bei. Während des Holocaust scheint in den Truppen ein stillschweigendes Einverständnis entstanden zu sein, dass man die Kameraden, die sich an den Deportationen und Massenerschießungen von Juden besonders engagiert beteiligten, nicht wegen Unterschlagung beim Vorgesetzten meldete. Besonders das über das formal Verlangbare hinausgehende Engagement wurde informal gegen die Duldung von seitens der Organisation offiziell verbotener Bereicherungsmöglichkeiten getauscht. So entstand im Schatten der Formalstruktur durch die Unterschlagung im Rahmen von Deportationen und Massenerschießungen ein im Regelverstoß verortetes Gefühl der gegenseitigen Verpflichtung.[42]

Die Möglichkeiten zur illegalen Bereicherung waren nicht die zentrale Motivation für eine Mitgliedschaft in der Ordnungspolizei, den Einheiten der SS oder auch den Einheiten der Trawnikis. Für den Eintritt in diese Organisationen wurde nicht mit den sich bietenden Gelegenheiten zur Plünderung jüdischen Eigentums geworben. Und selbst als bei der Mitwirkung an der »Aktion Reinhard« den beteiligten Organisationsmitgliedern die vielfältigen Möglichkeiten zur illegalen Bereicherung deutlich wurden, ist es unwahrscheinlich, dass dies der ausschlaggebende Grund gewesen ist, Mitglied in der Organisation zu bleiben. Schließlich konnten durch eine Verlegung der Organisationseinheit in ein anderes Gebiet oder auch nur durch die Zuweisung anderer Aufgaben die Bereicherungsquellen schnell versiegen.

Wahrscheinlicher ist, dass die Möglichkeiten zur illegalen Bereicherung eher ein gern genutzter Mitnahmeeffekt waren und so zur Leistungsmotivation der Ordnungspolizisten, SS-Angehörigen oder Trawnikis beitrugen. Gerade wenn die Teilnahme an den Ghettoräumungen, Deportationen und Erschießungen als psychische und physische Belastung empfunden wurde, wurde das Sichaneignen von Schuhen oder Kleidungsstücken, das Einstecken eines Geldbeutels oder die Mitnahme einer Taschenuhr womöglich

42 Von Moskos gibt es einen kleinen Hinweis, dass im Vietnam-Krieg durch Angehörige der Kampftruppen oft geplündert wurde. Dabei scheint der materielle Wert nicht ausschlaggebend gewesen zu sein, sondern das Sammeln von »Souvenirs«. Siehe Moskos, »Eigeninteresse, Primärgruppen und Ideologie«, S. 205.

als eine – wenn auch nicht legale – Prämie für die Beteiligung an dieser »schweren Arbeit« empfunden. Und so mag in einigen Fällen die Aussicht auf diese durch die formale Ordnung nicht erlaubte Prämie der Bereitschaft, sich an Deportationen und Erschießungen aktiv zu beteiligten, förderlich gewesen sein.[43]

43 Es liegt nahe, dass die Bereicherungsmöglichkeiten von Polizisten im Zuge der Tötung der Juden während des Zweiten Weltkriegs eine ähnliche Rolle gespielt haben wie die von Soldaten während moderner Kriege. Für moderne Kriege wissen wir, dass die Möglichkeit zum Plündern und Brandschatzen in der Regel nicht das Hauptmotiv für die Beteiligung von Soldaten an einem Krieg gewesen ist. Hier scheint es deutliche Unterschiede zu Kriegen im Mittelalter zu geben, in denen die Gelegenheit zum Plündern offensiv als Motiv für die Teilnahme an einem Krieg kommuniziert wurde. Barbara Kuchler verweist darauf, dass es hier Korrelationen zwischen der Motivation von Staaten zur Kriegsführung und den Motivationen einzelner Soldaten gibt. Während in der Vormoderne die Möglichkeiten der Bereicherung häufig ein zentrales Motiv sowohl für die kriegführenden Staaten als auch für die eingesetzten Soldaten zu sein scheint, verliert dieses Motiv in der Moderne zunehmend an Bedeutung. Siehe Kuchler, *Kriege*, S. 124 ff.

# 6. Handlungsattraktivität

Viele taten es, weil sie es wollten. Die anderen aber wollten es, weil sie es taten.
*Jan Philipp Reemtsma*[1]

Der Hamburger Staatsanwaltschaft gelang es nach dem Zweiten Weltkrieg, über Zeugenaussagen nachzuweisen, dass es bei den Ghettoräumungen, Erschießungen und Transporten in die Vernichtungslager zu brutalen Übergriffen durch Angehörige des Polizeibataillons 101 gekommen ist. Bei den Erschießungen in Łomazy habe – so die Rekonstruktion der Staatsanwaltschaft – der Oberleutnant Hartwig Gnade von einer Gruppe älterer jüdischer Männer mit langen Bärten verlangt, sich nackt auszuziehen und auf dem Bauch zur Erschießungsgruppe zu robben. Dabei wurden sie mit Knüppeln malträtiert und schließlich erschossen.[2] Der Zugwachtmeister Heinrich Becker kopierte diese Vorgehensweise und ließ bei einem Transport »diese durch ein Wasserloch robben und dabei singen«. Als ein alter Mann nicht mehr konnte, schoss »er ihm aus nächster Nähe in den Mund«.[3]

1 Jan Philipp Reemtsma, »Individuelle und kollektive Tötungsbereitschaft«, Vortrag bei der Konferenz *Neuere Tendenzen der Holocaustforschung*, Kulturwissenschaftliches Institut Essen, 20.3.1997; zitiert nach Herbert, »Vernichtungspolitik«, S. 52. Die Korrektheit des Zitats wurde mir von Reemtsma bestätigt.

2 Siehe Vernehmung von Friedrich Paulsen, StA Hamburg NSG 0022/001, Bl. 241f. »Noch bevor die Erschießungen begannen, hatte sich Oberleutnant Gnade etwa 20 bis 25 ältere Juden herausgesucht. Es waren ausschließlich Männer mit Vollbärten. Diese alten Männer ließ Gnade auf dem Platz vor der Grube robben. Bevor er ihnen den Befehl zum Robben gegeben hatte, mußten sie sich entkleiden. Während die Juden nun völlig nackt robbten, schrie Oberleutnant Gnade in die Gegend: ›Wo sind denn meine Unterführer, habt ihr noch keine Knüppel.‹ Daraufhin sind dann die Unterführer an den Waldrand gegangen, haben sich Knüppel geholt und schlugen nun kräftig mit diesen Knüppeln auf die Juden ein.« Siehe dazu auch Browning, *Ganz normale Männer*, S. 119; Goldhagen, *Hitlers willige Vollstrecker*, S. 272; Alex Hinton, »Why Did the Nazis Kill? Anthropology, Genocide and the Goldhagen Controversy«, in: *Anthropology Today* 14 (1998), S. 9-15, hier: S. 12f., und Curilla, *Der Judenmord in Polen und die deutsche Ordnungspolizei*, S. 712.

3 Siehe Vernehmung von Hermann Behn, StA Hamburg NSG 0021/006, Bl. 3066f.

Bei der Räumung des Ghettos in Międzyrzec wurden die Juden nicht nur verhöhnt und mit Fußtritten malträtiert, sondern auf dem Marktplatz veranstalteten die Einsatzkräfte mit ihnen »ein Spiel«, bei dem sie mit Gegenständen wie Flaschen oder Äpfeln beworfen wurden. Diejenigen, die von den Gegenständen getroffen wurden, wurden aus der Menge herausgezerrt, verprügelt und – in einigen Fällen – erschossen.[4] Von dem Einsatz in Łuków wird berichtet, dass ein mit Peitsche und Stöcken bewaffneter Mitarbeiter vom SD eine Jüdin erst »seinen Stock küssen ließ« und ihr »anschließend dann damit ins Gesicht schlug«.[5]

Solche brutalen Übergriffe kamen auch bei anderen Polizeieinheiten regelmäßig vor.[6] Angehörige des Dortmunder Polizeibataillons 61 drangen – entgegen den offiziellen Anweisungen – immer wieder in das Warschauer Ghetto ein, um Juden zu misshandeln.[7] Zwei 10 und 14 Jahre alte jüdische Mädchen, die ohne Passierschein erwischt worden waren, wurden von Polizisten zum Geschlechtsverkehr mit Polizeihunden gezwungen und anschließend exeku-

Behn distanziert sich in der Vernehmung vom Verhalten Beckers, indem er sein damaliges Empfinden mit den Worten »diesen Lumpen möchte ich umlegen« kommentiert. Siehe auch Landgericht Hamburg, »Urteil vom 8.4.1968 gegen Hoffmann, Wohlauf und andere«, in: Christiaan Frederik Rüter, Dick W. de Mildt (Hg.), *Justiz und NS-Verbrechen. Sammlung deutscher Strafurteile wegen nationalsozialistischer Tötungsverbrechen 1945-1999*, Bd. 27, Amsterdam, München 2003, S. 531-634, hier: S. 591; siehe Curilla, *Der Judenmord in Polen und die deutsche Ordnungspolizei*, S. 720.

4 Es ist ein Verdienst von Goldhagen, »Die Notwendigkeit eines neuen Paradigmas«, S. 83, Berichte von Opfern der Ghettoräumung identifiziert zu haben. Die Aussagen der Opfer stammen aus Yosef Horn, *Mezrich Zamlbuch*, Buenos Aires 1952, S. 476 und 561. Mir war es trotz intensiver Bemühungen nicht möglich, diese Quelle einzusehen, ich halte die Schilderung der Brutalität aber für plausibel. Insgesamt liegt der Nutzen von Goldhagens Buch darin, die Brutalität der Übergriffe gegen die Juden in einer bis dahin nicht dagewesenen Ausführlichkeit dargestellt zu haben (siehe dazu auch die positiven Anmerkungen von Rürup, »Viel Lärm um nichts?«, S. 357, der dem Buch insgesamt sonst kritisch gegenübersteht).

5 Vernehmung Carl Friedrich Christian Anders, BA Ludwigsburg B 162/5911, Bl. 425 ff.

6 Siehe dazu auch z. B. Schäfer, *»Jedenfalls habe ich auch mitgeschossen«*, S. 474 ff., über das Polizeibataillon 306 und die Polizeireiterabteilung 2.

7 In einer eigenen Bar in ihrer Unterkunft feierten diese ihre Taten und führten an der Eingangstür Strichlisten über die von ihnen getöteten Juden. Siehe dazu Klemp, *Freispruch für das »Mord-Bataillon«*, S. 48 und 84.

tiert.[8] Ein Angehöriger des Polizeibataillons 309 urinierte auf einen Juden, der auf Knien einen General um Gnade bat.[9]

Auch von den nichtdeutschen Hilfskräften – den »Fußvölkern der Vernichtung« – sind ähnliche Brutalitäten gegen Juden überliefert.[10] Ein Angehöriger des Polizeibataillons berichtet, dass bei einem Einsatz Mitglieder »fremdländischer Einheiten in einer dem SD ähnlichen Uniform« mit langen Lederpeitschen auf alle Juden einschlugen, die »ihre Köpfe etwas anhoben«. Ein jüdisches Kind im Alter von vier bis fünf Jahren, das zu seinem Vater wollte, wurde – so der Zeuge – von einem »besonders großen Ukrainer« an den Beinen gefasst und »in einem hohen Bogen aus der Luft auf das Straßenpflaster« geschleudert, wo es zerschmettert liegen blieb.[11] Von anderen Einsätzen nichtdeutscher Hilfskräfte außerhalb des Distrikts Lublin wird geschildert, wie sie jüdische Säuglinge in die Luft schleuderten und »wie Tontauben« abschossen oder wie sie kranke jüdische Kinder aus einem Kinderlazarett aus dem zweiten Stockwerk in den Hof warfen, wo sie von ihren Kameraden mit dem Bajonett aufgespießt wurden.[12] Auch wenn die deutschen An-

8 Jacek Andrzej Młynarczyk, *Judenmord in Zentralpolen. Der Distrikt Radom im Generalgouvernement 1939-1945*, Darmstadt 2007, S. 90 und 92; zitiert nach Curilla, *Der Judenmord in Polen und die deutsche Ordnungspolizei*, S. 877.

9 Goldhagen, *Hitlers willige Vollstrecker*, S. 227.

10 Den Begriff der »Fußvölker der Vernichtung« habe ich erstmals als Bezeichnung für die nichtdeutschen Hilfstruppen beim Holocaust verwendet; siehe Stefan Kühl, »Die Fußvölker der ›Endlösung‹. Der Fall John Demjanjuk lenkt den Blick auf die Beteiligung von Nichtdeutschen der Shoah«, in: *Die Zeit* vom 23. 4. 2009. Ich variiere hier den Begriff von Klaus-Michael Mallmann, »Vom Fußvolk der ›Endlösung‹. Ordnungspolizei, Ostkrieg und Judenmord«, in: *Tel Aviver Jahrbuch für deutsche Geschichte* 26 (1997), S. 355-391. Besonders ausführlich sind diese Brutalitäten aus den Arbeits- und Vernichtungslagern überliefert; siehe nur Richard J. Evans, *Das Dritte Reich. Band III, Krieg*, München 2009, S. 369 ff., für einen ersten Zugang.

11 Aussage von Wilhelm Ludwig Carl Ernst Klekam, StA Hamburg, NSG 0021/005, Bl. 2470 ff.

12 Siehe dazu Mallmann, »Vom Fußvolk der ›Endlösung‹«, S. 372. Siehe auch den Bericht des Leitungsorgans der WRN (Bewegung der Arbeitenden Massen in den Städten und Dörfern – Freiheit, Gleichheit, nationale Unabhängigkeit) in ihrem Untergrundorgan vom 28. 9. 1942 über die Brutalität der Deutschen und des »menschlichen Abschaums«, der aus den ukrainischen Steppen und den Gassen lettischer oder litauischer Städte geholt wurde, bei der Auflösung des Warschauer Ghettos (zitiert nach Friedrich, *Polen: Generalgouvernement August 1941-1945*, S. 463).

geklagten die Brutalität der nichtdeutschen Hilfskräfte zur Relativierung ihrer eigenen Schuld verwendeten, so deuten gerade auch Aussagen von überlebenden Juden darauf hin, dass die nichtdeutschen Hilfskräfte in ihrer Brutalität den deutschen Einsatzgruppen in nichts nachstanden.[13]

Besonders in den Konzentrationslagern der Nationalsozialisten entstand eine aus willkürlicher Gewaltanwendung bestehende Organisationskultur. Das Bewachungspersonal verdammte die KZ-Insassen zu »Sisyphusarbeiten«: Die Gefangenen mussten Steine von einer Stelle zur anderen und dann wieder zurückschleppen, oder sie mussten ohne Sinn und Zweck im Kreis Dünensand von einem Haufen auf den nächsten schaufeln.[14] Das Bewachungspersonal benutzte Insassen als Zielscheibe beim Wettschießen und veranstaltete »Gladiatorenkämpfe« zwischen den Gefangenen. In den einzelnen Lagern entwickelten sich dabei jenseits der offiziellen Strafordnung eigene Formen von Gewaltritualen.[15]

Die Angehörigen der SS, der Wehrmacht, des SD und der Polizeibataillone zögerten auch nicht, Fotos von diesen brutalen Über-

13 Siehe zum Beispiel die Aussage von Kurt Dreyer vor dem Hamburger Schwurgericht 13.11.1967, StA Hamburg, NSG 0021/009, Bl. 4370, in der er behauptet, dass erst »durch die Trawnikis die Grausamkeit in die Aktion hineingetragen wurde.« Kiepe, *Das Reservepolizeibataillon 101 vor Gericht*, S. 109, zeigt, wie stark das Gericht im Urteil diesen Beschreibungen folgte. Siehe aber auch die Zeugenaussagen von Helena Landsberg im Verfahren gegen Michalsen in Hamburg (StA Hamburg NSG 0038/003, Bl. 22773) oder auch die Aussage von Maria Kaufmann-Krasowska: »Der Wachturm waren keine Deutsche. Das waren Litauer und Ukrainer. Die Ukrainer, das sind Bestien [...]. Aber das Schlimmste, was existiert hat, das waren die von Litauen. [...] Das waren Tiere. Wilde Tiere.« Zitiert nach Eberhard Fechner, *Der Prozess. Eine Darstellung des sogenannten »Majdanek-Verfahrens« gegen Angehörige des Konzentrationslagers Lublin/Majdanek in Düsseldorf von 1975 bis 1981*, Hamburg 1983, S. 67, der darauf hinweist, dass die Brutalität der nichtdeutschen Hilfskräfte nicht lediglich nachträgliche Konstruktionen deutscher Polizisten waren. Zur Problematik der Zurechnung von besonderen Brutalitäten auf Angehörige der Trawnikis siehe Helge Grabitz, *NS-Prozesse. Psychogramme der Beteiligten*, Heidelberg 1985, S. 105 ff.

14 Siehe dazu Primo Levi, *Die Untergegangenen und die Geretteten*, München 2002, S. 123.

15 Siehe z. B. Raul Hilberg, *Täter, Opfer, Zuschauer. Die Vernichtung der Juden 1933-1945*, Frankfurt/M. 1996, S. 68 f., für die Gewaltkultur in den Lagern. Von Tobias Hauffe liegt neuerdings eine soziologische Arbeit zur Willkür in den Lagern vor; siehe Hauffe, *Hier ist kein Warum*, die einen neuen Fokus auf die Konzentrationslager ermöglicht.

griffen anzufertigen. Als beispielsweise die Hamburger Polizei in den 1960er Jahren Hausdurchsuchungen bei ehemaligen Angehörigen des Reserve-Polizeibataillons 101 durchführte, stellte sie Fotos sicher, auf denen sich Polizisten bei der Räumung des Ghettos in Łuków mit im Morast knienden Juden hatten ablichten lassen. Während den Opfern auf diesen offensichtlich gestellten Fotos die Angst ins Gesicht geschrieben stand, grinsten die Angehörigen des Polizeibataillons triumphierend in die Kamera.[16]

Auffällig ist, dass diese Brutalitäten, die für jedes Polizeibataillon, jede Einheit der Sicherheitspolizei, jede Einsatzgruppe nachweisbar zu sein scheinen, in vielen Fällen den offiziellen Vorgaben des Reichssicherheitshauptamtes widersprachen. Die offizielle Position Himmlers war, dass Angehörige der SS und der deutschen Polizei beim Einsatz gegen die Juden auf unnötige Brutalität verzichten sollten. Die »Aussiedlung« der Juden sollte »konsequent, aber ohne Grausamkeit durchgeführt« werden.[17] So gab das Reichssicherheitshauptamt an die SS und die Polizei den Befehl aus, dass das Abschneiden der Bärte von Juden »für die Zukunft auf das strengste abzustellen« sei, weil man damit nicht die »Judenfrage« löse.[18]

16 Die Fotos finden sich im Staatsarchiv Hamburg und sind mehrmals abgedruckt worden, z. B. in Browning, *Ganz normale Männer*, S. 71, und Goldhagen, *Hitlers willige Vollstrecker*, S. 308. Zur Konfrontation der Angeklagten mit den Fotos siehe z. B. den Bericht in der *BILD*, »Ein Mann stand grinsend vor den Todesopfern« (o. V.). Siehe auch das Foto vom Einsatz im Ghetto in Litzmannstadt 1940, auf dem Bataillonsangehörige jüdische Ghetto-Polizisten demütigen (abgedruckt in Apel, *In den Tod geschickt*, S. 101). Die Nutzung dieser Fotos als Quelle ist umstritten; siehe nur Hans Mommsen, »The Thin Patina of Civilization. Anti-Semitism Was a Necessary, but by No Means a Sufficient Condition for the Holocaust«, in: Robert R. Shandley (Hg.), *Unwilling Germans? The Goldhagen Debate*, Minneapolis, London 1998, S. 183-196, hier: S. 183 ff., oder Fred Kautz, *Gold-Hagen und die »Hürnen Sewfriedte«. Die Holocaust-Forschung im Sperrfeuer der Flakhelfer*, Hamburg 1998, S. 14 ff.

17 Diese Quelle ist jedoch mit Vorsicht zu betrachten, weil Himmler gegenüber dem Führungsnachwuchs der SS das bereits angelaufene Tötungsprogramm verschwieg. Im Ganzen lautet die Passage: »Der Jude ist aus Deutschland ausgesiedelt, er lebt heute im Osten und arbeitet an unseren Straßen, Bahnen usw. Dieser Prozeß ist konsequent, aber ohne Grausamkeit durchgeführt worden. Wir quälen niemanden, aber wir wissen, daß wir um unsere Existenz und die Erhaltung unseres nordischen Blutes kämpfen.« Der Reichsführer SS am 23. 11. 1942, SS-Junkerschule Tölz, IfZA München FA 37/3 1942 563 ff.

18 Wie stark selbst solche Anweisungen mit antisemitischen Stereotypen durchzogen waren, zeigt der Originallaut des Schreibens: »Ich höre, daß hier und da den

Die »nationalsozialistischen Deutschen«, so Himmler bei einem Vortrag an der SS-Junkerschule im bayrischen Bad Tölz Ende des Jahres 1942, würden um die »Erhaltung« ihres »nordischen Blutes kämpfen«, aber niemanden »quälen«.

Die Ermittlungen der Kriminalpolizei und der Staatsanwaltschaft nach dem Zweiten Weltkrieg zeigen jedoch, dass die Gewaltanwendungen von Bataillonsangehörigen in vielen Fällen weit über die durch das formale Regelwerk der Ordnungspolizei legitimierte Gewalt hinausgingen. Anders als bei der legitimierten Gewaltanwendung, die dazu dient, die von der staatlichen Gewaltorganisation formulierten Ziele zu erreichen, handelte es sich bei der von den Angehörigen der Polizeibataillone ausgeübten Gewalt häufig um eine Form von Gewalt, die durch die formale Ordnung der Organisation nicht gedeckt war und zur Erreichung ihrer Ziele – jedenfalls auf den ersten Blick – nicht nötig gewesen wäre.[19]

Warum aber haben sich die Angehörigen des Polizeibataillons nicht nur aktiv an den Tötungen beteiligt, sondern sind dabei auch noch äußerst brutal vorgegangen? Wie lässt sich die »exzessive Grausamkeit« – die Anwendung von Grausamkeit, die für eine industriell organisierte Tötung unnötig, wenn nicht sogar kontraproduktiv war – erklären?[20]

Juden die Bärte abgeschnitten werden. Sollte dieser Unfug irgendwo vorgekommen sein, so ist er für die Zukunft auf das strengste abzustellen. Mit derartigen Dingen löst man einerseits nicht die Judenfrage und anderenteils ist es nicht unsere Aufgabe, die Juden zur Hygiene zu erziehen.« Schreiben des Reg.-Präs. in Marienwerder an die Landräte im ehemaligen polnischen Gebiet des Regierungsbezirks Westpreußen vom 7.12.1939 mit Bezug auf den Befehl Himmlers als RFSS (O-Kdo.O (1) 1 Nr. 330/39 an die »SS und Polizei im ehemals polnischen Gebiet« vom 17.11.1939; siehe Friedrich, *Polen, September 1939 – Juli 1941*, S. 169 ff.

19 Siehe z. B. zum Urteil gegen Wilhelm Boger im Auschwitzprozess, der eine vergleichsweise hohe Strafe erhielt, weil er das »SS-eigene Regelwerk überschritten hatte«, Bernd Weisbrod, »Die ›Vergangenheitsbewältigung‹ der NS-Prozesse: Gerichtskultur und Öffentlichkeit«, in: Eva Schumann (Hg.), *Kontinuität und Zäsuren. Rechtswissenschaft und Justiz im »Dritten Reich« und in der Nachkriegszeit*, Göttingen 2009, S. 247-270, hier: S. 258.

20 Nedelmann, »Gewaltsoziologie am Scheideweg«, S. 70 f., hat die detaillierten Beschreibungen dieser Brutalitäten als Teil einer »Betroffenheitsforschung« bezeichnet, die sich von einer »kameralistischen Gewaltforschung«, in der solche brutalen Darstellungen nicht vorkommen, abgrenzt. Klaus Dammann (*Garbage Can Decision Processes? A Sociological Redescription of the Functionalist Research*

## 6.1. Tötungshemmungen und organisationale Strategien zu ihrer Überwindung

Die einfachste Erklärung wäre, dass die als besonders brutal identifizierten Täter eine Veranlagung zu brutalem Verhalten hatten und diese im Rahmen ihrer Mitgliedschaft in den Gewaltorganisationen des NS-Regimes ausleben konnten. Überspitzt ausgedrückt wäre die Brutalität der Polizisten, SS-Männer und Wehrmachtsangehörigen Ausdruck ihrer Freude an den Tätigkeiten in der Organisation. Man hätte sie, so die Schlussfolgerung, für die Ausübung dieser Tätigkeiten gar nicht bezahlen und schon gar nicht dazu zwingen müssen, denn sie wären schon allein aufgrund der Attraktivität der im Rahmen der Organisationen möglichen Gewalttaten nicht nur Mitglied geworden, sondern auch mit Feuereifer bei der Sache gewesen.

Sicherlich gab es in den Polizeibataillonen, SS-Einsatzgruppen und Wehrmachtseinheiten Personen, die schon vorher – zum Beispiel im Rahmen der politisch motivierten Straßenkämpfe in der Weimarer Republik – eine Gewaltkarriere eingeschlagen hatten und bei denen eine Kontinuität zwischen den Brutalitäten in SA-Schlägertrupps bis hin zur Brutalität im Rahmen des Einsatzes von staatlichen Organisationen zu beobachten ist. Gerade für die Staatsanwaltschaften war es in der Nachkriegszeit für die Verurteilung von Angeklagten hilfreich, wenn sie nachweisen konnten, dass Angeklagte auch außerhalb eines engen organisatorischen Rahmens zur Anwendung brutaler Gewalt neigten und sowohl ihr Eintritt in staatliche Gewaltorganisationen als auch ihre Tätigkeit als Konsequenz einer Veranlagung interpretiert werden konnten.[21]

*Programme in Shoah Historiography*, Bielefeld 2002) bezeichnet diese Frage nach der übermäßigen Brutalität – in Abgrenzung von der »Browning-Frage« nach den Motiven für die Beteiligung ganz normaler Männer und der »Mommsen-Frage« nach der Entscheidung für den Holocaust – als die »Goldhagen-Frage«. Diese ist insofern interessant, als die Brutalität häufig über das formal Geforderte – und darüber hinaus auch – formal Erlaubte hinausging; siehe z. B. Goldhagen, *Hitlers willige Vollstrecker*, S. 32, sowie Daniel Jonah Goldhagen, »Ordinary Men or Ordinary Germans?«, in: Michael Berenbaum, Abraham J. Peck (Hg.), *The Holocaust and History*, Bloomington 1998, S. 301-308, hier: S. 303 f.

21 Als ein solcher Fall kann beispielsweise Erich Ehrlinger betrachtet werden, der bereits 1931 in die NSDAP und SA eingetreten war und als Befehlshaber des Sonderkommandos 1b an teilweise brutalen Übergriffen gegen jüdische Männer,

Aber nicht nur aus soziologischer Sicht interessanter als das Verhalten von diesen immer schon zu brutalem Verhalten neigenden Personen ist das Verhalten derjenigen Männer und Frauen, für die das nicht gilt.

## Die Tötungshemmung in Gewaltorganisationen

Der Einsatz des Polizeibataillons 101 während des Holocaust ist ein gutes Beispiel dafür, welche psychische und körperliche Belastung es für eine ganze Reihe von Polizisten in der Anfangszeit darstellte, Menschen aus nächster Distanz zu erschießen.[22] Einige Polizisten mussten sich übergeben, nachdem sie das erste Mal an Erschießungen beteiligt gewesen waren. Andere gaben an, dass die Erschießungen so belastend für sie gewesen seien, dass sie absichtlich danebengeschossen hätten. Auch die Dickdarmreizung des Kompanieführers wird in der Literatur über das Polizeibataillon als eine mögliche psychosomatische Erkrankung gedeutet, die

Frauen und Kinder aufgefallen war. Obwohl das Landgericht in Karlsruhe sowohl über die frühe Karriere Ehrlingers als auch über seine Brutalität während der Einsätze im Norden Russlands unterrichtet war, wurde er lediglich als »Gehilfe der Haupttäter Himmler, Heydrich« eingeschätzt (so Dietrich Goldschmidt, »Soziologische Überlegungen zur Strafrechtsreform angesichts der Prozesse gegen nationalsozialistische Gewaltverbrecher«, in: Freie Universität Berlin [Hg.], *Gesellschaftliche Wirklichkeit im 20. Jahrhundert und Strafrechtsreform*, Berlin 1964, S. 71-89, hier: S. 76). Über Ehrlinger liegt inzwischen eine kurze Studie vor: Michael Wildt, »Erich Ehrlinger. Ein Vertreter ›kämpfender Verwaltung‹«, in: Klaus-Michael Mallmann, Gerhard Paul (Hg.), *Karrieren der Gewalt. Nationalsozialistische Täterbiographien*, Darmstadt 2004, S. 76-85.

22 Abgesehen von Grenzfällen wie der Bombardierung von Personen aus großer Höhe, der Erschießung durch Scharfschützen oder der Tötung durch Selbstschussanlagen findet wegen des Körperbezugs Gewaltausübung immer in Face-to-Face-Interaktionen – von Angesicht zu Angesicht – statt. Hier liegt aus meiner Sicht das Problem in der an Luhmann angelehnten Unterscheidung zwischen Gewalt in Interaktionen, Gewalt in Organisationen und Gewalt in der Gesellschaft von Bonacker, »Zuschreibungen der Gewalt. Zur Sinnförmigkeit interaktiver, organisierter und gesellschaftlicher Gewalt«, S. 38 ff. Wegen des Körperbezugs findet auch Gewalt in und von Organisationen oder Gewalt in der Gesellschaft in der Regel in Face-to-Face-Interaktionen statt. Zu dem Sonderfall der Scharfschützen, siehe die umfassende Studie von Martin Pegler, *Out of Nowhere. A History of the Military Sniper*, Oxford 2004, und zu den Bomberpiloten Richard J. Overy, *The Bombing War. Europe, 1939-1945*, London 2013.

ihn daran hinderte, sich selbst an den Massenerschießungen zu beteiligen.[23]

Wir wissen aus der militärsoziologischen Forschung, dass es Soldaten und Polizisten jedenfalls zu Anfang ihres Einsatzes in einer Gewaltorganisation schwerfällt, Menschen zu töten. Das hängt damit zusammen, dass die formal legitimierte Gewaltanwendung zwar aus der Perspektive staatlicher Gewaltorganisationen lediglich einen »Verwaltungsrealakt« darstellt, der sich in der Prozessierung nicht grundlegend von der Ausstellung eines Strafzettels oder dem Aushändigen einer Aufenthaltsgenehmigung unterscheidet, dass die Gewaltanwendung für das Organisationsmitglied aber eine besondere Herausforderung darstellt. Der Gewaltausübende berührt, verletzt oder tötet sein Gegenüber, wird mit seinem Geruch, seinen Körperflüssigkeiten konfrontiert und muss in vielen Fällen nach der Gewaltanwendung mit dem verletzten oder toten Körper umgehen.[24]

Schon in einer während des Zweiten Weltkrieges entstandenen Studie hatte S. L. A. Marshall, offizieller Militärhistoriker der US-Armee, festgestellt, dass nur ein geringer Prozentsatz der Soldaten im Gefecht überhaupt ihre Waffen abgefeuert hatten. Je nach Kampferfahrung und Feinddruck würden, so die Ergebnisse seiner Studie, lediglich zwischen 15 und 25 Prozent der Soldaten auf den Feind schießen. Stattdessen würden Soldaten vielfach – trotz des Drucks ihrer Einheiten – einfach weglaufen, sich erbrechen, vor Angst in die Hose machen oder sich unter Betttüchern und Schlafsäcken vergraben.[25] Soldaten seien, so zusammenfassend Hendrik

23 Collins, *Dynamik der Gewalt*, S. 124. Collins verweist darauf, dass Magen- und Darmbeschwerden »häufig in Situationen großer Anpassung und Angst« auftreten, »ob nun Soldaten im Gefecht die Hosen vollmachen oder Einbrecher der Polizei ihre Anwesenheit durch ihren Geruch verraten«.

24 Auf die umfassende Soziologie des Körpers, die auch zunehmend bei Mikrostudien zur Gewaltanwendung in Anschlag gebracht wird, kann ich hier nicht eingehen. Zum Einstieg in die soziologische Forschung siehe nur früh schon Luc Boltanski, »Die soziale Verwendung des Körpers«, in: Dieter Kamper, Volker Rittner (Hg.), *Zur Geschichte des Körpers*, München 1976, S. 138-183; für die geschichtswissenschaftliche Forschung Jakob Tanner, »Körpererfahrung, Schmerz und die Konstruktion des Kulturellen«, in: *Historische Anthropologie* 2 (1994), S. 489-502.

25 Marshalls klassische Studie erschien zuerst unmittelbar nach dem Zweiten Weltkrieg: S. L. A. Marshall, *Men Against Fire. The Problem of Battle Command*, New

Vollmer, in »frappierender Weise inkompetent, Gewalthandeln gegenüber ihren Gegnern herbei- und fortzuführen«.[26]

Tötungshemmungen treten einerseits auf, wenn sich Soldaten oder Polizisten in unmittelbaren Gefechtssituationen befinden.[27] In solchen »heißen Einsätzen«, wenn Einheiten unter Feuer geraten und große Verluste verzeichnen, scheint es immer wieder Momente des Zögerns zu geben. Die Tötungshemmung existiert aber andererseits auch in Situationen, in denen die zu tötenden Personen keine Bedrohung darstellen. Bei solchen »kalten Einsätzen« handelt es sich um Übergriffe, die mit »klarem Kopf« verübt werden und die nicht ursächlich durch das unmittelbar vorher Erlebte geprägt sind.[28] Randall Collins, der sich besonders für Gewalt in Face-to-Face-Interaktionen interessiert, argumentiert, dass den Polizeieinheiten bei Massenerschießungen im Holocaust das Töten besonders schwerfiel, weil die Opfer »zumeist vollkommen hilflos und passiv« waren.[29]

Verstärkt wurde diese Tötungshemmung noch, wenn die Opfer

York 1947, und ist seitdem in militärischen Fachkreisen kontrovers diskutiert worden. Siehe Roger J. Spiller, »S. L. A. Marshall and the Ratio of Fire«, in: *Journal of the Royal United Service Institution* (1988), S. 63-71, als bisher schärfste Kritik. Siehe auch Bergen, »Controversies about the Holocaust: Goldhagen, Arendt, and the Historians' Conflict«, S. 168 ff., und Collins, *Dynamik der Gewalt*, S. 71 ff., für einen guten Überblick. Joanna Bourke, *An Intimate History of Killing*, New York 1999, kann als Gegenthese zu diesen Tötungshemmungen gelesen werden.

26 Hendrik Vollmer, »Kohäsion und Desintegration militärischer Einheiten. Von der Primärgruppenthese zur doppelten sozialen Einbettung militärischen Handelns«, in: Maja Apelt (Hg.), *Forschungsthema: Militär. Militärische Organisationen im Spannungsfeld von Krieg, Gesellschaft und soldatischen Subjekten*, Wiesbaden 2010, S. 163-192, hier: S. 175.

27 Siehe dazu auch Collins, »Entering and Leaving the Tunnel of Violence«.

28 In der Literatur wird zwischen »hot atrocities« und »cold atrocities« unterschieden (siehe die Anwendung von Westermann, *Hitler's Police Battalions*, S. 19, für die Analyse der Ordnungspolizei im Zweiten Weltkrieg; siehe allgemeiner Bröckling, *Disziplin*, S. 329). Mir scheint es jedoch sinnvoll zu sein, erst einmal neutral von »hot situations« und »cold situations« zu sprechen und erst auf der Basis dieser von »hot atrocities« und »cold atrocities« zu sprechen, wenn es bei den Tötungen zu Gräueltaten gekommen ist.

29 Collins, *Dynamik der Gewalt*, S. 123. Der psychische Abscheu vor dem Töten war, so die Beobachtung Collins', dann am größten, wenn den Opfern aus kürzester Entfernung in den Kopf geschossen wurde. Collins bezieht sich dabei explizit auf die Studie von Browning über die »ganz normalen Männer«.

den Tätern bekannt waren. Im Fall des Polizeibataillons 101 ist es nur selten vorgekommen, dass die Polizisten die jüdischen Opfer aus ihrer Zeit in Hamburg kannten. Ursprünglich hatte zwar der Hamburger NSDAP-Gauleiter und Reichsstatthalter in Hamburg, Karl Kaufmann, im September 1941 darauf gedrungen, die Hamburger Juden in den Distrikt Lublin, und zwar in die Kreise Biała Podlaska, Hrubieszów und Janów Lubelski, zu deportieren. Weil sich aber der Generalgouverneur, Hans Frank, zu dem Zeitpunkt noch weigerte, Juden aus dem »Altreich« aufzunehmen und stattdessen dafür plädierte, diese noch weiter gen Osten abzuschieben, wurden die Hamburger Juden schließlich in die Ghettos von Łódź, Minsk und Riga und später direkt nach Theresienstadt und Auschwitz deportiert, so dass nur in seltenen Fällen von den Nationalsozialisten als Juden deklarierte Hamburger in den Distrikt Lublin gelangten.[30] Persönliche Beziehungen, die letztlich die Tötungshemmung verstärken, konnten sich jedoch sehr schnell aufbauen, wie der bereits erwähnte Fall eines Bataillonsangehörigen zeigt, der bei der Befragung durch die Hamburger Ermittlungsbehörden nach dem Krieg angab, dass er in Józefów mit einer Frau und ihrem Kind, die ihm zur Erschießung zugeteilt worden waren, ins Gespräch gekommen sei und dabei erfuhr, dass es Deutsche aus Kassel waren. Dieser kurze Kontakt habe ihn – so jedenfalls die Aussage – dazu gebracht, sich beim Zugführer um Ablösung von den Erschießungen zu bemühen.[31]

30 Über diese dezentral in Hamburg entwickelten Pläne der Deportation in den Distrikt Lublin gibt es vergleichsweise wenig Informationen. Bajohr, »Die Deportation der Juden: Initiativen und Reaktionen aus Hamburg«, S. 33, verweist bezüglich der geplanten Deportation auf ein Schreiben des Unterabteilungsleiters Türk an die Kreishauptleute in Biała Podlaska, Hrubieszów und Janów Lubelski mit dem Betreff »Evakuierte Juden aus Hamburg« vom 7.10.1941 hin sowie auf ein weiteres Schreiben Türks an den Amtschef im Hause vom 9.10.1941, APL Lublin, Bestand GDL, Ordner: Judenangelegenheiten, Judenaussiedlung, Ghettobildung 1940-1941, Sygn 892, Bl. 630-633. Zu Kaufmann siehe ausführlich Frank Bajohr, »Hamburgs ›Führer‹. Zur Person und Tätigkeit des Hamburger NSDAP-Gauleiters Karl Kaufmann (1900-1969)«, in: Frank Bajohr, Joachim Szodrzynski (Hg.), *Hamburg in der NS-Zeit*, Hamburg 1995, S. 59-91.

31 Aussage von Georg Krause, StA Hamburg, NSG 0021/005, Bl. 2631 ff.

## Versuche, Tötungshemmungen abzubauen

Staatliche Gewaltorganisationen können offensichtlich nicht davon ausgehen, dass ihre Mitglieder die Anweisungen zur Gewaltanwendung immer ohne zu zögern umsetzen, weil auch diese bei der Gewaltanwendung häufig eine Hemmschwelle überwinden müssen.[32] Armeen, Milizen und Polizeieinheiten verwenden deswegen viel Kreativität darauf, die Tötungshemmungen im Kampfeinsatz zu reduzieren. Die Vergrößerung der körperlichen Distanz zum Feind durch Einsatz von Fernwaffen, die Verwendung von Großgeräten wie Raketenwerfern und Granatwaffen, die Erhöhung des Gruppendrucks durch die Bildung kleiner Kampfeinheiten, die Etablierung von strengen Befehlshierarchien mit kleinen Leitungsspannen und die realitätsnahe Gestaltung von Ausbildungssituationen, in denen das Schießen zu einem quasinatürlichen Reflex werden soll – das sind die Mittel, die von Gewaltorganisationen eingesetzt werden, damit ihre Mitglieder ihre Tötungshemmung zu überwinden lernen.[33]

32 Das ist genau der Punkt, an dem Randall Collins feststellt, dass Gewaltanwendung nicht allein organisationssoziologisch erklärt werden kann, sondern um interaktionssoziologische Überlegungen erweitert werden muss. So, auffällig zurückgenommen, Collins, »Entering and Leaving the Tunnel of Violence«, S. 133. Systemtheoretisch würde man davon sprechen, dass es bei der Analyse von Gewalt nötig ist, die Interaktion *in* Organisationen und besonders die *an* den Grenzen der Organisationen genau in den Blick zu nehmen. Collins' Einsichten lassen sich so nicht nur systemtheoretisch reformulieren, sondern gerade auch im Bezug zur »large-scale violence« präzisieren. Siehe zur Wichtigkeit von Face-to-Face-Interaktionen vor und während organisierter Gewaltanwendungen die Studien von Stefan Klusemann über das Massaker in Srebrenica 1995: »Micro-Situational Antecedents of Violent Atrocity« und »Massacres as Process«. Vergleichbare Studien über Gewaltanwendungen im Nationalsozialismus stehen noch aus.

33 Mit diesen Maßnahmen zur Reduzierung von Tötungshemmungen beschäftigt sich besonders Dave Grossman, *On Killing. The Psychological Cost of Learning to Kill in War and Society*, New York [2]2009. Siehe neben den Kapiteln über räumliche Distanz (S. 99 ff.), Autorität (S. 141 ff.), Gruppendruck (S. 149 ff.), emotionale Distanz zum Opfer (S. 156 ff.), den direkten Nutzen eines toten Gegners (S. 171 ff.) sowie die Nutzung der aggressiven Veranlagung eines kleinen Prozentsatzes der Einsatztruppen (S. 177 ff.) besonders die Übersichtsgrafik (S. 188). Eine Auseinandersetzung mit Grossmans Überlegung findet sich auch bei Collins, *Dynamik der Gewalt*, S. 85 ff.

Unter diesem Gesichtspunkt auf die Maßnahmen zur Überwindung von Tötungshemmungen müssen auch die Strategien der NS-Führung bei der Durchführung des Holocaust interpretiert werden. Zwar ist die NS-Führung offenbar davon ausgegangen, dass ihr zur Umsetzung ihres Tötungsprogramms ausreichend antisemitisch gesinnte Überzeugungstäter zur Verfügung stehen würden, gleichzeitig aber versuchte sie, das Personal der Polizeibataillone und SS-Einheiten nach Möglichkeit von der direkten Tötung von jüdischen Männern, Frauen und Kindern zu entlasten. Die Einrichtung der allein zur Tötung von Menschen bestimmten Vernichtungslager in Bełżec, Sobibór und Treblinka reduzierte den Kontakt des NS-Personals mit den Opfern auf das Nötigste und begrenzte die Aufgabe der Polizisten auf die Räumung der Ghettos, die Durchführung der Deportation und die Erschießung der Juden, die transportunfähig waren oder die zu fliehen versuchten. In den Vernichtungslagern selbst hatten jüdische Sonderkommandos die Aufgabe, die ankommenden Juden in die Gaskammern zu pferchen, die Toten aus den Gaskammern herauszuholen und in den Krematorien zu verbrennen. Wenn ein Transport in die Vernichtungslager nicht möglich war, wurden die besonders »dreckigen Jobs« bei den Massenexekutionen durch die Hinzuziehung von nichtdeutschen Hilfstruppen erledigt, um den Bataillonsangehörigen die Durchführung von Massenerschießungen nach Möglichkeit zu ersparen.

All diese Strategien haben allerdings nicht dazu geführt, dass die Tötungsprogramme wie der Betrieb einer gut geölten Maschine abgelaufen sind, deren Bedienungspersonal mit der eigentlichen »Drecksarbeit« nichts zu tun gehabt hatte, im Gegenteil: Gerade der Einsatz des Polizeibataillons 101 ist ein Beispiel dafür, in welchem Maße das »Fußvolk der Vernichtung« selbst Hand anlegen musste – sei es in der Form des brutalen Zusammentreibens der Juden in den Ghettos, der Tötung von Kleinkindern oder Greisen, die nicht mehr in die Vernichtungslager transportiert werden konnten, oder in Form der Massenexekutionen von Männern, Frauen und Kindern, wenn Bahnstationen zu weit entfernt oder Bahnverbindungen unterbrochen waren.

Die durch die Forschung gut nachgewiesene Tötungshemmung steht also in einem seltsamen Kontrast zu dem Ausmaß an Brutalität, mit der die Tötungen von Juden in der NS-Zeit durchgeführt wurden. Waren – so muss man fragen – diejenigen, die Hemmungen hatten, zu töten, andere als diejenigen, die bei den Tötungen mit großer Brutalität vorgingen? Schlossen sich Tötungshemmung und Brutalität also aus? Oder muss man die Brutalität – wenigstens in einigen Fällen – vielleicht gerade durch die Tötungshemmung erklären?

## 6.2. Zur Produktion von Motiven: Die Entmenschlichung der Opfer

Typischerweise entlasten Organisationen ihre Mitglieder weitgehend davon, zu den von ihnen verlangten Handlungen eine eigene Haltung zu entwickeln. Der von der Führung befohlene Angriff auf eine Stellung muss von den daran beteiligten Soldaten nicht mit eigenen Motiven begründet werden. Es reicht für die Soldaten aus, anderen und sich selbst gegenüber darauf zu verweisen, dass es sich eben um die Ausführung eines Befehls gehandelt habe. Selbst für die Beteiligung an einer von einem Standgericht angeordneten Exekution braucht ein Polizist keinen eigenen Standpunkt zu entwickeln, weil er sowohl sich als auch anderen gegenüber darlegen kann, dass er hier im Rahmen der normalen Anforderungen eines Soldaten im Kriegseinsatz gehandelt hat.

Anders sieht es jedoch aus, wenn Organisationsmitglieder mit Erwartungen konfrontiert werden, die nicht ohne weiteres in ihre Indifferenzzone fallen. Es ergeben sich – soziologisch formuliert – für die Organisationsmitglieder Probleme der Selbstdarstellung, weil von ihnen Handlungen verlangt werden, die sie, wären sie nicht Mitglied der Organisation, nicht durchführen würden und die darüber hinaus nicht einfach als Routinetätigkeiten innerhalb der Organisation dargestellt werden können. In der Sozialpsychologie würde man davon sprechen, dass Organisationsmitglieder in eine kognitive Dissonanz geraten – in einen Zustand, bei dem mehrere mentale Prozesse einer Person in Widerspruch zueinander stehen.[34]

34 Siehe den Grundlagentext zur Sozialpsychologie von Leon Festinger, *A Theory of Cognitive Dissonance*, Stanford 1957. Auf dieses Konzept weisen auch Seibel, »Restraining or Radicalizing?«, S. 350 f., und Browning, *Revisiting the Holocaust Perpetrators*, S. 8, hin. Siehe auch Leonard S. Newman, »What Is a ›Social Psy-

Wie gehen Organisationsmitglieder mit solchen Selbstdarstellungsproblemen um? Und welche Rolle spielt die Anwendung exzessiver Gewalt dabei?

## Strategien der Entmenschlichung

Der Soziologe Troy Duster hat in seinen Überlegungen über die »Bedingungen für Massenmord ohne Schuldgefühle« herausgestellt, dass Schuldgefühle aufseiten der Täter bei der Durchführung von Genoziden effizient reduziert werden, wenn diese den Opfern das Menschsein absprechen.[35] Wenn Menschen oder, wie in unserem konkreten Fall, Bevölkerungsgruppen unterstellt wird, dass sie ein »lebensunwertes Leben« führen, falle es anderen leicht, sie zu töten, weil man ja im engeren Sinne keine Menschen töte.[36]

chological‹ Account of Perpetrator Behavior? The Person Versus the Situation in Goldhagen´s Hitler´s Willing Executioners«, in: Leonard S. Newman, Ralph Erber (Hg.), *Understanding Genocide. The Social Psychology of the Holocaust*, Oxford, New York 2002, S. 43-67, hier: S. 53.

35 Siehe Troy Duster, »Bedingungen für Massenmord ohne Schuldgefühl«, in: Heinz Steinert (Hg.), *Symbolische Interaktion*, Stuttgart 1973, S. 76-87, hier: S. 78. Duster – besonders am US-amerikanischen Kontext interessiert – erwähnt Bezeichnungen wie *gooks*, *dinks*, *niggers*, *pinkos* und *japs* als Form der Entmenschlichung. Siehe auch im gleichen Jahr Herbert C. Kelman, »Violence Without Moral Restraint. Reflections on the Dehumanization of Victims and Victimizers«, in: *Journal of Social Issues* 29 (1973), S. 25-60, hier: S. 25 ff., mit Bezug zum Holocaust. Einen kurzen Überblick bietet Albert Bandura, »Moral Disengagement«, in: Israel W. Charny (Hg.), *Encyclopedia of Genocide*, Santa Barbara 1999, S. 415-418, hier: S. 417 f. Eine ausführliche Auseinandersetzung findet sich in Martin Weißmann, »Organisierte Entmenschlichung. Zur Produktion, Funktion und Ersetzbarkeit sozialer und psychischer Dehumanisierung in Genoziden«, in: Alexander Gruber, Stefan Kühl (Hg.), *Soziologische Analysen des Holocaust. Jenseits der Debatte über »ganz normale Männer« und »ganz normale Deutsche«*, Wiesbaden 2015, im Erscheinen. Siehe auch am Beispiel der Inspektion der Konzentrationslager, Balcke, *Verantwortungsentlastung durch Organisation*, S. 148 ff. Kritisch zum Konzept der Dehumanisierung, siehe Lang, »Questioning Dehumanization«.

36 Siehe dazu schon das 1920 erschienene Buch, das der Jurist Karl Binding und der Psychiater Alfred Hoche gemeinsam verfasst haben und das nun in einem Nachdruck für die Forschung wieder leicht zugänglich ist: *Die Freigabe der Vernichtung lebensunwerten Lebens. Ihr Maß und ihre Form*, Berlin 2006. Zur Verwendung des Begriffs »lebensunwertes Leben« im Rahmen der Tötung von psychisch Kranken und geistig Behinderten im Rahmen der »Aktion T4« siehe

Solche »Entmenschlichung« wird häufig in den Massenmedien vorbereitet. So wurde in der NS-Propaganda versucht, den jüdischen, aber auch den nichtjüdischen Polen und Russen den Status von Menschen abzusprechen. In einem in hoher Auflage verbreiteten deutschen Reisebericht »Erlebtes Generalgouvernement« wurde behauptet, dass die Juden, die in dem »ekelerregenden Labyrinth« eines Ghettos lebten, »keine Menschen mehr« seien.[37] In einer Propagandaschrift des SS-Hauptamtes des Reichssicherheitshauptamtes über »Untermenschen« wurde beispielsweise hervorgehoben, dass die Menschen in den besetzten Gebieten zwar als »biologisch scheinbar gleichgeartete Naturschöpfung mit Händen, Füßen und einer Art Gehirn« erscheinen würden, jedoch faktisch nur Wesen »mit menschenähnlichen Gesichtszügen« seien. Die »Untermenschen« stünden, so die Propagandaschrift, mit ihrem »namenlosen Zerstörungswillen«, mit »primitivster Begierde« und »unverhüllter Gemeinheit« »geistig, seelisch jedoch tiefer [...] als jedes Tier«.[38]

Die NS-Propaganda war aber lediglich die Grundlage, auf der die Organisationsmitglieder ihre eigenen Rituale der Entmenschlichung entwickelten. So wurde das in der NS-Propaganda gepflegte Klischee des andersartigen osteuropäischen Juden durch die Polizisten in den besetzten Gebieten aufgegriffen. Besonders die polnischen, russischen, ukrainischen und baltischen Juden, die sich in Sprache, Kleidung und Aussehen unterschieden, dienten den deutschen Polizisten dazu, ihre Rituale der Entmenschlichung durchzuführen. So wurden – trotz offiziellen Verbots – Juden ihre Bärte abgeschnitten oder Rabbiner dazu gezwungen, zur allgemeinen Belustigung der anwesenden Polizisten aus dem Talmud vorzutragen.

Diese Rituale der Entmenschlichung wurden aber nicht nur auf die osteuropäischen Juden angewendet, sondern genauso auf die aus dem Deutschen Reich stammenden, die in die besetzten Ge-

früh schon Karl Dietrich Erdmann, »›Lebensunwertes Leben‹«, in: *Geschichte in Wissenschaft und Unterricht* 26 (1975), S. 215-225.

37 Typisch für die NS-Propaganda ist in dem Bericht von Bruno Hans Hirche, *Erlebtes Generalgouvernement*, Krakau 1941, S. 89, die Kontrastierung der Ghettobeschreibung mit dem »deutschen Kameradenkreis«, in dem »deutsche Worte«, »deutsche Musik«, »deutsche Gastlichkeit« »die Schatten des Tages« vergessen lassen.

38 Reichsführer SS, SS-Hauptamt – Schulungsamt, *Der Untermensch*, Berlin 1942. Das SS-Schulungsheft »Der Untermensch« erschien im Jahr 1942 und erlebte bis Kriegsende mehrere Auflagen.

biete deportiert wurden. Durch das brutale Vorgehen der Polizisten gegen assimilierte deutsche Juden, die sich von den Hamburger Polizisten in Sprache und Aussehen und manchmal sogar in der praktizierten Religion nicht unterschieden, und durch das Aushungern der Juden in den Ghettos sorgten die deutschen Polizisten letztlich dafür, dass die Juden äußerlich dem Zerrbild, das die NS-Propaganda von ihnen zeichnete, immer ähnlicher wurden.[39]

Primo Levi hat diesen Prozess der Dehumanisierung am Beispiel der Einweisung in die Arbeits- und Vernichtungslager detailliert beschrieben. Der Prozess der »Entmenschlichung« begann bereits damit, dass auf die Juden eingeschlagen wurde, nachdem sie zusammengetrieben und eingekreist worden waren. Man ließ sie auf die Deportation warten, und man zwängte sie in die Eisenbahnwaggons. Die Juden waren dabei räumlicher Enge, Durst, Hunger und Kälte ausgesetzt und durchliefen dadurch unmerklich eine Statuspassage von einer Person mit dem Status eines Menschen zu einer Person, der dieser Status eines Menschen leicht abgesprochen werden konnte. In den Lagern wurde ihnen dieser Status systematisch vorenthalten. Sie wurden gezwungen, sich nackt auszuziehen, sich die Haare zu rasieren, in verschmutzten Häftlingskleidern herumzulaufen, und sie wurden nur noch mit Nummern angesprochen. Die Bedingungen in den Arbeits- und Vernichtungslagern – und man kann ergänzen auch in den Ghettos – waren so katastrophal, dass die Häftlinge unter Infektionen, Hautkrankheiten und Mangelernährung litten, so dass sie immer mehr dem Bild entsprachen, das die NS-Propaganda von ihnen zeichnete.[40]

Mit Harold Garfinkel kann man von »Degradierungszeremonien« sprechen. Das Opfer wird als »anormal« dargestellt. Diese »Anormalität« wird notfalls durch Entstellung und Herabwürdigung des Opfers verstärkt. Diese nicht nur zugeschriebenen, sondern letztlich auch produzierten Charaktereigenschaften eines Op-

39 Kuwałek weist in seiner Studie über jüdische Deutsche im Distrikt Lublin auf die besondere Situation der Männer und Frauen hin, die vom Judentum zum Christentum konvertiert waren und als sogenannte »Rassenjuden« deportiert und getötet wurden. Siehe Robert Kuwałek, *Von Lublin nach Belzec. Auf Spurensuche; Leben und Vernichtung der Juden im südöstlichen Lubliner Land*, Lublin 2006, S. 125.

40 Primo Levi, *Ist das ein Mensch? Ein autobiographischer Bericht*, München [4]2013, S. 35 ff.; siehe auch die Analyse bei Hinton, »Why Did the Nazis Kill? Anthropology, Genocide and the Goldhagen Controversy«, S. 14 f.

fers werden mit moralisch überlegenen gesellschaftlichen Werten der Täter kontrastiert. Der Täter nimmt für sich in Anspruch, das Opfer nicht nur aufgrund einer individuellen Neigung, sondern aufgrund allgemeiner gesellschaftlicher Werte als minderwertig zu betrachten, und wird dabei durch die Zuschauer bei den »Degradierungszeremonien« bestätigt. Am Ende hat das Opfer seinen Platz in der legitimen gesellschaftlichen Ordnung verloren.[41]

## Die Funktion der Entmenschlichung

Die Anwendung brutaler Gewalt kann viele Funktionen haben: die Durchsetzung von eigenen Erwartungen, die sich anders nicht erreichen lässt, die vorauseilende Einschüchterung des Gegenübers, um später Erwartungen durchsetzen zu können, das Beeindrucken von Zuschauern oder das Schaffen eines Ventils für den Druck, der von anderer Seite aufgebaut wurde.[42] Brutale Gewalt kann aber auch als Reaktion auf die bereits erwähnten Selbstdarstellungsprobleme verstanden werden, in die Personen durch ihre Organisationsmitgliedschaft gekommen sind. Organisationen bringen ihre Mitglieder – wie gezeigt – immer wieder in Situationen, in denen ihre bisherigen Selbstdarstellungen gebrochen werden. Bei den Organisationsmitgliedern setzen dann Mechanismen ein, um ihre Selbstdarstellungen zu »reparieren«. Exzessive Gewalt gegen andere scheint ein solcher Reparaturmechanismus in der Selbstdarstellung zu sein.

Auch wenn es an soziologischen Detailstudien zur Selbstdarstellung in Tötungsinteraktionen während des Holocaust mangelt, gibt es Indizien dafür, dass Führungskräfte der Gewaltorganisationen des NS-Staates die Degradierungsrituale auch unter funktionalen Gesichtspunkten betrachteten. Franz Stangl, zuerst Ver-

41 Harold Garfinkel spricht in »Conditions of Successful Degradation Ceremonies«, in: *American Journal of Sociology* 61 (1956), S. 420-424, von »degradation ceremonies«.

42 Siehe die Argumentation von Omer Bartov, *The Eastern Front, 1941-45. German Troops and the Barbarisation of Warfare*, Basingstoke 1985. Der Druck, der im wachsenden Maße von der NS-Führung auf die Soldaten und Polizisten ausgeübt wurde, fand – so Bartov – in den brutalen Übergriffen der Soldaten und Polizisten gegen die einheimische Bevölkerung in den besetzten Gebieten sowie gegen ethnisch oder religiös definierte Minderheiten oder Kriegsgefangene ein Ventil.

waltungsleiter in der NS-Tötungsanstalt in Hartheim und später Lagerkommandant der Vernichtungslager in Treblinka und Sobibór, erklärt, dass die Demütigungen in den Lagern dazu dienten, diejenigen, die diese »Maßnahmen« durchführen mussten, zu »konditionieren.« Durch die Herabwürdigungen konnten die Mitglieder der NS-Gewaltorganisationen »das tun«, so Stangl, »was sie dann taten.«[43] Sie haben sich durch ihre Brutalität gegenüber den Opfern quasi selbst davon überzeugt, dass das, was sie taten, richtig gewesen sei. Es spricht einiges dafür, dass – wie Christopher Browning es formuliert – die »Brutalisierung der Polizisten nicht die Ursache, sondern das Ergebnis ihres Verhaltens« war.[44]

Dabei darf jedoch nicht übersehen werden, dass der Prozess der exzessiven Gewaltanwendung einer Eigendynamik unterliegt. Es sind eben nicht allein die Verhältnisse, die die Denkweisen prägen – Stichwort: »Das Sein bestimmt das Bewusstsein«. Vielmehr prägt die Gewaltanwendung die Selbst- und Fremdwahrnehmung von Personen. Hat sich jemand einmal als gewalttätig eingeführt, dann verwendet er – das ist durch den soziologischen Etikettierungsansatz gezeigt worden – unter Umständen viel Mühe und Phantasie darauf, dieses Bild seiner Person in der Wahrnehmung anderer zu bestärken.[45]

43 Sereny, *Am Abgrund*, S. 116.

44 Browning, *Ganz normale Männer*, S. 211. Diese funktionalistische Erklärung wird von Goldhagen heftig kritisiert; siehe Goldhagen, »Ordinary Men or Ordinary Germans?«, S. 303. Er übersieht dabei, dass es zwei funktionalistische Erklärungen gibt. Die erste, mit der er sich vorrangig auseinandersetzt, sieht die Funktion von Brutalität vorrangig darin, in der konkreten Aktion einen »Tötungsjob« getan zu bekommen, indem man die Opfer einschüchtert und so gefügig macht. Die zweite Funktion, die bei Goldhagen nicht systematisch behandelt wird, besteht darin, dass die Anwendung von Brutalität das Töten selbst erleichtert – und zwar gerade in den Situationen wie in Miedzyrzec, in denen die Polizisten die Situation voll und ganz kontrolliert haben.

45 Klassisch sind die Studien von Howard S. Becker, *Outsiders. Studies in the Sociology of Deviance*, New York 1963, und von Erving Goffman, *Stigma*, Englewood Cliffs 1963. Auf die kontroverse Debatte des Etikettierungsansatzes kann hier nicht eingegangen werden; siehe dazu früh schon Wolfgang Keckeisen, *Die gesellschaftliche Definition abweichenden Verhaltens. Perspektiven und Grenzen des labeling approach*, München 1974.

## 6.3. Zu einer Organisationskultur der Brutalität

Das Handeln von Bataillonsangehörigen, Kräften des SD, der Gestapo und der Wehrmacht besonders in den besetzten Gebieten war durch eine zunehmende Brutalisierung gekennzeichnet. Im Laufe des Krieges nahmen die brutalen Übergriffe der Soldaten und Polizisten gegen die einheimische Bevölkerung in den besetzten Gebieten, gegen ethnisch oder religiös definierte Minderheiten oder Kriegsgefangene immer weiter zu, so dass man mit guten Gründen von einer immer stärker werdenden »Verrohung« von Soldaten und Polizisten sprechen kann.[46]

Das Merkmal dieser brutalen Gewaltanwendung war, dass diese – wie gezeigt – in vielen Fällen durch die Formalstruktur nicht mehr gedeckt war. Dass Angehörige der Polizei oder der Armee im Einsatzfall Gewalt anwenden, ist selbstverständlich, der formal erlaubte und weitergehend formal auch erwartete Einsatz von Gewalt macht gerade das Merkmal von staatlichen Gewaltorganisationen aus. Nicht der Soldat oder Polizist, der Gewalt anwendet, verstößt gegen die formale Ordnung, sondern derjenige Soldat oder Polizist, der den in einem gesetzlichen Rahmen gegebenen Befehl zur Anwendung von Gewalt verweigert. Man kann von *legalisierter Gewaltanwendung* sprechen, zu denen Angehörige staatlicher Gewaltorganisationen im Rahmen ihrer Mitgliedschaftsbedingungen verpflichtet sind.[47] Von *exzessiver Gewaltanwendung* durch Angehörige von staatlichen Gewaltorganisationen kann dagegen immer dann gesprochen werden, wenn die Gewaltanwendung nicht durch die formale Ordnung der Organisation gedeckt ist oder in der Anwendung über das formal vorgeschriebene Maß hinausgeht.[48]

Sowohl die legalisierte als auch die exzessive Gewaltanwendung kann von den Opfern als Terror – als eine Gewaltanwendung ohne

46 Siehe als klassische Studie Bartov, *The Eastern Front, 1941-45*; siehe aber auch vom selben Autor *Hitler's Army. Soldiers, Nazis, and War in the Third Reich*, New York, Oxford 1991, und »The Conduct of War. Soldiers and the Barbarization of Warfare«, in: *Journal of Modern History* 32 (1992), S. 32-45.

47 Es gibt auch Formen legalisierter Gewaltanwendung durch Zivilisten, zum Beispiel im Fall von Notwehr. Und es gibt zum Beispiel bei kriminellen Organisationen Formen von formal erwarteter, aber nicht legalisierter Gewaltanwendung.

48 Siehe dazu auch die Behandlung in der Strafverfolgung nach 1945; siehe z. B. Kerstin Freudiger, *Die juristische Aufarbeitung von NS-Verbrechen*, Tübingen 2002, S. 65 ff.

Sinn und Verstand – wahrgenommen werden. Bei Terror werden, so Jan Philipp Reemtsma, die »Maßgaben instrumenteller Logik« außer Kraft gesetzt. Nicht um etwas zu erreichen – das Befolgen einer Anweisung, das Aushändigen von Geld oder das Eingestehen eines Fehlers –, wird die Gewalt angewendet, sondern es geht allein um die Gewaltanwendung der Gewaltanwendung wegen. Es sei gerade diese rein expressive Logik des Terrors – die »Terroratio« –, die den Opfern schwere Schäden zufügen würde, weil die Gewaltanwendung so sinnlos erscheint.[49]

Die Ausübung eines allgegenwärtigen Terrors ist interessanterweise in der Regel von den NS-Organisationen nicht als formale Erwartung gegenüber ihren Mitgliedern formuliert worden.[50] Es gab in der Regel keine Anweisungen, dass Juden vor den Deportationen, Erschießungen oder Vergasungen gedemütigt und gefol-

49 Reemtsma, *Vertrauen und Gewalt*, S. 411, sowie Jan Philipp Reemtsma, »Terroratio. Überlegungen zum Zusammenhang von Terror, Rationalität und Vernichtungspolitik«, in: Wolfgang Schneider (Hg.), *»Vernichtungspolitik«. Eine Debatte über den Zusammenhang von Sozialpolitik und Genozid im nationalsozialistischen Deutschland*, Hamburg 1991, S. 135-163. Reemtsma schließt an Überlegungen von Dan Diner an, der konstatiert hatte, dass der Holocaust mit herkömmlichen Rationalitätsvorstellungen nicht erfassbar ist. Siehe nur z. B. am Beispiel der Judenräte Dan Diner, »Historisierung und Rationalität«, in: Hans-Uwe Otto, Heinz Sünker (Hg.), *Politische Formierung und soziale Erziehung im Nationalsozialismus*, Frankfurt/M. 1991, S. 9-17. Der Begriff »Terroratio« muss meines Erachtens viel stärker als bisher geschehen auf eine Systemreferenz bezogen werden. Es spricht sehr viel dafür, dass sich in der Gewaltanwendung in konkreten Face-to-Face-Interaktion eine solche »Terroratio« entwickeln kann. Hier bestehen unmittelbare Anschlüsse an die mikrosoziologischen Überlegungen zur Gewalt von Randall Collins, »The Micro-Sociology of Violence«, in: *The British Journal of Sociology* 60 (2009), S. 566-576. Aber eine »Terroratio« in der Face-to-Face-Interaktion bedeutet nicht automatisch, dass dieses Rationalitätskalkül auch auf der Ebene derjenigen gegeben war, die die Gewaltanwendung staatlich legitimiert haben. Hier kann (muss aber nicht) eine »normale« Verwaltungsrationalität geherrscht haben, die nicht grundlegend danach unterschied, ob das Ausstellen eines Passes, der Bau einer neuen Straße oder die Anwendung von Gewalt angeordnet wurde.

50 Dagegen kann die Anwendung von Folter sehr wohl als formale Erwartung an Mitglieder der Gestapo verstanden werden. Für einen schnellen Einstieg siehe Robert Gellately, *The Gestapo and German Society*, Oxford 1990, und George C. Browder, *Hitler's Enforcers. The Gestapo and the SS Security Service in the Nazi Revolution*, New York, Oxford 1996. Einen guten Überblick liefert: Gerhard Paul, Klaus-Michael Mallmann (Hg.), *Die Gestapo. Mythos und Realität*, Darmstadt 1995.

tert werden sollten. Aber trotzdem – und dieser Punkt ist wichtig – war die Ausübung des Terrors im Vernichtungsprozess funktional und wurde deswegen von NS-Organisationen vielfach nicht nur geduldet, sondern auch befördert. Die brutale Gewaltanwendung, die Degradierungsrituale und die willkürlichen Übergriffe der Polizisten haben dabei geholfen, die Tötungshemmung in den Face-to-Face-Interaktionen zu überwinden. Die Polizisten konnten sich einreden, dass die in Ghettos ausgehungerten und durch die Misshandlungen entstellten Menschen es gar nicht wert seien, am Leben zu bleiben.[51]

Zum Abbau der Tötungshemmung in den konkreten Face-to-Face-Interaktionen war es für die Bataillonsangehörigen dabei anfangs gar nicht zentral, die Degradierungsrituale selbst durchzuführen. In vielen Fällen hat es vermutlich ausgereicht, andere dabei zu beobachten. Schon die Duldung der sich ständig wiederholenden Rituale trug dazu bei, dass diejenigen, an denen sie vollzogen wurden, von den Polizisten ganz selbstverständlich als »legitime Opfer« begriffen wurden.

Durch diese Duldung wurde – gewollt oder ungewollt – aber auch die Erwartung an die Kameraden etabliert, sich an solchen brutalen Übergriffen zu beteiligen. Die Brutalität in der Gewaltanwendung hatte dann eine ähnliche Funktion wie das Plündern, nämlich die Stärkung der kameradschaftlichen Zusammengehörigkeit in den Organisationseinheiten.[52] In vielen Einheiten – be-

51 Trutz von Trotha, »Gewaltforschung auf Popitzschen Wegen«, in: *Mittelweg 36* 9 (2000), S. 26-36, hier: S. 31 f., plädiert zu Recht und mit Verweis auf Popitz, *Phänomene der Macht*, dafür analytisch zwischen Gewalt als Selbstzweck und Gewalt als Mittel zur Erreichung eines Zwecks zu unterscheiden. Erst auf der Basis dieser Unterscheidung kann dann herausgearbeitet werden, dass der gleiche Gewaltakt sowohl für einige als Selbstzweck dient als auch anderen als Mittel zur Erreichung eines übergeordneten Zweckes nutzt.

52 Kühne, *Belonging and Genocide*, S. 6 ff., weitet eine für Organisationen einleuchtende Analyse auf die Ebene des Nationalstaates aus. »The nation that slays together, stays together«, so die pointierte Zusammenfassung von Kühnes These durch David Cesarani, »Review Thomas Kühne Belonging and Genocide«, in: *Central European History* 45 (2012), S. 162-165, hier: S. 162. Kühnes These ist in gewisser Weise das auf die NS-Zeit bezogene Gegenüber zur populären These, dass die Nachkriegsidentität Deutschlands maßgeblich durch die Schuld am Holocaust geprägt wurde (siehe kritisch dazu Bernhard Schlink, *Vergangenheitsschuld und gegenwärtiges Recht*, Frankfurt/M. 2002). Ein ähnlicher Gedanke fin-

sonders jedoch bei den Einsatzgruppen, den Polizeibataillonen und den Wachmannschaften in den Konzentrations- und Vernichtungslagern – konnte sich auf dieser Basis eine aus brutalen Übergriffen bestehende Organisationskultur ausbilden.[53] Die Brutalität gegen die Opfer wurde so – um eine Formulierung von James Waller zu nutzen – immer mehr zu einem »normalen Verhalten«.[54]

In einigen Fällen, wie unter anderem die Studie über die Leibstandarte Adolf Hitlers zeigt, wurde die Möglichkeit zu einem weitgehend ungehemmten Gewalteinsatz immer mehr zu einem zentralen Mittel, um die Organisationsmitglieder zu motivieren.[55] Die Mitglieder der Leibstandarte lebten ihre Brutalität nicht nur im Einsatz aus, etwa bei der Erschießung von Kriegsgefangenen, sondern auch in Situationen, in denen sie sich gar nicht im Einsatz befanden. Es waren dann eben nicht mehr nur die Identifikation mit dem Zweck der Organisation, der Zwang zur Mitgliedschaft, die Freude an der Kameradschaft oder die legalen oder illegalen Wege der Bereicherung, die die Mitglieder in der Organisation

det sich vorher schon bei Omer Bartov, *Mirrors of Destruction*, Oxford, New York 2000, S. 29: »By now what bound the soldiers together more than their Kampfgemeinschaft and its extension in an ostensible Volksgemeinschaft, was their awareness of belonging to a community of murder, attested to implicitly and explicitly by the leadership of the Reich and by many of its citizens and soldiers.« Ob bereits während des Zweiten Weltkrieges die ganze Nation in einer »Gemeinschaft aus Verbrechen und Schuld« eingeschlossen war (Kühne, *Belonging and Genocide*, S. 160), scheint mir jedoch zweifelhaft. Sicherlich versuchte die Nazi-Propaganda ihren Bürgern einzutrichtern, dass die Kriegsgegner furchtbare Rache nehmen würden, wenn Deutschland den Krieg verlieren würde. Aber wenn, dann war es die Angst vor dieser Rache, und eben nicht das Bewusstsein über ein kollektiv begangenes Verbrechen, die dazu beitrug, einen nationalen Zusammenhalt zu stärken.

53 Siehe dazu auch die Studie von Elissa Mailänder Koslov, *Gewalt im Dienstalltag*, Hamburg 2009.

54 James E. Waller, »Perpetrators of the Holocaust: Divided and Unitary Self Conception of Evildoing«, in: *Holocaust and Genocide Studies* 10 (1996), S. 11-33, hier: S. 28; Waller argumentiert aus einer psychologischen Perspektive. Sein Argument lässt sich aber problemlos aus einer soziologischen Perspektive mit dem Erwartungsbegriff reformulieren.

55 Siehe zur Ausbildung von Gewaltkulturen in Organisationen die Studie von Jens Westemeier, *Himmlers Krieger. Joachim Peiper und die Junkerschulgeneration der Waffen-SS in Krieg und Nachkriegszeit*, Paderborn 2014, in der er einige frühere Überlegungen korrigiert, die er in seinem Buch *Joachim Peiper (1915-1976). SS-Standartenführer. Eine Biographie*, Osnabrück 1996, angestellt hatte.

hielten. Es war auch die unmittelbare Freude an der Anwendung brutaler Gewalt.

Da aber die Formen exzessiver Gewaltanwendung Teil der informalen Struktur der NS-Gewaltorganisationen waren, konnten sie nur begrenzt auf die formale Organisationsrolle zugerechnet werden. Sie wurden aus nachvollziehbaren Gründen als auf die Person zuzurechnendes Merkmal eines Organisationsmitglieds verstanden.

## 7. Generalisierung von Motiven

> Wenn Menschen, die eine gleiche Erziehung genossen haben wie ich, die gleichen Worte sprechen wie ich und gleiche Bücher, gleiche Musik, gleiche Gemälde lieben wie ich – wenn diese Menschen keineswegs gesichert sind vor der Möglichkeit, Unmenschen zu werden und Dinge zu tun, die wir den Menschen in unserer Zeit, ausgenommen die pathologischen Einzelfälle, vorher nicht hätten zutrauen können, woher nehme ich die Zuversicht, dass ich davor gesichert sei?
>
> *Max Frisch*[1]

Glaubt man den Schilderungen der Polizisten in den Verhören durch Kriminalpolizei und Staatsanwaltschaft 20 Jahre nach den Massakern, so waren sie bei den Deportationen und Erschießungen mit unterschiedlichem Engagement bei der Sache. Einige gaben zu Protokoll, dass sie einfach nur ihren Auftrag erledigt hätten, ohne während oder nach den Tötungen groß darüber nachzudenken. Andere erklärten, dass sie sich selbst zwar zurückgehalten, einige ihrer Kameraden sich aber förmlich in einen Blutrausch hineingesteigert und die Tötungsarbeit mit großem Engagement verrichtet hätten. Andere wiederum bekundeten, sie hätten psychosomatisch auf das von ihnen veranstaltete Gemetzel reagiert und sich während der Erschießungen übergeben müssen.

Auf der Grundlage solcher Beschreibungen entwickelte Herbert Jäger Ende der 1960er Jahre – also zu einer Zeit, als die Zahl der Strafprozesse wegen NS-Verbrechen zunahm – eine »Typologie der Taten« und unterschied zwischen Exzesstaten, Initiativtaten, Befehlstaten und widerwillig ausgeführten Taten. Zu den Exzesstaten zählt Jäger dabei Willkürakte, Willfährigkeitstaten oder Pogrombeteiligungen. Zu den Initiativtaten rechnet er die freiwillige Beteiligung an Erschießungen, selbstständige Einzeltaten und persönliches Engagement bei Deportationen, und zu den Befehlstaten das

1 Max Frisch, *Tagebuch 1946-1949*, Berlin 2011. Eintrag unter »Hamburg, November 1948«.

unselbstständige Ausführen von Befehlen in Form eines »automatischen Gehorsams«. Als Indiz für widerwillig ausgeführte Taten können die Beteiligung an Erschießungen nur nach ausdrücklichem Protest gegen den Befehl, nach mehrfachen Aufforderungen oder aufgrund der Androhung von Zwangsmitteln gewertet werden.[2]

Aus dieser »Typologie der Taten« wurde in der Forschung weitgehend bruchlos eine »Typologie der Täter« extrapoliert.[3] Ein Tätertypus sei – so Christopher Browning – der Exzesstäter gewesen, der das Töten von Juden genossen hätte. Diese »überzeugten und blutrünstigen Mörder« hätten sich freiwillig für Exekutionskommandos gemeldet, ihre Opfer vor den Erschießungen gequält und abschließend »ihre Mordtaten« gefeiert. Ein anderer Tätertypus hätte aus Männern bestanden, die alles taten, »was ihnen befohlen wurde«, ohne aber die Tötung von Juden als »erlösende Tat«

2 Siehe Jäger, *Verbrechen unter totalitärer Herrschaft*, S. 22 ff., zur Unterscheidung von »Exzesstaten«, »Initiativtaten« und »Befehlstaten«. Soweit ich es übersehen kann, wurden solche Typologien schon vorher im Zuge von Gerichtsprozessen entwickelt. Siehe beispielsweise die Unterscheidung von Tätern in überzeugte Nationalsozialisten, autoritätshörige Befehlsempfänger und Mitläufer bei Fritz Bauer, *Heute Abend im Keller Club des Hessischen Rundfunks*, Wiesbaden 1964. Siehe dazu die Wiedergabe in Ilona Ziok, *Fritz Bauer – Tod auf Raten*, Berlin 2010.

3 Diese Extrapolation findet sich schon bei Herbert Jäger, *Verbrechen unter totalitärer Herrschaft*, S. 76 f., wenn er davon ausgeht, dass 20 Prozent der von ihm analysierten Verurteilten Exzesstäter, 2 Prozent Initiativtäter und 60 Prozent Befehlstäter waren. An diese Tätertypologie schließen dann beispielsweise Browning (*Ganz normale Männer*, S. 246 ff.) oder Klemp (*»Nicht ermittelt«*, S. 479) mit jeweils eigenen Tätertypologien an. Siehe auch Browning, *Revisiting the Holocaust Perpetrators*, S. 7 und 11, der hier in einer Nachbetrachtung zu seinem Buch über die »ganz normalen Männern« zu verstehen gibt, dass er sich bei der Typologie und bei der Zuordnung der Prozentzahlen durch eine aus dem Stanford-Prison-Experiment gewonnene Einschätzung Zimbardos hat inspirieren lassen (siehe dazu Haney u. a., »Interpersonal Dynamics in a Simulated Prison«, Philip G. Zimbardo, »On ›Obedience to Authority‹«, in: *American Psychologist* 29 [1974], 566 f., und ausführlich Philip G. Zimbardo, *Der Luzifer-Effekt. Die Macht der Umstände und die Psychologie des Bösen*, Heidelberg 2008). Die Liste von Tätertypen ist unbegrenzt erweiterbar; siehe nur die Neunerliste von Michael Mann, bestehend aus: »ideologisch motivierten Mördern«, »intoleranten Mördern«, »gewalttätigen Mördern«, »ängstlichen Mördern«, »karriereorientierten Mördern«, »materialistisch orientierten Mördern«, »disziplinierten Mördern«, »kameradschaftlichen Mördern« und »bürokratischen Mördern«. Siehe Michael Mann, *Die dunkle Seite der Demokratie. Eine Theorie der ethnischen Säuberung*, Hamburg 2007, S. 48 ff.

zu begreifen. Ein letzter Tätertypus hätte sich, so die Analyse, nur »unwillig« an den Tötungsaktionen beteiligt, sich den Aktionen zur Ghettoräumung, Deportation und Erschießung aber nicht aktiv entzogen.[4]

Nach der Bildung solcher Typologien konnte dann trefflich darüber gestritten werden, wie hoch jeweils der Anteil der »willigen Vollstrecker«, der »willenlosen Mitläufer« oder der »unwilligen Täter« war. War man von der Schuld »der Deutschen« während der NS-Herrschaft überzeugt, konnte man, wie beispielsweise Goldhagen, behaupten, dass eine »überwältigende Mehrheit« der Deutschen aus tiefer Überzeugung heraus tötete und dass nur eine zu ignorierende Minderheit der Bataillonsangehörigen den Tötungen der Juden neutral oder gar ablehnend gegenüberstand.[5] Oder man konnte wie Browning die gegenteilige These aufstellen, dass zwar eine »signifikante Minderheit« das Töten von Juden genoss, aber die größte Gruppe die Tötungen durchführte, ohne darüber nachzudenken, ob »ihre Handlungen falsch oder amoralisch waren«. Lediglich einer kleinen Gruppe von »etwas mehr als 10%, aber bestimmt weniger als 20% der Mitglieder des Bataillons« wurde zugestanden, dass sie sich »nicht danach fühlten«, die Tötungen aktiv zu betreiben.[6]

Bei der heftig geführten Diskussion über die jeweiligen Prozent-

4 Für die Beschreibungen Browning, »Die Debatte über die Täter des Holocaust«, S. 151 f., und Browning, *Revisiting the Holocaust Perpetrators*, S. 147; siehe zu den heterogenen Motivlagen von deutschen SS-Männern, Polizeibeamten, Feuerwehrleuten, Forstbeamten auch beispielsweise Klemp, *Freispruch für das »Mord-Bataillon«*, S. 97, Paul, »Von Psychopathen, Technokraten des Terrors und ›ganz gewöhnlichen‹ Deutschen«, S. 50 ff., George C. Browder, »No Middle Ground for the Eichmann Männer?«, in: *Yad Vashem Studies* 31 (2003), S. 403-424, hier: S. 409, Kramer, »Tätertypologien«, S. 253 ff., und Curilla, *Der Judenmord in Polen und die deutsche Ordnungspolizei*, S. 875.

5 Kritisch zum Begriff der »vast majority« siehe Erich Geldbach, »Goldhagen: Another Kind of Revisionism«, in: Franklin H. Littell (Hg.), *Hyping the Holocaust. Scholars answer Goldhagen*, Merion Station [2]1997, S. 89-102, hier: S. 98. Dort auch die Hinweise auf die Stellen bei Goldhagen.

6 Siehe Browning, »Die Debatte über die Täter des Holocaust«, S. 151 f.; siehe auch den interessanten Fall des Oswald Rufeisen, der seine jüdische Herkunft eine Zeit lang verbergen und als Übersetzer bei der deutschen Polizei überleben konnte. Browning nutzte Rufeisens spätere Zeugenaussage, um sein Dreiermodell von Tätertypen zu rechtfertigen, siehe Browning, *Revisiting the Holocaust Perpetrators*, S. 12 f.

sätze der »willigen«, »unwilligen« oder »willenlosen« Vollstrecker wird jedoch mit Tätertypologien gearbeitet, die für eine soziologische Analyse viel zu holzschnittartig sind. Statt die Beteiligten in wenige Schubladen zu stecken, ist es aus soziologischer Perspektive deutlich interessanter, wie sich Personen bei organisierten Gewaltaktionen selbst darstellen, welchen Konsistenzzwängen sie bei diesen Selbstdarstellungen unterliegen und wie Organisationen damit umgehen, dass ihre Mitglieder unterschiedliche Motive haben und das auch in ihren Selbstdarstellungen zum Ausdruck bringen.

## 7.1. Die unterschiedlichen Darstellungsmöglichkeiten von persönlichem Engagement

In den vergleichsweise kurzen Phasen der unmittelbaren Gewaltanwendung – beim Niederknüppeln der Opfer oder bei Erschießungen aus nächster Nähe – sind die an diesen Taten Beteiligten meist so durch die Tat absorbiert, dass sie der Selbstdarstellung nur wenig Aufmerksamkeit widmen. Aber weil die Gewaltanwendungen sich häufig langsam aufbauen und über einen längeren Zeitraum nachwirken, gibt es für den Gewaltausübenden vielfältige Möglichkeiten zur Selbstdarstellung.[7] Allerdings reduziert die Einbindung in eine Organisation die Selbstdarstellungsmöglichkeiten von Personen, weil diese von der Organisation vorrangig als Träger einer Rolle betrachtet werden. Hinter der Uniform eines Polizisten oder Soldaten – letztlich visueller Ausdruck der Organisationsrolle – verschwindet, jedenfalls in einem ersten Zugriff, die spezifische Person.[8] Aber auch für den Träger einer Organisationsrolle gibt es, wie im Folgenden gezeigt wird, verschiedene Möglichkeiten, sich darzustellen und so als Person erkennbar zu machen.

7 Bei längeren Phasen der Gewaltausübung hat der Gewaltausübende zudem häufig kürzere »Verschnaufpausen«, in denen er seine Selbstdarstellung überprüfen kann.

8 Diese Uniformierung wird in einigen Fällen noch über die formale Kleidungsordnung hinaus von den Organisationsmitgliedern informal verstärkt. »Absolute Härte – Oberlippenbärte« lautete ein geläufiger Spruch von Demonstranten in den 1970er und 1980er Jahren. Diese mit Blick auf bundesdeutsche Polizisten treffende Beobachtung stand allerdings in auffälligem Kontrast zur fehlenden Thematisierung der eigenen informalen Uniformierungsformen. Über informale Uniformierungspraktiken der Polizei im Nationalsozialismus gibt es meines Wissens bisher keine Studien.

Organisationen entlasten ihre Mitglieder bis zu einem gewissen Grad davon, dass Handlungen, die sie als Organisationsmitglied durchführen, mit ihnen als Person assoziiert werden. Ein Polizist, der im Rahmen der gesetzlichen Vorgaben die Absperrung eines Sicherungsbereiches vornahm, brauchte sich nicht als Person zu erkennen zu geben. Eine in Trawniki ausgebildete ukrainische Hilfskraft konnte sich bei der Bewachung einer Fabrik oder einer Eisenbahnstrecke erst einmal hinter ihre Organisationsrolle zurückziehen und darauf bestehen, dass diese Handlungen nicht mit ihren anderen Rollen, zum Beispiel als Familienvater oder als Freund, in Verbindung gebracht werden sollten.

Da jedoch Organisationen Rollenerwartungen niemals bis ins kleinste Detail vorgeben können, ist für den Träger einer Rolle die Darstellung als Person letztlich unvermeidlich. Selbst das Exerzieren auf dem Kasernenhof, das Packen des Marschgepäcks oder das Säubern einer Waffe kann nicht derart in allen Einzelheiten vorgeschrieben werden, dass die Person vollständig hinter ihrer Rolle verschwindet. Es bleibt gerade auch bei der Anwendung von Gewalt im Rahmen von staatlichen Gewaltorganisationen immer die Möglichkeit, unterschiedlich schnell einzugreifen, unterschiedlich stark zuzuschlagen oder unterschiedlich häufig zu schießen. Es sind die kleinen Abweichungen, die kleinen persönlichen Noten, die eine Person *als* Person in der Rolle erkennbar werden lassen.[9]

Trotz dieser Einschränkung bietet jedoch die Mitgliedschaft in einer Organisation Personen die Möglichkeit, zumindest ein Stück weit als Person hinter die Organisationsrolle zurückzutreten. Ein Angehöriger des Hamburger Polizeibataillons, der Zugwachtmeister Erwin Gathmann, erklärte bei einer der Vernehmungen durch die Hamburger Ermittlungsbehörden Mitte der 1960er Jahre, dass er die Frage, warum er sich damals überhaupt an Exekutionen beteiligt habe, »kaum beantworten« könne. »Ich muß«, so der Befragte, »eigentlich sagen, daß wir uns damals überhaupt keine Überlegungen gemacht haben. Erst in späteren Jahren ist einem eigentlich richtig bewußt geworden, was damals geschehen ist.«[10] Kurt Drey-

9 Ich folge hier Uwe Schimank, *Identitätsbehauptung in Arbeitsorganisationen. Individualität in der Formalstruktur*, Frankfurt/M., New York 1981, S. 18.

10 Vernehmung Erwin Gathmann, StA Hamburg NSG 0021/002, Bl. 2503 f.

er, ein anderer Angeklagter, entgegnete auf die Frage, weswegen er damals gehandelt habe, wie er gehandelt hat, lediglich, dass es »unendlich schwierig sei«, das »Heutige mit dem Damaligen in Einklang zu bringen«.[11]

Organisationsmitglieder sind durchaus in der Lage, diese neutrale Einstellung zu ihren Tätigkeiten zu inszenieren. Indem sie deutlich zu erkennen geben, dass sie eine Handlung als Organisationsmitglied durchführen oder durchgeführt haben, geben sie – so Niklas Luhmann – Beobachtern das Signal, dass sie diese Handlungen nicht auf »ihr Wesen« zugerechnet sehen möchten, sie sich also durch dieses Handeln nicht in ihren »Darstellungen in anderen Rollen« festgelegt sehen wollen.[12] Organisationsrollen ermöglichen es Organisationsmitgliedern, Handlungen bis zu einem gewissen Grade als »unpersönlich« zu präsentieren.

Allerdings wird diese Art der Präsentation in vielen Situationen blockiert oder erschwert. Dies ist zum Beispiel dann der Fall, wenn ein Organisationsmitglied zur Erreichung eines Zweckes zwischen verschiedenen Mitteln wählen kann, die Auswahl des entsprechenden Mittels der jeweiligen Person somit als Entscheidung zugerechnet wird. Oder dann, wenn die Handlungen einer Person in einem Bereich stattfinden, in dem unklar ist, ob diese Handlungen durch die formale Ordnung erwartet werden können. Wenn sich Personen in solchen »Graubereichen« der Indifferenzzone engagiert zeigen, dann wird ihnen das als persönliches Verhalten zugeschrieben. Und erst recht ist dies der Fall, wenn ein Organisationsmitglied gegen die Regeln der Organisation verstößt, und sei es nur, um mit unkonventionellen Mitteln zur Erreichung des übergeordneten Ziels der Organisation beizutragen. In diesem Fall wird die Regelabweichung auf die Person zugerechnet.

## Rollenengagement

Es gibt vielfältige Möglichkeiten, sich in der Ausübung einer von der Organisation angeordneten Tätigkeit aktiv als Person zu erkennen zu geben: indem man bei der Ausübung einer Rolle eine besondere Begeisterung zeigt, die erwarteten Anforderungen übererfüllt

11 Aussage von Kurt Dreyer in der öffentlichen Sitzung des Landgerichts Hamburg, Schwurgericht Hamburg, StA Hamburg NSG 0021/029, Bl. 27.

12 Niklas Luhmann, *Legitimation durch Verfahren*, Frankfurt/M. 1983, S. 95.

oder nach der Handlung zum Ausdruck bringt, wie befriedigend die Tätigkeit war. Der engagierte »Rollenspieler«, so die Formulierung von Uwe Schimank, leistet gemessen an der Funktion der Rolle »mehr, als von ihm erwartet werden kann«.[13]

Bei der Darstellung von Rollenengagement wird in unterschiedlichem Maße auf die von den Organisationen angebotenen Motive zur Mitgliedschaft zurückgegriffen. Wenn eine Organisation ihre Mitglieder bezahlt oder sie gar zum Dienst zwingt, kann das von Organisationsmitgliedern als Hintergrund für ihr Rollenengagement genutzt werden. Obwohl man für die Tätigkeit in einer Organisation bezahlt wird oder sogar dann, wenn man zur Mitgliedschaft gezwungen wird, übt man die Rolle mit großem Engagement aus. Die Motivationsmittel Zwang und Bezahlung, die zunächst eine Distanz der Mitglieder zu ihrer Organisationsrolle vermuten lassen, werden ergänzt um Darstellungselemente, die auf die Identifikation des Mitglieds mit den Zwecken der Organisation sowie auf seine Freude an der Tätigkeit verweisen.

Gerade die kurzen Phasen der Gewaltanwendung können dafür genutzt werden, um sich in der Ausübung der Rolle als Gewaltspezialist besonders engagiert zu zeigen. Das hilflose Opfer wird besonders brutal zusammengeschlagen, es werden noch Kugeln auf das Opfer abgefeuert, obwohl es schon lange tot ist, oder sein Leichnam wird verstümmelt.[14] Viele Bataillonsangehörige wiesen nach dem Krieg – auch um die eigene Distanz zu den Tötungen darzustellen – auf das auffällige Engagement einiger ihrer Kameraden bei der Ausübung der Tötungsarbeit hin. So wurde Rudolf Grüll von Bataillonsangehörigen als ein »großer Draufgänger« und »hundertprozentiger Nazi« charakterisiert, der »großen Pflichteifer an den Tag gelegt« habe.[15] Der während des Krieges verstorbene Kompaniechef Hartwig Gnade wurde als »fanatischer Verfechter der Judenvernichtung« dargestellt, der »sadistische Neigungen« ge-

13 Schimank, *Identitätsbehauptung in Arbeitsorganisationen*, S. 18.

14 So können die von Collins beschriebenen Gewaltexzesse gegen Schwächere, nicht nur als eine »Vorwärtspanik« der Gewaltspezialisten beobachtet werden, sondern auch als besonderes Engagement in der Ausübung der Rolle; siehe dazu Collins, *Dynamik der Gewalt*, S. 110.

15 Browning, *Ganz normale Männer*, S. 199; Rudolf Grund scheint das Pseudonym für Rudolf Grüll zu sein.

habt habe und »über Leichen« gegangen sei.[16] Der Zugwachtmeister Heinrich Becker wurde wegen seiner Versuche, sich bei den Tötungsaktivitäten hervorzutun, von den Angehörigen seines Zuges als »übler Lump« bezeichnet.[17]

Dieses besondere Engagement von Mitgliedern kann man daran erkennen, dass diesbezüglich einzelne besonders herausstechende Personen in Organisationen häufig mit Spitznamen belegt werden. Im Polizeibataillon 111 aus Hannover wurde der Bataillonskommandant, der sich bei der Umsetzung der Vernichtungspolitik besonders engagierte, als »Tiger von Kielce« oder »Leichen-Heinrich« bezeichnet.[18] Im gut untersuchten Polizeibataillon 61 wurden Polizisten, die sich besonders hervortaten, »der Schützenkönig« oder »der Süße« genannt.[19]

Es gibt Situationen in Organisationen, in denen sich die Darstellung von Rollenengagement kaum vermeiden lässt. Dies gilt besonders für die Organisationsmitglieder, die eine Karriere in der Organisation anstreben. So verwies Julius Wohlauf in seinem Bewerbungsschreiben für die Aufnahme als Polizeioffiziersanwärter darauf, dass er durch die »Schule der Partei und des Heeres gegangen sei« und ihm die Tätigkeit als Polizeioffizier, »die soldatische Tugend und rückhaltloses Bekennen zum nationalsozialistischen Staat« verlange, als der »idealste Beruf« erscheine.[20] Auch wenn das sicherlich der übliche Tenor in den Bewerbungen für Karrierepositionen in NS-Organisationen gewesen ist, konnte es von der

16 Eingabe des Verteidigers von Anton Becker an die Staatsanwaltschaft 29.4.1966; StA Hamburg NSG 0021/006, Bl. 3603; siehe auch Brief von Anton Becker an die Staatsanwaltschaft vom 10.10.1966, StA Hamburg NSG 0021/007, Bl. 3868; siehe dazu Kiepe, *Das Reservepolizeibataillon 101 vor Gericht*, S. 126.

17 Hermann Behn, StA Hamburg, NSG 0021/006, Bl. 3067.

18 Siehe Gunnar Bettendorf, »Das Reserve-Polizeibataillon 111 im Osteinsatz«, in: *Hannoversche Geschichtsblätter* 62 (2008), S. 91-167, hier: S. 118.

19 Siehe Klemp, *Freispruch für das »Mord-Bataillon«*, S. 78 und 88.

20 Bewerbungsschreiben Wohlaufs bei der Schutzpolizei 1.4.1936, zitiert in der Anklageschrift der Staatsanwaltschaft, StA Hamburg, NSG 0021/013, Bl. 50. In der Beurteilung nach seiner Ausbildung heißt es dann auch »Seine nationalsozialistische Gesinnung steht über jeden Zweifel«; Beurteilung – Gruppen- und Zugführerausbildung vom 1.9. bis 31.10.1936, gez. Illinger, Hauptmann und Kursleiter, VTHA Münster, Nachlass Wohlauf, Dep. 442/50. Siehe auch ausführlich zu Julius Wohlauf die biographischen Zugänge in Kaiser u.a., »*Nicht durch formale Schranken gehemmt*«, S. 235 ff.

Staatsanwaltschaft später genutzt werden, um eine besonders starke Identifikation von Wohlauf mit dem NS-Staat nachzuweisen.

So wurde das Engagement einiger Bataillonsangehöriger bei der Ausübung ihrer Organisationsrollen in den Verhören nach dem Krieg auch mit deren Karriereambitionen erklärt. Heinz Bumann, der seine persönliche Distanz zur Deportation und Erschießung der Juden gezeigt hatte, erklärte das Engagement der Kompaniechefs Wohlauf und Hoffmann damit, dass dies »junge Leute vom aktiven Dienst« gewesen seien, die »noch etwas werden wollten«.[21] Gustav Müller, der von sich behauptete, sich bei den Erschießungen zurückgehalten zu haben, erklärte, dass er »kein aktiver Polizist, sondern selbständiger Handwerksmeister« gewesen sei und er deswegen kein besonderes Engagement bei den Einsätzen hätte zeigen müssen, weil es ihm nichts ausgemacht habe, dass seine »Karriere keinen Aufstieg haben würde«.[22]

Die Darstellung des Engagements anderer diente nach dem Krieg sicherlich dazu, die eigene Zurückhaltung bei der Ausübung der organisationalen Anforderungen umso stärker zu betonen. Aber Aussagen dieser Art treffen dennoch einen wichtigen Punkt: Ein Aufstieg in einer Organisation ist in der Regel nur möglich, wenn eine Person bei der Ausübung der Mitgliedschaftsrolle ein überdurchschnittliches Engagement an den Tag legt. Gerade indem sie sich bei der Ausübung ihrer Rolle als Person zeigen, unterstreichen Organisationsmitglieder ihre Karriereambitionen.

## Rollendistanz

Eine weitere Möglichkeit für Organisationsmitglieder, sich als Personen zu präsentieren, besteht darin, in der Ausübung ihrer Rolle Abneigung, Widerwillen oder auch Ekel zeigen. Anders als beispielsweise Familien oder Freundesgruppen erleichtern es Organisationen Personen, sich in der Selbstdarstellung von ihrer Rolle zu distanzieren. Aufgrund der Zweck-Motiv-Trennung lässt sich vergleichsweise leicht zum Ausdruck bringen, dass man mit dem, was man in der Rolle als Organisationsmitglied tut oder demnächst zu tun hat, als Person nicht identifiziert werden möchte.

21 Vernehmung Heinz Bumann, StA Hamburg, NSG 0021/005, Bl. 2440.
22 Vernehmung Gustav Müller, StA Hamburg, NSG 0022/001, Bl. 168.

Nach dem Krieg wies eine ganze Reihe von Bataillonsangehörigen in den Aussagen vor den Ermittlungsbehörden darauf hin, mit welchem Widerwillen sie Befehle ausgeführt hätten. Ein Bataillonsangehöriger berichtete beispielsweise, dass er sich bei den Exekutionen in Józefów erbrochen habe, nachdem bei einer Erschießung aus nächster Nähe die Gehirnschale eines der Opfer abgesprungen war und er mit der Gehirnmasse bespritzt worden sei.[23] Dabei war das Erbrechen selbst in den meisten Fällen wohl erst einmal nur eine körperliche Reaktion auf die Effekte der eigenen Gewaltausübung, die aber von den Polizisten später dafür genutzt werden konnte, um zu kommunizieren, dass man mit dem von der Organisation Verlangten nicht einverstanden gewesen war.[24]

Dieses Verhalten der Ordnungspolizisten wird in der Soziologie als Rollendistanz bezeichnet. Rollendistanz markiert nicht – wie man aus der Perspektive der Psychologie denken könnte – die von Individuen *empfundene* Differenz von »Tun und Sein«, sondern vielmehr die Möglichkeit, in der Ausübung einer Rolle *darzustellen*, dass man als Person nicht mit der Rolle, die man ausfüllt, identifiziert werden möchte. Rollendistanz ist also ein Ausdrucksmittel, um bei oder nach der Ausübung der Rolle seinen Widerwillen zum Ausdruck zu bringen.[25]

23 Vernehmung Alfred Bräutigam, StA Hamburg, NSG 0021/033, Bl. 43.

24 Collins, *Dynamik der Gewalt*, S. 67 ff., behandelt die verschiedenen körperlichen Reaktionen während der Gewaltausübung vorrangig als unmittelbare emotionale Reaktionen auf die »Konfrontationsanspannung«. Mit Goffman müsste man aber gerade die Selbstdarstellung der Gewaltausübenden konsequent darauf hin untersuchen, inwiefern eine Reparatur der Selbstdarstellung aufgrund des körperlichen Missgeschicks stattfindet oder ob umgekehrt, die körperliche Reaktion gerade dafür genutzt wird, um den eigenen Widerwillen zum Ausdruck zu bringen.

25 Siehe grundlegend zum Konzept der Rollendistanz Erving Goffman, »Role Distance«, in: Erving Goffman, *Encounters. Two Studies in the Sociology of Interaction*, London 1961, S. 73-134, hier: S. 96 f. In der Holocaustforschung gibt es verschiedene Verwendungen dieses Konzepts. Siehe besonders Welzer, »Härte und Rollendistanz«, S. 358 ff., und *Täter*, S. 38 ff., der Rollendistanz stärker psychologisch als interaktionssoziologisch deutet, sowie Balcke, *Verantwortungsentlastung durch Organisation*, S. 89, der das Konzept der Rollendistanz mit Verantwortung zusammenbringt. Siehe zur Kritik an Welzers Fehlinterpretation von Goffman ausführlich Dominic Ionescu, »›Befehl ist Befehl‹. Drei Fälle systemfunktionaler Rollendistanz im Holocaust«, in: Alexander Gruber, Stefan Kühl (Hg.), *Sozio-*

Für denjenigen, von dem Tätigkeiten erwartet werden, mit denen er sich selbst nicht identifiziert sehen will, erfüllt Rollendistanz eine wichtige Funktion. Seine Identität wird – so Jörg Balcke – vor der Organisation geschützt. So wird deutlich gemacht, dass man als Person die Folgen des von der Organisation angeordneten Handelns nicht auf sich zugerechnet sehen möchte.[26] Interessant ist, dass es nicht nur die von Randall Collins ausführlich beschriebenen Formen exzessiver Gewaltausübung gibt, in der die damit Betrauten förmlich mitgerissen werden, sondern dass Gewaltspezialisten bei ihrer Tätigkeit auch Rollendistanz zeigen können, und dies umso einfacher, je stärker die Gewaltausübung in einen standardisierten Ablauf, etwa eine standrechtliche Exekution, eingebunden ist.[27]

Die Möglichkeit zur Darstellung von Rollendistanz erlaubt es somit Personen, in Organisationen Rollen zu übernehmen, ohne mit deren Anforderungen einverstanden zu sein. Davon können auch die Organisationen profitieren, weil Rollenträger sich mithilfe der Darstellung von Rollendistanz gewissermaßen als Person von ihrer Rolle freizeichnen und so Organisationen auch für unattraktive Rollen Personal finden können.[28]

## 7.2. Das Management der Selbstdarstellung

In Face-to-Face-Interaktionen sind Personen fast zwangsläufig damit beschäftigt, sich selbst darzustellen. Solche Selbstdarstellung läuft, so Goffman, in den allermeisten Alltagsinteraktionen unbewusst ab, wohingegen in außergewöhnlichen Situationen hohe

*logische Analysen des Holocaust. Jenseits der Debatte über »ganz normale Männer« und »ganz normale Deutsche«*, Wiesbaden 2015, im Erscheinen.

26 So Balcke, *Verantwortungsentlastung durch Organisation*, S. 89.

27 Zur Darstellung von Rollendistanz im Moment der Gewaltausübung fehlen noch mikrosoziologische Studien. Ein geeignetes Untersuchungsfeld wäre das Verhalten von Henkern bei der Vollstreckung der Todesstrafe.

28 So André Kieserling, *Kommunikation unter Anwesenden*, Frankfurt/M. 1999, S. 121. Goffman entwickelte die Idee der Rollendistanz vorrangig als interaktionssoziologisches Konzept. Da die Rollenerwartungen in Organisationen häufig auch die Durchführung von Handlungen beinhaltet, die man ohne die Mitgliedschaftserwartungen nicht durchführen würde, sind die Anwendungen des Konzepts auf Organisationen besonders interessant.

Anforderungen an die Selbstdarstellung gestellt werden.[29] Und die Deportationen und Erschießungen waren solche Situationen, die Ordnungspolizisten, SS-Männern oder Wehrmachtssoldaten ein anspruchsvolles Management der Selbstdarstellung in allen drei Sinndimensionen abverlangten.

## Die Selbstdarstellung in der Sachdimension

Wir sind angehalten, in unseren Selbstdarstellungen ein konsistentes Bild von uns zu zeichnen. Wer sich mit bestimmten Eigenschaften als Person zu erkennen gegeben hat, kann diese nicht ändern, ohne kleinere oder auch größere Darstellungsprobleme zu bekommen. Weicht eine Person häufiger von der einmal eingenommenen Selbstdarstellung ab, gerät sie in den Verdacht, inkonsistent und unberechenbar zu sein. »Wer sich als Nichtraucher eingeführt hatte«, so das bekannte Beispiel Niklas Luhmanns, »darf nicht ohne weiteres anfangen zu rauchen«.[30]

Selbstdarstellungen sind also mit einem erheblichen Konsistenzdruck verbunden. Überspitzt ausgedrückt: Der Polizist, der sich einmal an der Tötung von jüdischen Männern, Frauen und Kindern im Rahmen einer Massenexekution beteiligt hatte, kann sich aus Selbstdarstellungsgründen dazu veranlasst gesehen haben, sich an weiteren Erschießungen zu beteiligen. Das heißt nicht, dass die Polizisten gezwungen waren, einer einmal begonnenen, organisational geprägten Selbstdarstellung zu folgen. Aber wenn sie sich entschlossen, von ihren Selbstdarstellungen abzuweichen, mussten sie dies erklären.

Solche Darstellungsprobleme können sich nicht nur darauf beziehen, dass eine Handlung ausgeführt wurde, sondern auch darauf, *wie* dies getan wurde. Wenn sich ein Polizist bei der Räumung von Ghettos bislang als »harter Knochen« präsentiert hatte, bekam er Darstellungsprobleme, wenn er plötzlich angesichts blutüberströmter Männer, Frauen und Kinder »weich« wurde. Und

29 Dementsprechend auch der Titel von Erving Goffmans Buch: *The Presentation of Self in Everyday Life*, New York 1956; ein erster vorsichtiger Versuch, Goffmans Interaktionssoziologie in der geschichtswissenschaftlichen NS-Forschung zu nutzen, ist Mühlenfeld, »Die Vergesellschaftung von ›Volksgemeinschaft‹ in der sozialen Interaktion«, S. 830 ff.

30 Luhmann, *Legitimation durch Verfahren*, S. 91.

umgekehrt bekam derjenige Polizist Darstellungsprobleme, der bei der Zuteilung zu Exekutionskommandos stets seinen Widerwillen gezeigt hatte, dann aber quasi »über Nacht« zu einem besonders engagierten Vollstrecker wurde.

Auch die Tätigkeit in Organisationen entlastet nicht von solchen Darstellungsproblemen, im Gegenteil: Gerade weil häufig von vielen Organisationsmitgliedern das gleiche Verhalten verlangt wird, wird sehr genau beobachtet, wie schnell und wie engagiert einzelne Mitglieder im Vergleich zu anderen die Erwartungen erfüllen. Sicherlich können die Organisationsmitglieder Handlungen mit den weitgehend standardisierten organisationalen Erwartungen erklären und damit zu verstehen geben, dass sie diese Handlungen nicht als Teil der persönlichen Selbstdarstellung betrachtet sehen wollen. Aber gerade die hochgradige Standardisierung der erwarteten Tätigkeiten führt zu einer besonders genauen Beobachtung der Selbstdarstellung der einzelnen Organisationsmitglieder sowohl durch andere Organisationsmitglieder als auch durch Personen in der Umwelt der Organisation.

## Die Selbstdarstellung in der Sozialdimension

Von entscheidender Bedeutung ist, wem gegenüber Rollenneutralität, Rollenengagement oder Rollendistanz gezeigt wird. Die Selbstdarstellung in einer Rolle erfordert einen Beobachter, also jemanden, der oder die uns bei der Ausübung der Rolle beobachtet. Das kann der unmittelbar von der Rollenausübung Betroffene sein – der Patient, der von einem Arzt behandelt wird, der Schüler, der von einem Lehrer unterrichtet wird, oder der Polizist, der eine Person drängt, ein Haus zu verlassen. Oder die Selbstdarstellung bei der Ausübung einer Rolle kann sich an die Kollegen richten – an die Krankenschwester, die einen Arzt bei der Behandlung unterstützt, an den Hospitanten, der den Umgang des Lehrers mit seinen Schülern studiert oder an den Polizisten, der einen Kollegen bei der Ausübung seiner Tätigkeit beobachtet.[31] Oder die

31 Auch an diesem Punkt lese ich Goffman anders als Welzer (in *Täter*, S. 39), der den Fall so interpretiert, dass ein Chirurg wegen der »spezifischen Härte gegen das Objekt seines Handelns« sich gegenüber den Patienten von seiner Rolle distanzieren muss. Meinem Verständnis nach zeigt der Chirurg seine Rollendistanz nicht gegenüber den Patienten (die ja sowieso betäubt sind und von der Selbst-

Rollendarstellung richtet sich an beobachtende Dritte, das heißt an Personen, die selbst nicht unmittelbar an den Ereignissen beteiligt sind.

Bei der Selbstdarstellung der Ordnungspolizisten ging es in der Sozialdimension also – um eine von Raul Hilberg vorgeschlagene Unterscheidung zu verwenden – um die Beobachtung ihres Verhaltens durch Opfer, Täter und Zuschauer.[32] Relevant ist dabei nicht allein – wie bisher vorrangig in der Holocaustforschung thematisiert – das Verhalten dieser Opfer, Täter und Zuschauer, sondern es kommt aus einer soziologischen Perspektive auch darauf an, genau zu rekonstruieren, wie die Beobachtung durch Opfer, Täter und Zuschauer die Selbstdarstellungen des Bataillonsangehörigen beeinflusst hat.

Über die Selbstdarstellung der Ordnungspolizisten gegenüber den Opfern wissen wir aufgrund der mündlichen und schriftlichen Überlieferungen der wenigen Überlebenden, besonders aber durch die von den Einsätzen erhaltenen Fotografien Bescheid. Prinzipiell war es möglich, dass ein Polizist demjenigen gegenüber, den er für das Schmuggeln von Lebensmitteln in ein Ghetto bestrafte, aus seinem Haus vertrieb oder in einen Eisenbahnwagen zwängte, seine Distanz zu seiner Rolle zeigte. Es gibt vereinzelt Berichte, denen zufolge ein Polizist dem Opfer gegenüber darstellte, dass er die an seine Rolle als Polizist geknüpften Anforderungen jetzt erfüllen müsse, er aber mit den an ihn formulierten Erwartungen überhaupt nicht einverstanden sei.[33] Beim Vertreiben aus einem Haus sind solche Selbstdarstellungen von Ordnungspolizisten noch gut machbar, aber wenn es darum ging, dem anderen das Leben zu nehmen, wurde es schwieriger. Eine Darstellung à la »Entschuldigen Sie, ich muss sie jetzt leider töten« mag in einzelnen Tötungssi-

darstellung gar nichts mitbekommen), sondern gegenüber seinen untergebenen Assistenzärzten und OP-Schwestern, um auf diese Weise die durch eine starke formale Hierarchie geprägte Arbeitssituation zu entspannen.

32 Vgl. den Titel des bekannten Buches von Hilberg, *Täter, Opfer, Zuschauer*. Der Originaltitel – *Perpetrators, Victims, Bystanders* – gibt zugleich die entsprechende Terminologie in der angelsächsischen Debatte wieder.

33 Auf einen solchen Fall weist Welzer (*Täter*, S. 157) hin. Ein Angehöriger des von ihm untersuchten Polizeibataillons 45 berichtete bei der Befragung nach dem Krieg, dass er einer Jüdin, die versuchte, ihn mit Schmuck und Geld dazu zu bewegen, sie nicht zu erschießen, mitteilte, dass er ihr leider nicht helfen könnte, weil er sonst selbst mit Unannehmlichkeiten rechnen müsste.

tuationen vorkommen, ist jedoch bei der Tötung der Juden sicherlich die absolute Ausnahme gewesen.

Außerdem wandte sich die Selbstdarstellung der Polizisten häufig auch an Zuschauer. Die Ghettoräumungen, Deportationen und Erschießungen fanden nämlich in den meisten Fällen vor Publikum statt. Dazu gehörten nichtjüdische Polen, ziviles Personal der deutschen Besatzungsbehörden oder in der Gegend stationierte Wehrmachtssoldaten. Soweit wir wissen, spielte die Darstellung gegenüber diesen Zuschauern eine eher untergeordnete Rolle. Die Polizisten legten auf deren Urteil in der Regel keinen Wert und gingen davon aus, dass sie sie ohnehin nicht so schnell wiedersehen würden. Anders war es jedoch, wenn es sich bei den Zuschauern um Menschen handelte, denen die Polizisten in anderen Rollenbezügen begegneten. Als der Chef der ersten Kompanie, Julius Wohlauf, seine schwangere Ehefrau Vera Wohlauf, die auf Besuch in Polen war, zu einer Ghettoräumung mitgenommen hatte, löste das dementsprechend große Unruhe unter den Mitgliedern des Bataillons aus.[34]

Von großer Bedeutung war die Selbstdarstellung gegenüber den

34 Siehe dazu die Vernehmung von Lucia Boysen, zur Zeit des Weltkrieges Ehefrau eines der Zugführer, StA Hamburg NSG 0022/001, Bl. 593 ff. über das Verhalten der Ehefrau von Julius Wohlauf, einem der Kompaniechefs von Reserve-Polizeibataillon 101. Laut Aufzeichnung des Vernehmungsbeamten erklärte Lucia Boysen, dass sie sich erinnere, »daß man damals empört darüber sprach, daß sich sogar Frauen diese Aktion angesehen haben. Unter diesen Frauen befand sich auch Frau Wohlauf. Ich irre mich mit dieser Behauptung bestimmt nicht, denn ich entsinne mich genau, daß Major Trapp kurze Zeit später den Vorfall öffentlich anprangerte und in etwa erklärte, er fände es unerhört, daß Frauen im schwangeren Zustande sich so etwas ansehen.« Siehe auch die Aussage von Lucia Boysen, StA Hamburg, NSG 0021/020, Bl. 1411. Zur Rolle Vera Wohlaufs während des Einsatzes siehe die lesenswerte Analyse von Stefanie Büchner, »Mythos Vera Wohlauf. Empörung und Ensemblebildung bei der Deportation von Międzyrzec«, in: Alexander Gruber, Stefan Kühl (Hg.), *Soziologische Analysen des Holocaust. Jenseits der Debatte über »ganz normale Männer« und »ganz normale Deutsche«*, Wiesbaden 2015, im Erscheinen. Einige zusätzliche Informationen zu Vera Wohlauf – zum Beispiel Informationen über den Genehmigungsantrag an die SS bezüglich der Heirat oder ihre Haltung in der Nachkriegszeit zu ihrer Anwesenheit im Generalgouvernement – liefert auch die Arbeit von Wendy Lower, *Hitler's Furies. German Women in the Nazi Killing Fields*, London 2013, S. 63 ff. und 185 ff. Im privaten Briefwechsel verwendete Julius Wohlauf den Vornamen »Wera«, ich folge hier jedoch der Schreibweise aus den Gerichtsakten.

beteiligten Kameraden, denn im Gegensatz zu den in der Regel kurzen Kontakten zu den Opfern und Zuschauern war man mit den Kameraden über einen längeren Zeitraum zusammen. Konsistenzbrüche in der Darstellung fielen deswegen nicht nur besonders auf, sondern sie wurden auch besonders hart sanktioniert, was für die davon Betroffenen ziemlich gravierend war, weil die Polizisten auf die Wertschätzung ihrer Kameraden in der Kriegssituation angewiesen waren.

## Die Darstellung in der Zeitdimension

Eine Selbstdarstellung erfolgt – auch darauf verweist Goffman – zunächst unmittelbar in der Situation selbst. Schon bei den Ghettoräumungen, Deportationen und Erschießungen konnten die Polizisten und Soldaten sich ihren Rollenanforderungen gegenüber neutral, engagiert oder distanziert zeigen. In einigen Fällen findet eine Selbstdarstellung in Bezug auf eine Tätigkeit aber erst post hoc statt. Erst wenn Nachfragen gestellt werden, geben Personen – das ist der Punkt von C. Wright Mills – Auskunft darüber, weswegen sie so gehandelt haben, wie sie es taten.

Dass die zeitliche Konstanz von Selbstdarstellungen ein wichtiges Kriterium ist, wurde bereits angedeutet. Eine Person, die bei der Ausübung einer Rolle ein hohes Maß an Rollendistanz gezeigt hat, gerät in Schwierigkeiten, wenn sie *später* behauptet, dass sie der Rollenanforderung mit großem Engagement nachgekommen ist. Und jemand, der sich heute positiv über die Rollenanforderung äußert, wird morgen einigen Aufwand treiben müssen, um andere davon zu überzeugen, dass er eigentlich keine Freude daran gehabt hat.

Wegen der grundlegend unterschiedlichen Erwartungshaltungen während und nach der NS-Zeit waren die Anforderungen an die Selbstdarstellung sehr unterschiedlich. Während des Einsatzes in den besetzten Gebieten konnte es für die Mitglieder des Polizeibataillons funktional sein, sich bei der Ausübung der Mitgliedschaftsrolle besonders hervorzutun. Wer sich bei Massenexekutionen besonders bereitwillig zeigte, konnte damit rechnen, als »guter Polizist« wahrgenommen zu werden und damit seinen Aufstieg auf der Karriereleiter innerhalb der Organisation vorzubereiten.

Solche Versuche, sich in der Ausübung einer Mitgliedschaftsrolle als Person besonders hervorzutun, wurden durch das NS-Regime befördert. Sowohl in der Wehrmacht als auch in der Ordnungs- und Sicherheitspolizei gab es ein Karrieresystem, das diejenigen, die sich in ihrer Rollenausübung hervorgetan hatten, mit einem Aufstieg innerhalb der Organisation belohnte. Neben den Karrieremöglichkeiten war das Verleihen von Orden – von dem Bandenkampfabzeichen bis hin zum Eisernen Kreuz – eine Möglichkeit, Personen aufgrund ihrer Ausübung der Organisationsrolle besonders hervorzuheben.

Während es im Zweiten Weltkrieg ein Interesse der Organisationsmitglieder gegeben hat, dass ihnen ihre Handlungen nicht nur auf ihre Rolle als Mitglied einer Organisation, sondern zusätzlich auf sie als Person zugerechnet wurden, änderte sich das nach Kriegsende grundlegend. Jan Kiepe zeigt, wie die Bataillonsangehörigen ihre Erinnerungen an die Erwartungen der sie verhörenden Person anpassten.[35] Selbst diejenigen, die sich während des Zweiten Weltkrieges als äußerst engagiert und karrierebewusst präsentierten, stellten sich nach dem Krieg lediglich als Träger einer Rolle dar, die nicht mit besonderem Engagement zur Sache gegangen seien.

Auch wenn man nicht unterschätzen darf, welche Probleme sich ergeben, wenn man von einer einmal gewählten Selbstdarstellungsform abweicht, sind Personen an solche Formen nicht in alle Ewigkeit gebunden. Man kann von den durch das eigene Verhalten gebildeten Erwartungen abweichen, trägt dann aber die sich daraus ergebenden Rechtfertigungslasten. »Eine Person muß«, so Luhmann, »im Fall der Abweichung von bisherigen Darstellungen eine gute Erklärung abgeben, die Gewißheit darüber verschafft«, dass sie im Übrigen dieselbe bleiben wird – also »weiterhin ein Gegenstand zuverlässiger Erwartungsbildung« bleibt.[36]

Trotz der Möglichkeiten zum Ausstieg aus der bisher praktizierten Darstellung hat der überwiegende Anteil der Polizisten seine durch die erstmalige Beteiligung an einer Erschießung etablierte Selbstdarstellung nicht nur konsequent gepflegt, indem an weiteren Erschießungen mitgewirkt wurde, sondern darüber hinaus haben – Stichwort Verrohung – sehr viele Polizisten diese ihre Selbstdarstellung durch eine zunehmende Brutalisierung des ei-

35 Kiepe, *Das Reservepolizeibataillon 101 vor Gericht*, S. 86.

36 Luhmann, *Legitimation durch Verfahren*, S. 91.

genen Verhaltens weiter ausgebaut. Das Bedrückende ist, dass die Kultivierung einer einmal gegenüber den Kameraden aufgebauten Selbstdarstellung als zuverlässiger Töter häufig wichtiger gewesen zu scheint, als gegebenenfalls seinem Gewissen zu folgen und sich unter Verlust einer konsistenten Darstellung zu weigern, weitere Tötungen durchzuführen.

## 7.3. Die Trennung von Zwecken und Motiven

Aus der Sicht der Leitung vieler Organisationen sollten deren Mitglieder möglichst aus Personen bestehen, die sich mit ihr voll identifizieren und die ihre Mitgliedschaftsrolle mit vollem Engagement ausfüllen. Das Idealbild scheint das einer Organisation zu sein, in der die Motive der Organisationsmitglieder perfekt zu den Zwecken der Organisation passen und deswegen gar nicht erst distanzierte Darstellungen bei der Ausübung einer Rolle entstehen. Ist eine solche Übereinstimmung zwischen Organisationszwecken und Mitgliedschaftsmotiven gegeben, könne, so die Annahme, die Kontrolle durch die Hierarchie stark reduziert werden, weil man sich auf die Initiativkraft der Mitglieder verlassen könne. Und es bestünde dann zudem die Möglichkeit, bei den Gehältern zu sparen, weil ja die Zwecke der Organisation selbst motivierend wirkten.

Im NS-Staat wurde eine solche vermeintliche Übereinstimmung zwischen Organisationszwecken und Mitgliedschaftsmotivationen geradezu zelebriert.[37] Wenn Hitler die »Geschlossenheit des deutschen Volkskörpers« propagierte und sich überzeugt zeigte, dass »das deutsche Volk« in »höchster Entschlossenheit seiner Führung folgen wird«, unterstellte er, dass die Mitglieder der Organisationen des NS-Staates sich mit den Zwecken des NS-Staates voll identi-

37 Die Herausforderung für eine soziologische Betrachtung des Nationalsozialismus besteht darin, herauszuarbeiten, inwiefern dieses Zelebrieren der Übereinstimmung zwischen den Zwecken der staatlichen Organisationen und den Motiven der Mitglieder der staatlichen Organisationen eine faktische Übereinstimmung zwischen Organisationszweck und Mitgliedschaftsmotivation darstellte oder lediglich ein sich in der Propaganda widerspiegelnder Wunschtraum der NS-Führung war.

fizieren würden.[38] Und wenn in einer vor Ausrufezeichen nur so strotzenden NS-Schrift kurz nach Kriegsbeginn vom »fanatischen Idealismus« die Rede ist, der bei der Besetzung Polens den »Marschtritt« der Soldaten geprägt hätte, von ihrer »heißen Leidenschaft« und dem »blinden Vertrauen« zum Führer, den »Augen der Tausenden von Soldaten«, die bei einem Truppenbesuch Hitlers »dem Führer entgegenleuchteten«, dann zeigt dies, wie stark die Übereinstimmung von Organisationszwecken und Mitgliedschaftsmotiven in der Propaganda hervorgehoben wurde.[39]

Aber nur die wenigsten Organisationen – und hier stellen die NS-Organisationen keine Ausnahme dar – verlassen sich darauf, dass allein schon der Zweck der Organisation ausreicht, um Organisationsmitglieder dazu zu motivieren, alle von der Organisation erwarteten Handlungen auszuführen. Organisationen versuchen deswegen zwar, Mitglieder zu rekrutieren, die sich mit dem Organisationszweck identifizieren, oder wenigstens angeworbene Mitglieder für den Zweck der Organisation zu begeistern, aber in den meisten Fällen werden – wie gezeigt – zusätzliche Mittel eingesetzt, um die Mitglieder zu motivieren: Zwang, Geld, kollegiale Erwartungen oder attraktive Tätigkeiten.

Dabei können sich diese Motivationsmittel »wechselseitig stören, behindern, diskreditieren und aufheben«, wie Luhmann zu Recht betont. Es wirkt gegenüber Organisationsmitgliedern nicht überzeugend, wenn an die Gesinnung appelliert wird und gleichzeitig mit Sanktionen im Fall von nonkonformem Verhalten gedroht wird, oder wenn einerseits der Spaß an der Sache herausgestellt und andererseits eine außergewöhnliche Bezahlung in Aussicht gestellt wird. Allerdings zieht Luhmann daraus vorschnell den Schluss, dass die Motivationsmittel »typgetreu spezialisiert und kanalisiert« werden und Organisationen versuchen, ihre Mitglieder nur über Zweckidentifikation, nur über Zwang, nur über Bezahlung, nur über Kollegialitätserwartungen oder nur über attraktive Handlungen zu mobilisieren.[40] Es ist im Gegenteil geradezu die Besonder-

38 So eine Rede Hitlers, wiedergegeben vom Reichssendeleiter Eugen Hadamovsky, *Weltgeschichte im Sturmschritt*, München [4]1941, S. 322 f.

39 So der Reichspressechef Otto Dietrich (*Auf den Straßen des Sieges. Erlebnisse mit dem Führer in Polen*, München 1940, S. 130 f.) über seine »Erlebnisse mit dem Führer in Polen«.

40 Luhmann, *Funktionen und Folgen formaler Organisation*, S. 133. Luhmann wird

heit von Organisationen, dass sie – trotz allen daraus folgenden Darstellungsschwierigkeiten gegenüber ihren Mitgliedern – diesen in den überwiegenden Fällen ein Bündel von Motivationsmitteln anbieten.

Der Trick, den Organisationen anwenden, besteht darin, dass sie Motivationen ihrer Mitglieder *generalisieren*. Unabhängig davon, welche Motive der Mitglieder für den Eintritt und den Verbleib in der Organisation relevant waren beziehungsweise sind, letztlich stellt die Organisation über die Formalisierung ihrer Mitgliedschaftserwartungen (also das Abhängigmachen des Verbleibens in der Organisation von der Befolgung der formalen Erwartungen) sicher, dass sich Mitglieder mit ganz unterschiedlichen von der Organisation zugeschriebenen Motiven den Erwartungen der Organisation unterwerfen.[41]

Alle Organisationsmitglieder müssen sich an diesen formalen Erwartungen orientieren – auch diejenigen, die sich hochgradig mit dem übergeordneten Zweck der Organisation identifizieren und deswegen für die Organisation zum Problem werden können, weil sie zu allzu selbstständigen »Übersetzungen« des Oberzwecks in konkrete Handlungen neigen. Ein begeisterter Soldat, der zu dem Ergebnis gekommen ist, dass es im Sinne der Wehrmacht sinnvoller sei, statt an der Westfront an der Ostfront zu kämpfen und sich dort zum Einsatz meldet, wäre vermutlich wegen Fahnenflucht verurteilt worden.[42] Und wie bereits erwähnt, verbot

hier aus meiner Sicht Opfer einer verkürzten Lektüre von Etzioni in dessen grundlegender Studie über Motivationsmittel von Organisationen. Etzioni (*A Comparative Analysis of Complex Organizations*, S. 7 f.) stellt zwar heraus, dass viele Organisationen dazu tendieren, nur ein Motivationsmittel – bei Etzioni: Zwang, Überzeugung oder Geld (»coercive«, »normative« oder »utilitarian«) – zu nutzen, aber er betont auch, dass Organisationen vielfach auf ein Prinzip des »Mehrfach hält besser« setzen und versuchen, ihre Mitglieder über verschiedene Mittel zu motivieren.

41 Luhmann, *Funktionen und Folgen formaler Organisation*, S. 132 f.

42 Siehe Luhmann, *Zweckbegriff und Systemrationalität*, S. 266 ff. Der Reiz, im Sinne eines übergeordneten Zwecks selbstständig tätig zu werden, wird in der Soziologie mit Verweis auf den »Prinz-von-Homburg-Effekt« erklärt. Vgl. Horst Bosetzky, »Das ›Überleben‹ in Großorganisationen und der Prinz-von-Homburg-Effekt«, in: *Deutsche Verwaltungspraxis* 29 (1973), S. 2-5). In Kleists Drama missachtet der Prinz von Homburg eine Anweisung seines »Chefs« Friedrich Wilhelm, Kurfürst von Brandenburg, weil er der Meinung ist, dass die Schlacht nur durch Abweichung von den Befehlen zu gewinnen ist. Er wird aufgrund

Heinrich Himmler angesichts der Verselbstständigung des Terrors gegen die Juden sämtliche Einzelaktionen von SS-Angehörigen gegen Juden »aufs Schärfste«. Er kündigte an, selbst kleinste Zuwiderhandlungen mit dem Ausschluss aus der SS zu ahnden, und betonte, dass die Festlegung der Vorgehensweise zur »Lösung der Judenfrage« nur der NS-Führung vorbehalten sei und nicht von einzelnen SS-Männern auf eigene Faust betrieben werden dürfe.[43] Gerade zu Beginn der Besetzung Polens wurde in einigen Fällen das eigenmächtige Handeln von Angehörigen der Wehrmacht und der Polizei bei der Verfolgung der Juden unterbunden. So kam es vor, dass gegen Polizisten, die jüdische Gefangene auf eigene Initiative hin erschossen hatten, Disziplinarverfahren eingeleitet wurden. Auch später gab es Fälle, in denen die SS- und Polizeigerichte gegen Polizisten vorgingen, wenn diese ohne Befehl getötet hatten, um eine eigene Straftat, wie zum Beispiel Diebstahl, zu kaschieren.[44] Die gleiche Organisation, deren Aufgabe jedenfalls ab Mitte 1941 das Töten von Juden war, stellte das Töten von Juden unter Strafe, wenn dies nicht im Rahmen der organisationalen Programme erfolgte.[45]

dieses Verhaltens als Sieger der Schlacht gefeiert, läuft aber Gefahr, als Organisationsmitglied wegen dieses »falschen« Verhaltens hingerichtet zu werden. Zum Glück für ihn greift in diesem Fall Liebe als symbolisch generalisiertes Kommunikationsmedium, so dass es ein Happy End in Form einer Hochzeit mit der Prinzessin von Oranien gibt. Siehe Heinrich von Kleist, *Prinz Friedrich von Homburg*, Ditzingen 1986.

43 Siehe dazu den Befehl von Himmler vom 16.8.1935; zitiert nach Cüppers, *Wegbereiter der Shoah*, S. 22. Siehe jedoch zur ausbleibenden oder lediglich geringen Bestrafung von Polizisten und Soldaten, die eigenmächtig Gewalttaten ausführten, Bröckling, *Disziplin*, S. 284.

44 Siehe dazu Léon Poliakov, Joseph Wulf, *Das Dritte Reich und seine Diener*, Berlin 1956, S. 485 f., sowie Jäger, *Verbrechen unter totalitärer Herrschaft*, S. 22 f.

45 Hans Mommsen stellt zu Recht fest, dass die »Judenfrage« das einzige Feld darstellte, auf dem die NSDAP nicht sogleich auf »gesetzliche Verordnungen und Bremsen stieß«, und dass deswegen kriminelle Übergriffe gegen Juden gedeckt wurden; siehe seinen Aufsatz »Die Deutschen und der Holocaust«, in: Dieter Dowe (Hg.), *Die Deutschen – ein Volk von Tätern?*, Bonn 1996, S. 11-27, hier: S. 17.

## Flexibilität in der Personalrekrutierung

Über die Generalisierung der Mitgliedschaftsmotive erlangte der NS-Staat eine gewisse Flexibilität in der Personalrekrutierung. Obwohl es im Zuge des Krieges aufgrund der hohen Verluste in den besetzten Gebieten zu einer »Heterogenisierung« des Personals kam, konnte das Tötungsprogramm trotzdem uneingeschränkt fortgeführt werden. Es machte dafür faktisch keinen Unterschied, ob es durch Mitglieder des Reichssicherheitshauptamtes, der Gestapo oder der SS-Division Totenkopf oder durch Notdienstverpflichtete, Reservisten der Waffen-SS oder durch Angehörige der Reserve-Polizeibataillone durchgeführt wurde.[46]

Zudem konnte der NS-Staat die eingesetzten Motivationsmittel je nach Lage variieren. Als man sich gegen Ende des Krieges nicht mehr darauf verlassen konnte, dass die Soldaten und Polizisten aufgrund der Identifikation mit dem NS-Staat oder aufgrund der Loyalität mit den Kameraden schossen, ließ sich durch die Verhängung von drakonischen Strafen immer noch sicherstellen, dass die Personen in den Organisationen verblieben.[47] Der NS-Staat geriet dadurch in gewisse Darstellungsschwierigkeiten, denn die durch die NS-Propaganda gepflegte vermeintliche Identifikation des Volkes mit dem Führer auch in Krisenzeiten ließ sich zunehmend schwer mit der steigenden Zahl von exekutierten Deserteuren in Einklang bringen. Aber letztlich konnte sich der NS-Staat im Großen und Ganzen darauf verlassen, dass seine Programme ausgeführt wurden.

## Flexibilität im Personaleinsatz

Erst durch diese Trennung der Zwecke der Organisation von den Motiven der Mitglieder gewinnt die Organisation Elastizität: Sie kann in gewissen Grenzen ihre Zwecke ändern, ohne sich sofort

46 Der Begriff der Heterogenisierung des Personals stammt von Paul, »Von Psychopathen, Technokraten des Terrors und ›ganz gewöhnlichen‹ Deutschen«, S. 51; siehe auch Klaus-Michael Mallmann, *Deutscher Osten 1939-1945*, Darmstadt 2003, S. 303ff., über die Heterogenisierung des Personals besonders nach dem Angriff auf die Sowjetunion.

47 Siehe zur Verhängung der drakonischen Strafen besonders am Ende des Krieges Bartov, »The Conduct of War«.

fragen zu müssen, ob sie für ihre Mitglieder dann noch attraktiv ist. Derart elastische Organisationen können sich besser an veränderte Erwartungen beispielsweise aus der Politik anpassen als solche, die strikt prüfen müssen, ob Zweckänderungen ihre Mitglieder frustrieren könnten.[48]

Armeen und Polizeieinheiten nutzen diese durch die Zweck-Motiv-Trennung gewonnene Flexibilität. Überspitzt ausgedrückt: Aus der Perspektive der Wehrmacht war es funktional, dass Wehrmachtssoldaten, die vor 1941 mit sowjetischen Soldaten in verschiedenen Feldern bereitwillig kooperierten, nach 1941 umstandslos in einem Krieg gegen den vermeintlichen »russischen Untermenschen« eingesetzt werden konnten. Für das Reichssicherheitshauptamt war es funktional, anweisen zu können, bei Vergeltungsaktionen Häuser und Gehöfte abzubrennen, oder aber nötigenfalls das Abbrennen von Häusern und Gehöften »auf das geringste Maß herabzudrücken«, um die landwirtschaftliche Produktion aufrechtzuerhalten.[49]

Erst aufgrund dieser zumindest partiellen Trennung zwischen den Zwecken der Organisation und den Motiven der Mitglieder war es der NS-Führung möglich, die Angehörigen der Polizeibataillone vielfältig einzusetzen. Ohne Schwierigkeiten konnten Angehörige aus verschiedenen Zügen des Polizeibataillons 101 um die Jahreswende 1942/1943 zusammengezogen werden, um im südlichen Teil des Distrikts Lublin vorrangig nichtjüdische Polen aus den Dörfern zu vertreiben und damit die Ansiedlung von Deutschen vorzubereiten.[50] Die Angehörigen des Polizeibataillons 101 konnten zusammen mit anderen Bataillonen im Frühjahr 1943 beim »Unternehmen Ostersegen« in den Wäldern von Parczew eingesetzt werden, ohne dass näher geprüft werden musste, ob all diese Polizisten im Kampf gegen die vorrangig aus Juden bestehende Partisaneneinheit der »Puschkin-Gruppe« stärker motiviert waren als beim Einsatz gegen die ebenfalls in dem Waldgebiet befindlichen

48 Luhmann, *Funktionen und Folgen formaler Organisation*, S. 103.

49 Vgl. hier beispielsweise eine Anordnung des KdO Lublin, abschriftlich auch an das Polizeibataillon 101 vom 25. 6. 1943, BA Ludwigsburg, Dokumentensammlung Polen 365x, Bl. 511.

50 Siehe dazu Browning, *Ganz normale Männer*, S. 181 (im Orig. S. 135 f.); Curilla, *Der Judenmord in Polen und die deutsche Ordnungspolizei*, S. 722.

sowjetischen Partisanen.[51] Und ebenfalls ohne weitere Motivprüfung war es möglich, 1944 die dritte Kompanie des Bataillons 101 nach Warschau zu verlegen, um dort den Aufstand der polnischen Heimatarmee niederzuschlagen.[52] Ob die Motivation der Bataillonsangehörigen in den jeweiligen Einsätzen mit den Zwecken der Organisation übereinstimmte oder nicht, war aufgrund der Zweck-Motiv-Trennung zweitrangig.[53]

## Die Zweitrangigkeit der Motivlagen bei der Gewaltanwendung

Es hätte fast schon etwas Beruhigendes, wenn man den Holocaust allein aus einem Motiv heraus erklären könnte – etwa dadurch, dass sich ein Haufen überzeugter Nationalsozialisten zusammengetan hätte, um ihr Programm des »eliminatorischen Antisemitismus« in die Tat umzusetzen, oder durch eine erfolgreiche »rassistische Indoktrination« großer Teile der Bevölkerung. Zur Verhinderung weiterer Genozide würde es dann ausreichen, den »rassistischen Haufen« zu identifizieren und ihn mit politischen Mitteln zu bekämpfen oder der rassistischen Indoktrination mit einer entsprechenden Aufklärungskampagne entgegenzuwirken.

Aus einer soziologischen Perspektive liegt das Beunruhigende am Holocaust darin, dass es bei organisierten Gewaltanwendungen zweitrangig ist, aus welchen Motiven sich Personen an Folterungen, Erschießungen oder Vergasungen beteiligen. Auf Gewaltanwen-

51 Siehe Shmuel Krakowski, *The War of the Doomed. Jewish Armed Resistance in Poland, 1942-1944*, New York 1984, S. 35 ff., auf den Curilla, *Der Judenmord in Polen und die deutsche Ordnungspolizei*, S. 723, verweist.

52 Siehe die entsprechenden Verweise bei Curilla, *Der Judenmord in Polen und die deutsche Ordnungspolizei*, S. 729.

53 Daraus ergibt sich auch ein spezifischer Blick auf die Frage, ob Goldhagen in seiner Argumentation »nicht radikal genug« gewesen ist, weil die Deutschen nicht »nur ›willige Vollstrecker‹ des Hitlerschen Antisemitismus, sondern seines globalen rassistischen Programms« gewesen sind und Goldhagen deswegen mit seiner These vom »eliminatorischen Antisemitismus« zu kurz greift, so Wolfgang Wippermann, *Wessen Schuld. Vom Historikerstreit zur Goldhagen-Kontroverse*, Berlin 1997, S. 102. Wippermanns Kritik an dem zu engen Verständnis der NS-Rassenpolitik ist berechtigt, mein Argument zielt jedoch darauf ab, nicht den Zweck, mit dem die Mitglieder sich identifizieren, breiter zu fassen, sondern auf die Funktionalität der Zweck-Mittel-Trennung zu verweisen.

dung spezialisierte Organisationen müssen sich natürlich darauf einstellen, ob ihre Mitglieder sich mit dem Zweck der Tötungen voll identifizieren – ob die Zwecke der Organisation also mit deren eigenen Motiven weitgehend übereinstimmen, ob sie den Zwecken der Organisation eher neutral gegenüberstehen und sich die Beteiligung an von der Organisation als sinnvoll erachteten Handlungen »abkaufen« oder »abnötigen« lassen oder ob sie den konkreten Handlungen vielleicht sogar mit Skepsis begegnen. Was am Ende für die Organisation zählt, ist allein, dass die von ihr erwarteten Handlungen ausgeführt werden.

# 8.
# Von Tötern zu Tätern

> Mit wem ich auch sprach, ich mußte ihm in die Augen sehen, ob er nicht vielleicht einer der Mörder gewesen war. Aber wie sehen Mörder aus? Wir haben sie während der letzten dreißig Jahre öfters vor Gericht gesehen: Sie sahen zumeist aus wie normale kleine Spießbürger, die man auf der Straße gewiß nicht als Mörder erkennen würde.
>
> *René König*[1]

Am 7. August 1946 erschien Elli Drewes, geborene Timmann, auf dem Polizeirevier 57 im Hamburger Stadtteil Bergedorf und erstattete Anzeige gegen ihren Mann Gustav Drewes, einen ehemaligen Angehörigen des Polizeibataillons 101. Sie gab an, dass ihr Ehemann vor knapp einem Jahr aus russischer Gefangenschaft zurückgekehrt sei und – nachdem er von einer britischen Dienststelle erfasst worden war – in Freiheit entlassen wurde. Bei seinen Angaben habe er jedoch verschwiegen, so Elli Drewes, dass er »Angehöriger einer SS-Formation während des Krieges war« und »nach seinen eigenen Angaben« an den »Judenvernichtungen in Polen« teilgenommen habe und »laufend Transporte nach verschiedenen KZ-Lagern« durchgeführt habe. Die Ehefrau – so das Protokoll des die Meldung aufnehmenden deutschen Polizeibeamten – erstatte Anzeige, weil ihr Mann »so bestialisch veranlagt« sei und sie sowie ihre Kinder »täglich an Leib und Leben bedroht« seien.[2]

Aufgrund dieser Anzeige wurde Gustav Drewes von der Hamburger Kriminalpolizei befragt. Bei der ersten Befragung durch die Polizei unterlief ihm eine Unachtsamkeit, die ihn letztlich das Leben kostete. Drewes bestritt, Angehöriger der SS gewesen zu sein, verschwieg konsequent seine Mitwirkung an der Erschießung und Deportation von Juden im Rahmen der »Aktion Reinhard« und erwähnte mit keinem Wort die »Judenjagden«, an denen er beteiligt war. Er berichtete dann jedoch von einer »Sühneaktion«, die das

1 René König, *Leben im Widerspruch. Versuch einer intellektuellen Autobiographie*, München, Wien 1980, S. 168.

2 Anzeige beim Polizeirevier Hamburg, 7. 8. 1946, Kopie im IPN Lublin 328/43, Bl. 31.

Polizeibataillon Ende September 1942 im Dorf Talczyn durchgeführt habe. In der Nähe des Dorfes war, so Drewes, ein Hauptwachtmeister des Bataillons in einen Hinterhalt geraten und von Partisanen erschossen worden. Die Polizeiführung in Lublin habe daraufhin dem Bataillon befohlen, eine Sühnemaßnahme in dem Dorf durchzuführen und 100 Einwohner zu erschießen. Drewes erklärte bei seiner Vernehmung, dass die Polen mit einem Schuss ins Genick getötet worden seien und dass er selbst – und dieser Teil seiner Aussage wurde ihm zum Verhängnis – mit seinem Karabiner fünf Männer auf diese Weise erschossen habe.[3]

Offenkundig ging Drewes davon aus, dass seine Teilnahme an der Sühneaktion gegen nichtjüdische Polen im Gegensatz zu seiner Beteiligung an der Erschießung und Deportation von jüdischen Polen im Rahmen der »Aktion Reinhard« als legal angesehen werden würde und er sich also damit nicht selbst belasten würde. Ein Irrtum, denn weil er zugegeben hatte, im Rahmen der Sühneaktion fünf Personen selbst erschossen zu haben, wurde er von der Polizei verhaftet, wegen des Verdachts der Beteiligung an einem Kriegsverbrechen an die britische Militärpolizei überstellt und in das Internierungslager der Briten in Neuengamme gebracht. Ein Angehöriger der britischen Armee vernahm dort Drewes erneut und kam zur Schlussfolgerung, dass dieser ein »100% War Criminal« sei und zum frühestmöglichen Zeitpunkt vor ein Gericht gestellt werden sollte.[4]

Aufgrund der Aussage von Drewes versuchte die Hamburger Polizei, mit den nach dem Krieg begrenzten Mitteln zur Personenidentifizierung weitere Beteiligte an der Sühnemaßnahme festzustellen. Von den über 100 Bataillonsangehörigen, die an der Erschießung in Talczyn beteiligt waren, nahm sie dann jedoch lediglich den befehlsgebenden Bataillonsführer Gustav Trapp, den für die Durchführung der Aktion verantwortlichen Zugführer

3 Aussage bei der Polizei am 27.8.1945, Kopie IPN Lublin 328/43, Bl. 10; Der Bericht von Trapp zu dieser Erschießung vom 26.9.1942 an das Polizeiregiment 25 ist im Staatsarchiv Hamburg, NSG 0021/005, Bl. 2548 ff. einzusehen; siehe auch Browning, *Ganz normale Männer*, S. 139 ff.

4 CI Questionnaire, Camp No. 6 Neuengamme, Notiz Goodman, 31.8.1946, IPN Lublin 328/43, Bl. 22. Siehe auch das Zeitzeugen-Gespräch mit Dennis Goodman kurz vor seinem Tod: GSA Neuengamme, Video 2002/7040. Ich danke Sebastian Matysek für den Hinweis auf diese Quelle.

Heinz Bumann und den Kompaniewachtmeister Arthur Kadler fest. Aber auch andere Angehörige des Polizeibataillons waren ins Visier der Ermittler geraten. So gingen die britischen Ermittler bereits im Oktober 1946 davon aus, dass die Kompanieführer Wohlauf, Gnade und Hoffmann als Tatbeteiligte festgenommen werden müssten. Unter anderem auch wegen der Schwierigkeiten, deren Namen richtig zu schreiben – aus »Gnade« wurde in den Ermittlungsakten »Knade« und aus »Wohlauf« wurde »Wohlhoff« – war es jedoch nicht möglich, deren Verbleib beziehungsweise Aufenthaltsort zu ermitteln.[5]

Da die Exekutionen der deutschen Ordnungspolizisten auf polnischem Gebiet stattgefunden hatten, entschied sich die Polish War Crimes Liaison Group der britischen Armee im Jahr 1947, die Gefangenen an die polnischen Strafverfolgungsbehörden zu übergeben. Den polnischen Ermittlungsbehörden gelang es, eine ganze Reihe von polnischen Zeugen aus dem Dorf Talczyn zu finden, die über die Massenerschießungen Auskunft gaben.[6] Im Juli 1948 wurden sowohl Trapp als auch Drewes zum Tode verurteilt und hingerichtet. Bumann, der schon kurz nach seiner Verhaftung eine Vielzahl von Geschäftsfreunden mobilisierte, ihm Empfehlungsschreiben zu seinen Gunsten auszustellen, und diese Referenzschreiben ins Englische und Polnische übersetzen ließ, wurde zu acht Jahren Gefängnis verurteilt. Kadler, der von Anfang an bestritten hatte, selbst einen der Polen getötet zu haben, wurde zu drei Jahren Haft verurteilt.[7]

Im Gegensatz zu diesen schnellen Verurteilungen im Polen der

5 Extract of CI Questionnaire, 22.10.1946 G. Goodman, R+I Staff, Neuengamme, IPN Lublin, 328, Bl. 17; Gnade war bereits während des Krieges gefallen, Wohlauf und Hoffmann konnten nicht ermittelt werden.

6 Die Protokolle der polnischen Zeugenaussagen befinden sich im IPN Lublin, 328/41, Bl. 59 ff. Siehe dazu auch die Zeitung *Zychie Podlasie*, 14.1.1948, S. 4. Zur besonderen Problematik der Quellen, die aus sowjetischen und polnischen Strafverfahren hervorgegangen sind, siehe Dieter Pohl, »Sowjetische und polnische Strafverfahren wegen NS-Verbrechen – Quellen für den Historiker?«, in: Jürgen Finger (Hg.), *Vom Recht zur Geschichte. Akten aus NS-Prozessen als Quellen der Zeitgeschichte*, Göttingen 2009, S. 132-141.

7 Eine Aufstellung der Verurteilungen der vier Angehörigen des Polizeibataillons 101 findet sich bei Elżbieta Kobierska-Motas, *Ekstradycja ürzestrępców wojennych do polsko z czterech stref okupacyjnych niemic, 1946-1950*, Warschau 1992, S. 51, 61, 118 und 229.

Nachkriegszeit fiel der jungen Bundesrepublik Deutschland die strafrechtliche Verfolgung der Angehörigen von Einsatzgruppen, Polizeibataillonen und SS-Einheiten deutlich schwerer. Hatten die Alliierten unmittelbar nach dem Zweiten Weltkrieg mit dem neu geschaffenen Straftatbestand »Verbrechen gegen die Menschlichkeit« eine Möglichkeit geschaffen, Personen auf der Basis eines nach den Taten geltenden Gesetzes anzuklagen und zu verurteilen, sahen sich die Gerichte in der Bundesrepublik Deutschland an das Rückwirkungsverbot getreu dem Grundsatz »nulla poena sine lege« gebunden. Damit war auch die »Nürnberg-Klausel«, wonach Taten zu verfolgen seien, die zum Zeitpunkt ihrer Begehung »nach den von den zivilisierten Völkern allgemein anerkannten Rechtsgrundsätzen strafbar waren«, in der Bundesrepublik Deutschland nicht anwendbar, weil die Gesetze nicht irgendwo bei »zivilisierten Völkern« existiert haben mussten, sondern in dem Rechtsraum, in dem die Tat begangen wurde.[8]

Das war ein Grund dafür, weswegen die bundesdeutschen Strafverfolgungsbehörden die Verfolgung von möglichen NS-Straftätern nur zögerlich begannen. Erst Ende der 1950er, Anfang der 1960er Jahre nahm die Hamburger Kriminalpolizei zuerst schleppend, dann zunehmend intensiver die Ermittlung gegen das Polizeibataillon 101 auf.[9] In den Massenmedien wurde es später so dargestellt,

8 Die Ausnahme vom Rückwirkungsverbot wurde dadurch erreicht, dass »Verbrechen gegen die Menschlichkeit« durch die Londoner Charta der Alliierten vom 8.8.1945 unter Strafe gestellt wurden. Damit wurden unter anderem »Mord, ethnische Ausrottung, Versklavung, Deportation und andere unmenschliche Akte gegen die Zivilbevölkerung« und die »Verfolgung aufgrund von rassistischen, politischen oder religiösen Motiven« unabhängig davon unter Strafe gestellt, ob einzelstaatliches Recht verletzt wurde oder nicht. Vgl. für einen Überblick Peter Steinbach, »Der Nürnberger Prozeß gegen die Hauptkriegsverbrecher«, in: Gerd R. Ueberschär (Hg.), *Der Nationalsozialismus vor Gericht. Die alliierten Prozesse gegen Kriegsverbrecher und Soldaten 1943-1952*, Frankfurt/M. 1999, S. 32-44, hier: S. 36 f., sowie Annette Weinke, *Die Nürnberger Prozesse*, München 2006, S. 57 f. Siehe auch Peter Heigl, *Nürnberger Prozesse – Nuremberg Trials*, Nürnberg 2001, und Franz W. Seidler, *Das Recht in Siegerhand. Die 13 Nürnberger Prozesse 1945–1949*, Selent 2007.

9 Bisher ist die Arbeit sowohl der ermittelnden Polizeieinheiten als auch der Staatsanwaltschaften in der Nachkriegszeit vergleichsweise wenig untersucht worden. Siehe aber Michael Okroy, »›Man will unserem Batl. was tun …‹. Der Wuppertaler Bialystok-Prozeß 1967/68 und die Ermittlung gegen Angehörige des Polizeibataillons 309«, in: Alfons Kenkmann, Christoph Spieker (Hg.), *Im*

dass auch hier der erste Hinweis auf die Rolle der Ordnungspolizisten bei der Vernichtung der Juden im Generalgouvernement durch eine Ehefrau eines Bataillonsangehörigen gekommen war, die nach der Trennung von ihrem Mann in den 1950er Jahren ihren Mann bei der Polizei anschwärzen wollte. Sie wolle »Einsatz-Fotos« der »101er«, die während der Ghettoräumungen und Erschießungen angefertigt worden waren und bei den fotografierenden Polizisten zu kaufen waren, als »Munition« bei ihrer Scheidung einsetzen – so die Berichterstattung in einer Hamburger Zeitung.[10]

Auf der Basis eines Vorermittlungsverfahrens der Zentralen Stelle der Landesjustizverwaltungen zur Aufklärung nationalsozialistischer Verbrechen in Ludwigsburg vernahm eine Sondereinheit der Hamburger Polizei Anfang der 1960er Jahre alle Bataillonsangehörigen, die noch zu ermitteln gewesen waren, insgesamt über 200 Personen. Die Staatsanwaltschaft ging davon aus, »daß Angehörige des Bataillons hinreichend verdächtig waren, in der Zeit von Juni 1942 bis Ende 1944 im Distrikt Lublin an der Vernichtung der jüdischen Bevölkerung beteiligt gewesen zu sein«.[11] Die Bataillons-

*Auftrag. Polizei, Verwaltung und Verantwortung*, Essen 2001, S. 301-317, Freia Anders, Hauke-Hendrik Kutscher, »Der Bialystok-Prozess vor dem Bielefelder Landgericht 1965-1967«, in: Freia Anders, Hauke-Hendrik Kutscher u. a. (Hg.), *Bialystok in Bielefeld. Nationalsozialistische Verbrechen vor dem Landgericht Bielefeld 1958 bis 1967*, Bielefeld 2003, S. 76-133, Ahlrich Meyer, *Täter im Verhör. Die »Endlösung der Judenfrage« in Frankreich 1940-1944*, Darmstadt 2005, und Kiepe, *Das Reservepolizeibataillon 101 vor Gericht*. Insbesondere die beiden letztgenannten Publikationen widerlegen das teilweise populäre Bild einer ahndungsverhindernden Justiz. Meines Erachtens hängt das teilweise starke Engagement einzelner Ermittlungsbehörden damit zusammen, dass in den 1960er Jahren immer mehr Polizeipräsidien und Staatsanwaltschaften Sondereinheiten bildeten, die sich ausschließlich der Verfolgung nationalsozialistischer Gewaltverbrechen widmeten und so aus den üblichen Loyalitätsverpflichtungen wenigstens teilweise herausgelöst wurden (siehe dazu auch Grabitz, »Überblick«).

10 Siehe o. V., »Mord-Gesang«, in: *Hamburger Morgenpost* vom 16.12.1967. Siehe Kiepe, *Das Reservepolizeibataillon 101 vor Gericht*, S. 64 f., ausführlich zur Herkunft der Fotos, die von der Anklagebehörde verwendet wurden. Welche Rolle die Übergabe der Fotos genau gespielt hat, lässt sich nicht mehr exakt rekonstruieren. Es spricht viel dafür, dass das Vorermittlungsverfahren aufgrund einer Anfrage der Zentralen Stelle der Landesjustizverwaltungen zur Aufklärung nationalsozialistischer Verbrechen in Ludwigsburg aufgenommen wurde.

11 Verfügung des Leitenden Oberstaatsanwalts beim Landgericht Hamburg, 17.3.1965, mit der Bemerkung »Eilt sehr! Verjährung droht am 5. Mai 1965!«, NSG 0022/001, Bl. 113-114. Die Hamburger Staatsanwaltschaft hatte sich – an-

angehörigen wurden im Verlauf der nächsten Jahre nicht selten mehrfach vernommen, und ihre Aussagen wurden auf mehreren Tausend Seiten Vernehmungsakten festgehalten.

Aufgrund der Rekonstruktion der verschiedenen Massenerschießungen und Deportationen wurden die beiden ehemaligen Kompaniechefs Wolfgang Hoffmann und Julius Wohlauf, die unmittelbar nach dem Krieg nicht ermittelt werden konnten und relativ schnell wieder in den Hamburger Polizeidienst aufgenommen worden waren, am 16. 11. 1964 von der Hamburger Polizei verhaftet und in Untersuchungshaft genommen. Die Staatsanwaltschaft beantragte am 19. 2. 1965 eine gerichtliche Voruntersuchung von diesen beiden sowie 13 weiteren Angehörigen des Polizeibataillons. Die Anklage lautete, dass sie als Angehörige des Reserve-Polizeibataillons 101 im Zeitraum von Ende Juni 1942 bis Mai 1943 bei der aus »niedrigen Beweggründen, heimtückisch und grausam durchgeführten Tötung von mindestens 50 000 (fünfzigtausend) jüdischen Menschen« Hilfe geleistet hatten.[12]

Zur strafrechtlichen Verfolgung griffen die Staatsanwälte zu einem juristischen Trick. Der Paragraf 47 Absatz 1 des Militärstrafgesetzbuches von 1942, der auch für die Angehörigen des Polizeibataillons galt, legte fest, dass grundsätzlich der »befehlende Vorgesetzte allein verantwortlich« ist, wenn »durch die Ausführung eines Befehls« ein Strafgesetz verletzt wird, »jedoch den gehorchenden Untergebenen« eine Strafe treffe, wenn »er den erteilten Befehl überschritten hat« oder »wenn ihm bekannt gewesen ist, daß der Befehl des Vorgesetzten eine Handlung betraf, welche ein allgemeines oder militärisches Verbrechen oder Vergehen bezweckte«.[13]

ders als die meisten bundesdeutschen Staatsanwaltschaften – entschieden, in den NS-Verfahren alle bekannten Personen einer Einheit oder Dienststelle als »Formalbeschuldigte« zu führen, siehe Grabitz, »Überblick«, S. 35.

12 Staatsanwaltschaft an den Untersuchungsrichter beim Landgericht Hamburg (Danker), 19. 2. 1965, StA Hamburg, NSG 0022/001, Bl. 35-50; die Anschuldigung befindet sich auf Bl. 38.

13 Im Kommentar zum Militärstrafgesetzbuch von 1942 heißt es zu diesem Paragrafen: »Der Untergebene haftet für die auf Befehl begangene strafbare Handlung grundsätzlich nicht; denn er ist durch den Befehl entschuldigt. Befehle müssen ausgeführt werden. Das gilt auch für rechtswidrige Befehle; sie sind nur der Rechtswidrigkeit wegen noch nicht unverbindlich. Das wird aus der militärischen Praxis klar; denn ein Befehl kann schon deswegen rechtswidrig sein, weil ein höherer Vorgesetzter verboten hat, ihn zu erteilen. Der Untergebene muß

Weil die Angehörigen der Polizeibataillone während ihres Einsatzes in Polen dem Militärstrafrecht unterstanden, konnte die Hamburger Staatsanwaltschaft auf der Basis dieses Gesetzes gegen sie vorgehen.[14]

Die Staatsanwaltschaft argumentierte, dass die Angehörigen des Polizeibataillons »das »letzte, wenn auch notwendige Glied zur Durchführung der von der damaligen Staatsführung befohlenen sogenannten Endlösung der Judenfrage« bildeten. »Die Tatherrschaft«, so ihr Argument, »lag nicht bei ihnen, sondern bei ihren höheren Vorgesetzten«. Da keinem Beschuldigten nachgewiesen werden konnte, dass er »sich aus eigenem Antrieb an den Tötungen beteiligt oder die Ausrottung der Juden aufgrund eigener Überzeugung gebilligt« hatte, gestand die Staatsanwaltschaft den Beschuldigten zu, dass sie die Taten »nicht als eigene begangen« hätten und dementsprechend nur als »Gehilfen« anzusehen seien. Sie hätten – und das rechtfertigte dann aus Sicht der Staatsanwaltschaft eine Verurteilung – die Unrechtmäßigkeit ihres Handelns aber auch nach damaliger Gesetzeslage erkennen können.[15]

also von der Verbindlichkeit jedes Befehls ausgehen. Der Befehl, eine strafbare Handlung zu begehen, ist unverbindlich. Das gesetzliche Verbot, mit Strafe bedrohte Tatbestände zu verwirklichen, kann durch einen Befehl nicht außer Kraft gesetzt werden. Trotzdem darf der Untergebene so lange gehorchen, als ihm nicht die Unverbindlichkeit des Befehls geradezu in die Augen springt.« »Handelt der Untergebene trotz dieses Wissens [über die Unrechtmäßigkeit eines Befehls], dann wird er bestraft, und zwar in der Regel als Gehilfe, da er nur selten den Täterwillen haben wird. Will er die Tat auch als eigene, so ist er Mittäter. Bei den eigenhändigen Delikten ist er Alleintäter« (Georg Dörken, Werner Scherer, *Das Militärstrafgesetzbuch und die Kriegssonderstrafrechtsordnung mit Erläuterungen*, Berlin [3]1942, S. 46 f.). Siehe zur Nutzung des entsprechenden Paragrafen in den Verfahren nach dem Zweiten Weltkrieg z. B. Adalbert Rückerl, *NS-Verbrechen vor Gericht. Versuch einer Vergangenheitsbewältigung*, Heidelberg 1982, S. 123 ff.; Helge Grabitz, »Die Verfolgung von NS-Gewaltverbrechen in Hamburg in der Zeit von 1956 bis heute«, in: Helge Grabitz, Klaus Bästlein u. a. (Hg.), *Die Normalität des Verbrechens*, Berlin 1994, S. 300-324, hier: S. 300 ff., und in Bezug auf das Polizeibataillon 101 besonders detailliert Kiepe, *Das Reservepolizeibataillon 101 vor Gericht*, S. 39 ff.

14 Vgl. schon früh § 3 der Verordnung über eine Sondergerichtsbarkeit in Strafsachen für Angehörige der SS- und Polizeiverbände vom 17. 10. 1939 (Reichsgesetzblatt I, S. 2107). Siehe dazu auch Maunz, *Gestalt und Recht der Polizei*, S. 31 f., und Wilhelm, *Die Polizei im NS-Staat*, S. 126 ff.

15 Vermerk von Fehse, 22. 1. 1970, für die Staatsanwaltschaft bei dem Landgericht Hamburg; Sta HH NSG 0022/002, Bl. 1247. Zur »Gehilfejudikatur« siehe aus-

Am Ende wurden fünf der Angeklagten – darunter Wohlauf und Hoffmann – im ersten Verfahren durch das Landgericht Hamburg zu mehrjährigen Gefängnisstrafen verurteilt.[16] Die übrigen Angeklagten wurden zwar schuldig gesprochen, Beihilfe zum Mord an mindestens tausend Menschen geleistet zu haben, von einer Bestrafung sah das Gericht jedoch ab. Dies wurde in dem Verfahren unter anderem damit begründet, dass sie sich »aufgrund ihres niedrigen Dienstranges und ihrer geringen Intelligenz in einer notstandsähnlichen Situation« befunden hätten.[17] Dass es überhaupt zu einer Verurteilung der Angehörigen des Bataillons gekommen ist, war ungewöhnlich. Die meisten Verfahren gegen Angehörige von Polizeibataillonen wurden frühzeitig eingestellt, und selbst wenn es zu einer Gerichtsverhandlung kam, verließen die Angeklagten in der Regel als freie Männer das Gerichtsgebäude.[18]

führlich Michael Greve, *Der justitielle und rechtspolitische Umgang mit den NS-Gewaltverbrechen in den sechziger Jahren*, Frankfurt/M. 2001, S. 145 ff.

16 Wolfgang Hoffmann, Julius Wohlauf und Kurt Dreyer wurden wegen Beihilfe zum Mord zu je acht Jahren, Anton Becker zu sechs Jahren und Heinrich Becker zu fünf Jahren Gefängnis verurteilt. Siehe dazu ausführlich Kiepe, *Das Reservepolizeibataillon 101 vor Gericht*, S. 77 f. Grabitz (»Überblick«, S. 77) spricht jedoch davon, dass das Verfahren mit vier Freiheitsstrafen zwischen dreieinhalb und acht Jahren und mit sieben Schuldsprüchen endete, bei denen von einer Freiheitsstrafe abgesehen wurde. Sie bezieht sich dabei auf das Revisionsurteil des 5. Senats des BGHs, das das Urteil für Wohlauf bestätigte, aber die Gefängnisstrafe für Hoffmann auf vier Jahre und für Dreyer auf drei Jahre und sechs Monate reduzierte und bei Heinrich Becker wegen geringer Schuld aufhob. Lediglich Wohlauf und Hoffmann traten ihre Gefängnisstrafe auch an (siehe dazu Kiepe, *Das Reservepolizeibataillon 101 vor Gericht*, S. 81 f.). Siehe zur Einordnung auch den Überblick über die Verfahren bis 1997 bei Christiaan Frederik Rüter, Dick W. de Mildt, *Die westdeutschen Strafverfahren wegen nationalsozialistischer Tötungsverbrechen 1945-1997. Eine systematische Verfahrensbeschreibung*, Amsterdam u. a. 1998, S. 158 f. und 182.

17 Siehe o. V., »Von Befehlsnotstand kann keine Rede sein«, in: *Hamburger Abendblatt* vom 5. 3. 1968. Siehe das auch als gedruckte Quelle zugängliche Urteil: Landgericht Hamburg, »Urteil vom 8. 4. 1968 gegen Hoffmann, Wohlauf und andere«. Zu den Urteilen siehe auch Browning, *Ganz normale Männer*, S. 192, Kiepe, *Das Reservepolizeibataillon 101 vor Gericht*, S. 77 ff., und Curilla, *Der Judenmord in Polen und die deutsche Ordnungspolizei*, S. 863.

18 Sowohl Klemp, »*Nicht ermittelt*«, S. 378, als auch Kiepe, *Das Reservepolizeibataillon 101 vor Gericht*, S. 12, verweisen darauf, dass das Verfahren gegen die Hamburger Bataillonsangehörigen eines der ersten Verfahren gegen Bataillonsangehörige war, das zu einer Verurteilung führte. Dass die Verurteilung dieser Angehörigen

In der Benennung der Bataillonsangehörigen als »Täter«, »Mörder« und »Verbrecher« war man sich jedoch unabhängig von dem konkreten Urteil weitgehend einig. Die über den Prozess berichtenden Hamburger Zeitungen kamen unisono zu dem Schluss, dass für die angeklagten Polizisten nur die Bezeichnung »Mörder« angemessen sei.[19] Ganz selbstverständlich war von »Mord-Tips« die Rede, die die Ordnungspolizisten von polnischen Informanten erhielten, um versteckte Juden aufzuspüren und umzubringen.[20] Und nachdem vor Gericht bekannt wurde, dass man sich der Beteiligung an den Erschießungen entziehen konnte, titelte das *Hamburger Abendblatt*: »Man konnte sich weigern, mitzumorden«.[21] Und als in der Gerichtsverhandlung bekannt wurde, dass die Ehefrau des Kompaniechefs Julius Wohlauf als Beobachterin bei Ghettoräumungen anwesend war, machte die Boulevardzeitung *Bild* mit der Überschrift »In der Flitter-Woche zur Mordaktion« auf.[22] Die massenmediale Berichterstattung über den Prozess unterschied sich in der Terminologie nicht grundlegend von der Berichterstattung über einen Raubmord – nur dass es eben nicht um ein oder zwei, sondern um 50 000 Mordopfer ging.[23]

Die Berichterstattung in der lokalen Presse war dadurch geprägt, dass die für die Ermittlungen und die Anklagen zuständigen Staatsanwälte sich ganz selbstverständlich der Terminologie des Strafrechts bedienten. Die Ermittlungen liefen unter dem Obertitel »nationalsozialistische Gewaltverbrechen«.[24] Anders als bei

eine große Ausnahme war, geht aus der Aufstellung von Helge Grabitz (»Die Verfolgung von NS-Gewaltverbrechen in Hamburg in der Zeit von 1956 bis heute«, S. 319) hervor, der zufolge bei der Staatsanwaltschaft in Hamburg von 1946 bis 1993 die Ergebnisse von 3441 Ermittlungsverfahren eingingen, bei denen häufig gegen mehrere Personen ermittelt wurde. Auf der Basis dieser Ermittlungsverfahren wurden 319 Anklagen gegen insgesamt 597 Angeklagte erhoben, von denen 233 zu Freiheitsstrafen verurteilt wurden.

19 Siehe zum Beispiel o. V., »Mord-Gesang«.

20 o. V., »V-Männer gaben den Mord-Tip«, in: *Hamburger Morgenpost* vom 6. 1. 1968.

21 o. V., »Man konnte sich weigern, mitzumorden«, in: *Hamburger Abendblatt* vom 1. 2. 1968.

22 o. V., »In der Flitterwoche zur Mord-Aktion«, in: *Bild* vom 5. 3. 1968.

23 Siehe zum Wandel des Täterbildes von den 1950er zu den 1960er Jahren anhand einer Regionalstudie Cord Arendes, *Zwischen Justiz und Tagespresse. »Durchschnittstäter« in regionalen NS-Verfahren*, Paderborn 2012, S. 160 ff.

24 Während viele andere Verfahren unbeachtet blieben und keinerlei Niederschlag

den »braunen Juristen«, die in der Bundesrepublik Deutschland häufig eine im Nationalsozialismus begonnene Karriere nahtlos fortsetzen konnten, sahen die seit den 1960er Jahren für die Verfolgung von nationalsozialistischen Gewaltverbrechern zuständigen Staatsanwälte häufig nicht nur einen rechtlichen, sondern auch einen politischen Auftrag, wenn es um SS-Männer und Ordnungspolizisten ging. In den Veröffentlichungen dieser Juristen ist ganz selbstverständlich von »Mördern in Uniformen« die Rede,[25] von »NS-Verbrechen vor Gericht«[26] oder von »Tätern und Gehilfen im Endlösungswahn«.[27]

In den 1960er und 1970er Jahren unterschied sich der diesbezügliche Sprachgebrauch in der Bundesrepublik Deutschland nicht grundsätzlich von dem in der DDR. Anfang der 1960er Jahre wurde von der DDR ein »Braunbuch« herausgegeben, in dem aufgezeigt wurde, in welcher Weise die »NS-Mörder« in der Bundesrepublik Deutschland ihre Karriere fortsetzen konnten. Offiziell wurde das »Braunbuch« von der staatlichen Archivverwaltung der Deutschen Demokratischen Republik herausgegeben, maßgebliche Zuarbeiten kamen jedoch von der Abteilung Agitation beim Ministerium für Staatssicherheit der DDR.[28] In der Benennung der am Holo-

in den Medien fanden, wurde über das Verfahren gegen das Hamburger Polizeibataillon in den Hamburger Medien breit berichtet. Lediglich die überregionale Presse beschränkte sich auf eine Berichterstattung zum Prozessauftakt und einen Bericht über das Ergebnis des Verfahrens. Siehe Wolfgang Scheffler, Helge Grabitz, »Einleitung«, in: Helge Grabitz, Justizbehörde Hamburg (Hg.), *Täter und Gehilfen des Endlösungswahns. Hamburger Verfahren wegen NS-Gewaltverbrechen 1946-1996*, Hamburg 1999, S. 9-26, hier: S. 21.

25 So Heinz Artzt, der stellvertretende Leiter der Zentralen Stelle der Landesjustizverwaltungen zur Aufklärung nationalsozialistischer Verbrechen, in seinem Buch *Mörder in Uniform. Organisationen, die zu Vollstreckern nationalsozialistischer Verbrechen wurden*, München 1979. So Adalbert Rückerl, der Leiter der Zentralen Stelle der Landesjustizverwaltung zur Aufklärung nationalsozialistischer Verbrechen, in *Die Strafverfolgung von -Verbrechen 1945-1978*, Heidelberg 1979.

26 So Adalbert Rückerl, der Leiter der Zentralen Stelle der Landesjustizverwaltungen zur Aufklärung nationalsozialistischer Verbrechen, in *Die Strafverfolgung von NS-Verbrechen 1945-1978*, Heidelberg 1979.

27 So Helge Grabitz, die leitende Staatsanwältin aus Hamburg, in »Überblick«.

28 Siehe BSTU Berlin, MfS ZAIG 10608; zitiert nach Malte Herwig, *Die Flakhelfer. Wie aus Hitlers jüngsten Parteimitgliedern Deutschlands führende Demokraten wurden*, München 2013, S. 128 f. Das Originaldokument habe ich nicht eingesehen. Siehe zur kritischen Auseinandersetzung von DDR-Historikern mit der frühen

caust beteiligten Männer, die ihre Karrieren in der Bundesrepublik Deutschland fortgesetzt hatten, waren die Autoren des »Braunbuchs« eindeutig: Es waren »SS-, SD- und Gestapo-Mörder«, die den »Staats- und Polizeiapparat Westdeutschlands und des besonderen Territoriums Westberlin« durchsetzten; »Verbrecher« aus der Ordnungspolizei, die als eine »Horde von Sadisten« grausame »Morde« an Juden begangen hätten und jetzt unbehelligt ihren Dienst in der westdeutschen Polizei verrichten würden.[29] Die Karriere von Julius Wohlauf vom Kompanieführer des Reserve-Polizeibataillons 101 im Distrikt Lublin über die eines Kompaniechefs im SS-Polizeiregiment in Oslo bis hin zum Polizeihauptkommissar in Hamburg in der Nachkriegszeit war einer der im »Braunbuch« aufgeführten Fälle.

Die Bezeichnung als »Täter«, »Mörder« und »Verbrecher« setzte sich auch in der Holocaustforschung durch. In der sozialpsychologischen Literatur werden die Ordnungspolizisten, SS-Männer und Wehrmachtsangehörigen ganz selbstverständlich als »Täter« und »Mörder« bezeichnet.[30] In der Geschichtswissenschaft werden die Diskussionen über die Motive der am Holocaust beteiligten Personen unter dem Label »Die Debatte über die Täter des Holocaust« geführt.[31] Es scheint in der Wissenschaft weitgehend Konsens zu

Geschichtsschreibung in der Bundesrepublik Deutschland über die Polizei im Nationalsozialismus Norbert Müller, »Zum Charakter und Kriegseinsatz der faschistischen Ordnungspolizei«, in: *Militärgeschichte* 23 (1984), S. 515-520, hier: S. 520. Müller bezieht sich auf die apologetischen Bücher über die Geschichte der Polizei von Paul Riege, *Kleine Polizei-Geschichte*, Lübeck ²1959, und Eugen Raible, *Geschichte der Polizei. Ihre Entwicklung in den alten Ländern Baden und Württemberg und in dem neuen Bundesland Baden-Württemberg unter besonderer Berücksichtigung der kasernierten Polizei (Bereitschaftspolizei)*, Stuttgart 1963.

29 Siehe Dokumentationszentrum der staatlichen Archivverwaltung der DDR (Hg.), *Braunbuch Kriegs- und Naziverbrecher in der Bundesrepublik*, Berlin 1963. Die Bezeichnung als »SS-, SD- und Gestapo-Mörder« ist auf S. 75, der Bezug auf die Ordnungspolizei als eine »Horde von Sadisten« auf S. 64 zu finden.

30 Siehe prominent den Titel von Welzer, *Täter: Wie aus ganz normalen Menschen Massenmörder werden*; siehe für die Bezeichnung aus psychologischer Perspektive z. B. Harvey Asher, »Ganz normale Täter. Variablen sozialpsychologischer Analysen«, in: *Zeitschrift für Genozidforschung* 3 (2001), S. 81-115.

31 So der Titel eines Aufsatzes von Browning, »Die Debatte über die Täter des Holocaust«. Konsequenterweise bezeichnen sich auch die sich für das Personal des Vernichtungsapparates interessierenden Wissenschaftler nicht als Töterforscher oder auch nur Tatverdächtigenforscher, sondern als Täterforscher. In der »Täter-

sein, dass das gesamte am Holocaust beteiligte Personal – ganz unabhängig davon, ob es in einem Gerichtsverfahren verurteilt wurde oder nicht – am besten in strafrechtlichen Kategorien zu beschreiben ist.

Auch die Übernahme eines strafrechtlich aufgeladenen Vokabulars zur Markierung des »richtigen Standpunktes« kann die Wissenschaft jedoch nicht davon befreien, zu rekonstruieren, wie das NS-Regime seine Rassenpolitik rechtlich legitimierte. Die rassenbiologischen Annahmen des NS-Regimes erscheinen uns heute als pseudowissenschaftlich verbrämter eugenischer und ethnischer Rassismus, und die Tötung von Millionen europäischer Juden, von mehreren Hunderttausend geistig Behinderten und psychisch Kranken sowie hunderttausenden von Sinti und Roma kann aus heutiger Perspektive als nichts anderes als staatlich geplanter Massenmord gelten. Wissenschaftlich ist aber interessant, dass ein erheblicher Teil der an den Tötungen beteiligten Personen ganz selbstverständlich davon ausging, dass ihre Beteiligung an den Tötungen nicht nur im Rahmen legitimer, sondern darüber hinaus auch legaler Erwartungen stattfand.

Durch welche Entscheidungen wurden – so die wissenschaftlich interessante Frage – Angehörige eines Polizeibataillons zu Mördern?[32] Wenn man nicht wie Kurt Tucholsky pauschal von Soldaten als Mördern sprechen will, wo liegt dann genau der Über-

forschung« ist ganz selbstverständlich von »Täterbildern« (Herbert Jäger, »Die Widerlegung des funktionalistischen Täterbildes. Daniel Goldhagens Beitrag zur Kriminologie des Völkermordes«, in: *Mittelweg 36* [1997], S. 73-85), »Täterbiographien« (Klaus-Michael Mallmann, Gerhard Paul [Hg.], *Karrieren der Gewalt. Nationalsozialistische Täterbiographien*, Darmstadt 2004), »Tätertypologien« (Kramer, »Tätertypologien«), »Tätermentalitäten« (Ingrid Gilcher-Holtey, »Die Mentalität der Täter«, in: Julius H. Schoeps [Hg.], *Ein Volk von Mördern? Die Dokumentation zur Goldhagen-Kontroverse um die Rolle der Deutschen im Holocaust*, Hamburg 1996, S. 210-213) und »Durchschnittstätern« (Christian Gerlach [Hg.], *»Durchschnittstäter«. Handeln und Motivation*, Berlin 2000) die Rede. Siehe auch selbst Hilberg, der zwar für eine sparsame Verwendung des strafrechtlichen Vokabulars in der Forschung plädiert, aber den Begriff ebenfalls im Titel eines seiner Bücher verwendet: Hilberg, *Perpetrators, Victims, Bystanders*, dt.: *Täter, Opfer, Zuschauer*.

32 Für diese Frage bestand schon jenseits der strafrechtlichen Fragen bei einigen Forschern relativ früh eine gewisse Sensibilität. Siehe nur zum Beispiel Goldschmidt, »Soziologische Überlegungen zur Strafrechtsreform angesichts der Prozesse gegen nationalsozialistische Gewaltverbrecher«, S. 83.

gang vom Töter zum Täter?[33] Wurde aus dem Töter bereits dann ein Täter, wenn er als Angehöriger eines Polizeibataillons im Rahmen eines Kriegseinsatzes zusammen mit Wehrmachtseinheiten feindliche Soldaten getötet hatte? Ist es angemessen, die im Winter 1942/1943 gegen Partisanen eingesetzten Angehörigen eines Polizeibataillons als Mörder zu bezeichnen? Wenn nicht – wie verhält man sich zu der Beteiligung von Polizisten an Exekutionen von gerichtlich verurteilen Polen, bei denen Waffen gefunden wurden? Und wenn man Personen, die an Exekutionen mitwirken, Mörder nennt, warum werden dann nicht alle über das Militär oder über Gefängnisverwaltungen engagierten Scharfrichter, die in demokratischen oder nichtdemokratischen Staaten die Todesstrafe vollziehen, pauschal als Mörder bezeichnet?[34]

## 8.1. Zur Legalisierung staatlicher Gewaltanwendung

Wenn man den reinen Akt der Tötung betrachtet, dann unterscheidet sich die Gewaltanwendung von Soldaten, Polizisten oder Henkern nicht von der von Terroristen, Kriminellen oder Auftragskillern. Die Waffen einer Armee mögen großkalibriger sein, die Truppen stärker als die von Terroristen, aber in beiden Fällen wird physische Gewalt angewendet, die zu Verletzungen oder zum Tod führen kann. Von der Form der Gewaltanwendung her un-

33 Das Zitat von Tucholsky lautet komplett: »Da gab es vier Jahre lang ganze Quadratmeilen Landes, auf denen war der Mord obligatorisch, während er eine halbe Stunde davon entfernt ebenso streng verboten war. Sagte ich: Mord? Natürlich Mord. Soldaten sind Mörder.« Siehe Kurt Tucholsky, »Der bewachte Kriegsschauplatz«, in: *Weltbühne* vom 4.8.1931. Zur umfassenden – auch strafrechtlich geführten – Debatte über diesen Satz sowohl in der Weimarer Republik als auch in der Bundesrepublik Deutschland siehe das lesenswerte Buch Michael Hepp, Viktor Otto (Hg.), *»Soldaten sind Mörder«. Dokumentation einer Debatte 1931-1996*, Berlin 1996.

34 Siehe dazu Zygmunt Bauman, »Die Pflicht, nicht zu vergessen – aber was?«, in: Aleida Assmann, Frank Hiddemann u.a. (Hg.), *Firma Topf & Söhne – Hersteller der Öfen für Auschwitz. Ein Fabrikgelände als Erinnerungsort?*, Frankfurt/M., New York 2002, S. 237-274, hier: S. 267, der unter der Überschrift »Die gesellschaftliche Erzeugung von Mördern« auf die Studie von Robert Johnson, *Death Work. A Study of the Modern Execution Process*, Mason ²2006, über die »Entemotionalisierung« der Henker in der US-Justiz hinweist.

terscheidet sich der Anschlag einer terroristischen Vereinigung auf eine Zusammenkunft von Regierungschefs nicht grundlegend von dem Versuch der Polizeikräfte, diesen Anschlag unter Einsatz von Gewalt zu verhindern. Die von der Mafia vorgenommene Exekution eines Verräters hat von der reinen Handlung her eine hohe Ähnlichkeit mit der Hinrichtung eines von einem US-amerikanischen Gericht verurteilten Straftäters.[35]

Der entscheidende Unterschied zwischen diesen Gewaltanwendungen ergibt sich daraus, ob sie durch den Staat legalisiert sind und durch Mitglieder des staatlichen Gewaltapparates durchgeführt werden oder nicht.[36] »Der Staat ist« – so die bekannte Definition von Max Weber – »diejenige Gemeinschaft, welche innerhalb eines bestimmten Gebietes [...] das Monopol legitimer physischer Gewaltsamkeit für sich (mit Erfolg) beansprucht«. Oder anders ausgedrückt: Der Staat ist das auf »Mittel der legitimen (das heißt: als legitim angesehenen) Gewaltsamkeit gestützte Herrschaftsverhältnis von Menschen über Menschen«.[37]

35 Siehe zu den Ähnlichkeiten schon Charles Tilly, »War Making and State Making as Organized Crime«, in: Peter B. Evans, Dietrich Rueschemeyer u. a. (Hg.), *Bringing the State Back In*, Cambridge, New York 1985, S. 169-186; siehe auch Gerald D. Feldman, Wolfgang Seibel, »The Holocaust as Division-of-Labor-Based Crime – Evidence and Analytical Challenges«, in: Gerald D. Feldman, Wolfgang Seibel (Hg.), *Networks of Nazi Persecution. Bureaucracy, Business, and the Organization of the Holocaust*, New York 2005, S. 1-12, hier: S. 5 f., wo auf Strukturähnlichkeiten hingewiesen wird.

36 Siehe Niklas Luhmann, »Symbiotische Mechanismen«, in: Ottheim Rammstedt (Hg.), *Gewaltverhältnisse und die Ohnmacht der Kritik*, Frankfurt/M. 1974, S. 107-131, hier: S. 107. Moderne Staaten produzieren Legitimität letztlich durch Satzung in Form von Gesetzen oder Verordnungen. Man kann im Weberschen Sinne von »rationaler Herrschaft« oder noch präziser von »legaler Herrschaft« sprechen. Ich betrachte hier Legalität als eine Unterkategorie von Legitimität, während Carl Schmitt gerade einen Gegensatz zwischen Legitimität und Legalität annimmt; siehe Carl Schmitt, *Legalität und Legitimität*, Berlin [7]2005; siehe dazu auch Johannes Winckelmann, *Legitimität und Legalität in Max Webers Herrschaftssoziologie*, Tübingen 1952, S. 57.

37 Weber, *Wirtschaft und Gesellschaft*, S. 822 f. Siehe zum Zusammenhang von Gewaltmonopolisierung und Ausbildung von Nationalstaaten Anthony Giddens, *The Nation State and Violence*, Berkeley 1985.

Zur Ausübung dieser legitimen physischen Gewaltsamkeit sind selbstverständich nicht alle Staatsbediensteten berechtigt. Ein Referatsleiter im Ministerium trägt in der Regel kein Maschinengewehr mit sich herum, ein Lehrer verhindert das Schummeln der Schüler nicht (mehr) mit einem Schlagstock, und Einwohnermeldeämter verfügen nicht über Waffenarsenale, auf die sie notfalls zurückgreifen können. Vielmehr wird die Anwendung der »physischen Gewaltsamkeit« – und damit letztlich auch die Durchsetzung des staatlichen Gewaltmonopols – an durch den Staat bezahlte, durch den Staat mit Waffen ausgerüstete und in staatlichen Organisationen zusammengefasste »Gewaltspezialisten« delegiert.

Diese können einen sehr großen Teil ihres Alltagsgeschäfts erledigen, ohne Gewalt anzuwenden. Staatliche Gewaltspezialisten können sich in den meisten Fällen darauf verlassen, dass ihren Aufforderungen ohne den Einsatz von Gummiknüppel oder Pistole Folge geleistet wird. Dabei nützt es sicherlich, dass diese notfalls auf nahezu unbegrenzte Verstärkung durch andere staatliche Gewaltspezialisten – im Notfall von Sondereinsatzkommandos – zurückgreifen können. Wichtiger ist jedoch, dass die staatlichen Gewaltspezialisten davon ausgehen können, dass ihre potentielle Gewaltanwendung als legitim gilt, weil sie durch das staatliche Gewaltmonopol gerechtfertigt ist.

Nur aufgrund des staatlichen Gewaltmonopols, das jedenfalls in den meisten Staaten anerkannt wird, kann der Staat überhaupt Personal finden, das bereit ist, innerhalb eines gesetzlich vorgeschriebenen Rahmens auf Anweisung hin Gewalt anzuwenden. Denn wenn staatliche Gewaltspezialisten damit rechnen müssten, nach dem Eindringen in ein Haus auf der Grundlage eines Durchsuchungsbefehls wegen Hausfriedensbruchs oder nach der gewaltsamen Festnahme eines Verdächtigen wegen Körperverletzung belangt zu werden, wäre wohl niemand bereit, diese Arbeit zu übernehmen.[38]

38 Hier kann man die Diskussion über Verantwortungsentlastung durch Organisationen anschließen. Siehe zum Beispiel Klaus Türks Aussage, dass Organisationen ein »entsolidarisierender, entmoralisierender, verantwortungsentlastender Sozialmechanismus« sind, in *»Die Organisation der Welt«. Herrschaft durch Organisation in der modernen Gesellschaft*, Opladen 1995, S. 12. Zentral ist dabei, dass

Sobald jemand in die Polizei eintritt, fällt die Gewaltanwendung prinzipiell in seine Indifferenzzone. Er ist – und dieses Wissen wird früh in der Ausbildung vermittelt – in definierten Fällen zum Einsatz von körperlicher Gewalt nicht nur berechtigt, sondern sogar im Rahmen seiner Organisationsmitgliedschaft verpflichtet. Jedenfalls würde es erhebliche Irritationen auslösen, wenn sich jemand zum Polizeidienst meldet, aber den Einsatz von körperlicher Gewalt aus Gewissensgründen prinzipiell ablehnt. Wenn eine konkrete Gewaltanwendung eines Polizisten im Rahmen des staatlichen Gewaltmonopols angeordnet wird, braucht der Polizist keinen eigenen inhaltlichen Standpunkt zu ihr einzunehmen. Es ist also in den meisten Fällen zweitrangig, ob der Polizist die Gewaltanwendung persönlich gerechtfertigt findet, persönliche Zweifel bezüglich der Gewaltanwendung hat oder sich überhaupt eine persönliche Meinung zu dem Anlass der Gewaltanwendung bildet.

Entscheidend ist, wie dargestellt, dass seine Gewaltanwendung durch Gesetze, Verordnungen oder Einsatzrichtlinien gedeckt ist, denn andernfalls wird sie nicht der staatlichen Organisation, sondern der Person des Polizisten zugerechnet.[39] Erschießt er jemanden, ohne dass dies rechtlich gedeckt ist, hat das strafrechtliche Konsequenzen für ihn. Selbst im NS-Regime, in dem die staatlichen Gewaltspezialisten sehr weitgehende Freiheiten bei der Ge-

sich die Personen bei allen ihren Handlungen auf ihre Rolle als Organisationsmitglied beziehen können. Alle anderen Aspekte der Verantwortungsentlastung wie »Autorität und Disziplin«, »Arbeitsteilung«, »Distanz zum Tötungsakt«, »Rückzug auf technisch-formale Verantwortung oder eine »Dehumanisierung der Opfer«, die von Jörg Balcke (*Verantwortungsentlastung durch Organisation*, S. 112 ff.) ausführlich analysiert werden, sind zweitrangig, weil allein schon die Mitgliedschaft in einer Organisation die Mitglieder von einem großen Teil der Verantwortung entlastet.

39 Solange diese Gesetze, Verordnungen oder Einsatzrichtlinien als geltendes Recht angesehen werden können, scheint es aus der Perspektive der sie ausführenden Gewaltspezialisten zweitrangig zu sein, wie sie zustande gekommen sind. Verordnungen Hitlers, die es ihm aufgrund des »Ermächtigungsgesetzes« vom 23. 3. 1933 ermöglichten, ohne Rücksichtnahme auf den Reichstag zu regieren, scheinen insofern als funktionale Äquivalente zur parlamentarischen Gesetzgebung betrachtet worden zu sein. Siehe für eine solche Rechtsauffassung Carl Schmitt, *Staat, Bewegung, Volk. Die Dreigliederung der politischen Einheit*, Hamburg 1933; als Überblick dazu Bernd Rüthers, *Carl Schmitt im Dritten Reich*, München 1989, und Dirk Blasius, *Carl Schmitt. Preußischer Staatsrat in Hitlers Reich*, Göttingen 2001.

waltanwendung hatten, gab es Gewalttaten, die als nicht staatlich legitimiert betrachtet und entsprechend verfolgt wurden.

Spätestens zu Beginn des Zweiten Weltkrieges war die systematische Entrechtung der Juden so weit fortgeschritten, dass kein Gestapomitarbeiter, kein Ordnungspolizist, kein Angehöriger der Zivilverwaltung in den besetzten Gebieten damit rechnen musste, von den Strafrechtsbehörden belangt zu werden, wenn er sich entgegen den geltenden Gesetzen und Verordnungen an Juden vergriff. Im Deutschen Reich und erst recht in den besetzten Gebieten gab es für die jüdische Bevölkerung faktisch keine staatliche Instanz mehr, an die sie sich wenden konnte, wenn sie sich von Angehörigen des NS-Apparates oder auch nur von einem einfachen Bürger unrechtmäßig behandelt fühlte.[40]

Wenn man sich also fragt, ob die Gewalt der Polizisten gegen Juden legal war, geht es nicht vorrangig um den Rechtsstatus der Juden. Dieser war im Deutschen Reich und ganz besonders in den besetzten Gebieten faktisch nicht mehr existent. Es geht vielmehr um die Frage, in welchem Maße die Polizisten, SS-Angehörigen oder Wehrmachtsangehörigen die Möglichkeit hatten, die Ausführung von Befehlen mit Verweis auf eine fehlende Rechtmäßigkeit der Anordnungen verweigern zu können. Dafür muss in einem ersten Schritt rekonstruiert werden, wie sich die Rechtslage für die Polizisten bei den Massentötungen darstellte.[41]

40 Siehe aber die Anordnung, dass Handlungen, die von Angehörigen der NS-Gewaltorganisationen gegen nichtdeutsche Zivilpersonen verübt werden, nicht verfolgt werden mussten, auch wenn sie ein militärisches Verbrechen darstellten; dazu Christian Streit, *Keine Kameraden. Die Wehrmacht und die sowjetischen Kriegsgefangenen 1941-1945*, Bonn 1978, S. 42, und Herbert Zechmeister, *Das Polizeibataillon 322 aus Wien Kagran. Österreichische Polizisten und der Vernichtungskrieg im Osten*, Klagenfurt 1998, S. 96. Das Ausmaß, in dem die Juden Opfer des »sonderrechtlichen Prinzips« im NS-Staat geworden sind, ist besonders von Diemut Majer herausgearbeitet worden in: *»Fremdvölkische« im Dritten Reich*, Boppard am Rhein 1981, S. 147 ff., *Grundlagen des nationalsozialistischen Rechtssystems. Führerprinzip, Sonderrecht, Einheitspartei*, Stuttgart 1987, S. 170 ff., und *Nationalsozialismus im Lichte der juristischen Zeitgeschichte*, Baden-Baden 2002, S. 93.

41 Thomas Sandkühler (»Die Täter des Holocaust. Neuere Überlegungen und Kontroversen«, in: Karl Heinrich Pohl [Hg.], *Wehrmacht und Vernichtungspolitik*, Göttingen 1999, S. 39-66, hier: S. 58) weist zu Recht darauf hin, dass die frühe »Täterforschung« der Untersuchung von Befehlswegen nur wenig Aufmerksamkeit gewidmet hat.

Die Legalisierung der Gewaltanwendung erfolgte in der Regel über die Kommunikationswege der Polizei. Auch wenn für die Polizeibataillone im Kriegseinsatz umstritten war, inwiefern dort das Polizeiverwaltungsgesetz überhaupt noch Geltung hatte, war dies die – auch in der Ausbildung vermittelte – Rechtsgrundlage für den Einsatz der Polizeiarbeit. »Jeder einzelne Polizist«, so heißt es in dem in Bezug auf Gewaltanwendung sonst eher restriktiven Polizeiverwaltungsgesetz, »ist verpflichtet, die Waffe zu gebrauchen, wenn ein Vorgesetzter pflichtgemäß den Befehl hierzu erteilt hat. Der Polizist hat dem Befehl zum Waffengebrauch nachzukommen. Das ist seine Gehorsamspflicht.« Und weiter: »Die Verantwortung zum Waffengebrauch auf Befehl trägt allein der den Befehl erteilende Vorgesetzte.«[42]

Wie bereits geschildert, rechtfertigte sich Major Wilhelm Trapp bei seiner Ansprache vor den Polizisten unmittelbar vor dem bevorstehenden Einsatz in Józefów damit, dass der Befehl von »ganz oben« komme, und stellte damit klar, dass er lediglich einen ihm erteilten Befehl an seine Untergebenen weitergab.[43] Und in der Tat: Auch wenn der schriftliche Einsatzbefehl für die Erschießungen in Józefów nicht erhalten geblieben ist oder vielleicht auch nie ausgestellt wurde, so kann es als gesichert gelten, dass die Anweisung direkt vom SS- und Polizeiführer des Distriktes Lublin, Odilo Globocnik, kam. Für die konkrete Koordination der Ghettoräumungen, Deportationen und Erschießungen war im Distrikt Lublin neben dem Kommandeur der Sicherheitspolizei – also dem Vorgesetzten der Gestapo, des SD und der Kripo in einem Distrikt – der Kommandeur der Ordnungspolizei zuständig.[44] Der Kommandeur

42 Zitiert nach Bernhard Scheer, Georg Bartsch, *Das Polizeiverwaltungsgesetz. Wesen und Rechtsgrundlagen der Polizei. Ein Leitfaden zum Handgebrauch für Studium und Praxis*, Berlin [6]1941, S. 124; siehe zur Anwendbarkeit des Polizeiverwaltungsgesetzes im NS-Staat auch z. B. Theodor Maunz, *Verwaltung*, Hamburg 1937, S. 258 f., oder Walter Scheerbarth, *Polizeirecht, Feuer- und Fremdenpolizei, Bau- und Siedlungswesen, Gesundheitswesen*, Berlin 1942, S. 15 f.

43 Siehe Browning, *Ganz normale Männer*, S. 23.

44 Zur Personalunion von KdO in Lublin und dem Kommandeur des Polizeiregiments Lublin siehe Curilla, *Der Judenmord in Polen und die deutsche Ordnungspolizei*, S. 687, der sich auf Untersuchungen der Staatsanwaltschaft Hamburg stützt.

der Ordnungspolizei im Distrikt Lublin, Hermann Kintrup, der in Personalunion auch Kommandeur des für den Distrikt Lublin zuständigen Polizeiregiments 25 war, unterstand wiederum unmittelbar der Weisungsbefugnis Globocniks und war Chef seines Stabes.[45] Globocnik übertrug – so ein SS-Befehl von ihm aus dem Jahr 1943 – die »Durchführung und Planung« von kleineren Einsätzen in der Regel den Kommandeuren der jeweiligen »Sicherungsabschnitte«. Bei größeren Einsätzen übernahm ein von Globocnik in seiner Dienststelle eingerichteter »Einsatzstab« die »Durchführung der Aktionen«. Bei der Durchführung der Deportationen und Erschießungen griff Globocnik maßgeblich auf die ihm im Distrikt unterstellten Polizeibataillone zurück, die in der Regel durch einige Beamte der Sicherheitspolizei zur »Bearbeitung polizeilicher Angelegenheiten« wie »Vernehmungen« und »Ermittlungsfragen« unterstützt wurden.[46]

Die Befehle an das Polizeibataillon 101 erschienen dadurch – auch in der komplexen Matrixstruktur von Himmlers Machtapparat – als auf dreifache Art und Weise legitimiert.[47] Im Allgemeinen unterstanden die in den besetzten Gebieten eingesetzten Polizeibataillone direkt dem Hauptamt Ordnungspolizei im Reichssicherheitshauptamt.[48] Das Hauptamt Ordnungspolizei konnte über die Befehlshaber der Ordnungspolizei in den besetzten Gebieten – in diesem Fall die Befehlshaber der Ordnungspolizei im Generalgouvernement – auf die Polizeibataillone zugreifen.[49] So wurde der

45 Siehe Curilla, *Der Judenmord in Polen und die deutsche Ordnungspolizei*, S. 687. Die Kommandeure der Ordnungspolizei wechselten relativ häufig.

46 Befehl Nr. 2 des SS- und Polizeiführers im Distrikt Lublin KdO Odilo Globocnik vom 9. 6. 1943 (ursprünglich aus polnischen Archiven in Warschau), BA Ludwigsburg, B 162/5910, Bl. 177.

47 Auf die zeitweise Unterstellung von Polizeibataillonen unter die Wehrmacht und die Versuche der Zivilverwaltung, auf die Bataillone zuzugreifen, gehe ich nicht ein, weil sie im Fall der Einsätze des Polizeibataillons 101 im Rahmen der »Aktion Reinhard« nicht relevant waren.

48 Nach einem Ausführungserlass vom 26. 6. 1936 waren Kurt Daluege die Verwaltungspolizei, die Schutzpolizei des Reiches, die Schutzpolizei der Gemeinden, die Gendarmerie, die Feuerschutzpolizei und die technischen Hilfspolizeien unterstellt; siehe dazu Kurt Bader, *Aufbau und Gliederung der Ordnungspolizei. Reichspolizeirecht – Sammlung reichsrechtlicher Polizeivorschriften*, Berlin 1943, S. x.

49 Im Deutschen Reich unterstanden dem Hauptamt sogenannte Inspekteure der Ordnungspolizei (IdO), in den besetzten Gebieten Befehlshaber der Ordnungs-

Befehl für den »Sondereinsatz« des Reserve-Polizeibataillons 101 im Generalgouvernement vom Hamburger Kommando der Ordnungspolizei ausgestellt und das Bataillon dem Befehlshaber der Ordnungspolizei im Generalgouvernement unterstellt.[50] Die direkte Koordination der Polizeibataillone erfolgte sodann über die sogenannten Kommandeure der Ordnungspolizei, die auf der Ebene der einzelnen Distrikte angesiedelt waren.[51]

Parallel zu diesem Dienstweg hatte Heinrich Himmler sowohl im Deutschen Reich als auch in den besetzten Gebieten ihm unmittelbar unterstellte regionale Statthalter eingerichtet: auf der obersten Ebene die Höheren SS- und Polizeiführer (HSSPF) und eine Ebene darunter die SS- und Polizeiführer (SSPF).[52] Diese Regionalstruktur war etabliert worden, um die Aktivitäten der in einer Region eingesetzten verfügbaren SS-Verbände, der Sicherheitspolizei, des SD und der Ordnungspolizei und der ihnen unterstellten

polizei (BdO); siehe Best, *Die Deutsche Polizei*, S. 68. Der Stab eines BdO in einem besetzten Gebiet umfasste, wie von Birn herausgearbeitet wurde, ungefähr 100 Personen und lehnte sich in seiner Gliederung an Heeresverbände an, siehe Birn, *Die höheren SS- und Polizeiführer*, S. 84 ff. Die Inspekteure der Ordnungspolizei und die Inspekteure der Sicherheitspolizei wurden im Rahmen der Neustrukturierung der Polizei 1936 in einem – häufig nicht spannungsfreien – Beziehungsnetz zwischen dem Reichsführer SS und Chef der deutschen Polizei und den regionalen Verwaltungseinheiten eingerichtet, denen die Polizei vor dem »Dritten Reich« direkt unterstellt war; siehe dazu auch früh schon Karl-Heinz Heller, *The Reshaping and Political Conditioning of the German Order Police, 1935-1945: A Study of Techniques Used in the Nazi State to Conform*, Ann Arbor 1970, S. 61 f.

50 Siehe dazu den von Asmus unterzeichneten Befehl vom 20. 6. 1942 »Betr. Sondereinsatz des Res. Pol. Batls. 101 im Generalgouvernement« mit »Bezug: Chef der Ordnungspolizei. IgIa(1) Nr. 386/42g, vom 18. 6. 42« in StA Hamburg NSG 0021/001, 484 ff.

51 Siehe zu diesem Befehlsweg Mallmann, »Vom Fußvolk der ›Endlösung‹«, S. 366; siehe zu den Unterstellungsverhältnissen im Distrikt Lublin auch den Schlussbericht der Zentralstelle der Landesjustizverwaltungen 8 AR – Z 27/62, 10. 12. 1962, BA Ludwigsburg B 162/5911, Bl. 359 ff.

52 Die Möglichkeit zur Etablierung von HSSPF war am 13. 11. 1937 per Erlass durch Reichsinnenminister Frick geschaffen worden. Hintergrund war, dass Himmler auf regionaler Ebene eine ähnliche »Verklammerung von SS und Polizei« sicherstellen wollte, wie er sie selbst seit seiner Ernennung 1936 zum »Reichsführer-SS und Chef der deutschen Polizei« verkörperte, siehe Tino Jacobs, *Himmlers Mann in Hamburg*, Hamburg 2001, S. 43 f.

nichtdeutschen Hilfstruppen koordinieren zu können.[53] Im Fall des Generalgouvernements konnte Himmler also über den ihm unterstellten HSSPF für das Generalgouvernement Friedrich Krüger und den diesem unterstellten SSPF Odilo Globocnik direkt auf die im Distrikt Lublin stationierten Polizeibataillone zugreifen.[54]

Im Fall der »Aktion Reinhard« gab es allerdings noch einen direkten Befehlsweg von Himmler zu Globocnik.[55] Himmler hatte mit Globocnik, so lassen jedenfalls die Quellen vermuten, bereits im Oktober 1941 die Einrichtung »regionaler Vernichtungszentren« nach Vorbild des Vernichtungslagers in Chelmno im Warthegau vereinbart.[56] Die Initiative ging stark von Globocnik aus, der durch die Tötung der Juden nicht nur das aus seiner Sicht bestehende »Judenproblem« im Distrikt Lublin zu lösen suchte, sondern dadurch gleichzeitig die Chance sah, die Ernährungslage zu entspannen, den Schwarzmarkt einzudämmen, die Wohnungsnot zu lindern und die Ausbreitung von Seuchen zu verhindern.[57] Globocnik ließ

53 Siehe zu den Intentionen zur Einrichtung der HSSPF und der SSPF Mallmann, »Vom Fußvolk der ›Endlösung‹«, S. 366.

54 Siehe dazu schon – weitgehend richtig – die Aufstellung von Georg Tessin, »Die Stäbe und Truppeneinheiten der Ordnungspolizei«, in: Hans-Joachim Neufeldt, Jürgen Huck u. a. (Hg.), *Zur Geschichte der Ordnungspolizei 1936-1945*, Koblenz 1957, S. 5-110, hier: S. 51 ff. Siehe auch Birn, *Die höheren SS- und Polizeiführer*, S. 45.

55 Das wird gelegentlich übersehen. Siehe zur Rolle Globocniks bei der »Aktion Reinhard« im Distrikt Lublin besonders Ingo Haar, »Bevölkerungspolitik im Generalgouvernement. Nationalitäten-, Juden- und Siedlungspolitik im Spannungsfeld regionaler und zentraler Initiativen«, in: Jacek Andrzej Młynarczyk (Hg.), *Polen unter deutscher und sowjetischer Besatzung*, Osnabrück 2009, S. 281-306, hier: S. 298 ff.; Młynarczyk, *Judenmord in Zentralpolen*, S. 244 ff., und Kiepe, *Das Reservepolizeibataillon 101 vor Gericht*, S. 34, schenken diesem Befehlsweg zum Beispiel nicht die nötige Beachtung.

56 Siehe dazu ausführlich Longerich, *Politik der Vernichtung*, S. 452 ff. Die beste Studie zum Entscheidungsprozess ist Bogdan Musial, »The Origins of ›Operation Reinhardt‹: The Decision Making Process for the Mass Murder of the Jews in the Generalgouvernement«, in: *Yad Vashem Studies* 28 (2000), S. 113-153. Siehe auch die überarbeitete deutsche Fassung »Ursprünge der ›Aktion Reinhardt‹. Planung des Massenmordes an den Juden im Generalgouvernement«, in: Bogdan Musial (Hg.), *»Aktion Reinhardt«. Der Völkermord an den Juden im Generalgouvernement 1941-1944*, Osnabrück 2004, S. 49-85.

57 So jedenfalls die gut begründeten Vermutungen von Bogdan Musial – siehe »Verfolgung und Vernichtung der Juden im Generalgouvernement. Die Zivilverwaltung und die Shoah«, S. 195, und »The Origins of ›Operation Reinhardt‹«,

– unter Verwendung des frei gewordenen Personals aus der beendeten Tötung von Zehntausenden von geistig Behinderten und psychisch Kranken im Rahmen der sogenannten Aktion T4 – Vernichtungslager zuerst in Bełżec und dann in Sobibór und Treblinka errichten.[58] Bei der »Aktion Reinhard« gab es also einen den HSSPF im Generalgouvernement überspringenden direkten Projektauftrag an Odilo Globocnik.[59]

Die während der »Aktion Reinhard« eingesetzten Polizeibataillone waren also faktisch in eine komplexe Matrixstruktur eingebunden. Aber auch wenn diese Matrixstruktur zu diversen Konflikten führte – zum Beispiel zwischen dem Hauptamt Ordnungspolizei und den HSSPF oder zwischen dem HSSPF des Generalgouvernements und den ihm eigentlich unterstellten, aber für die »Aktion Reinhard« direkt von Himmler beauftragten SSPF –, die an das Polizeibataillon 101 gegebenen Befehle wirkten doch eindeutig.[60]

S. 113 ff. Wie stark bei der Entscheidung für das Tötungsprogramm antisemitische Motive mit konkreten Nützlichkeitserwägungen verschränkt waren, ist in der Forschung immer noch umstritten. Siehe zur Beauftragung von Globocnik auch z. B. Robert Kuwałek, *Das Vernichtungslager Belzec*, Berlin 2013, S. 44 ff.

58 Siehe dazu Peter Witte u. a. (Hg.), *Der Dienstkalender Heinrich Himmlers 1941/1942.*, Hamburg 1999, S. 66. Dort finden sich auch Ausführungen über das enge Verhältnis zwischen Himmler und Globocnik, der von Himmler freundschaftlich »Globus« genannt wurde.

59 Die während des Prozesses gegen das Polizeibataillon verwendete Gutachten Tatiana Berensteins vom jüdischen historischen Institut in Warschau führte also insofern in die Irre, als dass Berenstein noch davon ausgegangen war, dass diese Aktion »unter persönlicher Leitung des höheren Chefs der SS und Polizei im GG Krüger und dem Chef der Gruppe ›Einsatz Reinhard‹, Führer der SS und Polizei im Raum Lublin, Odilo Globocnik« stattfand; siehe Tatiana Berenstein, »Bericht des jüdischen historischen Institutes Warschau, Januar-März 1957«, Nr. 21, S. 20; vorhanden in StA Hamburg, NSG 0021/029. Die von Yitzhak Arad (in *The Operation Reinhard Death Camps*, Bloomington 1987, S. 15) geäußerte Vermutung, dass Globocnik bei der Aktion Reinhard dem HSSPF unterstellt blieb, ist falsch. Die Tatsache, dass das Globocnik unterstellte Personal im Rahmen der »Aktion Reinhard« auch ohne Rücksprache mit dem HSSPF Einsätze in anderen Distrikten des Generalgouvernements durchführen konnte, weist auf eine Federführung Globocniks hin; siehe dazu Młynarczyk, *Judenmord in Zentralpolen*, S. 249 f.

60 Das Spannungsfeld in dieser dreifachen Matrixstruktur bei der »Aktion Reinhard« ist aus organisationssoziologischer Sicht noch nicht aufgearbeitet worden. Siehe aber z. B. Birn, *Die höheren SS- und Polizeiführer*, S. 100 ff., und Jacobs, *Himmlers Mann in Hamburg*, S. 44, über Spannungen zwischen HSSPF und SSPF

## 8.2. Gewaltanwendungen in den Grauzonen der Legalität

Angesichts der gerade rekonstruierten Kommunikationswege könnte man es sich einfach machen und das Handeln der Angehörigen der SS-Einsatzgruppen, der Polizeibataillone und der Wehrmachtssoldaten als staatlich legitimiert, wenn nicht sogar als legalisiert betrachten. Die Ghettoräumungen, Deportationen und Massenerschießungen durch Angehörige der Einsatzgruppen, der Polizeibataillone und durch Wehrmachtssoldaten erscheinen dann zwar als fordernde, aber letztlich durch staatlich verordnete Anweisungen gedeckte Tötungen. Man mag nachträglich die staatlich begründeten Anordnungen für die Durchführung eines Genozids als »verbrecherisch« bezeichnen, die Handlungen der einstigen Töter erscheinen aber als Handlungen im Rahmen einer staatlich legalisierten Politik.

Diese Position, die der *Legalitätsthese* in der Forschung entspricht, wurde von vielen Personen eingenommen, die wegen nationalsozialistischer Gewaltverbrechen angeklagt wurden.[61] So erklärte Heinz Bumann, der sich zwar den Erschießungen von Juden zu entziehen suchte, aber wegen einer Vergeltungsaktion in Polen nach dem Krieg zu einer langjährigen Gefängnisstrafe verurteilt wurde, Mitte der 1950er Jahre gegenüber dem Hamburger Polizeisenator Erwin Jacobi, dass damals »nicht der Privatmann Heinz Bumann wegen persönlicher Vergehen, sondern der Zugführer in der 1. Kompanie des Reservebataillons 101 verhaftet wurde« und er seine Gefängnisstrafe wegen »seiner Dienstverpflichtung als Po-

auf der einen Seite und den Chefs der Hauptämter im Reichssicherheitshauptamt auf der anderen Seite. Besonders interessant sind dabei die Auseinandersetzungen über die Disziplinarstrafgewalt. Es ist nicht unwahrscheinlich, dass die Differenzen zwischen dem HSSPF Krüger bzw. dem SSPF Globocnik und dem für die Zivilverwaltung zuständigen Generalgouverneur Frank dazu beigetragen haben, dass die in der Matrixstruktur angelegten Konflikte zwischen dem HSSPF und SSPF nicht zum Tragen gekommen sind (Birn, *Die höheren SS- und Polizeiführer*, S. 198 ff.).

61 Siehe zur Tatsache, dass die meisten Beschuldigten ihre »Taten für nicht strafwürdig« hielten, Willi Dreßen, »Probleme und Erfahrungen der Ermittler bei der Aufklärung von NS-Gewaltverbrechen«, in: *Archiv für Polizeigeschichte* 5 (1994), S. 75-83, hier: S. 78.

lizei-Reserveoffizier verbüßt habe«.[62] Und Julius Wohlauf erklärte in seinem Schlusswort vor dem Schwurgericht in Hamburg, dass allen Bataillonsangehörigen »klar« war, dass die Ghettoräumungen, Deportationen und Massenerschießungen »keine strafbaren Handlungen sind, auch wenn sie uns unmenschlich erschienen«.[63]

Niklas Luhmann hat für diese von Angeklagten in Gerichtsverfahren immer wieder gewählte Rechtfertigungsstrategie Sympathie gezeigt: »Kein Verkäufer braucht sich ein Gewissen daraus zu machen, daß er seine Ware einem bedürftigen Menschen nicht verkauft, der den festgesetzten Preis nicht zahlen kann. In Grenzfällen gibt es gegenläufige Institutionen: die Hilfspflicht des Arztes oder die geregelten Pflichten des Beamten bei Befehlen, die er für rechtswidrig hält; auch hier ist aber ein unpersönliches, fast routinemäßiges Handeln möglich. Daraus wird auch verständlich, daß so viele Nationalsozialisten nicht dazu kamen, ihr Gewissen zu beteiligen, und heute die hilflosesten Opfer des Nationalsozialismus sind, weil sie mit etwas identifiziert bleiben, was sie als Eigenes nicht wollen können.«[64]

Mit diesem Versuch, die Beteiligung an Erschießungen, Ghettoräumungen und Deportationen als normale Tätigkeit im Rahmen einer staatlich angeordneten Maßnahme darzustellen, irrt Luhmann aber in einem zentralen Punkt: Die Massenerschießungen von Frauen, Männern und Kindern, die Räumungen von Ghettos, bei denen Kleinkinder, Alte und Kranke sofort erschossen wurden, und die durch die Ordnungspolizei durchgeführten »Judenjagden«

62 BA Ludwigsburg B 162/5911, Bl. 127 ff.

63 Schlusswort des Hauptangeklagten Julius Wohlauf vor dem Schwurgericht am 1.4.1968, StA Hamburg, NSG 0021/009, Bl. 4728.

64 Luhmann, »Die Gewissensfreiheit und das Gewissen«, S. 346. Luhmann variiert ein Motiv, das von in der Nachkriegszeit angeklagten Polizisten und SS-Männern – zum Beispiel Adolf Eichmann – verwendet wurde. Juden seien Opfer gewesen, aber letztlich seien auch sie, die angeklagten vermeintlichen »Schreibtischtäter« und »Direkttäter«, Opfer, weil sie zu etwas gezwungen wurden, dass sie selbst nicht wollten. Die Kritik an der Systemtheorie hat vermutlich aufgrund des Verzichts auf zu viel systemtheoretische Lektüre solche skandalisierungsfähigen Aussagen bisher nicht aufgriffen; siehe nur zum Beispiel Christian Sigrist, »Das gesellschaftliche Milieu der Luhmannschen Theorie«, in: *Das Argument* 31 (1989), S. 837-854. Luhmanns Deutung ist nicht nur aufgrund des von ihm gebrauchten Superlativs (»hilflosesten Opfer«) und dem dadurch implizierten Vergleich unpassend, sondern sie ist – und das ist hier relevanter – inhaltlich falsch.

waren Tätigkeiten, bei denen Polizisten und Soldaten eben nicht selbstverständlich davon ausgehen konnten, dass sie durch die Legalitätsordnung gedeckt waren. Heißt das, dass die Polizisten, SD-Männer und nichtdeutschen Hilfskräfte sich zum Zeitpunkt der Deportationen, Ghettoräumungen und Erschießungen im Klaren darüber waren, dass ihr Einsatz gegen geltendes Recht verstieß?[65]

Die Polizisten und Soldaten hätten sich – so die entgegengesetzte *Illegalitätsthese* – nicht grundlegend von ganz gewöhnlichen Mördern unterschieden, die ja auch im Moment ihrer Tat wüssten, dass sie gegen das Gesetz verstoßen. Diese Position wurde besonders von den Anklagebehörden in der Bundesrepublik Deutschland und der DDR eingenommen, die argumentierten, dass die Angeklagten bereits im Moment der Tat – also bei der Durchführung einer Ghettoräumung oder einer Erschießung – wussten, dass sie gegen damals gültige Rechtsnormen verstießen. Als Beleg dafür wird angeführt, dass nie ein Gesetz verabschiedet worden sei, das es erlaubt hätte, Personen aufgrund ihrer Religionszugehörigkeit zu töten. Thomas Kühne spricht in diesem Sinne von einer »nationalen Verbrechensgemeinschaft«, die sich im NS-Staat herausgebildet habe. Damit markiert er nicht nur, dass die Handlungen der Polizisten und Wehrmachtssoldaten nach 1945 als Verbrechen bezeichnet werden konnten. Das wäre banal. Vielmehr behauptet er, dass sich schon während der Taten ein »gemeinsames Gefühl« vom »Begehen eines Verbrechens« eingestellt habe und diese gemeinschaftlich ausgeführten kriminellen Handlungen zur Ausbildung eines ganz eigenen »Gemeinschaftsgefühls« geführt hätten. Die gemeinschaftliche Verletzung der Norm, der zufolge man unschuldige Zivilisten nicht töten darf, habe, so Kühne, die Einsatzgruppen, Polizeibataillone und Wehrmachtseinheiten in ganz besonderer Weise zusammengeschweißt.[66]

65 Siehe für eine frühe Diskussion Jäger, *Verbrechen unter totalitärer Herrschaft*, S. 163 ff.

66 Thomas Kühne zitiert nach Regina Kusch, Andreas Beckmann, »Schwerpunktthema Emotionen und Gewalt im 20. Jahrhundert«, ⟨http://www.dradio.de/dlf/sendungen/studiozeit-ks/2162986/⟩, letzter Zugriff 5. 7. 2013. Siehe auch Kühne, *Belonging and Genocide*, S. 1: »The desire for community, the experience of belonging, and the ethos of collectivity became the basis of mass murder. Perpetrating and supporting the Holocaust provided Germans with a particular sense of belonging: the German nation found itself by committing the Holocaust.« Das

Jedoch: Sowohl die Vertreter der Legalitäts- als auch die Vertreter der Illegalitätsthese machen es sich meines Erachtens zu einfach. Bei der Anwendung von Gewalt durch Polizisten und Soldaten gibt es – so meine These – eine »Grauzone«, in der unklar ist, ob eine Anforderung legal ist oder nicht. Diese Grauzone umfasst Maßnahmen, von denen die Polizisten nicht wissen können, ob sie eindeutig innerhalb oder eindeutig außerhalb des gesetzlichen Rahmens liegen. Die Organisation – und letztlich auch die Organisationsmitglieder – müssen in dieser Grauzone genau austarieren, welche Gewaltanwendungen noch durch staatliche Gesetze gedeckt sind und welche nicht.[67]

Natürlich »ticken« Polizisten nicht wie Juristen, die jedes Ereignis anhand von Gesetzen, Verordnungen und Richtlinien daraufhin überprüfen, ob auf rechtlicher Basis ein Eingreifen geboten ist. Sowohl in Demokratien als auch in Diktaturen arbeiten Polizisten jedoch mit einem erfahrungsbasierten Wissen darüber, welche ihrer Handlungen sich auf Nachfrage noch als rechtmäßig darstellen lassen und welche nicht. Angesichts des Problems, dass Gewaltanwendungen in einer rechtlichen Grauzone schnell auf die

Argument entwickelt Kühne ausführlich in seinen Überlegungen zur »Verbreitung von Komplizenschaft«. Weil die Taten besonders im Osten in Briefen und Erzählungen auch der Heimatfront mitgeteilt wurden, hätte sich diese Komplizenschaft nicht nur in den jeweiligen Kampfeinheiten ausgebildet, sondern es sei eine »nationale Komplizenschaft« entstanden, bei der allen bewusst war, dass man bei einer Niederlage für die Verbrechen bestraft werden würde. Zur Debatte siehe auch Kundrus, »Der Holocaust«, die aber hinter den Untertitel »›Volksgemeinschaft‹ als Verbrechergemeinschaft« ein Fragezeichen setzt. Siehe auch die von Hans-Ulrich Wehler aufgeworfene Frage, weswegen sich nur so wenige Offiziere auf den § 47 des Militärstrafgesetzbuches beriefen und die meisten sich deswegen an Taten beteiligten, die auch nach der damaligen Gesetzeslage verboten waren, Hans-Ulrich Wehler, *Konflikte zu Beginn des 21. Jahrhunderts. Essays*, München 2003, S. 28 f.

67 Ich verwende den Begriff der Grauzone grundlegend anders als Primo Levi, *Die Untergegangenen und die Geretteten*, S. 39 ff., der damit den Bereich beschreibt, in dem sich diejenigen Opfer in den besetzten Gebieten, in den KZ und in den Vernichtungslagern bewegten, die sich – aus »ideologischer Verlockung«, »sklavischer Nachahmung des Siegers«, »Feigheit« oder »Berechnung« – den Gewaltorganisationen des NS-Staates angedient hatten. Siehe dazu auch die Beiträge im Sammelband von Jonathan Petropoulos, John K. Roth (Hg.), *Gray Zones. Ambiguity and Compromise in the Holocaust and Its Aftermath*, New York, Oxford 2005, die an das Konzept der Grauzone von Levi anschließen.

Person statt auf deren Rolle zugerechnet werden können, stellen sie so sicher, dass ihnen nichts passiert, wenn etwas passiert.[68]

Für die im Zweiten Weltkrieg eingesetzten Organisationen waren – so meine *Grauzonenthese* – die Anweisungen, sich an Massenerschießungen von Frauen, Männern und Kindern zu beteiligen, der Art, dass Polizisten nicht sicher sein konnten, ob sie in die damals gültige Legalitätsordnung fielen.[69] Einerseits konnten sich die Polizisten und Soldaten nicht sicher sein, dass die von ihnen erwarteten Handlungen illegal waren, denn sie wurden auch von Polizisten und Soldaten aus anderen Einheiten so durchgeführt. Andererseits war aber offensichtlich, dass sie nicht zu den üblichen polizeilichen und soldatischen Tätigkeiten gezählt werden konnten, die sich im Rahmen der Gesetze bewegten.

Während der Massaker der Ordnungspolizisten wurden immer wieder Zweifel an der Rechtmäßigkeit der Handlungen laut. Schon bei einer der ersten Tötungsaktionen durch Angehörige von Polizeibataillonen in Ostrow beauftragte beispielsweise der Befehlshaber der Ordnungspolizei in Krakau, Generalmajor Herbert Becker, einen seiner Stabsoffiziere damit, nachzuprüfen, ob diese Tötungen durch das Gesetz gedeckt seien.[70] Ebenso protestierte Hans Lüters, Kommandeur eines in Kraśnik stationierten Polizeibataillons, als er den Auftrag erhielt, sich an einer Erschießung von Gefangenen zu beteiligen. Er erklärte, dass ihm nicht klar sei, ob der über den Kommandostab des Polizeiregiments kommunizierte Befehl Globocniks wirklich als Befehl zu betrachten sei, weil das »Schreiben völlig formlos gehalten« und vom »Brigadeführer persönlich nicht unterschrieben« sei. Er legte beim Befehlshaber der Ordnungspolizei im Generalgouvernement eine Dienstaufsichtsbeschwerde ein und verlangte, zu einer »mündlichen und persönlichen Berichterstattung« aufgefordert zu werden.[71]

68 Zur Formulierung siehe Niklas Luhmann, *Das Recht der Gesellschaft*, Frankfurt/M. 1993, S. 430, dem es um Berichte geht, die Polizisten absichern, wenn sie polizeilich gegen prominente Politiker vorgehen.

69 Es ist irrelevant, wie die rechtlichen Einschätzungen abliefen. Relevant ist lediglich, wie die Wahrnehmung der Rechtssituation während des Krieges war, und hier gibt es deutliche Hinweise, dass Unsicherheit bezüglich der Legitimität der Massenerschießungen bestand.

70 Siehe dazu Klemp, *»Nicht ermittelt«*, S. 26 ff.

71 Schreiben von Hans Lüters, Major der Schutzpolizei und Kommandeur des I./Po. 22, an den Kommandanten der Ordnungspolizei (KdO) im Distrikt Lublin,

Diese Zweifel wurden dadurch genährt, dass das zum Ende der Weimarer Republik verabschiedete und während der gesamten NS-Zeit gültige Preußische Polizeiverwaltungsgesetz die Gewaltanwendung durch Polizisten so stark einschränkte, dass die Massenexekutionen von jüdischen Männern, Frauen und Kindern, das Erschießen von auf der Straße aufgegriffenen Juden oder die Exekution von Greisen und Kleinkindern im Rahmen von Ghettoräumungen offensichtlich dadurch nicht gedeckt war.[72] Jede von der Polizei durchgeführte Maßnahme müsse – so das Gesetz – entweder der Abwehr einer unmittelbaren Gefährdung dienen oder dabei helfen, die öffentliche Ordnung nach einer solchen Gefährdung wiederherzustellen. Dabei habe die Polizei zwar bei der Anwendung der Gewaltmittel einen gewissen Ermessensspielraum, die durch die staatlichen Gewaltspezialisten ausgeübten Handlungen müssten aber immer im Verhältnis zu der konkreten Gefährdung stehen.[73]

Auch der Waffengebrauch durch Polizisten wurde im NS-Staat restriktiv gehandhabt, jedenfalls offiziell. »Der Waffengebrauch ist erst dann zulässig, wenn der polizeiliche Zweck nicht auf andere

Kintrup, und an den Befehlshaber der Ordnungspolizei im Generalgouvernement Becker, 18.10.1942. Lüters wurde kurz nach diesem Protest und nach einem weiteren Protest wegen willkürlicher Erschießungen nach Berlin versetzt; StA Hamburg, NSG 0022/002, Bl. 770 ff.

72 Zur Entstehung des Polizeiverwaltungsgesetzes (PrPVG) siehe die ausführliche Darstellung von Stefan Naas, *Die Entstehung des Preußischen Polizeiverwaltungsgesetzes von 1931. Ein Beitrag zur Geschichte des Polizeirechts in der Weimarer Republik*, Tübingen, Frankfurt/M. 2003, der besonders auf die Rolle des Präsidenten des Preußischen Oberverwaltungsgerichts, Bill Drews, bei der Formulierung des Gesetzes eingeht. Siehe zu den Vorüberlegungen Bill Drews, *Preußisches Polizeirecht. Ein Leitfaden für Verwaltungsbeamte*, Berlin [2]1929. Helmut Fangmann weist zu Recht darauf hin, dass bis zum Jahr 1931 im »wesentlichen nicht der parlamentarische Gesetzgeber, sondern die Verwaltungsgerichtsbarkeit unter Führung des Preußischen Oberverwaltungsgerichts das Polizeirecht entwickelt hat; siehe dazu Helmut D. Fangmann, »Faschistische Polizeirechtslehre«, in: Udo Reifner, Bernd-Rüdeger Sonnen (Hg.), *Strafjustiz und Polizei im Dritten Reich*, Frankfurt/M., New York 1984, S. 173-207, hier: S. 175.

73 Ich folge hier der Darstellung von Andreas Schwegel, *Der Polizeibegriff im NS-Staat*, Tübingen 2005, S. 30, der diese drei Aspekte als Kernbestandteile des preußischen Polizeiverwaltungsgesetzes von 1931 hervorhebt. Die Diskussion im NS-Staat bezog sich vorrangig auf die im § 14 des PrPVG niedergelegte Generalklausel zur Gefahrenabwehr im öffentlichen Interesse.

Weise erreicht werden kann«, heißt es in dem auch noch während des Zweiten Weltkrieges in der Ausbildung von Polizisten vermittelten Polizeiverwaltungsgesetz. »Die Polizeibeamten dürfen«, so das Gesetz, »nur dann von ihrer Waffe Gebrauch machen, wenn ein Angriff oder eine Bedrohung »mit gegenwärtiger Gefahr« für Leib und Leben abgewehrt werden soll, wenn »ihnen anvertraute Personen oder Sachen geschützt werden sollen« oder wenn gewaltsamer Widerstand »gegen die in rechtmäßiger Dienstausübung getroffenen Anordnungen oder Maßnahmen« überwunden werden soll. »Von der Schußwaffe« solle jedoch nur dann Gebrauch gemacht werden, »wenn die Anwendung anderer Waffen erfolglos geblieben ist oder offensichtlich nicht zum Ziel führen würde«, wobei gegen »Personen im Kindesalter sowie gegen Greise, Kranke oder hilflose Personen« der Schusswaffengebrauch in der Regel »unzulässig ist«.[74]

Sicherlich – das Polizeirecht wurde in den besetzten Gebieten durch das Besatzungsrecht modifiziert. Insbesondere die »Dienstanweisungen für den Waffengebrauch« wurden dort durch spezifische Anweisungen für Polizisten im »besonderen Einsatz« modifiziert.[75]

74 Polizeiverwaltungsgesetz zitiert nach einem »Leitfaden zum Handgebrauch für Studium und Praxis« von 1941. Siehe Scheer/Bartsch, *Das Polizeiverwaltungsgesetz*, S. 124. In der unter dem Titel »Aufbau und Gliederung der Ordnungspolizei« herausgegebenen »Sammlung reichsrechtlicher Polizeivorschriften« von Kurt Bader aus dem Jahr 1943 finden sich interessanterweise kaum Angaben zum Polizeirecht im Krieg. Im Generalgouvernement behielt – darauf weist Jan Tomasz Gross (*Polish Society under German Occupation. The Generalgouvernement 1939-1944*, Princeton 1979, S. 46) hin – das polnische Recht Geltung, solange es nicht mit den Regelungen der NS-Besatzungsbehörden konfligierte. Daraus folgte, dass die SS und die Polizei nicht an polnische Gesetze, sondern an Bestimmungen des Deutschen Reiches gebunden waren.

75 Die Verordnung über die Sondergerichtsbarkeit in Strafsachen für Angehörige der SS und für die Angehörigen der Polizeiverbände bei besonderem Einsatz, vom 17. Oktober 1939 setzte das Polizeiverwaltungsgesetzt nicht außer Kraft; siehe Hanns Dombrowski (Hg.), *Kriegsstrafrecht*, Berlin [2]1940, S. 118 ff. Siehe zum Strafrecht im Generalgouvernement auch die von Theodor Rohlfing und Rudolf Schraut herausgegebene Sammlung von Gesetzen und Verordnungen *Die Neuordnung des Rechts in den Ostgebieten*, Berlin 1940, S. 40 ff. Siehe jedoch zur Kontroverse über die Einführung des Polizeiverwaltungsgesetzes in den ins Deutsche Reich eingegliederten polnischen Gebieten Diemut Majer, »Der Kampf um die Einführung des Preußischen Polizeiverwaltungsgesetzes in den ›eingegliederten Ostgebieten‹. Ein Beitrag zum Prozeß der politischen Willensbildung im totalitären Staat«, in: *Der Staat* 17 (1978), S. 49-72, und über die Abneigung der

Vor allem die Judengesetzgebung bot in den besetzten Gebieten – mit ihrem Meldezwang, ihren Aufenthaltsbeschränkungen, ihrem Kennzeichnungszwang, ihrem Ausschluss von öffentlichen Veranstaltungen und besonders dem Sonderstrafrecht – den Ordnungspolizisten die Möglichkeit, vom Polizeiverwaltungsgesetz abzuweichen.[76] Aber das Polizeiverwaltungsgesetz mit seinen restriktiven »Dienstanweisungen über den Waffengebrauch« blieb bis Ende des Krieges Teil des gesetzlichen Erwartungshorizonts der Ordnungspolizisten im NS-Staat.[77]

Wie kann vor dem Hintergrund dieses damals offiziell gültigen Gesetzes das Verhalten der Polizisten in den besetzten Gebieten interpretiert werden?

## Die Einbettung in einen polizeilichen Erwartungshorizont

Die Erschießung von jüdischen Männern, Frauen und Kindern bedeutete für die Angehörigen des Polizeibataillons eine grundlegende Umstellung, weil Polizisten in der Regel nur dann eingreifen, wenn einer Person ein Vergehen nachzuweisen ist. Mit Talcott Parsons lässt sich die gesetzlich fundierte Polizeiarbeit so beschreiben, dass ihre Einsätze als Reaktion auf eine konkrete, auf die Entschei-

NS-Führung, den rechtlichen Status der besetzten Gebieten festzulegen, Diemut Majer, »Führerunmittelbare Sondergewalten in den besetzten Ostgebieten«, in: Dieter Rebentisch, Karl Teppe (Hg.), *Verwaltung contra Menschenführung im Staat Hitlers. Studien zum politisch-administrativen System*, Göttingen 1986, S. 374-395, hier: S. 378.

76 Siehe Albert Weh (Hg.), *Das Recht des Generalgouvernements*, Krakau [3]1941, besonders der Abschnitt A4, »Die Juden«. Siehe dazu auch Wiener Library, *Ausnahme-Gesetze gegen Juden in den von Nazi-Deutschland besetzten Gebieten Europas*, London 1956, S. 7 ff., und Christian Thomas Huber, *Die Rechtsprechung der deutschen Feldkriegsgerichte bei Straftaten von Wehrmachtssoldaten gegen Angehörige der Zivilbevölkerung in den besetzten Gebieten*, Marburg 2007.

77 Siehe dazu nur zum Beispiel Karl Schäfer (Hg.), *Das Polizeiverwaltungsgesetz vom 1. 6. 1931. Mit Ausführungsbestimmungen und ergänzenden Gesetzes- und Verwaltungsvorschriften*, Berlin [11]1944, S. 148 f., in dem der Passus von 1931 zur »Dienstanweisung über den Waffengebrauch« abgedruckt ist. Der von Jörg Baberowski, Anselm Doering-Manteuffel (in *Ordnung durch Terror. Gewaltexzesse und Vernichtung im nationalsozialistischen und im stalinistischen Imperium*, Bonn 2006, S. 46) postulierte »rechtsfreie Raum« entstand nur für die Opfer der NS-Vernichtungspolitik. Die Polizisten selbst befanden sich in den besetzten Gebieten gerade nicht in einem »rechtsfreien Raum«.

dung einer Person zurechenbare Handlung – eine »Leistung« – des Gegenübers erfolgen. Jemand wird polizeilich verfolgt, weil er in ein Haus eingebrochen ist, jemand anderen mit einer Waffe bedroht hat oder illegalerweise Sprengstoff in der eigenen Wohnung gelagert hat, kurzum: weil er eine konkrete Handlung vorgenommen hat, die unter Strafe steht.

Die jüdischen Männer, Frauen und Kinder hatten aber offensichtlich keine Straftat begangen, sondern sie wurden erschossen, weil sie zu einer von den Nationalsozialisten definierten Gruppe gehörten. Im Holocaust – wie in jedem anderen Völkermord auch – seien die Opfer, so prägnant Zygmunt Bauman, »nicht für das getötet [worden], was sie getan haben«, sondern für das, was sie waren.[78] Wiederum mit Talcott Parsons kann man davon sprechen, dass eine Verfolgung aufgrund der »Zuschreibung« von Merkmalen erfolgte, die nichts mit den konkreten Verhaltensweisen der Personen zu tun hatten. Zwar gehören Zuschreibungen à la »Zigeuner sind Diebe« oder »Ausländer klauen« zu den kognitiven Skripten, mit denen Polizisten nicht selten arbeiten, aber rechtlich sind Eingriffe bei den meisten Polizeien nur dann erlaubt, wenn die als »Zigeuner« oder »Ausländer« markierten Personen gegen ein Gesetz verstoßen haben.

Die Strategie der NS-Führung bestand darin, die Erschießung der Juden als einen Einsatz erscheinen zu lassen, der im normalen Erwartungshorizont der damit Beauftragten lag. Es ging, so die NS-Propaganda, nicht nur darum, bestimmte Gruppen aufgrund zugeschriebener Rassenmerkmale zu vernichten, sondern diesen Gruppen wurden Handlungen unterstellt, die einen polizeilichen Einsatz notwendig erscheinen ließen. Aus einer sozialpsychologischen Perspektive beschreibt Harald Welzer diese Strategie als einen Versuch der »Oberkommandierenden der Vernichtung«, die Deportationen, Ghettoräumungen und Erschießungen »an einen militärischen bzw. polizeilichen Referenzrahmen heranzuführen«.[79]

78 Zygmunt Bauman, *Ist der Holocaust wiederholbar?*, Wiesbaden 1994, S. 7. Bauman fährt fort, »oder genauer für das, was sie, so wie sie nun einmal sind, noch werden können; oder für das, was sie, so wie sie nun einmal sind, nicht werden können«.

79 Welzer, *Täter*, S. 80. Ich bevorzuge statt des Begriffs des Referenzrahmens den Begriff des Erwartungshorizonts, weil der Begriff der Erwartung besser mit ande-

An diesen von der NS-Propaganda angebotenen polizeilichen Erwartungshorizont haben sich die Polizisten nicht passiv angepasst. Vielmehr interpretierten und präsentierten die Polizisten bei den Ghettoräumungen, Deportationen und Erschießungen ihre Handlungen so, dass sie in ihren polizeilichen Erwartungshorizont hineinpassten. Die Propaganda, die Richtlinien und Befehlsbegründungen der Polizeiführung stellten lediglich das Material zur Verfügung, das die Polizisten für die Einordnung dieser Tätigkeiten in ihren Erwartungshorizont nutzten.

Wie das Vorgehen gegen die Juden in den polizeilichen Erwartungshorizont integriert wurde, lässt sich an zwei Beispielen zeigen.

## Gleichsetzung von Juden mit Partisanen

Eine zentrale Rolle bei der Etablierung eines polizeilichen Erwartungshorizonts spielte der Versuch, Juden mit Partisanen gleichzusetzen. Der Verweis auf das Partisanentum wurde von den Polizisten während des Krieges regelmäßig aufgegriffen, um ihre Einsätze zu rechtfertigen. Ein Bataillonsangehöriger berichtet davon, dass Major Trapp vor der Erschießung in Józefów von einer »furchtbaren Aufgabe« sprach, die jüdischen Bewohner aber zu liquidieren seien, weil »aus diesem Ort mit den Partisanen konspiriert worden sei«.[80] Ein weiterer Bataillonsangehöriger gab zu Protokoll, dass die Erschießung der Juden in Kock damit gerechtfertigt wurde, dass sie »Verbindung zu Partisanen« gehabt hätten.[81]

Damit wurde ein Interpretationsangebot aufgegriffen, das von der NS-Führung bereits seit dem Polenfeldzug erstmals vorgebracht wurde und mit Beginn des Krieges gegen die Sowjetunion verschärft wurde. »Wo der Partisan ist«, so erklärte Himmler, »ist der Jude, und wo der Jude ist, ist der Partisan«.[82] Dabei wurden »Parti-

ren Begriffen in der Soziologie, etwa dem der Norm, der Formalstruktur oder der Kultur, abgestimmt ist. Siehe zur Verwendung des Begriffs des Erwartungshorizonts in der Geschichtswissenschaft Reinhart Koselleck, »Erfahrungsraum und Erwartungshorizont«, in: Reinhart Koselleck, *Vergangene Zukunft. Zur Semantik geschichtlicher Zeiten*, Frankfurt/M. 1979, S. 349-375.

80 Vernehmung Otto Julius Schendel, StA Hamburg, NSG 0021/004, Bl. 1952.

81 Vernehmung Hellmut Soltau, StA Hamburg, NSG 0021/001, Bl. 662.

82 Siehe dazu Walter Manoschek, »›Wo der Partisan ist, ist der Jude, und wo der Jude ist, ist der Partisan‹. Die Wehrmacht und die Shoah«, in: Gerhard Paul (Hg.), *Die Täter der Shoah. Fanatische Nationalsozialisten oder ganz normale*

sanen« zunehmend mit »Banditen« gleichgesetzt.[83] Himmler hatte als Reichsführer SS und Chef der Deutschen Polizei Mitte 1942 in einem Sonderbefehl verfügt, dass »aus psychologischen Gründen« das »von den Bolschewisten eingeführte und verherrlichte Wort ›Partisan‹ nicht mehr zu gebrauchen« sei und stattdessen die Ausdrücke »Banditen«, »Franktireurs« und »kriminelle Verbrecher« verwendet werden sollten.[84] Letztlich lautete die von Himmler durch seine Propaganda intendierte Formal genauer: »Wo der Bandit ist, ist der Jude, und wo der Jude ist, ist der Bandit.«

In diesem Sinne wurden auch die Einsätze gegen Juden »umdefiniert«. Einer der Bataillonsangehörigen berichtete nach dem Krieg, dass sein Zug bei einer der »Judenjagden« von einem »polnischen Waldläufer« auf sechs bis sieben Erdbunker aufmerksam gemacht wurde, in denen sich Juden versteckt hielten. Diese Bunker wurden daraufhin umstellt, ein kleiner Junge, der aus dem Bunker herausgekrochen kam, wurde vom Sanitäter des Zuges mit einer Pistole erschossen und die sich versteckenden Juden mit Handgranaten, die in den Bunker geworfen wurden, getötet. Obwohl es – so die Schilderung des Bataillonsangehörigen nach dem Krieg – »nicht die geringsten Anzeichen eines Widerstandes« gegeben habe, beschrieb der Zugführer im Einsatzbericht die Juden als »schwer bewaffnet« und hielt fest, dass sie »erst nach heftigen Kämpfen

*Deutsche?*, Göttingen 2002, S. 167-186, hier: S. 167 ff.; siehe zur Formel »Der Jude ist Partisan« auch Reemtsma, *Vertrauen und Gewalt*, S. 316.

83 Ein Bataillonsangehöriger berichtete, dass bei der deutschen Ordnungspolizei »oftmals Polen« erschienen, »um versteckte Menschen zu melden«, in »allen Fällen« den Polizisten aber gesagt worden sei, dass es sich um »Banditen« handele. Vernehmung von Walter Nohns, StA Hamburg NSG 0022/001, Bl. 235.

84 Zitiert nach Brackmann/Birkenhauer, *NS-Deutsch*, S. 214, und Latzel, *Deutsche Soldaten – nationalsozialistischer Krieg?*, S. 195. Die folgende Gleichsetzung von Juden und Banditen ist meines Wissens wörtlich so nicht von Himmler verwendet worden, sie ergibt sich jedoch aus der Ausrichtung seiner Propaganda. Siehe allgemein für eine Theorie des Partisanen Herfried Münkler, *Gewalt und Ordnung. Das Bild des Krieges im politischen Denken*, Frankfurt/M. 1992, S. 111 ff. Es fehlt noch eine ausführliche Untersuchung, unter welchen Bedingungen in den Berichten an höhere Dienststellen zwischen der Erschießung von Juden einerseits und Partisanen, Plünderern oder Saboteuren andererseits unterschieden wurde. Je weiter das Tötungsprogramm vorangeschritten war, desto selbstverständlicher schienen Juden als eigene Kategorie in den Berichten der NS-Gewaltorganisationen aufzutauchen.

überwältigt und vernichtet worden waren«.[85] Die Polizisten konnten auf diese Weise sich selbst – und andere – überzeugen, dass ihre Einsätze gegen die Juden in den Rahmen ihres polizeilichen Erwartungshorizonts passten.[86]

## Produktion von Legalitätsfallen

Das zweite Beispiel für die Einpassung in den polizeilichen Erwartungshorizont ist die Produktion von Legalitätsfallen für die jüdische Bevölkerung. Mit der Besetzung der von der Wehrmacht eroberten Gebiete wurden die Rechte der Juden systematisch eingeschränkt. Eine zentrale Rolle spielte die Einschränkung des Aufenthaltsrechtes für Juden in den besetzten Gebieten und ihre damit verbundene Konzentrierung in Ghettos.[87] Das Zusammentreiben der im Generalgouvernement ansässigen Juden in umzäunte Ghettos hatte – und das wird in der Literatur häufig übersehen – nicht nur die Funktion, die Juden für den Abtransport in die Vernichtungslager zu sammeln. Sondern durch die Ghettoisierung fand auch eine Legalisierung der Erschießung von Juden statt, die sich der Ghettoisierung zu entziehen suchten.

Ende Oktober 1942 – also auf dem Höhepunkt der »Aktion

85 Vernehmung Adolf August Begehr, BA Ludwigsburg B 162/5911, Bl. 414 ff.; ebenso in StA Hamburg NSG 0021/001, Bl. 443.

86 Und natürlich wurde dieses Motiv von den Polizisten wieder aufgegriffen, als sie in den 1960er Jahren wegen Beihilfe zum Mord strafrechtlich verfolgt wurden. Johannes Benthin, einer der ermittelnden Kriminalbeamten, verweist in einem Gespräch mit Kiepe (*Das Reservepolizeibataillon 101 vor Gericht*, S. 114) darauf, dass die Wörter »Banditen« und »Partisanen« von den Vernommenen und nicht von den vernehmenden Kriminalbeamten vorgebracht wurden. Bei Kiepe findet sich eine ausführliche und lesenswerte Darstellung, wie das Motiv von Partisanen und Banditen von den Bataillonsangehörigen bei den Vernehmungen genutzt wurde (*Das Reservepolizeibataillon 101 vor Gericht*, S. 113 ff.). Siehe aber auch die Nachkriegsaussage eines Angehörigen des Bataillons 322, in dem er darauf verwies, wie schnell Personen ohne Ausweispapiere als Partisanen deklariert und erschossen wurden; siehe dazu Zechmeister, *Das Polizeibataillon 322 aus Wien Kagran*, S. 85 f.

87 Erste Aufstellungen schon bei Martin Broszat, Werner Präg, *Grundzüge der Besatzungspolitik und Judenverfolgung, der Verwaltung und Polizeiorganisation im Generalgouvernement. Mit besonderer Berücksichtigung des Distrikts Lublin und der Beteiligung der Ordnungspolizei*, München 1967, S. 14 ff.; siehe dazu ausführlich Kuwałek, *Das Vernichtungslager Belzec*, S. 21 ff.

Reinhard« – wurde im Generalgouvernement eine erneute Verordnung erlassen, nach der alle Juden sich nur in einem der genau bezeichneten Bereiche – in der Verordnung euphemistisch »Judenwohnbezirke« genannt – aufhalten durften. »Kein Jude in den Distrikten Warschau und Lublin« dürfe sich, so die Verordnung, »ohne polizeiliche Erlaubnis außerhalb eines Judenwohnbezirks aufhalten oder diesen verlassen«. Juden, die gegen diese Regelung verstießen, würden »nach den bestehenden Bestimmungen mit dem Tode bestraft« werden.[88] »Die gleiche Strafe« treffe, so die Verordnung über Aufenthaltsbeschränkungen im Generalgouvernement, »Personen, die solchen Juden wissentlich Unterschlupf gewähren«.[89]

Während nach dem Wortlaut der ursprünglichen »Verordnung über die Aufenthaltsbeschränkung im Generalgouvernement« die Erschießung auf der Grundlage eines Sondergerichtsurteils zu vollstrecken war, führte eine Anordnung des Befehlshabers der Ordnungspolizei vom Dezember 1941 dazu, dass auf »Juden auf den Landstraßen geschossen werde dürfe«.[90] Damit wurde die Situation herbeigeführt, dass – so Martin Broszat und Werner Präg – »durch eine weite Auslegung des Schießbefehls« und durch »direktes Vorgehen der Polizei gegen flüchtige Juden« die Sondergerichtszuständigkeit »illusorisch wurde und aufgegriffene Juden direkt erschossen wurden«.[91]

88 »Polizeiverordnung über die Bildung von Judenwohnbezirken in den Distrikten von Warschau und Lublin vom 28.10.1942«, Verordnungsblatt des Generalgouverneurs für die besetzten polnischen Gebiete; zitiert nach der Kopie in den Unterlagen zum Streibel-Verfahren in Hamburg, StA Hamburg, NSG 0039/142 (die Quelle ist auch abgedruckt in Friedrich, *Polen: Generalgouvernement August 1941-1945*, S. 497ff.); die Aufenthaltsbeschränkungen sind im Einzelnen aufgeführt in Wiener Library, *Ausnahme-Gesetze gegen Juden in den von Nazi-Deutschland besetzten Gebieten Europas*, S. 8f.

89 Verordnung, 15.10.1941; Verordnungsblatt des Generalgouvernements 1942, S. 595; zitiert nach Broszat/Präg, *Grundzüge der Besatzungspolitik und Judenverfolgung, der Verwaltung und Polizeiorganisation im Generalgouvernement*, S. 44; die Verordnung ist auch abgedruckt in Friedrich, *Polen: Generalgouvernement August 1941-1945*, S. 92f.

90 Ausführungen des Amtschefs des Distrikts Warschau auf einer Regierungssitzung am 16.12.1941; enthalten im Diensttagebuch des Generalgouverneurs; hier zitiert nach Broszat/Präg, *Grundzüge der Besatzungspolitik und Judenverfolgung, der Verwaltung und Polizeiorganisation im Generalgouvernement*, S. 44.

91 Broszat/Präg, *Grundzüge der Besatzungspolitik und Judenverfolgung, der Verwal-*

Diese Regel wurde entsprechend auch von Angehörigen des Polizeibataillons 101 umgesetzt. Heinrich Becker erklärte, dass er »Juden damals erschießen« ließ, weil ein Befehl bestanden habe, »dass alle umherziehenden Juden oder solche, die sich versteckt hielten, bei Antreffen an Ort und Stelle zu erschießen sind«.[92] Ein Angehöriger des Bataillons berichtet, dass der Befehl, Juden an Ort und Stelle zu erschießen, »Gegenstand turnusmäßiger Belehrung« gewesen sei und die Polizisten vor ihren Streifendiensten auf diesen Befehl hingewiesen wurden.[93] Und ein Gruppenführer erinnerte sich, dass er mit seiner Gruppe »mehrere Male auf Streife Juden angetroffen habe und sie dann auch an Ort und Stelle erschießen ließ«. Die Juden seien »praktisch vogelfrei« gewesen, und es habe klare Befehle gegeben, dass sie »bei Antreffen im freien Landgebiet an Ort und Stelle erschossen werden sollten«.[94]

Samuel Kaufer, ein im Generalgouvernement lebender jüdischer Pole, berichtete von der faktischen Unmöglichkeit, nicht gegen eine der Verordnungen der Besatzungsbehörden zu verstoßen: »Für das Nichttragen der Armbinde droht die Todesstrafe, es ist bereits nicht mehr erlaubt, auf der Hauptstraße zu laufen, nicht erlaubt ist, auf den Marktplatz zu gehen, nicht erlaubt ist, in den Grünanlagen zu sitzen. [...] Jeder folgende Tag brachte neue Verordnungen, neue Verschärfungen. Aushänge, die mit der Warnung ›wird erschossen‹ endeten, wurden zur alltäglichen Erscheinung, sie weckten bereits kein besonderes Interesse mehr.«[95]

Gerade die dezentrale Vernichtungspolitik wurde damit in eine Programmform gebracht, die für den Alltag jeder Verwaltung und

*tung und Polizeiorganisation im Generalgouvernement*, S. 45. Siehe dort auch die Diskussion über die Abstimmungsschwierigkeiten zwischen der Sondergerichtszuständigkeit aufgrund dieser Verordnung und einem Schießbefehl des Befehlshabers der Ordnungspolizei von Ende 1941. Martin Broszat (*Nationalsozialistische Polenpolitik, 1939-1945*, Frankfurt/M. 1965, S. 128 ff.) macht darauf aufmerksam, dass die deutsche Besatzungsbehörde für einen Großteil von Verstößen gegen Verordnungen die Todesstrafe vorsah; siehe auch Gross, *Polish Society under German Occupation*, S. 200.

92 Vernehmung Heinrich Becker, StA Hamburg NSG 0021/005, Bl. 2606.

93 Vernehmung Walter Lacina, StA Hamburg, NSG 0022/001, Bl. 192.

94 Vernehmung Hermann Bergmann, StA Hamburg, NSG 0022/001, Bl. 100.

95 ŻIHA Warschau, 301/1703, Bericht von Samuel Kaufer, Bl. 2; zitiert nach Kuwałek, *Das Vernichtungslager Belzec*, S. 25 f. Ich konnte die Originalquelle selbst nicht einsehen.

damit auch jeder Polizei typisch ist. Wenn ein programmauslösender Faktor vom Polizisten wahrgenommen wird – zum Beispiel die Flucht eines Gefangenen –, hat eine vorher definierte Handlung – zum Beispiel der Einsatz der Schusswaffe – zu erfolgen. Soziologisch spricht man hier von über Vorschriften abgesicherten Konditionalprogrammen.

Schon unmittelbar nach dem Einmarsch in Polen wurden die Polizisten auf der Basis solcher Konditionalprogramme auf Tötungen ausgerichtet. Himmler befahl den Polizeiverbänden, die hinter der Wehrmacht in Polen einrückten, dass »polnische Aufständische, die auf frischer Tat oder mit der Waffe ergriffen« werden, »auf der Stelle zu erschießen sind«.[96] Diese Regelung wurde noch dadurch verschärft, dass der Höhere SS- und Polizeiführer für das Generalgouvernement der Polizei »im Kampf gegen Verbrecherbanden« den Befehl gab, dass »dieses Verbrechergesindel und Untermenschentum« sofort »an Ort und Stelle erschossen wird«.[97] Dieser Schießbefehl wurde ausgeweitet, nachdem ein Teil des besetzten polnischen Gebietes dem Deutschen Reich zugeschlagen wurde und Polen in das Generalgouvernement umgesiedelt wurden. Um eine Rückkehr der umgesiedelten Polen zu verhindern, wurde an die Ordnungspolizei der Befehl ausgegeben, »umgesiedelte Juden und Polen« zu töten, falls sie in das »Reichsgebiet« zurückkehrten.[98]

Der Clou des hier wirksamen Konditionalprogramms besteht darin, dass der Polizist auch ohne ausdrückliche Anweisung nicht nur berechtigt, sondern auch verpflichtet war, die Waffe einzusetzen. Konditionalprogramme stellen in der Regel nicht frei, ob eine bestimmte Handlung zu erfolgen hat oder nicht. Vielmehr schreiben sie vor, dass auf einen bestimmten auslösenden Impuls in einer vorgeschriebenen Art und Weise reagiert werden muss. Die Person,

96 Der Hinweis auf die Quelle findet sich bei Mallmann, »›... Mißgeburten, die nicht auf diese Welt gehören‹«, S. 72. Der Befehl Himmlers scheint nach Mallmann nicht erhalten zu sein, er wird jedoch zitiert in CdO an BdO beim AOK 4 v. 16. 9. 1939, BA Freiburg, RH 20-4/856. Ich konnte die Quelle selbst nicht verifizieren.

97 HSSPF Ost an BdS Krakau v. 30. 10. 1940, BA Ludwigsburg, Dok. Slg. Polen 365 q Polen 365 b; zitiert nach Mallmann, »›... Mißgeburten, die nicht auf diese Welt gehören‹«, S. 76 f.

98 Runderlaß Stapo-Leitstelle Posen v. 19. 12. 1939, BA Ludwigsburg, Dok. Slg. Polen 365 q Verschiedenes 301 AAx; zitiert nach Mallmann, »›... Mißgeburten, die nicht auf diese Welt gehören‹«, S. 76 f.

die die Aufgabe hat, ein Programm auszuführen, kann bei der Beobachtung eines programmauslösenden Impulses auf die Durchführung des Programms verzichten. Aus Sicht der Organisation begeht sie dann aber einen Fehler.

Die Juden in den besetzten Gebieten saßen also in einer Legalitätsfalle, denn die gesetzlichen Regelungen wurden schrittweise so verschärft, dass sie kaum eine Möglichkeit hatten, *nicht* dagegen zu verstoßen.[99] Durch die Verpflichtung, sich in Ghettos anzusiedeln, durch die Kennzeichnungspflicht und die Beschränkung der Reisemöglichkeiten konnten sie – um überhaupt überleben zu können –, gar nicht anders als in irgendeiner Form gegen eine dieser Regelungen zu verstoßen. Und diese Verstöße boten den Polizisten die Möglichkeit, ihr Vorgehen gegen die Juden in einem polizeilichen Erwartungshorizont zu verorten.

## Das Füllen von Darstellungslücken

Diese Versuche, ein konkretes Gesetzesvergehen von Juden festzustellen und damit das eigene polizeiliche Vorgehen zu rechtfertigen, stießen immer wieder an Grenzen.[100] So gab es zu Beginn des Einsatzes des Reserve-Polizeibataillons 101 im Distrikt Lublin kaum Angriffe von Partisanen.[101] Ein Bataillonsangehöriger berichtete nach dem Krieg, dass bis Weihnachten 1942 »keine Partisanentätigkeit zu verzeichnen« gewesen sei und mit Sicherheit »nicht die Spur

99 Ich bevorzuge den Begriff der Legalitätsfalle gegenüber dem der Normenfallen. Eine Normenfalle bezieht sich auf Normen generell, also etwa auch auf normative Erwartungen, die in Organisationen oder Familien aufgebaut werden. Legalitätsfalle ist der engere Begriff, weil er sich auf die spezifischere Form von rechtlichen Normen – Gesetze, Verordnungen und Richtlinien – bezieht.

100 Welzer, *Täter*, S. 79.

101 Wir wissen aus den Aufstellungen der Sicherheitspolizei des Distriktes Lublin genau, wie sich die Sicherheitslage in den Jahren 1942 und 1943 entwickelt hatte. Während im Januar 1942 lediglich 42 Überfälle im Distrikt gemeldet wurden, stieg die Zahl bis zum Juli 1942 auf 1400 und dann im März 1943 auf 2300 an. Siehe die Aufstellung von Tatiana Berenstein, *Widerstand und Vernichtung der jüdischen Bevölkerung im Distrikt Lublin*, Lublin 1957, S. 46. Erst 1943 – als Globocnik im Raum Zamość eine große Umsiedlungsaktion der polnischen Bevölkerung startete – wurde die Partisanenbewegung für die deutschen Besatzer zu einer realen Gefahr, so die Einschätzung von Birn, *Die höheren SS- und Polizeiführer*, S. 167 ff.

eines organisierten Widerstandes« bestanden habe.[102] Ein anderer Bataillonsangehöriger sagte aus, dass »Banden- und Partisanentätigkeit« zu dem Zeitpunkt »nicht sehr verbreitet gewesen« seien und sich einzelne Polizisten in der Regel ohne Begleitkommando bewegen konnten.[103] Aber auch ab 1943, als die Partisanentätigkeit zunahm, konnte das Töten eines gebrechlichen Greises nicht ohne weiteres als ein Beitrag zur Partisanenbekämpfung gerechtfertigt werden. Und das Erschlagen eines Kindes als Bestrafung für ein Vergehen zu rechtfertigen, war schlechterdings unmöglich.

Gelegentlich hat es Versuche gegeben, auf diese Darstellungsprobleme hinzuweisen. Hans Lüters, Major des im Distrikt Lublin eingesetzten Polizeibataillons 41, beschwerte sich beispielsweise beim Kommandeur der Ordnungspolizei, dass bei der Erschießung von Juden in den Meldungen »am laufenden Band« darauf verwiesen werde, dass diese »bei der Flucht« erschossen worden seien. Er verwies darauf, dass die »Waffengebrauchsbestimmungen« auch im Generalgouvernement »im vollen Umfang gelten« und deswegen von der Schusswaffe nur zurückhaltend Gebrauch gemacht werden dürfe. Lüters erklärte, dass er Verständnis dafür habe, dass »unter den gegebenen Verhältnissen« »im Einzelfall der Begriff ›auf der Flucht erschossen‹ als Notlüge gebraucht werde, aber es sei »unmöglich, dass in voller Kenntnis der wahren Tatsachen dauernd solche Meldungen geduldet werden«.[104]

Die Polizisten erwiesen sich jedoch als ziemlich einfallsreich, wenn es darum ging, sich schlüssige Erklärungen dafür zurechtzulegen, weswegen sie so handelten, wie sie handelten. Ein Bataillonsangehöriger berichtete, dass das Bataillon häufig aufgrund von »Anzeigen oder Hinweisen neidischer Nachbarn« »wegen des bloßen Verdachtes von Waffenbesitz oder der Beherbergung von Juden oder Banditen« nichtjüdische Polen mit ihrer ganzen Familie erschossen habe. Bei »den abschließenden Einsatzmeldungen an die Kompanie« sei »dann immer gemeldet« worden, »daß man so und

102 Vernehmung Bruno Prill, StA Hamburg NSG 0021/004, Bl. 1919.

103 Aussage von Wilhelm Gripp. Quelle: o.V., »Wir mußten nicht schießen«, in: *Die Welt* vom 9.2.1968.

104 Hans Lüters, Major der Schutzpolizei und Kommandeur des I/Po. 22, an den Kommandeur des Polizei-Regiments 25 Kintrup, 23.10.1942; StA Hamburg, NSG 0022/002, Bl. 770ff.

so viele Banditen auf der Flucht erschossen habe«.[105] In gewisser Weise hat es sich um einen »Freischärlerwahn« gehandelt – einen »Partisanenkampf ohne Partisanen«.

Karl Weick hat darauf aufmerksam gemacht, dass gerade in außergewöhnlichen Situationen die Informationslücken so gefüllt werden, dass das eigene Handeln sinnvoll erscheint. In solchen Situationen – wenn ein Pilot beim Landeanflug mit einem nie zuvor aufgetretenen technischen Defekt an der Maschine konfrontiert wird oder wenn ein Feuerwehrmann plötzlich vom Feuer eingeschlossen wird oder wenn eben ein Polizist zum ersten Mal Menschen »am laufenden Band« erschießen soll – setze ein Prozess des »Sensemaking«, des Herstellens von Sinn, ein, in dessen Verlauf die Verständnislücken so geschlossen werden, dass das Handeln sowohl dem Handelnden selbst als auch anderen als konsistent erscheinen kann.[106]

Wie kam es, dass sich bei den am Holocaust beteiligten Polizisten solche Prozesse des Sensemaking, und zwar in Form der Selbstbestätigung von Legalitätsauffassungen, weitgehend ungebremst durchsetzen konnten?

## 8.3. Die Umstellung der Rechtsauffassung im Nationalsozialismus

Weil sich staatliche Gewaltorganisationen dessen bewusst sind, dass der Einsatz ihrer Gewaltspezialisten nicht zuletzt aufgrund der Gewaltprozessen innewohnenden Eigendynamik häufig in ei-

105 Vernehmung Bruno Prill, StA Hamburg NSG 0021/004, B. 1919.

106 Siehe Karl E. Weicks Studien über »Sensemaking« bei Feuerwehrleuten (»The Collapse of Sensemaking in Organizations. The Mann Gulch Disaster«, in: *Adminstrative Science Quarterly* 38 [1993], S. 628-652) und bei Piloten (»The Vulnerable System: An Analysis of the Tenerife Air Disaster«, in: *Journal of Management* 16 [1990], S. 571-593). Ähnliche Prozesse des »Sensemaking« beschreibt Michaela Kipp, die zeigt, wie Soldaten in Feldpostbriefen die Tötung von Juden mit Verweis auf militärische Notwendigkeiten (z. B. Terrorismusprävention, Rache für Partisanenangriffe, Strafmaßnahmen zur Etablierung von Recht und Ordnung oder Räumung von strategisch wichtigen Gefechtsräumen) rechtfertigten; siehe Michaela Kipp, »The Holocaust in the Letters of German Soldiers on the Eastern Front«, in: *Journal of Genocide Research* 9 (2007), S. 601-615, hier: S. 606.

ner rechtlichen Grauzone stattfindet, bilden sie Instrumente aus, um diese Grauzone auszuleuchten: Die Regelungen zur Gewaltanwendung werden verschriftlicht, so dass es eine einheitliche Basis für deren Anwendung gibt; die Gewaltspezialisten werden darin geschult, zu unterscheiden, in welchen Situationen Gewaltanwendung durch die Organisation gedeckt ist und in welchen nicht; es werden rechtlich abgesicherte Einspruchsmöglichkeiten eingerichtet, die es Befehlsempfängern erlauben, sich bei Zweifeln an der Rechtmäßigkeit der Anweisung an übergeordnete Dienststellen zu wenden.[107] Auch dienen Militärgerichte dazu, Klarheit in die nie grundsätzlich aus der Welt zu schaffenden Graubereiche der Gewaltanwendung zu bringen.

Genau diese Mechanismen wurden im Nationalsozialismus jedoch schrittweise außer Kraft gesetzt.[108] Ernst Fraenkel spricht von der »Beseitigung der gerichtlichen Nachprüfung« im NS-Staat, das heißt der Abschaffung der Möglichkeit, polizeiliche Zugriffe von Verwaltungsgerichten, Zivilgerichten oder Strafgerichten überprüfen zu lassen.[109] Fraenkel bringt das Rechtsverständnis der Nationalsozialisten mit der Aussage auf den Punkt, dass im Rechts-

107 Siehe dazu die generelle Literatur über »Police Violence«, z.B. in Donatella Della Porta, *Policing Protest. The Control of Mass Demonstrations in Western Democracies*, Minneapolis 1998, und Jean-Paul Brodeur, *Les visages de la police. Pratiques et perceptions*, Montreal 2003.

108 Auf die Stellung des Rechts im Nationalsozialismus kann nicht im Detail eingegangen werden. Eine umfassende rechtssoziologische Studie steht hier noch aus. Als Ausgangspunkt eignet sich die Quellensammlung von Herlinde Pauer-Studer, Julian Fink (Hg.), *Rechtfertigungen des Unrechts. Das Rechtsdenken im Nationalsozialismus in Originaltexten*, Berlin 2014. Siehe für einen Überblick aus geschichts- und rechtswissenschaftlicher Perspektive Lothar Gruchmann, *Justiz im Dritten Reich 1933-1940. Anpassung und Unterwerfung in der Ära Gürtner*, München 1988, Michael Stolleis, *Recht im Unrecht. Studien zur Rechtsgeschichte im Nationalsozialismus*, Frankfurt/M. 1994, und Ralph Angermund, *Deutsche Richterschaft 1919-1945. Krisenerfahrung, Illusion, politische Rechtsprechung*, Frankfurt/M. 1990.

109 Ernst Fraenkel, *Der Doppelstaat*, Frankfurt/M. 1974, S. 50 ff.; in der englischen Fassung Ernst Fraenkel, *The Dual State. A Contribution to the Theory of Dictatorship*, New York, Oxford 1941, S. 24 ff., etwas ungenauer »The Abolition of Judicial Review«; siehe auch den kurzen Überblick bei Ralph Angermund, »Die geprellten ›Richterkönige‹. Zum Niedergang der Justiz im NS-Staat«, in: Hans Mommsen (Hg.), *Herrschaftsalltag im Dritten Reich. Studien und Texte*, Düsseldorf 1988, S. 304-342.

staat »die Gerichte die Verwaltung unter dem Gesichtspunkt der Gesetzmäßigkeit« kontrollieren würden, aber im »Dritten Reich« die »Polizeibehörden die Gerichte unter den Gesichtspunkt der Zweckmäßigkeit« gezwungen hätten.[110] Die Orientierung an dieser Zweckmäßigkeit sei lediglich rechtsstaatlich getarnt worden, um die Legitimität der Arbeit der Polizei zu erhöhen.[111]

## Die Orientierung an einem »deutschen Rechtsgefühl«

Der NS-Staat vertrat die Position, dass die enge Rechtsbindung besonders in der Polizeiarbeit gelockert werden müsse. Statt eines legalistischen Verständnisses, nach dem jede polizeiliche Intervention auf der Basis von Gesetzen erfolgen müsse, dürften sich – so die Formulierung in einer Handreichung des Reichsführers SS und Chefs der Deutschen Polizei – die erlaubten Handlungen von Polizisten einzig aus dem »deutschen Rechtsgefühl« ergeben.[112] Als Referenzpunkt für die Polizeiarbeit dienten also nicht vorrangig Gesetze, sondern ein allgemeiner Bezug auf vermeintliche Interessen des »deutschen Volkes«. »Recht ist«, so damals der Präsident der Akademie für Deutsches Recht, Reichsrechtsführer, Reichsleiter des Rechtsamtes der NSDAP und spätere Generalgouverneur im besetzten Polen, Hans Frank, »was dem Volke nutzt, Unrecht was ihm schadet«.[113]

110 Fraenkel, *Der Doppelstaat*, S. 69. Siehe zur Umstellung vom »Grundsatz der Gesetzmäßigkeit der Verwaltung« zum »Grundsatz der Rechtmäßigkeit der Verwaltung« auch Theodor Maunz, »Die Rechtmäßigkeit der Verwaltung«, in: Hans Frank (Hg.), *Deutsches Verwaltungsrecht*, München 1937, S. 51-65, hier: S. 51, der jedoch auf die »Schwäche dieser Gegenüberstellung« hinweist. Fangmann, »Faschistische Polizeirechtslehre«, S. 197, dem ich den Hinweis auf diese Quelle verdanke, argumentiert, dass sich diese Umstellung schon vor 1933 angedeutet hat. Das »Netz der Gesetzmäßigkeit« sei, so Fangmann, schon vor 1933 »sehr weitmaschig« gewesen.

111 Siehe dazu Fraenkel, *Der Doppelstaat*, S. 70.

112 So Reichsführer-SS und Chef der Deutschen Polizei, Hauptamt, SS-Gericht, *Die SS- und Polizeigerichtsbarkeit*, S. 1.

113 Zitiert nach einer Handreichung des Inspekteurs der Sicherheitspolizei Hamburg über Begriff, Recht und Aufbau der deutschen Polizei IdS Hamburg, *Begriff, Recht und Aufbau der deutschen Polizei. Druckbogen, Februar 1941*, Hamburg 1941; NARA Washington, Microcopy T-175, Records of the Reich Leader SS and Chief of the German Police, Roll 247; Frames 2738501-2738510. Das Dokument konnte ich nur als Kopie in Deutschland einsehen. Siehe zu dieser

Dabei wurde im NS-Staat unterstellt, dass das Interesse des »deutschen Volkes« identisch mit dem »Willen des Führers« sei. Es herrschte im NS-Staat weitgehende Einigkeit darüber, dass das »Gesetz weiter nichts« sei »als der Befehl des Führers«.[114] Der NS-Staat sei, so früh schon Frank, »kein absoluter Staat«, »kein Polizeistaat«, kein »bürgerlicher Rechtsstaat«, sondern – »wenn man denn überhaupt den Ausdruck ›Rechtsstaat‹ beibehalten möchte« – der »deutsche Rechtsstaat Adolf Hitlers«.[115]

Rechtlich wurde diese Haltung durch das Ermächtigungsgesetz vom 24. März 1933 abgesichert, nach dem der Reichskanzler nicht nur – wie vorher üblich – Verordnungen, sondern auch Gesetze ohne Konsultierung des Reichstages verabschieden konnte und diese Gesetze auch von der Reichsverfassung abweichen konnten.[116] »Der Wille der Führung, gleich in welcher Form er zum Ausdruck gelangt« – ob durch Gesetz, Verordnung, Erlass, Einzelbefehl, Gesamtauftrag, Organisationsregelung – so der führende Polizeirechtler des NS-Staates, Werner Best, schaffe dabei »Recht und ändere bisher geltendes Recht ab«.[117] »Solange die ›Polizei‹ die-

interessanten Quelle Heller, *The Reshaping and Political Conditioning of the German Order Police*, S. 20. Zur Kombination von Franks Tätigkeit als Generalgouverneur der besetzten polnischen Gebiete und als Reichsrechtsführer siehe ausführlich Christian Schudnagies, *Hans Frank. Aufstieg und Fall des NS-Juristen und Generalgouverneurs*, Frankfurt/M. 1989, und Dieter Schenk, *Hans Frank. Hitlers Kronjurist und Generalgouverneur*, Frankfurt/M. 2006.

114 So auch die frühe Analyse von Neumann, *Behemoth*, S. 517.

115 So Frank, zitiert nach Scheer/Bartsch, *Das Polizeiverwaltungsgesetz*, S. 17; siehe dazu auch Walter Hamel, »Wesen und Rechtsgrundlage der Polizei im nationalsozialistischen Staate«, Hans Frank (Hg.), *Deutsches Verwaltungsrecht*, München 1937, S. 381-398, hier: S. 389. Siehe auch die Aussage Schmitts: »Wir bestimmen also nicht den Nationalsozialismus von einem ihm vorgehenden Begriff des Rechtsstaates, sondern umgekehrt den Rechtsstaat vom Nationalsozialismus her.« Carl Schmitt, »Nationalsozialismus und Rechtsstaat«, in: *Juristische Wochenschrift* 63 (1934), S. 713-718, hier: S. 716.

116 Siehe zum Ermächtigungsgesetz Rudolf Morsey (Hg.), *Das »Ermächtigungsgesetz« vom 24. März 1933. Quellen zur Geschichte und Interpretation des »Gesetzes zur Behebung der Not von Volk und Reich«*, Düsseldorf 1992. Siehe zur Bedeutung Carl Schmitts bei der Legitimierung des Ermächtigungsgesetzes Blasius, *Carl Schmitt*; Stefan Breuer, *Carl Schmitt im Kontext. Intellektuellenpolitik in der Weimarer Republik*, Berlin 2012, und Rüthers, *Carl Schmitt im Dritten Reich*.

117 Best, *Die Deutsche Polizei*, S. 15; noch ausdrücklicher wurde diese Position vom NS-Verwaltungsrechtler Theodor Maunz vertreten, der den »Auftrag des

sen Willen der Führung vollzieht, handelt sie rechtmäßig; wird der Wille der Führung übertreten, so handelt nicht mehr die ›Polizei‹, sondern begeht ein Angehöriger der Polizei ein Dienstvergehen.«[118]

Als Orientierungspunkt diente das von den Nationalsozialisten propagierte Konzept der Volksgemeinschaft. Schon unmittelbar nach der Machtübernahme forderte der Staatsrechtler Helmut Nicolai, dass die Rechtsprechung und Rechtsdurchsetzung nach den Maßgaben des »gesunden Volksempfindens« eine Verpflichtung »gegenüber der blutsmäßigen Volksgemeinschaft« sei.[119] Die Polizei war eine der zentralen Institutionen, über die das Konzept der Volksgemeinschaft durchgesetzt wurde. »Die Polizei«, so beispielsweise der Leitfaden des Inspekteurs der Sicherheitspolizei Hamburg zum »Begriff Recht und Aufbau der deutschen Polizei«, habe das »deutsche Volk als organisches Gesamtwesen, seine Lebenskraft und seine Einrichtung gegen Zerstörung und Zersetzung zu sichern«.[120] Dabei habe die Polizei, so der Leitfaden zu den Rechts-

Führers an die Polizei, Staatsschutzkorps zu sein«, als »institutionelle Ermächtigung« der Polizei bezeichnet; siehe Maunz, *Gestalt und Recht der Polizei.*

118 Best, *Die Deutsche Polizei*, S. 20; siehe auch die Bezugnahme von Maunz (*Gestalt und Recht der Polizei*, S. 26) auf diese Stelle, der in der Orientierung an dem »Willen der im Rahmen der völkischen Ordnung handelnden Reichsführung« eine »Durchfahrt« zwischen der »Scylla des nur gesetzesförmigen Systems und der Charybdis des absolutstaatlichen Polizeisystems« sieht.

119 Siehe Helmut Nicolai, *Die rassengesetzliche Rechtslehre*, München 1932, S. 25 ff., zitiert nach Christine Schoenmakers, »Gestalter und Hüter der Gemeinschaftsgrenzen. NS-Justiz und ›Volksgemeinschaft‹«, in: Dietmar von Reeken (Hg.), *»Volksgemeinschaft« als soziale Praxis*, Paderborn 2013, S. 209-224, hier: S. 214, der sich auf die 1933er-Ausgabe von Nicolais *Grundzüge einer nationalsozialistischen Rechtsphilosophie* bezieht, die ich nicht einsehen konnte. Siehe auch für ähnliche Positionen wie die von Nicolai den Juristen Reinhard Höhn, *Rechtsgemeinschaft und Volksgemeinschaft*, Hamburg 1935; zu Höhns Rolle bei der Umdefinition des NS-Rechts siehe Michael Stolleis, »Gemeinschaft und Volksgemeinschaft. Zur juristischen Terminologie im Nationalsozialismus«, in: *Vierteljahrshefte für Zeitgeschichte* 20 (1972), S. 16-38, hier: S. 28 ff.; zu Höhn allgemein siehe Michael Wildt, »Der Fall Reinhard Höhn. Vom Reichssicherheitshauptamt zur Harzburger Akademie«, in: Alexander Gallus, Axel Schildt (Hg.), *Rückblickend in die Zukunft. Politische Öffentlichkeit und intellektuelle Positionen in Deutschland um 1950 und um 1930*, Göttingen 2011, S. 254-274.

120 Siehe dazu IdS Hamburg, *Begriff, Recht und Aufbau der deutschen Polizei. Druckbogen, Februar 1941*, NARA Washington, Microcopy T-175, Records of the Reich Leader SS and chief of the German Police, Roll 247, Frames 2738501-2738510.

grundlagen der Polizei, die »deutsche Blutsgemeinschaft zu sichern und zu fördern, indem sie »den Frieden innerhalb der deutschen Volksgemeinschaft« erhalte, die »völkische Lebensordnung« sichere und eine »Zerstörung oder Beunruhigung der Volksgemeinschaft« verhindere.[121]

Die Rassengesetze des NS-Staates, besonders aber die rassistisch ausgerichtete Rechtsprechung der NS-Justiz zeigen, dass die Vorstellung von einer »rassisch reinen ›Volksgemeinschaft‹« nicht nur Propaganda war, sondern dass über das Recht tief »in das Leben der Menschen« eingegriffen wurde.[122] Michael Stolleis behauptet zu Recht, dass das ideologische Konzept der Volksgemeinschaft zwar nicht alle Gebiete der Rechtssetzung im NS-Staat im gleichen Maße bestimmt hat, aber als »ethisches Prinzip«, das quasi »vor die Klammer der Rechtsordnung« gesetzt wurde, Polizisten und Richtern dabei half, bestehende Gesetze im Sinne der nationalsozialistischen Rassenideologie zu interpretieren.[123]

## Unbegrenzte Auslegung

»Ohne förmliche Aufhebung oder Abänderung der einzelnen älteren Gesetze«, so argumentierte der führende Jurist im Reichssicherheitshauptamt, Werner Best, hätten alle vom Willen der NS-Führung »abweichenden rechtlichen Bestimmungen als im Sinne der neuen Ordnung abgeändert« zu gelten.[124] Der Rechtstheoreti-

121 Scheer/Bartsch, *Das Polizeiverwaltungsgesetz*, S. 11.

122 So Schoenmakers, »Gestalter und Hüter der Gemeinschaftsgrenzen«, S. 211.

123 Stolleis, »Gemeinschaft und Volksgemeinschaft«, S. 27 f.; siehe auch Majer, *Grundlagen des nationalsozialistischen Rechtssystems*, S. 117 ff.

124 Best, *Die Deutsche Polizei*, S. 19. Maunz, *Gestalt und Recht der Polizei*, S. 9, schreibt, dass nach der »Machtergreifung« das »Polizeirecht und das polizeirechtliche Denken des vergangenen Staates […] noch in beachtlichen Stücken in die neue Zeit hereinragte« und »nicht in wenigen Wochen abgetragen werden« konnte. Schwegel, *Der Polizeibegriff im NS-Staat*, S. 341, weist darauf hin, dass der Staatssekretär im Reichsinnenministerium, Wihelm Stuckart, in einer Rezension Bests Buch als praxisnahes Handbuch preist, das sowohl für die Beamten der Polizei und der inneren Verwaltung als auch als Leitfaden für den Dienstunterricht an den SS- und Polizeischulen geeignet sei; siehe Wilhelm Stuckart, »Besprechung von Best, Werner: Die Deutsche Polizei (1940)«, in: *Reich – Volksordnung – Lebensraum* 1 (1941), S. 363-365. Zu Stuckart siehe aus-

ker Bernd Rüthers spricht von einer »unbegrenzten Auslegung« des existierenden Rechts im NS-Staat. Das existierende Recht brauchte, so Rüthers, vom NS-Staat häufig gar nicht offiziell geändert zu werden, sondern die Juristen mussten die aus dem Kaiserreich oder aus der Weimarer Republik stammenden Gesetze lediglich im Sinne der nationalsozialistischen Ideologie »unbegrenzt« auslegen.[125]

Im Ergebnis führte diese Orientierung an einem vermeintlichen Volksnutzen zu einer schrittweisen Aufhebung der Gesetzesbindung im Handeln der Polizei. Als Orientierung polizeilichen Handelns diente immer weniger das Polizeiverwaltungsgesetz, sondern das, was – jedenfalls dem allgemeinen Sinne nach – dem Wohl des deutschen Volkes entsprach. Statt einer Orientierung an gesetzlich regulierten Konditionalprogrammen setzte sich immer mehr eine Orientierung an der abstrakten Wertformulierung des Volkswohles durch, dessen Inhalt von der Polizei im Rahmen von nie klar formulierten Grenzen interpretiert werden konnte.[126] Es bildete sich, so Theodor Maunz, einer der führenden Polizeirechtstheoretiker der Nationalsozialisten, die Vorstellung von einem »normfreien Polizeiakt« aus, der kraft »Auftrag« des Führers an die Polizei rechtens wird.[127] Man kann hier mit guten Gründen von einer »Zerschla-

führlich Hans Christian Jasch, *Staatssekretär Wilhelm Stuckart und die Judenpolitik*, München 2012.

125 Siehe dazu Bernd Rüthers, *Entartetes Recht. Rechtslehren und Kronjuristen im Dritten Reich*, München 1989. Rüthers Argument bezog sich zuallererst auf das Privatrecht, ist meines Erachtens aber auf das Strafrecht und Polizeirecht übertragbar. Ähnlich auch Majer, *Grundlagen des nationalsozialistischen Rechtssystems*, S. 101 ff. Siehe dazu auch die interessante Kritik von Udo Reifner, »Institutionen des faschistischen Rechtssystems«, in: Udo Reifner (Hg.), *Das Recht des Unrechtsstaates. Arbeitsrecht und Staatsrechtswissenschaft im Faschismus*, Frankfurt/M., New York 1981, S. 11-85, hier: S. 45 ff.

126 Zur Orientierung an Konditionalprogrammen im Rechtssystem siehe Luhmann, *Das Recht der Gesellschaft*.

127 Maunz, *Gestalt und Recht der Polizei*, S. 26; siehe dazu auch Fangmann, »Faschistische Polizeirechtslehre«, S. 201. In der Nachkriegszeit setzte Maunz – nach einem kurzzeitigen Karriereknick in Freiburg mit eingeschränkter Lehrbefugnis – seine Karriere fort. Er wurde Professor für Öffentliches Recht an der Universität München, gab zusammen mit Günter Dürig einen der wichtigsten Kommentare zum Grundgesetz heraus und war über mehrere Jahre als CSU-Politiker Kultusminister in Bayern. Anonym verfasste er für die rechtsextreme *National-Zeitung* eine ganze Reihe von Artikeln, wofür sich diese nach Maunz' Tod ausführlich bedankte. Siehe zu Maunz unter anderem Michael Stolleis,

gung der Gesetzesbindung« mithilfe eines »umfassenden Gemeinwohlauftrages« sprechen, mit dem die Polizei eine »umfassende Zugriffskompetenz« erlangte.[128]

Diese Rechtsauffassung führte dazu, dass – so schon die frühe Beobachtung von Ernst Fraenkel – der auf der klassischen Rechtssetzung und Rechtsprechung basierende und durch sie geprägte »Normenstaat« immer mehr durch einen »Maßnahmenstaat« überlagert wurde. Zwar wurde die Bindung des staatlichen Handelns an Gesetze während der NS-Zeit nie prinzipiell aufgehoben, aber der zunehmend durch SS und Polizei dominierte »Maßnahmenstaat« drängte dieses staatliche Handeln immer mehr zurück. »Im politischen Sektor des Dritten Reiches« gebe es, so Fraenkel, »weder ein objektives noch ein subjektives Recht, keine Rechtsgarantien, keine allgemein gültigen Verfahrensvorschriften und Zuständigkeitsbestimmungen«. Es »fehlen die Normen und herrschen die Maßnahmen«.[129]

Es ist überzogen, von einem »Ende des ›Rechts‹ der Polizei« mit dem Beginn des Zweiten Weltkrieges zu sprechen.[130] Das Recht

»Theodor Maunz – ein Staatsrechtslehrerleben«, in: *Kritische Justiz* 4 (1993), S. 393-396.

128 So Michael Stolleis, *Gemeinwohlformeln im nationalsozialistischen Recht*, Berlin 1974, S. 251; siehe dazu auch Schwegel, *Der Polizeibegriff im NS-Staat*, S. 6 f.

129 Fraenkel, *Der Doppelstaat*, S. 26; siehe dazu auch Frank Bajohr, »Korruption in der NS-Zeit als Spiegel des nationalsozialistischen Herrschaftssystems«, in: Jens Ivo Engels u. a. (Hg.), *Geld – Geschenke – Politik. Korruption im neuzeitlichen Europa*, München 2009, S. 231-248, hier: S. 232; siehe kritisch dazu Franz Neumann in seinem erstmals 1942 erschienenen Buch *Behemoth*, S. 509 ff.

130 So Fangmann, »Faschistische Polizeirechtslehre«, S. 202; siehe dazu auch Mommsen, *Zur Geschichte Deutschlands im 20. Jahrhundert*, S. 177 ff. Fangmanns Position steht in der Tradition Neumanns, der auf die Frage, ob es im NS-Staat so etwas wie Recht gegeben hat, antwortet: »Ja, wenn Gesetz nichts weiter ist als der Wille des Souveräns, ganz entschieden nein, wenn Gesetz im Gegensatz zum Souverän entweder der Form oder dem Inhalt nach rational sein muß.« »Die Strafgerichte sind«, so Neumann, »im Verein mit der Geheimen Staatspolizei, der Staatsanwaltschaft und den Henkern in erster Linie Praktiker der Gewalt«, Neumann, *Behemoth*, S. 530. Klaus Türk, Thomas Lemke und Michael Bruch geben (in *Organisation in der modernen Gesellschaft*, Opladen 2002, S. 237) Neumann insofern nicht korrekt wieder, wenn sie ihm die Äußerung zurechnen, dass es dem Nationalsozialismus »um die restlose Beseitigung des rationalen Verwaltungsstaates und dessen Ersetzung durch ›eine amorphe, formlose Bewegung‹« gegangen sei. Neumann hatte dies im Vorwort zur zweiten Auflage seines Buches, die 1944 erschien, nicht als *Diagnose* über

blieb auch im Zweiten Weltkrieg immer noch ein Referenzpunkt, auf den sich Polizisten bezogen. Durch die Unterordnung des Polizeirechts unter den »Gesichtspunkt der Zweckmäßigkeit« konnten die Bataillonsangehörigen ihr Vorgehen gegen die Juden jedoch nahezu ungebremst in einen polizeilichen Erwartungshorizont einpassen. Es gab keine eindeutigen Interpretationen von Gesetzen, keine die Gesetze auslegenden Gerichte und keine Berufungsmöglichkeiten mehr, mit denen die Polizisten daran gehindert werden konnten, die Einpassung ihres Handelns in eine vermeintliche Legalitätsordnung vorzunehmen. So konnten sich die Polizisten letztlich selbst einreden, dass ihr Handeln schon rechtmäßig sei.

## 8.4. Das Erleichtern des Tötens durch dessen Legalisierung

Angesichts der Ghettoräumungen, Deportationen, Massenerschießungen und Vergasungen liegt es nahe, die Handlungen der Polizisten, SS-Männer und nichtdeutschen Hilfskräfte als Verbrechen zu betrachten. Die Vernichtungspolitik des NS-Staates war – darüber scheinen sich alle Betrachter einig zu sein – eines der größten, wenn nicht sogar das größte Verbrechen des 20. Jahrhunderts.

Die reflexartige Bezeichnung der am Holocaust beteiligten Personen als »Täter«, »Mörder« und »Verbrecher« verdeckt aber eine Erkenntnis, auf die schon Raul Hilberg hingewiesen hat: dass die Polizisten, SS-Männer und Wehrmachtsangehörigen sich im Moment der Tötungen nicht als Täter, Mörder oder Verbrecher gesehen haben. Sie sahen sich – so könnte man ergänzen – im Gegenteil als Vollstrecker staatlicher Maßnahmen gegen Täter, Mörder oder Verbrecher. In vielen Fällen, gerade wenn Männer, Frauen oder Kinder beteiligt waren, die sich offensichtlich nichts zu Schulden hatten kommen lassen, mögen sich bei den Polizisten,

den NS-Staat geschrieben, sondern als mögliche *Prognose* über die Auswirkung des Erlasses von Hitler vom 25.7.1944, siehe *Behemoth*, S. 21 f. Er spricht davon, dass der Erlass zum »Verschwinden des heute [gemeint ist Ende 1944, sk] noch bestehenden Dualismus von Staat und Partei führen« könnte und sich »das wenige, was vom Staat übriggeblieben ist, in eine mehr oder minder organisierte Anarchie« verwandeln würde. Der Konjunktiv bei Neumann ist von Türk, Lemke und Bruch allzu schnell in einen Indikativ umgewandelt worden.

SS-Männern und Wehrmachtsangehörigen Zweifel geregt haben, ob die Tötungen politisch zu rechtfertigen waren. Die Frage, ob die Erschießungen rechtmäßig waren, haben sich aber offenbar nur die wenigsten von ihnen gestellt.

Die Wahrnehmung der Tötungen als legal – und damit in ihrer Indifferenzzone liegend – machte die Polizisten, SS-Männer und Wehrmachtsangehörigen nicht lediglich zu Exekutoren eindeutiger »von oben« kommender Vorschriften und Richtlinien.[131] Vielmehr wurde das Verständnis dessen, was als rechtmäßig galt, durch die alltäglichen Ghettoräumungen, Deportationen und Massenerschießungen immer wieder bestätigt. Bei dieser Produktion des von allen Angehörigen des Vernichtungsapparates geteilten Legalitätsverständnisses spielten zwar die offiziellen Vorschriften und Richtlinien eine wichtige Rolle, aber gerade wegen der Unschärfe dieser Vorschriften und Richtlinien wurde das, was als legal galt, zum erheblichen Teil durch die alltägliche Tötungspraxis geprägt.

131 Balcke (*Verantwortungsentlastung durch Organisation*, S. 85) trifft einen wichtigen Punkt, wenn er schreibt, dass das, »was innerhalb einer bestimmten organisationalen Rolle neben dem ›role-taking‹ an ›role-making‹ möglich ist, [...] bereits durch die Formalstruktur der Organisation vorgegeben« ist. Ich halte es jedoch für nötig, einen Schritt weiter zu gehen und systematisch herauszuarbeiten, welche Rolle das »role-making« der Organisationsmitglieder nicht nur bei der Reproduktion, sondern auch bei der Veränderung der Formalstruktur spielt.

# 9. Normalität und Anomalität von Organisationen

> Wir haben lernen müssen, [...] daß man gleichzeitig ein Henker sein kann und eine Bruckner-Symphonie verstehen kann.
>
> *Theodor W. Adorno*[1]

Die meisten Angehörigen des Reserve-Polizeibataillons 101 nahmen nach dem Krieg wieder ein »normales Leben« auf. Diejenigen, die als Reservisten gedient hatten, kehrten zu ihren Familien zurück, gingen wieder den Berufen nach, die sie vor dem Krieg ausgeübt hatten, oder suchten sich neue Verdienstmöglichkeiten. Das Führungspersonal des Bataillons, das anders als die Reservisten verbeamtet war, kehrte – nachdem die erste Welle der Entnazifizierung abgeebbt war – großteils in den Hamburger Polizeidienst zurück. Der Kompanieführer Wolfgang Hoffmann trat Ende 1947 wieder in den Polizeidienst ein und lebte bis zu seiner Verhaftung durch die Kriminalpolizei Mitte der sechziger Jahre mit seiner Frau und seinen drei Kindern weiter in Hamburg. Julius Wohlauf musste sich nach dem Krieg kurzzeitig als Holzfäller, Tischler und Vertreter verdingen, bevor er 1955 als Kommissar bei der Hamburger Polizei wieder eingestellt wurde und schließlich sogar kurz vor seiner Verhaftung zum Hauptkommissar befördert wurde.[2]

1 Das Zitat lautet vollständig: »Trifft es zu, was man immer wieder hört, daß einige der furchtbarsten Henker, die der Nationalsozialismus hervorgebracht hat, sich, wenn sie sich von ihren Schandtaten erholen wollten, nicht nur Platten von Bruckner-Symphonien haben vorspielen lassen, sondern auch noch diese Musik wirklich gut verstanden haben – und ich glaube, wir haben lernen müssen, daß es solche Antinomien wirklich gibt, daß man gleichzeitig ein Henker sein kann und eine Bruckner-Symphonie verstehen kann – dann wäre das nur sozusagen die extreme Probe auf jenes Moment der Neutralisierung der Kultur, ihrer Abschaltung als einen Sonderbereich gegenüber der Realität.« Theodor W. Adorno, »Kultur und Cultur. Vortrag«, Hessische Hochschulwochen (Hg.), *Hessische Hochschulwochen für staatswissenschaftliche Fortbildungen, 29. Juni bis 19. Juli 1958*, Bad Homburg 1959, S. 246-259, hier: S. 249; siehe dazu auch Kramer, »Tätertypologien«, S. 266.

2 Zur Entnazifizierung der Hamburger Polizei siehe besonders Norbert Steinborn, Karin Schanzenbach, *Die Hamburger Polizei nach 1945. Ein Neuanfang, der keiner war*, Hamburg 1990, S. 69 ff.; deren Arbeit auf einer ausführlichen Auswertung des Quellenmaterials des Hamburger Staatsarchivs basiert. Nachdem unmittel-

In der wissenschaftlichen Beschäftigung mit dem Holocaust wird immer wieder Erstaunen, ja Bestürzung über die »Bruchlosigkeit« geäußert, mit der die »Massenmörder« ein Leben führen konnten, zu dem die Erschießung von hunderten von Männern, Frauen und Kindern ebenso gehörte wie »das Nachdenken darüber, welches Studienfach denn wohl für den eigenen Sohn das geeignete wäre«.[3] George M. Kren und Leon Rappoport sprechen von einer »schizoiden Unterscheidung« zwischen den öffentlichen Wertvorstellungen im NS-Staat, in deren Rahmen Morde ihren Platz hätten, und den auf das Familienleben bezogenen privaten Werten.[4] Zygmunt Bauman schreibt von einer »Dissoziierung« persönlicher Einstellungen, in der eine an den Anforderungen von Organisationen orientierte technische Verantwortung über die persönliche Verantwortung siege.[5] Robert Jay Lifton, der sich besonders

bar nach dem Krieg in der ersten Phase der Entnazifizierung alle Mitglieder der NSDAP vor 1933 und in der zweiten und dritten Phase auch die Mitglieder der SA und SS als Beamte suspendiert worden waren, kam es bereits in der vierten Phase der Entnazifizierung ab Oktober 1947 zur Wiedereinstellung vorher suspendierter Beamter. Sowohl Hoffmann als auch Wohlauf scheinen in dieser Phase wiedereingestellt worden zu sein. Siehe ausführlich dazu Kiepe, *Das Reservepolizeibataillon 101 vor Gericht*, S. 144f., der anhand von Akten der Polizeibehörde zeigen kann, dass Wohlauf auf der Basis des Artikels 131 des Grundgesetzes erst während der Regierungszeit des »Hamburg-Blocks«, einem Zusammenschluss aus CDU, FDP, Deutscher Partei und dem Bund der Heimatvertriebenen, als Oberkommissar in den Polizeidienst zurückkehren konnte. Siehe das Empfehlungsschreiben seines ehemaligen Vorgesetzten in Norwegen Gerhard Hoppe vom 15. 2. 1955 zur »Wiederverwendung des ehemaligen Hauptmanns […] Julius Wohlauf […] im Polizeidienst«; VTHA Münster, Nachlass Wohlauf, Dep. 442/50.

3 So Welzer, *Täter*, S. 13. Dieses Motiv taucht in der Literatur immer wieder auf. Willi Dreßen (»Probleme und Erfahrungen der Ermittler bei der Aufklärung von NS-Gewaltverbrechen«, S. 78) spricht von der »Schizophrenie«, dass Bataillonsangehörige kleine jüdische Kinder an den Füßen gefasst und gegen die Wand geschlagen hätten, während zu Hause ihre gleichaltrigen Kinder auf sie warteten. Erich Follath (»Holocaust als Karriere. Völkermord: ›Duch‹, Eichmann und die Banalität des Bösen«, in: *Der Spiegel* vom 14. 12. 2009, S. 114-116, hier: S. 114f.) stellt überrascht fest, dass Adolf Eichmann in der einen Stunde »fürsorglicher Familienmensch« sein konnte, »funktionierende Judenvernichtungsmaschine in der nächsten«.

4 Siehe dazu George M. Kren, Leon Rappoport, *The Holocaust and the Crisis of Human Behavior*, New York 1980; siehe auch Asher, »Ganz normale Täter«, S. 96.

5 Siehe zu dem Konzept Bauman, *Dialektik der Ordnung*, S. 113; dort wurde »dissociation« mit Trennung übersetzt.

mit der »genozidalen Mentalität« von KZ-Ärzten beschäftigt hat, spricht gar von einer »Verdoppelung« – einem »Doubling« – in ein »Auschwitz-Ich«, das die SS-Angehörigen zur Anpassung an die KZ-Welt befähigte, und ein »früheres Ich«, das ihnen ein »normales« Verhalten in ihren familiären Zusammenhängen ermöglichte.[6]

Diese Erklärungsansätze von »schizoider Unterscheidung«, »Dissoziierung« und »Doubling« implizieren, dass zwischen den unterschiedlichen Rollen einer Person ein hohes Maß an Konsistenz herrschen müsse. Die Verwunderung Adornos, dass ein Henker eine Bruckner-Symphonie verstehen kann oder dass ein Familienvater tagsüber die Tötung mehrerer Tausend Personen anordnen und abends seinen Kindern Gute-Nacht-Geschichten vorlesen kann, gründet auf der Unterstellung, dass die Rollen »Henker«, »Kenner klassischer Musik« und »Familienvater« aufeinander abgestimmt sein müssten. Der Henker muss, so die Suggestion, nicht nur in seinem Job ein Henker sein, sondern auch seine Freizeit »henkertypisch« gestalten.

Aus einer soziologischen Perspektive stellen sich diese »schizoiden Unterscheidungen«, »Dissoziierungen« und »Doublings« zunächst als ganz normale Fälle der Rollentrennung dar. Durch den Eintritt in eine Organisation bildet sich aufgrund der spezifischen Erwartungen der Organisation eine neue Rolle aus, in der Personen Verhaltensweisen zeigen, die mit ihren Verhaltensweisen in Rollen außerhalb der Organisation nichts zu tun haben müssen. Sowenig wie der Anstreicher zu Hause seine Kinder tüncht, so eine provokante Zuspitzung Jan Philipp Reemtsmas, sowenig würde auch der hauptberufliche Folterer zu Hause seine Kinder foltern.[7]

Diese Art der Rollentrennung hat sich erst in den letzten Jahrhunderten in der modernen Gesellschaft ausgebildet. Während es in der vormodernen Gesellschaft nötig war, die unterschiedlichen Rollen einer Person wie beispielsweise die des Leiters eines familiär organisierten Betriebes, des Familienoberhaupts, des Richters für

6 Siehe dazu Robert Jay Lifton, *The Nazi Doctors. Medical Killing and the Psychology of Genocide*, New York 1986, S. 418; ähnlich auch Robert Jay Lifton, Eric Markusen, *The Genocidal Mentality. Nazi Holocaust and Nuclear Threat*, London 1979.

7 Siehe dazu Jan Philipp Reemtsma, »Hässliche Wirklichkeit und liebgewordene Illusionen«, in: *Süddeutsche Zeitung* vom 25. 1. 2008. Siehe zur Funktion der Rollentrennung für die Verantwortungsentlastung von Organisationsmitgliedern, aufschlussreich Balcke, *Verantwortungsentlastung durch Organisation*, S. 80 ff.

ein bestimmtes Gebiet und der religiösen Instanz aufeinander abzustimmen, werden solche Rollenanforderungen in der modernen Gesellschaft stärker auseinandergezogen.

Der Holocaust, so meine These von den »ganz normalen Organisationen«, konnte in der uns bekannten Art und Weise nur durchgeführt werden, weil der NS-Staat sich auf Organisationen – also auf ein zentrales Prinzip moderner Gesellschaften – stützen konnte. Und Organisationen differenzieren Mitgliedschaftsrollen und bringen ihre Mitglieder dazu, Dinge zu tun, die sie außerhalb der Organisation nicht tun würden.

## 9.1. Jenseits der Vorstellung von »anormalen Organisationen«

Bei der Betrachtung des Holocaust hat man sich bisher damit zu beruhigen versucht, dass nur außergewöhnliche, anormale Organisationen in der Lage sind, Deportationen religiöser oder ethnischer Minderheiten zu organisieren, Menschen gewaltsam in Ghettos zu pferchen und dann nach und nach durch Massenerschießungen oder in Vernichtungslagern zu liquidieren. Eine solche in Teilen der Öffentlichkeit immer noch verbreitete Betrachtung wurde maßgeblich durch den Nürnberger Hauptkriegsverbrecherprozess geprägt, in dem lediglich die Gestapo und die SS – und nicht etwa die Wehrmacht, die Ordnungspolizei oder die Kriminalpolizei – zu »verbrecherischen Organisationen« deklariert wurden. Dabei wurde implizit unterstellt, dass es sich bei den Mitgliedern der Gestapo und der SS um Personen mit ausgeprägter Zweckidentifikation gehandelt habe und dass deswegen auch von den im Rahmen dieser Organisationen verübten Handlungen auf deren Mitglieder geschlossen werden könne. Nicht jedes Mitglied der SS oder Gestapo – so der Tenor – muss ein Mörder gewesen sein, aber jeder Mörder war Mitglied der SS oder der Gestapo.[8]

8 Siehe zu dieser Haltung Jürgen Matthäus, »Historiography and the Perpetrators of the Holocaust«, in: Dan Stone (Hg.), *The Historiography of the Holocaust*, Houndmills, New York 2004, S. 197-215, hier: S. 199; Paul (»Von Psychopathen, Technokraten des Terrors und ›ganz gewöhnlichen‹ Deutschen«, S. 17) spricht von einer »institutionellen Isolierung« auf die Gestapo und die SS. Weil der Begriff der Institution nicht präzise bestimmt wird, scheint es mir sinnvoller, von einer »or-

Die geschichtswissenschaftliche Forschung hat dieses auf die SS und die Gestapo fokussierte Bild des NS-Regimes jedoch grundlegend zerstört, weil sie zeigen konnte, dass sich das NS-Regime bei der Umsetzung seines Vernichtungsprogramms nicht nur auf das Personal der in Nürnberg identifizierten »verbrecherischen Organisationen«, sondern auf das Personal einer Vielzahl von Organisationen stützen konnte, die während der Kriegsverbrecherprozesse gar nicht oder nur am Rande erwähnt wurden und nach dem Krieg nicht das gleiche Erschaudern auslösten wie die Gestapo oder die SS.[9] An der Durchführung des Holocaust waren einige Hunderttausend in staatlichen (Gewalt-)Organisationen tätige Deutsche sowie einige Hunderttausend vom NS-Staat in den besetzten Gebieten rekrutierte Nichtdeutsche beteiligt: als Angehörige von Polizeibataillonen, als bei Absperrungen eingesetzte Wehrmachtssoldaten, als Ärzte in den Vernichtungslagern, als für die Deportation ver-

ganisationalen Isolierung« zu sprechen. Die SS und Gestapo wurden zum »Alibi der Nation« (siehe dazu besonders Gerald Reitlinger, *The SS, Alibi of a Nation, 1922-1945*, London 1956, S. 449 ff.), weil die Mitglieder dieser beiden Organisationen als »universelle Packesel deutscher Schuld« dienen konnten (so Mallmann, »Vom Fußvolk der ›Endlösung‹«, S. 391). Siehe besonders interessant, die Arbeit von Armin Nolzen, »Moderne Gesellschaft und Organisation. Transformation der NSDAP nach 1944«, in: Manfred Grieger, Christian Jansen u. a. (Hg.), *Interessen, Strukturen und Entscheidungsprozesse! Für eine politische Kontextualisierung des Nationalsozialismus*, Essen 2010, S. 91-112, über die NSDAP, die aber als »Organisation« in der »modernen Gesellschaft« durch ein hohes Maß an Übereinstimmung zwischen Zwecken der Organisation und Motiven der Mitglieder gekennzeichnet war.

9 Vergleichende Studien zwischen zum Beispiel Ordnungspolizei und Wehrmacht auf der einen Seite und Konzentrationslager-SS und Waffen-SS auf der anderen Seite wären sinnvoll. Zur Konzentrationslager-SS siehe z. B. Balcke, *Verantwortungsentlastung durch Organisation*, oder Karin Orth, *Die Konzentrationslager-SS. Sozialstrukturelle Analysen und biographische Studien*, Göttingen 2000; zur Waffen-SS siehe z. B. René Rohrkamp, *»Weltanschaulich gefestigte Kämpfer«: Die Soldaten der Waffen-SS 1933-1945*, Paderborn 2009. Gerade die Arbeit von Balcke eignet sich für einen Vergleich, weil in Bezug auf die SS im Allgemeinen und auf die Inspektion der Konzentrationslager im Besonderen konsequent organisationssoziologisch argumentiert wird (siehe S. 174 ff.). Meine Vermutung ist, dass man auch in der Konzentrationslager-SS und der Waffen-SS, besonders aber wohl bei der Gestapo Ansätze von Zweck-Motiv-Trennungen bei den Mitgliedern finden kann (dazu z. B. Gerhard Paul, »Ganz normale Akademiker. Eine Fallstudie zur regionalen staatspolizeilichen Funktionselite«, in: Gerhard Paul, Klaus-Michael Mallmann [Hg.], *Die Gestapo. Mythos und Realität*, Darmstadt 1995, S. 236-255).

antwortliche Reichsbahner, als Verwaltungsbeamte in den Zivilverwaltungen der besetzten Gebiete oder als nichtdeutsche Hilfskräfte des NS-Staates.[10] Mit anderen Worten: Sehr viele »ganz normale Organisationen« – Organisationen, die durch die Normalität ihrer Programme, ihrer Kommunikationswege und ihres Personals auffallen – waren am Holocaust beteiligt.[11]

## Die Normalität der Programme

Das Zweckprogramm, das sich in der Führung des NS-Staates im Laufe des Zweiten Weltkrieges immer deutlicher formierte – die Tötung der elf Millionen in Europa lebenden Juden –, war alles an-

10 Selbstverständlich ist es unmöglich, die Zahl der Beteiligten genau zu bestimmen, weil es umstritten bleiben wird, ab wann man von einer Beteiligung sprechen kann. Daraus erklärt sich, dass Autoren wie Goldhagen bei der Bezifferung der Täter schwanken zwischen »tens of thousands« (*Hitler's Willing Executioners*, S. 4 und 24), »certainly over 100 000« (S. 167), »500 000 or more« (S. 167) und »might run into the millions« (S. 167). Hinweise auf unterschiedliche Zahlen von Goldhagen finden sich bei Hubert G. Locke, »The Goldhagen Fallacy«, in: Franklin H. Littell (Hg.), *Hyping the Holocaust. Scholars answer Goldhagen*, Merion Station [2]1997, S. 19-29, hier: S. 24. Ich halte es schon allein mit Blick auf die inzwischen gut erforschte Beteiligung der Ordnungspolizei und Sicherheitspolizei sowie mit Blick auf die Verwaltung in den besetzten Gebieten für angebracht, von mehreren Hunderttausend in ganz unterschiedliche Organisationen eingebundenen Deutschen zu sprechen, die an Deportationen, Ghettoräumungen und Massentötungen beteiligt waren. Aussagen über die Beteiligung der durch die deutsche Besatzungsmacht in verschiedenen Typen von Organisationen eingesetzten nichtdeutschen Kräfte sind wegen der auffälligen Forschungsdefizite schwieriger. Aber allein die Aufsummierung des Personals aus den bekannten aus Nichtdeutschen bestehenden Organisationseinheiten, die am Holocaust beteiligt waren, ergibt selbst bei einem eng angelegten Kriterium eine sechsstellige Zahl.

11 Dabei mag das Wörtchen »ganz« erklärungsbedürftig sein, weil ja statt »ganz normale Organisationen« auch »normale Organisationen« ausreichen würde. Christoph Schneider stellt in Bezug auf Buchtitel von Christopher Browning und Harald Welzer berechtigterweise die Frage, warum – im Gegensatz zu den »ordinary men« im Englischen – die »Normalität im deutschen Diskurs der Steigerungsform« bedarf; siehe Christoph Schneider, »Täter ohne Eigenschaften. Über die Tragweite sozialpsychologischer Modelle in der Holocaust-Forschung«, in: *Mittelweg 36* (2011), S. 3-23, hier: S. 16. Ich orientiere mich bei der Verwendung der Wendung an der in Deutschland eingeführten Terminologie, ohne aber mit dem »ganz« zum Ausdruck bringen zu wollen, dass die Organisationen in einem besonderen Maße normal sind.

dere als normal. Das Bestreben des NS-Staates, eine religiöse Minderheit durch einen organisierten Genozid auszurotten, wird vielen der mit der Umsetzung beauftragten und sich teilweise selbst damit beauftragenden Organisationen trotz einer gewissen kriegsbedingten Gewöhnung an das Töten und trotz des Wissens um vorhergegangene Genozide, beispielsweise an den Hereros in Deutsch-Südwestafrika, als außergewöhnlich erschienen sein.[12]

Es fällt aber auf, dass dieses vorgegebene Zweckprogramm, dessen Umsetzung von Himmler selbst in seiner bekannten und immer wieder zitierten Posener Rede als eine außergewöhnliche Belastung für das dafür zuständige Personal dargestellt wurde, für die meisten am Holocaust beteiligten Organisationen nur eines unter vielen war. Schon Raul Hilberg hat darauf hingewiesen, dass nur eine geringe Anzahl von Organisationsmitgliedern ausschließlich mit der Umsetzung der NS-Judenpolitik befasst war und dass die meisten Organisationseinheiten – von den Hauptämtern im Reichssicherheitshauptamt über die Polizeibataillone bis hin zu einzelnen Gendarmerieposten in den besetzten Gebieten – auch mit anderen Zweckprogrammen beschäftigt waren.

Schon aufgrund dieser vielfältigen, sich häufig schnell ändernden, manchmal sogar widersprüchlichen Zweckprogramme war es für das NS-Regime funktional, dass die Organisationsmitglieder sich nicht zu stark an einen eng definierten Zweck banden.[13] So wurde von den einzelnen Ordnungspolizisten zwar erwartet, dass sie sich – jedenfalls auf Nachfrage – zur »nationalsozialistischen Sache« bekannten, aber erwartet wurde auch, dass sie in Bezug auf die konkreten Zweckprogramme, mit deren Umsetzung sie beauftragt wurden, eine gewisse Indifferenz zeigten. Der NS-Staat hatte – überspitzt ausgedrückt – kein Interesse an Personal, dass sich nur für die Tötung von geistig Behinderten und psychisch Kranken begeistern ließ, sondern er musste davon ausgehen können, dass die-

12 Normal – darauf weist Jürgen Link in einer ausführlichen Ausarbeitung hin – hat überhaupt nichts mit normativ gut, wünschbar oder erstrebenswert zu tun. Siehe Jürgen Link, *Versuch über den Normalismus. Wie Normalität produziert wird*, Opladen ²1999, S. 444 ff. Dass die Unterscheidung zwischen Normalität und Normativität in der Literatur nicht selbstverständlich ist, arbeitet Link in diesem Buch ebenfalls ausführlich heraus (S. 15 ff.).

13 Siehe die Überlegungen von Kuchler, *Kriege*, S. 91 f., die die »Entkopplung von Organisationszweck und Motiv der Mitglieder« zum Anlass nimmt, von Armeen in vielen Hinsichten als »ganz normalen Organisationen« zu sprechen.

ses Personal auch problemlos für den Aufbau von Gaskammern zur Tötung von Juden im Rahmen der »Aktion Reinhard« motiviert werden konnte.[14]

Bei der Umsetzung des Zweckprogramms »Judenvernichtung« griffen die Organisationen häufig auf die Konditionalprogramme zurück, die sich vorher bei der Erledigung anderer Zwecke bewährt hatten. Ob es darum ging, Juden zu den Vernichtungslagern zu transportieren, Wehrmachtssoldaten an die Front zu bringen oder Kinder im Rahmen der Kinderlandverschickung aus durch Bombenangriffe bedrohten Städten zu evakuieren: die dafür verwendeten Programme der Reichsbahn waren im Grunde die gleichen. Die Programme, nach denen die Exekution von auf der Straße aufgegriffenen jüdischen Polen durchgeführt wurde, waren die gleichen, mit denen der Unterstützung von Partisanen verdächtigte nichtjüdische Polen oder Russen hingerichtet wurden.

## Die Normalität der Kommunikationswege

So normal die Programme, so normal auch die von den Organisationen des NS-Staates eingerichteten Kommunikationswege. Das Organisationsprinzip einer in Hundertschaften, in Bataillonen oder Regimentern organisierten kasernierten Polizei wurde – um nur ein Beispiel herauszugreifen – nicht 1933 von den Nationalsozialisten erfunden und auch nicht nach 1945 abgeschafft. Bis hin zur Benennung von Führungspositionen als Major, Kompanieführer oder Zugführer wurden für die Kommunikationswege Muster benutzt, die auch von anderen staatlichen Gewaltorganisationen vor 1933 und nach 1945 angewendet wurden.[15]

14 Diese Flexibilität im Übergang von der Tötung von psychisch Kranken und geistig Behinderten zur Tötung von ethnisch bestimmten Minderheiten ist anhand des Personals der sogenannten »Aktion T4« umfassend nachgewiesen worden. Am ausführlichsten dazu Henry Friedlander, *The Origins of Nazi Genocide. From Euthanasia to the Final Solution*, Chapel Hill 1995.

15 Siehe Lothar Danner, *Ordnungspolizei Hamburg. Betrachtungen zu ihrer Geschichte 1918-1933*, Hamburg 1958, S. 29, zur Beibehaltung der kasernierten Hamburger Polizei nach der Reorganisation im Jahr 1920; siehe allgemein nur zum Beispiel Jürgen Siggemann, *Die kasernierte Polizei und das Problem der inneren Sicherheit in der Weimarer Republik*, Frankfurt/M. 1980. Karl Heinz Heller (»The Remodeled Praetorians. The German Ordnungspolizei as Guardians of the ›New Order‹«, in: Otis L. Mitchell [Hg.], *Nazism and the Common Man*, Washing-

Sicherlich wurde mit dem Übergang zu einer Politik der systematischen Vernichtung der Juden in den Jahren 1941 und 1942 eine Reihe neuer Kommunikationswege vom Reichssicherheitshauptamt geschaffen. Das Konzept der im Rücken der Wehrmacht agierenden Einsatzgruppen war zwar bereits bei der Besetzung Österreichs, der Tschechoslowakei und Polens genutzt worden, für den Vernichtungsfeldzug in der Sowjetunion wurden diese Einsatzgruppen jedoch nicht nur neu zusammengestellt, sondern auch auf eine neuartige Weise in die Kommunikationswege des Reichssicherheitshauptamtes eingebunden. Wie erwähnt, begann die Umsetzung des Vernichtungsprogramms im Rahmen der »Aktion Reinhard« mit der eher ungewöhnlichen direkten Beauftragung Odilo Globocniks durch Heinrich Himmler, und Globocnik schuf sich zur Durchführung dieses Auftrags mit dem Aufbau der Vernichtungslager in Bełżec, Sobibór und Treblinka neue, ihm unterstellte Organisationseinheiten.

Wichtig ist in diesem Zusammenhang jedoch, dass für die Umsetzung vor Ort in der Regel nicht auf speziell für die Tötung von Juden geschaffene Kommunikationswege zurückgegriffen werden musste, sondern dass weitgehend die bereits existierenden Kommunikationswege genutzt werden konnten. Zwar ergingen im Fall der Polizeibataillons 101 die Einsatzbefehle über den mit Sonderkompetenzen ausgestatteten SS- und Polizeiführer, aber innerhalb des Bataillons wurden die Befehle auf den standardisierten und eingespielten Befehlswegen vom Bataillonskommandanten über die Kompanieführer und Zugführer bis hin zu den Gruppenführern gegeben.

## Die Normalität des Personals

Aufgrund der für viele am Holocaust beteiligten Organisationen üblichen Zweck-Motiv-Trennung und aufgrund der Nutzung eingespielter Kommunikationswege vor Ort konnte bei der Umset-

ton, D.C. [2]1981, S. 45-64, hier: S. 46) weist darauf hin, dass die Besonderheit des deutschen »Schupo« gegenüber dem britischen »Bobby« und dem US-amerikanischen »Cop« darin bestand, dass dieser in die militärähnlichen Ordnungen der Kompanien, Bataillonen und später Regimenter eingegliedert war. Aber auch diese Eingliederung von Polizisten in Kompanien und Bataillone war und ist keine deutsche Besonderheit.

zung des Vernichtungsprogramms in vielen Bereichen auf »ganz normale Männer« zurückgegriffen werden. Das daran beteiligte Personal stellte deswegen, wie in der Holocaustforschung überzeugend herausgearbeitet wurde, in vielen Bereichen einen »bemerkenswerten Querschnitt der deutschen Bevölkerung« dar.[16]

Das bedeutet, dass für erhebliche Teile des Vernichtungsprogramms keine spezifisch auf die Tötung von Juden ausgerichtete Personalauswahl stattfinden musste. Die Ordnungspolizisten, die in der Sowjetunion bei Massenerschießungen eingesetzt wurden, mussten nicht extra für diesen Job ausgewählt werden. Die in Dörfern und Städten des Generalgouvernements stationierten Gendarmerieeinheiten konnten bei Ghettoräumungen und Deportationen von Juden mitwirken, ohne dafür speziell qualifiziert zu sein. Die Männer des Reserve-Polizeibataillons 101, darüber herrscht Einigkeit in der Holocaustforschung, sind lediglich ein besonders eindrucksvolles Beispiel für die Normalität des Personals.

Sicherlich: Bei der Auswahl des Spitzenpersonals für den Sicherheitsdienst, die Ordnungspolizei oder die Zivilverwaltung in den besetzten Gebieten wurde auf – jedenfalls dargestellte – Identifikation mit der nationalsozialistischen Ideologie geachtet. Insofern hat es eine gewisse Ironie, dass Hannah Arendt ihre These von der Banalität des Bösen ausgerechnet am Beispiel Adolf Eichmanns entwickelt hat, der sich während der gesamten NS-Zeit durchweg als überzeugter Nazi präsentiert hat, also gerade nicht wie ein Mitarbeiter im »technischen Kern« einer Tötungsorganisation, sondern eher wie der typische Karrierebeamte in einem Ministerium.[17] Das Personal des Reichssicherheitshauptamtes bestand gerade nicht aus Durchschnittsdeutschen, sondern es wurden gezielt Personen rekrutiert, die nicht nur hochgradig mit der nationalsozialistischen Ideologie identifiziert waren, sondern diese Identifikation schon

16 Hilberg, *Die Vernichtung der europäischen Juden*, S. 1080, siehe dazu auch Matthäus, »Historiography and the Perpetrators of the Holocaust«, S. 202.

17 Zur Kritik an Arendts Interpretation von Eichmann siehe nur die Monographien von Cesarani, *Adolf Eichmann*, Yaacov Lozowick, *Hitler's Bureaucrats: The Nazi Security Police and the Banality of Evil*, New York 2000, Hans Safrian, *Eichmann und seine Gehilfen*, Frankfurt/M. 1995, und Wojak, *Eichmanns Memoiren*. Interessant ist die Einordnung von Arendts Interpretation in den US-amerikanischen Diskurs über mittleres Management durch Michael Thad Allen, »Grey-Collar Worker. Organisation Theory in Holocaust Studies«, in: *Holocaust Studies* 11 (2005), S. 27-54.

allein aus Interesse an einer Karriere im NS-Staat ständig unter Beweis stellten.[18]

Organisationen stellen Personen mit spezifischen Eigenschaften ein, und zwar nicht, weil sie sich nahtlos in die Organisationsstruktur einfügen sollen, sondern weil man sich von ihnen einen bestimmten Typus von Entscheidungen erhofft.[19] Wenn die Programme und die Kommunikationswege Freiräume lassen, entscheidet ein Jurist häufig anders als ein Ökonom, eine langjährige Führungskraft anders als ein Neuling, der gerade erst rekrutiert wurde und sich noch profilieren muss. Entscheidungen über die Einstellung, Entwicklung, Versetzung und Entlassung von Personal sind – neben der Entwicklung von Programmen und der Schaffung von Kommunikationswegen – zentrale Mittel der Strukturierung von Organisationen. Welche Bedeutung die Komponente »Personal« als Strukturmerkmal der Organisationen hat, hängt jedoch davon ob, wo ein Mitglied in den formalen Kommunikationswegen angesiedelt ist und wie stark das Verhalten durch die Programme vorgegeben wird.

Aus dieser Perspektive wird verständlich, weswegen für die »einfachen Aufgaben« im Holocaust – das Zusammentreiben in den Ghettos, das Sichern und Registrieren des beschlagnahmten jüdischen Eigentums, die Deportation in die Vernichtungslager oder die Erschießung aufgegriffener Juden – keine spezielle »Personalpolitik« nötig war. Es lag, so Raul Hilberg, in der »Natur der administrativen Organisation, des juristischen Systems und der

18 Dementsprechend ist es aus organisationssoziologischer Perspektive nicht überraschend, dass für das Führungskorps des Reichssicherheitshauptamtes nicht nur Ähnlichkeiten in der persönlichen Sozialisation, sondern auch ein hohes Maß an Identifikation mit der Sache der Nationalsozialisten festgestellt werden konnte. Siehe dazu Wildts Studie über das Reichssicherheitshauptamt (*Generation des Unbedingten*) und die Vorläuferstudie von Ulrich Herbert über Werner Best (*Best. Biographische Studien über Radikalismus, Weltanschauung und Vernunft, 1903-1989*, Bonn 1996). Siehe auch zur Besetzung der Spitzenpositionen in den Einsatzgruppen Mommsen, *Das NS-Regime und die Auslöschung des Judentums in Europa*, S. 135 f.

19 Siehe dazu ausführlich Luhmann, *Organisation und Entscheidung*, S. 279 ff.; siehe zu Luhmanns Bestimmung von Person, Personal und Personalsystem Klaus Dammann, »Verwaltungsmenschen beim Verwaltungsselbstmord. Grunows und Luhmanns Personaltheorie in der Genozidforschung«, in: Heinz-Jürgen Dahme, Norbert Wohlfahrt (Hg.), *Systemanalyse als politische Reformstrategie*, Wiesbaden 2010, S. 196-211.

Finanzverwaltung«, dass eine »spezielle Auswahl und Schulung gar nicht nötig war«. »Wir wissen«, so Hilberg, dass »jedes Mitglied der Ordnungspolizei« als »Aufseher eines Ghettos oder eines Eisenbahntransportes« oder – so könnte man ergänzen – als Mitglied eines Erschießungskommandos oder einer Einsatzgruppe für »Judenjagden« eingesetzt werden konnte. »Von jedem Juristen des Reichssicherheitshauptamtes konnte erwartet werden, eine Einsatzgruppe zu führen. Und jeder Finanzfachmann des Wirtschaftsverwaltungshauptamtes hatte die Voraussetzungen für den Dienst in einem Todeslager. [...] Die gesamte Aufgabe ließ sich also mit dem bereits vorhandenen Personal bewältigen.«[20]

## 9.2. Die Ausweitung von Indifferenzzonen in Organisationen

Aber auch wenn bei der Durchführung des Holocaust auf die ganz normalen Mechanismen von Organisationen zurückgegriffen werden konnte, so folgt daraus nicht, dass jede Organisation durch einen von oben verordneten Zweckwechsel zu einer Tötungsorganisation gemacht werden kann. Genauso wenig wie eine Universität einfach mit einem Federstrich in ein Institut für Produktionsplanung umgewandelt werden kann, ohne einen Teil ihres professoralen Personals zu verlieren, kann ein Krankenhaus, eine Werbeagentur oder eine Autofabrik aufgrund einer Laune der Chefs von einem Tag auf den anderen in eine »Tötungsorganisation« oder in eine »wohltätige Organisation« umgewandelt werden.[21]

Die Schwierigkeit bestünde dabei vermutlich weniger darin, Organisationen im Rahmen ihrer Spezialisierung in ein staatlich

20 Hilberg, *Die Vernichtung der europäischen Juden*, S. 1080. Es scheint Konsens in der Forschung zu sein, selbst das Führungspersonal des SS-Staates nicht als psychisch pathologisch einzustufen; siehe dazu nur Harald Welzer, *Verweilen beim Grauen. Essays zum wissenschaftlichen Umgang mit dem Holocaust*, Tübingen 1997, S. 69 f.

21 Siehe dazu die Kontroverse über die Interpretation sozialpsychologischer Experimente zur Gehorsamkeitsbereitschaft, ausgetragen von Stefan Kühl, »Willkommen im Club. Zur Diskussion über die Organisationshaftigkeit des Deportations-, Soda Cracker-, Stanford Prison- und Milgram-Experiments«, in: *Zeitschrift für Soziologie* 36 (2007), S. 313-319, und Thomas Klatetzki, »Keine ganz normalen Organisationen«, in: *Zeitschrift für Soziologie* 36 (2007), S. 302-312.

geplantes genozidales Programm einzubinden. Wenn nicht IBM die Maschinen zur Erfassung der jüdischen Deutschen zur Verfügung gestellt hätte, hätten das mit Sicherheit andere Unternehmen getan.[22] Wenn die Firma J.A. Topf & Söhne nicht in der Lage gewesen wäre, die Anlagen für die Krematorien in Auschwitz zu liefern, wären andere inländische oder ausländische Unternehmen eingesprungen.[23] Je größer die Distanz einer Organisation zu den eigentlichen Tötungstätigkeiten, desto geringer die Hemmungen, gegen entsprechende Bezahlung einen Beitrag zu Massentötungen zu leisten.

Wenn es aber darum geht, die konkreten Erschießungen vorzunehmen, kann nicht jedes beliebige Unternehmen, jede beliebige Verwaltung, jedes beliebige Krankenhaus in eine »Tötungsorganisation« umgewandelt werden. Bei einem Wechsel der Organisationszwecke existieren gewisse Schwellen, über die hinaus die Mitglieder nicht mehr bereit sind, in der Organisation Mitglied zu bleiben. Anders ausgedrückt: Wenn die »neuen Zwecke« so weit von der Erwartungshaltung der Mitglieder entfernt sind, dass sie durch ihre von der Organisation erwartete Indifferenz gegenüber den Zwecken nicht mehr gedeckt sind, verlassen die Mitglieder die Organisation.[24]

Es scheint allerdings gesellschaftliche Bedingungen zu geben, unter denen das Anspruchsniveau der Mitglieder so verschoben werden kann, dass der Wechsel des Zweckes hin zu einer Tötungsorganisation akzeptiert wird. Die Organisationen stützen sich dann

22 Siehe speziell zu IBM Edwin Black, *IBM and the Holocaust. The Strategic Alliance between Nazi Germany and America's Most Powerful Corporation*, New York 2001, und allgemein zur Unterstützung US-amerikanischer Konzerne für den NS-Staat Edwin Black, *Nazi Nexus. America's Corporate Connections to Hitler's Holocaust*, Washington, D.C. 2009.

23 Siehe speziell zum Bau der Krematorien in Auschwitz Jean-Claude Pressac, *Die Krematorien von Auschwitz. Die Technik des Massenmordes*, München 1995, und allgemein zur Rolle der Firma J.A. Topf & Söhne während des Holocaust Annegret Schüle, *Industrie und Holocaust. Topf & Söhne – die Ofenbauer von Auschwitz*, Göttingen 2011; siehe zur damaligen Konkurrenzsituation auf dem »Krematorien-Markt« Christian Gerlach, »Die Firma J.A. Topf & Söhne, die deutsche Vernichtungspolitik und der ›Osten‹ als Aktionsfeld kleiner und mittlerer Firmen im Zweiten Weltkrieg«, in: Aleida Assmann, Frank Hiddemann u.a. (Hg.), *Firma Topf & Söhne – Hersteller der Öfen für Auschwitz. Ein Fabrikgelände als Erinnerungsort?*, Frankfurt/M., New York 2002, S. 72-94, hier: S. 79 ff.

24 Siehe dazu Luhmann, *Funktionen und Folgen formaler Organisation*, S. 103.

zwar weiter auf ihre »normalen Programme«, ihre »normalen Kommunikationswege« und ihr »normales Personal«, die veränderten gesellschaftlichen Bedingungen erlauben es den Organisationen aber, dass Anspruchsniveau so anzupassen, dass sich die Mitglieder der Beteiligung an Massentötungen nur schwer entziehen können.[25]

In Bezug auf den Holocaust fallen drei Besonderheiten auf: Erstens wurde der Holocaust durch einen totalitären Staat organisiert, also einen Staat, der seinen Bürgern keine konkurrierenden Erwartungshaltungen gestattete. Zweitens war das Personal, das für die Direkttötung durch Massenerschießungen und Vergasungen zuständig war, in der Regel in »gierige Organisationen« eingebunden, also in Organisationen, die den Anspruch hatten, auch alle anderen Rollen ihrer Mitglieder zu kontrollieren. Und drittens wurde die systematische Massentötung sowohl von ethnisch und religiös definierten Minderheiten als auch von geistig Behinderten und psychisch Kranken erst mit Beginn des Zweiten Weltkrieges zu einem zentralen Mittel der NS-Rassenpolitik. Auf diese drei Besonderheiten lohnt es sich, genauer einzugehen.

## Totalitärer Staat

Im Normalfall begrenzen moderne Staaten ihre Erwartungen gegenüber ihren Bürgern. Es wird zwar verlangt, dass die Bürger Steuern bezahlen, sich an die Gesetze halten und das Gewaltmonopol des Staates akzeptieren, aber die Zugriffsmöglichkeiten des Staates sind doch in vielerlei Hinsicht beschränkt. So garantieren die Bürgerrechte, dass es den Bürgern freisteht, welcher Religion sie anhängen, welchen Beruf sie wählen oder welche politische Meinung sie vertreten. Dadurch entstehen soziale Felder, in denen sich Erwartungshaltungen jenseits des Staates bilden, ja es können sich sogar Erwartungshaltungen ausbilden, die in Konkurrenz zu den staatlichen stehen.

25 Diese gesellschaftliche Einbettung der Organisationssoziologie ist immer wieder eingefordert worden. Siehe nur Günther Wachtlers Kritik an Hans Gesers Überlegungen zu den Organisationsproblemen des Militärs in den einleitenden Worten zu Hans Geser, »Organisationsprobleme des Militärs«, in: Günther Wachtler (Hg.), *Militär, Krieg und Gesellschaft. Texte zur Militärsoziologie*, Frankfurt/M., New York 1983, S. 139-165.

Der NS-Staat hat versucht, die Ausbildung genau dieser sozialen Felder mit möglicherweise konkurrierenden Erwartungshaltungen zu unterbinden. Das Verbot aller Parteien mit Ausnahme der NSDAP, die Auflösung der Gewerkschaften, die Übernahme der Kontrolle über die Berufsverbände und die Gleichschaltung der Massenmedien waren Versuche, die sozialen Felder, in denen sich potentiell mit dem Staat konkurrierende Erwartungshaltungen ausbilden könnten, den Interessen des NS-Staates unterzuordnen.[26] Der Nationalsozialismus, so Franz Neumann, nimmt »alle Organisationen unter seine Fittiche« und ersetzt das pluralistische Prinzip miteinander konkurrierender Organisationen durch »eine monistische, totale, autoritäre Organisation«.[27] Auch wenn sich in einzelnen Kirchengemeinden oder politischen Gruppierungen konkurrierende Erwartungshaltungen halten konnten, war klar, dass diese im NS-Staat delegitimiert waren.

Die Nationalsozialisten haben der deutschen Bevölkerung mit dem Konzept der »Volksgemeinschaft« ihre Vorstellung eines NS-Staates nicht nur propagandistisch eingehämmert. Das Konzept erhielt, so Ian Kershaw, durch Sammlungen für die Winterhilfe, durch »Eintopf-Sonntage«, an denen arme und reiche Teile der deutschen Bevölkerung die gleiche bescheidene Mahlzeit zu sich nahmen, und durch Organisationen wie die Nationalsozialistische Volkswohlfahrt eine reale Bedeutung.[28] Mit dem Begriff der Volksgemeinschaft wurde eine damals populäre Unterscheidung

26 Das wurde in der NS-Literatur auch offensiv vertreten. »Der Nationalsozialismus«, so der nationalsozialistische Polizeirechtler Walter Hamel, habe die »Trennung von Gesellschaft und Staat aufgehoben«; siehe Hamel, »Wesen und Rechtsgrundlage der Polizei im nationalsozialistischen Staate«, S. 383.

27 Neumann, *Behemoth*, S. 464. Obwohl bereits 1942 erstmals erschienen, ist die Untersuchung von Franz Neumann immer noch eine der interessantesten Arbeiten über die »Organisierung« fast jeden Lebensbereichs durch den NS-Staat.

28 Ich folge hier der Darstellung von Kershaw, »›Volksgemeinschaft‹«, S. 7; siehe auch Bernd Sösemann, »Mediale Inszenierung von Soldatentum und militärischer Führung in der NS-Volksgemeinschaft«, in: Christian Th. Müller, Matthias Rogg (Hg.), *Das ist Militärgeschichte! Probleme – Projekte – Perspektiven*, Paderborn, München, Wien, Zürich 2013, S. 358-380, hier: S. 361, der darauf hinweist, dass die NS-Propaganda erst ab 1938 die »Volksgemeinschaft« als »Wehrgemeinschaft« propagierte. Siehe auch Bernd Sösemann, »Propaganda und Öffentlichkeit in der ›Volksgemeinschaft‹«, in: Bernd Sösemann (Hg.), *Der Nationalsozialismus und die deutsche Gesellschaft. Einführung und Überblick*, München 2002, S. 114-155.

des Soziologen Ferdinand Tönnies aufgegriffen, der betont hatte, dass der durch Anonymität geprägten »Gesellschaft« eine durch Zusammenhalt geprägte »Gemeinschaft« gegenüberstehe. Der Begriff einer auf völkische Prinzipien gestützten »Gemeinschaft« bot sich an als Gegenbegriff zu der als zutiefst gespalten dargestellten anonymen »Gesellschaft« der Weimarer Republik.[29]

Hannah Arendt hat Staaten, die versuchen, die Ausbildung von konkurrierenden Erwartungshaltungen zu unterbinden, als »totalitär« bezeichnet. Ziel totalitärer Staaten sei es, mithilfe des Gewaltmonopols alle Lebensbereiche ihrer Bürger umfassend zu kontrollieren. Als Merkmale gibt sie dabei eine Massenbewegung, eine starke Ideologie, den Terror einer einflussreichen Geheimpolizei und eine Uniformierung des Lebens an.[30] Hans Mommsen spricht in diesem Zusammenhang von der »systematischen Erosion der Autonomie des Individuums zugunsten von dessen instrumenteller Verfügbarkeit für die Zwecke des Regimes«.[31] Und Hans Buchheim schreibt, dass »Menschen unter totalitärer Herrschaft« immer »im Einsatz, immer angestrengt« seien. »Sie dürfen sich nicht mehr als diejenigen zeigen, die sie wirklich sind, sondern müssen in einer Atmosphäre des falschen Pathos, der Freudlosigkeit, des Misstrau-

29 Siehe Neumann, *Behemoth*, S. 466; siehe auch Kershaw, »›Volksgemeinschaft‹«, S. 6. Allerdings sah das von den Nationalsozialisten propagierte Konzept die Inklusion eines Teils der Bevölkerung und die Exklusion eines anderen Teils vor. Genauso wie einem als Juden definierten Teil der Bevölkerung aufgrund eines ethnischen Rassismus die Zugehörigkeit zur Volksgemeinschaft abgesprochen wurde, wurde sie geistig Behinderten oder psychisch Kranken aufgrund eines eugenischen Rassismus verweigert. Zur Unterscheidung von eugenischem und ethnischem Rassismus siehe die Arbeiten von Gisela Bock: »Rassenpolitik, Medizin und Massenmord«, in: *Archiv für Sozialgeschichte* 30 (1990), S. 423-453, »Krankenmord, Judenmord und nationalsozialistische Rassenpolitik. Überlegungen zu einigen neueren Forschungshypothesen«, in: Frank Bajohr, Werner Johe u. a. (Hg.), *Zivilisation und Barbarei. Die widersprüchlichen Potentiale der Moderne. Detlev Peukert zum Gedenken*, Hamburg 1991, S. 285-306, und – einschlägig – *Zwangssterilisation im Nationalsozialismus. Studien zur Rassenpolitik und Geschlechterpolitik*, Münster 2010.

30 Hannah Arendt, *The Origins of Totalitarianism*, London 1979; siehe ganz ähnlich auch Carl Joachim Friedrich, *Totalitäre Diktatur*, Stuttgart 1957, am leichtesten zugänglich über Carl Joachim Friedrich, Zbigniew Brzezinski, »Die allgemeinen Merkmale der Totalitarismus-Theorie«, in: Eckhard Jesse (Hg.), *Totalitarismus im 20. Jahrhundert*, Bonn 1996, S. 225-236, hier: S. 230 f.

31 Mommsen, »Probleme der Täterforschung«, S. 426 f.

ens ständig vorgeschriebene Rollen spielen und darauf bedacht sein, ihre Loyalität unter Beweis zu stellen.«[32]

Soziologisch wird mit der Kennzeichnung »totalitär« das Bestreben eines Staates erfasst, auf alle Rollenbezüge seiner Bürger zuzugreifen. In seiner Rolle als Parteimitglied, als Mitglied der Deutschen Arbeitsfront, eines NS-Berufsverbandes, der Nationalsozialistischen Volkswohlfahrt oder des Nationalsozialistischen Kraftfahrkorps nahm ein nichtjüdischer deutscher Staatsbürger in der damaligen Zeit Rollen ein, die letztlich seiner Rolle als Bürger des NS-Staates untergeordnet waren.[33]

Die Zugriffsmöglichkeiten des totalitären Staates waren für die Durchführung des Holocaust von entscheidender Bedeutung. Hannah Arendt spricht davon, dass in totalitären Staaten das Tötungspersonal »unter Bedingungen handelt, die es ihm beinahe unmöglich machen, sich seiner Untaten bewußt zu werden«.[34] Da »Erziehung, Propaganda und Information« auf – so die Formulierung von Primo Levi – »keinerlei Hindernisse« trafen, war das Tötungspersonal in einem so starken Maße durch den NS-Staat erfasst, dass sein Rechts- und Unrechtsbewusstsein weitgehend vom NS-Staat geprägt wurde.[35]

Soziologisch formuliert: Die Herausbildung eines totalitären Staates trug dazu bei, dass sich zum NS-Staat konkurrierende Erwartungshaltungen nur sehr begrenzt etablieren und halten konnten. Dabei geht es nicht nur, wie von Stanley G. Payne hervorgehoben wird, darum, dass alle relevanten gesellschaftlichen Funktionssysteme – die Wirtschaft, die Massenmedien, das Recht,

32 Hans Buchheim, *Totalitäre Herrschaft*, München ²1962, S. 13. »Die totalitäre Herrschaft«, so Buchheim weiter, »versucht den ganzen Menschen, die Substanz und Spontanität seines Daseins in den Griff zu bekommen, einschließlich seines Gewissens« (S. 15).

33 Eine solche enge soziologische Bestimmung kann auch dazu beitragen, »Totalitarismus« als »wissenschaftlichen Begriff« und weniger als »politische Waffe« einzuführen. Siehe zu dieser Doppelfunktion des Begriffs Klaus Hildebrand, »Stufen der Totalitarismus-Forschung«, in: Eckhard Jesse (Hg.), *Totalitarismus im 20. Jahrhundert*, Bonn 1996, S. 70-94, hier: S. 73 ff. Die Wendung »totale Organisierung der Gesellschaft«, die von Türk, Lemke und Bruch vorgeschlagen wird (*Organisation in der modernen Gesellschaft*, S. 240), trifft die Entwicklung ab 1933 sehr genau.

34 Zitiert nach Jäger, *Verbrechen unter totalitärer Herrschaft*, S. 163.

35 Levi, *Die Untergegangenen und die Geretteten*, S. 123.

die Religion, der Sport oder der Tourismus – den Ansprüchen der Politik untergeordnet werden.[36] Ebenso wichtig sind die durch die Aufhebung von Bürgerrechten signalisierten Ansprüche der Politik, auch die Erwartungsbildung in Familien, Freundeskreisen und Nachbarschaften zu kontrollieren.[37] Es mag bei einzelnen Polizisten der Eindruck entstanden sein, dass die Tötung der Juden nicht zu rechtfertigen war. In dem totalitären Staat gab es aber kaum noch soziale Felder, in denen sie für ihre Erwartungshaltung Unterstützung finden konnten.

Dieser sehr weitgehende Zugriff des NS-Staates wurde – wie ich gleich genauer zeigen werde – noch dadurch verschärft, dass die Polizisten und SS-Männer auf eine Weise in die Organisation des NS-Staates eingebunden waren, dass die Ausbildung konkurrierender Erwartungshaltungen zusätzlich blockiert wurde. Trotz der Repressionsbürokratie im NS-Staat gab es auch Möglichkeiten, in Familien und Freundeskreisen konkurrierende Erwartungshaltungen zu entwickeln. Aber genau diese Möglichkeiten waren dem Tötungspersonal durch seine organisatorische Einbindung wenigstens teilweise verstellt.

## Gierige Organisationen

In modernen Gesellschaften ist das Verhältnis zwischen Organisationen und ihren Mitgliedern normalerweise durch eine doppelte Ignoranz gekennzeichnet. Auf der einen Seite kann eine Organisation außerorganisatorisch begründete Forderungen seitens des Mitglieds zurückweisen. Das Ersuchen um eine Gehaltserhöhung, weil man ein neues Haus gebaut hat, erscheint genauso illegitim wie die Bitte, doch nicht entlassen zu werden, weil man eine Großfamilie zu versorgen hat. Auf der anderen Seite kann aber auch das Organi-

36 Siehe den Anspruch von Stanley G. Payne, *A History of Fascism*, Madison 1995, S. 206, Totalitarismus präzise zu definieren: »Totalitarianism is […] defined in the precise and literal sense of a state system that attempts to execercize direct control over all significant aspects of all major national institutions.« Siehe zur Kritik auch Barnett, *Bystanders*, S. 82.

37 Auf diesen Aspekt ist in der Totalitarismusforschung immer wieder mit dem Verweis auf den »revolutionär-terroristischen Charakter« der totalitären Herrschaft hingewiesen worden; siehe dazu nur z. B. Walter Schlangen, *Die Totalitarismus-Theorie*, Stuttgart 1976, S. 41 ff.

sationsmitglied erwarten, dass seine anderen Rollen die Organisation nur insofern interessieren, als sie auf die Organisationsmitgliedschaft zurückwirken. Der Mitarbeiter eines Unternehmens oder eines Krankenhauses kann voraussetzen, dass seine Mitgliedschaft in einer Partei, seine Herkunft aus einem alten Adelsgeschlecht oder seine aktuellen Familienverhältnisse ignoriert werden. Dies ist auch aus Sicht der Organisation funktional, weil sie sich bei der Auswahl von Mitgliedern auf »relevante Kriterien« beschränken kann. Bei der Auswahl von Mitgliedern stehen – anders als in den stratifizierten Gesellschaften des Mittelalters und der frühen Neuzeit – universalistische (und nicht partikularistische), an Leistung orientierte (also nicht askriptive) Kriterien im Mittelpunkt.[38]

Diese doppelte Ignoranz wurde im NS-Staat eingeschränkt, dessen Anspruch es ja war, sich einen totalen Zugriff insbesondere auf die Mitglieder »seiner«, das heißt der staatlichen Organisationen zu sichern. So forderte der Chef der deutschen Ordnungspolizei, Kurt Daluege, noch zu Friedenszeiten von den Ordnungspolizisten, »daß sie nicht nur im Dienst, sondern daß sie vor allem auch im Privatleben Nationalsozialisten« zu sein hätten. Die Polizisten hätten – darauf müsse die »nationalsozialistische Erziehungsarbeit« hinwirken – »vom Morgen bis zum Abend, vom Abend bis zum Morgen und wieder vom Morgen bis zum Abend« entsprechend der nationalsozialistischen Ideologie zu handeln.[39] Für die SS, die ja immer stärker in den Staatsapparat integriert wurde, ging dieser Anspruch noch weiter. Himmler betonte, dass sich die NS-Führung das Ziel gesetzt habe, dass die SS nicht wie »alle Männer- oder Soldatenbünde früher oder später einmal zerfällt«, sondern diese als »einen Orden allmählich wachsen zu lassen«. Die Mitgliedschaft in diesem Orden sollte nicht einfach nur eine von vielen Organisationsmitgliedschaften sein, sondern es sollte ein »Orden von Sippengemeinschaften« werden, in dem die Mitglieder komplett aufgehen sollten.[40] Das ist

38 Vgl. Shmuel N. Eisenstadt, »Bureaucracy and Bureaucratization«, in: *Current Sociology* 7 (1958), S. 99-164, hier: S. 109 ff.

39 Kurt Daluege, Rede vom 28.4.1934, in: *Der Deutsche Polizeibeamte* vom 15.5.1934, S. 363; zitiert nach Matthäus, »Die Beteiligung der Ordnungspolizei im Holocaust«, S. 171.

40 Rede Himmlers vor den SS-Gruppenführern im Führerheim der SS-Standarte »Deutschland« in München am 8.11.1937, BA Berlin, NS 19/4004, Bl. 278-351; zitiert nach Wildt, *Generation des Unbedingten*, S. 190.

der Punkt von Paul du Gay, wenn er in Abgrenzung von Zygmunt Bauman betont, dass NS-Organisationen nur vor dem Hintergrund einer umfassenden Politisierung der staatlichen Bürokratie im Nationalsozialismus zu verstehen seien.[41]

Vor dem Krieg konnte der NS-Staat den totalitären Anspruch in der Praxis nur begrenzt durchsetzen. Es gab, wie schon erwähnt, die Möglichkeit, sich im engen Familienkreis despektierlich über den NS-Staat und eventuell auch über die Tätigkeit in einer NS-Organisation zu äußern, und auch im Freundeskreis existierte die Möglichkeit, sich – jedenfalls bei guter Kenntnis der anderen Personen – dem totalitären Zugriff wenigstens teilweise zu entziehen.[42] Nach Ausbruch des Krieges änderte sich die Situation jedoch gravierend, jedenfalls für die Mitglieder der Ordnungspolizei, der Waffen-SS und der Wehrmacht.[43]

Ordnungspolizei, Waffen-SS und Wehrmacht wurden im Krieg nämlich immer mehr zu »gierigen Organisationen«, die für sich beanspruchten, alle anderen Rollenbezüge ihrer Mitglieder zu kontrollieren. Bei »gierigen Organisationen« – einem Begriff von Lewis A. Coser – handelt es sich um Organisationen, die von ihren Mit-

41 Du Gay, *In Praise of Bureaucracy*, S. 35 ff. Ich danke Tobias Hauffe für das Insistieren auf der Ausarbeitung dieses Punktes. Auch wenn Programme, Kommunikationswege und Personal »normal« sind, stellt die (wenn in einigen Fällen auch nur angestrebte) Verschränkung von staatlicher Gewaltorganisation und politischer Bewegung eine Besonderheit im Vergleich zu staatlichen Gewaltorganisationen in demokratischen Staaten dar.

42 Martin Broszat hat im Rahmen des Projektes »Bayern in der NS-Zeit« dieses Phänomen mit dem Begriff der »Resistenz« meines Erachtens begrifflich überdramatisiert; siehe Broszat, »Resistenz und Widerstand«. Zur Kritik an Broszats Resistenzbegriff siehe nur Ian Kershaw, »›Widerstand ohne Volk?‹. Dissenz und Widerstand im Dritten Reich«, in: Jürgen Schmädeke, Peter Steinbach (Hg.), *Der Widerstand gegen den Nationalsozialismus. Die deutsche Gesellschaft und der Widerstand gegen Hitler*, München [3]1994, S. 779-798, oder Klaus-Michael Mallmann, Gerhard Paul, »Resistenz oder loyale Widerwilligkeit? Anmerkungen zu einem umstrittenen Begriff«, in: *Zeitschrift für Geschichtswissenschaft* 41 (1993), S. 99-116. Zu den besonderen Kommunikationsformen von Familien und Freundesgruppen im Vergleich zu Organisationen aus einer systemtheoretischen Perspektive siehe Kühl, »Gruppen, Organisationen, Familien und Bewegungen«.

43 Siehe als interessanten Kontrast die autobiographische Studie von John Randall Daniel Braham, *Night Fighter*, New York 1961, über Bomberpiloten im Zweiten Weltkrieg, die nach ihren nächtlichen Einsätzen mitunter tagsüber zu ihren Familien zurückkehren konnten.

gliedern exklusive Loyalität verlangen, indem sie andere Rollenengagements zu kontrollieren, einzuschränken oder gar zu unterbinden suchen. Anders als bei den von Erving Goffman beschriebenen »totalen Organisationen« werden andere Rollenbeziehungen nicht komplett ausgeschaltet, sondern es wird lediglich verlangt, dass diese der Organisation unterzuordnen seien. Solche Ansprüche sind sowohl für religiöse Organisationen, etwa die Zeugen Jehovas oder die Scientology-Kirche, als auch für revolutionäre Gruppierungen, zum Beispiel die Rote-Armee-Fraktion oder die Action Directe typisch, sie bilden sich aber auch bei staatlichen Armeen oder Polizeieinheiten im Kriegseinsatz aus.[44]

Auf der Basis der Dienstvorschriften für die Ordnungspolizei hat Stefanie Büchner herausgearbeitet, wie weit die Zugriffe der NS-Organisationen gingen. Auch die einfachen Ordnungspolizisten mussten vor einer Eheschließung bei ihrem Dienstvorgesetzten eine Heiratserlaubnis einholen. Ein Verstoß dagegen wurde mit einer Haftstrafe von bis zu drei Monaten geahndet. Die Vorschriften für den Wirtschaftsverwaltungsdienst der Polizei verpflichteten die niedrigen Dienstgrade zur Teilnahme an der Mannschaftsverpflegung. Laut der Polizeibekleidungsverordnung war für Bataillonsangehörige das Tragen der Uniform im öffentlichen Raum – mit Ausnahme von Treffen im »kleinen Kreis naher Verwandter« – verpflichtend. Letztere Verpflichtung war die Basis dafür, im Generalgouvernement eine permanente »gegenseitige Grußpflicht aller

44 Siehe Lewis A. Coser, »Greedy Organizations«, in: *Europäisches Archiv für Soziologie* 8 (1967), S. 198-215; siehe auch breiter Lewis A. Coser, *Greedy Institutions. Patterns of Undivided Commitment*, New York 1974. Eine interessante Anwendung des Konzepts auf das Militär findet sich bei Mady Wechsler Segal, »The Military and the Family as Greedy Institutions«, in: *Armed Forces & Society* 13 (1986), S. 9-38. Der Begriff der gierigen Organisation (*greedy organization*) erscheint mir passender als der sonst in der Militärsoziologie eher verwendete Begriff der totalen Organisation. Das Konzept der gierigen Organisation zielt eher auf Personen in Leistungsrollen (Soldaten, Seeleute, Sektenmitglieder), während das Konzept der totalen Organisation sich eher zur Beschreibung von Personen in Publikumsrollen eignet (Insassen von Krankenhäusern, psychiatrischen Anstalten). Siehe auch Erving Goffman, *Asylums*, New York 1961, und der kurze Überblick bei Christian Th. Müller, »Kasernierte Vergesellschaftung und militärische Subkultur. Überlegungen zur Alltags- und Sozialgeschichte des deutschen Militärs im 19. und 20. Jahrhundert«, in: Christian Th. Müller, Matthias Rogg (Hg.), *Das ist Militärgeschichte! Probleme – Projekte – Perspektiven*, Paderborn u. a. 2013, S. 479-497, hier: S. 489 f.

Uniformierten oder Amtsangehörigen« mit dem Hitlergruß durchzusetzen. Der Kontakt mit der einheimischen polnischen Bevölkerung – besonders der Geschlechtsverkehr mit Polinnen – wurde strikt verboten. Die normale Trennung zwischen den drei zentralen Lebensbereichen »Arbeit«, »Schlafen« und »Freizeit« wurde durch die Dienstvorschriften, so die Beobachtung Büchners, weitgehend aufgehoben.[45]

Natürlich gab es immer wieder – teilweise durch die Formalstruktur der Organisation zugestandene – Möglichkeiten, sich diesem sehr weitgehenden Zugriff zu entziehen. Die Polizeibataillonsangehörigen hatten, wenn auch sehr eingeschränkte Möglichkeiten, ihre Familien in der Heimat zu besuchen. Bataillonsangehörige mit höheren Dienstgraden hatten das Recht, ihre Angehörigen an die Einsatzorte zu holen und teilweise sogar in ihren Privatunterkünften unterzubringen. Auch wenn der private Kontakt mit Polen strikt verboten war, scheinen Kontakte in gewissem Rahmen durch Vorgesetzte geduldet worden zu sein. Thomas Kühne spricht von Armeen als totalen Organisationen, die so total in ihrem Zugriff dann doch nicht gewesen seien.[46] Aber trotz aller formal oder informal eingeräumten Freiräume behielt sich die jeweilige Organisation die Möglichkeit vor, aufgrund von Dienstnotwendigkeiten oder auch als Strafmaßnahme gegen einzelne Personen diese Freiräume wieder einzuschränken.

Diese »Gier« der Organisation war die Grundlage dafür, dass sich von außen angeregte konkurrierende Erwartungen kaum ausbilden konnten. Auch Harald Welzer macht darauf aufmerksam, dass das am Holocaust beteiligte Personal »kaum Einfluss von au-

45 Siehe dazu ausführlich Stefanie Büchner, *Das Reservepolizeibataillon 101 als totale Organisation? Versuch einer graduellen Reformulierung von Totalität*, Bielefeld 2009, die die weitgehenden Ansprüche der Ordnungspolizei an ihre Mitglieder rekonstruiert hat, und zwar mittels dem Leitfaden Wirtschafts-Verwaltungsdienst Polizei, *Vorschrift über den Wirtschafts-Verwaltungsdienst bei Verwendung der Polizei außerhalb des Standortes (VdPaS), gültig ab 15.7.1940 durchnummerierte Ausgabe*, Berlin 1940, dem Leitfaden Wirtschafts-Verwaltungsdienst Polizei, *Leitfaden zur Vorschrift über den Wirtschafts-Verwaltungsdienst bei Verwendung der Polizei außerhalb des Standortes (LaV), gültig ab 1. November 1941*, Berlin 1941, und der Polizeibekleidungsverordnung, *Polizeibekleidungsverordnung*, Berlin 1942

46 Kühne, *Kameradschaft*, S. 120. Jedoch kritisch dazu Büchner, *Das Reservepolizeibataillon 101 als totale Organisation?*, S. 5.

ßen« – zum Beispiel von Familien oder Freunden – unterlag. In den Organisationen bildeten sich, so Welzer, eigene »Referenzrahmen« aus, die für ihre Mitglieder deswegen total waren, weil es weitgehend an alternativen Deutungsmustern mangelte.[47] Troy Duster spricht in diesem Zusammenhang von einer »Verschmelzung« des Schicksals der Organisation mit dem Schicksal des Individuums. Diese »Verschmelzung« sei eine wichtige Grundbedingung für die Durchführung eines »Massenmordes ohne Schuldgefühle«. Die Organisation werde in Kriegseinsätzen wichtiger als »jede andere Erwägung« und »jede andere Moral«. Die »Verletzung dieser Loyalität« führe zur Ächtung.[48]

## Die Rahmung durch Krieg

Meistens haben Personen zu Beginn ihrer Mitgliedschaft in einer Organisation eine ungefähre Vorstellung davon, was auf sie zukommt, und sie gehen davon aus, dass die Organisation ihre Ansprüche – bei aller von ihnen im Rahmen der Indifferenzzone erwarteten Flexibilität – nicht grundlegend verändert. Und in der Tat: Im Normalfall ändert sich das Anspruchsniveau von Organisationen nicht sprunghaft.

Es gibt jedoch Krisen, in denen Organisationsmitglieder mit einer starken Veränderung des Anspruchsniveaus konfrontiert werden können. Von Krisen spricht man soziologisch immer dann, wenn nicht nur Teile eines sozialen Systems von Veränderungen betroffen sind, sondern das System als Ganzes. Bei Organisationen kann dies zum Beispiel bei einer drohenden Auflösung der Organisation aufgrund von Finanzierungsschwierigkeiten, der Konfrontation mit Naturkatastrophen oder der Einbindung in einen länger anhaltenden Krieg der Fall sein.

Das mag erklären, weswegen Genozide häufig durch Kriege – entweder Bürgerkriege oder Kriege zwischen Staaten – gerahmt sind.[49] In »Kriegsgesellschaften« sind Handlungen vorstellbar, die

47 Welzer, *Täter*, S. 263.

48 Duster, »Bedingungen für Massenmord ohne Schuldgefühl«, S. 81. Siehe auch das englische Original Troy Duster, »Conditions for Guilt Free Massacre«, in: Nevitt Sanford, Craig Comstock (Hg.), *Sanctions for Evil*, San Francisco 1971, S. 25-36.

49 Der Zusammenhang zwischen Genozid und Krieg wird in der Forschung inten-

in »Friedensgesellschaften« nur begrenzt Unterstützung finden würden.[50] Der Holocaust stellt hier keine Ausnahme dar. Auch wenn die NS-Führung ihre ersten rassenpolitischen Maßnahmen bereits unmittelbar nach der Machtübernahme einführte, begann sie erst nach Kriegsbeginn mit der systematischen Tötung von Bevölkerungsgruppen. Klaus Dammann spricht von Kriegen als Gelegenheitsfenstern – windows of opportunities –, um Genozide durchzuführen.[51]

Es gibt verschiedene Gründe, weswegen Genozide häufig durch Kriege gerahmt sind. Die Kriegssituation kann – darauf hat schon

siv diskutiert. Eine Kontroverse geht dabei um die Frage, inwiefern sich Genozide und Kriege unterscheiden. Während Forscher wie Irving Louis Horowitz (*Taking Lives. Genocide and State Power*, New Brunswick, London [4]1997) oder Kurt Jonassohn (»What Is Genocide?«, in: Helen Fein [Hg.], *Genocide Watch*, New Haven, London 1992, S. 17-26) die Unterschiede zwischen Kriegen und Genoziden betonen, heben andere eher die Gemeinsamkeiten hervor, zum Beispiel Leo Kuper (*Genocide. Its Political Use in the Twentieth Century*, New Haven, London u. a. 1982), Ray Lifton und Eric Markusen (*The Genocidal Mentality*) oder Eric Markusen und David Kopf (*The Holocaust and Strategic Bombing. Genocide and Total War in the Twentieth Century*, Boulder 1995). Siehe die kurze Aufstellung bei Bloxham, *The Final Solution*, S. 272 ff. Jenseits dieser wissenschaftlich eher unergiebigen Debatte halte ich das häufige Zusammenfallen von Kriegen und Genoziden tatsächlich für erklärungsbedürftig. Aus systemtheoretischer Perspektive entwickelt Barbara Kuchler das Argument, dass systematische Angriffe auf die Zivilbevölkerung in Kriegen – bis hin zu »ethnischen Säuberungen« und Massenvergewaltigungen – als Folge durchgesetzter politischer Inklusion der breiten Bevölkerung gesehen werden müssen; siehe Kuchler, *Kriege*, S. 245 ff., und Barbara Kuchler, »Krieg und gesellschaftliche Differenzierung«, in: *Zeitschrift für Soziologie* 42 (2013), S. 502-520.

50 Zum Konzept der Kriegsgesellschaft siehe Volker Kruse, »Mobilisierung und kriegsgesellschaftliches Dilemma«, in: *Zeitschrift für Soziologie* 38 (2009), S. 198-214; siehe auch Volker Kruse, »Krieg und Gesellschaft in der frühen soziologischen Theorie. Auguste Comte, Ludwig Gumplowicz, Franz Oppenheimer, Herbert Spencer, Werner Sombart«, in: Maja Apelt (Hg.), *Forschungsthema: Militär. Militärische Organisationen im Spannungsfeld von Krieg, Gesellschaft und soldatischen Subjekten*, Wiesbaden 2010, S. 27-48, zur Rolle des Krieges in der frühen soziologischen Theorie.

51 Siehe dazu Dammann, *Garbage Can Decision Processes?*; siehe auch Doris L. Bergen, »World Wars«, in: Peter Hayes, John K. Roth (Hg.), *The Oxford Handbook of Holocaust Studies*, Oxford, New York 2010, S. 95-112. Zum Zusammenhang von Krieg und Holocaust siehe auch die Studie Tobias Jersak, »Die Interaktion von Kriegsverlauf und Judenvernichtung. Ein Blick auf Hitlers Strategie im Spätsommer 1941«, in: *Historische Zeitschrift* 268 (1999), S. 311-374.

Raphael Lemkin hingewiesen – die einzelnen Kriegsparteien wenigstens teilweise aus den Zwängen des internationalen Rechts befreien und einem Staat so die Möglichkeit bieten, ethnisch oder religiös bestimmte Minderheiten zu vernichten.[52] Gleichzeitig ermöglicht es die Kriegssituation Staaten, mit Verweis auf Kriegsnotwendigkeiten sehr weitgehende Geheimhaltungsregelungen durchzusetzen. Dadurch werden potentielle Proteste gegen den Genozid erschwert.[53] Und nicht zuletzt kann der Genozid an ethnischen oder religiösen Minderheiten als Teil eines internationalen Konflikts dargestellt werden. So konstatiert Hannah Arendt, dass von den Nationalsozialisten so gehandelt wurde, »als ob die Welt von Juden beherrscht sei« und es »einer Gegenverschwörung bedürfe«, um deren Einfluss einzudämmen.[54]

Für unseren Blick auf die Ausweitung der Indifferenzzone in Organisationen ist jedoch ein Punkt besonders wichtig: Durch den Krieg bekommt die Tötung von Zivilisten eine gewisse Normalität. Auch wenn sie – jedenfalls in den Selbstbeschreibungen der kriegführenden Staaten oder Bürgerkriegsparteien – als ungewollte Nebenfolge des gewaltsamen Konfliktes dargestellt wird, so werden die Mitglieder staatlicher Gewaltorganisationen dennoch daran gewöhnt und der Übergang zwischen der nichtintendierten und der intendierten Tötung wird fließend.

Das kann erklären, weshalb auch im Fall der nationalsozialistischen Vernichtungspolitik vorrangig staatliche Gewaltorganisationen eingebunden waren, deren Mitglieder aufgrund der Kriegssituation nicht nur an die Tötung von gegnerischen Soldaten, sondern auch an die Tötung von Zivilisten gewöhnt waren. Sicherlich – auch im Zweiten Weltkrieg hat es Organisationseinheiten gegeben, die ausschließlich für die Vergasung von Menschen zuständig waren. Man denke nur an die aus mehr als hundert Personen be-

52 Lemkin, *Axis Rule in Occupied Europe*, sowie Freeman, »Genocide, Civilization and Modernity«, S. 210.

53 Siehe dazu Eric Markusen, »Genocide and Warfare«, in: Charles B. Strozier, Michael Flynn (Hg.), *Genocide, War and Human Survival*, Lanham 1996, S. 76-86, hier: S. 78.

54 Zitiert nach Natalija Bašic, Harald Welzer, »Die Bereitschaft zum Töten. Überlegungen zum Zusammenspiel von Sinn, Mord und Moral«, in: *Zeitschrift für Genozidforschung* 1 (2000), S. 78-100, hier: S. 79. Ich konnte das Zitat in Arendt, *Elemente und Ursprünge totaler Herrschaft*, S. 573, nicht identifizieren.

stehende Einheit, die zuerst im Rahmen der »Aktion T4« für die Tötung von geistig Behinderten und psychisch Kranken zuständig war und danach für den Aufbau der Vernichtungslager in Bełżec, Sobibór und Treblinka abgestellt wurde. Aber in der Regel waren die am Holocaust beteiligten Einheiten durch die Einsätze im Krieg – wenn auch in der Regel hinter der Front – an die Tötung von Zivilisten gewöhnt.

## Rahmenbedingungen von Genoziden

Das zuvor Gesagte legt nahe, aus dem Holocaust verallgemeinernde Schlüsse zu ziehen, die auch für andere Genozide gelten. Erstens wird die Durchführung eines Genozids erleichtert, wenn dieser von einem totalitären Staat initiiert und durchgeführt wird. Jedenfalls sind Genozide in demokratischen Staaten, in denen sich Politik, Recht, Massenmedien und Wissenschaft mit ihren jeweils eigenen Logiken ausdifferenziert haben, eher die Ausnahme.[55] Zweitens lässt sich das Personal für Genozide offenbar am besten motivieren, wenn es in eine totale Organisation oder zumindest in eine gierige Organisation eingebunden ist. Drittens finden Genozide häufig im Rahmen von Kriegen statt, weil in Kriegen die Hemmschwelle für die Tötungsbereitschaft der Mitglieder von Gewaltorganisationen abgesenkt wird. Genozide scheinen sich jedenfalls in Friedenszeiten deutlich schwerer durchführen zu lassen als in Kriegszeiten.

Wenn ich von »ganz normalen Organisationen« spreche, darf nicht übersehen werden, dass diese Faktoren – Einbettung in ei-

55 Siehe dazu aber entgegengesetzt argumentierend Michael Mann, der ethnische Säuberungen bis hin zu Genoziden als »dunkle Seite der Demokratie« oder genauer als »dunkle Seite der Demokratisierung« bezeichnet. Siehe Mann, *Die dunkle Seite der Demokratie*. Auf die Kontroverse zu Manns These kann ich hier nicht eingehen; siehe nur Mark Levene, »Dark Side of Democracy. Review of Michael Mann«, in: *Journal of Genocide Research* 8 (2006), S. 473-479; Omer Bartov, »The Bright Side. Review of Michael Mann«, in: *Journal of Genocide Research* 8 (2006), S. 479-485, und Michael Mann, »In the Twenty-First Century, Still the Dark Side of Democracy. Reply to Bartov and Levene«, in: *Journal of Genocide Research* 8 (2006), S. 485-490. Soziologisch fruchtbarer erscheint es mir, Manns Fälle, statt mit dem Begriff der Demokratie – oder gar der Möchtegern-Demokratie – besser mit dem genauer bestimmten Begriff der funktionalen Differenzierung von Gesellschaften zu untersuchen; siehe für einen solchen Anschluss grundlegend Niklas Luhmann, *Die Gesellschaft der Gesellschaft*, Frankfurt/M. 1997, S. 743 ff.

nen totalitären Staat, der gierige Zugriff der Organisation auf ihre Mitglieder und die Besonderheit einer Kriegssituation – nicht nur Umweltbedingungen der staatlichen Gewaltorganisationen waren, sondern diese Organisationen auch im Inneren veränderten. Aber auch wenn Entzugsmöglichkeiten der Organisationsmitglieder reduziert wurden und sich konkurrierende Erwartungshaltungen zu denen der Organisation nur schwer ausbilden konnten, konnte der NS-Staat – und dieser Punkt ist zentral – auf Organisationen zurückgreifen, die von ihren zentralen Strukturen her ganz normale Organisationen waren. Es brauchte – und das ist eine der erschreckenden Lehren aus dem Holocaust – keine völlig neuartigen Programme zur Durchführung der Tötungsaktionen, keine neuen Kommunikationswege und kein speziell ausgewähltes Personal.

## 9.3. Organisationen begreifen – Schlussfolgerungen

In den Bindestrichsoziologien – den soziologischen Subdisziplinen, die sich mit einem spezifischen sozialen Phänomen auseinandersetzen – gibt es eine Tendenz, alle gesellschaftlichen Phänomene aus der eigenen Perspektive zu beschreiben. Die politische Soziologie beschränkt sich häufig nicht auf die Analyse des Funktionssystems der Politik, sondern neigt dazu, eine vom Begriff des Politischen ausgehende eigene Gesellschaftsanalyse vorzuschlagen. Alle gesellschaftlichen Phänomene werden dann zu einer Frage der Steuerung oder – neudeutsch – von Governance durch politisch gebildete Institutionen.[56] In der Arbeitssoziologie wird in der Tradition von Marx der Anspruch erhoben, mithilfe des Gegensatzes von Kapital und Arbeit nicht nur die Verhältnisse in Unternehmen, sondern in der kapitalistischen Gesellschaft insgesamt beschreiben zu können.[57] Die moderne Gesellschaft wird dann – ausgehend von Beschreibungen aus den Unternehmen – als Klassengesellschaft begriffen. Und auch in der Organisationssoziologie gibt es einen Trend, sich nicht mit der Beschreibung der Funktionsweise von

56 Siehe nur Ulrich Beck, *Die Erfindung des Politischen*, Frankfurt/M. 1993, für eine Ausweitung des Begriffs des Politischen.

57 Siehe als prominenten Vertreter der Regulationstheorie Michel Aglietta, *Régulation et crises du capitalisme*, Paris 1976.

Organisationen zu begnügen, sondern zeitdiagnostisch die Entwicklung zu einer Organisationsgesellschaft festzustellen.[58]

Eine systemtheoretische Soziologie, die ja gerade die Unterschiedlichkeit von sozialen Systemen im Blick hat, sieht solche Generalisierungen mit Skepsis.[59] Die These der »ganz normalen Organisationen« darf deswegen keinesfalls so verstanden werden, dass alle in der modernen Gesellschaft vorzufindenden Gewaltanwendungen auf das Verhalten in »ganz normalen Organisationen« zurückgeführt werden können.[60] Die mordenden Kinderarmeen in der Demokratischen Republik Kongo sind sicherlich keine »normalen Organisationen«, weil sie die Kinder komplett von ihrem Umfeld abschneiden.[61] Und auch die Mafia ist sicherlich eine »anomale Organisation«, nicht nur weil der Austritt oftmals mit erheblichen Problemen verbunden ist und – wenn man Hollywood

58 Siehe nur Robert V. Presthus, *The Organizational Society*, New York 1962, für ein Beispiel, die eigene »Organisation« zu überschätzen und sich so blinde Flecken nicht nur in Bezug auf ihre Gesellschaftstheorie, sondern auch in Bezug auf ihren eigentlichen Gegenstand einzuhandeln. Siehe ausführlich zur Pathologie einer vorschnellen Erklärung aller sozialen Phänomene mit dem Instrumentarium der Organisationssoziologie Stefan Kühl, »Gesellschaft der Organisation, organisierte Gesellschaft, Organisationsgesellschaft. Zu den Grenzen einer an Organisationen ansetzenden Zeitdiagnose«, in: Maja Apelt, Uwe Wilkesmann (Hg.), *Quo Vadis Organisationssoziologie?*, Wiesbaden 2014, im Erscheinen.

59 Es ist deswegen ein an Bindestrichsoziologien im Allgemeinen und an die Organisationssoziologie im Besonderen anzulegendes Qualitätskriterium, ob und inwiefern die Grenzen des eigenen Kategorienkatalogs bei der Formulierung einer Gesellschaftstheorie mitreflektiert werden und wie vor dem Hintergrund dieser Reflektion das Verhältnis des eigenen Gegenstands zur Gesellschaft bestimmt wird.

60 Das wäre empirisch auch nicht zu halten. Siehe nur Christian Gerlachs aufschlussreiche Sammlung von Fallstudien, *Extrem gewalttätige Gesellschaften*, über Massengewalt in Indonesien, im Osmanischen Reich, in Bangladesch und in Griechenland, in der deutlich wird, dass es besonders in der »imperialen Peripherie«, in der das staatliche Gewaltmonopol nur begrenzt greift, zu Massengewalt kommt. Genauso problematisch wäre aber auch die Feststellung, dass es immer »die Gruppe« ist, die »als kollektiver Massenmörder fungiert«; siehe Sémelin, *Säubern und Vernichten*, S. 264 f., der hier mit dem viel zu weiten und diffusen Gruppenbegriff der frühen Soziologie arbeitet. Es macht einen großen Unterschied aus, ob es sich bei »Killergruppen« um in die Befehlshierarchie einer Organisation integrierte Soldaten bzw. Polizisten oder um lokale Zusammenrottungen handelt.

61 Siehe dazu Alcinda Honwana, *Child Soldiers in Africa*, Philadelphia 2006.

glauben darf – häufig mit betonbeschwerten Füßen auf dem Boden eines Hafenbeckens endet, sondern besonders deswegen, weil sie ihre Mitgliedschaftserwartungen gerade in Konkurrenz zum staatlichen Gewaltmonopol durchsetzen muss.[62]

Es gibt nicht einmal Indizien dafür, Gewalt in der modernen Gesellschaft auf das Phänomen von Organisationen zu beschränken.[63] Der Terror während der ersten Französischen Republik 1793, das Pogrom gegen die russischen Juden in Odessa 1821 oder der Völkermord in Ruanda 1994 sind vermutlich eher mit Prozessen in sozialen Bewegungen als mit solchen in Organisationen zu beschreiben.[64] Für die Erklärung der Gewalt der Tupamaros in Uruguay, der Roten-Armee-Fraktion in der Bundesrepublik Deutschland oder der Roten Brigaden in Italien muss man wohl eher auf gruppen- denn auf organisationssoziologische Erklärungen zurückgreifen.[65]

62 Siehe etwas differenzierter zur sizilianischen und US-amerikanischen Mafia z. B. Robert T. Anderson, »From Mafia to Cosa Nostra«, in: *American Journal of Sociology* 7 (1965), S. 302-310, oder Diego Gambetta, *The Sicilian Mafia*, Cambridge 1993.

63 Dabei kommt es jedoch darauf an, bei der Analyse die Systemtypen sauber auseinanderzuhalten. Es ist vermutlich die größte Schwäche von Randall Collins' Ansatz, dass er bei der Betrachtung von »macro violence« – oder, in einer anderen Formulierungen, »macro-organization of violence« – so unterschiedliche soziale Systeme wie Staat, Organisation und Bewegung zusammenfasst, etwa in »Micro and Macro Causes of Violence«, S. 17. Dabei ist es gerade für die mikrosoziologische Betrachtung von Gewaltanwendungen zentral, ob sie durch Familien, Gruppen, Organisationen oder Bewegungen gerahmt werden. Siehe zur Frage der kollektiven Gewalt auch allgemeiner, aber auch ebenfalls ohne eine systematische Differenzierung von Familien, Gruppen, Organisationen und Bewegungen, Charles Tilly, *The Politics of Collective Violence*, Cambridge 2003.

64 So weist auch Barnett, *Bystanders*, S. 88, darauf hin, dass der Holocaust im Vergleich zu anderen Genoziden in einem auffälligen Maße »bürokratisiert« – in meiner Terminologie »organisiert« – war. Die Genozide in Armenien, Kambodscha, Ruanda oder Bosnien würden laut Barnett jedoch zeigen, dass die Tötung von ethnisch oder religiös definierten Minderheiten sich nicht notgedrungen auf Organisationen stützen müsse.

65 Siehe in diesem Sinne zur RAF Jan Philipp Reemtsma, »Lust an Gewalt«, in: *Die Zeit* vom 8. 3. 2007, S. 45; siehe auch die Antwort von Gerhart Baum, »Dämonisierung des Terrors. Eine Antwort auf Jan Philipp Reemtsma«, in: *Die Zeit* vom 15. 3. 2007, S. 52, mit dem Tenor, »die Terroristen kamen aus der Mitte der Gesellschaft«. Bei der Erklärung des »RAF-Phänomens« kommt man mit einer zwischen Gruppe, Bewegung und Gesellschaft differenzierenden Theorie meines

Und selbst bei einer Reihe von Phänomenen in den zeitlichen Randbereichen des Holocaust kommt man mit dem Fokus auf Organisationen nicht sehr weit. Die Pogrome gegen Juden, zu denen es sowohl vor dem Einmarsch als auch beim Abzug der deutschen Truppen besonders in Polen und in der Sowjetunion kam, lassen sich nicht über Organisationen erklären, weil die daran Beteiligten zu einem erheblichen Teil nicht Mitglied einer Organisation waren. Und auch die Übergriffe gegenüber den Insassen von Konzentrations- und Arbeitslagern während der Todesmärsche am Ende des Krieges lassen sich nur begrenzt als organisationales Verhalten erklären, weil die staatlichen Gewaltorganisationen sich weitgehend in Auflösung befanden.[66]

Trotz dieser Einschränkungen hat die These von den »ganz normalen Organisationen« meines Erachtens eine erhebliche Erklärungskraft, und zwar weit über Einzelstudien zu spezifischen Einheiten der Ordnungspolizei, der Einsatzgruppen oder der Wehrmacht hinaus. Der Holocaust lässt sich zwar nicht allein über das Verhalten in Organisationen erklären. Dazu spielen einerseits die rechtlichen, politischen, wissenschaftlichen oder wirtschaftlichen Bedingungen eine zu große Rolle, und dazu entwickeln andererseits die Ghettoräumungen, Deportationen und Massenerschießungen in den konkreten Face-to-Face-Interaktionen zwischen Gewaltausübenden und Gewalterleidenden eine zu große Eigendynamik.[67] Aber ohne ein grundlegendes Verständnis von Organisati-

Erachtens sehr weit (siehe zu diesem Forschungsansatz Kühl, »Gruppen, Organisationen, Familien und Bewegungen«).

66 Mit zeitlichen Randbereichen ist gemeint, dass es sich um Ereignisse am Anfang oder am Ende des Genozids handelte. Siehe dazu nur die neuere Literatur über das Pogrom von Jedwabne, die zeigt, wie schwierig die Aufarbeitung ist: Jan Tomasz Gross, *Neighbors. The Destruction of the Jewish Community in Jedwabne Poland*, Princeton 2001, Thomas Urban, »Zur historiographischen Kritik an Jan T. Gross in Polen. Korrekturen an seinem Buch über Jedwabne«, in: *Osteuropa* 51 (2001), S. 1480-1487, und Frank Golczewski, »Der Jedwabne-Diskurs. Bemerkungen im Anschluss an den Artikel von Bogdan Musial«, in: *Jahrbücher für Geschichte Osteuropas* 50 (2002), S. 412-437. Siehe zu den Todesmärschen als Ausgangspunkt Katrin Greiser, *Die Todesmärsche von Buchenwald. Räumung, Befreiung und Spuren der Erinnerung*, Göttingen 2008, und ausführlich Daniel Blatman, *Die Todesmärsche 1944/45. Das letzte Kapitel des nationalsozialistischen Massenmords*, Reinbek 2011.

67 Insofern versteht sich dieses Buch auch in erster Linie als soziologisches und erst in zweiter oder dritter Linie als organisationssoziologisches Buch. Genauso

onen kann man die Beteiligung der »ganz normalen Männer«, der »ganz normalen Deutschen« am Holocaust dennoch nicht verstehen. Organisationen, die sich auf Foltern und Töten spezialisieren, funktionieren nicht grundsätzlich anders als Organisationen, die Kranke pflegen, für Eiscreme werben, Schüler unterrichten oder Autos bauen. Die besorgniserregende Erkenntnis lautet, dass nicht nur die Mitglieder in auf Massentötungen spezialisierten Organisationen häufig ganz normale Menschen sind, sondern dass auch die Organisationen, über die die Massentötungen geplant und durchgeführt werden, Merkmale ganz normaler Organisationen aufweisen.

wenig wie man das Verhalten von Polizisten nur aus der Perspektive der Gewaltsoziologie, der Gruppensoziologie oder der Rechtssoziologie beschreiben kann, kann man es auch nicht ausschließlich aus der Perspektive der Organisationssoziologie beschreiben. Bei der Analyse des Holocaust ist nicht eine einzelne Bindestrichsoziologie gefragt, sondern die Soziologie als Ganzes.

# Anhang:
# Zum soziologischen Zugang und zur empirischen Basis

Der Lackmustest für einen soziologischen Beitrag zum Holocaust besteht darin, ob es gelingt, Einsichten zu generieren, die über die üblichen geschichtswissenschaftlichen, politikwissenschaftlichen, philosophischen, psychologischen und sozialpsychologischen Positionen hinausweisen.[1] Wenn historisch gebildete Soziologen (oder auch soziologisch gebildete Historiker) genau das Gleiche feststellen würden wie die Forscherinnen und Forscher in anderen Disziplinen, gäbe es keine Rechtfertigung für eine spezifische soziologische Auseinandersetzung mit dem Holocaust.

Es ist geradezu das Charakteristikum der Soziologie, dass jedes ihrer Themen auch durch andere Disziplinen untersucht wird. Für die Funktionsweise von Parteien interessiert sich nicht nur die Soziologie, sondern auch die Politikwissenschaft. Die soziale Dynamik in Klassenzimmern treibt nicht nur Soziologen um, sondern auch die Pädagogen. Die in der Soziologie heftig diskutierte Funktionsweise von Finanzmärkten wird auch von der Volkswirtschaftslehre untersucht, und zur Entstehung romantischer Liebe äußern sich nicht nur Soziologen, sondern auch Psychologen.[2] Die einzige

1 Die hier gewählte Gegenüberstellung zwischen Soziologie und Geschichtswissenschaft soll lediglich idealtypisch verstanden werden. Die Historiker unterstellen den Soziologen, sich allzu schnell zu Generalisierungen hinreißen zu lassen, ohne sich auf das mühselige Studium von Einzelfällen einzulassen. Die Soziologen wiederum werfen den Historikern vor, sich obsessiv mit Einzelfällen – einzelnen Kriegen, einzelnen Genoziden oder einzelnen Organisationen – zu beschäftigen, ohne ein darüber hinausgehendes Generalisierungsinteresse zu entwickeln. Siehe schon die frühe Kontroverse zwischen dem Historiker Charles Seignobos und dem Soziologen Émile Durkheim, abgebildet in: Émile Durkheim, »Débat sur l'explication en histoire et en sociologie«, in: Émile Durkheim, *Textes*, Paris 1975, S. 199-217. In Wirklichkeit gibt es in einigen Themenfeldern Soziologen mit obsessiven Interessen an historischen Einzelfällen, während manche Historiker starke Generalisierungs- und Theorieinteressen entwickeln. Siehe zum Manko der historischen Soziologie nur Niklas Luhmann, »Ansprüche an historische Soziologie«, in: *Soziologische Revue* 17 (1994), S. 259-264.

2 Siehe dazu meine Beiträge zur Debatte innerhalb der deutschen Soziologie, ob es einen spezifischen soziologischen Zugang zum Nationalsozialismus und be-

Legitimation für die Soziologie als wissenschaftliche Disziplin ist, dass sie überzeugende Beschreibungen gesellschaftlicher Phänomene liefert, auf die man auf disziplinär anderen Wegen nicht ohne weiteres gekommen wäre.[3]

sonders zum Holocaust gibt (Stefan Kühl, »Ein letzter kläglicher Versuch der Verdrängung«, in: *FAZ* vom 8. 5. 2013, und Stefan Kühl, »Im Prinzip ganz einfach. Zur Diskussion über den Ort des Nationalsozialismus in der Soziologie«, ⟨http://www.uni-bielefeld.de/soz/forschung/orgsoz/Stefan_Kuehl/workingpapers.html⟩). Siehe früher, jedoch mit anderem Akzent schon M. Rainer Lepsius, »Plädoyer für eine Soziologisierung der beiden deutschen Diktaturen«, in: Christian Jansen, Lutz Niethammer u. a. (Hg.), *Von der Aufgabe der Freiheit. Politische Verantwortung und bürgerliche Gesellschaft im 19. und 20. Jahrhundert; Festschrift für Hans Mommsen*, Berlin 1995, S. 609-615. Die verdienstvolle (aber für meinen Geschmack viel zu stark im Konjunktiv geführte) Diskussion, ob die Soziologie überhaupt etwas zur Erforschung des Nationalsozialismus beitragen könnte und worin der Gewinn einer solchen Forschung für das Fach bestehen könnte – siehe dazu neuerdings Michaela Christ, Maja Suderland (Hg.), *Soziologie und Nationalsozialismus. Positionen, Debatten, Perspektiven*, Berlin 2014 –, erledigt sich in dem Moment von selbst, in dem verstärkt Analysen über den NS-Staat vorgelegt werden, die einerseits im Anschluss an und in Erweiterung von Studien aus anderen Disziplinen konkret zeigen, welche neue Perspektiven ein soziologischer Zugang bieten kann, und die andererseits in ihrem theoretischen Generalisierungsanspruch so gebaut sind, dass sie von der allgemeinen soziologischen Debatte nicht ignoriert werden können. Meines Erachtens kann die soziologische Forschung dabei an die hochkarätigen soziologischen Studien über den Nationalsozialismus anschließen, die bereits in den 1930er und 1940er Jahren entstanden sind. Man denke neben den in meinem Buch aufgegriffenen Thesen von Ernst Fraenkel über die Kombination eines Normen- und eines Maßnahmenstaates im NS-Regime und von Edward A. Shils und Morris Janowitz zur Motivation von Wehrmachtssoldaten nur beispielsweise an Theodor Geigers Überlegung zu den »Mittelständen im Zeichen des Nationalsozialismus« (Theodor Geiger, *Die soziale Schichtung des deutschen Volkes. Soziographischer Versuch auf statistischer Grundlage*, Stuttgart 1932) oder Talcott Parsons' vergleichende Analyse über die Integrationsmechanismen des NS-Staates (siehe die von Uta Gerhardt herausgegebene Sammlung seiner Aufsätze, *Talcott Parsons on National Socialism*, Piscataway 1993).

3 Das Verhältnis zwischen Soziologie und Geschichtswissenschaft, die sich historisch als wissenschaftliche Disziplinen auseinanderentwickelt haben, ist ein Spezialfall. Pierre Bourdieu hat darauf hingewiesen, dass die Frontstellung zwischen den beiden Disziplinen zwar aufgrund der disziplinären Interessen an der Verteidigung von Ressourcen und dem Ausbau wissenschaftlichen Einflusses sozial nachvollziehbar, sachlich aber nicht zu rechtfertigen sei. Man könne, so Bourdieu, zu keiner Soziologie eines »zeitgenössischen Phänomens« – oder, so mag man ergänzen, eines historischen Phänomens – gelangen, ohne einen Blick für die Geschichte des Phänomens zu haben. Und umgekehrt und in Erweiterung von

Trotzdem ist es angebracht, auf eine Neuigkeitsdramatisierung bei einer Soziologie des Holocaust gerade gegenüber der klassischen, an der Theoriebildung wenig interessierten Geschichtswissenschaft zu verzichten.[4] Es ist aus soziologischer Perspektive nicht falsch, wenn Christopher Browning in seinem multikausalen Ansatz feststellt, dass eine »Kombination von situationsbedingten Faktoren, einer ideologischen Überlappung, aufgrund derer die Juden sowohl wegen des Antisemitismus als auch wegen der Kriegssituation das Feindbild darstellten, und der Entmenschlichung der Opfer« ausreichend war, um »ganz normale Männer« in »Vollstrecker des Völkermords« zu verwandeln. Eine solche Aneinanderreihung von Motiven reicht aus einer soziologischen Perspektive aber eben bei weitem nicht aus.

Ausgangspunkt jeder soziologischen Erklärung ist die Reformulierung bekannter Erklärungsmuster mit einer spezifisch soziologischen Begrifflichkeit. Dabei darf es aber keinesfalls bleiben, will sich die Soziologie nicht den ihr häufig gemachten Vorwurf einhandeln, sie gebe lediglich dasjenige in komplizierten Worten wieder, was andernorts in einfacheren Worten bereits gesagt wurde.[5]

Bourdieus Gedanken wäre jede historisch präzise Beschreibung eines Phänomens unvollständig, wenn sie nicht kontextualisiert wird. »Die Grenze zwischen Soziologie und Geschichtswissenschaft ist sinnlos. [...] Die Opposition zwischen Soziologie/Geschichte ist ein historisches Artefakt, ist historisch konstruiert und kann historisch dekonstruiert werden.« Pierre Bourdieu, *Über den Staat*, Berlin 2014, S. 165.

4 Damit soll betont werden, dass eine soziologisch informierte und an Theoriebildung interessierte Geschichtswissenschaft zu ganz ähnlichen Erkenntnissen wie eine für historische Phänomene sensibilisierte Soziologie kommen wird; siehe Rudolf Schlögl, »Historiker, Max Weber und Niklas Luhmann. Zum schwierigen (aber möglicherweise produktiven) Verhältnis von Geschichtswissenschaft und Systemtheorie«, in: *Soziale Systeme* 7 (2001), S. 23-45. In einigen Themenfeldern ist die Geschichtswissenschaft diesbezüglich bereits reifer als die Soziologie, siehe die Studien zur frühen Neuzeit, in der die Generalisierungsansprüche der Historiker teilweise weiter gehen als in der Soziologie. Als Beispiel siehe nur Barbara Stollberg-Rilinger (Hg.), *Herstellung und Darstellung von Entscheidungen. Verfahren, Verwalten und Verhandeln in der Vormoderne*, Berlin 2010, Willibald Steinmetz (Hg.), *»Politik«. Situationen eines Wortgebrauchs im Europa der Neuzeit*, Frankfurt/M., New York 2007, oder Rudolf Schlögl (Hg.), *Interaktion und Herrschaft. Die Politik der frühneuzeitlichen Stadt*, Konstanz 2004.

5 Siehe auch die Forderung zu einer systemtheoretischen Verortung der NS-Forschung bei Nolzen, »Moderne Gesellschaft und Organisation«, S. 110, der für die

Vielmehr kommt es darauf an, auf der Grundlage dieser soziologischen Reformulierung neue Erklärungsansätze zu generieren. Die Leistung der Soziologie kann in der Ergänzung und Präzisierung von Einzelaspekten bestehen: in dem Verweis auf die Funktion des Antisemitismus in der Absicherung der Indifferenzzone, auf den Beitrag der »Verweigerer« zur Aufrechterhaltung der Formalstruktur der Organisation, auf die Funktion des illegalen »Profitierens« von Bataillonsangehörigen an den Deportationen und Tötungen oder auf die Ausweitung von Kameradschaftserwartungen über die Cliquen hinaus. Der Mehrwert eines soziologischen Zugangs liegt meines Erachtens aber insbesondere in der Einsicht, dass beim Holocaust nicht einfach nur Personen mit unterschiedlichen Motiven gehandelt haben, sondern dass diese unterschiedlichen Motive in Organisationen auf eine Weise generalisiert wurden, dass sich Organisationsmitglieder bereiterklärten, Handlungen durchzuführen, die sie außerhalb der Organisation nicht durchgeführt hätten.

Dabei darf nicht übersehen werden, dass in der Soziologie als einer multiparadigmatischen Disziplin auch andere theoretische Zugänge zum Holocaust vorstellbar sind. Bei der Erforschung des Holocaust können Wissenschaftler, die mit soziologischer Theorie arbeiten wollen, mit der gleichen Berechtigung, mit der ich auf die Systemtheorie zurückgegriffen habe, auch auf die strukturfunktionalistische Theorie von Talcott Parsons, die Praxistheorie von Pierre Bourdieu, die Strukturationstheorie von Anthony Giddens, die Subjekttheorie von Michel Foucault oder auch die marxistische Faschismustheorie von Herbert Marcuse oder Max Horkheimer zurückgreifen.[6] Gezeigt werden müsste dann aber, dass mithilfe anderer Ansätze die Frage der Beteiligung der »ganz normalen Män-

NSDAP aber lediglich andeutet, wie eine systemtheoretische Analyse aussehen könnte.

6 Auf die verschiedenen Theorien gehe ich hier nicht näher ein; einen kurzen Überblick über strukturfunktionalistische und neomarxistische Zugänge finden sich bei Friedrich Pohlmann, *Ideologie und Terror im Nationalsozialismus*, Pfaffenweiler 1992, S. 28 ff. und 147 ff. Für den bisher überzeugendsten Versuch halte ich den von Jörg Balcke, der zwar systematisch die Einsichten der systemtheoretischen Organisationssoziologie ignoriert, aber aus der Perspektive einer Kritik der politischen Ökonomie von Organisationen zu einer Vielzahl interessanter Einsichten kommt; siehe zur theoretischen Verortung Balcke, *Verantwortungsentlastung durch Organisation*, S. 22 ff. und 150 f. Einen Überblick zur Theorie der politischen Ökonomie der Organisation, bietet Türk, *»Die Organisation der Welt«*, S. 37 ff.

ner«, der »ganz normalen Frauen« am Holocaust überzeugender analysiert werden kann als mit der Systemtheorie.[7] Solche kontroversen Diskussionen innerhalb der Soziologie anzuregen, ist eine Absicht dieses Buches.

Um den Vergleich meiner Erklärungen mit denen aus anderen Disziplinen sowie denen aus anderen soziologischen Theorienperspektiven zu ermöglichen, illustriere ich meine soziologischen Überlegungen zum Holocaust am Beispiel des am besten erforschten und am kontroversesten diskutierten Polizeibataillons.[8] Die Leserinnen und Leser erhalten dadurch die Möglichkeit, die von mir angebotenen soziologischen Erklärungen zu den bereits publizierten geschichtswissenschaftlichen, politikwissenschaftlichen und sozialpsychologischen Ausarbeitungen sowie zu hoffentlich in Zukunft vorliegenden alternativen soziologischen Erklärungen in Beziehung zu setzen und selbst zu prüfen, wo es Übereinstimmungen gibt, welche bestehenden Erklärungen mittels Systemtheorie neu eingeordnet werden können oder gar müssen und ob die hier in Anschlag gebrachte soziologische Perspektive neue Erklärungsangebote macht.[9]

Die Beziehung soziologischer Forscher zu Quellen ist eine

7 Es sind – und auf diesen Punkt will ich ausdrücklich hinweisen – auch alternative Erklärungen aus einer systemtheoretischen Perspektive vorstellbar. Schon beim Blick ins Literaturverzeichnis wird den Leserinnen und Lesern auffallen, dass ich vorrangig mit Theoriefiguren Luhmanns vor der »autopoietischen Wende« in den 1980er Jahren arbeite; siehe zum verbal dramatisierten »Paradigmenwechsel in der Systemtheorie« Luhmann, *Soziale Systeme*, S. 15 ff. Es müsste meines Erachtens erst noch gezeigt werden, dass die Systemtheorie nach der »autopoietischen Wende« die gleiche Genauigkeit in der Erklärung von Organisationsphänomenen leistet wie die aus meiner Sicht bisher unübertroffenen Vorlagen aus den 1960er Jahren.

8 Siehe auch die Überlegungen zu einer auf »dichten Beschreibungen« basierenden Empirie in der soziologischen Gewaltforschung von Trotha, »Zur Soziologie der Gewalt«, oder Nedelmann, »Gewaltsoziologie am Scheideweg«.

9 Zur Kontrolle unserer Forschung über das Polizeibataillon 101 haben wir parallel das Polizeibataillon 61 aus Dortmund untersucht, das besonders wegen seines Einsatzes im Warschauer Ghetto bekannt wurde. Das Polizeibataillon 61 bot sich deswegen an, weil Stefan Klemp in seinem diesbezüglich einschlägigen Buch dieses als Beleg dafür anführt, dass »Goldhagens Theorie von den willigen Vollstreckern richtig ist«. Siehe Klemp, *Freispruch für das »Mord-Bataillon«*, S. 13. Zum Polizeibataillon 61 sind neue – auch soziologisch inspirierte – Einsichten durch Jan Hendrik Issinger zu erwarten.

grundlegend andere als die der Historiker. In der Geschichtswissenschaft basiert der wissenschaftliche Fortschritt zu erheblichen Teilen – und die Historikerkollegen mögen mir diese Überspitzung verzeihen – auf der Erforschung noch nicht erschlossener oder noch nicht erschöpfend untersuchter Quellenbestände.[10] Dementsprechend kann unter Historikern leicht Panik ausbrechen, wenn sie feststellen, dass Kollegen mit den gleichen, bisher noch nicht erschlossenen Quellenbeständen arbeiten wie sie selbst.[11] Die Soziologie ist dieser Suche nach neuen Quellen nicht in der gleichen Form ausgeliefert, weil sie ihre Einsichten gerade aus der Reinterpretation allgemein bekannter Quellen zieht. Zugespitzt ausgedrückt: Weil die Soziologie mit einem eigenen theoretischen Besteck an ihre Themen herangeht, eignen sich für eine Soziologie des Holocaust gerade diejenigen Geschehnisse, die durch die Geschichtswissenschaft bereits gut erschlossen sind, das heißt dieje-

10 So basieren auch die bisherigen Fortschritte der historischen Holocaustforschung weitgehend auf einer solchen Vorgehensweise. Man denke beispielsweise an die interessanten Studien über Galizien von Thomas Sandkühler (*»Endlösung« in Galizien*) und Dieter Pohl (*Nationalsozialistische Judenverfolgung in Ostgalizien 1941-1944*), über die Vernichtungspolitik in Weißrussland von Christian Gerlach (*Kalkulierte Morde*) oder von Wildt über das Führungskorps des Reichssicherheitshauptamtes (*Generation des Unbedingten*), die maßgeblich durch die Zugänge zu neuen Quellenmaterialen in den osteuropäischen und russischen Archiven getragen werden. Siehe zu dem Thema auch die von Peter Weingart und Petra Pansegrau herausgearbeitete Kritik von Historikern an Goldhagen, dass er keine neuen Quellen verwendet habe, in Weingart/Pansegrau, »Reputation in Science and Prominence in the Media: the Goldhagen Debate«, S. 6.

11 So ist es jedenfalls uns ergangen, als wir uns im Staatsarchiv Hamburg als »Kontrollgruppe« das Strafverfahren gegen Mitglieder des am Holocaust beteiligten lettischen Arājs-Kommandos näher angesehen haben. Es bedurfte einiger Mühe, einen parallel an diesem bisher kaum genutzten Quellenbestand arbeitenden Historiker davon zu überzeugen, dass wir Soziologen ein Thema nicht so bearbeiten, dass es danach für Geschichtswissenschaftler »verbrannt« ist. In diesem Sinne deutet Hans Mommsen die Tatsache, dass Goldhagen ein mit heißer Nadel gestricktes Kapitel über den deutschen Antisemitismus vor 1933 in sein Buch eingefügt hat. Die Existenz der früher publizierten und von ihm »in mancher Hinsicht kopierten Studie von Christopher Browning« habe, so Mommsen, Goldhagen dazu gezwungen, in »die Vorgeschichte des deutschen Antisemitismus im 19. Jahrhundert auszuweichen« und ein Kapitel vorzulegen, das »voller Schwächen und fehlerhafter Interpretationen« sei. Siehe Mommsen, »Die Goldhagen-Debatte: Zeithistoriker im öffentlichen Konflikt«, in: *Zeitschrift für Geschichtswissenschaft* 54 (2006), S. 1063-1067, hier: S. 1065 f.

nigen Ereignisse, über deren Ablauf aufgrund der Quellenlage ein relativ hohes Maß an Übereinstimmung besteht.

Quellen können – und da unterscheidet sich die Methodologie der Soziologie nicht von der der Geschichtswissenschaft – nicht unmittelbar als empirischer Beleg für wissenschaftliche Erklärungen genutzt werden, denn die Entstehungszusammenhänge müssen jeweils mitreflektiert werden. Es gibt auch bei soziologischen Erklärungsangeboten das, was Reinhart Koselleck das »Vetorecht der Quellen« genannt hat. Auch in der Soziologie verbieten sich Interpretationen, die aufgrund eines »Quellenbefundes schlichtweg als falsch oder als nicht zulässig durchschaut werden können«.[12] Daher soll im Folgenden der Umgang mit den Quellen etwas genauer dargestellt werden, weil dieser von der soziologischen Herangehensweise mitgeprägt ist. Bei der Analyse von Organisationen müssen drei Seiten unterschieden werden: Erstens die Schauseite, mit der sich eine Organisation nach außen präsentiert und versucht, Legitimität in ihrer Umwelt zu sichern; zweitens die formale Seite, die dazu dient, Bedingungen für die Mitgliedschaft in der Organisation zu setzen; drittens die informale Seite, das heißt die sich im Schatten der Formalstruktur ausbildenden Erwartungen an Organisationsmitglieder, die aber eben nicht mit Verweis auf die Mitgliedschaftsbedingungen in der Organisation durchgesetzt werden können.[13] Wie bei jeder Forschung über Organisationen müssen deswegen auch in diesem Fall – dem Polizeibataillon 101 – Quellen herangezogen werden, die Auskunft über die Schauseite der Organisation geben – also über die geglättete Darstellung nach außen und nach innen –, die helfen, die formale Seite – also die offiziell verkündeten Mitgliedschaftsbedingungen – zu beschreiben, und die es ermöglichen, die informale Seite der Organisation wenigstens so gut es geht zu rekonstruieren.

12 Siehe dazu Reinhart Koselleck, »Standortbindung und Zeitlichkeit. Ein Beitrag zur historiographischen Erschließung der geschichtlichen Welt«, in: Wolfgang J. Mommsen, Jörn Rüsen u.a. (Hg.), *Objektivität und Parteilichkeit in der Geschichtswissenschaft*, München 1977, S. 17-46, hier: S. 45 f.

13 Zur Unterscheidung von drei Seiten in der Organisationsforschung siehe Kühl, *Organisationen*, S. 89 ff.

## Propagandaschriften

Die nach außen (vorrangig an die Bevölkerung im Deutschen Reich) und nach innen (also an die Mitglieder der Polizei und der SS) gerichteten Propagandaschriften sind inzwischen umfassend untersucht worden, besonders im Hinblick auf die antisemitische Indoktrination.[14] Die Schauseite der Organisation lässt sich also aus ihnen gut rekonstruieren. Für die Propaganda nach innen und nach außen waren die Zeitschrift *Der Deutsche Polizeibeamte*, später umbenannt in *Die Deutsche Polizei*, die offiziell vom Kameradschaftsbund der deutschen Polizei herausgegeben wurde, sowie eine Reihe von Buchpublikationen von Helmuth Koschorke und Hans Richter von besonderer Bedeutung.[15] Bei der Anfertigung dieser Schriften spielte das im Hauptamt Ordnungspolizei angesiedelte »Amt für Weltanschauliche Erziehung« eine wichtige Rolle.[16] Wir haben die Propagandaschriften der Polizei, die fast vollständig in der polizeihistorischen Sammlung der Bibliothek der Hochschule der Polizei in Münster überliefert sind, untersucht, um zu rekonstruieren, mit welchen Bildern die Ordnungspolizei die Bataillonsangehörigen konfrontierte.

## Kriegstagebücher

Während der auswärtigen Einsätze wurden von den jeweiligen Kommandostäben sogenannte Kriegstagebücher geführt, in denen tagtäglich und häufig illustriert durch Fotos die Tätigkeiten der einzelnen Kompanien festgehalten wurden. Die Darstellungen in

14 Siehe nur zum Beispiel die Arbeiten von Jürgen Matthäus (»Ausbildungsziel Judenmord?«, »›Warum wird über das Judentum geschult?‹« und »›Weltanschauliche Erziehung‹ in Himmlers Machtapparat und der Mord an den europäischen Juden«) oder von Edward B. Westermann (»›Ordinary Men‹ or ›Ideological Soldiers‹?«, sowie »Shaping the Police Soldier as an Instrument of Annihilation« [in: Alan E. Steinweis, Daniel E. Rogers (Hg.), *The Impact of Nazism. New Perspectives on the Third Reich and Its Legacy*, Lincoln 2003, S. 129-150] und *Hitler's Police Battalions*).

15 Von Koschorke sind zu nennen: *Jederzeit einsatzbereit*, *Polizeireiter in Polen* und *Polizei greift ein*; von Richter: *Einsatz der Polizei* sowie *Ordnungspolizei auf den Rollbahnen des Ostens*, Berlin 1943.

16 Siehe dazu Matthäus, »Die Beteiligung der Ordnungspolizei im Holocaust«, S. 172.

den Kriegstagebüchern entsprechen den typischen Selbstbeschreibungen von Organisationseinheiten, die übergeordneten Stellen eine möglichst attraktive Schauseite bieten wollen. Während die Kriegstagebücher anfangs nur intern eine Rolle spielten, sollten sie nach der Vorstellung Heinrich Himmlers nach dem Krieg auch für allgemeine Propagandazwecke genutzt werden. Das Kriegstagebuch des Reserve-Polizeibataillons 101 ist (wie die Kriegstagebücher fast aller anderen Bataillone) nicht erhalten. Die Kriegstagebücher der SS-Polizeidivisionen, der SS-Polizeiregimenter, der Polizeischützenregimenter und der Polizeibataillone wurden von der Gruppe »Kriegsgeschichte« des Kommando-Amtes der Ordnungspolizei (Registratur O-Kdo I Krg) gesammelt und kurz vor Kriegsende im böhmischen Ort Bischofteinitz vernichtet.[17] Emil Klofanda, Oberleutnant der Ordnungspolizei und als Gruppenführer für die Vernichtung der Kriegstagebücher zuständig, berichtete nach dem Krieg seinem ehemaligen Vorgesetzten, dem Chef des Kommandoamtes der Ordnungspolizei, Adolf von Bomhard, dass, wenn die »Bestände an Befehlen und Tagebüchern« in »die Hände des Gegners gefallen« wären, der Verfolgungsdruck auf die ehemaligen Mitglieder der Ordnungspolizei sehr viel größer gewesen wäre, weil gerade die »15 000 Fotos vielfach eine beredte Sprache sprachen«.[18] Ich habe für dieses Buch auf eines der wenigen erhaltenen Kriegstagebücher, nämlich das des in Russland eingesetzten Polizeiregiments 322 aus Wien, zurückgegriffen, um einen Eindruck von der Selbstdarstellung der typischen Tätigkeiten eines Bataillons im Einsatz zu erhalten.[19]

17 Siehe dazu das Findbuch zum Bestand R 19; Bundesarchiv Koblenz, *Findbuch R 19 Chef der Ordnungspolizei (Hauptamt Ordnungspolizei)*, Koblenz 1974.

18 Zitiert nach Werner Liersch, »Erwin Strittmatters unbekannter Krieg«, in: *FAS* vom 8.6.2008. Siehe dazu auch Christoph Spieker, »Polizeibilder unter SS-Runen«, Klartext-Medien-Werkstatt. Die Film- und Bildstelle der Ordnungspolizei«, in: Sabine Mecking, Stefan Schröder (Hg.), *Kontrapunkt. Vergangenheitsdiskurse und Gegenwartsverständnis*, Essen 2005, S. 83-98.

19 Ein erster früher Abdruck mit einer polnischen Einleitung findet sich bei Kazimierz Leszczyński, »Dziennik wojenny batailonu policji 322«, in: *Biuletyn Głównej Komisji Badania Zbrodni Hitlerowskich w Polsce* 17 (1967), S. 170-232. Über das Polizeibataillon 322 liegen zwei – auf dem Kriegstagebuch basierende – Arbeiten vor: Andrej Angrick u. a., »›Da hätte man schon ein Tagebuch führen müssen‹. Das Polizeibataillon 322 und die Judenmorde im Bereich der Heeresgruppe Mitte während des Sommers und Herbstes 1941«, in: Helge Grabitz,

Für die Rekonstruktion der Formalstruktur einer staatlichen Gewaltorganisation sind die Gesetze, Verordnungen, Richtlinien und Vorschriften von entscheidender Bedeutung. Diese reichen vom »Deutschen Polizeiämtergesetz nebst Durchführungsbestimmung« (1937), der »Notdienstverordnung zur Sicherstellung des Kräftebedarfs für Aufgaben von besonderer staatspolitischer Bedeutung« (1940) und dem Militärstrafgesetzbuch (1940) über die »Reichsdienststrafordnung« (1941) und das »Kriegssonderstrafrecht« (1943) bis hin zur »Vorschrift für die Führung und Verwendung der Polizeitruppe« (1943), der »Vorschrift für den Wirtschafts-Verwaltungsdienst bei Verwendung der Polizei außerhalb des Standortes« (1940), der »Polizeibekleidungsordnung« (1942) und dem »Runderlaß des Reichsministeriums des Innern zur Dienstbefreiung, Arbeitsurlaub und Arbeitseinsatz der Pol.-Reservisten für wirtschaftliche Zwecke« (1943).[20] In der Forschung über die Polizeibataillone sind diese Quellen bisher eher sporadisch verwendet worden. So scheinen sowohl Browning als auch Goldhagen bei ihren Arbeiten über das Polizeibataillon 101 – wenn überhaupt – eher auf Zufallsfunde bei den Gesetzen, Erlassen und Verordnungen zurückgegriffen zu haben.[21] Für eine soziologische Analyse sind all diese

Klaus Bästlein u. a. (Hg.), *Die Normalität des Verbrechens*, Berlin 1994, S. 325-385, und Zechmeister, *Das Polizeibataillon 322 aus Wien Kagran*.

20 Siehe zur Verwendung dieses Quellentypus besonders Büchner, *Das Reservepolizeibataillon 101 als totale Organisation?*, S. 13 f., die auch als eine der Ersten die umfangreichen Bestände an Verordnungen, Richtlinien und Anweisungen in der polizeihistorischen Sammlung der Bibliothek der Hochschule der Polizei Münster genutzt hat.

21 Über die Geschichte des Polizeirechts im Nationalsozialismus, besonders über die Veränderungen in der Verwendung des preußischen Polizeiverwaltungsgesetzes, wissen wir dank des Buches von Schwegel, *Der Polizeibegriff im NS-Staat*, inzwischen gut Bescheid. Siehe auch schon die frühere Überblicksarbeit von Fangmann, »Faschistische Polizeirechtslehre«, und die beiden juristischen Dissertationen von Dionys Jobst, *Der Polizeibegriff in Deutschland*, München 1953, und Steffen Just, *Der Polizeibegriff und Polizeirecht im Nationalsozialismus unter besonderer Berücksichtigung der Arbeit des Ausschusses für Polizeirecht bei der Akademie für Deutsches Recht*, Würzburg 1990. Es fehlt aber immer noch eine ausführliche rechtswissenschaftliche Analyse zur Form, in der das Polizeiverwaltungsgesetz in den besetzten Gebieten wirksam war.

Vorschriften jedoch zentral, weil sich darüber die von der Organisationsspitze formulierte formale Ordnung für die Polizeibataillone sehr genau rekonstruieren lässt. Auch wenn in der Praxis von dieser formalen Ordnung immer wieder abgewichen wurde, so spielte sie doch als Referenzpunkt für die Zurechnung von Fehlern innerhalb des Polizeibataillons eine wichtige Rolle.

## Tagesbefehle

Tagesbefehle gehörten zur Formalstruktur der Polizeibataillone. Anders als Gesetze, Verordnungen, Richtlinien und Vorschriften, die von der Zentrale vorbereitet und ausgegeben wurden, handelte es sich bei Tagesbefehlen um auf der dezentralen Ebene formulierte formale Erwartungen an die Bataillonsangehörigen. Die allgemeinen Tagesbefehle des Kommandeurs der Ordnungspolizei im Distrikt, also des Kommandeurs des Polizei-Regiments 25 für das Polizeibataillon 101 und die anderen im Distrikt Lublin eingesetzten Polizeibataillone, sind überliefert, weil die Unterlagen der ebenfalls dem Regiment unterstellten SS-Polizei-Reiter-Abteilung aus den Jahren 1941 bis 1944 weitgehend erhalten geblieben sind. Anders als der Name suggeriert, betreffen die Tagesbefehle nicht konkrete Einsätze, sondern bieten generelle Informationen für Angehörige des Regiments. In den Tagesbefehlen werden Nachrufe, Anerkennungen für Verdienste im Bandenkampf sowie Abordnungen bekanntgegeben, aber auch Informationen zur Abgabe von Winterschutzkleidung, zur Nutzung von Brennstoffen, zur Kennzeichnung von Minen und zum Reiseverkehr ins Deutsche Reich. Es fällt auf, dass Einsätze gegen Juden oder auch die Behandlung von Juden in den Tagesbefehlen kaum erwähnt werden.[22]

## Akten

Polizeiliche und militärische Organisationen sind in der Moderne – ganz wie von Max Weber beschrieben – durch eine Aktenförmigkeit ihrer Amtsführung gekennzeichnet.[23] Deswegen lässt sich

22 Die Tagesbefehle des Kommandeurs des Polizei-Regiments 25 befinden sich im APL Lublin.

23 Siehe dazu Weber, *Wirtschaft und Gesellschaft*, S. 552. Besonders interessant sind die Überlegungen von Thomas Michael Seibert, *Aktenanalyse. Zur Schriftform*

die Kommunikation von oben nach unten, von unten nach oben und zwischen hierarchisch gleichgestellten Organisationseinheiten über schriftliche Anordnungen, Aktenvermerke und offizielle Berichterstattungen gut rekonstruieren. Die Aktenbestände des Polizeibataillons 101 sind nur rudimentär erhalten. Wir haben uns soweit es ging nicht nur auf die wenigen von der Staatsanwaltschaft Hamburg gefundenen Aktenvermerke verlassen, sondern versucht, in verschiedenen Archiven Einzelfunde von Akten des Polizeibataillons 101 zu identifizieren. Solche unter anderem in Archiven in Hamburg, Majdanek und Lublin vorhandenen Einzelakten reichen von Anträgen zur offiziellen Überlassung von im Rahmen der »Aktion Reinhard« beschlagnahmten Beutegütern über den Bericht von Einsätzen bis hin zu Einträgen in die Personalakten der ins Polizeibataillon 101 integrierten Luxemburger Polizisten.[24] Bei der Einnahme Lublins durch die Rote Armee im Jahr 1944 scheinen auch umfangreiche Akten aus den Beständen des SS- und Polizeiführers von Lublin sichergestellt worden zu sein, die jetzt vermutlich im Archiv des russischen Geheimdienstes FSB lagern, aber bisher für die Forschung nicht zugänglich sind.[25]

## Feldpostbriefe und Tagebücher

Für die Rekonstruktion informaler Erwartungen in staatlichen Gewaltorganisationen im Kriegseinsatz sind – wenn teilnehmende Beobachtungen nicht möglich sind – Feldpostbriefe und Tagebucheintragungen von besonderer Relevanz.[26] Für das Polizeibataillon

*juristischer Deutungen*, Tübingen 1981, S. 9 ff., über die Verwendung von Akten im Einsatz von Polizisten, Anwälten, Staatsanwälten und Richtern.

24 Sehr eindrucksvoll ist einer der wenigen überlieferten Einsatzberichte; siehe StA Hamburg NSG 021/014, Bl. 2548 ff., Bericht von Trapp vom 26.9.1942: »Insgesamt wurden bei der Aktion erschossen: drei bewaffnete Banditen, 78 Helfershelfer, 180 Juden, die sich der Festnahme durch die Flucht entziehen wollten. Die große Zahl der Erschossenen ist darauf zurückzuführen, daß Talczyn als ein berüchtigtes Helfershelfer-Nest seit längerer Zeit bekannt ist.«

25 Siehe zu dieser Vermutung Heinrich Wefing, *Der Fall Demjanjuk. Der letzte große NS-Prozess*, München 2011, S. 139. Auf meine Anfrage hin teilte mir das Archiv des FSB in Moskau mit, dass es über keine Akten des SSPF Lublin verfügt.

26 Zu Feldpostbriefen als lange Zeit vernachlässigte Quellen siehe besonders Peter Knoch, »Feldpost – eine unentdeckte Quellengattung«, in: *Geschichtsdidaktik* 11 (1996), S. 154-171. Einschlägig sind die Arbeiten von Latzel, *Deutsche Soldaten*

101 konnten solche Dokumente leider nicht identifiziert werden. Bei den Durchsuchungen der Hamburger Polizei bei Bataillonsangehörigen in der Nachkriegszeit wurden solche Dokumente nicht sichergestellt, und es ist mir und meiner Forschergruppe nicht gelungen, Angehörige des Bataillons 101 zu finden, die bereit gewesen wären, uns Feldpostbriefe oder Tagebücher zu überlassen.[27] Tagebücher und Feldpostbriefe von Angehörigen anderer Einheiten der Ordnungspolizei können jedoch bei weiteren Forschungen dazu dienen, einen Einblick in die an Familienangehörige (oder sich selbst) gerichteten zeitgenössischen Selbstdarstellungen der Polizisten zu geben.[28]

– *nationalsozialistischer Krieg?*, und Martin Humburg, *Das Gesicht des Krieges. Feldpostbriefe von Wehrmachtsoldaten aus der Sowjetunion 1941-1944*, Opladen 1998; kürzere Darstellungen bei Klaus Latzel, »Von Kriegserlebnis zur Kriegserfahrung. Theoretische und methodische Überlegungen zur erfahrungsgeschichtlichen Untersuchung von Feldpostbriefen«, in: *Militärgeschichtliche Mitteilungen* 56 (1997), S. 1-31, und Martin Humburg, »Feldpostbriefe aus dem Zweiten Weltkrieg. Zur möglichen Bedeutung im aktuellen Meinungsstreit unter besonderer Berücksichtigung des Themas ›Antisemitismus‹«, in: *Militärgeschichtliche Mitteilungen* 58 (1999), S. 321-343. Klaus Cachay, »Sport und Sozialisation im Nationalsozialismus. Feldpostbriefe als Quelle historischer Sozialisationsforschung«, in: *Sozial- und Zeitgeschichte des Sports* 5 (1991), S. 7-29, hier: S. 12, macht zu Recht darauf aufmerksam, dass es neben der »privaten Feldpost« auch eine »gleichsam öffiziöse« Feldpost gab, die sich an die von Vereinen benannten Beauftragten für Feldpost richtete.

27 Für Hinweise auf solche Quellen von Angehörigen des Polizeibataillons 101 sind wir auch nach Abschluss unseres Forschungsvorhabens dankbar.

28 Interessant ist besonders das Tagebuch eines Angehörigen des Polizeibataillons 91 und späteren Kriegsberichterstatters des Hauptamtes Ordnungspolizei (Doebel, »*So etwas wie Weltuntergang*«) und das eines Bremer Kaufmanns und Angehörigen des Polizeibataillons 105 (Ludwig Eiber, »›... ein bißchen Wahrheit‹. Briefe eines Bremer Kaufmanns von seinem Einsatz beim Reserve-Bataillon 105 in der Sowjetunion 1941«, in: *1999 Zeitschrift für Sozialgeschichte* 5 [1991], S. 58-83, und Karl Schneider, »Ein Bremer Kaufmann und Rottwachtmeister im Reserve Polizeibataillon 105«, in: *Arbeiterbewegung und Sozialgeschichte* 19 [2002], S. 70-74). Klaus Dönnecke wertet gerade die überlieferten Feldpostbriefe eines Ordnungspolizisten aus.

## Aussagen vor Polizei und Staatsanwaltschaft sowie vor Gericht

Ein zentraler Quellenbestand für die Rekonstruktion der Einsätze der Polizeibataillone sind natürlich die Aussagen von Angeklagten und Zeugen, die nach dem Krieg vor den ermittelnden Polizeibehörden, der Staatsanwaltschaft und den Gerichten getätigt wurden.[29] Angesichts häufig fehlender Akten aus der Zeit des Krieges gelang es der Polizei und der Staatsanwaltschaft häufig erst über diese Aussagen, die Einsatzorte und Einsatzaufgaben der Bataillone genauer zu rekonstruieren, und dies sogar mit Blick auf Einsätze, die mehr als 20 Jahre zurücklagen und bezogen auf die auch die aussagewilligen Polizisten häufig erhebliche Erinnerungslücken hatten. Die »Akribie«, die Wissenschaftlern, die die Ermittlungsakten nutzten, später zugeschrieben wurde, war zuallererst die »Akribie« der Strafverfolgungsbehörden in der Nachkriegszeit.[30] Die Informati-

29 Die Möglichkeiten und Grenzen dieser Quellengattung sind inzwischen gerade von Historikern und Juristen intensiv analysiert worden; siehe zum Beispiel Johannes Tuchel, »Die NS-Prozesse als Materialgrundlage für die historische Forschung. Thesen zu Möglichkeiten und Grenzen interdisziplinärer Zusammenarbeit«, in: Jürgen Weber, Peter Steinbach (Hg.), *Vergangenheitsbewältigung durch Strafrecht? NS-Prozesse in der Bundesrepublik Deutschland*, München 1984, S. 134-144, Wolfgang Scheffler, »NS-Prozesse als Geschichtsquelle. Bedeutung und Grenzen ihrer Auswertbarkeit durch den Historiker«, in: Wolfgang Scheffler, Werner Bergmann (Hg.), *Lerntag über den Holocaust als Thema im Geschichtsunterricht und in der politischen Bildung*, Berlin 1988, S. 13-27, Insa Eschebach, »›Ich bin unschuldig‹. Der Rostocker Ravensbrück-Prozeß 1966«, in: *Werkstattgeschichte* 12 (1995), S. 65-70, Michael Wildt, »Differierende Wahrheiten. Historiker und Staatsanwälte als Ermittler von NS-Verbrechen«, in: Norbert Frei u. a. (Hg.), *Geschichte vor Gericht. Historiker, Richter und die Suche nach Gerechtigkeit*, München 2000, S. 46-59, Michael Stolleis, »Der Historiker als Richter – der Richter als Historiker«, in: Norbert Frei u. a. (Hg.), *Geschichte vor Gericht. Historiker, Richter und die Suche nach Gerechtigkeit*, München 2000, S. 173-182, Finger, »Zeithistorische Quellenkunde von Strafprozessakten«, sowie die Vielzahl von methodischen Reflektionen im Rahmen von Arbeiten, deren empirische Grundlage vorrangig die Vernehmungsprotokolle sind (siehe z. B. die Überlegungen von Meyer, *Täter im Verhör*, S. 299 ff., und Kiepe, *Das Reservepolizeibataillon 101 vor Gericht*, S. 12 ff.). Den besten Einstieg bietet meines Erachtens der Überblick von Jürgen Finger und Sven Keller, »Täter und Opfer – Gedanken zu Quellenkritik und Aussagekontext«, in: Jürgen Finger (Hg.), *Vom Recht zur Geschichte. Akten aus NS-Prozessen als Quellen der Zeitgeschichte*, Göttingen 2009, S. 114-131.

30 Das Lob für die Rekonstruktion der Einsätze der Ordnungspolizei sollte

onen waren aber insofern selektiv, als sich die Ermittlungsbehörden nur für strafrechtlich relevante Aussagen interessierten und die Aussagen der Polizisten in der Regel nicht wortwörtlich, sondern nur sinngemäß protokollierten.[31] Die befragten Bataillonsangehörigen befürchteten offensichtlich, dass ihre Aussagen später für eine Anklage gegen sie verwendet werden könnten, und passten ihre Äußerungen dementsprechend an.[32] Auch wenn man beim

weniger eines für die Historiker (Daniel Jonah Goldhagen, *Briefe an Goldhagen*, Berlin 1997, S. 87) oder für die Soziologen sein, sondern – gerade im Fall des Polizeibataillons 101 – eines für die in der Nachkriegszeit ermittelnden Beamten (so anerkennend Browning, *Ganz normale Männer*, S. 12 ff.). Bisher ist noch nicht herausgearbeitet worden, weswegen trotz der Präsenz »brauner Juristen« in der bundesrepublikanischen Nachkriegszeit einzelne Staatsanwaltschaften ein doch erhebliches Engagement bei der Aufklärung von NS-Verbrechen an den Tag legten. Meine Vermutung ist, dass es mit der Einrichtung von Schwerpunktstaatsanwaltschaften zu tun hatte, die ausschließlich für NS-Verbrechen zuständig waren und so trotz der Präsenz von im Nationalsozialismus aktiven Juristen im sonstigen Justizapparat einen professionellen Ehrgeiz entwickeln konnten. In diesem Zusammenhang besonders interessant ist die Staatsanwaltschaft Hamburg mit der leitenden Staatsanwältin Helge Grabitz, die über ihre Arbeit publiziert hat: »Die Verfolgung nationalsozialistischer Gewaltverbrechen aus der Sicht einer damit befassten Staatsanwältin«, in: Jürgen Weber, Peter Steinbach (Hg.), *Vergangenheitsbewältigung durch Strafrecht? NS-Prozesse in der Bundesrepublik Deutschland*, München 1984, S. 84-99, »Problems of the Nazi Trials in the Federal Republic of Germany«, in: *Holocaust and Genocide Studies* 3 (1988), S. 209-222, »Die Verfolgung von NS-Gewaltverbrechen in Hamburg in der Zeit von 1956 bis heute« und – als Überblick – Grabitz/Justizbehörde Hamburg (Hg.), *Täter und Gehilfen des Endlösungswahns*.

31 Siehe zur Form der Protokollierung im Fall des Polizeibataillons 101 Kiepe, *Das Reservepolizeibataillon 101 vor Gericht*, S. 92 ff. Als typisches Beispiel für den selektiven Fokus der ermittelnden Beamten verweist Kiepe auf die Vernehmung des Bataillonsangehörigen Rudolf Grüll durch einen ermittelnden Kommissar. Als Grüll von der Erschießung einer jüdischen Partisanin berichtet, versucht der Ermittler das Gespräch umzulenken. »Der soeben von Ihnen geschilderte Fall dürfte wohl ein Partisanen-Einsatz gewesen sein, der mit den hier zu verhandelnden Aktionen wohl auch kaum etwas zu tun hat. Auch wenn es sich hier um eine Jüdin gehandelt hat, dürfte es einwandfrei ein Partisanen-Einsatz gewesen sein. [...] Ich wollte von Ihnen eigentlich nur solche Aktionen geschildert bekommen, die sich gegen wehrlose Juden im Rahmen der organisierten Judenvernichtungsaktionen zugetragen haben.« Vernehmung von Rudolf Grüll, StA Hamburg 0021/002, Bl. 2493.

32 Interessant ist zum Beispiel der Fall von Hans Krause, der vor der Staatsanwaltschaft und der Kriminalpolizei in allen Einzelheiten von Erschießungen berichtet

Studium der Gerichtsprotokolle manchmal den Eindruck hat, es handele sich um eine »Sammlung von Falschaussagen«, so gelang es den Ermittlern doch in vielen Fällen, Widersprüche in den Aussagen aufzudecken und so den Ablauf von Erschießungen zu rekonstruieren.[33] Zur Rekonstruktion der Motivdarstellung *während* der Einsätze sind die Gerichtsakten weitgehend ungeeignet, weil es sich lediglich um Aussagen darüber handelt, wie 20 oder 30 Jahre später die Motive verstanden werden sollten.[34] Würde man diese Aussagen als Indiz für die faktische Motivlage nehmen, würde ein Zerrbild »struktureller Zwänge« besonders durch einen »faktisch nicht nachweisbaren Befehlsnotstand« oder eine »systematische Verhetzung durch die NS-Führung« entstehen.[35] Valide sind die Aussagen bei der Polizei, der Staatsanwaltschaft und den Gerichten nur bezüglich des Aspekts, wie die Bataillonsangehörigen ihre Motive nach dem Ende des Zweiten Weltkrieges betrachtet sehen wollten.

## Zeitungsartikel

Zur Kontrolle der offiziellen Akten der Polizei, der Staatsanwaltschaft und der Gerichte wurde zusätzlich noch die massenmediale

hatte und zugab, an mehreren Aussiedlungsaktionen beteiligt gewesen zu sein, in der Hauptverhandlung dann jedoch behauptete: »Ich habe keinen Judeneinsatz mitgemacht«. Siehe o. V., »Zweifel an drei Zeugen«, in: *Die Welt* vom 25. 1. 1968. Siehe auch Wolfgang Curilla, *Die deutsche Ordnungspolizei und der Holocaust im Baltikum und in Weißrussland*, Paderborn 2006, S. 268 ff., zur Veränderung von Zeugenaussagen von Angehörigen des Polizeibataillons 9 durch verschärften Ermittlungsdruck.

33 Siehe zur Aussage über die »Sammlung von Falschaussagen« Klemp, *Freispruch für das »Mord-Bataillon«*, S. 15.

34 Insofern ist der Versuch Goldhagens (*Hitler's Willing Executioners*, S. 464 ff.), auf der Basis von Ermittlungsakten die »wahren Motive« der Bataillonsangehörigen zu rekonstruieren, mehr als problematisch (siehe zu Goldhagens Methodologie auch Locke, »The Goldhagen Fallacy«). Er kann sein Interpretationsschema der Bataillonsangehörigen als »eliminatorische Antisemiten« nur dadurch empirisch absichern, dass er ein Großteil der von den Bataillonsangehörigen nach 1945 dargestellten Motive als Schutzbehauptungen zurückweist und so nur ein Restbestand von Aussagen übrig bleibt, die seine Interpretation decken.

35 Siehe dazu Jürgen Matthäus, »An vorderster Front. Voraussetzungen für die Beteiligung der Ordnungspolizei an der Shoah«, in: Gerhard Paul (Hg.), *Die Täter der Shoah. Fanatische Nationalsozialisten oder ganz normale Deutsche?*, Göttingen 2002, S. 137-166, hier: S. 157.

Berichterstattung über die Gerichtsprozesse gegen die Angehörigen des Polizeibataillons in den 1960er Jahren herangezogen.[36] Gerade über den ersten Prozess gegen die Angehörigen des Reserve-Polizeibataillons 101 wurde in den Hamburger Medien – im *Hamburger Abendblatt*, in der *Hamburger Morgenpost* und im Hamburger Teil der *Bild* – intensiv berichtet. Die Berichterstattung der Journalisten liefert eine Möglichkeit, die öffentliche Stimmung während des Prozesses einzuschätzen; sie ist aber auch insofern aufschlussreich, als dass die Artikel in unterschiedlichen Zeitungen einen relativ genauen Eindruck von den Motivdarstellungen der Angeklagten im Gerichtsprozess vermitteln.[37]

## Fotografien

Eine besonders interessante Quelle sind Fotografien, die die Polizisten bei ihren Einsätzen selbst angefertigt haben.[38] Trotz eines

36 Das Staatsarchiv Hamburg verfügt über eine Sammlung von Artikeln zum Gerichtsprozess gegen die Bataillonsangehörigen. Es ist ein Verdienst von Jan Kiepe, diesen von Goldhagen und Browning vernachlässigten Bestand als Erster intensiver genutzt zu haben. Siehe sein Buch *Das Reservepolizeibataillon 101 vor Gericht*.

37 Die Berichterstattung beinhaltet nicht selten Fehler, die nicht nur beim Vergleich mit den Gerichtsakten auffallen. Bemerkenswerterweise machte ein Angeklagter in einem eklatanten Fall der Fehlberichterstattung – es wurde von einer Anklage wegen des Mordes an 500 000 und nicht »nur« 50 000 Juden berichtet – von der Möglichkeit der Gegendarstellung Gebrauch; siehe dazu o. V., »Gegendarstellung von Julius Wohlauf«, in: *Die Welt* vom 23.12.1967.

38 Neben den bekannten Fotos aus der StA Hamburg, die teilweise sowohl in den Büchern von Browning als auch von Goldhagen abgedruckt wurden, gibt es bisher unbekannte Fotos im Nachlass Wohlauf; VTHA Münster, Nachlass Wohlauf, Dep. 442/2. Die meisten Fotos beziehen sich jedoch auf den Einsatz von Wohlauf als Bataillonsführer des Polizeibataillons 105 in Norwegen. Siehe Fotografien als Quelle besonders Dieter Reifarth, Viktoria Schmidt-Linsenhoff, »Die Kamera der Henker«, in: *Fotogeschichte* 3 (1984), S. 57-71 (Wiederabdruck Dieter Reifarth, Viktoria Schmidt-Linsenhoff, »Die Kamera der Täter«, in: Hannes Heer, Klaus Naumann [Hg.], *Vernichtungskrieg. Verbrechen der Wehrmacht 1941-1945*, Hamburg 1995, S. 475-503), und Frank Stern, »Voyeure der Vernichtung. Verbildlichung und Zeitbewusstsein«, in: Helgard Kramer (Hg.), *NS-Täter aus interdisziplinärer Perspektive*, München 2006, S. 45-66. Auf die ausführliche Debatte über die Rolle der Fotografien des Holocaust in der deutschen Erinnerungskultur kann hier nicht eingegangen werden. Siehe dazu nur in Bezug auf die Goldhagen-Kontroverse Habbo Knoch, »Im Bann der Bilder. Goldhagens

ausdrücklichen Verbotes, Deportationen, Ghettoräumungen und Erschießungen zu fotografieren, haben die meisten während der Vernichtungsaktionen eingesetzten Einheiten eine Vielzahl von Fotos angefertigt.[39] Auf den ersten Blick handelt es sich um empirisches Material, das geeignet ist, die Dynamik während der »Aktionen« einzufangen. Es muss jedoch unterschieden werden zwischen solchen Fotos, die mit vorheriger Ankündigung gemacht wurden und manchmal sogar »gestellt« waren, und solchen, die gewissermaßen spontan angefertigt wurden. Im ersten Fall kann man davon ausgehen, dass die fotografierten Polizisten sich »Interaktionserwartungen des Fotografiertwerdens« ausgesetzt sahen und daraus bestimmte Darstellungen entstanden: Herrichten der Kleidung für das Foto, Einnahme von Posen für die Aufnahme, Aufsetzen eines Kameralächelns und dergleichen. Bei den Opfern spielten diese Interaktionserwartungen angesichts der unmittelbaren Lebensgefahr keine Rolle, es existieren aber auch Fotos, für die die Opfer – offensichtlich unter Anwendung von Gewalt – regelrecht drapiert wurden.[40]

## Zeitgenössische Berichte von Opfern

Im Gegensatz zu den Berichten über Vernichtungslager waren zeitgenössische Berichte von jüdischen oder auch nichtjüdischen

virtuelle Täter und die deutsche Öffentlichkeit«, in: Johannes Heil, Rainer Erb (Hg.), *Geschichtswissenschaft und Öffentlichkeit. Der Streit um Daniel Goldhagen*, Frankfurt/M. 1998, S. 167-183, und ausführlich Habbo Knoch, *Die Tat als Bild. Fotografien des Holocaust in der deutschen Erinnerungskultur*, Hamburg 2001.

39 Zum Fotografierverbot siehe die Verpflichtungserklärung für das Personal der Einheit »Einsatz Reinhard«, in der das Personal schriftlich erklären musste, dass es über »ein »ausdrückliches ›Photographier-Verbot in den Lagern des ›Einsatzes Reinhardt‹« aufgeklärt wurde (APMM Majdanek, SS- und Polizeiführer Distrikt Lublin II-1). Zur partiellen Durchsetzung des Fotografierverbots siehe Mitteilungen über SS- und Polizeigerichtsbarkeit (herausgegeben vom Reichsführer SS und Chef der deutschen Polizei) H. 6/1943, unter anderem in StA Hamburg, NSG 021/038.

40 Interessant dazu ist auch das auf einem Flohmarkt entdeckte Fotoalbum des Hamburger Polizeibataillons 104, in der das Posieren der Polizisten für die Kamera und das Drapieren von Opfern gut erkennbar ist; siehe Heiko Lange, Stephan Linck, »Ein Hamburger Polizeibataillon im Osteinsatz. Anmerkungen zu einer neu entdeckten Quelle«, in: *Informationen zur Schleswig-Holsteinischen Zeitgeschichte* (2003), S. 166-183.

Polen und von nach Polen deportierten Juden über die Ghettoräumungen, die Deportationen und Massenerschießungen lange Zeit nur begrenzt zugänglich. Diese vorrangig in polnischen Archiven vorhandenen Dokumente wurden zwar sporadisch über Publikationen zugänglich gemacht, aber es war über viele Jahre schwierig, den Ablauf der Ghettoisierung, der Deportationen und Massenerschießungen aus der Perspektive der Opfer zu rekonstruieren. Nicht zuletzt durch die auf 16 Bände angelegte Quellenedition zur Verfolgung und Ermordung der europäischen Juden durch das nationalsozialistische Deutschland in den Jahren 1933 bis 1945 ist der Zugang zu diesen Quellen für die Forschung leichter geworden.[41] Die Berichte bestätigen größtenteils die von der Hamburger Staatsanwaltschaft erhobenen Fakten über die Ghettoräumungen und Erschießungen in Łomazy, Łuków, Międzyrzec, Majdanek und Poniatowa. Bei der Auswertung dieser Quellen wird das auch aus anderen Quellen erschließbare hohe Maß an Korruption und Brutalität sowohl in der deutschen Ordnungspolizei als auch bei dem nichtdeutschen Hilfspersonal aus dem SS-Ausbildungslager in Trawniki bestätigt, über die Abläufe innerhalb der Organisationen erfährt man aus diesen Berichten verständlicherweise wenig.

## Interviews mit Opfern

Nachträglich angefertigte Erlebnisberichte von Opfern werden in der wissenschaftlichen Auseinandersetzung mit Polizeibataillonen selten eingesetzt.[42] Zwar wurde in der Auseinandersetzung mit Brownings Arbeit über das Polizeibataillon 101 immer wieder bemängelt, dass dieser »keine jüdischen Quellen« benutzt habe.[43]

41 Relevant sind für den Fokus dieses Buches – neben Wolf Gruner (Hg.), *Deutsches Reich 1933-1937*, München 2008, und Susanne Heim (Hg.), *Deutsches Reich, 1938-August 1939*, München 2009 – besonders die beiden von Klaus-Peter Friedrich herausgegebenen Bände über Polen: *Polen, September 1939-Juli 1941* und *Polen: Generalgouvernement August 1941-1945*.

42 Ruth Birn und Volker Rieß machen darauf aufmerksam, dass Goldhagen zwar beklagt, dass Browning keine Berichte von Überlebenden nutzt, dass er selbst aber bis auf ganz wenige Ausnahmen auch nicht auf diese Form der Empirie zurückgreift; siehe Birn/Rieß, »Das Goldhagen-Phänomen oder fünfzig Jahre danach«, S. 84. Siehe die notwendigerweise spärliche Verwendung der Berichte von Überlebenden; Goldhagen, *Hitlers willige Vollstrecker*, S. 635 und 663.

43 Browning, »Ordinary Germans or Ordinary Men? A Reply to Critics«, S. 260,

Im Fall des Polizeibataillons 101 hängt dies maßgeblich damit zusammen, dass es bei Ghettoräumungen und Erschießungen häufig nur sehr kurze Kontakte mit den Polizisten gegeben hat und deswegen – im seltenen Fall des Überlebens – später nur sehr wenige Informationen gegeben werden konnten. Das bestätigen auch die Interviews mit Überlebenden der Shoah (die im Rahmen des von Steven Spielberg initiierten Oral History Projects gemacht wurden und die ich mir in der Gedenkstätte Yad Vashem in Jerusalem angesehen habe) zu den von Angehörigen des Polizeibataillons 101 geräumten Ghettos. In den Berichten von Überlebenden der Shoah dominieren – darauf hat schon Raul Hilberg hingewiesen – in der Regel Themen wie Konzentrationslager, Vernichtungslager, Flucht, das Überleben im Untergrund und Partisanenkämpfe.[44]

## Interviews mit Angehörigen des Polizeibataillons

Eine Quellenart, die von uns nicht genutzt werden konnte, waren eigene Gespräche mit Bataillonsangehörigen. Bei allen berechtigten Bedenken gegenüber dieser Art von Quellen hätten solche Interviews dabei geholfen, die Aussagen, die Bataillonsangehörige vor Gericht gemacht hatten, einzuordnen und Darstellungen zu

spricht vom Vorwurf des »non-use of Jewish sources«. Sein Versuch, als »jüdische Quellen« die Erinnerungen von Toivi Thomas Blatt (Thomas Toivi Blatt, *Nur die Schatten bleiben. Der Aufstand im Vernichtungslager Sobibor*, Berlin 2000) und von Oswald Rufeisen (Nechama Tec, *In the Lion's Den. The Life of Oswald Rufeisen*, New York, Oxford 1990) nachzuliefern, sind insofern problematisch, als dass diese sich nicht auf das Polizeibataillon 101 beziehen. Im Yad Vashem Archiv Jerusalem gibt es die Aussage von Schleiner über die Deportationen aus Józefów (YVA Jerusalem, 0.16/414) und von Finkelstein über die Deportationen aus Lukow (YVA Jerusalem, M.10.Ar.2/306); siehe dazu David Silberklang, »Die Juden und die ersten Deportationen aus dem Distrikt Lublin«, in: Bogdan Musial (Hg.), *»Aktion Reinhardt«. Der Völkermord an den Juden im Generalgouvernement 1941-1944*, Osnabrück 2004, S. 141-164, hier: S. 160f. Das von Goldhagen angefügte Buch von Horn, *Mezrich Zamlbuch*, konnte trotz mehrerer Versuche der Fernleihe-Abteilung der Universität Bielefeld nicht ermittelt werden. Nach Auskunft von Daniel Goldhagen ist es in der Bibliothek der Harvard University vorhanden.

44 Siehe dazu Hilberg, *Unerbetene Erinnerung*, S. 115f.; siehe zu den Möglichkeiten und Grenzen dieser Quellen für die Genozidforschung allgemein Samuel Totten, »First Person Accounts of Genocidal Acts«, in: Israel W. Charny (Hg.), *Genocide. A Critical Bibliographic Review*, London 1988, S. 321-362.

Themen, die für die ermittelnden Beamten nicht relevant waren, zu erhalten.[45] Als wir mit unseren Forschungen über das Bataillon begonnen hatten, waren die Angehörigen des Bataillons bereits alle verstorben. Von anderen Forschern, die vor uns über das Polizeibataillon 101 geforscht haben, wurden solche Interviews unseres Wissens nicht geführt – außer von Paul Dostert, dem es Ende der 1990er Jahre für seinen Artikel über »Die Luxemburger im Reserve-Polizei-Bataillon 101« gelang, eine Reihe von Gesprächen mit luxemburgischen Angehörigen des Bataillons zu führen.[46] Wegen der Anonymisierungszusagen, die Dostert den Bataillonsangehörigen gegeben hat, war es uns jedoch nicht möglich, die Aufnahmen der Gespräche zu hören beziehungsweise die Transkriptionen der Gespräche einzusehen. Genutzt werden konnten von uns lediglich die Aufzeichnungen von Gesprächen, die vor nicht allzu langer Zeit mit britischen und deutschen ermittelnden Beamten geführt wurden, welche nach 1945 an den Ermittlungen beteiligt waren.[47]

45 Zu den Problemen dieses Quellentypus siehe die interessanten Arbeiten von Gabriele Rosenthal über das »kollektive Schweigen zu den Nazi-Verbrechen« von nichtjüdischen Deutschen nach dem Krieg, zum Beispiel »Kollektives Schweigen zu den Naziverbrechen. Bedingungen der Institutionalisierung einer Abwehrhaltung«, in: *Psychosozial* 15 (1992), S. 22-33, und »Vom Krieg erzählen, von den Verbrechen schweigen«, in: Hannes Heer, Klaus Naumann (Hg.), *Vernichtungskrieg. Verbrechen der Wehrmacht 1941-1945*, Hamburg 1995, S. 51-66. Siehe zur »Viabilität« autobiographischer Konstruktionen auch Gebhard Rusch, »Die Wahrheit der Geschichte. Zehn Fußnoten zur Viabilität (auto-)biographischer und historiographischer Konstruktionen«, in: *Zeitschrift für Genozidforschung* 4 (2003), S. 8-21.

46 Siehe dazu den Artikel von Dostert, »Die Luxemburger im Reserve-Polizei-Bataillon 101 und der Judenmord in Polen«, der in der Diskussion über das Polizeibataillon 101 seltsam unbeachtet geblieben ist.

47 Besten Dank an die Leitung der KZ-Gedenkstätte Neuengamme, die uns ermöglicht hat, die Abschriften eines Gesprächs mit dem britischen Militärpolizisten Dennis Goodman aus dem Jahr 2002 zu studieren, und an Jan Kiepe, der uns seine Gesprächsaufzeichnungen mit Kriminalhauptkommissar Johannes Benthin und mit Oberstaatsanwalt Christian Wölk aus dem Jahr 2005 zur Verfügung gestellt hat.

# Archive

| | |
|---|---|
| APL Lublin | Archivum Państwowe Lublinie |
| APMM Majdanek | Archivum Państwowe Muzeum Majdaneku |
| BA Berlin | Bundesarchiv Berlin-Lichterfelde |
| BA Freiburg | Bundesarchiv, Abteilung Militärarchiv Freiburg |
| BA Ludwigsburg | Bundesarchiv Ludwigsburg |
| BSTU Berlin | Archiv des Bundesbeauftragten für die Unterlagen des Staatssicherheitsdienstes der ehemaligen DDR Berlin |
| FZH Hamburg | Archiv der Forschungsstelle für Zeitgeschichte Hamburg |
| GSA Neuengamme | Archiv der Gedenkstätte KZ Neuengamme |
| IfZA München | Archiv des Instituts für Zeitgeschichte München |
| IPN Lublin | Instytut Pamięci Narodowej Lublinie |
| LVVA Riga | Latvijas Valsts vēstures arhīvs Riga |
| LAW Münster | Landesarchiv Westfalen Abteilung Münster |
| NARA Washington | National Archives and Record Administration Washington |
| PHS Münster | Polizeihistorische Sammlung, Hochschule der Polizei Münster |
| StA Hamburg | Staatsarchiv Hamburg |
| VTHA Münster | Geschichtsort Villa Ten Hompel Münster |
| YVA Jerusalem | Yad Vashem Archive Jerusalem |
| ŻIHA Warschau | Żydowski Instytut Historyczny Archiv Warschau |

Wenn Quellen aus diesen Archiven von mir nicht selbst im Original eingesehen wurden, habe ich das jeweils in den Fußnoten vermerkt. Ich danke den Kolleginnen und Kollegen, die mir ihre Notizen und teilweise ihre Kopien der Originale zur Verfügung gestellt haben.

# Literaturverzeichnis


Absolon, Rudolf (Hg.) (1958): *Das Wehrmachtstrafrecht im 2. Weltkrieg. Sammlung der grundlegenden Gesetze, Verordnungen und Erlasse*. Kornelimünster: Bundesarchiv Zentralnachweisstelle.

Adler, H. G. (1955): *Theresienstadt 1941-1945*. Tübingen: J.C.B. Mohr.

Adorno, Theodor W. (1959): »Kultur und Cultur. Vortrag«, in: Hessische Hochschulwochen (Hg.): *Hessische Hochschulwochen für staatswissenschaftliche Fortbildungen, 29. Juni bis 19. Juli 1958*. Bad Homburg: o. Vlg., S. 246-259.

Adorno, Theodor W. (1970): »Erziehung nach Auschwitz«, in: Theodor W. Adorno: *Erziehung zur Mündigkeit*. Frankfurt/M.: Suhrkamp, S. 92-109.

Agamben, Giorgio (2003): *Was von Auschwitz bleibt. Das Archiv und der Zeuge*. Frankfurt/M.: Suhrkamp.

Aglietta, Michel (1976): *Régulation et crises du capitalisme*. Paris: Calmann-Lévy.

Alexander, Jeffrey C. (2003): »On the Social Construction of Moral Universals«, in: Jeffrey C. Alexander: *The Meaning of Social Life. A Cultural Sociology*. Oxford: Oxford University Press, S. 27-84.

Allen, Michael Thad (2002): *The Business of Genocide. The SS, Slave Labor, and the Concentration Camps*. Chapel Hill, London: University of North Carolina Press.

Allen, Michael Thad (2005): »Grey-Collar Worker. Organisation Theory in Holocaust Studies«, *Holocaust Studies*, Jg. 11, S. 27-54.

Allert, Tilman (2005): *Der deutsche Gruß. Geschichte einer unheilvollen Geste*. Frankfurt/M.: Eichborn.

Aly, Götz (2003): *Rasse und Klasse. Nachforschungen zum deutschen Wesen*. Frankfurt/M.: S. Fischer.

Aly, Götz (2005): *Hitlers Volksstaat. Raub, Rassenkrieg und nationaler Sozialismus*. Frankfurt/M.: S. Fischer.

Aly, Götz (Hg.) (2006): *Volkes Stimme. Skepsis und Führervertrauen im Nationalsozialismus*. Frankfurt/M.: S. Fischer.

Aly, Götz; Heim, Susanne (2013): *Vordenker der Vernichtung. Auschwitz und die deutschen Pläne für eine neue europäische Ordnung*. Frankfurt/M.: S. Fischer.

Anders, Freia; Kutscher, Hauke-Hendrik (2003): »Der Bialystok-Prozess vor dem Bielefelder Landgericht 1965-1967«, in: Freia Anders; Hauke-Hendrik Kutscher; Katrin Stoll (Hg.): *Bialystok in Bielefeld. Nationalsozialistische Verbrechen vor dem Landgericht Bielefeld 1958 bis 1967*. Bielefeld: Verlag für Regionalgeschichte, S. 76-133.

Anderson, Robert T. (1965): »From Mafia to Cosa Nostra«, *American Journal of Sociology*, Jg. 7, S. 302-310.

Angermund, Ralph (1988): »Die geprellten ›Richterkönige‹. Zum Niedergang der Justiz im NS-Staat«, in: Hans Mommsen (Hg.): *Herrschaftsalltag im Dritten Reich. Studien und Texte*. Düsseldorf: Schwann, S. 304-342.

Angermund, Ralph (1990): *Deutsche Richterschaft 1919-1945. Krisenerfahrung, Illusion, politische Rechtsprechung*. Frankfurt/M.: S. Fischer.

Angrick, Andrej (2003): *Besatzungspolitik und Massenmord. Die Einsatzgruppe D in der südlichen Sowjetunion 1941-1943*. Hamburg: Hamburger Edition.

Angrick, Andrej; Voigt, Martina; Ammerschubert, Silke; Klein, Peter; Alheit, Christa; Tycher, Michael (1994): »›Da hätte man schon ein Tagebuch führen müssen‹. Das Polizeibataillon 322 und die Judenmorde im Bereich der Heeresgruppe Mitte während des Sommers und Herbstes 1941«, in: Helge Grabitz; Klaus Bästlein; Johannes Tuchel (Hg.): *Die Normalität des Verbrechens*. Berlin: Edition Hentrich, S. 325-385.

Apel, Linde (Hg.) (2009): *In den Tod geschickt. Die Deportationen von Juden, Roma und Sinti aus Hamburg 1940 bis 1945*. Berlin: Metropol.

Arad, Yitzhak (1987): *The Operation Reinhard Death Camps*. Bloomington: Indiana University Press.

Arad, Yitzhak (2001): »Plunder of Jewish Property in the Nazi Occupied Areas of the Sowjet Union«, *Yad Vashem Studies*, Jg. 29, S. 109-148.

Arendes, Cord (2012): *Zwischen Justiz und Tagespresse. »Durchschnittstäter« in regionalen NS-Verfahren*. Paderborn: Schöningh.

Arendt, Hannah (1970): *Macht und Gewalt*. München: Piper.

Arendt, Hannah (1979): *The Origins of Totalitarianism*. London: Harcourt Brate.

Arendt, Hannah (1984): *Eichmann in Jerusalem. A Report on the Banality of Evil*. London: Penguin.

Arendt, Hannah (1986): *Elemente und Ursprünge totaler Herrschaft*. München: Piper.

Arendt, Hannah (1989): *Nach Auschwitz. Essays & Kommentare*. Berlin: TIAMAT.

Arning, Matthias; Paasch, Rolf (1996): »Die provokanten Thesen des Mister Goldhagen«, *Frankfurter Rundschau*, 12.4.1996.

Artzt, Heinz (1979): *Mörder in Uniform. Organisationen, die zu Vollstreckern nationalsozialistischer Verbrechen wurden*. München: Kindler.

Ash, Mitchell G. (1997): »American and German Perspectives on the Goldhagen Debate. History, Identity, and the Media«, *Holocaust and Genocide Studies*, Jg. 11, S. 396-411.

Asher, Harvey (2001): »Ganz normale Täter. Variablen sozialpsychologischer Analysen«, *Zeitschrift für Genozidforschung*, Jg. 3, S. 81-115.

Augstein, Rudolf (1996): »Der Soziologe als Scharfrichter«, in: Julius H.

Schoeps (Hg.): *Ein Volk von Mördern? Die Dokumentation zur Goldhagen-Kontroverse um die Rolle der Deutschen im Holocaust*. Hamburg: Hoffmann & Campe, S. 106-109.
Augstein, Rudolf (1996): »Der Soziologe als Scharfrichter«, *Der Spiegel*, 15.4.1996, S. 29-30.

Baberowski, Jörg; Doering-Manteuffel, Anselm (2006): *Ordnung durch Terror. Gewaltexzesse und Vernichtung im nationalsozialistischen und im stalinistischen Imperium*. Bonn: Dietz.
Bader, Kurt (1943): *Aufbau und Gliederung der Ordnungspolizei. Reichspolizeirecht – Sammlung reichsrechtlicher Polizeivorschriften*. Berlin: Verlag für Recht und Verwaltung.
Bahrdt, Hans Paul (1987): *Die Gesellschaft und ihre Soldaten. Zur Soziologie des Militärs*. München: C.H. Beck.
Bajohr, Frank (1995): »Hamburgs ›Führer‹. Zur Person und Tätigkeit des Hamburger NSDAP-Gauleiters Karl Kaufmann (1900-1969)«, in: Frank Bajohr; Joachim Szodrzynski (Hg.): *Hamburg in der NS-Zeit*. Hamburg: Ergebnisse-Verlag, S. 59-91.
Bajohr, Frank (1997): *»Arisierung« in Hamburg*. Hamburg: Christians.
Bajohr, Frank (1998): »The Beneficiaries of ›Aryanization‹«, *Yad Vashem Studies*, Jg. 26, S. 173-203.
Bajohr, Frank (2001): *Parvenüs und Profiteure*. Frankfurt/M.: S. Fischer.
Bajohr, Frank (2003): *»Unser Hotel ist judenfrei«. Bäder-Antisemitismus im 19. und 20. Jahrhundert*. Frankfurt/M.: S. Fischer.
Bajohr, Frank (2004): »Über die Entwicklung eines schlechten Gewissens. Die deutsche Bevölkerung und die Deportationen 1941-1945«, in: Birthe Kundrus; Beate Meyer (Hg.): *Die Deportation der Juden aus Deutschland. Pläne – Praxis – Reaktionen; 1938-1945*. Göttingen: Wallstein, S. 180-195.
Bajohr, Frank (2005): »The Holocaust and Corruption«, in: Gerald D. Feldman; Wolfgang Seibel (Hg.): *Networks of Nazi Persecution. Bureaucracy, Business, and the Organization of the Holocaust*. New York: Berghahn Books, S. 118-140.
Bajohr, Frank (2006): »Die Deportation der Juden: Initiativen und Reaktionen aus Hamburg«, in: Beate Meyer (Hg.): *Die Verfolgung und Ermordung der Hamburger Juden 1933-1945. Geschichte, Zeugnis, Erinnerung*. Göttingen: Wallstein, S. 33-41.
Bajohr, Frank (2007): »Aryanization and Restitution in Germany«, in: Martin C. Dean; Constantin Goschler; Philipp Ther (Hg.): *Robbery and Restitution. The Conflict over Jewish Property in Europe*. New York, Oxford: Berghahn, S. 33-52.
Bajohr, Frank (2009): »Korruption in der NS-Zeit als Spiegel des nationalsozialistischen Herrschaftssystems«, in: Jens Ivo Engels; Andreas Fahr-

meir; Alexander Nützenadel (Hg.): *Geld – Geschenke – Politik. Korruption im neuzeitlichen Europa*. München: Oldenbourg, S. 231-248.
Bajohr, Frank; Wildt, Michael (Hg.) (2009): *Volksgemeinschaft. Neue Forschungen zur Gesellschaft des Nationalsozialismus*. Frankfurt/M.: S. Fischer.
Balcke, Jörg (2001): *Verantwortungsentlastung durch Organisation. Die »Inspektion der Konzentrationslager« und der KZ-Terror*. Tübingen: Edition Diskord.
Bandura, Albert (1999): »Moral Disengagement«, in: Israel W. Charny (Hg.): *Encyclopedia of Genocide*. Santa Barbara: ABC-CLIO, S. 415-418.
Barnard, Chester I. (1938): *The Functions of the Executive*. Cambridge, Mass.: Harvard University Press.
Barnett, Victoria J. (1999): *Bystanders. Conscience and Complicity during the Holocaust*. Westport: Praeger.
Bar-On, Dan (2001): »The Bystander in Relation to the Victim and the Perpetrator. Today and During the Holocaust«, *Social Justice Research*, Jg. 14, S. 125-148.
Bartov, Omer (1985): *The Eastern Front, 1941-45. German Troops and the Barbarisation of Warfare*. Basingstoke: Macmillan.
Bartov, Omer (1986): »Indoctrination and Motivation in the Wehrmacht: The Importance of the Unquantifiable«, *The Journal of Strategic Studies*, Jg. 9, S. 16-34.
Bartov, Omer (1991): *Hitler's Army. Soldiers, Nazis, and War in the Third Reich*. Oxford, New York: Oxford University Press.
Bartov, Omer (1992): »The Conduct of War. Soldiers and the Barbarization of Warfare«, *Journal of Modern History*, Jg. 32, S. 32-45.
Bartov, Omer (1995): *Hitlers Wehrmacht. Soldaten, Fanatismus und die Brutalisierung des Krieges*. Reinbek: Rowohlt.
Bartov, Omer (1998): »Defining Enemies, Making Victims. Germans, Jews, and the Holocaust«, *American Historical Review*, Jg. 103, S. 771-816.
Bartov, Omer (2000): *Mirrors of Destruction*. Oxford, New York: Oxford University Press.
Bartov, Omer (2003): *Germany's War and the Holocaust*. Ithaca: Cornell University Press.
Bartov, Omer (2006): »The Bright Side. Review of Michael Mann«, *Journal of Genocide Research*, Jg. 8, S. 479-485.
Bašic, Natalija; Welzer, Harald (2000): »Die Bereitschaft zum Töten. Überlegungen zum Zusammenspiel von Sinn, Mord und Moral«, *Zeitschrift für Genozidforschung*, Jg. 1, S. 78-100.
Bauer, Fritz (1964): *Heute Abend im Keller Club des Hessischen Rundfunks*. Wiesbaden: Hessischer Rundfunk Radiosendung.
Bauer, Gerhard (1988): *Sprache und Sprachlosigkeit im »Dritten Reich«*. Köln: Bund.

Bauer, Yehuda (1984): »The Place of the Holocaust in Contemporary History«, *Studies in Contemporary Jewry*, Jg. 1, S. 201-224.
Bauer, Yehuda (1990): »Is the Holocaust Explicable?«, *Holocaust and Genocide Studies*, Jg. 5, S. 145-156.
Baum, Gerhart (2007): »Dämonisierung des Terrors. Eine Antwort auf Jan Philipp Reemtsma«, *Die Zeit*, 15. 3. 2007.
Bauman, Zygmunt (1989): *Modernity and the Holocaust*. Ithaca: Cornell University Press.
Bauman, Zygmunt (1992): *Dialektik der Ordnung. Die Moderne und der Holocaust*. Hamburg: EVA.
Bauman, Zygmunt (1994): *Ist der Holocaust wiederholbar?* Wiesbaden: Polis Hessische Landeszentrale für politische Bildung.
Bauman, Zygmunt (2002): »Die Pflicht, nicht zu vergessen – aber was?«, in: Aleida Assmann; Frank Hiddemann; Eckhard Schwarzenberger (Hg.): *Firma Topf & Söhne – Hersteller der Öfen für Auschwitz. Ein Fabrikgelände als Erinnerungsort?* Frankfurt/M., New York: Campus, S. 237-274.
Bavelas, Alex (1951): *Réseaux de communications au sein de groupes placés dans des conditions expérimentales de travail*. Paris: Cahiers de la Fondation nationale des sciences politiques.
Beck, Ulrich (1993): *Die Erfindung des Politischen*. Frankfurt/M.: Suhrkamp.
Beck, Ulrich (1996): »Wie aus Nachbarn Juden werden. Zur politischen Konstruktion des Fremden in der reflexiven Moderne«, in: Max Miller; Hans-Georg Soeffner (Hg.): *Modernität und Barbarei. Soziologische Zeitdiagnose am Ende des 20. Jahrhunderts*. Frankfurt/M.: Suhrkamp, S. 318-343.
Becker, Howard S. (1963): *Outsiders. Studies in the Sociology of Deviance*. New York: Free Press.
Behrend-Rosenfeld, Else R. (1968): *Lebenszeichen aus Piaski. Briefe Deportierter aus dem Distrikt Lublin 1940-1943*. München: Biederstein.
Benz, Wolfgang (Hg.) (1991): *Dimension des Völkermordes. Die Zahl der jüdischen Opfer des Nationalsozialismus*. München: dtv.
Berenstein, Tatjana (1957): *Widerstand und Vernichtung der jüdischen Bevölkerung im Distrikt Lublin*. Lublin: Bericht des jüdischen historischen Instituts Warschau, Januar-März 1957, Nr. 21.
Berg, Nicolas (2003): *Der Holocaust und die westdeutschen Historiker. Erforschung und Erinnerung*. Göttingen: Wallstein.
Bergen, Doris L. (2000): »Controversies about the Holocaust: Goldhagen, Arendt, and the Historians' Conflict«, in: Hartmut Lehmann (Hg.): *Historikerkontroversen*. Göttingen: Walter de Gruyter, S. 141-174.
Bergen, Doris L. (2010): »World Wars«, in: Peter Hayes; John K. Roth (Hg.): *The Oxford Handbook of Holocaust Studies*. Oxford, New York: Oxford University Press, S. 95-112.

Berger, Peter L.; Luckmann, Thomas (1966): *The Social Construction of Reality*. New York: Anchor Books.

Bergmann, Werner (1998): »Im falschen System. Die Goldhagen Debatte in Wissenschaft und Öffentlichkeit«, in: Johannes Heil; Rainer Erb (Hg.): *Geschichtswissenschaft und Öffentlichkeit. Der Streit um Daniel Goldhagen*. Frankfurt/M.: S. Fischer, S. 131-147.

Best, Werner (1940): *Die Deutsche Polizei*. Darmstadt: L.C. Wittich Verlag.

Bettendorf, Gunnar (2008): »Das Reserve-Polizeibataillon III im Osteinsatz«, *Hannoversche Geschichtsblätter*, Jg. 62, S. 91-167.

Binding, Karl; Hoche, Alfred (2006): *Die Freigabe der Vernichtung lebensunwerten Lebens. Ihr Maß und ihre Form*. Berlin: BWV Berliner Wissenschaftsverlag.

Birn, Ruth Bettina (1986): *Die höheren SS- und Polizeiführer. Himmlers Vertreter im Reich und in den besetzten Gebieten*. Düsseldorf: Droste.

Birn, Ruth Bettina (1998): »Eine neue Sicht des Holocaust«, in: Norman G. Finkelstein; Ruth Bettina Birn (Hg.): *Eine Nation auf dem Prüfstand. Die Goldhagen-These und die historische Wahrheit*. Hildesheim: Claassen, S. 137-192.

Birn, Ruth Bettina; Rieß, Volker (1998): »Das Goldhagen-Phänomen oder fünfzig Jahre danach«, *Geschichte in Wissenschaft und Unterricht*, Jg. 49, S. 80-98.

Black, Edwin (2001): *IBM and the Holocaust. The Strategic Alliance between Nazi Germany and America's Most Powerful Corporation*. New York: Crown.

Black, Edwin (2009): *Nazi Nexus. America's Corporate Connections to Hitler's Holocaust*. Washington, D.C.: Dialog Press.

Black, Peter R. (2004): »Die Trawniki-Männer und die Aktion Reinhard«, in: Bogdan Musial (Hg.): *»Aktion Reinhardt«. Der Völkermord an den Juden im Generalgouvernement 1941-1944*. Osnabrück: fibre, S. 309-352.

Blake, Joseph A. (1970): »The Organization as Instrument of Violence: The Military Case«, *The Sociological Quarterly*, Jg. 11, S. 331-350.

Blasius, Dirk (2001): *Carl Schmitt. Preußischer Staatsrat in Hitlers Reich*. Göttingen: Vandenhoeck & Ruprecht.

Blatman, Daniel (2011): *Die Todesmärsche 1944/45. Das letzte Kapitel des nationalsozialistischen Massenmords*. Reinbek: Rowohlt.

Blatt, Thomas Toivi (1997): *From the Ashes of Sobibor. A Story of Survival*. Evanston: Northwestern University Press.

Blatt, Thomas Toivi (2000): *Nur die Schatten bleiben. Der Aufstand im Vernichtungslager Sobibor*. Berlin: Aufbau.

Bloxham, Donald (2008): »Organized Mass Murder: Structure, Participation, and Motivation in Comparative Perspective«, *Holocaust and Genocide Studies*, Jg. 22, S. 203-245.

Bloxham, Donald (2009): *The Final Solution. A Genocide*. Oxford: Oxford University Press.

Bloxham, Donald; Moses, A. Dirk (2011): »Genocide and Ethnic Cleansing«, in: Donald Bloxham; Robert Gerwarth (Hg.): *Political Violence in Twentieth-Century Europe*. Cambridge: Cambridge University Press, S. 87-139.

Blum, Alan F.; McHugh, Peter (1971): »The Sociological Ascription of Motives«, *American Sociological Review*, Jg. 36, S. 98-109.

Blum, Mechtild; Storz, Wolfgang (1998): »Killing for Desire. Interview with Klaus Theweleit«, in: Robert R. Shandley (Hg.): *Unwilling Germans? The Goldhagen Debate*. Minneapolis, London: University of Minnesota Press, S. 211-216.

Blumenthal, Michael (2010): »Das war meine Rettung«, *Die Zeit*, 21. 10. 2010.

Boberach, Heinz (2003): »Überwachungs- und Stimmungsberichte als Quellen für die Einstellung der deutschen Bevölkerung zur Judenverfolgung«, in: Ursula Büttner (Hg.): *Die Deutschen und die Judenverfolgung im Dritten Reich*. Frankfurt/M.: S. Fischer, S. 47-68.

Bock, Gisela (1990): »Rassenpolitik, Medizin und Massenmord«, *Archiv für Sozialgeschichte*, Jg. 30, S. 423-453.

Bock, Gisela (1991): »Krankenmord, Judenmord und nationalsozialistische Rassenpolitik. Überlegungen zu einigen neueren Forschungshypothesen«, in: Frank Bajohr; Werner Johe; Uwe Lohalm (Hg.): *Zivilisation und Barbarei. Die widersprüchlichen Potentiale der Moderne. Detlev Peukert zum Gedenken*. Hamburg: Christians, S. 285-306.

Bock, Gisela (1997): »Ganz normale Frauen. Täter, Opfer, Mitläufer und Zuschauer im Nationalsozialismus«, in: Kirsten Heinsohn; Barbara Vogel; Ulrike Weckel (Hg.): *Zwischen Karriere und Verfolgung. Handlungsräume von Frauen im nationalsozialistischen Deutschland*. Frankfurt/M., New York: Campus, S. 245-277.

Bock, Gisela (2010): *Zwangssterilisation im Nationalsozialismus. Studien zur Rassenpolitik und Geschlechterpolitik*. Münster: Monsenstein und Vannerdat.

Boltanski, Luc (1976): »Die soziale Verwendung des Körpers«, in: Dieter Kamper; Volker Rittner (Hg.): *Zur Geschichte des Körpers*. München: Hanser, S. 138-183.

Bonacker, Thorsten (2002): »Zuschreibungen der Gewalt. Zur Sinnförmigkeit interaktiver, organisierter und gesellschaftlicher Gewalt«, *Soziale Welt*, Jg. 53, S. 31-48.

Borgatta, Edgar F. (1960): »Small Group Research«, *Current Sociology*, Jg. 9, S. 173-270.

Bosetzky, Horst (1973): »Das ›Überleben‹ in Großorganisationen und der Prinz-von-Homburg-Effekt«, *Deutsche Verwaltungspraxis*, Jg. 29, S. 2-5.

Bourdieu, Pierre (1977): »Sur le pouvoir symbolique«, *Annales*, Jg. 3, S. 405-411.

Bourdieu, Pierre (2014): *Über den Staat*. Berlin: Suhrkamp.

Bourke, Joanna (1999): *An Intimate History of Killing*. New York: Basic Books.

Brackmann, Karl Heinz; Birkenhauer, Renate (1988): *NS-Deutsch. Selbstverständliche Begriffe und Schlagwörter aus der Zeit des Nationalsozialismus*. Straelen: Straelener Manuskripte Verlag.

Braham, John Randall Daniel (1961): *Night Fighter*. New York: Norton.

Braverman, Harry (1974): *Labor and Monopoly Capital. The Degradation of Work in the Twentieth Century*. New York, London: Monthly Review Press.

Brennan, Michael (2001): »Some Sociological Contemplations on Daniel J. Goldhagen's Hitler's Willing Executioners«, *Theory, Culture and Society*, Jg. 18, S. 83-109.

Breuer, Stefan (2012): *Carl Schmitt im Kontext. Intellektuellenpolitik in der Weimarer Republik*. Berlin: Akademie-Verlag.

Bröckling, Ulrich (1997): *Disziplin. Soziologie und Geschichte militärischer Gehorsamsproduktion*. München: Fink.

Brodeur, Jean-Paul (2003): *Les visages de la police. Pratiques et perceptions*. Montreal: Presses de l'Université de Montréal.

Brodkorb, Mathias (2011): »Habermas gegen Habermas verteidigen! Ein etwas anderes Vorwort«, in: Mathias Brodkorb (Hg.): *Singuläres Auschwitz? Erich Nolte, Jürgen Habermas und 25 Jahre »Historikerstreit«*. Banzkow: Adebor, S. 5-16.

Broom, Leonard; Selznick, Philip (Hg.) (1955): *Sociology. A Text with Adapted Readings*. Evanston, White Plains: Row, Peterson and Company.

Broszat, Martin (1965): *Nationalsozialistische Polenpolitik, 1939-1945*. Frankfurt/M.: S. Fischer.

Broszat, Martin (1978): *Der Staat Hitlers*. München: dtv.

Broszat, Martin (1979): »Resistenz und Widerstand. Eine Zwischenbilanz des Forschungsprojektes«, in: Martin Broszat; Elke Fröhlich; Anton Grossmann (Hg.): *Bayern in der NS-Zeit. Band IV. Herrschaft und Gesellschaft im Konflikt*. München, Wien: Oldenbourg, S. 691-709.

Broszat, Martin (1985): »Plädoyer für eine Historisierung des Nationalsozialismus«, *Merkur*, Jg. 39, S. 373-385.

Broszat, Martin; Friedländer, Saul (1988): »Um die ›Historisierung im Nationalsozialismus‹. Ein Briefwechsel«, *Vierteljahrshefte für Zeitgeschichte*, Jg. 36, S. 339-372.

Broszat, Martin; Präg, Werner (1967): *Grundzüge der Besatzungspolitik und Judenverfolgung, der Verwaltung und Polizeiorganisation im Generalgouvernement. Mit besonderer Berücksichtigung des Distrikts Lublin und der*

*Beteiligung der Ordnungspolizei*. München: Gutachten für die Staatsanwaltschaft bei dem Landgericht Amberg im Ermittulungsverfahren gegen Bruno Muttersbach.

Browder, George C. (1996): *Hitler's Enforcers. The Gestapo and the SS Security Service in the Nazi Revolution*. New York, Oxford: Oxford University Press.

Browder, George C. (2003): »No Middle Ground for the Eichmann Männer?«, *Yad Vashem Studies*, Jg. 31, S. 403-424.

Browning, Christopher R. (1992): *Ordinary Men. Reserve Police Battalion 101 and the Final Solution in Poland*. New York: HarperCollins.

Browning, Christopher R. (1996): »Dämonisierung erklärt nichts«, in: Julius H. Schoeps (Hg.): *Ein Volk von Mördern? Die Dokumentation zur Goldhagen-Kontroverse um die Rolle der Deutschen im Holocaust*. Hamburg: Hoffmann & Campe, S. 118-124.

Browning, Christopher R. (1998): »Die Debatte über die Täter des Holocaust«, in: Ulrich Herbert (Hg.): *Nationalsozialistische Vernichtungspolitik 1939-1945. Neue Forschungen und Kontroversen*. Frankfurt/M.: S. Fischer, S. 148-169.

Browning, Christopher R. (1998): »Ordinary Germans or Ordinary Men? A Reply to Critics«, in: Michael Berenbaum; Abraham J. Peck (Hg.): *The Holocaust and History*. Bloomington: Indiana University Press, S. 252-265.

Browning, Christopher R. (2005): *Ganz normale Männer. Das Reserve-Polizeibataillon 101 und die »Endlösung« in Polen*. Reinbek: Rowohlt.

Browning, Christopher R. (2005): »Ideology, Culture, Situation, and Disposition. Holocaust Perpetrators and the Group Dynamic of Mass Killing«, in: Alfred B. Gottwaldt; Norbert Kampe; Peter Klein (Hg.): *NS-Gewaltherrschaft. Beiträge zur historischen Forschung und juristischen Aufarbeitung*. Berlin: Hentrich, S. 66-76.

Browning, Christopher R. (2006): »›Judenjagd‹. Die Schlußphase der ›Endlösung‹ in Polen«, in: Jürgen Matthäus; Klaus-Michael Mallmann (Hg.): *Deutsche, Juden, Völkermord. Der Holocaust als Geschichte und Gegenwart*. Darmstadt: Wissenschaftliche Buchgesellschaft, S. 177-189.

Browning, Christopher R. (2011): *Revisiting the Holocaust Perpetrators. Why Did They Kill?* The University of Vermont, The Raul Hilberg Memorial Lecture, 2011. Burlington: Unveröff. Ms.

Bruendel, Steffen (2003): *Volksgemeinschaft oder Volksstaat. Die »Ideen von 1914« und die Neuordnung Deutschlands im Ersten Weltkrieg*. Berlin: Akademie-Verlag.

Buchheim, Hans (1962): *Totalitäre Herrschaft*. München: Kösel.

Büchner, Stefanie (2009): *Das Reservepolizeibataillon 101 als totale Organisation? Versuch einer graduellen Reformulierung von Totalität*. Bielefeld: Working Paper Soziologische Analyse des Holocaust.

Büchner, Stefanie (2015): »Mythos Vera Wohlauf. Empörung und Ensemblebildung bei der Deportation von Międzyrzec«, in: Alexander Gruber; Stefan Kühl (Hg.): *Soziologische Analysen des Holocaust. Jenseits der Debatte über »ganz normale Männer« und »ganz normale Deutsche«*. Wiesbaden: Springer VS-Verlag, im Erscheinen.

Bundesarchiv Koblenz (1974): *Findbuch R 19 Chef der Ordnungspolizei (Hauptamt Ordnungspolizei)*. Koblenz: Bundesarchiv.

Cachay, Klaus (1991): »Sport und Sozialisation im Nationalsozialismus. Feldpostbriefe als Quelle historischer Sozialisationsforschung«, *Sozial- und Zeitgeschichte des Sports*, Jg. 5, S. 7-29.

Cesarani, David (2004): *Adolf Eichmann. Bürokrat und Massenmörder*. Berlin: Propyläen.

Cesarani, David (2012): »Review Thomas Kühne Belonging and Genocide«, *Central European History*, Jg. 45, S. 162-165.

Chalk, Frank Robert; Jonassohn, Kurt (1990): *The History and Sociology of Genocide. Analyses and Case Studies*. New Haven: Yale University Press.

Christ, Michaela (2011): *Die Dynamik des Tötens. Die Ermordung der Juden von Berditschew; Ukraine 1941-1944*. Frankfurt/M.: S. Fischer.

Christ, Michaela (2011): »Die Soziologie und das ›Dritte Reich‹. Weshalb Holocaust und Nationalsozialismus in der Soziologie ein Schattendasein führen«, *Soziologie*, Jg. 40, S. 407-431.

Christ, Michaela; Suderland, Maja (Hg.) (2014): *Soziologie und Nationalsozialismus. Positionen, Debatten, Perspektiven*. Berlin: Suhrkamp.

Coleman, James S. (1990): *Foundations of Social Theory*. Cambridge: Belknap Press.

Collins, Randall (1981): »On the Microfoundations of Macrosociology«, *American Journal of Sociology*, Jg. 86, S. 984-1014.

Collins, Randall (2009): »Micro and Macro Causes of Violence«, *International Journal of Conflict and Violence*, Jg. 3, S. 9-22.

Collins, Randall (2009): »The Micro-Sociology of Violence«, *The British Journal of Sociology*, Jg. 60, S. 566-576.

Collins, Randall (2011): *Dynamik der Gewalt. Eine mikrosoziologische Theorie*. Hamburg: Hamburger Edition.

Collins, Randall (2011): »The Invention and Diffusion of Social Techniques of Violence. How Micro-Sociology Can Explain Historical Trends«, *Sociologica*, Jg. 2, S. 1-10.

Collins, Randall (2013): »Entering and Leaving the Tunnel of Violence. Micro-Sociological Dynamics of Emotional Entrainment in Violent Interactions«, *Current Sociology*, Jg. 61, S. 132-151.

Commons, John R. (1924): *Legal Foundation of Capitalism*. New York: Macmillan.

Cooney, Mark (2009): »The Scientific Significance of Collins' Violence«, *British Journal of Sociology*, Jg. 60, S. 586-595.
Coser, Lewis A. (1967): »Greedy Organizations«, *Europäisches Archiv für Soziologie*, Jg. 8, S. 198-215.
Coser, Lewis A. (1974): *Greedy Institutions. Patterns of Undivided Commitment*. New York: Free Press.
Crankshaw, Edward (1959): *Die Gestapo*. Berlin: Colloquium-Verlag.
Cüppers, Martin (2005): *Wegbereiter der Shoah. Die Waffen-SS, der Kommandostab Reichsführer-SS und die Judenvernichtung 1939-1945*. Darmstadt: Wissenschaftliche Buchgesellschaft.
Curilla, Wolfgang (2006): *Die deutsche Ordnungspolizei und der Holocaust im Baltikum und in Weißrussland*. Paderborn: Schöningh.
Curilla, Wolfgang (2011): *Der Judenmord in Polen und die deutsche Ordnungspolizei. 1939-1945*. Paderborn: Schöningh.

Dabrowska, Danuta; Wein, Abraham (1976): *Pinkas Hakehillot. Encyclopedia of Jewish Communities, Poland. Band 1*. Jerusalem: Yad Vashem.
Dalton, Melville (1959): *Men Who Manage*. New York: Wiley.
Dammann, Klaus (2002): *Garbage Can Decision Processes? A Sociological Redescription of the Functionalist Research Programme in Shoah Historiography*. Bielefeld: Unveröff. Ms.
Dammann, Klaus (2007): *Genocide, Individuals and Organization: Choice, Actions and Consequences for Contemporary Contexts*. Bielefeld: Unveröff. Ms.
Dammann, Klaus (2010): »Verwaltungsmenschen beim Verwaltungsselbstmord. Grunows und Luhmanns Personaltheorie in der Genozidforschung«, in: Heinz-Jürgen Dahme; Norbert Wohlfahrt (Hg.): *Systemanalyse als politische Reformstrategie*. Wiesbaden: VS-Verlag für Sozialwissenschaften, S. 196-211.
Dank, Barry M. (1979): »Review of On the Edge of Destruction by Celia S. Heller«, *Contemporary Sociology*, Jg. 8, S. 129-130.
Danner, Lothar (1958): *Ordnungspolizei Hamburg. Betrachtungen zu ihrer Geschichte 1918-1933*. Hamburg: Verlag Deutsche Polizei.
Dawidowicz, Lucy (1981): *The Holocaust and the Historians*. Cambridge, Mass.: Harvard University Press.
Deák, István (1997): »Holocaust Views. The Goldhagen Controversy in Retrospect«, *Central European History*, Jg. 30, S. 295-307.
Dean, Martin C. (2004): »Local Collaboration in the Holocaust in Eastern Europe«, in: Dan Stone (Hg.): *The Historiography of the Holocaust*. Houndmills, New York: Palgrave Macmillan, S. 120-140.
Dean, Martin C. (2005): »Seizure of Jewish Property and Inter-Agency Rivalry in the Reich and in the Occupied Soviet Territories«, in: Ge-

rald D. Feldman; Wolfgang Seibel (Hg.): *Networks of Nazi Persecution. Bureaucracy, Business, and the Organization of the Holocaust*. New York: Berghahn, S. 88-102.

Dean, Martin C. (2007): »The Seizure of Jewish Property in Europe: Comparative Aspects of Nazi Methods and Local Responses«, in: Martin C. Dean; Constantin Goschler; Philipp Ther (Hg.): *Robbery and Restitution. The Conflict over Jewish Property in Europe*. New York: Berghahn, S. 21-32.

Dean, Martin C. (2008): *Robbing the Jews. The Confiscation of Jewish Property in the Holocaust, 1933-1945*. Cambridge: Cambridge University Press.

Della Porta, Donatella (1998): *Policing Protest. The Control of Mass Demonstrations in Western Democracies*. Minneapolis: University of Minnesota Press.

Deutscher, Isaac (1982): *The Non-Jewish Jew and other Essays*. Boston: Alyson.

Dierl, Florian (2001): »Das Hauptamt Ordnungspolizei 1936 bis 1945«, in: Alfons Kenkmann; Christoph Spieker (Hg.): *Im Auftrag. Polizei, Verwaltung und Verantwortung*. Essen: Klartext, S. 159-175.

Dietrich, Otto (1940): *Auf den Straßen des Sieges. Erlebnisse mit dem Führer in Polen*. München: Zentralverlag der NSDAP Franz Eher.

Diner, Dan (1991): »Historisierung und Rationalität«, in: Hans-Uwe Otto; Heinz Sünker (Hg.): *Politische Formierung und soziale Erziehung im Nationalsozialismus*. Frankfurt/M.: Suhrkamp, S. 9-17.

Dipper, Christof (1998): »Warum werden deutsche Historiker nicht gelesen. Anmerkungen zur Goldhagen-Debatte«, in: Johannes Heil; Rainer Erb (Hg.): *Geschichtswissenschaft und Öffentlichkeit. Der Streit um Daniel Goldhagen*. Frankfurt/M.: S. Fischer, S. 93-109.

Doebel, Günter (2005): *»So etwas wie Weltuntergang«. Kriegstagebücher eines Polizeioffiziers 1939-1945*. Mainz: C.P.-Verlag.

Dokumentationszentrum der staatlichen Archivverwaltung der DDR (Hg.) (1963): *Braunbuch Kriegs- und Naziverbrecher in der Bundesrepublik*. Berlin: Staatsverlag der Deutschen Demokratischen Republik.

Dombrowski, Hanns (Hg.) (1940): *Kriegsstrafrecht*. Berlin: Franz Vahlen.

Dörken, Georg; Scherer, Werner (1942): *Das Militärstrafgesetzbuch und die Kriegssonderstrafrechtsordnung mit Erläuterungen*. Berlin: Vandenhoeck & Ruprecht.

Dostert, Paul (2000): »Die Luxemburger im Reserve-Polizei-Bataillon 101 und der Judenmord in Polen«, *Hémecht*, Jg. 552, S. 81-99.

Dreßen, Willi (1994): »Probleme und Erfahrungen der Ermittler bei der Aufklärung von NS-Gewaltverbrechen«, *Archiv für Polizeigeschichte*, Jg. 5, S. 75-83.

Drews, Bill (1929): *Preußisches Polizeirecht. Ein Leitfaden für Verwaltungsbeamte*. Berlin: Heymann.

Du Gay, Paul (2000): *In Praise of Bureaucracy*. London: Sage.
Durkheim, Émile (1975): »Débat sur l'explication en histoire et en sociologie«, in: Émile Durkheim: *Textes*. Paris: Minuit, S. 199-217.
Duster, Troy (1971): »Conditions for Guilt Free Massacre«, in: Nevitt Sanford; Craig Comstock (Hg.): *Sanctions for Evil*. San Francisco: Jossey-Bass, S. 25-36.
Duster, Troy (1973): »Bedingungen für Massenmord ohne Schuldgefühl«, in: Heinz Steinert (Hg.): *Symbolische Interaktion*. Stuttgart: Klett-Cotta, S. 76-87.
Dyer, Gwynne (1985): *War*. New York: Crown.

Earl, Hilary Camille (2009): *The Nuremberg SS-Einsatzgruppen Trial, 1945-1958. Atrocity, Law, and History*. Cambridge: Cambridge University Press.
Eiber, Ludwig (1991): »›... ein bißchen Wahrheit‹. Briefe eines Bremer Kaufmanns von seinem Einsatz beim Reserve-Bataillon 105 in der Sowjetunion 1941«, *1999 Zeitschrift für Sozialgeschichte*, Jg. 5, S. 58-83.
Eisenstadt, Shmuel N. (1958): »Bureaucracy and Bureaucratization«, *Current Sociology*, Jg. 7, S. 99-164.
Eisner, Manuel (2009): »The Use of Violence. An Examination of Some Cross-Cutting Issues«, *International Journal of Conflict and Violence*, Jg. 3, S. 40-59.
Eley, Geoff (Hg.) (2000): *The »Goldhagen Effect«. History Memory Nazism – Facing the German Past*. Ann Arbor: University of Michigan Press.
Elias, Norbert (1981): »Zivilisation und Gewalt. Über das Staatsmonopol der körperlichen Gewalt und seine Durchbrechungen«, in: Joachim Matthes (Hg.): *Lebenswelt und soziale Probleme. Verhandlungen des 20. deutschen Soziologentages in Bremen 1980*. Frankfurt/M., New York: Campus, S. 98-122.
Elsässer, Jürgen; Markovits, Andrej S. (Hg.) (1999): *»Die Fratze der eigenen Geschichte«. Von der Goldhagen-Debatte zum Jugoslawien-Krieg*. Berlin: Elefanten Press.
Engemann, Alexander (2015): »Exzessive Gewalt als Kavaliersdelikt? Legitimationsstrukturen für Gewalt in Polizeibataillonen«, in: Alexander Gruber; Stefan Kühl (Hg.): *Soziologische Analysen des Holocaust. Jenseits der Debatte über »ganz normale Männer« und »ganz normale Deutsche«*. Wiesbaden: Springer VS-Verlag, im Erscheinen.
Erdmann, Karl Dietrich (1975): »›Lebensunwertes Leben‹«, *Geschichte in Wissenschaft und Unterricht*, Jg. 26, S. 215-225.
Eschebach, Insa (1995): »›Ich bin unschuldig‹. Der Rostocker Ravensbrück-Prozeß 1966«, *Werkstattgeschichte*, Jg. 12, S. 65-70.
Etzioni, Amitai (1975): *A Comparative Analysis of Complex Organizations. On Power, Inolvement, and Their Correlates*. New York: Free Press.

Evans, Richard J. (2006): *Das Dritte Reich. Band II/1 Diktatur*. München: DVA.
Evans, Richard J. (2009): *Das Dritte Reich. Band III, Krieg*. München: DVA.

Falter, Jürgen W. (1991): *Hitlers Wähler*. München: C.H. Beck.
Fangmann, Helmut D. (1984): »Faschistische Polizeirechtslehre«, in: Udo Reifner; Bernd-Rüdeger Sonnen (Hg.): *Strafjustiz und Polizei im Dritten Reich*. Frankfurt/M., New York: Campus, S. 173-207.
Fechner, Eberhard (1983): *Der Prozess. Eine Darstellung des sogenannten »Majdanek-Verfahrens« gegen Angehörige des Konzentrationslagers Lublin/Majdanek in Düsseldorf von 1975 bis 1981*. Hamburg: NDR.
Fein, Helen (1979): *Accounting for Genocide. National Responses and Jewish Victimization during the Holocaust*. New York: The Free Press.
Feldman, Gerald D.; Seibel, Wolfgang (2005): »The Holocaust as Division-of-Labor-Based Crime – Evidence and Analytical Challenges«, in: Gerald D. Feldman; Wolfgang Seibel (Hg.): *Networks of Nazi Persecution. Bureaucracy, Business, and the Organization of the Holocaust*. New York: Berghahn Books, S. 1-12.
Festinger, Leon (1957): *A Theory of Cognitive Dissonance*. Stanford: Stanford University Press.
Finger, Jürgen (2009): »Zeithistorische Quellenkunde von Strafprozessakten«, in: Jürgen Finger (Hg.): *Vom Recht zur Geschichte. Akten aus NS-Prozessen als Quellen der Zeitgeschichte*. Göttingen: Vandenhoeck & Ruprecht, S. 97-113.
Finger, Jürgen; Keller, Sven (2009): »Täter und Opfer – Gedanken zu Quellenkritik und Aussagekontext«, in: Jürgen Finger (Hg.): *Vom Recht zur Geschichte. Akten aus NS-Prozessen als Quellen der Zeitgeschichte*. Göttingen: Vandenhoeck & Ruprecht, S. 114-131.
Follath, Erich (2009): »Holocaust als Karriere. Völkermord: ›Duch‹, Eichmann und die Banalität des Bösen«, *Der Spiegel*, 14.12.2009, S. 114-116.
Forster, Iris (2009): *Euphemistische Sprache im Nationalsozialismus*. Bremen: Hempen.
Fraenkel, Ernst (1941): *The Dual State. A Contribution to the Theory of Dictatorship*. New York, Oxford: Oxford University Press.
Fraenkel, Ernst (1974): *Der Doppelstaat*. Frankfurt/M.: EVA.
Frank, Jerome D. (1944): »Experimental Study of Personal Pressures and Resistance«, *Journal of General Psychology*, Jg. 30, S. 23-64.
Freeman, Michael (1995): »Genocide, Civilization and Modernity«, *British Journal of Sociology*, Jg. 46, S. 207-223.
Frei, Norbert (2007): *Der Führerstaat. Nationalsozialistische Herrschaft 1933 bis 1945*. München: dtv.
Frei, Norbert (Hg.) (2007): *Martin Broszat, der »Staat Hitlers« und die Historisierung des Nationalsozialismus*. Göttingen: Walter de Gruyter.

Freudiger, Kerstin (2002): *Die juristische Aufarbeitung von NS-Verbrechen*. Tübingen: J.C.B. Mohr.
Friedlander, Henry (1995): *The Origins of Nazi Genocide. From Euthanasia to the Final Solution*. Chapel Hill: University of North Carolina Press.
Friedländer, Saul (1985): »Vom Antisemitismus zur Judenvernichtung. Eine historiographische Studie zur nationalsozialistischen Judenpolitik und Versuch einer Interpretation«, in: Eberhard Jäckel; Jürgen Rohwer (Hg.): *Der Mord an den Juden im Zweiten Weltkrieg*. Stuttgart: DVA, S. 18-60.
Friedländer, Saul (1987): »Some Reflections on the Historicisation of National Socialism«, *Tel Aviver Jahrbuch für deutsche Geschichte*, Jg. 16, S. 310-324.
Friedländer, Saul (1997): *Nazi Germany and the Jews. The Years of Persecution. 1933-1939*. New York: Harper Collins.
Friedländer, Saul (2006): *Die Jahre der Vernichtung. Das Dritte Reich und die Juden. Zweiter Band 1933-1945*. München: C.H. Beck.
Friedländer, Saul (2012): »Wege der Holocaust-Geschichtsschreibung«, in: Ulrich Bielefeld; Heinz Bude; Bernd Greiner (Hg.): *Gesellschaft – Gewalt – Vertrauen. Jan Philipp Reemtsma zum 60. Geburtstag*. Hamburg: Hamburger Edition, S. 471-488.
Friedrich, Carl Joachim (1957): *Totalitäre Diktatur*. Stuttgart: Kohlhammer.
Friedrich, Carl Joachim; Brzezinski, Zbigniew (1996): »Die allgemeinen Merkmale der Totalitarismus-Theorie«, in: Eckhard Jesse (Hg.): *Totalitarismus im 20. Jahrhundert*. Bonn: Bundeszentrale für politische Bildung, S. 225-236.
Friedrich, Klaus-Peter (Hg.) (2011): *Polen, September 1939-Juli 1941*. München: Oldenbourg.
Friedrich, Klaus-Peter (Hg.) (2014): *Polen: Generalgouvernement August 1941-1945*. München: Oldenbourg.
Friedrich, Stefan (2012): *Soziologie des Genozids. Grenzen und Möglichkeiten einer Forschungsperspektive*. Paderborn: Fink.
Frisch, Max (2011): *Tagebuch 1946-1949*. Berlin: Suhrkamp.

Galtung, Johan (1975): *Strukturelle Gewalt. Beiträge zur Friedens- und Konfliktforschung*. Reinbek: Rowohlt.
Gambetta, Diego (1993): *The Sicilian Mafia*. Cambridge, Mass.: Harvard University Press.
Garfinkel, Harold (1956): »Conditions of Successful Degradation Ceremonies«, *American Journal of Sociology*, Jg. 61, S. 420-424.
Geiger, Theodor (1932): *Die soziale Schichtung des deutschen Volkes. Soziographischer Versuch auf statistischer Grundlage*. Stuttgart: Ferdinand Enke.
Geldbach, Erich (1997): »Goldhagen: Another Kind of Revisionism«, in:

Franklin H. Littell (Hg.): *Hyping the Holocaust. Scholars answer Goldhagen*. Merion Station: Merion Westfield Press, S. 89-102.

Gellately, Robert (1990): *The Gestapo and German Society*. Oxford: Clarendon Press.

Gellately, Robert (2002): *Hingeschaut und weggesehen. Hitler und sein Volk*. Stuttgart, München: DVA.

George, Alexander L. (1971): »Primary Groups, Organization and Military Performance«, in: Roger W. Little (Hg.): *Handbook of Military Institutions*. Beverly Hills, London: Sage, S. 293-318.

Gerhardt, Uta (Hg.) (1993): *Talcott Parsons on National Socialism*. Piscataway: Aldine Transaction.

Gerlach, Christian (Hg.) (2000): *»Durchschnittstäter«. Handeln und Motivation*. Berlin: Assoziation Schwarze Risse Rote Straße.

Gerlach, Christian (2000): *Kalkulierte Morde. Die deutsche Wirtschafts- und Vernichtungspolitik in Weißrußland 1941 bis 1944*. Hamburg: Hamburger Edition.

Gerlach, Christian (2002): »Die Firma J.A. Topf & Söhne, die deutsche Vernichtungspolitik und der ›Osten‹ als Aktionsfeld kleiner und mittlerer Firmen im Zweiten Weltkrieg«, in: Aleida Assmann; Frank Hiddemann; Eckhard Schwarzenberger (Hg.): *Firma Topf & Söhne – Hersteller der Öfen für Auschwitz. Ein Fabrikgelände als Erinnerungsort?* Frankfurt/M., New York: Campus, S. 72-94.

Gerlach, Christian (2006): »Extremely Violent Societies. An Alternative to the Concept of Genocide«, *Journal of Genocide Research*, Jg. 8, S. 455-472.

Gerlach, Christian (2011): *Extrem gewalttätige Gesellschaften. Massengewalt im 20. Jahrhundert*. München: DVA.

Gerth, Hans; Mills, C. Wright (1954): *Character and Social Structure*. London: Routledge & Kegan Paul.

Gerth, Hans; Mills, C. Wright (1973): »Motivvokabulare«, in: Heinz Steinert (Hg.): *Symbolische Interaktion*. Stuttgart: Klett-Cotta, S. 156-161.

Geser, Hans (1983): »Organisationsprobleme des Militärs«, in: Günther Wachtler (Hg.): *Militär, Krieg und Gesellschaft. Texte zur Militärsoziologie*. Frankfurt/M., New York: Campus, S. 139-165.

Giddens, Anthony (1984): *The Constitution of Society*. Cambridge: Polity Press.

Giddens, Anthony (1985): *The Nation State and Violence*. Berkeley: University of California Press.

Gilcher-Holtey, Ingrid (1996): »Die Mentalität der Täter«, in: Julius H. Schoeps (Hg.): *Ein Volk von Mördern? Die Dokumentation zur Goldhagen-Kontroverse um die Rolle der Deutschen im Holocaust*. Hamburg: Hoffmann & Campe, S. 210-213.

Gippert, Wolfgang (2008): *Neue Tendenzen in der NS-Täterforschung*. Köln: Unveröff. Ms.
Girard, René (1982): *Le bouc émissaire*. Paris: Grasset.
Goebbels, Joseph (1944): »Krieg und Weltanschauung«, *Mitteilungsblätter für die weltanschauliche Schulung der Ordnungspolizei*, 10.7.1944, S 1-4.
Goffman, Erving (1956): *The Presentation of Self in Everyday Life*. New York: Doubleday.
Goffman, Erving (1961): *Asylums*. New York: Doubleday.
Goffman, Erving (1961): »Role Distance«, in: Erving Goffman (Hg.): *Encounters. Two Studies in the Sociology of Interaction*. London: Allen Lane, S. 73-134.
Goffman, Erving (1963): *Stigma*. Englewood Cliffs: Prentice Hall.
Golczewski, Frank (1991): »Polen«, in: Wolfgang Benz (Hg.): *Dimension des Völkermordes. Die Zahl der jüdischen Opfer des Nationalsozialismus*. München: dtv, S. 411-497.
Golczewski, Frank (2002): »Der Jedwabne-Diskurs. Bemerkungen im Anschluß an den Artikel von Bogdan Musial«, *Jahrbücher für Geschichte Osteuropas*, Jg. 50, S. 412-437.
Goldberg, Amos (2010): »Jews' Diaries and Chronicles«, in: Peter Hayes; John K. Roth (Hg.): *The Oxford Handbook of Holocaust Studies*. Oxford, New York: Oxford University Press, S. 397-413.
Goldhagen, Daniel Jonah (1996): *Hitlers willige Vollstrecker. Ganz gewöhnliche Deutsche und der Holocaust*. Berlin: Siedler.
Goldhagen, Daniel Jonah (1996): *Hitler's Willing Executioners. Ordinary Germans and the Holocaust*. New York: Knopf.
Goldhagen, Daniel Jonah (1996): »Was dachten die Mörder? Der US-Politologe Daniel Jonah Goldhagen über den Streit um sein Holocaust Buch und das Bild der Täter«, *Der Spiegel*, 12.8.1996, S. 128.
Goldhagen, Daniel Jonah (1996): »A Reply to My Critics: Motives, Causes and Alibis«, *New Republic*, 23.12.1996, S. 37-45.
Goldhagen, Daniel Jonah (1997): *Briefe an Goldhagen*. Berlin: Siedler.
Goldhagen, Daniel Jonah (1998): »Ordinary Men or Ordinary Germans?«, in: Michael Berenbaum; Abraham J. Peck (Hg.): *The Holocaust and History*. Bloomington: Indiana University Press, S. 301-308.
Goldhagen, Daniel Jonah (1999): »Die Notwendigkeit eines neuen Paradigmas«, in: Jürgen Elsässer; Andrej S. Markovits (Hg.): *»Die Fratze der eigenen Geschichte«. Von der Goldhagen-Debatte zum Jugoslawien-Krieg*. Berlin: Elefanten Press, S. 80-102.
Goldhagen, Daniel Jonah (2009): *Worse than War. Genocide, Eliminationism, and the Ongoing Assault on Humanity*. New York: PublicAffairs.
Goldschmidt, Dietrich (1964): »Soziologische Überlegungen zur Strafrechtsreform angesichts der Prozesse gegen nationalsozialistische Ge-

waltverbrecher«, in: Freie Universität Berlin (Hg.): *Gesellschaftliche Wirklichkeit im 20. Jahrhundert und Strafrechtsreform*. Berlin: Walter de Gruyter, S. 71-89.

Gottwaldt, Alfred; Schulle, Diana (2005): *Die »Judendeportationen« aus dem Deutschen Reich 1941-1945. Eine kommentierte Chronologie*. Wiesbaden: Matrix Verlag.

Götz, Norbert (2001): *Ungleiche Geschwister. Die Konstruktion von nationalsozialistischer Volksgemeinschaft und schwedischem Volksheim*. Baden-Baden: Nomos.

Grabitz, Helge (1984): »Die Verfolgung nationalsozialistischer Gewaltverbrechen aus der Sicht einer damit befassten Staatsanwältin«, in: Jürgen Weber; Peter Steinbach (Hg.): *Vergangenheitsbewältigung durch Strafrecht? NS-Prozesse in der Bundesrepublik Deutschland*. München: Olzog, S. 84-99.

Grabitz, Helge (1985): *NS-Prozesse. Psychogramme der Beteiligten*. Heidelberg: c.f. müller.

Grabitz, Helge (1988): »Problems of the Nazi Trials in the Federal Republic of Germany«, *Holocaust and Genocide Studies*, Jg. 3, S. 209-222.

Grabitz, Helge (1994): »Die Verfolgung von NS-Gewaltverbrechen in Hamburg in der Zeit von 1956 bis heute«, in: Helge Grabitz; Klaus Bästlein; Johannes Tuchel (Hg.): *Die Normalität des Verbrechens*. Berlin: Edition Hentrich, S. 300-324.

Grabitz, Helge (1999): »Überblick«, in: Helge Grabitz; Justizbehörde Hamburg (Hg.): *Täter und Gehilfen des Endlösungswahns. Hamburger Verfahren wegen NS-Gewaltverbrechen 1946-1996*. Hamburg: Ergebnisse-Verlag, S. 27-162.

Grabitz, Helge; Justizbehörde Hamburg (Hg.) (1999): *Täter und Gehilfen des Endlösungswahns. Hamburger Verfahren wegen NS-Gewaltverbrechen 1946-1996*. Hamburg: Ergebnisse-Verlag.

Granovetter, Mark S. (1973): »The Strength of Weak Ties«, *American Journal of Sociology*, Jg. 78, S. 1360-1380.

Gray, J. Glenn (1959): *The Warriors. Reflections on Men in Battle*. New York: Harcourt Brace.

Greenspan, Henry (2010): »Survivors' Account«, in: Peter Hayes; John K. Roth (Hg.): *The Oxford Handbook of Holocaust Studies*. Oxford, New York: Oxford University Press, S. 414-427.

Greiser, Katrin (2008): *Die Todesmärsche von Buchenwald. Räumung, Befreiung und Spuren der Erinnerung*. Göttingen: Wallstein.

Greve, Michael (2001): *Der justitielle und rechtspolitische Umgang mit den NS-Gewaltverbrechen in den sechziger Jahren*. Frankfurt/M.: Peter Lang.

Groebner, Valentin (2009): »Theoriegesättigt. Angekommen in Bielefeld 1989«, in: Sonja Asal; Stephan Schlak (Hg.): *Was war Bielefeld? Eine ideengeschichtliche Nachfrage*. Göttingen: Wallstein, S. 179-189.

Gross, Jan Tomasz (1979): *Polish Society under German Occupation. The Generalgouvernement 1939-1944*. Princeton: Princeton University Press.

Gross, Jan Tomasz (2001): *Neighbors. The Destruction of the Jewish Community in Jedwabne Poland*. Princeton: Princeton University Press.

Grossman, Dave (2009): *On Killing. The Psychological Cost of Learning to Kill in War and Society*. New York: Back Bay Books.

Gruber, Alexander (2015): »›...zunächst wurde nach Freiwilligen gesucht‹. Soziologische Erklärungsansätze zur freiwilligen Beteiligung von Ordnungspolizisten an der ›Endlösung‹«, in: Alexander Gruber; Stefan Kühl (Hg.): *Soziologische Analysen des Holocaust. Jenseits der Debatte über »ganz normale Männer« und »ganz normale Deutsche«*. Wiesbaden: Springer VS-Verlag, im Erscheinen.

Gruber, Alexander; Kühl, Stefan (Hg.) (2015): *Soziologische Analysen des Holocaust. Jenseits der Debatte über »ganz normale Männer« und »ganz normale Deutsche«*. Wiesbaden: Springer VS-Verlag.

Gruchmann, Lothar (1983): »›Blutschutzgesetz‹ und Justiz. Zur Entstehung und Auswirkung des Nürnberger Gesetzes vom 15. September 1935«, *Vierteljahrshefte für Zeitgeschichte*, Jg. 31, S. 418-442.

Gruchmann, Lothar (1988): *Justiz im Dritten Reich 1933-1940. Anpassung und Unterwerfung in der Ära Gürtner*. München: Oldenbourg.

Grüneisen, Sven (2010): *Kameradschaft in Militärorganisationen – Kameradschaft in Extremsituationen*. Bielefeld: Working Paper Soziologische Analyse des Holocaust.

Grüneisen, Sven (2015): »Kameradschaft im Reservepolizeibataillon 101 und der Genozid an den Juden. Eine soziologische Rekonstruktion von Verhaltenserwartungen in Extremsituationen«, in: Alexander Gruber; Stefan Kühl (Hg.): *Soziologische Analysen des Holocaust. Jenseits der Debatte über »ganz normale Männer« und »ganz normale Deutsche«*. Wiesbaden: Springer VS-Verlag, im Erscheinen.

Gruner, Wolf (Hg.) (2008): *Deutsches Reich 1933-1937*. München: Oldenbourg.

Gurfein, Murray; Janowitz, Morris (1951): »Propaganda in War and Crisis«, in: Daniel Lerner (Hg.): *Propaganda in War and Crisis*. New York: Arno Press, S. 200-208.

Haar, Ingo (2009): »Bevölkerungspolitik im Generalgouvernement. Nationalitäten-, Juden- und Siedlungspolitik im Spannungsfeld regionaler und zentraler Initiativen«, in: Jacek Andrzej Młynarczyk (Hg.): *Polen unter deutscher und sowjetischer Besatzung*. Osnabrück: fibre, S. 281-306.

Habermas, Jürgen (1987): *Eine Art Schadensabwicklung. Kleine politische Schriften VI*. Frankfurt/M.: Suhrkamp.

Habermas, Jürgen (1997): »Über den öffentlichen Gebrauch der Historie. Warum ein ›Demokratiepreis‹ für Daniel Goldhagen?«, in: Karl D. Bredthauer; Arthur Heinrich (Hg.): *Aus der Geschichte lernen – How to Learn from History*. Bonn: Blätter-Verlag, S. 14-37.

Habermas, Jürgen (1998): »Goldhagen and the Public Use of History: Why a Democracy Prize for Daniel Goldhagen?«, in: Robert R. Shandley (Hg.): *Unwilling Germans? The Goldhagen Debate*. Minneapolis, London: University of Minnesota Press, S. 263-274.

Habermas, Jürgen; Luhmann, Niklas (1971): *Theorie der Gesellschaft oder Sozialtechnologie. Was leistet die Systemforschung?* Frankfurt/M.: Suhrkamp.

Hadamovsky, Eugen (1941): *Weltgeschichte im Sturmschritt*. München: Zentralverlag der NSDAP Franz Eher.

Haffner, Sebastian (2004): *Geschichte eines Deutschen. Die Erinnerungen 1914-1933*. Stuttgart: DVA.

Hamel, Walter (1937): »Wesen und Rechtsgrundlage der Polizei im nationalsozialistischen Staate«, in: Hans Frank (Hg.): *Deutsches Verwaltungsrecht*. München: Zentralverlag der NSDAP Franz Eher, S. 381-398.

Haney, Craig; Banks, Curtis; Zimbardo, Philip G. (1973): »Interpersonal Dynamics in a Simulated Prison«, *International Journal of Criminology and Penology*, Jg. 1, S. 69-97.

Hauffe, Tobias (2013): *Hier ist kein Warum. Willkür in den nationalsozialistischen Konzentrationslagern – eine soziologische Analyse*. Bielefeld: Unveröff. Ms.

Heidegger, Martin (1994): »Bremer und Freiburger Vorträge (Vorträge 1949 und 1957)«, in: Martin Heidegger: *Gesamtausgabe. Band 79*. Frankfurt/M.: Klostermann.

Heigl, Peter (2001): *Nürnberger Prozesse – Nuremberg Trials*. Nürnberg: Hans Carl.

Heil, Johannes; Erb, Rainer (Hg.) (1998): *Geschichtswissenschaft und Öffentlichkeit. Der Streit um Daniel Goldhagen*. Frankfurt/M.: S. Fischer.

Heim, Susanne (Hg.) (2009): *Deutsches Reich, 1938 – August 1939*. München: Oldenbourg.

Heinemann, Isabel (2005): »›Ethnic Resettlement‹ and Inter-Agency Cooperation in the Occupied Eastern Territories«, in: Gerald D. Feldman; Wolfgang Seibel (Hg.): *Networks of Nazi Persecution. Bureaucracy, Business, and the Organization of the Holocaust*. New York: Berghahn Books, S. 213-235.

Heitmeyer, Wilhelm (Hg.) (1994): *Das Gewalt-Dilemma. Gesellschaftliche Reaktionen auf fremdenfeindliche Gewalt und Rechtsextremismus*. Frankfurt/M.: Suhrkamp.

Heller, Karl Heinz (1981): »The Remodeled Praetorians. The German Ordnungspolizei as Guardians of the ›New Order‹«, in: Otis L. Mitchell (Hg.): *Nazism and the Common Man*. Washington, D.C.: University Press of America, S. 45-64.

Heller, Karl-Heinz (1970): *The Reshaping and Political Conditioning of the German Order Police, 1935-1945: A Study of Techniques Used in the Nazi State to Conform*. Ann Arbor: Dissertation University of Michigan.

Henderson, William Darryl (1985): *Cohesion, the Human Element in Combat. Leadership and Societal Influence in the Armies of the Soviet Union, the United States, North Vietnam, and Israel*. Washington, D.C.: National Defense University Press.

Hepp, Michael; Otto, Viktor (Hg.) (1996): *»Soldaten sind Mörder«. Dokumentation einer Debatte 1931-1996*. Berlin: Links.

Herbert, Ulrich (1996): *Best. Biographische Studien über Radikalismus, Weltanschauung und Vernunft, 1903-1989*. Bonn: Dietz.

Herbert, Ulrich (1998): »Vernichtungspolitik. Neue Antworten und Fragen zur Geschichte des ›Holocaust‹«, in: Ulrich Herbert (Hg.): *Nationalsozialistische Vernichtungspolitik 1939-1945. Neue Forschungen und Kontroversen*. Frankfurt/M.: S. Fischer, S. 9-66.

Herbert, Ulrich (1999): »Academic and Public Discourses on the Holocaust. The Goldhagen Debate in Germany«, *German Politics and Society*, Jg. 17, S. 33-54.

Herwig, Malte (2013): *Die Flakhelfer. Wie aus Hitlers jüngsten Parteimitgliedern Deutschlands führende Demokraten wurden*. München: DVA.

Heyl, Matthias (1996): *Zur Diskussion um Goldhagens Buch »Hitlers willige Vollstrecker«*. Hamburg: Unveröff. Ms.

Hilberg, Raul (1961): *The Destruction of the European Jews*. London: Allen.

Hilberg, Raul (1980): »The Significance of the Holocaust«, in: Henry Friedlander; Sybil Milton (Hg.): *The Holocaust: Ideology*. Millwood: Kraus International Publications, S. 95-102.

Hilberg, Raul (1981): *Sonderzüge nach Auschwitz*. Mainz: Dumjahn.

Hilberg, Raul (1990): *Die Vernichtung der europäischen Juden*. Frankfurt/M.: S. Fischer.

Hilberg, Raul (1992): *Perpetrators, Victims, Bystanders. The Jewish Catastrophe 1933-1945*. New York: HarperCollins.

Hilberg, Raul (1994): *Unerbetene Erinnerung. Der Weg eines Holocaust-Forschers*. Frankfurt/M.: S. Fischer.

Hilberg, Raul (1996): *Täter, Opfer, Zuschauer. Die Vernichtung der Juden 1933-1945*. Frankfurt/M.: S. Fischer.

Hilberg, Raul (2002): *Die Quellen des Holocaust. Entschlüsseln und interpretieren*. Frankfurt/M.: S. Fischer.

Hildebrand, Klaus (1996): »Stufen der Totalitarismus-Forschung«, in: Eckhard Jesse (Hg.): *Totalitarismus im 20. Jahrhundert*. Bonn: Bundeszentrale für politische Bildung, S. 70-94.

Himmler, Heinrich (1947): »Rede auf der SS-Gruppenführertagung in Posen am 4. 10. 1943«, in: Internationaler Militärgerichtshof (Hg.): *Der*

*Prozeß gegen die Hauptkriegsverbrecher vor dem Internationalen Militärgerichtshof. Band 29.* Nürnberg: IMT, S. 110-173.

Hinton, Alex (1998): »Why Did the Nazis Kill? Anthropology, Genocide and the Goldhagen Controversy«, *Anthropology Today*, Jg. 14, S. 9-15.

Hirche, Bruno Hans (1941): *Erlebtes Generalgouvernement.* Krakau: Buchverlag Deutscher Osten.

Hirsch, Herbert; Smith, Roger W. (1988): »The Language of Extermination in Genocide«, in: Israel W. Charny (Hg.): *Genocide. A Critical Bibliographic Review.* London: Mansell, S. 386-404.

Hitler, Adolf (1938): »Rede vor Kreisleitern in Reichenberg am 2.12.1938«, *Völkischer Beobachter*, 4.12.1938.

Hoebel, Thomas (2015): »Organisierte Plötzlichkeit. Timing, Territorialität und die Frage, wie aus Ordnungspolizisten Massenmörder werden«, in: Alexander Gruber; Stefan Kühl (Hg.): *Soziologische Analysen des Holocaust. Jenseits der Debatte über »ganz normale Männer« und »ganz normale Deutsche«.* Wiesbaden: Springer VS-Verlag, im Erscheinen.

Höhn, Reinhard (1935): *Rechtsgemeinschaft und Volksgemeinschaft.* Hamburg: Hanseatische Verlagsanstalt.

Honwana, Alcinda (2006): *Child Soldiers in Africa.* Philadelphia: University of Pennsylvania Press.

Horkheimer, Max; Adorno, Theodor W. (1969): *Dialektik der Aufklärung.* Frankfurt/M.: Suhrkamp.

Horn, Yosef (1952): *Mezrich Zamlbuch.* Buenos Aires: o. Vlg.

Horowitz, Irving Louis (1997): *Taking Lives. Genocide and State Power.* New Brunswick, London: Transaction Publishers.

Höß, Rudolf (1981): *Kommandant in Auschwitz.* München: dtv.

Huber, Christian Thomas (2007): *Die Rechtsprechung der deutschen Feldkriegsgerichte bei Straftaten von Wehrmachtssoldaten gegen Angehörige der Zivilbevölkerung in den besetzten Gebieten.* Marburg: Tectum.

Humburg, Martin (1998): *Das Gesicht des Krieges. Feldpostbriefe von Wehrmachtsoldaten aus der Sowjetunion 1941-1944.* Opladen: WDV.

Humburg, Martin (1999): »Feldpostbriefe aus dem Zweiten Weltkrieg. Zur möglichen Bedeutung im aktuellen Meinungsstreit unter besonderer Berücksichtigung des Themas ›Antisemitismus‹«, *Militärgeschichtliche Mitteilungen*, Jg. 58, S. 321-343.

Hunt, Richard (1987): »Entering the Future Looking Backwards«, *The Hastings Center Report*, S. 6.

Hüttermann, Jörg (2004): »›Dichte Beschreibung‹ oder Ursachenforschung der Gewalt? Anmerkung zu einer falschen Alternative im Lichte der Problematik funktionaler Erklärungen«, in: Wilhelm Heitmeyer; Hans-Georg Soeffner (Hg.): *Gewalt. Entwicklungen, Strukturen, Analyseprobleme.* Frankfurt/M.: Suhrkamp, S. 107-124.

IdS Hamburg (1941): *Begriff, Recht und Aufbau der deutschen Polizei. Druckbogen, Februar 1941.* Hamburg.

Imbusch, Peter (2001): »Deutsche Geschichte, der Holocaust an den Juden und die Besonderheit der bundesrepublikanischen Genozidforschung. Acht Thesen«, in: Hartwig Hummel; Ulrich Albrecht (Hg.): *Völkermord. Friedenswissenschaftliche Annäherungen.* Baden-Baden: Nomos, S. 123-134.

Imbusch, Peter (2004): »›Mainstreamer‹ versus ›Innovateure‹ der Gewaltforschung. Eine kuriose Debatte«, in: Wilhelm Heitmeyer; Hans-Georg Soeffner (Hg.): *Gewalt. Entwicklungen, Strukturen, Analyseprobleme.* Frankfurt/M.: Suhrkamp, S. 125-150.

Imbusch, Peter (2005): *Moderne und Gewalt. Zivilisationstheoretische Perspektiven auf das 20. Jahrhundert.* Wiesbaden: VS-Verlag für Sozialwissenschaften.

Internationaler Militärgerichtshof (Hg.) (1947): *Der Prozeß gegen die Hauptkriegsverbrecher vor dem Internationalen Militärgerichtshof. Band 33.* Nürnberg: IMT.

Ionescu, Dominic (2015): »›Befehl ist Befehl‹. Drei Fälle systemfunktionaler Rollendistanz im Holocaust«, in: Alexander Gruber; Stefan Kühl (Hg.): *Soziologische Analysen des Holocaust. Jenseits der Debatte über »ganz normale Männer« und »ganz normale Deutsche«.* Wiesbaden: Springer VS-Verlag, im Erscheinen.

Jacobs, Tino (2001): *Himmlers Mann in Hamburg.* Hamburg: Ergebnisse-Verlag.

Jacoby, Louis; Trauffler, René (1986): *Freiwellege Kompanie 1940-1945.* Luxemburg: Imprimerie St. Paul.

Jäger, Herbert (1982): *Verbrechen unter totalitärer Herrschaft. Studien zur nationalsozialistischen Gewaltkriminalität.* Frankfurt/M.: Suhrkamp.

Jäger, Herbert (1989): *Makrokriminalität. Studien zur Kriminologie kollektiver Gewalt.* Frankfurt/M.: Suhrkamp.

Jäger, Herbert (1997): »Die Widerlegung des funktionalistischen Täterbildes. Daniel Goldhagens Beitrag zur Kriminologie des Völkermordes«, *Mittelweg 36*, S. 73-85.

Janowitz, Morris (1960): *The Professional Soldier.* New York: Free Press.

Jasch, Hans Christian (2012): *Staatssekretär Wilhelm Stuckart und die Judenpolitik.* München: Oldenbourg.

Jensen, Olaf (2013): »Evaluating Genocidal Intent. The Inconsistent Perpetrator and the Dynamics of Killing«, *Journal of Genocide Research*, Jg. 15, S. 1-19.

Jersak, Tobias (1999): »Die Interaktion von Kriegsverlauf und Judenvernichtung. Ein Blick auf Hitlers Strategie im Spätsommer 1941«, *Historische Zeitschrift*, Jg. 268, S. 311-374.

Joas, Hans (1996): »Soziologie nach Auschwitz. Zygmunt Baumans Werk und das deutsche Selbstverständnis«, *Mittelweg 36*, Jg. 5, S. 18-28.

Jobst, Dionys (1953): *Der Polizeibegriff in Deutschland*. München: Dissertation Ludwig Maximilians-Universität München.

Johnson, Paul (1996): »Eine Epidemie des Hasses«, in: Julius H. Schoeps (Hg.): *Ein Volk von Mördern? Die Dokumentation zur Goldhagen-Kontroverse um die Rolle der Deutschen im Holocaust*. Hamburg: Hoffmann & Campe, S. 28-31.

Johnson, Robert (2006): *Death Work. A Study of the Modern Execution Process*. Mason: Thomson/Wadsworth.

Jonassohn, Kurt (1992): »What Is Genocide?«, in: Helen Fein (Hg.): *Genocide Watch*. New Haven, London: Yale University Press, S. 17-26.

Just, Steffen (1990): *Der Polizeibegriff und Polizeirecht im Nationalsozialismus unter besonderer Berücksichtigung der Arbeit des Ausschusses für Polizeirecht bei der Akademie für Deutsches Recht*. Würzburg: Dissertation Universität Würzburg.

Kaiser, Wolf; Köhler, Thomas; Gryglewski, Elke (2012): *»Nicht durch formale Schranken gehemmt«. Die deutsche Polizei im Nationalsozialismus*. Bonn: Bundeszentrale für politische Bildung.

Kameradschaftsbund Deutscher Polizeibeamter (1939): »Neudruck der Satzung des Kameradschaftsbundes Deutscher Polizeibeamter (im Reichsbund der deutschen Beamten e.V.) vom September 1939.«, *Die Deutsche Polizei*, Jg. 7, S. 681-684.

Kameradschaftsbund Deutscher Polizeibeamter (1942): *Die Deutsche Polizei. Taschenkalender für die Schutzpolizei des Reiches und der Gemeinden und die Verwaltungspolizei*. Berlin: Verlag Deutsche Kultur-Wacht Oscar Berger.

Kassow, Samuel D. (2007): *Who Will Write Our History? Emanuel Ringelblum, the Warsaw Ghetto, and the Oyneg Shabes Archive*. Bloomington: Indiana University Press.

Katz, Daniel (1964): »The Motivational Basis of Organizational Behavior«, *Behavioral Science*, Jg. 9, S. 131-146.

Katz, Fred E. (1968): *Autonomy and Organization*. New York: Random House.

Katz, Fred E. (1982): »A Sociological Perspective to the Holocaust«, *Modern Judaism*, Jg. 2, S. 273-296.

Katz, Fred E. (1982): »Implementation of the Holocaust. The Behavior of Nazi Officials«, *Comparative Studies in Society and History*, Jg. 24, S. 510-529.

Katz, Fred E. (1993): *Ordinary People and Extraordinary Evil. A Report on the Beguilings of Evil*. Albany: State University of New York Press.

Katz, Fred E. (2007): »Holocaust«, in: George Ritzer (Hg.): *The Blackwell Encyclopedia of Sociology*. Malden, Mass: Blackwell, S. 2142-2143.

Katz, Jack (1988): *Seductions of Crime. Moral and Sensual Attractions in Doing Evil*. New York: Basic Books.

Kautter, Eberhard (1942): *Ueber Volksgemeinschaft zur Wehrgemeinschaft*. Berlin: Hochmuth.

Kautz, Fred (1998): *Gold-Hagen und die »Hürnen Sewfriedte«. Die Holocaust-Forschung im Sperrfeuer der Flakhelfer*. Hamburg: Argument Verlag.

Keckeisen, Wolfgang (1974): *Die gesellschaftliche Definition abweichenden Verhaltens. Perspektiven und Grenzen des labeling approach*. München: Juventa.

Keller, Sven (2013): *Volksgemeinschaft am Ende. Gesellschaft und Gewalt 1944/45*. München: Oldenbourg.

Kelman, Herbert C. (1973): »Violence Without Moral Restraint. Reflections on the Dehumanization of Victims and Victimizers«, *Journal of Social Issues*, Jg. 29, S. 25-60.

Kenkmann, Alfons (2006): »›Ich war aber nicht der böse Mann, der Sie mit Wollust fortbringen wollte …‹. Rechts- und Unrechtswahrnehmungen deutscher Polizisten vor und nach 1945«, in: Helmut Gebhardt (Hg.): *Polizei, Recht und Geschichte. Europäische Aspekte einer wechselvollen Entwicklung*. Graz: Grazer Universitätsverlag, S. 147-156.

Kershaw, Ian (1979): »Antisemitismus und Volksmeinung. Reaktionen auf die Judenverfolgung«, in: Martin Broszat; Elke Fröhlich; Anton Grossmann (Hg.): *Bayern in der NS-Zeit. Band IV. Herrschaft und Gesellschaft im Konflikt*. München, Wien: Oldenbourg, S. 281-348.

Kershaw, Ian (1981): »The Persecution of the Jews and German Public Opinion in the Third Reich«, *Leo Baeck Institute Yearbook*, Jg. 26, S. 261-289.

Kershaw, Ian (1983): *Popular Opinion and Political Dissent in the Third Reich. Bavaria, 1933-1945*. Oxford: Clarendon Press.

Kershaw, Ian (1993): »›Normality‹ and Genocide«, in: Thomas Childers; Jane Caplan (Hg.): *Reevaluating the Third Reich*. New York, London: Holmes & Meier, S. 20-41.

Kershaw, Ian (1994): »›Widerstand ohne Volk?‹. Dissenz und Widerstand im Dritten Reich«, in: Jürgen Schmädeke; Peter Steinbach (Hg.): *Der Widerstand gegen den Nationalsozialismus. Die deutsche Gesellschaft und der Widerstand gegen Hitler*. München: Piper, S. 779-798.

Kershaw, Ian (1999): *Der Hitler-Mythos*. Stuttgart: dtv.

Kershaw, Ian (1999): *Der NS-Staat. Geschichtsinterpretationen und Kontroversen im Überblick*. Reinbek: Rowohlt.

Kershaw, Ian (2008): *Hitler, the Germans and the Final Solution*. New Haven, London: Yale University Press.

Kershaw, Ian (2011): »›Volksgemeinschaft‹. Potenzial und Grenzen eines neuen Forschungskonzepts«, *Vierteljahrshefte für Zeitgeschichte*, Jg. 59, S. 1-17.

Kiełboń, Janina (2004): »Judendeportationen in den Distrikt Lublin (1939-1943)«, in: Bogdan Musial (Hg.): *»Aktion Reinhardt«. Der Völkermord an den Juden im Generalgouvernement 1941-1944*. Osnabrück: fibre, S. 111-140.

Kiepe, Jan (2007): *Das Reservepolizeibataillon 101 vor Gericht. NS-Täter in Selbst- und Fremddarstellungen*. Hamburg: LIT.

Kieser, Alfred (1995): »Human Relations Bewegung und Organisationspsychologie«, in: Alfred Kieser (Hg.): *Organisationstheorien*. Stuttgart, Köln, Berlin: Kohlhammer, S. 91-122.

Kieser, Alfred (1995): »Managementlehre und Taylorismus«, in: Alfred Kieser (Hg.): *Organisationstheorien*. Stuttgart, Köln, Berlin: Kohlhammer, S. 57-90.

Kieserling, André (1999): *Kommunikation unter Anwesenden*. Frankfurt/M.: Suhrkamp.

King, Anthony (2006): »The Word of Command. Communication and Cohesion in the Military«, *Armed Forces & Society*, Jg. 32, S. 493-512.

Kipp, Michaela (2007): »The Holocaust in the Letters of German Soldiers on the Eastern Front«, *Journal of Genocide Research*, Jg. 9, S. 601-615.

Kirstein, Wolfgang (1992): *Das Konzentrationslager als Institution totalen Terrors*. Pfaffenweiler: Centaurus.

Kitterman, David H. (1988): »›Those who said »no!«‹. Germans Who Refused to Execute Civilians During World War II«, *German Studies Review*, Jg. 11, S. 241-254.

Klatetzki, Thomas (2007): »Keine ganz normalen Organisationen«, *Zeitschrift für Soziologie*, Jg. 36, S. 302-312.

Klee, Ernst; Dreßen, Willi; Rieß, Volker (1988): *»Schöne Zeiten«. Judenmord aus der Sicht der Täter und Gaffer*. Frankfurt/M.: S. Fischer.

Kleist, Heinrich von (1986): *Prinz Friedrich von Homburg*. Ditzingen: Reclam.

Klemm, Otto (1944): *Die Einsatzbesoldung (Aktivenbesoldung) der Polizei-Reservisten. Erläuterungen zu den grundlegenden Bestimmungen und zu den Durchführungserlassen vom 17. 11. 1942 und 22. 6. 1943*. Berlin: Otto Stollberg.

Klemp, Stefan (1998): *Freispruch für das »Mord-Bataillon«. Die NS-Ordnungspolizei und die Nachkriegsjustiz*. Münster: Lit Verlag.

Klemp, Stefan (2005): *»Nicht ermittelt«. Polizeibataillone und die Nachkriegsjustiz. Ein Handbuch*. Essen: Klartext.

Klemp, Stefan (2011): *»Nicht ermittelt«. Polizeibataillone und die Nachkriegsjustiz. Ein Handbuch*. 2., erweiterte u. überarbeitete Auflage. Essen: Klartext.

Klemp, Stefan; Schneider, Andreas (2009): »Kollaborateure, Deserteure, Resistenzler? Vom ›Corps des Gendarmes et Volontaires‹ zum Polizei-Ausbildungs-Bataillon (L) und seinem opferreichen Weg im II. Weltkrieg«, in: Wolfgang Schulte (Hg.): *Die Polizei im NS-Staat. Beiträge eines internationalen Symposiums an der Deutschen Hochschule der Polizei in Münster*. Frankfurt/M.: Verlag für Polizeiwissenschaft, S. 451-477.

Klemperer, Victor (1947): *LTI. Notizbuch eines Philologen*. Berlin: Aufbau.

Klingemann, Carsten (1996): *Soziologie im Dritten Reich*. Baden-Baden: Nomos.

Klingemann, Carsten (2009): *Soziologie und Politik. Sozialwissenschaftliches Expertenwissen im Dritten Reich und in der frühen westdeutschen Nachkriegszeit*. Wiesbaden: VS-Verlag für Sozialwissenschaften.

Klukowski, Zygmunt (1993): *Diary from the Years of Occupation, 1939-44*. Urbana, Chicago: University of Illinois Press.

Klundt, Michael (2000): *Geschichtspolitik. Die Kontroversen um Goldhagen, die Wehrmachtsausstellung und das »Schwarzbuch des Kommunismus«*. Köln: Papy Rossa.

Klusemann, Stefan (2010): »Micro-Situational Antecedents of Violent Atrocity«, *Sociological Forum*, Jg. 25, S. 272-295.

Klusemann, Stefan (2012): »Massacres as Process. A Micro-Sociological Theory of Internal Patterns of Mass Atrocities«, *European Journal of Criminology*, Jg. 9, S. 468-480.

Knoch, Habbo (1998): »Im Bann der Bilder. Goldhagens virtuelle Täter und die deutsche Öffentlichkeit«, in: Johannes Heil; Rainer Erb (Hg.): *Geschichtswissenschaft und Öffentlichkeit. Der Streit um Daniel Goldhagen*. Frankfurt/M.: S. Fischer, S. 167-183.

Knoch, Habbo (2001): *Die Tat als Bild. Fotografien des Holocaust in der deutschen Erinnerungskultur*. Hamburg: Hamburger Edition.

Knoch, Peter (1996): »Feldpost – eine unentdeckte Quellengattung«, *Geschichtsdidaktik*, Jg. 11, S. 154-171.

Kobierska-Motas, Elżbieta (1992): *Ekstradycja ürzestrępców wojennych do polsko z czterech stref okupacyjnych niemic, 1946-1950*. Warschau: IPN.

Kogon, Eugen (1946): *Der SS-Staat. Das System der deutschen Konzentrationslager*. München: Karl Alber.

Köhler, Thomas (2001): »Anstiftung zu Versklavung und Völkermord. ›Weltanschauliche Schulung‹ durch Literatur. Lesestoff für Polizeibeamte während des ›Dritten Reichs‹«, in: Alfons Kenkmann; Christoph Spieker (Hg.): *Im Auftrag. Polizei, Verwaltung und Verantwortung*. Essen: Klartext, S. 130-158.

König, René (1980): *Leben im Widerspruch. Versuch einer intellektuellen Autobiographie*. München, Wien: Carl Hanser.

Königseder, Angelika (1994): »Zur Chronologie des Rechtsextremismus

Daten und Zahlen 1946-1993«, in: Wolfgang Benz (Hg.): *Rechtsextremismus in Deutschland. Voraussetzungen, Zusammenhänge, Wirkungen.* Frankfurt/M.: S. Fischer, S. 246-317.

Kopitzsch, Wolfgang (1997): »Hamburger Polizeibataillone im Zweiten Weltkrieg«, in: Angelika Ebbinghaus; Karsten Linne (Hg.): *Kein abgeschlossenes Kapitel.* Hamburg: EVA, S. 293-318.

Koschorke, Helmuth (1939): *Jederzeit einsatzbereit.* Berlin: Zeitgeschichte Verlag.

Koschorke, Helmuth (1940): *Polizeireiter in Polen.* Berlin, Leipzig: Franz Schneider.

Koschorke, Helmuth (1941): *Polizei greift ein.* Berlin, Leipzig: Franz Schneider.

Koselleck, Reinhart (1977): »Standortbindung und Zeitlichkeit. Ein Beitrag zur historiographischen Erschließung der geschichtlichen Welt«, in: Wolfgang J. Mommsen; Jörn Rüsen; Reinhart Koselleck (Hg.): *Objektivität und Parteilichkeit in der Geschichtswissenschaft.* München: dtv, S. 17-46.

Koselleck, Reinhart (1979): »Erfahrungsraum und Erwartungshorizont«, in: Reinhart Koselleck (Hg.): *Vergangene Zukunft. Zur Semantik geschichtlicher Zeiten.* Frankfurt/M.: Suhrkamp, S. 349-375.

Krakowski, Shmuel (1984): *The War of the Doomed. Jewish Armed Resistance in Poland, 1942-1944.* New York: Holmes & Meier.

Kramer, Helgard (2006): »Tätertypologien«, in: Helgard Kramer (Hg.): *NS-Täter aus interdisziplinärer Perspektive.* München: Martin Meidenbauer, S. 253-310.

Krausnick, Helmut (1998): *Hitlers Einsatzgruppen. Die Truppe des Weltanschauungskrieges 1938-1942.* Frankfurt/M.: S. Fischer.

Kren, George M.; Rappoport, Leon (1980): *The Holocaust and the Crisis of Human Behavior.* New York: Holmes & Meier.

Kruse, Volker (2009): »Mobilisierung und kriegsgesellschaftliches Dilemma«, *Zeitschrift für Soziologie*, Jg. 38, S. 198-214.

Kruse, Volker (2010): »Krieg und Gesellschaft in der frühen soziologischen Theorie. Auguste Comte, Ludwig Gumplowicz, Franz Oppenheimer, Herbert Spencer, Werner Sombart«, in: Maja Apelt (Hg.): *Forschungsthema: Militär. Militärische Organisationen im Spannungsfeld von Krieg, Gesellschaft und soldatischen Subjekten.* Wiesbaden: VS-Verlag für Sozialwissenschaften, S. 27-48.

Kuchler, Barbara (2013): »Krieg und gesellschaftliche Differenzierung«, *Zeitschrift für Soziologie*, Jg. 42, S. 502-520.

Kuchler, Barbara (2013): *Kriege. Eine Gesellschaftstheorie gewaltsamer Konflikte.* Frankfurt/M., New York: Campus.

Kühl, Stefan (2005): »Moden in der Entwicklungszusammenarbeit. Capacity Building und Capacity Development als neue Leitbilder von Entwicklungshilfeorganisationen«, *Soziale Welt*, Jg. 55, S. 231-262.

Kühl, Stefan (2007): »Formalität, Informalität und Illegalität in der Organisationsberatung. Systemtheoretische Analyse eines Beratungsprozesses«, *Soziale Welt*, Jg. 58, S. 269-291.

Kühl, Stefan (2007): »Willkommen im Club. Zur Diskussion über die Organisationshaftigkeit des Deportations-, Soda Cracker-, Stanford Prison- und Milgram-Experiments«, *Zeitschrift für Soziologie*, Jg. 36, S. 313-319.

Kühl, Stefan (2009): »Die Fußvölker der »Endlösung«. Der Fall John Demjanjuk lenkt den Blick auf die Beteiligung von Nichtdeutschen der Shoah«, *Die Zeit*, 23.4.2009.

Kühl, Stefan (2011): *Organisationen. Eine sehr kurze Einführung*. Wiesbaden: VS-Verlag für Sozialwissenschaften.

Kühl, Stefan (2012): »Zwangsorganisationen«, in: Maja Apelt; Veronika Tacke (Hg.): *Handbuch Organisationstypen*. Wiesbaden: Springer VS, S. 345-358.

Kühl, Stefan (2013): Im Prinzip ganz einfach. Zur Diskussion über den Ort des Nationalsozialismus in der Soziologie. Bielefeld, Working Papers. Download unter: ⟨http://www.uni-bielefeld.de/soz/forschung/orgsoz/Stefan_Kuehl/workingpapers.html⟩.

Kühl, Stefan (2013): »Ein letzter kläglicher Versuch der Verdrängung«, *FAZ*, 8.5.2013.

Kühl, Stefan (2014): *Die Internationale der Rassisten. Aufstieg und Niedergang der internationalen eugenischen Bewegung im 20. Jahrhundert*. Frankfurt/M., New York: Campus.

Kühl, Stefan (2014): »Gesellschaft der Organisation, organisierte Gesellschaft, Organisationsgesellschaft. Zu den Grenzen einer an Organisationen ansetzenden Zeitdiagnose«, in: Maja Apelt; Uwe Wilkesmann (Hg.): *Quo Vadis Organisationssoziologie*. Wiesbaden: Springer VS, im Erscheinen.

Kühl, Stefan (2014): »Gruppen, Organisationen, Familien und Bewegungen. Zur Soziologie sozialer Systeme zwischen Interaktion und Gesellschaft«, in: Bettina Heintz; Hartmann Tyrell (Hg.): *Interaktion – Organisation – Gesellschaft. Sonderband der Zeitschrift für Soziologie*. Stuttgart: Lucius & Lucius, im Erscheinen.

Kühl, Stefan (2015): *Simulierte Organisationen. Zur Produktion von Gehorsamkeitsbereitschaft in sozialpsychologischen Experimenten* (in Vorbereitung).

Kühne, Thomas (1996): »Kameradschaft. ›Das Beste im Leben des Mannes‹. Die deutschen Soldaten des Zweiten Weltkriegs in erfahrungs- und geschlechtergeschichtlicher Perspektive«, *Geschichte und Gesellschaft*, Jg. 22, S. 504-529.

Kühne, Thomas (1998): »Zwischen Männerbund und Volksgemeinschaft. Hitlers Soldaten und der Mythos der Kameradschaft«, *Archiv für Sozialgeschichte*, Jg. 38, S. 165-189.

Kühne, Thomas (2004): »Massen-Töten. Diskurse und Praktiken der kriegerischen und genozidalen Gewalt im 20. Jahrhundert«, in: Peter Gleichmann; Thomas Kühne (Hg.): *Massenhaftes Töten. Kriege und Genozide im 20. Jahrhundert*. Essen: Klartext, S. 11-54.

Kühne, Thomas (2006): *Kameradschaft. Die Soldaten des nationalsozialistischen Krieges und das 20. Jahrhundert*. Göttingen: Vandenhoeck & Ruprecht.

Kühne, Thomas (2010): *Belonging and Genocide. Hitler's Community, 1918-1945*. New Haven: Yale University Press.

Kühne, Thomas (2013): Rezension zu: Römer, Felix: Kameraden. Die Wehrmacht von innen. München 2012. Download unter: ⟨hsozkult.geschichte.hu-berlin.de/rezensionen/2013-2-112⟩, (Zugriff am 10. Juni 2014).

Kulka, Otto Dov; Jäckel, Eberhard (Hg.) (2004): *Die Juden in den geheimen NS-Stimmungsberichten 1933-1945*. Düsseldorf: Droste.

Kundrus, Birthe (2010): »Der Holocaust. Die ›Volksgemeinschaft‹ als ›Verbrechensgemeinschaft‹«, in: Hans-Ulrich Thamer; Deutsches Historisches Museum (Hg.): *Hitler und die Deutschen. Volksgemeinschaft und Verbrechen*. Dresden: Sandstein-Verlag, S. 130-135.

Kuper, Leo (1982): *Genocide. Its Political Use in the Twentieth Century*. New Haven, London, New York: Yale University Press.

Kusch, Regina; Beckmann, Andreas (2013): Schwerpunktthema Emotionen und Gewalt im 20. Jahrhundert. Download unter: ⟨http://www.dradio.de/dlf/sendungen/studiozeit-ks/2162986/⟩ (Zugriff am 5. Juli 2013).

Kuwałek, Robert (2006): *Von Lublin nach Belzec. Auf Spurensuche; Leben und Vernichtung der Juden im südöstlichen Lubliner Land*. Lublin: Ad Rem.

Kuwałek, Robert (2013): *Das Vernichtungslager Belzec*. Berlin: Metropol.

Kwiet, Konrad (1993): »From the Diary of a Killing Unit«, in: John Milfull (Hg.): *Why Germany? National Socialist Antisemitism and the European Context*. Oxford: Berg, S. 75-90.

LaCapra, Dominick (2001): »Perpetrators and Victims«, in: Dominick LaCapra (Hg.): *Writing History, Writing Trauma*. Baltimore: Johns Hopkins University Press, S. 114-140.

Landgericht Hamburg (2003): »Urteil vom 8. 4. 1968 gegen Hoffmann, Wohlauf und andere«, in: Christiaan Frederik Rüter; Dick W. de Mildt (Hg.): *Justiz und NS-Verbrechen. Sammlung deutscher Strafurteile wegen nationalsozialistischer Tötungsverbrechen 1945-1999. Band 27*. Amsterdam, München: Amsterdam University Press; K.G. Saur, S. 531-634.

Lang, Johannes (2010): »Questioning Dehumanization. Intersubjective Dimensions of Violence in the Nazi Concentration and Death Camps«, *Holocaust and Genocide Studies*, Jg. 24, S. 225-246.

Lange, Heiko; Stephan Linck (2003): »Ein Hamburger Polizeibataillon im Osteinsatz. Anmerkungen zu einer neu entdeckten Quelle«, *Informationen zur Schleswig-Holsteinischen Zeitgeschichte*, S. 166-183.

LaPiere, R. T. (1934): »Attitudes vs. Actions«, *Social Forces*, Jg. 14, S. 230-237.

Latzel, Klaus (1997): »Von Kriegserlebnis zur Kriegserfahrung. Theoretische und methodische Überlegungen zur erfahrungsgeschichtlichen Untersuchung von Feldpostbriefen«, *Militärgeschichtliche Mitteilungen*, Jg. 56, S. 1-31.

Latzel, Klaus (1998): *Deutsche Soldaten – nationalsozialistischer Krieg? Kriegserlebnis – Kriegserfahrung 1939-1945*. Paderborn: Schöningh.

Lazarsfeld, Paul F. (1949): »The American Soldier. An Expository Review«, *Public Opinion Quarterly*, Jg. 13, S. 377-404.

Leitfaden Wirtschafts-Verwaltungsdienst Polizei (1940): *Vorschrift über den Wirtschafts-Verwaltungsdienst bei Verwendung der Polizei außerhalb des Standortes (VdPaS), gültig ab 15. 7. 1940 durchnummerierte Ausgabe*. Berlin: Otto Drewitz.

Leitfaden Wirtschafts-Verwaltungsdienst Polizei (1941): *Leitfaden zur Vorschrift über den Wirtschafts-Verwaltungsdienst bei Verwendung der Polizei außerhalb des Standortes (LaV), gültig ab 1. November 1941*. Berlin: Otto Drewitz.

Lemkin, Raphael (1944): *Axis Rule in Occupied Europe*. Washington, D.C.: Carnegie Endowment for International Peace.

Lepsius, M. Rainer (1995): »Plädoyer für eine Soziologisierung der beiden deutschen Diktaturen«, in: Christian Jansen; Lutz Niethammer; Bernd Weisbrod (Hg.): *Von der Aufgabe der Freiheit. Politische Verantwortung und bürgerliche Gesellschaft im 19. und 20. Jahrhundert; Festschrift für Hans Mommsen*. Berlin: Akademie-Verlag, S. 609-615.

Leszczyński, Kazimierz (1967): »Dziennik wojenny batailonu policji 322«, *Biuletyn Głównej Komisji Badania Zbrodni Hitlerowskich w Polsce*, Jg. 17, S. 170-232.

Levene, Mark (2006): »Dark Side of Democracy. Review of Michael Mann«, *Journal of Genocide Research*, Jg. 8, S. 473-479.

Levi, Primo (2002): *Die Untergegangenen und die Geretteten*. München: Hanser.

Levi, Primo (2013): *Ist das ein Mensch? Ein autobiographischer Bericht*. München: dtv.

Liersch, Werner (2008): »Erwin Strittmatters unbekannter Krieg«, *FAS*, 8. 6. 2008.

Lifton, Robert Jay (1986): *The Nazi Doctors. Medical Killing and the Psychology of Genocide*. New York: Basic Books.

Lifton, Robert Jay; Markusen, Eric (1979): *The Genocidal Mentality. Nazi Holocaust and Nuclear Threat*. London: Basic Books.

Linck, Stephan (2000): *Der Ordnung verpflichtet: Deutsche Polizei 1933-1949*. Paderborn, München: Schöningh.

Link, Jürgen (1999): *Versuch über den Normalismus. Wie Normalität produziert wird*. Opladen: WDV.

Little, Roger W. (1964): »Buddy Relations and Combat Performance«, in: Morris Janowitz (Hg.): *The New Military: Changing Patterns of Organization*. New York: Russel Sage Foundation, S. 195-223.

Locke, Hubert G. (1997): »The Goldhagen Fallacy«, in: Franklin H. Littell (Hg.): *Hyping the Holocaust. Scholars answer Goldhagen*. Merion Station: Merion Westfield Press, S. 19-29.

Lohmann, Hans-Martin (1984): »Die Normalität im Ausnahmezustand. Anmerkungen zu Raul Hilbergs ›Gesamtgeschichte des Holocaust‹«, in: Hans-Martin Lohmann (Hg.): *Psychoanalyse und Nationalsozialismus. Beiträge zur Bearbeitung eines unbewältigten Traumas*. Frankfurt/M.: S. Fischer, S. 259-266.

Longerich, Peter (1998): *Politik der Vernichtung. Eine Gesamtdarstellung der nationalsozialistischen Judenverfolgung*. München: Piper.

Lower, Wendy (2013): *Hitler's Furies. German Women in the Nazi Killing Fields*. London: Chatto & Windus.

Lozowick, Yaacov (2000): *Hitler's Bureaucrats: The Nazi Security Police and the Banality of Evil*. New York: Continuum.

Lüdtke, Alf (1996): »Der Bann der Wörter: ›Todesfabriken‹. Vom Reden über den NS-Völkermord – das auch ein Verschweigen ist«, *Werkstattgeschichte*, Jg. 13, S. 5-18.

Luhmann, Niklas (1964): *Funktionen und Folgen formaler Organisation*. Berlin: Duncker & Humblot.

Luhmann, Niklas (1965): *Allgemeine Theorie der Verwaltung*. Bielefeld: Unveröff. Ms.

Luhmann, Niklas (1965): *Grundrechte als Institution*. Berlin: Duncker & Humblot.

Luhmann, Niklas (1965): »Spontane Ordnungsbildung«, in: Fritz Morstein Marx (Hg.): *Verwaltung*. Berlin: Duncker & Humblot, S. 163-183.

Luhmann, Niklas (1968): *Vertrauen*. Stuttgart: Lucius & Lucius.

Luhmann, Niklas (1971): »Der Sinn als Grundbegriff der Soziologie«, in: Jürgen Habermas; Niklas Luhmann: *Theorie der Gesellschaft oder Sozialtechnologie. Was leistet die Systemforschung?* Frankfurt/M.: Suhrkamp, S. 25-100.

Luhmann, Niklas (1971): »Zweck – Herrschaft – System. Grundbegriffe und Prämissen Max Webers«, in: Niklas Luhmann: *Politische Planung*. Opladen: WDV, S. 90-112.

Luhmann, Niklas (1972): *Rechtssoziologie*. Reinbek: Rowohlt.
Luhmann, Niklas (1973): »Das Phänomen des Gewissens und die normative Selbstbestimmung der Persönlichkeit«, in: Franz Böckle; Ernst-Wolfgang Böckenförde (Hg.): *Naturrecht in der Kritik*. Mainz: Matthias-Grünewald-Verlag, S. 223-243.
Luhmann, Niklas (1973): *Zweckbegriff und Systemrationalität*. Frankfurt/M.: Suhrkamp.
Luhmann, Niklas (1974): »Symbiotische Mechanismen«, in: Ottheim Rammstedt (Hg.): *Gewaltverhältnisse und die Ohnmacht der Kritik*. Frankfurt/M.: Suhrkamp, S. 107-131.
Luhmann, Niklas (1975): *Macht*. Stuttgart: Enke.
Luhmann, Niklas (1981): »Die Gewissensfreiheit und das Gewissen«, in: Niklas Luhmann: *Ausdifferenzierung des Rechts*. Frankfurt/M.: Suhrkamp, S. 326-359.
Luhmann, Niklas (1981): »Positivität des Rechts als Voraussetzung einer modernen Gesellschaft«, in: Niklas Luhmann: *Ausdifferenzierung des Rechts*. Frankfurt/M.: Suhrkamp, S. 113-153.
Luhmann, Niklas (1983): *Legitimation durch Verfahren*. Frankfurt/M.: Suhrkamp.
Luhmann, Niklas (1984): *Soziale Systeme*. Frankfurt/M.: Suhrkamp.
Luhmann, Niklas (1993): *Das Recht der Gesellschaft*. Frankfurt/M.: Suhrkamp.
Luhmann, Niklas (1994): »Ansprüche an historische Soziologie«, *Soziologische Revue*, Jg. 17, S. 259-264.
Luhmann, Niklas (1995): *Funktionen und Folgen formaler Organisation. Mit einem Epilog von 1994*. Berlin: Duncker & Humblot.
Luhmann, Niklas (1997): *Die Gesellschaft der Gesellschaft*. Frankfurt/M.: Suhrkamp.
Luhmann, Niklas (2000): *Organisation und Entscheidung*. Opladen: WDV.
Luhmann, Niklas (2005): »Erleben und Handeln«, in: Niklas Luhmann: *Soziologische Aufklärung 3. Soziales System, Gesellschaft und Organisation*. Wiesbaden: VS Verlag für Sozialwissenschaften, S. 77-92.
Luhmann, Niklas (2013): *Kontingenz und Recht*. Berlin: Suhrkamp.

Maccoun, Robert; Kier, Elizabeth; Belkin, Aaron (2006): »Does Social Cohesion Determine Motivation in Combat? An Old Answer to an Old Question«, *Armed Forces & Society*, Jg. 32, S. 646-654.
Maier, Charles S. (1997): *The Unmasterable Past. History, Holocaust, and German National Identity*. Cambridge: Harvard University Press.
Mailänder Koslov, Elissa (2009): *Gewalt im Dienstalltag*. Hamburg: Hamburger Edition.
Majer, Diemut (1978): »Der Kampf um die Einführung des Preußischen

Polizeiverwaltungsgesetzes in den ›eingegliederten Ostgebieten‹. Ein Beitrag zum Prozeß der politischen Willensbildung im totalitären Staat«, *Der Staat*, Jg. 17, S. 49-72.

Majer, Diemut (1981): *»Fremdvölkische« im Dritten Reich*. Boppard am Rhein: Boldt.

Majer, Diemut (1986): »Führerunmittelbare Sondergewalten in den besetzten Ostgebieten«, in: Dieter Rebentisch; Karl Teppe (Hg.): *Verwaltung contra Menschenführung im Staat Hitlers. Studien zum politisch-administrativen System*. Göttingen: Vandenhoeck & Ruprecht, S. 374-395.

Majer, Diemut (1987): *Grundlagen des nationalsozialistischen Rechtssystems. Führerprinzip, Sonderrecht, Einheitspartei*. Stuttgart: Kohlhammer.

Majer, Diemut (2002): *Nationalsozialismus im Lichte der juristischen Zeitgeschichte*. Baden-Baden: Nomos.

Majewski, Piotr (2009): »Nationalsozialialistische Unterdrückungsmaßnahmen im Generalgouvernement während der Besatzung«, in: Jacek Andrzej Młynarczyk (Hg.): *Polen unter deutscher und sowjetischer Besatzung*. Osnabrück: fibre, S. 173-196.

Mallmann, Klaus-Michael (1997): »Vom Fußvolk der ›Endlösung‹. Ordnungspolizei, Ostkrieg und Judenmord«, *Tel Aviver Jahrbuch für deutsche Geschichte*, Jg. 26, S. 355-391.

Mallmann, Klaus-Michael (2002): »›Mensch, ich feiere heut' den tausendsten Genickschuß‹. Die Sicherheitspolizei und die Shoah in Westgalizien«, in: Gerhard Paul (Hg.): *Die Täter der Shoah. Fanatische Nationalsozialisten oder ganz normale Deutsche?* Göttingen: Walter de Gruyter, S. 109-136.

Mallmann, Klaus-Michael (2003): *Deutscher Osten 1939-1945*. Darmstadt: Wissenschaftliche Buchgesellschaft.

Mallmann, Klaus-Michael (2004): »›... Mißgeburten, die nicht auf diese Welt gehören‹. Die deutsche Ordnungspolizei in Polen, 1939-1941«, in: Klaus-Michael Mallmann; Bogdan Musial (Hg.): *Genesis des Genozids. Polen 1939-1941*. Darmstadt: Wissenschaftliche Buchgesellschaft, S. 71-89.

Mallmann, Klaus-Michael; Böhler, Jochen; Matthäus, Jürgen (2008): *Einsatzgruppen in Polen. Darstellung und Dokumentation*. Darmstadt: Wissenschaftliche Buchgesellschaft.

Mallmann, Klaus-Michael; Paul, Gerhard (1993): »Resistenz oder loyale Widerwilligkeit? Anmerkungen zu einem umstrittenen Begriff«, *Zeitschrift für Geschichtswissenschaft*, Jg. 41, S. 99-116.

Mallmann, Klaus-Michael; Paul, Gerhard (Hg.) (2004): *Karrieren der Gewalt. Nationalsozialistische Täterbiographien*. Darmstadt: Wissenschaftliche Buchgesellschaft.

Mandelbaum, David Goodman (1952): *Soldier Groups and Negro Soldiers*. Berkeley, Los Angeles: University of California Press.

Mann, Michael (2006): »In the Twenty-First Century, Still the Dark Side of Democracy. Reply to Bartov and Levene«, *Journal of Genocide Research*, Jg. 8, S. 485-490.
Mann, Michael (2007): *Die dunkle Seite der Demokratie. Eine Theorie der ethnischen Säuberung*. Hamburg: Hamburger Edition.
Manoschek, Walter (1993): *»Serbien ist judenfrei«. Militärische Besatzungspolitik und Judenvernichtung in Serbien 1941/42*. München, Wien: Oldenbourg.
Manoschek, Walter (2002): »›Wo der Partisan ist, ist der Jude, und wo der Jude ist, ist der Partisan‹. Die Wehrmacht und die Shoah«, in: Gerhard Paul (Hg.): *Die Täter der Shoah. Fanatische Nationalsozialisten oder ganz normale Deutsche?* Göttingen: Wallstein, S. 167-186.
Markusen, Eric (1996): »Genocide and Warfare«, in: Charles B. Strozier; Michael Flynn (Hg.): *Genocide, War and Human Survival*. Lanham: Rowman & Littlefield Publishers, S. 76-86.
Markusen, Eric; Kopf, David (1995): *The Holocaust and Strategic Bombing. Genocide and Total War in the Twentieth Century*. Boulder: Westview Press.
Marrus, Michael R. (1987): *The Holocaust in History*. Hanover: University Press of New England.
Marshall, S. L. A. (1947): *Men Against Fire. The Problem of Battle Command*. New York: William Morrow & Co.
Marx, Karl (1962): *Das Kapital. Erstes Buch*, in: *Marx-Engels-Werke*, Band 23. Berlin: Dietz, S. 11-955.
Matthäus, Jürgen (1999): »Ausbildungsziel Judenmord? Zum Stellenwert der ›weltanschaulichen‹ Erziehung von SS und Polizei im Rahmen der ›Endlösung‹«, *Zeitschrift für Geschichtswissenschaft*, Jg. 47, S. 673-699.
Matthäus, Jürgen (2000): »›Warum wird über das Judentum geschult?‹ Die ideologische Vorbereitung der deutschen Polizei auf den Holocaust«, in: Gerhard Paul; Klaus-Michael Mallmann (Hg.): *Die Gestapo im Zweiten Weltkrieg. »Heimatfront« und besetztes Europa*. Darmstadt: Wissenschaftliche Buchgesellschaft, S. 100-124.
Matthäus, Jürgen (2002): »An vorderster Front. Voraussetzungen für die Beteiligung der Ordnungspolizei an der Shoah«, in: Gerhard Paul (Hg.): *Die Täter der Shoah. Fanatische Nationalsozialisten oder ganz normale Deutsche?* Göttingen: Wallstein, S. 137-166.
Matthäus, Jürgen (2002): »Die Beteiligung der Ordnungspolizei im Holocaust«, in: Wolf Kaiser (Hg.): *Täter im Vernichtungskrieg*. Berlin, München: Propyläen, S. 166-185.
Matthäus, Jürgen (2004): »Historiography and the Perpetrators of the Holocaust«, in: Dan Stone (Hg.): *The Historiography of the Holocaust*. Houndmills, New York: Palgrave Macmillan, S. 197-215.

Matthäus, Jürgen (2004): »›Weltanschauliche Erziehung‹ in Himmlers Machtapparat und der Mord an den europäischen Juden«, *Theresienstädter Studien und Dokumente*, S. 306-336.

Matysek, Sebastian (2015): »Heinz Bumanns ungesühnter Entzug bei der ›Endlösung‹ in Polen. Eine Einzelfallstudie zu den Grenzen der Formalisierbarkeit von Mordaufträgen«, in: Alexander Gruber; Stefan Kühl (Hg.): *Soziologische Analysen des Holocaust. Jenseits der Debatte über »ganz normale Männer« und »ganz normale Deutsche«*. Wiesbaden: Springer VS-Verlag, im Erscheinen.

Maunz, Theodor (1937): »Die Rechtmäßigkeit der Verwaltung«, in: Hans Frank (Hg.): *Deutsches Verwaltungsrecht*. München: Zentralverlag der NSDAP Franz Eher, S. 51-65.

Maunz, Theodor (1937): *Verwaltung*. Hamburg: Hanseatische Verlagsanstalt.

Maunz, Theodor (1943): *Gestalt und Recht der Polizei*. Hamburg: Hanseatische Verlagsanstalt.

Mayntz, Renate (1965): »Max Webers Idealtypus der Bürokratie und die Organisationssoziologie«, *Kölner Zeitschrift für Soziologie und Sozialpsychologie*, Jg. 17, S. 493-502.

Mayo, Elton (1933): *The Human Problems of an Industrial Civilization*. New York: Macmillan.

Mergel, Thomas (2005): »Führer, Volksgemeinschaft und Maschine. Politische Erwartungsstrukturen in der Weimarer Republik und dem Nationalsozialismus 1918-1936«, in: Wolfgang Hardtwig (Hg.): *Politische Kulturgeschichte der Zwischenkriegszeit 1918-1939*. Göttingen: Vandenhoeck & Ruprecht, S. 91-128.

Merkl, Peter H. (1975): *Political Violence under the Swastika. 581 Early Nazis*. Princeton: Princeton University Press.

Meyer, Ahlrich (2005): *Täter im Verhör. Die »Endlösung der Judenfrage« in Frankreich 1940-1944*. Darmstadt: Wissenschaftliche Buchgesellschaft.

Meyer, Beate (2006): »Das ›Schicksaljahr 1938‹ und die Folgen«, in: Beate Meyer (Hg.): *Die Verfolgung und Ermordung der Hamburger Juden 1933-1945. Geschichte, Zeugnis, Erinnerung*. Göttingen: Wallstein, S. 25-32.

Meyer, Beate (2006): »Die Verfolgung der Hamburger Juden 1933-1938«, in: Beate Meyer (Hg.): *Die Verfolgung und Ermordung der Hamburger Juden 1933-1945. Geschichte, Zeugnis, Erinnerung*. Göttingen: Wallstein, S. 15-24.

Meyer, Beate (Hg.) (2006): *Die Verfolgung und Ermordung der Hamburger Juden 1933-1945. Geschichte, Zeugnis, Erinnerung*. Göttingen: Wallstein.

Milgram, Stanley (1963): »Behavioral Study of Obedience«, *Journal of Abnormal and Social Psychology*, Jg. 67, S. 371-378.

Mills, C. Wright (1940): »Situated Actions and Vocabularies of Motive«, *American Sociological Review*, Jg. 5, S. 904-913.

Mitscherlich, Alexander; Mitscherlich, Margarete (1967): *Die Unfähigkeit zu trauern. Grundlagen kollektiven Verhaltens*. Stuttgart, Hamburg.

Młynarczyk, Jacek Andrzej (2007): *Judenmord in Zentralpolen. Der Distrikt Radom im Generalgouvernement 1939-1945*. Darmstadt: Wissenschaftliche Buchgesellschaft.

Moe, Terry M. (1984): »The New Economics of Organizations«, *American Journal of Political Science*, Jg. 28, S. 739-777.

Mommsen, Hans (1983): »Die Realisierung des Utopischen. Die ›Endlösung der Judenfrage‹ im ›Dritten Reich‹«, *Geschichte und Gesellschaft*, Jg. 9, S. 381-420.

Mommsen, Hans (1996): »Die Deutschen und der Holocaust«, in: Dieter Dowe (Hg.): *Die Deutschen – ein Volk von Tätern?* Bonn: Friedrich-Ebert-Stiftung, S. 11-27.

Mommsen, Hans (1998): »The Thin Patina of Civilization. Anti-Semitism Was a Necessary, but by No Means a Sufficient Condition for the Holocaust«, in: Robert R. Shandley (Hg.): *Unwilling Germans? The Goldhagen Debate*. Minneapolis, London: University of Minnesota Press, S. 183-196.

Mommsen, Hans (2006): »Die Goldhagen-Debatte: Zeithistoriker im öffentlichen Konflikt«, *Zeitschrift für Geschichtswissenschaft*, Jg. 54, S. 1063-1067.

Mommsen, Hans (2006): »Probleme der Täterforschung«, in: Helgard Kramer (Hg.): *NS-Täter aus interdisziplinärer Perspektive*. München: Martin Meidenbauer, S. 425-433.

Mommsen, Hans (2010): *Zur Geschichte Deutschlands im 20. Jahrhundert. Demokratie, Diktatur, Widerstand*. München: DVA.

Mommsen, Hans (2014): *Das NS-Regime und die Auslöschung des Judentums in Europa*. Göttingen: Wallstein.

Mommsen, Hans; Obst, Dieter (1988): »Die Reaktion der deutschen Bevölkerung auf die Verfolgung der Juden 1933-1943«, in: Hans Mommsen (Hg.): *Herrschaftsalltag im Dritten Reich. Studien und Texte*. Düsseldorf: Schwann, S. 374-426.

Morsey, Rudolf (Hg.) (1992): *Das »Ermächtigungsgesetz« vom 24. März 1933. Quellen zur Geschichte und Interpretation des »Gesetzes zur Behebung der Not von Volk und Reich«*. Düsseldorf: Droste.

Moskos, Charles C. (1968): »Eigeninteresse, Primärgruppen und Ideologie. Eine Untersuchung der Kampfmotivation amerikanischer Truppen in Vietnam«, in: René König (Hg.): *Militärsoziologie*. Opladen: WDV, S. 199-220.

Moskos, Charles C. (1968): *Latent Ideology and American Combat Behavior in South Vietnam*. Chicago: Working Paper No. 98, Center for Social Organization Studies, University of Chicago.

Moskos, Charles C. (1970): *The American Enlisted Man. The Rank and File in Today's Military*. New York: Russel Sage Foundation.

Mouzelis, Nicos P. (1991): *Back to Sociological Theory. The Construction of Social Orders*. New York: St. Martin's Press.

Mühlenfeld, Daniel (2013): »Die Vergesellschaftung von ›Volksgemeinschaft‹ in der sozialen Interaktion«, *Zeitschrift für Geschichtswissenschaft*, Jg. 61, S. 826-846.

Muhlmann, Géraldine (1998): »Le comportement des agents de la ›Solution finale‹. Hannah Arendt face à ses contradicteurs«, *Revue d'histoire de la Shoah*, S. 25-52.

Müller, Christian Th. (2013): »Kasernierte Vergesellschaftung und militärische Subkultur. Überlegungen zur Alltags- und Sozialgeschichte des deutschen Militärs im 19. und 20. Jahrhundert«, in: Christian Th. Müller; Matthias Rogg (Hg.): *Das ist Militärgeschichte! Probleme – Projekte – Perspektiven*. Paderborn u.a.: Schöningh, S. 479-497.

Müller, Norbert (1984): »Zum Charakter und Kriegseinsatz der faschistischen Ordnungspolizei«, *Militärgeschichte*, Jg. 23, S. 515-520.

Müller, Roland (1994): »Militärpsychiatrie vor Gericht«, in: Michael Eberlein; Roland Müller; Michael Schöngarth; Thomas Werther (Hg.): *Militärjustiz im Nationalsozialismus*. Marburg: Geschichtswerkstatt Marburg, S. 165-243.

Müller-Hohagen, Jürgen (1988): *Verleugnet, verdrängt, verschwiegen. Die seelischen Auswirkungen der Nazizeit*. München: Kösel.

Münkler, Herfried (1992): *Gewalt und Ordnung. Das Bild des Krieges im politischen Denken*. Frankfurt/M.: S. Fischer.

Mürlebach, Kai (2009): *Zu schwach zum Morden? »Unnormale« Männer im Holocaust*. Bielefeld: Working Paper Soziologische Analyse des Holocaust.

Musial, Bogdan (1999): *Deutsche Zivilverwaltung und Judenverfolgung im Generalgouvernement. Eine Fallstudie zum Distrikt Lublin 1939-1944*. Wiesbaden: Harrassowitz.

Musial, Bogdan (2000): »The Origins of ›Operation Reinhardt‹: The Decision Making Process for the Mass Murder of the Jews in the Generalgouvernement«, *Yad Vashem Studies*, Jg. 28, S. 113-153.

Musial, Bogdan (2002): »Verfolgung und Vernichtung der Juden im Generalgouvernement. Die Zivilverwaltung und die Shoah«, in: Gerhard Paul (Hg.): *Die Täter der Shoah. Fanatische Nationalsozialisten oder ganz normale Deutsche?* Göttingen: Wallstein, S. 187-204.

Musial, Bogdan (2004): »Ursprünge der ›Aktion Reinhardt‹. Planung des Massenmordes an den Juden im Generalgouvernement«, in: Bogdan Musial (Hg.): *»Aktion Reinhardt«. Der Völkermord an den Juden im Generalgouvernement 1941-1944*. Osnabrück: fibre, S. 49-85.

Naas, Stefan (2003): *Die Entstehung des Preußischen Polizeiverwaltungsgesetzes von 1931. Ein Beitrag zur Geschichte des Polizeirechts in der Weimarer Republik.* Tübingen: Mohr Siebeck.

Nedelmann, Birgitta (1997): »Gewaltsoziologie am Scheideweg. Die Auseinandersetzung in der gegenwärtigen und Wege der künftigen Gewaltforschung«, in: Trutz von Trotha (Hg.): *Soziologie der Gewalt. Sonderheft der Kölner Zeitschrift für Soziologie und Sozialpsychologie.* Opladen: WDV, S. 59-85.

Neitzel, Sönke; Welzer, Harald (2011): *Soldaten. Protokolle vom Kämpfen, Töten und Sterben.* Frankfurt/M.: S. Fischer.

Neumann, Franz (2004): *Behemoth. Struktur und Praxis des Nationalsozialismus 1933-1944.* Frankfurt/M.: S. Fischer.

Neumann, Michael (1995): »Schwierigkeiten der Soziologie mit der Gewaltanalyse«, *Mittelweg 36*, Jg. 4, S. 65-68.

Newman, Leonard S. (2002): »What Is a ›Social Psychological‹ Account of Perpetrator Behavior? The Person Versus the Situation in Goldhagen's Hitler's Willing Executioners«, in: Leonard S. Newman; Ralph Erber (Hg.): *Understanding Genocide. The Social Psychology of the Holocaust.* Oxford, New York: Oxford University Press, S. 43-67.

Nicolai, Helmut (1932): *Die rassengesetzliche Rechtslehre.* München: Zentralverlag der NSDAP Franz Eher.

Niroumand, Mariam (1996): »Little Historians. Das Buch des amerikanischen Politologen Daniel Jonah Goldhagen wird keinen neuen Historikerstreit auslösen«, *taz*, 13. 4. 1996.

Noelle-Neumann, Elisabeth (1980): *Die Schweigespirale. Öffentliche Meinung – unsere soziale Haut.* München: Piper.

Nolzen, Armin (2010): »Moderne Gesellschaft und Organisation. Transformation der NSDAP nach 1944«, in: Manfred Grieger; Christian Jansen; Irmtrud Wojak (Hg.): *Interessen, Strukturen und Entscheidungsprozesse! Für eine politische Kontextualisierung des Nationalsozialismus.* Essen: Klartext, S. 91-112.

Nolzen, Armin (2012): »›Totaler Antisemitismus‹. Die Gewalt der NSDAP gegen die Juden, 1933-1938/39«, in: Detlef Schmiechen-Ackermann (Hg.): *»Volksgemeinschaft«: Mythos, wirkungsmächtige soziale Verheißung oder soziale Realität im »Dritten Reich«? Zwischenbilanz einer kontroversen Debatte.* Paderborn: Schöningh, S. 179-198.

North, Douglass C.; Wallis, John Joseph; Weingast, Barry R. (2009): *Violence and Social Order. A Conceptual Framework for Interpreting Recorded Human History.* Cambridge: Cambridge University Press.

Nuernberg Military Tribunals (Hg.) (1949): *Trials of War Criminals before the Nuernberg Military Tribunals. Volume 1-15.* Washington, D.C.: U.S. Government Printing Office.

o. V. (1967): »Der grausige Auftrag des Polizei-Bataillons 101«, *Die Welt*, 2. 11. 1967.
o. V. (1967): »Ein Mann stand grinsend vor den Todesopfern«, *Bild*, 2. 11. 1967.
o. V. (1967): »Keiner wurde gemeldet«, *Hamburger Abendblatt*, 5. 12. 1967.
o. V. (1967): »Mord-Gesang«, *Hamburger Morgenpost*, 16. 12. 1967.
o. V. (1967): »Gegendarstellung von Julius Wohlauf«, *Die Welt*, 23. 12. 1967.
o. V. (1968): »V-Männer gaben den Mord-Tip«, *Hamburger Morgenpost*, 6. 1. 1968.
o. V. (1968): »Zweifel an drei Zeugen«, *Die Welt*, 25. 1. 1968.
o. V. (1968): »Man konnte sich weigern, mitzumorden«, *Hamburger Abendblatt*, 1. 2. 1968.
o. V. (1968): »Wir mußten nicht schießen«, *Die Welt*, 9. 2. 1968.
o. V. (1968): »In der Flitterwoche zur Mord-Aktion«, *Bild*, 5. 3. 1968.
o. V. (1968): »Von Befehlsnotstand kann keine Rede sein«, *Hamburger Abendblatt*, 5. 3. 1968.
o. V. (1968): »In Härte und Größe«, *Der Spiegel*, 22. 4. 1968.
Okroy, Michael (2001): »›Man will unserem Batl. was tun …‹. Der Wuppertaler Bialystok-Prozeß 1967/68 und die Ermittlung gegen Angehörige des Polizeibataillons 309«, in: Alfons Kenkmann; Christoph Spieker (Hg.): *Im Auftrag. Polizei, Verwaltung und Verantwortung*. Essen: Klartext, S. 301-317.
Orth, Karin (2000): *Die Konzentrationslager-SS. Sozialstrukturelle Analysen und biographische Studien*. Göttingen: Wallstein.
Osiel, Mark J. (1999): *Obeying Orders. Atrocity, Military Discipline & the Law of War*. New Brunswick, London: Transaction Publishers.
Overy, Richard J. (2013): *The Bombing War. Europe, 1939-1945*. London: Penguin.

Parsons, Talcott (1993): »Memorandum: The Development of Groups and Organizations Amenable to Use Against American Institutions and Foreign Policy and Possible Measures of Prevention«, in: Uta Gerhardt (Hg.): *Talcott Parsons on National Socialism*. Piscataway: Aldine Transaction, S. 101-130.
Pätzold, Kurt (1998): »On the Broad Trail of the German Perpetrators«, in: Robert R. Shandley (Hg.): *Unwilling Germans? The Goldhagen Debate*. Minneapolis, London: University of Minnesota Press, S. 163-166.
Pauer-Studer, Herlinde; Fink, Julian (Hg.) (2014): *Rechtfertigungen des Unrechts. Das Rechtsdenken im Nationalsozialismus in Originaltexten*. Berlin: Suhrkamp.
Paul, Gerhard (1995): »Ganz normale Akademiker. Eine Fallstudie zur regionalen staatspolizeilichen Funktionselite«, in: Gerhard Paul; Klaus-

Michael Mallmann (Hg.): *Die Gestapo. Mythos und Realität*. Darmstadt: Wissenschaftliche Buchgesellschaft, S. 236-255.

Paul, Gerhard (2002): »Von Psychopathen, Technokraten des Terrors und ›ganz gewöhnlichen‹ Deutschen. Die Täter der Shoah im Spiegel der Forschung«, in: Gerhard Paul (Hg.): *Die Täter der Shoah. Fanatische Nationalsozialisten oder ganz normale Deutsche?* Göttingen: Wallstein, S. 13-87.

Paul, Gerhard; Mallmann, Klaus-Michael (Hg.) (1995): *Die Gestapo. Mythos und Realität*. Darmstadt: Wissenschaftliche Buchgesellschaft.

Paul, Gerhard; Mallmann, Klaus-Michael (2004): »Sozialisation, Milieu und Gewalt. Fortschritte und Probleme der neueren Täterforschung«, in: Klaus-Michael Mallmann; Gerhard Paul (Hg.): *Karrieren der Gewalt. Nationalsozialistische Täterbiographien*. Darmstadt: Wissenschaftliche Buchgesellschaft, S. 1-32.

Pawełczyńska, Anna (1979): *Values and Violence in Auschwitz*. Berkeley: University of California Press.

Payne, Stanley G. (1995): *A History of Fascism*. Madison: University of Wisconsin Press.

Pegler, Martin (2004): *Out of Nowhere. A History of the Military Sniper*. Oxford: Osprey.

Pesch, Volker (1997): »Die künstlichen Wilden. Zu Daniel Goldhagens Methode und theoretischem Rahmen«, *Geschichte und Gesellschaft*, Jg. 23, S. 152-162.

Petropoulos, Jonathan; Roth, John K. (Hg.) (2005): *Gray Zones. Ambiguity and Compromise in the Holocaust and Its Aftermath*. New York, Oxford: Berghahn.

Pfeiffer, Lorenz; Wahlig, Henry (2012): »Die Exklusion jüdischer Mitglieder aus deutschen Turn- und Sportvereinen im nationalsozialistischen Deutschland«, in: Detlef Schmiechen-Ackermann (Hg.): *»Volksgemeinschaft«: Mythos, wirkungsmächtige soziale Verheißung oder soziale Realität im »Dritten Reich«? Zwischenbilanz einer kontroversen Debatte*. Paderborn: Schöningh, S. 199-210.

Piper, Franciszek (1993): *Die Zahl der Opfer von Auschwitz. Aufgrund der Quellen und der Erträge der Forschung 1945 bis 1990*. Auschwitz: Verlag Staatliches Museum Auschwitz- Birkenau.

Pohl, Dieter (1996): *Nationalsozialistische Judenverfolgung in Ostgalizien 1941-1944. Organisation und Durchführung eines staatlichen Massenverbrechens*. München: Oldenbourg.

Pohl, Dieter (1997): »Die Einsatzgruppe C 1941/42.«, in: Peter Klein; Andrej Angrick (Hg.): *Die Einsatzgruppen in der besetzten Sowjetunion, 1941/42. Die Tätigkeits- und Lageberichte des Chefs der Sicherheitspolizei und des SD*. Berlin: Edition Hentrich, S. 71-87.

Pohl, Dieter (1997): »Die Holocaust-Forschung und Goldhagens Thesen«, *Vierteljahrshefte für Zeitgeschichte*, Jg. 45, S. 1-48.

Pohl, Dieter (2002): »Ukrainische Hilfskräfte beim Mord an den Juden«, in: Gerhard Paul (Hg.): *Die Täter der Shoah. Fanatische Nationalsozialisten oder ganz normale Deutsche?* Göttingen: Wallstein, S. 187-205.

Pohl, Dieter (2005): »Die Trawniki-Männer im Vernichtungslager Belzec 1941-1943«, in: Alfred Bernd Gottwaldt; Norbert Kampe (Hg.): *NS-Gewaltherrschaft. Beiträge zur historischen Forschung und juristischen Aufarbeitung*. Berlin: Edition Hentrich, S. 278-289.

Pohl, Dieter (2007): »The Robbery of Jewish Property in Eastern Europe under German Occupation, 1939-1942«, in: Martin C. Dean; Constantin Goschler; Philipp Ther (Hg.): *Robbery and Restitution. The Conflict over Jewish Property in Europe*. New York, Oxford: Berghahn, S. 68-80.

Pohl, Dieter (2009): »Sowjetische und polnische Strafverfahren wegen NS-Verbrechen – Quellen für den Historiker?«, in: Jürgen Finger (Hg.): *Vom Recht zur Geschichte. Akten aus NS-Prozessen als Quellen der Zeitgeschichte*. Göttingen: Vandenhoeck & Ruprecht, S. 132-141.

Pohlmann, Friedrich (1992): *Ideologie und Terror im Nationalsozialismus*. Pfaffenweiler: Centaurus.

Poliakov, Léon; Wulf, Joseph (1955): *Das Dritte Reich und die Juden*. Berlin: Arani.

Poliakov, Léon; Wulf, Joseph (1956): *Das Dritte Reich und seine Diener*. Berlin: Arani.

Polizeibekleidungsverordnung (1942): *Polizeibekleidungsverordnung*. Berlin: o. Vlg.

Popitz, Heinrich (1992): *Phänomene der Macht*. Tübingen: Mohr Siebeck.

Porter, Jack Nusan (2005): »Sociology of Perpetrators«, in: Dinah L. Shelton (Hg.): *Encyclopedia of Genocide and Crimes Against Humanity*. Detroit: Thomson Gale Macmillan Reference, S. 969-971.

Porter, Jack Nusan (2006): *The Genocidal Mind. Sociological and Sexual Perspectives*. Lanham: University Press of America.

Posen, Barry (1993): *Nationalism, the Mass Army, and Military Power*. Cambridge, Mass.: MIT Press.

Prazan, Michaël (2010): *Einsatzgruppen. Sur les traces des commandos de la mort nazis*. Paris: Seuil.

Pressac, Jean-Claude (1995): *Die Krematorien von Auschwitz. Die Technik des Massenmordes*. München: Piper.

Presthus, Robert V. (1962): *The Organizational Society*. New York: Random House.

Prinz, Michael; Zitelmann, Rainer (1991): »Vorwort«, in: Michael Prinz; Rainer Zitelmann (Hg.): *Nationalsozialismus und Modernisierung*. Darmstadt: Wissenschaftliche Buchgesellschaft, S. vii-xi.

Probst, Ernst (1940): *Notdienstverordnung. Dritte Verordnung zur Sicherstellung des Kräftebedarfs für Aufgaben von besonderer staatspolitischer Bedeutung vom 15. Oktober 1938*. Berlin: Franz Vahlen.

Przyrembel, Alexandra (2004): »Ilse Koch – ›normale‹ SS-Ehefrau oder ›Kommandeuse von Buchenwald‹?«, in: Klaus-Michael Mallmann; Gerhard Paul (Hg.): *Karrieren der Gewalt. Nationalsozialistische Täterbiographien*. Darmstadt: Wissenschaftliche Buchgesellschaft, S. 126-133.

Püschel, Marko (2009): *Die Polizeibataillone 101 und 301. Soziologische Analysen*. Bielefeld: Diplomarbeit Universität Bielefeld.

Rae, John (1970): *Conscience and Politics. The British Government and the Conscientious Objector to Military Service 1916-1919*. Oxford: Oxford University Press.

Raible, Eugen (1963): *Geschichte der Polizei. Ihre Entwicklung in den alten Ländern Baden und Württemberg und in dem neuen Bundesland Baden-Württemberg unter besonderer Berücksichtigung der kasernierten Polizei (Bereitschaftspolizei)*. Stuttgart: Boorberg.

Rammstedt, Otthein (1986): *Deutsche Soziologie 1933-1945. Die Normalität einer Anpassung*. Frankfurt/M.: Suhrkamp.

Reemtsma, Jan Philipp (1991): »Terroratio. Überlegungen zum Zusammenhang von Terror, Rationalität und Vernichtungspolitik«, in: Wolfgang Schneider (Hg.): *»Vernichtungspolitik«. Eine Debatte über den Zusammenhang von Sozialpolitik und Genozid im nationalsozialistischen Deutschland*. Hamburg: Junius, S. 135-163.

Reemtsma, Jan Philipp (1996): »Die Mörder waren unter uns. Daniel Jonah Goldhagens Hitlers willige Vollstrecker. Eine notwendige Provokation«, *Süddeutsche Zeitung*, 24. 8. 1996.

Reemtsma, Jan Philipp (2002): *Die Gewalt spricht nicht. Drei Reden*. Stuttgart: Reclam.

Reemtsma, Jan Philipp (2002): »Über den Begriff ›Handlungsspielräume‹«, *Mittelweg 36*, Jg. 11, S. 5-24.

Reemtsma, Jan Philipp (2006): »Die Natur der Gewalt als Problem der Soziologie«, *Mittelweg 36*, Jg. 15, S. 2-25.

Reemtsma, Jan Philipp (2007): »Lust an Gewalt«, *Die Zeit*, 8. 3. 2007.

Reemtsma, Jan Philipp (2008): *Vertrauen und Gewalt. Versuch über eine besondere Konstellation der Moderne*. Hamburg: Hamburger Edition.

Reemtsma, Jan Philipp (2008): »Hässliche Wirklichkeit und liebgewordene Illusionen«, *Süddeutsche Zeitung*, 25. 1. 2008.

Reibert, Wilhelm (1937): *Der Dienstunterricht im Heere*. Berlin: Mittler.

Reichsführer SS, SS-Hauptamt – Schulungsamt (1942): *Der Untermensch*. Berlin: Nordland.

Reichsführer-SS und Chef der Deutschen Polizei Hauptamt SS-Gericht

(1944): *Die SS- und Polizeigerichtsbarkeit. Ein Leitfaden*. Leipzig: Wordel Verlag.

Reifarth, Dieter; Schmidt-Linsenhoff, Viktoria (1984): »Die Kamera der Henker«, *Fotogeschichte*, Jg. 3, S. 57-71.

Reifarth, Dieter; Schmidt-Linsenhoff, Viktoria (1995): »Die Kamera der Täter«, in: Hannes Heer; Klaus Naumann (Hg.): *Vernichtungskrieg. Verbrechen der Wehrmacht 1941-1945*. Hamburg: Hamburger Edition, S. 475-503.

Reifner, Udo (1981): »Institutionen des faschistischen Rechtssystems«, in: Udo Reifner (Hg.): *Das Recht des Unrechtsstaates. Arbeitsrecht und Staatsrechtswissenschaft im Faschismus*. Frankfurt/M., New York: Campus, S. 11-85.

Reitlinger, Gerald (1956): *The SS: Alibi of a Nation, 1922-1945*. London: Heinemann.

Renn, Joachim; Straub, Jürgen (2002): »Gewalt in modernen Gesellschaften. Stichworte zu Entwicklungen und aktuellen Debatten in der sozialwissenschaftlichen Forschung«, *Handlung Kultur Interpretation*, Jg. 11, S. 199-224.

Rhodes, Richard (2004): *Die deutschen Mörder. Die SS-Einsatzgruppen und der Holocaust*. Bergisch Gladbach: Lübbe.

Richter, Hans (1941): *Einsatz der Polizei. Bei den Polizeibataillonen in Ost, Nord und West*. Berlin: Zentralverlag der NSDAP Franz Eher.

Richter, Hans (1943): *Ordnungspolizei auf den Rollbahnen des Ostens. Bildberichte von den Einsätzen der Ordnungspolizei im Sommer 1941 im Osten*. Berlin: Zentralverlag der NSDAP Franz Eher.

Richter, Horst Eberhard (1984): *Zur Psychologie des Friedens*. Reinbek: Rowohlt.

Riedesser, Peter (1974): »Militär und Medizin. Materialien zur Kritik der Sanitätsmedizin am Beispiel der Militärpsychiatrie«, *Das Argument, Sonderband 4*, S. 231-279.

Riege, Paul (1959): *Kleine Polizei-Geschichte*. Lübeck: Verlag für Polizeiliches Fachschrifttum Schmidt-Römhild.

Roethlisberger, Fritz Jules; Dickson, William J. (1939): *Management and the Worker. An Account of a Research Program Conducted by the Western Electric Company, Hawthorne Works, Chicago*. Cambridge, Mass.: Harvard University Press.

Rohlfing, Theodor; Schraut, Rudolf (Hg.) (1940): *Die Neuordnung des Rechts in den Ostgebieten*. Berlin: Walter de Gruyter.

Rohrkamp, René (2009): *»Weltanschaulich gefestigte Kämpfer«: Die Soldaten der Waffen-SS 1933-1945*. Paderborn: Schöningh.

Römer, Felix (2012): *Kameraden. Die Wehrmacht von innen*. München: Piper.

Römer, Felix (2013): »Milieus in the Military. Soldierly Ethos, Nationalism and Conformism Among Workers in the Wehrmacht«, *Journal of Contemporary History*, Jg. 48, S. 125-149.

Rosenfeld, Gavriel D. (1999): »The Controversy that isn't. The Debate over Daniel J. Goldhagen's Hitler's Willing Executioners in Comparative Perspective«, *Contemporary European History*, Jg. 8, S. 249-273.

Rosenstrauch, Hazel (1988): *Aus Nachbarn wurden Juden. Ausgrenzung und Selbstbehauptung 1933-1942*. Berlin: Transit.

Rosenthal, Gabriele (1992): »Kollektives Schweigen zu den Naziverbrechen. Bedingungen der Institutionalisierung einer Abwehrhaltung«, *Psychosozial*, Jg. 15, S. 22-33.

Rosenthal, Gabriele (1995): »Vom Krieg erzählen, von den Verbrechen schweigen«, in: Hannes Heer; Klaus Naumann (Hg.): *Vernichtungskrieg. Verbrechen der Wehrmacht 1941-1945*. Hamburg: Hamburger Edition, S. 51-66.

Roth, Karl Heinz (1987): »Die Modernisierung der Folter in den beiden Weltkriegen. Der Konflikt der Psychotherapeuten und Schulpsychiater um die deutschen ›Kriegsneurotiker‹ 1915-1945«, *1999 Zeitschrift für Sozialgeschichte*, Jg. 2, S. 8-75.

Rückerl, Adalbert (1979): *Die Strafverfolgung von NS-Verbrechen 1945-1978*. Heidelberg: c.f. müller.

Rückerl, Adalbert (1982): *NS-Verbrechen vor Gericht. Versuch einer Vergangenheitsbewältigung*. Heidelberg: c.f. müller.

Rürup, Reinhard (Hg.) (1991): *Der Krieg gegen die Sowjetunion 1941-1945. Eine Dokumentation*. Berlin: Argon.

Rürup, Reinhard (1996): »Viel Lärm um nichts? D.J. Goldhagens ›radikale Revision‹ der Holocaust-Forschung«, *Neue Politische Literatur*, Jg. 41, S. 357-363.

Rusch, Gebhard (2003): »Die Wahrheit der Geschichte. Zehn Fußnoten zur Viabilität (auto-)biographischer und historiographischer Konstruktionen«, *Zeitschrift für Genozidforschung*, Jg. 4, S. 8-21.

Rusinek, Bernd-A. (1998): »Die Kritiker-Falle: Wie man in Verdacht geraten kann. Goldhagen und der Funktionalismus«, in: Johannes Heil; Rainer Erb (Hg.): *Geschichtswissenschaft und Öffentlichkeit. Der Streit um Daniel Goldhagen*. Frankfurt/M.: S. Fischer, S. 110-130.

Rüter, Christiaan Frederik; Mildt, Dick W. de (1998): *Die westdeutschen Strafverfahren wegen nationalsozialistischer Tötungsverbrechen 1945-1997. Eine systematische Verfahrensbeschreibung*. Amsterdam, Maarssen, München: Holland University Press; K.G. Saur.

Rüthers, Bernd (1989): *Carl Schmitt im Dritten Reich*. München: C.H. Beck.

Rüthers, Bernd (1989): *Entartetes Recht. Rechtslehren und Kronjuristen im Dritten Reich*. München: C.H. Beck.

Rüweler, Axel (2008): *Informale Strukturen im Polizeibataillon 101*. Bielefeld: Working Paper Soziologische Analyse des Holocaust.

Safrian, Hans (1995): *Eichmann und seine Gehilfen*. Frankfurt/M.: S. Fischer.

Sandkühler, Thomas (1996): *»Endlösung« in Galizien. Der Judenmord in Ostpolen und die Rettungsinitiativen von Berthold Beitz; 1941-1944*. Bonn: J.H.W. Dietz Nachfolger.

Sandkühler, Thomas (1999): »Die Täter des Holocaust. Neuere Überlegungen und Kontroversen«, in: Karl Heinrich Pohl (Hg.): *Wehrmacht und Vernichtungspolitik*. Göttingen: Vandenhoeck & Ruprecht, S. 39-66.

Sandkühler, Thomas; Schmuhl, Hans Walter (1998): »Milgram für Historiker. Reichweite und Grenzen einer Übertragung des Milgram Experiments auf den Nationalsozialismus«, *Analyse & Kritik*, Jg. 20, S. 3-26.

Schäfer, Karl (Hg.) (1944): *Das Polizeiverwaltungsgesetz vom 1. 6. 1931. Mit Ausführungsbestimmungen und ergänzenden Gesetzes- und Verwaltungsvorschriften*. Berlin: Kameradschaft Verlagsgesellschaft Gersbach.

Schäfer, Torsten (2007): *»Jedenfalls habe ich auch mitgeschossen«. Das NSG-Verfahren gegen Johann Josef Kuhr und andere ehemalige Angehörige des Polizeibataillons 306, der Polizeireiterabteilung 2 und der SD-Dienststelle von Pinsk beim Landgericht Frankfurt am Main 1962-1973*. Münster: Lit Verlag.

Schaub, Gary (2010): »Unit Cohesion and the Impact of DADT«, *Strategic Studies Quarterly*, Jg. 4, S. 85-101.

Scheer, Bernhard; Bartsch, Georg (1941): *Das Polizeiverwaltungsgesetz. Wesen und Rechtsgrundlagen der Polizei. Ein Leitfaden zum Handgebrauch für Studium und Praxis*. Berlin: Freiheitsverlag E. Bahre.

Scheerbarth, Walter (1942): *Beamtenrecht*. Berlin: Spaeth & Linde.

Scheerbarth, Walter (1942): *Polizeirecht, Feuer- und Fremdenpolizei, Bau- und Siedlungswesen, Gesundheitswesen*. Berlin: Spaeth & Linde.

Scheffler, Wolfgang (1973): »Zur Praxis der SS- und Polizeigerichtsbarkeit im Dritten Reich«, in: Günther Doeker; Winfried Steffani (Hg.): *Klassenjustiz und Pluralismus. Festschrift für Ernst Fraenkel zum 75. Geburtstag*. Hamburg: Hoffmann & Campe, S. 224-236.

Scheffler, Wolfgang (1984): »Rassenfanatismus und Judenverfolgung«, in: Wolfgang Treue; Jürgen Schmädeke (Hg.): *Deutschland 1933. Rassenfanatismus und Judenverfolgung*. Berlin: Colloquium-Verlag, S. 16-44.

Scheffler, Wolfgang (1987): »Probleme der Holocaustforschung«, in: Stefi Jersch-Wenzel (Hg.): *Deutsche – Polen – Juden. Ihre Beziehungen von den Anfängen bis ins 20. Jahrhundert*. Berlin: Colloquium-Verlag, S. 259-281.

Scheffler, Wolfgang (1988): »NS-Prozesse als Geschichtsquelle. Bedeutung und Grenzen ihrer Auswertbarkeit durch den Historiker«, in: Wolfgang

Scheffler; Werner Bergmann (Hg.): *Lerntag über den Holocaust als Thema im Geschichtsunterricht und in der politischen Bildung*. Berlin: Technische Universität Berlin, S. 13-27.

Scheffler, Wolfgang (1996): »Ein Rückschritt in der Holocaustforschung«, *Tagesspiegel*, 3. 9. 1996.

Scheffler, Wolfgang; Grabitz, Helge (1999): »Einleitung«, in: Helge Grabitz; Justizbehörde Hamburg (Hg.): *Täter und Gehilfen des Endlösungswahns. Hamburger Verfahren wegen NS-Gewaltverbrechen 1946-1996*. Hamburg: Ergebnisse-Verlag, S. 9-26.

Schein, Edgar H. (1984): »Coming to a New Awareness of Organizational Culture«, *Sloan Management Review*, Jg. 25, S. 3-16.

Schenk, Dieter (2006): *Hans Frank. Hitlers Kronjurist und Generalgouverneur*. Frankfurt/M.: S. Fischer.

Schimank, Uwe (1981): *Identitätsbehauptung in Arbeitsorganisationen. Individualität in der Formalstruktur*. Frankfurt/M., New York: Campus.

Schlangen, Walter (1976): *Die Totalitarismus-Theorie*. Stuttgart: Kohlhammer.

Schlink, Bernhard (2002): *Vergangenheitsschuld und gegenwärtiges Recht*. Frankfurt/M.: Suhrkamp.

Schlögl, Rudolf (2001): »Historiker, Max Weber und Niklas Luhmann. Zum schwierigen (aber möglicherweise produktiven) Verhältnis von Geschichtswissenschaft und Systemtheorie«, *Soziale Systeme*, Jg. 7, S. 23-45.

Schlögl, Rudolf (Hg.) (2004): *Interaktion und Herrschaft. Die Politik der frühneuzeitlichen Stadt*. Konstanz: UVK.

Schlosser, Horst Dieter (2013): *Sprache unterm Hakenkreuz*. Köln: Böhlau.

Schmiechen-Ackermann, Detlef (2012): »Einführung«, in: Detlef Schmiechen-Ackermann (Hg.): *»Volksgemeinschaft«: Mythos, wirkungsmächtige soziale Verheißung oder soziale Realität im »Dritten Reich«? Zwischenbilanz einer kontroversen Debatte*. Paderborn: Schöningh, S. 13-54.

Schmitt, Carl (1933): *Staat, Bewegung, Volk. Die Dreigliederung der politischen Einheit*. Hamburg: Hanseatische Verlagsanstalt.

Schmitt, Carl (1934): »Nationalsozialismus und Rechtsstaat«, *Juristische Wochenschrift*, Jg. 63, S. 713-718.

Schmitt, Carl (2005): *Legalität und Legitimität*. Berlin: Duncker & Humblot.

Schneider, Christoph (2011): »Täter ohne Eigenschaften. Über die Tragweite sozialpsychologischer Modelle in der Holocaust-Forschung«, *Mittelweg 36*, S. 3-23.

Schneider, Karl (2002): »Ein Bremer Kaufmann und Rottwachtmeister im Reserve Polizeibataillon 105«, *Arbeiterbewegung und Sozialgeschichte*, Jg. 19, S. 70-74.

Schneider, Karl (2011): *»Auswärts eingesetzt«*. Essen: Klartext.

Schneider, Wolfgang Ludwig (2002): *Grundlagen der soziologischen Theorie. Band 2. Garfinkel – RC – Habermas – Luhmann*. Opladen: WDV.

Schoenmakers, Christine (2013): »Gestalter und Hüter der Gemeinschaftsgrenzen. NS-Justiz und ›Volksgemeinschaft‹«, in: Dietmar von Reeken (Hg.): *»Volksgemeinschaft« als soziale Praxis*. Paderborn: Schöningh, S. 209-224.

Schoeps, Julius H. (Hg.) (1996): *Ein Volk von Mördern? Die Dokumentation zur Goldhagen-Kontroverse um die Rolle der Deutschen im Holocaust*. Hamburg: Hoffmann & Campe.

Schreckenberg, Heinz (2003): *Ideologie und Alltag im Dritten Reich*. Frankfurt/M.: Peter Lang.

Schudnagies, Christian (1989): *Hans Frank. Aufstieg und Fall des NS-Juristen und Generalgouverneurs*. Frankfurt/M.: Lang.

Schüle, Annegret (2011): *Industrie und Holocaust. Topf & Söhne – die Ofenbauer von Auschwitz*. Göttingen: Walter de Gruyter.

Schwartz, Michael (2013): *Ethnische »Säuberungen« in der Moderne. Globale Wechselwirkungen nationalistischer Gewaltpolitik im 19. und 20. Jahrhundert*. München: Oldenbourg.

Schwegel, Andreas (2005): *Der Polizeibegriff im NS-Staat*. Tübingen: Mohr Siebeck.

Segev, Tom (1992): *Die Soldaten des Bösen. Zur Geschichte der KZ-Kommandanten*. Reinbek: Rowohlt.

Segev, Tom (1993): *The Seventh Million. The Israelis and the Holocaust*. New York: Hill and Wang.

Seibel, Wolfgang (2002): »A Market for Mass Crime? Inter-Institutional Competition and the Initiation of the Holocaust in France, 1940-1942«, *Journal of Organization Theory and Behavior*, Jg. 5, S. 219-257.

Seibel, Wolfgang (2005): »Restraining or Radicalizing? Division of Labor and Persecution Effectiveness«, in: Gerald D. Feldman; Wolfgang Seibel (Hg.): *Networks of Nazi Persecution. Bureaucracy, Business, and the Organization of the Holocaust*. New York: Berghahn Books, S. 340-360.

Seibert, Thomas Michael (1981): *Aktenanalyse. Zur Schriftform juristischer Deutungen*. Tübingen: Gunter Narr.

Seidler, Franz W. (2007): *Das Recht in Siegerhand. Die 13 Nürnberger Prozesse 1945-1949*. Selent: Verlag Pour le Mérite.

Selznick, Philip (1949): *TVA and the Grass Roots*. Berkeley: University of California Press.

Sémelin, Jacques (2003): »Éléments pour une grammaire du massacre«, *Le débat*, S. 154-170.

Sémelin, Jacques (2003): »Toward a Vocabulary of Massacre and Genocide«, *Journal of Genocide Research*, Jg. 5, S. 193-210.

Sémelin, Jacques (2005): *Purifier et détruire. Usages politiques des massacres et génocides*. Paris: Seuil.

Sémelin, Jacques (2007): *Purify and Destroy: The Political Uses of Massacre and Genocide*. New York: Columbia University Press.

Sémelin, Jacques (2007): *Säubern und Vernichten. Die Politik der Massaker und Völkermorde*. Hamburg: Hamburger Edition.

Sereny, Gitta (1995): *Am Abgrund. Gespräche mit dem Henker. Franz Stangl und die Morde von Treblinka*. München: Piper.

Shandley, Robert R. (Hg.) (1998): *Unwilling Germans? The Goldhagen Debate*. Minneapolis, London: University of Minnesota Press.

Shaw, Martin (2010): »Sociology and Genocide«, in: Donald Bloxham; A. Dirk Moses (Hg.): *The Oxford Handbook of Genocide Studies*. Oxford, New York: Oxford University Press, S. 142-162.

Shils, Edward A. (1950): »Primary Groups in the American Army«, in: Robert K. Merton; Paul F. Lazarsfeld (Hg.): *Continuities in Social Research. Studies in the Scope and Method of »The American Soldier«*. Glencoe, Ill.: Free Press, S. 16-39.

Shils, Edward A.; Janowitz, Morris (1948): »Cohesion and Disintegration in the Wehrmacht in World War II«, *The Public Opinion Quarterly*, Jg. 12, S. 280-315.

Siebold, Guy L. (2007): »The Essence of Military Group Cohesion«, *Armed Forces & Society*, Jg. 33, S. 286-295.

Siggemann, Jürgen (1980): *Die kasernierte Polizei und das Problem der inneren Sicherheit in der Weimarer Republik*. Frankfurt/M.: S. Fischer.

Sigrist, Christian (1989): »Das gesellschaftliche Milieu der Luhmannschen Theorie«, *Das Argument*, Jg. 31, S. 837-854.

Silberklang, David (2004): »Die Juden und die ersten Deportationen aus dem Distrikt Lublin«, in: Bogdan Musial (Hg.): *»Aktion Reinhardt«. Der Völkermord an den Juden im Generalgouvernement 1941-1944*. Osnabrück: fibre, S. 141-164.

Simon, Herbert A. (1955): »Recent Advances in Organization Theory«, in: Brookings Institution (Hg.): *Research Frontiers in Politics and Government. Brookings Lectures*. Washington, D.C.: Brookings Institution, S. 23-44.

Simon, Herbert A. (1966): *Perspektiven der Automation für Entscheider*. Quickborn: Quickborner Team.

Smith, Arthur L. (1983): *Die Hexe von Buchenwald*. Köln: Böhlau.

Snyder, Timothy (2010): *Bloodlands. Europa zwischen Hitler und Stalin*. München: C.H. Beck.

Sofsky, Wolfgang (1994): »Zivilisation, Organisation, Gewalt«, *Mittelweg 36*, Jg. 3, S. 57-67.

Sofsky, Wolfgang (1996): *Traktat über die Gewalt*. Frankfurt/M.: S. Fischer.

Sofsky, Wolfgang (1997): *Die Ordnung des Terrors. Das Konzentrationslager*. Frankfurt/M.: S. Fischer.

Sofsky, Wolfgang (2002): *Zeiten des Schreckens. Amok, Terror, Krieg.* Frankfurt/M.: S. Fischer.

Sofsky, Wolfgang; Paris, Rainer (1994): *Figurationen sozialer Macht. Autorität, Stellvertretung, Koalition.* Frankfurt/M.: Suhrkamp.

Sösemann, Bernd (2002): »Propaganda und Öffentlichkeit in der ›Volksgemeinschaft‹«, in: Bernd Sösemann (Hg.): *Der Nationalsozialismus und die deutsche Gesellschaft. Einführung und Überblick.* München: DVA, S. 114-155.

Sösemann, Bernd (2013): »Mediale Inszenierung von Soldatentum und militärischer Führung in der NS-Volksgemeinschaft«, in: Christian Th. Müller; Matthias Rogg (Hg.): *Das ist Militärgeschichte! Probleme – Projekte – Perspektiven.* Paderborn, München, Wien, Zürich: Schöningh, S. 358-380.

Sösemann, Bernd; Lange, Marius (Hg.) (2011): *Propaganda. Medien und Öffentlichkeit in der NS-Diktatur.* Stuttgart: Steiner.

Spieker, Christoph (2005): »Polizeibilder unter SS-Runen«, Klartext-Medien-Werkstatt. Die Film- und Bildstelle der Ordnungspolizei«, in: Sabine Mecking; Stefan Schröder (Hg.): *Kontrapunkt. Vergangenheitsdiskurse und Gegenwartsverständnis.* Essen: Klartext, S. 83-98.

Spiller, Roger J. (1988): »S.L.A. Marshall and the Ratio of Fire«, *Journal of the Royal United Service Institution*, S. 63-71.

Steinbach, Peter (1999): »Der Nürnberger Prozeß gegen die Hauptkriegsverbrecher«, in: Gerd R. Ueberschär (Hg.): *Der Nationalsozialismus vor Gericht. Die alliierten Prozesse gegen Kriegsverbrecher und Soldaten 1943-1952.* Frankfurt/M.: S. Fischer, S. 32-44.

Steinborn, Norbert; Schanzenbach, Karin (1990): *Die Hamburger Polizei nach 1945. Ein Neuanfang, der keiner war.* Hamburg: Verlag Heiner Biller.

Steinert, Heinz (1973): »Militär, Polizei, Gefängnis, usw. Über die Sozialisation in der ›totalen Institution‹ als Paradigma des Verhältnisses von Individuum und Gesellschaft«, in: Heinz Walter (Hg.): *Sozialisationsforschung. Band 2.* Stuttgart: Klett, S. 227-249.

Steinmetz, Willibald (Hg.) (2007): *»Politik«. Situationen eines Wortgebrauchs im Europa der Neuzeit.* Frankfurt/M., New York: Campus.

Stern, Frank (2006): »Voyeure der Vernichtung. Verbildlichung und Zeitbewusstsein«, in: Helgard Kramer (Hg.): *NS-Täter aus interdisziplinärer Perspektive.* München: Martin Meidenbauer, S. 45-66.

Stern, Fritz (1999): »The Past Distorted: The Goldhagen Controversy«, in: Fritz Stern (Hg.): *Einstein's German World.* Princeton: Princeton University Press, S. 272-288.

Stollberg-Rilinger, Barbara (Hg.) (2010): *Herstellung und Darstellung von Entscheidungen. Verfahren, Verwalten und Verhandeln in der Vormoderne.* Berlin: Duncker & Humblot.

Stolleis, Michael (1972): »Gemeinschaft und Volksgemeinschaft. Zur juristischen Terminologie im Nationalsozialismus«, *Vierteljahrshefte für Zeitgeschichte*, Jg. 20, S. 16-38.

Stolleis, Michael (1974): *Gemeinwohlformeln im nationalsozialistischen Recht*. Berlin: Schweitzer.

Stolleis, Michael (1993): »Theodor Maunz – ein Staatsrechtslehrerleben«, *Kritische Justiz*, Jg. 4, S. 393-396.

Stolleis, Michael (1994): *Recht im Unrecht. Studien zur Rechtsgeschichte im Nationalsozialismus*. Frankfurt/M.: Suhrkamp.

Stolleis, Michael (2000): »Der Historiker als Richter – der Richter als Historiker«, in: Norbert Frei; Dirk van Laak; Michael Stolleis (Hg.): *Geschichte vor Gericht. Historiker, Richter und die Suche nach Gerechtigkeit*. München: C.H. Beck, S. 173-182.

Stone, Dan (2003): *Constructing the Holocaust*. London: Vallentine Mitchell.

Stone, Dan (2010): *Histories of the Holocaust*. Oxford, New York: Oxford University Press.

Storjohann, Uwe (1993): *Hauptsache Überleben. Eine Jugend im Krieg, 1936-1945*. Hamburg: Dölling und Galitz.

Stouffer, Samuel A.; Lumsdaine, Arthur A.; Lumsdaine, Marion Harper; Williams, Robin M.; Smith, M. Brewster; Janis, Irving L.; Star, Shirley A.; Cottrell, Leonhard S. (1949): *The American Soldier. Volume II. Combat and its Aftermath*. Princeton: Princeton University Press.

Stöver, Bernd (1993): *Volksgemeinschaft im Dritten Reich*. Düsseldorf: Droste.

Streit, Christian (1978): *Keine Kameraden. Die Wehrmacht und die sowjetischen Kriegsgefangenen 1941-1945*. Bonn: J.H.W. Dietz Nachfolger.

Stuckart, Wilhelm (1941): »Besprechung von Best, Werner: Die Deutsche Polizei (1940)«, *Reich – Volksordnung – Lebensraum*, Jg. 1, S. 363-365.

Suderland, Maja (2004): *Territorien des Selbst. Kulturelle Identität als Ressource für das tägliche Überleben im Konzentrationslager*. Frankfurt/M., New York: Campus.

Suderland, Maja (2009): *Ein Extremfall des Sozialen*. Frankfurt/M., New York: Campus.

Syon, Guillaume de (2011): »The Einsatzgruppe and the Issue of ›Ordinary Men‹«, in: Jonathan C. Friedman (Hg.): *The Routledge History of the Holcocaust*. London, New York: Routledge, S. 148-155.

Tanner, Jakob (1994): »Körpererfahrung, Schmerz und die Konstruktion des Kulturellen«, *Historische Anthropologie*, Jg. 2, S. 489-502.

Taylor, Frederick W. (1967): *The Principles of Scientific Management*. London: Norton & Company.

Tec, Nechama (1990): *In the Lion's Den. The Life of Oswald Rufeisen*. New York, Oxford: Oxford University Press.

Tenenbaum, Joseph (1955): »The Einsatzgruppen«, *Jewish Social Studies*, Jg. 17, S. 43-64.
Tessin, Georg (1957): »Die Stäbe und Truppeneinheiten der Ordnungspolizei«, in: Hans-Joachim Neufeldt; Jürgen Huck; Georg Tessin (Hg.): *Zur Geschichte der Ordnungspolizei 1936-1945*. Koblenz: Bundesarchiv, S. 5-110.
Thamer, Hans-Ulrich; Deutsches Historisches Museum (Hg.) (2010): *Hitler und die Deutschen. Volksgemeinschaft und Verbrechen*. Dresden: Sandstein-Verlag.
Tilly, Charles (1985): »War Making and State Making as Organized Crime«, in: Peter B. Evans; Dietrich Rueschemeyer; Theda Skocpol (Hg.): *Bringing the State Back In*. Cambridge, New York: Cambridge University Press, S. 169-186.
Tilly, Charles (2003): *The Politics of Collective Violence*. Cambridge: Cambridge University Press.
Totten, Samuel (1988): »First Person Accounts of Genocidal Acts«, in: Israel W. Charny (Hg.): *Genocide. A Critical Bibliographic Review*. London: Mansell, S. 321-362.
Treiber, Hubert (1973): *Wie man Soldaten macht*. Düsseldorf: Bertelsmann.
Trotha, Trutz von (1997): »Zur Soziologie der Gewalt«, in: Trutz von Trotha (Hg.): *Soziologie der Gewalt. Sonderheft der Kölner Zeitschrift für Soziologie und Sozialpsychologie*. Opladen: WDV, S. 9-56.
Trotha, Trutz von (2000): »Gewaltforschung auf Popitzschen Wegen«, *Mittelweg 36*, Jg. 9, S. 26-36.
Trunk, Isaiah (1996): *Judenrat: The Jewish Councils in Eastern Europe under Nazi Occupation*. Lincoln: University of Nebraska Press.
Tuchel, Johannes (1984): »Die NS-Prozesse als Materialgrundlage für die historische Forschung. Thesen zu Möglichkeiten und Grenzen interdisziplinärer Zusammenarbeit«, in: Jürgen Weber; Peter Steinbach (Hg.): *Vergangenheitsbewältigung durch Strafrecht? NS-Prozesse in der Bundesrepublik Deutschland*. München: Olzog, S. 134-144.
Tuchel, Johannes (1994): *Die Inspektion der Konzentrationslager 1938-1945*. Berlin: Stiftung Brandenburgische Gedenkstätten.
Tucholsky, Kurt (1931): »Der bewachte Kriegsschauplatz«, *Weltbühne*, 4. 8. 1931.
Türk, Klaus (1995): *»Die Organisation der Welt«. Herrschaft durch Organisation in der modernen Gesellschaft*. Opladen: WDV.
Türk, Klaus; Lemke, Thomas; Bruch, Michael (2002): *Organisation in der modernen Gesellschaft*. Opladen: WDV.
Tyas, Stephen (2004): »Der britische Nachrichtendienst: Entschlüsselte Funkmeldung aus dem Generalgouvernement«, in: Bogdan Musial (Hg.): *»Aktion Reinhardt«. Der Völkermord an den Juden im Generalgouvernement 1941-1944*. Osnabrück: fibre, S. 431-447.

Urban, Thomas (2001): »Zur historiographischen Kritik an Jan T. Gross in Polen. Korrekturen an seinem Buch über Jedwabne«, *Osteuropa*, Jg. 51, S. 1480-1487.
USHMM (Hg.) (1996): *The »Willing Executioners«/»Ordinary Men« Debate. Selections from the Symposium April 8, 1996*. Washington, D.C.: United States Holocaust Memorial Museum/Center for Advanced Holocaust Studies.

Vest, Hans (2002): *Genozid durch organisatorische Machtapparate. An der Grenze von individueller und kollektiver Verantwortlichkeit*. Baden-Baden: Nomos.
Vollmer, Hendrik (2010): »Kohäsion und Desintegration militärischer Einheiten. Von der Primärgruppenthese zur doppelten sozialen Einbettung militärischen Handelns«, in: Maja Apelt (Hg.): *Forschungsthema: Militär. Militärische Organisationen im Spannungsfeld von Krieg, Gesellschaft und soldatischen Subjekten*. Wiesbaden: VS-Verlag für Sozialwissenschaften, S. 163-192.
Voss, Thomas; Abraham, Martin (2000): »Rational Choice Theory in Sociology. A Survey«, in: Arnaud Sales; Stella R. Quah (Hg.): *The International Handbook of Sociology*. London, Thousand Oaks: Sage, S. 50-83.

Waller, James E. (1996): »Perpetrators of the Holocaust: Divided and Unitary Self Conception of Evildoing«, *Holocaust and Genocide Studies*, Jg. 10, S. 11-33.
Waller, James E. (2010): »The Social Sciences«, in: Peter Hayes; John K. Roth (Hg.): *The Oxford Handbook of Holocaust Studies*. Oxford, New York: Oxford University Press, S. 667-679.
Weber, Max (1976): *Wirtschaft und Gesellschaft*. Tübingen: J.C.B. Mohr (Paul Siebeck).
Wechsler Segal, Mady (1986): »The Military and the Family as Greedy Institutions«, *Armed Forces & Society*, Jg. 13, S. 9-38.
Wefing, Heinrich (2011): *Der Fall Demjanjuk. Der letzte große NS-Prozess*. München: C.H. Beck.
Wegner, Bernd (1997): *Hitlers Politische Soldaten: Die Waffen-SS 1933-1945. Leitbild, Struktur und Funktion einer nationalsozialistischen Elite*. Paderborn: Schöningh.
Weh, Albert (Hg.) (1941): *Das Recht des Generalgouvernements*. Krakau: Burgverlag.
Wehler, Hans-Ulrich (2003): *Konflikte zu Beginn des 21. Jahrhunderts. Essays*. München: C.H. Beck.
Weick, Karl E. (1990): »The Vulnerable System: An Analysis of the Tenerife Air Disaster«, *Journal of Management*, Jg. 16, S. 571-593.

Weick, Karl E. (1993): »The Collapse of Sensemaking in Organizations. The Mann Gulch Disaster«, *Adminstrative Science Quarterly*, Jg. 38, S. 628-652.

Weinert, Rainer (1993): *»Die Sauberkeit der Verwaltung im Kriege«. Der Rechnungshof des Deutschen Reiches 1938-1946*. Opladen: WDV.

Weingart, Peter; Pansegrau, Petra (1999): »Reputation in Science and Prominence in the Media: the Goldhagen Debate«, *Public Understanding of Science*, Jg. 8, S. 1-16.

Weinke, Annette (2006): *Die Nürnberger Prozesse*. München: C.H. Beck.

Weisbrod, Bernd (2009): »Die ›Vergangenheitsbewältigung‹ der NS-Prozesse: Gerichtskultur und Öffentlichkeit«, in: Eva Schumann (Hg.): *Kontinuität und Zäsuren. Rechtswissenschaft und Justiz im »Dritten Reich« und in der Nachkriegszeit*. Göttingen: Wallstein, S. 247-270.

Weißmann, Martin (2015): »Organisierte Entmenschlichung. Zur Produktion, Funktion und Ersetzbarkeit sozialer und psychischer Dehumanisierung in Genoziden«, in: Alexander Gruber; Stefan Kühl (Hg.): *Soziologische Analysen des Holocaust. Jenseits der Debatte über »ganz normale Männer« und »ganz normale Deutsche«*. Wiesbaden: Springer VS-Verlag, im Erscheinen.

Welzer, Harald (1993): »Härte und Rollendistanz. Zur Sozialpsychologie des Verwaltungsselbstmordes«, *Leviathan*, Jg. 21, S. 358-373.

Welzer, Harald (1997): *Verweilen beim Grauen. Essays zum wissenschaftlichen Umgang mit dem Holocaust*. Tübingen: Edition Diskord.

Welzer, Harald (2005): *Täter. Wie aus ganz normalen Menschen Massenmörder werden*. Frankfurt/M.: S. Fischer.

Westemeier, Jens (1996): *Joachim Peiper (1915-1976). SS-Standartenführer. Eine Biographie*. Osnabrück: Biblio.

Westemeier, Jens (2014): *Himmlers Krieger. Joachim Peiper und die Junkerschulgeneration der Waffen-SS in Krieg und Nachkriegszeit*. Paderborn: Schöningh.

Westermann, Edward B. (1998): »›Ordinary Men‹ or ›Ideological Soldiers‹? Police Battalion 310 in Russia, 1942«, *German Studies Review*, Jg. 21, S. 41-68.

Westermann, Edward B. (2003): »Shaping the Police Soldier as an Instrument of Annihilation«, in: Alan E. Steinweis; Daniel E. Rogers (Hg.): *The Impact of Nazism. New Perspectives on the Third Reich and Its Legacy*. Lincoln: University of Nebraska Press, S. 129-150.

Westermann, Edward B. (2005): *Hitler's Police Battalions. Enforcing Racial War in the East*. Lawrence: University Press of Kansas.

Whyte, William Foote (1943): *The Street Corner Society*. Chicago: University of Chicago Press.

Whyte, William Foote (1951): »Small Groups and Large Organizations«, in:

John R. Roher; Muzafer Sherif (Hg.): *Social Psychology at the Crossroads*. New York: Harper, S. 297-312.

Wiener Library (1956): *Ausnahme-Gesetze gegen Juden in den von Nazi-Deutschland besetzten Gebieten Europas*. London: Wiener Library.

Wieseltier, Leon (1996): »Final Comments«, in: Michael Berenbaum (Hg.): *The »Willing Executioners«/»Ordinary Men« Debate*. Washington, D.C.: United States Holocaust Memorial Museum/Center for Advanced Holocaust Studies, S. 39-44.

Wieviorka, Michel (2006): *Die Gewalt*. Hamburg: Hamburger Edition.

Wildt, Michael (2000): »Differierende Wahrheiten. Historiker und Staatsanwälte als Ermittler von NS-Verbrechen«, in: Norbert Frei; Dirk van Laak; Michael Stolleis (Hg.): *Geschichte vor Gericht. Historiker, Richter und die Suche nach Gerechtigkeit*. München: C.H. Beck, S. 46-59.

Wildt, Michael (2002): *Generation des Unbedingten. Das Führungskorps des Reichssicherheitshauptamtes*. Hamburg: Hamburger Edition.

Wildt, Michael (2003): »Gewaltpolitik. Volksgemeinschaft und Judenverfolgung in der deutschen Provinz 1932 bis 1935«, *Werkstattgeschichte*, Jg. 35, S. 23-43.

Wildt, Michael (2004): »Erich Ehrlinger. Ein Vertreter ›kämpfender Verwaltung‹«, in: Klaus-Michael Mallmann; Gerhard Paul (Hg.): *Karrieren der Gewalt. Nationalsozialistische Täterbiographien*. Darmstadt: Wissenschaftliche Buchgesellschaft, S. 76-85.

Wildt, Michael (2007): *Volksgemeinschaft als Selbstermächtigung*. Hamburg: Hamburger Edition.

Wildt, Michael (2011): »Der Fall Reinhard Höhn. Vom Reichssicherheitshauptamt zur Harzburger Akademie«, in: Alexander Gallus; Axel Schildt (Hg.): *Rückblickend in die Zukunft. Politische Öffentlichkeit und intellektuelle Positionen in Deutschland um 1950 und um 1930*. Göttingen: Walter de Gruyter, S. 254-274.

Wildt, Michael (2013): »›Volksgemeinschaft‹ – eine Zwischenbilanz«, in: Dietmar von Reeken (Hg.): *»Volksgemeinschaft« als soziale Praxis*. Paderborn: Schöningh, S. 355-370.

Wilfling, Josef (2010): *Abgründe. Wenn aus Menschen Mörder werden*. München: Wilhelm Heyne Verlag.

Wilhelm, Friedrich (1997): *Die Polizei im NS-Staat. Die Geschichte ihrer Organisation im Überblick*. Paderborn: Schöningh.

Winckelmann, Johannes (1952): *Legitimität und Legalität in Max Webers Herrschaftssoziologie*. Tübingen: J.C.B. Mohr.

Winkler, Heinrich August (1977): »Vom Mythos der Volksgemeinschaft«, *Archiv für Sozialgeschichte*, Jg. 17, S. 484-490.

Wippermann, Wolfgang (1997): *Wessen Schuld. Vom Historikerstreit zur Goldhagen-Kontroverse*. Berlin: Elefanten Press.

Wirte, Peter; Wildt, Michael; Voigt; Martina; Pohl, Dieter; Klein, Peter; Gerlach, Christian; Dieckmann, Christoph; Angrick, Andrej (Hg.) (1999): *Der Dienstkalender Heinrich Himmlers 1941/1942*. Hamburg: Hamburger Edition.

Wojak, Irmtrud (2001): *Eichmanns Memoiren. Ein kritischer Essay*. Frankfurt/M., New York: Campus.

Wolf, Gerhard (2012): *Ideologie und Herrschaftsrationalität. Nationalsozialistische Germanisierungspolitik in Polen*. Hamburg: Hamburger Edition.

Wong, Leonard (2002): »Why Professionals Fight: Combat Motivation in the Iraq War«, in: Don M. Snider; Gayle L. Watkins (Hg.): *The Future of the Army Profession*. Boston: Custom Publishing, S. 491-513.

Wong, Leonard (2006): »Combat Motivation in Today's Soldiers«, *Armed Forces & Society*, Jg. 32, S. 659-663.

Wulf, Joseph (1961): *Das Dritte Reich und seine Vollstrecker. Die Liquidation der Juden im Warschauer Ghetto. Dokumente und Analysen*. Berlin: Arani.

Zechmeister, Herbert (1998): *Das Polizeibataillon 322 aus Wien Kagran. Österreichische Polizisten und der Vernichtungskrieg im Osten*. Klagenfurt.

Zimbardo, Philip G. (1974): »On ›Obedience to Authority‹«, *American Psychologist*, Jg. 29, S. 566-567.

Zimbardo, Philip G. (2008): *Der Luzifer-Effekt. Die Macht der Umstände und die Psychologie des Bösen*. Heidelberg: Springer Spektrum.

Ziok, Ilona (2010): *Fritz Bauer – Tod auf Raten*. Berlin: CV Films.

# Sachregister

**Notizbuch**
**suhrkamp taschenbuch**
**wissenschaft**

144 Seiten. Broschur
€ 6,– (D)/€ 6,20 (A)/Fr. 9,90
**(978-3-518-07293-6)**

Raum für anspruchsvolle theoretische Reflexion bietet das stw-Notizbuch für Freunde der Reihe suhrkamp taschenbuch wissenschaft.

*»Laß dir keinen Gedanken inkognito passieren und führe dein Notizheft so streng wie die Behörde das Fremdenregister.«*

*Walter Benjamin*

Kennen Sie schon unseren
WISSENSCHAFT-NEWSLETTER?

In unserem kostenfreien Wissenschaft-Newsletter informieren wir Sie monatlich über aktuelle Neuerscheinungen und Themen aus dem Bereich Wissenschaft.

www.suhrkamp.de/wissenschaft-nl

**suhrkamp taschenbuch wissenschaft**